慶應義塾大学法学研究会叢書95

構想なき革命

毛沢東と文化大革命の起源

An Improvised Revolution
Mao Zedong and the Origins of
the Cultural Revolution

慶應義塾大学法学研究会

はしがき

これは二〇世紀中盤に、中国がひとつの大きな悲劇を経験した後、もうひとつの大きな悲劇へと向かう物語である。先行する悲劇は大躍進であり、それに続く悲劇は文化大革命である。いずれも世界史上に特筆される大事件であることは言をまたない。実際、いずれの出来事においても途方もない数の人々が犠牲になった。ひとつの悲劇だけで十分であるはずなのに、なぜ中国は比較的短期間のうちに連続する悲劇に見舞われたのだろうか。本書は、この二つの悲劇それ自体を扱っているのではなく、それらの合間に生じた出来事を扱っている。それによって、なぜひとつだけでもありえないような事態が連続して起こる羽目になったかを解明することを目的としている。

この本は、前著『中国共産党の歴史』を上梓した後、すぐに書き始めた。というのは、中国共産党の通史を書いてみて、文化大革命の始まりがもっとも自分にとって不可解な部分であり、それゆえうまく書けなかったことに忸怩たる思いを抱いていたからである。幸いにも、執筆を開始するに当たって、ひとつのアイデアがすでにあった。それが「構想なき毛沢東」、あるいは行き当たりばったりで文革へと踏み込む毛という考えである。実をいえば、このアイデアは、二〇一五年に慶應義塾大学東アジア研究所が主催したシンポジウムのために故ロデリック・マックファーカー教授が来日された際、私的に彼にぶつけてはみたものの、賛同を得られなかった代物である。しかし、自分としてはどうしても、熟慮された計画、構想、戦略よりは、むしろ無計画性、展望の欠如、そのとき次第の便宜主義といった角度から接近するほうが、この途方もない自己破滅的な企ての起源によりよく迫ることができるように思われた。そこで、いったんは、誰もが認める文化大革命研究の権威に受け入れてもらえなかったアイデアを、詳細に展開してみようと考えたのである。

そうはいっても、これは簡単な作業ではなかった。いくらかでも中国の現代史に親しんでいる人々には容易に理解していただけると思うが、関連する資料と文献の量は実に膨大である。私は関連する資料と文献を可能な限り広く集めようと努力したけれども、渉猟しつくしたなどとは決していうことができない。読むべきものの量だけが問題なのではない。文化大革命を始めた張本人である毛沢東の言葉をどう理解するかが、より大きな問題である。彼の発する言葉はいつも事前によく準備されたものではなく、多くの場合、自由奔放に紡ぎ出されたものである（その点において、現在の中国の指導者とは根本的に異なる）。しかも、言葉遣いも主張もまったく一貫していない。このような指導者の意図をどのように理解すべきだろうか。従来の文献は、大きくいって書き方が二つに分かれている。ひとつは、前後矛盾する言葉遣いにもかかわらず、文革に至る毛の考えのなかに確かな計画性、一貫性、戦略を見出すことができるとする立場であり、もうひとつは、まったくの少数派といいうるが、そのようなものの存在を認めない立場である。あらかじめ旗印を鮮明にしておけば、本書におけるわたしの立場は、基本的に後者に属する。だが、そうなると、文革への明確な意志も計画も戦略ももたなかった指導者が、なぜ文革へとたどり着くことになるのだろうか。もちろん、説明は一筋縄ではいかなくなる。この問題と格闘したのが本書なのである。

本書は、同じ主題に取り組んだ他の研究と同様、毛沢東の言動と心理の描写に多くのページを費やしているが、そうかといって、わたしは彼をたんに彼個人として扱っているわけではない。いわば、さまざまな人々——指導者だけでなく一般民衆までも含む——の潜在的、顕在的な利益と願望、中国の長い歴史のなかで培われた風土と文化、そして一九六〇年代の世界における中国の位置を映し出す鏡のようなものとして「毛沢東」をみているのである。この「毛沢東」を通して、本書における文化大革命の起源の探究は、中国の政治・社会構造の頂点だけでなく底辺にも向かうであろう。また、一九六〇年代という特定の歴史的文脈を超えて、より長い歴史的文脈にも向かうであろう。

本書の執筆にあたっては、さまざまな人々から、さまざまな機会に、さまざまな形でのご支援をいただいた。本書の基本的なアイデアを練り上げるにあたり、以下の人々から得た意見は、とりわけ貴重であった。お名前をあげて感謝申し上げる。故ロデリック・マックファーカー、アンドリュー・G・ウォルダー、楊奎松、中兼和津次、谷川真一、周俊。周俊氏は本書の原稿のいくつかの章を読み、数えきれないほど多くの重要な助言をくださった。もちろん、誤りや不十分な点は、すべて私の責任である。

前著と同様、今回の執筆に際しても『中共重要歴史文献資料彙編』を閲覧するために、カリフォルニア大学ロサンゼルス校東アジア図書館にお世話になった。同図書館の程洪教授、および司書長の陳肅女史に格別の便宜を図っていただいたことに感謝する。

わたしはまた、慶應義塾大学の博士課程に所属する大学院生たちにも知的恩義を被っている。同大学院におけるわたしの演習に参加してくれた金牧功大、顧歩青、御器谷裕樹、蒲柢華、許楽の諸氏は、資料収集を手伝ってくれただけでなく、わたしがうっかり見落としていた点や間違いを指摘してくれた。だが、彼らがわたしの議論に完全に賛同していると信じる理由はまったくない。慶應義塾大学出版会の乗《よつ》み《の》ど《や》り氏は、前著の場合とまったく同様、つねにわたしを激励し、本書を読みやすくするために、いくつもの有益な助言を与えてくれた。彼女による綿密な編集作業がなければ、わたしは無数の間違いを犯していたに違いない。

本書を慶應義塾大学法学研究会叢書の一冊として刊行することをお認めいただいた慶應義塾大学法学研究会に感謝申し上げる。

最後に、妻の尹仁河はこの企ての一部始終を見守り、文字通りわたしを支えてくれた。今回利用した資料のなかには、わたしに代わって、図書館利用の達人である妻が集めてくれたものが少なからず含まれている。そもそも『中共重要歴史文献資料彙編』は、二〇一二年冬、カリフォルニア大学バークレー校東アジア図書館で妻がわたしに引き合わせてくれたものなのである。この驚くべき資料群は、わたしにとって研究者人生の転機となった。そのために、最大の感謝は妻に捧げられる。

二〇二五年二月二五日

高橋　伸夫

目次

第4章　新たな出発をめぐる党内の亀裂——七千人大会とその余波　165

第5章　一九六二年夏の大転換　209

第6章　社会主義教育運動の開始　241

第9章　文化の諸領域に対する全面的な批判　353

第10章　下からの呼び声　395

第11章　「最後の一歩」はいかに踏み出されたか？　435

結論　495

序論

中国における文化大革命（正確な名称は「プロレタリア文化大革命」であるが、便宜のため、本書では文化大革命、あるいは文革と略称する）の起源という主題それ自体の重要性については、幸いにも、ほとんど議論する必要はないように思われる。文化大革命は、いうまでもなく中華人民共和国の歴史において、最大規模の、そしてもっとも長きにわたる政治運動であった。それは官僚層、知識人、労働者、農民など中国社会のあらゆる階層を巻き込み、その規模は今もって正確にはわからないとはいえ、百万人以上の犠牲者を生んだ。政治運動としてみるなら、この企ては政治構造の頂点に立つ者が、自らが拠って立つところの組織を自ら破壊するという特異な性格を備えている。[†1] 政治学は、この革命とも反乱ともクーデターともつかない空前の運動について、その本質を要約する適切な概念を欠いている。

全体主義という概念は、一見したところ、文化大革命の探求のための魅力的な出発点であるようにみえる。たしかに、指導者である毛沢東の極端な民族主義的思想、街頭で暴力をふるう紅衛兵たち、『毛主席語録』を手に政治集会に参加して政治的スローガンを叫ぶ無数の人々のヒステリックな表情を思い浮かべるならそうである。だが、一元的な支配が貫徹されているはずの全体主義において、どうして人々が各派に分かれて武装闘争を展開するような事態が生じた――しかも、そのような市民同士の闘争が指導者たちによって推奨されさえしていた――のであろうか。そして、指導者が社会を大胆かつ暴力的に国家に立ち向かわせるという事態が生じたのであろうか。したがって、この概念もまた文化大革命の現実を前にして、無力ではないとしても限られた有用性をもつにすぎない。

一九世紀以来の共産主義運動の歴史という文脈においても、何重もの逆説が含まれている点で、文化大革命は稀有の事例である。人民の解放者であったはずの指導者は、人民のうえに君臨し、彼らを完全に従属させてしまった。「国家の死滅」を目標としたはずの共産主義者たちが、国家をこのうえなく強化してしまった。階級的連帯を目指したはずの彼らは、人民を国内的にも国際的にも、これ以上はないほど引き裂いてしまった。「世界革命の中心地」と称された中国は、悲しいほど、自国のことしか考えなかった（中国の人々はそうではないと主張するであろうが）。そうであるがゆえに、文化大革命は、一九世紀以来世界に広がった共産主義運動の挫折を、もっとも劇的に物語る出来事であるといいうる。そのため、文革は歴史学および政治学に携わる研究者たちにとって、興味の尽きることのない研究対象であり続けている。

そうだとしても、すでに多くの研究書があり、同名の書物さえある（もちろん、故マックファーカー教授による著作を指している）というのに、文化大革命の起源に関する新たな本をなぜ書く必要があるのだろうか。理由はまったく単純なもので、この大事件の起源が、これまでの研究において十分に明らかにされたとはいいがたいからである。マックファーカーは文革の物語を、一九五六年二月のフルシチョフによるスターリン批判の衝撃から始める。[†2] ここから生じた毛沢東による中国独自の社会主義の模索が、中国を三つの連続する、そして次第に破壊の規模が大きくなる悲劇へと投げ込んだというのである。三つの悲劇とは、いうまでもなく一九五七年の反右派闘争、一九五八年から一九六一年の大躍進、そして一九六六年から一九七六年に至る文化大革命を指している。筆者も、このような歴史の描き方に基本的に賛同する。もしソ連でスターリン批判が起こらず、したがって社会主義のスターリン・モデルに深刻な疑いと反省が生じなかったら、毛沢東による民族的な社会主義の飽くなき追求もまた生じなかったと考えるからである。

だが、マックファーカーの議論においては、第二の悲劇と第三の悲劇がどうつながっているのか（あるいは、つながっていないのか）は必ずしも明らかではない。大躍進の目も当てられない失敗——毛沢東と他の一部の指導者たちは、必ずしもそうは考えなかった。少なくとも失敗ではないといい張っていた——およびそれによる毛の政治的権威の低下を埋め合わせるための企てが文化大革命であったのだろうか。それとも、短期間で共産主義に到達しようという、このうえなく冒険主義的な企ての成否に関係なく、文革はどのみち起きる運命にあったのだろうか。

大躍進と文化大革命の間には、社会主義教育運動（後に四清運動と称されるが、社会主義教育運動という名称も使われ続けた。したがって、本書はこれらの名称を互換的に用いる）と呼ばれる大規模かつ激烈な政治運動が横たわっている。しばしば「土地改革よりもさらに複雑で先鋭な革命」と称されたこの全国的な運動は、一九六二年九月に毛沢東によって提起された後、一九六三年五月にその最初の綱領が定められるとともに開始された。そして、一九六五年一月には、その目的は「資本主義の道を歩む実権派をやっつける」ことであると規定された。よく知られているように、その後、この目標は文化大革命の目標ともなった。したがって、われわれは大躍進—社会主義教育運動（四清運動）—文化大革命という三つの運動の連関を理解することが必要になる。しかし、マックファーカーの研究を含めて、既存の研究は四清運動のなかで、どのように文革が胚胎し成長していくのかを十分に語っていない（そもそも、大躍進と文革がともに膨大な犠牲を伴う激烈な運動であったために、それらに挟まれた四清運動はさほど注目されていないのである）。問題を端的にいえばこうである。四清運動の延長線上に文革は始まるのであろうか。それとも、四清運動に見切りがつけられたところに（あるいは四清運動とはほとんど関わりなく）文革は始まるのであろうか。両者は連続しているのか、それとも途切れているのか。答えは単純ではありえない。一方で、四清運動は一九六五年初めには文化大革命と同一の目標を掲げ、しばしば凄惨な暴力を伴いながら、実態はどうであれ階級敵に奪われたと目された機関の指導権を「奪い返した」。だが他方で、「奪権」がすでに四清運動において進められていたなら、文革をあえて開始する必要はなかったであろう。それにもかかわらず、四清運動とは異なる運動として文革は開始された。要するに、四清運動と文化大革命の間には連続と断絶がともに認められるのである。

毛沢東の思想的「左傾化」の頂点に文革の発生をみることができるか？

問題を解く鍵は、一九六〇年代前半における毛沢東の思想（あるいは心理）およびその変化にあることはいうまでもない。大躍進であれ、四清運動であれ、文化大革命であれ、彼こそが運動の始まりにあたって、決定的な役割を果たしたことにまったく疑問の余地はないからである。中国内外の研究者たちは、これまで実によく毛の思想の変化を跡づけてきたといいうる（この問題に興味を抱かない中国政治あるいは現代史の研究者などいるであろうか）。それでも、彼の思想の展開過程において、どのように文化大革命が準備されたのかは、はっきりしていない。中国の研究者たちは、好んで一九六二年秋の第八期十中全会以降における主席の「左傾」思想の「悪性膨張」について語る。[†3]彼のとどまるところのない「左傾化」を促進した要因はといえば、ソ連における「修正主義」の出現、アメリカの北ベトナムに対する攻撃とその強化、インドとの国境紛争、「大陸反攻」を掲げる蔣介石の攻撃的な姿勢といった次第に増してゆく対外関係の緊張、および（あるいは、強まる対外的な危機意識のゆえに）国内で次々に発見される資本主義復活の兆候――これは大躍進後の社会的・経済的な危機を克服するために採用された諸政策の結果でもあった――と思われたものであった。対外的な危機が党内における危機意識を呼び覚ますことによって「左傾化」が極端に進行し、至る所に「敵」が見出され、粛清の大波を生み出すことは、スターリン時代のソ連も、また中国共産党も一九三〇年代初頭において、さらには日中戦争期においてすでに経験ずみであった。

たしかに、主席の思想の「左傾化」の過程で生まれた「プロレタリアート独裁下での継続革命の理論」（以下、便宜のため「継続革命論」と略称する）が、文化大革命を指導する思想となったからには、彼の「左傾化」のエスカレーションの頂点に文化大革命の発生をみることには一定の妥当性があるといいうる。実際、文化大革命のようなきわめて異常な出来事が、何らかの異常な要因のエスカレーションと無縁でないことがあろうか。かつて中央文献研究室主任を務め、一九五〇年代初めから六〇年代半ばにかけて毛沢東の秘書として働いた逄先知は、簡潔にこう述べている。「第八期十中全会以来、国内の階級闘争の形勢について、毛沢東はますます厳しい見方をするようになった。彼の『左』傾思想は日増しに発展し、ついには『文化大革命』を引き起こすまでになった」[†4]。

とはいえ、文化大革命を毛沢東の思想的左傾化の極致とみる見解は、単純で力強いが、そう話は簡単ではない。資料を丹念に読むなら、一九六〇年代前半において、この最高指導者の政治思想は曖昧で、一貫しておらず、しかもその発展は小さな転換や小休止を含む複雑なものであったことがすぐに理解できるからである。彼の社会主義段階における階級闘争に関する言及は、大躍進のなかでいったんなされるけれども、一九六〇年に入るとぱったりと止んでしまう。そして、一九六一年初めに再び、そしてかなり激越な調子で再び言及がなされるが、彼自らそれは大した問題ではないと一蹴してしまうのである。そして、翌年に入ると今度は、中央書記処の指導者たちの語る大躍進後の憂鬱な経済的見通しを覆そうとする文脈において再度、階級闘争の必要性が強調された。このような経緯から判断すれば、主席の階級闘争に関する見解は、政治的要請から出発し、それに合わせて形作られたのであって、その逆ではなかったように思われる（詳しくは第1章で述べるが、それに続く章においても、筆者はこの点に繰り返し立ち返るであろう）。つまり、彼の中国社会（およびソ連社会）に関する仔細な観察と真剣な考察を経て次第に深まる認識のなかから階級と階級闘争に関する見解が成熟し、そこから階級敵を定め、それらといかにたたかうかについての具体的な諸政策が生み出されたわけではない、と考えるほうがよいであろう。いいかえれば、毛の思想はいつも行為に先んじてあるわけではなく、行為の後にそれを弁明するために語られることがあるのである。しかも、特定の思想から特定の政治的決定が、特定のタイミングで引き出されるわけではないことは自明である。したがって、思想面からの接近はきわめて重要であるとしても、それだけでは、この空前の出来事の始まりを説明することはできないといわなければならない[†5]。

毛沢東は文化大革命の「構想」を抱いていたか？

毛沢東の思想に関連して、さらに考えておくべき重要な問題がある。それは、彼の文化大革命の構想はいつ固まったかという点をめぐるものである。この問題は一般に、党主席が副主席をいかなる理由から、いつ排除しようと決心したかという問題として考察されている。よく読まれている厳家祺・高皋の著作『文化大革命十年史』も、文革は毛沢東が劉少奇を粛清するために始めたのだという想定に立って書かれている。[†6] よく知られている事実は、文化大革命が始まってしばらく後の一九七〇年一二月、天安門上でアメリカ人ジャーナリストのエドガー・スノーが毛沢東に対して直接、あなたが劉少奇は去らなければならないと考えたのはいつかと質問したところ、毛がそれは一九六五年一月、「二十三条」が採択されたときのことだと答えたことである。[†7] たしかに、社会主義教育運動の第三の――そして最終的な――綱領となる「二十三条」が採択されたこの政治局常務委員会の記録のなかに、後述するように、彼が劉に対する怒りを爆発させているようにみえる場面がある。だが、副主席は会議後に主席に自ら許しを請い、さらに長い時間をかけて自己批判を行ってもいる。完全に敗北を認めた「敵」――実際には、どうみても敵などではなく、このうえない忠臣であった――を、なぜあえて除去する理由があろうか。それでも中国の研究者たち、さらにはこの会議の参加者であった薄一波や江渭青もまた、決定的な瞬間をこの時点に求めている。同様の見解は、旧ソ連の研究者によっても共有されていた。[†8]

しかし、別の見解もある。ユン・チアンらのみるところ、一九六二年一月の七千人大会で屈辱を味わった毛沢東が、復讐のために始めたのが文化大革命なのである。彼らはこう述べている。「毛沢東は劉少奇および会議に出席した幹部たち――に対する激しい怒りを沸々とたぎらせ、復讐を決意していた。……こうして、数年後に毛沢東は文化大革命という名の大粛清を開始し、劉少奇をはじめとして七千人大会出席者の大多数を含む人々を地獄に突き落とした」。[†9]

さらに異なる見解も表明されている。フランク・ディケーターは一九六二年夏、中南海のプールサイドで、大躍進の結果をめぐって毛と劉が言い争った――本当にこのような口論があったのかは裏づけることができない――瞬間に、文化大革命の始まりをみている。[†10] この見解に銭理群も賛同している。この著名な中国の文学者は、いかにも文学者らしく、一九六二年末から一九六三年初めにかけて作られた毛の二つの詩を根拠にして、「少なくとも一九六三年初めには、毛沢東の方針がすでに固まっていた」と指摘している。[†11] そして、彼の解釈によれば、主席は大躍進でひどく傷ついた経済の回復を待って文化大革命を開始したのである。なるほど、公式の党史に従えば、文化大革命が勃発する前年にあたる一九六五年には、中国経済は大躍進のどん底状態から力強く回復していた。すると、一九六二年一月であれ、一九六二年七月であれ、一九六五年一月であれ、自らの後継者にいったんは定めた人物にすっかり失望するどころか敵意さえ抱いた結果、彼を排除する腹を固めた主席が、陰謀を温めながら、内外のあらゆる要素を考慮して前例のない政治的賭けに出るタイミングを慎重にみきわめ、一九六六年五月になってついに「時は来たれり」と判断したのだろうか。

とはいえ、毛沢東の抱いた文化大革命の構想を、劉少奇の計画的な排除と同一視してよいのだろうか。筆者には、そのような同一視は二重に誤っているように思われる。第一に、毛沢東の目的が劉少奇の除去のみであったとはかぎらない。もしそれが主要な目的であったとすれば、なぜ彼は劉と手を携えながら、一九六三年から一九六五年にかけて、あれほどまでの時間と精力を社会主義教育運動の推進に傾けたのであろうか。毛は劉を排除しようと思えば、もちろん簡単ではなかったであろうが、過去に高崗や彭徳懐を失脚させたのと同様の「事件」を作り出せばよかったはずである。つまり、わざわざ文化大革命など始める必要はなかったであろう。そして、劉少奇や鄧小平を除去した時点で、この類まれなる企てを終えてもよかったはずである。筆者は、中国の文化大革命研究者である王年一の次の主張に完全に同意する。

中国共産党第八期十一中全会〔一九六六年八月〕以降、中央にはもはや第一線は存在しなくなった。劉少奇はすでに批判を受ける立場に置かれていた。だが、それは「文化大革命」が全面的に展開される始まりであった。このことからわかるように、「文化大革命」を発動した目的は、政治的に劉少奇を打倒することではなかった。……政治的に劉少奇を打倒するだけなら、根本的に「文化大革命」を発動する必要などなかったのである。[†12]

第二に、以上のような議論は、自分が定めた後継者であったはずの人物の打倒を事前に思い描き、それを実現するために時機をうかがい、着々と準備を進める毛沢東を想定している。いいかえれば、この最高指導者が高度な陰謀画策能力の持ち主であったことを想定している。実際、国分良成は、毛の計算が実に「用意周到であった」と述べている。彼のみるところ、主席はまず人民解放軍総参謀長の羅瑞卿を解任して、羅が強い影響力をもつ公安系統を掌握し、次に「これとの関連で」中央弁公庁主任にして中央軍事委員会秘書長であった楊尚昆を解任し、さらに宣伝系統に狙いを定めて中央宣伝部長の陸定一と文化革命五人小組の組長である彭真の権力を削いで、一歩ずつ劉少奇の打倒へと近づいていったのであった。[†13] 司馬清揚と欧陽竜門の見解によれば、主席はそもそも周恩来と劉少奇の二人の打倒を考えていたのであった。だが、周の振る舞いをみて、標的を劉に絞り、一九六五年初めに彼の打倒を決意するに至ったのである。[†14]

だが筆者には、毛沢東が本当に何らかのはっきりとした「構想」——この言葉をとりあえず、目的とそれを達成するための手段および段取りの組み合わせと定義しておこう——を抱いていたのか、きわめて疑わしいように思われる。たしかに、一九六五年一月に定められた「二十三条」において、「資本主義の道を歩む実権派」をやっつけるとの目的が定式化された。しかし、これは構想と呼ぶにはあまりにも杜撰であった。そのために、後述するように、劉少奇はこのとき、特定の階級を敵として設定するならまだしも、「派」とは何を意味するか、と正当にも疑問を提起したのであった。鄧小平も、毛の定式化に対して、それは「実権派」を丸ごと叩くことを意味するのか、それとも「資本主義の道を歩む」実権派だけを標的にすることを意味するのかと鋭く問うた。われわれは後に、このときの定式化に至るまでの（そしてそれ以降においても）主席の言葉遣いが、いかに混乱に満ちたものであったかを確認するであろう。要するに、熟慮の末に定式化されたかにみえる政治的企ての目的は、ほとんど脈絡なく、不意に口をついて語られたものであった可能性が高いのである。ならば思い切って、構想と呼ぶに値するものなど存在しなかったと考えるほうが適切ではあるまいか。

　われわれは、一定の理念によって導かれた壮大な政治的構想を思い描き、それを実現するために自らの計画に従って着々と布石を打つ毛沢東――「偉大なる操舵主」――ではなく、そのときの風次第で舵の切り方を決める、いきあたりばったりの毛沢東を描くことも可能である。つまり、遠大な理想に導かれ、長期的な計画を立てて着々と前進する毛ではなく、ほとんど反射的に、ときに眼の間に現れた障害物を取り除き、ときに好機に飛びつく毛を描くのである。そして、このうえない権力を手にした独裁者であるとはいえ、政治的決断においてはそれほどの自信があるわけではなく、部下たちを力強く引きずっていくと同時に、彼らの影響を受けやすい――そうであるがゆえに、ときとして発作的に自らの意志を押し通そうとする――指導者を描くのである。本書において筆者が描く毛沢東のイメージは、まさにこのような描き方によっている。「偉大な指導者」にはふさわしくない描き方であろうか。

　かつて中央文献研究室主任を務めた金冲及は、文化大革命が始まった後の毛沢東の無定見ぶりをこう述べている。一九六六年五月に文革を始めたとき、主席はそれを同年末まで行おうと考えていた。だが八月になって、来年春までは継続しなければいけないと述べた。一〇月の中央工作会議で、彼は文革をすでに五ヵ月行ったが、あと五ヵ月あるいはもう少し長く行わなければならないだろうと述べた。一九六七年一月には、きたる二、三、四月が勝敗の決するときだが、問題を全部解決するには来年二、三、四月までかかるだろうと語った。[†15] 以上の金の指摘に、さらにつけ加えよう。毛は同年一二月にはこうも述べた。「あるいくつかのことについて、われわれはまったく想定していなかった。どの機関も、どの地方も二派に分かれて大規模な武装闘争をやっているが、それは想定していなかった。……解放後紛れ込んでいた国民党、ブルジョアジー、地主階級、国民党特務、反革命〔分子〕……これらが背後から闘争を操っている」[16]。だが当時、毛が売り込んでいた「哲学」はといえば、何事についても「一が分かれて二となる」というものであった（第9章で述べる）。これらの事実は、この「全能の独裁者」には、先を見通す能力がまったく欠けていたことを物語っている。

一九六六年一〇月、毛沢東は葉剣英に対して、文化大革命の目的について語った。彼によれば、それは「第一に『反修防修』（修正主義に反対し、修正主義を防止することを指す）のためであり、第二に戦争準備のためである」。「一九六八年前後に戦争が勃発する可能性がある」のだが、「三線建設ができないので眠れない。文化大革命は最良の戦争準備の動員だ」、「戦争をやるには青年に頼らなければならない。青年を毛沢東思想で武装すれば怖いものは何もない」[17]。とはいえ、「反修防修」はすでに社会主義教育運動のなかで提起されており、新たに文革を始めることによって屋上屋を重ねる必要はなかった。また、文革が必然的に招いた政治的・社会的大混乱は、どうみても戦争準備とは正反対の方向を向いていた。したがって主席が語る「目的」は、企てに先立って存在していたのではなく、事後、それをもっともらしくみせるために語られたと理解するほうがよいように思われる。

さらに毛沢東は一九六八年四月、きわめて不可解にもこう述べた。「プロレタリア文化大革命は……中国共産党およびその指導下にある広大な人民大衆と国民党反動派の間の長期にわたる闘争の継続のことであり、プロレタリアートとブルジョアジーとの階級闘争の継続なのである」[18]。そして彼はこう付け加えた。「走資派として過ちを犯した人々のなかで、死んでも後悔しなかった者は少数派である[19]。教育を受け入れ、過ちをただすのが多数派である。もう『走資派』を取り上げて悪い奴らだとみなす必要はない」。実際には、「国民党反動派」との闘争など、すでに二〇年も前にけりがついていた。しかも、「教育を受け入れる」人々が多数であるなら、そもそも彼らを打倒する必要などはじめからなかったであろう。

以上の言明は、毛沢東が文化大革命を通じて何を成し遂げたかったかを彼自身もよく理解していなかった可能性を強く示唆している。もし文革を始めた後でも、彼には自分が何を企てているかについてはっきりした観念が欠けていたとすれば、始める前も同様だったのではあるまいか。実際、後で述べるように、主席は社会主義教育運動を一九六八年あるいは一九六九年まで（この言い方も一定していなかった）継続するつもりであった。だが、この運動はその終結をはっきり宣告されないまま、文革のなかに解消されてしまった。そのため、多くの人々には――それどころか指導者たちでさえ――これら二つの運動の間の区別は曖昧なままであった。

筆者は成り行きまかせ、無定見、そのとき次第の便宜主義が、毛沢東という人間の性格に由来するといいたいわけではない。この指導者がもともと備えていた異常な性格が最後には文化大革命へと導いたのだと主張するなら、本書が描く毛沢東像は、ユン・チアンらが『マオ』で描いたこの指導者の通俗的な像から、さほど遠くない位置に置かれるであろう。筆者には、一九六〇年代前半に顕著に現れるようにみえる毛の便宜主義的態度が、あくまで特定の歴史的文脈のなかで出現したと理解するほうがよいように思われる。すなわち、当時の国際共産主義運動における実践を導く理論の不在、大躍進の失敗による主席の権威の失墜、迫りくるように感じられた戦争の危機――これらが相まって作り出された先が見通しにくい状況下で、状況に対して受動的に対応することを余儀なくされたためであったと考えるのである。

最高指導者の精神に現れたある種の方向感覚の喪失という事態が、文化大革命の発生の直接の原因ではなくとも、それと関連があることは、毛沢東の晩年の思想を検討したスチュアート・シュラムによっても指摘されている。この思想史家によれば、一九六〇年代なかばまでは、毛の思想において、政治と生産、民主と集中、イデオロギー性と専門性など、両極端の要素が緊張を保ちながらも結びついていた状態が崩壊したこと――それは伝統思想の影響が強まったためだとシュラムは考えている――が文革の発生に関わっているのである。[†20] 本書もまた、文革の始まりが、大躍進失敗以降の時期における主席および他の指導者たちの政治的理性の顕著な退行と関連性をもつと主張するであろう。いずれにせよ、熟慮された計画、構想、戦略よりは、むしろ無計画性、展望の欠如、一時しのぎといった角度から接近するほうが、この大事件の発生の真実により近づくことができると筆者は考えるのである。

だが、方向性の定まらない、便宜主義的な態度の背後で、この最高指導者には一貫する要素もまた認められる。一貫する要素とは、完全無欠の権威への意志である。それは毛の政治的生涯の始まりの時点から彼に備わっていたものかもしれない。とはいえ、一九六〇年代前半の状況はいささか異なっていた。それは大躍進の目もあてられない失敗によって、毛の権威が大きく傷ついていた――もちろん、権力を失ったわけではなかった――ために、権威回復のための何らかの劇的な方策が必要とされていたこと、および国際共産主義運動における絶対的権威の不在という状況下で、スターリンに代わる権威としての自分の姿を思い浮かべることが可能となったことによる。したがって、主席は権威失墜の淵から這いあがった先に、無上の栄光が手招きする姿をみることができたのである。そうであるがゆえに、彼は予測がつきにくい状況下で、奇妙な言い方であるが、いきあたりばったりで受動的に対応すると同時に、能動的に力強く歩を進めたのである。本書は、このような最高指導者の方向感覚の欠如ないし無計画性と、完全無欠の権威への意志の組み合わせをモチーフとして、毛と党が文化大革命の始まりへと向かう物語を描くであろう。

説明–叙述の方法について

だが、もしこの最高指導者が文化大革命をはっきりと観念することもなければ、願うこともなく、意図することもなかったとしたら、この前例のない事件の発生をどのように説明できるだろうか。至上の権威を求める彼の飽くなき政治的意志が、自分の地位を脅かしそうな他の有力な指導者の排除を決断させ、それが文化大革命の発動へと直接的に導いたと考えるのは、あまりにも単純で通俗的な見解に属する。というのも、すでに述べたように、文革は数名の指導者の排除と同一視することはできないし、当初から有力な側近たちの排除が目的であったとすれば、なぜ毛が彼らとともに、社会主義教育運動に三年もの間、真剣に取り組んだのかが説明できないからである。

筆者は、二つの対極的な説明方法――あるいは叙述の戦略――を思い浮かべている。ひとつは、この出来事の始まりを、単一もしくは複数の「究極の原因」に帰するのではなく、比較的小さな出来事が継起的に続くプロセスの終着点とみなすことである。このプロセスは、あらかじめ目的を宿しているわけではない。つまり、「隠れた神」に導かれて一定の地点に向かって自動的に進む過程ではないのである。したがって、それは偶然の作用に開かれた過程である。

このような想定に立てば、われわれは実質的に文革が始まった精確な日付の特定を断念しなければならない。比喩を用いよう。毛沢東は側近たちに対して、あらかじめ地図上で「文化大革命」という目的地がどこであるかを指し示し、現在地からそこへ向かうための道筋を明らかにしていたわけではない。彼らは沼地を避け、泉を探し、休息地を求め、とにかく歩みを進めるうちに、たまたま文革へとたどり着いたのである。中国の最高指導者は、何の目的あるいは意図も持ち合わせていなかったというわけではない。「沼地を避ける」、「泉を探す」、「休息地を求める」というそれぞれの行為には小さな目的がある。しかし、この行軍全体を貫く大きな目的が欠けていたのである。この行軍においては、そもそも目的地が定まっていないのだから、いったいどこからが終着点に向けた決定的な歩みであったかは判然としない。したがって、いつ、どこから実質的に文革が始まったかを突き止めることは困難である。この説明－叙述の方法においては、どこに向かうかわからない一歩一歩の積み重ねが、最終的に、偶然にも彼らを未曽有の企てへと導いたのだと想定しているのである。

だが、ここで重大な問題が生じる。それは文化大革命の発生を、行為者たちの小さな選択や偶然の累積の思いがけない結果として描こうとすればするほど、「いかに」という問いに対してはよりよく答えられる一方、「なぜ」という問いに対する答えからは遠ざかるということである。というのも、このような説明は、文革の発生の原因を特定することを避けているからである。言い換えれば、因果関係による説明を意図的に脇へ追いやっているからである。そうであるがゆえに筆者は、もうひとつの説明方法を思い浮かべている。それは、端的にいって、決定論的な説明方法である。すなわち、一組の諸要因によって形作られたある種の構造が、指導者たちを、彼らが意図する意図しないにかかわらず文化大革命へと連れていったというものである。構造とは、一定の機能をもつ諸要素が相互に結びつき、依存しあってひとつのまとまりをなし、全体としてひとつの機能を果たしている状態を指す。ここでは、構造が「隠れた神」として、毛沢東と彼の仲間たちを一定のあらかじめ定められた目的地へと運んでいくであろう。筆者は、彼ら自らが生みだしながら、彼らの意図からは独立して彼らに作用した、そのような構造を形作ったと考えうる以下のような諸要因を思い浮かべている。

（a）「革命後の社会」を導く理論の不在。スターリン批判の後、社会主義社会を、あるいはポール・スウィージーの言葉を借りれば「革命後の社会」をどのように理解し、そしていかに共産主義に向けて歩みを進めるのかについて、毛沢東を含めて世界の共産主義運動の指導者たちは導きの星を失ってしまった。[†21]いくつかの国ぐにで社会主義の成立が宣言される前には、実験に先んじて思想があった。したがって、人々が思想に照らし合わせて実験を設計することが可能であった。ところが、いまや実験を思想に先行させなければならない時代が到来していたのである。

スターリンのモデルは、すでにソ連の指導者自身によって破産を宣告されていた。それ以降、毛沢東は中国独自のモデルを打ち立てることに躍起となったが、百花斉放・百家争鳴（双百）にせよ、民主諸党派との長期共存・相互監督にせよ、それらはまったく現実性を欠いていたために失敗を余儀なくされた。次なる賭けである大躍進も惨憺たる失敗に終わった以上、何がなされるべきであろうか。主席はスターリン時代末期にソ連で編纂された『政治経済学教科書』に手がかりを求めたが無駄であった。毛はこの書物を実に真剣かつ批判的に読んだが、この教科書を信用する気にはなれなかった。「本書の多くの観点がマルクス・レーニン主義から離れている」と彼はあっさり結論づけた。[†22]だがそうなると、指針となるべきものは、もはや何も残っていなかった。先ほどの地図の比喩をもう一度使えば、主席は中国の社会主義が進むべき地点を、自信をもって地図の上に印をつけて党の仲間たちに指し示すことができなくなっていたのである。

導きの星を失っていたのは中国ばかりでなく、他の社会主義諸国も同様であった。そのために、国際共産主義運動内部で論争が生じるのはほとんど避けることができなかった。論争の過程で、もっとも進んだ大国であるソ連が右派を代表して現状維持を目指し、もっとも遅れた大国である中国が左派を代表して現状打破を目指したのは、自然な成り行きであった。かつて毛沢東の秘書を務めた李鋭が述べるように、貧しければ貧しいほど、急速な発展を求める――つまり、「貧」は必然的に「左」と結びつく――からである。†23

（b）ソ連修正主義の「発見」。スターリン批判以降、社会主義陣営に属する各国においては、イデオロギーを振りかざすだけで人民を従わせることは、もはや不可能となった。政治権力は、人民に対して目にみえる現実的な成果を示さなければならなくなっていた。それは中国の政権も例外ではなかった。そこで、毛沢東は大躍進を掲げ、その手段として人民公社を採用した。しかし、それはフルシチョフによる嘲りの対象となるだけであった。書記長の態度に憤った主席は、ソ連共産党指導部に不穏な兆候を見出し、それを修正主義という言葉で表現した。だが、もしユーゴスラビアに続いて社会主義の母国であるソ連までもが道を踏み外して、この危険きわまりない路線を歩み始めたとするなら、中国もこの路線に陥らない保証はなかった。つまり、ソ連に対して修正主義というレッテルを貼りつけたその瞬間に、外に向けた照明は内に跳ね返り、中国国内をも照らし始めたのである。そうなると、ソ連修正主義との対決は、必然的に国内における修正主義とのたたかいを招来し、この両者はひとつのものとなることが避けられなかった。

（c）大躍進の失敗と「贖罪の山羊」の必要性。独裁者による民族的な社会主義建設の実験の極致というべき大躍進の目を覆うばかりの失敗――決して毛沢東はそれを認めようとしなかったけれども――によって、彼はかなりの程度まで権威を失ってしまった。それは双百および民主諸党派との長期共存・相互監督の失敗に続く、致命的といいうる失敗であった。だが、それだからといって、毛と彼の同僚たちが大失敗の責任を認めて統治を放棄するなどありえない選択肢であった。マルクスとレーニンはプロレタリアート独裁を、プロレタリアート自らが放棄するような事態を想定していたであろうか。そのような選択肢は、まったく彼らの念頭にはなかった。そうなると、彼らが無謬の集団であるという虚構を下支えするために、彼らの代わりに失敗の責任を負う「贖罪の山羊」が必要となった。大躍進の代償が途方もないものであったために、それは多くの人々を生贄とする壮大な責任転嫁とならざるをえなかった。これは大規模な政治運動――いうまでもなく粛清を伴う運動――の発動を不可避的なものとしたのである。

（d）毛沢東に対する強められた個人崇拝。大躍進から文化大革命へと至る時期における中国の政治構造の頂点に君臨していたのは、いうまでもなく毛沢東であった。この人物は、スターリン批判後、個人崇拝をやめさせることにいったん同意したにもかかわらず、大躍進の過程でそれを自ら解禁し、側近たちが個人崇拝を推し進めることを満足げに眺めていたとまではいえないにせよ、少なくとも決して制止することはなかった。一九六五年八月、フランス大統領特使のアンドレ・マルローから、「レーニンを除けば現代最高のマルクス主義の理論家」と持ちあげられても、毛はそれを否定しようとはしなかった[†24]。文化大革命が開始される頃には、中国の人々のみならず、世界の左翼的な人々の一部から、マルクスやレーニンを超える社会主義の思想家とさえ称賛されるようになっていた。フルシチョフとの対立は、たしかにソ連や東欧諸国における彼の威信を低下させはしたが、アジア、アフリカ、ラテンアメリカの社会主義諸国においては、そしてヨーロッパの左翼的な人々の一部においては、それをかえって高めることに役立った。

当然のことながら、個人崇拝は毛沢東自らが一人で作り上げたのではなく、党全体によって作り上げられたものであった。大躍進が失敗に終わると、指導者たちはいっそう、毛の権威を傷つけないことが、党による安定的な国内統治および外交のための不可欠の条件だと考えるようになった。それは、一九六四年末の政治局常務委員会で、社会主義教育運動の進め方をめぐって主席と副主席が「衝突」した後、朱徳や賀竜らが毛沢東の権威を貶めることがないよう、劉少奇に対して毛に謝罪するよう勧めたことによく表れている。指導者たちだけが毛を崇拝していたわけではなかった。マスコミを通じた情報統制、職場・学校での政治教育、公的な政治宣伝によって、個人崇拝はかなりの程度まで民衆の間に行き渡っていた（もっとも、それを過大評価することは禁物である。というのも、公安機関が収集した反毛沢東的ビラや壁に書かれた「反動的」スローガンは、決して無視できない数にのぼっていたからである)。その結果、中国の国内であれ国外であれ、毛沢東は逆らいがたい権威となっていた。

(e)最高指導者の自信喪失と副官たちへの依存。大躍進の劇的な失敗によって、展望と自信を失った最高指導者は、他の指導者たちの意見を聞く気になっていた。一九六〇年代前半ほど、毛沢東が熱心に他者の意見に耳を傾けた時期はほかになかった。さまざまな決定に際して、毛は政治局常務委員会に諮ることを常とした。少なからぬ場合に、より多くの地方的指導者たちを加えた中央工作会議が、毛の知恵の源泉となり、彼の決定の拠り所となった。それは、政治的・経済的指針となる文書の作成過程にとくに表れた傾向であった。そのため大躍進後、すべてを一手に握り、決定し、党規約に定められた制度など取るに足りないと考えていたかにみえる独裁者にはおよそ似つかわしくない、意外なほど「民主的な」——もちろん、それは指導者層内部に限られたことであったが——そして制度を重んじる政治的実践が行われていたのである(まさにそのために、ときとして重大な揺り戻しが生じた。それは、いったんは副官たちの主導で実行された措置が、主席によってマルクス主義の許容限度を超えたと判断されたからであった)。

このような政治構造は、副官たちに彼らが比較的大きな役割を果たす余地を与えていた。そして、独裁者を「下から」操作する余地をも彼らに与えた。それは主席が大風呂敷を広げるものの具体的なアイデアに乏しく、移り気で、言動が矛盾を含み、首尾一貫性に欠けていたから、なおさらであった。彼は副官たち数名による集合的意見の提示によって動かされる場合もあれば、単独での密告に動かされる場合もあった。もちろん副官たちは一枚岩ではない。権力闘争が行われるのは、これら副官たちの間においてである。絶対的な権力を有する指導者と副官たちの間において権力闘争は起こりえない。というのも、権力の大きさに圧倒的な差があり、最高権力者に闘争を挑んでも無駄であるからである。副官たちがなしうるのは、奇襲の形をとったクーデターのみである。クーデターを未然に防止するために、独裁者は常に副官たちを競わせ、個別的な恩顧の供与と剝奪を通じて彼らを「分割して統治する」。

一方、副官たちは、蹴落とされれば権力を失う——それは独裁のもとでは、たんに肩書だけにとどまらず、一切を失うことを意味する――という恐怖から、他の副官よりも最高指導者に近づきたいと望み、他の副官を蹴落としたいという衝動に突き動かされやすい。そのための手段としてしばしば用いられることは、別の副官に対する独裁者の寵愛を失わせることである。いわば、ある牧羊犬は、他の牧羊犬を排除するのに、羊飼いの手を借りるのである。一九六五年初め、国防部長の林彪が総参謀長の羅瑞卿を排除できたのは、林が毛に対して、羅の排除と引き換えに人民解放軍の絶対的な忠誠を約束することを毛に受け入れさせたからにほかならない。シグマンド・ノイマンは、独裁の構造的特徴が最高指導者よりもむしろサブリーダーたちのうえに、より明確に発現すると主張する。サブリーダーたちは、国民性を率直に反映するとまではいえないとしても、独裁に表れた国民的特色を、より典型的に代表する傾向があるというのである。[†25] 筆者は、中国の場合、羊飼いと牧羊犬たちの関係性に、すなわち最高指導者とサブリーダーたちとの関係性に、よりはっきりとした民族性が表れやすいといおう。それはおそらく、古い王朝時代の君と臣の関係を、そのさまざまな明示的な、あるいは暗黙の規則とともに受け継いだからなのである（清朝の時代に生まれた指導者たちが、そのような「規則」を受け継いでいたとして何の不思議があろうか）。臣にとって君とは、必要に応じて、あるいは定期的に取り換えるべき存在ではなかった。あたかも古くなった道具のように取り換えるべき存在ではなく、敬い、支え、知恵を授けるべき存在なのである。かくして、大躍進の挫折後において指導者たちが形作る政治空間は、大失敗の後で自信を喪失した最高指導者と、そのためにかつてない政策的操作の能力と機会を手にした副官たち、そうであるがゆえに副官たちの間での最高指導者を利用した足の引っ張り合いの生じやすさという特徴を備えるようになっていたのである。

（f）毛沢東の反官僚制的な傾向。彼の反官僚制的傾向は、早くも一九五六年に顕著となっていた。これは高度な専門化を伴う分業に対する毛の嫌悪と密接に結びついていた。だが、中国のような後進国において急速な発展を実現するためには、限られた資金と人材を選択された分野に計画的に投入する必要から、官僚制の肥大化は避けることができなかった。ポール・スウィージーが正しく指摘しているように、「それはごく古くからの儒教的な思想や行為の習慣という伝統にもきわめてよく合うものであり、それゆえまた、新たに権力についた人々によって容易に吸収されたのである」[†26]。大躍進が地方のイニシアティブに大いに依存したために、中央における官僚機構への権力集中はいったん緩んだものの、その失敗の後、北京の官僚機構は再度強大な権力を握った。これが、何であれ既存の秩序の反転を目指す毛沢東の気に障ったのである。彼が一九六二年一月の七千人大会後、北京を離れて地方を——とりわけ南方を——専用列車で転々とすることを好んだのは、彼にとって、官僚制の象徴としての「北京」が次第に呪うべき場所になったことと明らかに関係がある[†27]。

（g）新たな「革命」を求める下からの呼び声。大躍進後の中国社会——とりわけ農村や工場——を観察するなら、社会主義の理想とはおよそかけ離れた現実が浮かび上がっていた。なるほど党による支配はもはや確固たる現実であったが、権力を手にした末端の幹部たちは腐敗し、私的利益の確保に忙しく、民衆に対してこのうえなく尊大に振舞っていた。一方、民衆はといえば、あらゆる物資の不足に苦しみ、食べていくのに精一杯であったうえに、いったんは姿を消したかに思われた数々の迷信や怪しげな信仰のなかで暮らしていた。あるいは売買婚、アヘン、賭博といった旧来からの悪習とともに生活していた。次から次へと「上から」政治運動が降り注ぐなかで繰り返される政治学習にもかかわらず（いや、むしろそのために）、人々にとって社会主義の理想はほとんど意味をもたなかった[†28]。かくして大躍進後、政治構造の頂点部分からみると、社会の底辺に「革命」の余地が新たに生まれていたのである。

この部分は、いわば党中央から発せられる光が十分に届かない深い淵の底のようなものであった。そこは、しばしば中央から「運動」による衝撃波を送ってかき混ぜなければ、指導者たちが構想した秩序とは似ても似つかぬものが生まれかねない空間であった。毛沢東は、農業集団化の過程で、食糧の統一的な買い付けと販売が計画通りに進まない理由を探求する際に、このような空間の存在に気がついたように思われる[†29]。これは、「上から」おりてくる指示を、末端の幹部たちがある場合には彼ら自身で、別の場合には農民と共同で、勝手な目的のために流用し、換骨奪胎してしまう空間であった。そのような空間の存在が認識されたならば、革命はさらに続けられるほかなかった。

一方、「継続革命」は「下から」暗黙のうちに要請されてもいた。それは以下のような事情による。周期的に「上から」やってくる運動によって、農村の党員・幹部そして農民大衆は、運動を通じて生まれる新しい政治・社会秩序が束の間のものにすぎないことを理解するようになっていた。ひとつの運動は、旧い指導者と幹部を権力の座から放逐し、一群の新たな人々と交替させる。だが、新しい指導者と幹部もまた、過去の指導者集団の例にもれず、急速に堕落してゆく。すると、彼らによる搾取や暴力の対象となっている人々は、次なる運動に期待する。新しい運動は復讐の機会であり、社会的上昇の機会でもあったからである。土地改革以来の一大「革命」とうたわれた社会主義教育運動は、それ以前の運動を上回る規模で農村の権力者たちを大量に入れ替えたことによって、人々に次なる運動を予感させ、期待させ、準備させていた。つまり、農村は暗黙のうちに、次なる運動を手招きしていたのである。

以上に加え、筆者は第1章以下において、さらにいくつかの要因をつけ加えるつもりである。それらが、前述の第二の説明方法では、大躍進挫折以後の時期において、指導者の心理状態からリーダーシップの性格、そして国際共産主義運動の直面していた課題に至るまでを網羅するひとつの構造を形作るようになっていたと想定される。この構造は、いわば「左」の方向にしか進まない車輪を備えた巨大な機械のようなものである。それが人々の意志からは独立して彼らを「左」へ「左」へと追いやる力となり、最終的に毛沢東と彼の仲間たちを文化大革命の淵へと突き落としたとみるのがこの説明方法の眼目である。

だが、徐々に形成されたこの構造が、毛沢東と彼の副官たちをがんじがらめにして身動きの取れない状態に追いやり、彼らが望もうと望むまいと文化大革命へと目的論的に導いたのだと主張してよいのだろうか。もしそのように主張するなら、文革は不可避的に生じたことになってしまう。そのうえ、この大事件を引き起こした毛沢東の責任を曖昧にするであろう。なぜなら、この説明に従えば、文革を生じさせた張本人は構造そのものであり、主席ではないからである。そもそも、ジョバンニ・レーヴィがいうように、人間がつけ入る隙間がまったくないほど厳密に構築された構造など存在しないのではあるまいか。[†30]人間はその隙間に入り込んで行動の自由を確保し、さらに場合によっては、その隙間を拡大することも可能なはずである。とはいえ、この議論をこれ以上続けるなら、歴史における自由な意志と必然との間での、よく知られた堂々めぐりに陥るだけである。筆者は、この袋小路から抜け出すための最善の策を持ち合わせているわけではないが、次善の策として、前述の二つの方法を組み合わせた次のような説明‐叙述の戦略を採用しようと思う。

まず筆者は大躍進の挫折以降、毛沢東が一貫した、はっきりした輪郭を備えた政治的構想をもたないまま階級闘争へと踏み出す様子を語るであろう。未曾有の困難に対して、どこか博打じみた即興で対応したこの最高指導者は、文化大革命の構想など何ら抱いていなかったと主張するつもりである。これが本書の出発点となる。次に、毛と彼の仲間たちを、知らず知らずのうちに文革の方向へと追いやる諸要因が、ひとつひとつ（あるいは同時並行的に）生成する様子を語るであろう。これらは次第に累積し、相互に結びついてある種の構造を形作り、彼らの行動を制約するであろう。だがそれでも、彼らにはまだある程度の自由は残っている。彼らにのしかかる構造の圧力は次第に増していくけれども、その圧力だけでは彼らは文革という深い淵に落ちることはなかった。そこで、最後の要因がやってくる（第11章で明らかにされるが、これは具体的には戯曲『海瑞の免官』によって引き起こされた騒動を指している）。構造の作用によって淵のすぐ傍まで導かれていた毛と同僚たちは、これによって集団的に足を滑らせて淵へと落ちてゆくのである。この最後の要因とは、構造のなかで突発的に生じた事態および行為者自らが行った選択の混合物である。筆者は、この最後に訪れる半ば偶発的で、半ば意図的な集団的転倒がなければ、文化大革命は生じなかった可能性があると主張するであろう。

このような叙述の方法は、歴史における因果関係の推論に関するマルク・ブロックの有名な寓話に基づくものである。彼は、崖っぷちにある山道を歩いていて、つまずき、絶壁から落ちて死んでしまう人間について語っている。この事故が起こる前に、「多数の決定要因が集まる必要があった」とブロックは述べる――重力の存在、長期におよぶ地質変化の結果である起伏の存在、山岳経済がある村と牧草地を結ぶ道を作ったことなど。だが、この不幸な人物が足を踏み外すという「最後にやってきた」、「もっとも恒常的でなくもっとも例外的で」、「もっとも容易に避けられた」、「思いがけない特殊な」要因がなければ、この事故は生じなかったであろうというのである。この歴史家によれば、「最後の瞬間のこの要因」は、「すでにすっかり準備された可塑的な素材に形を与える芸術家」のような役割を果たしているのである。[†31]

筆者は、毛沢東と彼の同僚たちが、今日の時点からみると一歩一歩文革へと着実に近づいていくようにみえながら、いくら「最後の瞬間」に近づいても、いっこうに文化大革命がはっきりした姿を現さないかのように叙述を進めるであろう。それは、主要な登場人物たちが文革に関する明確な構想を抱いてもいなければ、そうかといって構造の完全な代理人でもないと想定しているためなのである。まさにそのために、「なぜ」という問題についての、本書の解答はいくらか曖昧なものにとどまるであろう。だが、構造に玉座を占めさせないことによって、われわれは、現実にたどられた道とは別の、おそらくはより苦痛と犠牲と損失が少ない道の可能性がありえたのだという点に注意を向けることが可能となる。筆者は、もちろんそのように努めるつもりである。

資料について

本書が資料として用いる中国共産党中央の公式文書の多くは、研究者たちの間でよく知られた『中共中央文件選集』、『建国以来重要文献選編』、『中国共産党組織史資料』などに収録されたもので、特別なものではない。これらに収録されていない地方当局の公式文書については、ロサンゼルスにある中文出版物服務中心が編集した『中共重要歴史文献資料彙編』に収められている地方党委員会の内部雑誌に掲載されたものを利用している。幸いにも、この膨大な資料群には、農業集団化、整風整社運動、および社会主義教育運動に関する資料集が収められており、これらもきわめて有用である。

指導者たちの著作や発言記録やメモの類のうち、とりわけ毛沢東に関するものについては、一言述べておかなければならない。中国の外に身を置く研究者が利用可能な、一九六〇年代における毛沢東の著作、談話記録、書簡、コメントなどを集めた資料集はいくつかある。『毛沢東選集』第五巻、『毛沢東文集』第八巻、『毛沢東書信選集』、『建国以来毛沢東文稿』第十五－十九冊（筆者は二〇二四年版を用いた）、『建国以来毛沢東軍事文稿』下巻、『学習文選』、『学習資料』、『資料選編』そして『毛沢東思想万歳』のさまざまな版である。本書は多くの場合、『建国以来毛沢東文稿』および『毛沢東思想万歳』のいくつかの版に典拠を求めている。厄介なのは、文化大革命の比較的早い段階において「民間」で編集された――そうはいっても、党組織の助けを借りることなく、このような大部の講話記録が編集可能であったとはとうてい考えられない――『毛沢東思想万歳』に収録されているテクストは、版によってさまざまであり、同一のテクストが収録されている場合でも、版によって細かな違いが、ときには重大な違いが認められるということである。最高指導者の言葉一字一句が聖句であると考えられていたのだから、中世ヨーロッパの僧院において写字生たちがそうしたように、主席の言葉は最大限の尊重をもって、欠けるところなく伝えられたはずである。そのために、通常であれば、削除したほうがよいと判断されるに違いない講演中の毛の品位を欠く言葉までもが、おそらくはそのまま記載されている。

とはいえ、テクストが微妙に異なるのは、もともとのテクストを書き写しているうちに（あるいはテープに録音された、あまり鮮明とはいえない音声を文字に起こしているうちに）、あるパラグラフをうっかり省略してしまったり――意図的にそうした場合もあるかもしれないが――講話の最中に横から口をはさむ人間（それは党の会議において実に多い）の氏名、およびその発言自体が不要だと考えられたりしたことによっている。本書が参照した『毛沢東思想万歳』の各版は、一九七〇年代以来、日本でよく知られた甲、乙、丙、丁の四種類の版以外は、便宜のために、かつてティモシー・ブルックが作成した一覧表（それに筆者自身が所蔵している版を付け加えている）の番号を用いて区別する。[†32] さらに、『中共重要歴史文献資料彙編』に含まれている『毛沢東思想万歳』武漢版も利用した。筆者は、同一の発言記録やコメントなどについては、各版を比較したうえで、もっとも情報量の豊富なもの――すなわち、分量が多く、また他のテクストにはみられない情報が含まれているもの、例えば、講話が行われた場所と時間が記載されていたり、他の版では伏せ字になっている箇所が伏せ字になっていなかったりするもの――を典拠として用いるように努めた。結局のところ、筆者は収録されている文章の数が多く、かつ個々のテクストに含まれている情報量がもっとも豊富な丁本、11A、11B、11C、武漢版、および『学習文選』に主として頼ることとなった。場合によっては、『学習資料』および『資料選編』その他に収録されたテクストも比較のために参照している[†33]（表参照）。

悩ましい問題は、たとえ『毛沢東思想万歳』に収録されているテクストではあっても、それが講話の行われた直後に作成されたテクストであるとは限らないということである。例えば、一九六二年一月三〇日、七千人大会の最終日に行われた毛の講演テクストは、同年の二月から四月にかけて何度も手を入れられた後のものである。加えて、「摘要」であると断り書きのあるテクストは、当然のことながら、主席の言葉をすべて伝えているわけではない。中国共産党の歴史を扱う専門機関で働く特別な人々は、中央档案館その他に保存されている原テクストを参照できるため、われわれが読むことができるテクストとは往々にして異なるテクストに基づいて公式の『毛沢東伝』や『毛沢東年譜』を書いている。したがって、われわれは『毛沢東思想万歳』に収録された文書を、それらの文献と突き合わせて読むことが必要なのである。幸運な場合には、われわれは『毛沢東思想万歳』に収録されていない、あるいは摘要の形でしか収められていない講話のテクストを、他の小冊子に見出すことができる。一九六五年一月の中央工作会議――毛沢東と劉少奇の見解の相違が明らかになった会議として、きわめて重要な意味をもっている――における三つの毛沢東の講話テクストがその例である。だが、そのような幸運が研究者に訪れることは、きわめてまれである。

劉少奇、鄧小平、周恩来、彭真、林彪などの毛の副官たちの講話や著作に関しても、本書は特別な資料を用いているわけではない。例えば、劉については『建国以来劉少奇文稿』、『劉少奇伝』第二版、『劉少奇年譜』、台湾で編集された『劉少奇問題選輯』、およびロサンゼルスの中文出版物服務中心が編集した『劉少奇言論著述選編』が、そして

表　本書が主たる典拠として用いた『毛沢東思想万歳』その他

典拠として示す際の名称	表紙にある但書	出版地・出版社・刊行年	収録されている文章の数	サイズ	頁数	備考
『毛沢東思想万歳』丙本		出版地・出版社不明、1967年	67編	B6	280頁	
『毛沢東思想万歳』丁本		出版地・出版社不明、1969年8月	113編	B6	720頁	邦訳あり
『毛沢東思想万歳(二冊)』		いずれも不明	131編プラス付録として「毛主席的革命実践活動」など4編の解説	B6	236頁	表紙に「二冊」とあるが、二冊に分かれてはいない
『毛沢東思想万歳』9		出版地・出版社不明、1967年9月	64編	B6	336頁	
『毛沢東思想万歳』10		いずれも不明	72編	B6	411頁	
『毛沢東思想万歳』11A	1949.9－1957.12	いずれも不明	110編	B5	234頁	表紙に顔の右側を読者に向けた（すなわち「左」を向いた）毛の像が描かれている。
『毛沢東思想万歳』11B	1958－1959	いずれも不明	95編	B5	252頁	同上
『毛沢東思想万歳』11C	1960－1967	いずれも不明	192編	B5	240頁	同上
『毛沢東思想万歳』12B		北京・1967年5月	132編	B6	518頁	
『毛沢東思想万歳』武漢版1	内部学習・不得外伝1958－1960巻	武漢・武漢鋼二司・1968年	196編	B6	455頁	編者は王晁星（当時、武漢大学哲学系教師）
『毛沢東思想万歳』武漢版2	内部学習・不得外伝1961－1968巻	武漢・武漢鋼二司・1968年	378編	B6	442頁	同上
『毛主席的有関重要講話』		椿樹制床工場造反者・1967年1月9日	18編	B5	51頁	
『学習文選』第一巻	内部資料・請勿外伝	出版地・出版社不明・1967年	79編	B6	415頁	
『学習文選』第二巻		いずれも不明	83編	B6	322頁	
『学習文選』第三巻	内部資料・不得翻印	いずれも不明	90編	B6	348頁	
『学習文選』第四巻		いずれも不明	106編プラス付録4編	B6	153頁プラス付録83頁	
『資料選編』	内部資料・未経審閲・僅供参考・注意保存	出版地・出版社不明・1967年2月	253編	B5	377頁	中華人民共和国建国以前のものも95編収録されている。
『学習資料(1962－1967』		いずれも不明	182編	B6	314頁	

注）9、10、11A、11Bはティモシー・チークが付した番号に従っている（『毛沢東の秘められた講話』下、岩波書店、1993年 xii-xiii）。11Cはチークが作成した一覧表にはないが、筆者所蔵のもので、11Bの続編とみられるものである。12Bはチークの表では『学習資料（1957 － 1961）』であるが、内容は完全に同一である。

鄧小平については『鄧小平文選』、『鄧小平文集』、『鄧小平年譜』、『鄧小平伝』が主たる情報源である。ここでも外部の研究者は、丹念に捜索を行えば、幸運の助けを借りて、思いがけないテクストを手にすることもある。例えば、フランク・ディケーターは、甘粛省档案館で七千人大会における劉少奇の講話の原テクストと思われるもの――劉の講話の最中、毛が思わず横から口を挟んで反論する場面が記録されている――を発見している。中文出版物服務中心によって編集された林彪の講話集には、一九六六年五月の文化大革命の始まりとなった中央工作会議における林彪の講話とともに、周恩来が毛沢東と林彪をこのうえなく讃える一方、彭真、羅瑞卿、楊尚昆、陸定一を激しくののしる講話のテクストを――この講話を行わざるをえなかった総理の痛ましい姿、そして主席の態度次第でいかようにも姿勢を変えてみせる彼の姿が如実に浮かび上がるテクストを――見出すことができる。だが繰り返していうが、このようなテクストに出会えるのは、それを切望している人間に対して歴史の神がごくまれに与える恩寵によるほかはないのである。

農村の状況については、やや特別な資料を用いている。すなわち、主として『中共重要歴史文献資料彙編』に収められている、各地に派遣された工作隊、およびそれらを派遣した県委や省委の報告書を利用している。これらの報告書は「前十条」、「後十条」、「二十三条」などの中央から届けられた文書に深く影響された地方幹部たちの思考様式に基づいて作成されている。つまり、社会主義教育運動を通じて実際に生じたことというより、それらのレベルの幹部たちが生じたと考えたこと、あるいは彼らが生じたと思いたがっていたことが記されている。そのために、この運動を通じて、末端の幹部たちはあたかも生まれ変わったかのようであり、大衆は政治的自覚を高め、幹部と大衆の団結は空前のものとなり、生産力も大いに向上したなどといった調子で書かれている。とはいえ、このような資料は意図せずに、われわれに当時の農村社会の複雑な様相を理解する手がかりを与えている。それらの文書は、社会主義教育運動の成果を強調するために、往々にして、この人民公社にはかくも多くの根深い問題があったけれども、工作隊、現地幹部、大衆の「三結合」を通じて、それらは見事に解決されたと語る。いうまでもなく、われわれが注目するのは問題の鮮やかな解決ではなく、「かくも多くの根深い問題」のほうである。そのような「文献がいおうと望まなかったのに聞かせてしまう事項」[†34]は、このうえなく重要な鍵となるのである。

北京の指導者たちが国内外の「反修防修」に精力を注いでいるときに、広大な農村部の状況が――先ほどの比喩を続ければ、「羊大衆」の状況が――指導者たちの文化大革命への歩みにいかなる影響を与えたかについては、まったくといってよいほど検討されてこなかった。それは、中国の研究者である楊炳章（ベンジャミン・ヤン）が述べるように、文革を認識するための基本的な参照枠は「上から下へ」であって、「下から上へ」ではないと一般に考えられてきたためである。[†35]だが、この想定は疑ってみる価値がある。銭理群は一九六二年夏における中国政治の急変に関して、「震源は農民にある」と指摘している。それは農民たちが、人民公社に拠るのではなく、一家一戸単位で生産を行えるようにしてほしいとの切実な声を毛沢東、劉少奇、彭真などに直接届けた結果、指導者層に深い亀裂が走ったからであった。[†36]ならば、社会主義教育運動が行われた時期においても農村を発生源とする諸問題が、毛と党が文化大革命へと向かう歩みのなかで、いかなる動因となったかを検討してみることには価値があるであろう。それは、中国の歴史において、農民が政治的変革のメカニズムの一環として、ほとんど制度的に組み込まれてきたからだけではない。社会主義教育運動は、「新たな革命」を標榜して、農村幹部と農民を広範に階級闘争へと動員しようとしたからでもある。この企ては、結局のところ、いかなる圧力となって「上向的に」北京の最高指導者の政策決定に影響を与えたのであろうか。本書はこの点を視座に含むことによって、従来の研究とはいくらか異なる角度から文化大革命の起源を考察するであろう。

構成について

本書の構成は以下のようになる。第1章においては、毛の言葉をそれが発せられた具体的文脈と照応させながら、彼の階級闘争をめぐる観念の変化を追跡する。筆者が本章で主張するのは、従来の文献において、主席の「左傾思想」のエスカレーションと呼ばれてきたこの過程が、その言葉から連想されるような一本調子の右肩上がりではなく、小休止、突如思い出したかのような再開、そして不自然な飛躍を含むきわめて曲折した過程であったということである。同時に、そのような過程の原因でもあり結果でもあるのだが、彼の言葉遣いが混乱に満ちており、思想もまた首尾一貫したものではなかったことも強調される。したがって、毛の「思想」あるいは「理論」なるものは、基本的に政治の産物であり、その逆ではなかったと筆者は論じるつもりである。

第2章で扱うのは、毛沢東によるソ連修正主義の「発見」が、いかに中国国内における「反修防修」を鼓舞したか、いかに国内外における修正主義との闘争が結合して両者が混然一体となったか、さらに闘争が際限ないものとなったことの代償として指導者たちの政治的理性がいかに集団的に、また致命的なまでに損なわれたかという問題である。これらの問題の検討を通じて、文化大革命を生み出すことに寄与した指導者たちの世界観および心理的環境を明らかにすることが本章の眼目である。以上の二つの章は、本書における叙述と分析のいわば通奏低音をなしている。すなわち、第3章以降で展開される大躍進の挫折以降、文化大革命が始まるまでの政治過程に常に随伴する要素について語っている。そのため、記述の面で以降の章といくらかの重複が生じることを、あらかじめ断っておきたい。

第3章で検討されるのは、大躍進後、穏健な路線へと転換すべき局面が訪れていたにもかかわらず、急進的な従来の路線に、再び急進的な路線が接ぎ木された過程である。この過程において、われわれは、失敗は成功であったとの強弁の背後で、目を覆うべき惨状が次々に明らかとなるとともに、絶対に放棄しないとされた人民公社が形骸化する様子を目撃するであろう。筆者は、大躍進後、毛によって再度苛烈な階級闘争が呼びかけられた背後に、カタストロフをもたらした大失策に関する壮大な責任転嫁の意図があったと主張するであろう。

大躍進の失敗の後、党員たちが深く動揺する様子をみてとった毛沢東は、かつてない規模の会議を開催して気分を一新し、認識を統一し、新たな出発を図ろうともくろんだ。第4章で論じられるのは、この会議（すなわち七千人大会）にもかかわらず、というよりはこの会議が大躍進の結果に関して真に批判的な検討を行わなかったがゆえに、党中央内部に政策方針をめぐる重大な分裂が生じる過程である。この分裂は、毛に政治局常務委員たちに対する深い疑念を生じさせたという点において、文化大革命の背景を構成する要素のひとつとなった。筆者のみるところ、この見解の分裂状態を主席が剛腕を振るって自らに有利な形で克服する際に、掲げられた旗印が階級闘争であったのである。

第5章においては、一九六二年春、大躍進の傷跡からの回復を目指して、経済政策に合理性を回復しようとした劉少奇を先頭とする政治局常務委員たちによる努力が、同年夏、毛沢東による階級闘争の強調によって、台無しにされる様子が語られる。逆からいえば、副官たちによって奪われかけた政策的イニシアティブを、毛が一種の政治的な賭けに出て——それは一か八かの賭けであったと筆者は考えているが——奪回する様子について語る。

第6章で検討されるのは、一九六二年秋に毛が社会主義教育運動を提起した後、翌年に農村で推進されるべきこの運動に関する二つの綱領——すなわち、「前十条」と「後十条」——が作成され、それが軌道に乗り始める曲折に富んだ過程である。初めのうち、主席の階級闘争の呼びかけは放っておかれた。だが、一部の地方指導者の熱烈な反応によって、階級敵の力が実に大きなものであると認識され、先鋭な危機意識に基づいて「前十条」が作成された。すると、すぐにたたかいは各地で激烈なものとなり、歯止めが失われそうになった。そこで運動を穏健化する必要が認識され、「後十条」ができあがった。だが意外にも、劉少奇が毛沢東を上回る戦闘精神で自らを武装し、運動を極端な方向に引きずり始める。そして、ここから運動はさらに過激化し始めるのである。

第7章が考察対象とするのは、一九六四年に社会主義教育運動が急進化することによって、農村にある種の革命状況が生じる過程、および毛沢東と劉少奇の間に事実上の主導権争いが生じる過程である。筆者は、「毛沢東の文化大革命」に先んじて「劉少奇の文化大革命」が生じており、これが指導者たちの間に新たな革命に向けた精神的高揚をもたらすとともに毛の文革にひな形を与えた——それは、いわば裏返しにしなければならない「ネガティブなひな形」であった——ことによって、後の劉の悲劇を準備したと主張するつもりである。

一九六四年末、社会主義教育運動の現状と今後の方針を議論するための中央工作会議が開催された。この会議において、誰も事前に予想しなかったことであるが、毛沢東と劉少奇が「論争」を展開した。前例のない主席と副主席の衝突に、他の指導者たちはひどく動揺し、会議後、劉に対して毛に従うよう集団で忠告した結果、副主席はまたしても屈服を余儀なくされた。指導者たちが予測できなかった事態は、それだけではなかった。副主席との議論のなかで、突然、主席は「資本主義の道を歩む実権派」なる奇妙な概念を持ち出し、この範疇に属する人々を叩くことが社会主義教育運動の目標だと主張した。議論の結果、それを指針に含む「二十三条」が、この運動の最終綱領として採択された。第8章で検討されるのは、毛沢東が社会主義教育運動の主導権を劉少奇から奪い返す際に、この奇怪な概念が運動の中心に据えられた経緯、およびその意義である。筆者は、この中央工作会議までに異常に高められていた「新たな革命」に向けての指導者たちの戦闘精神、各地ですでに始まっていた「奪権」の企て、および「実権派」なる打撃目標の定式化によって、彼らが文化大革命の瀬戸際にまで近づいていたものの、なおもその地点から文革を見通すことは困難であったと主張するであろう。

ところで、文化大革命において完成する毛沢東による完全無欠の権威の獲得は、最高指導者ひとりではなしえなかった。それは、筆者が第9章において「文化‐政治的投機者」と呼ぶ人々との共同作業によってはじめて可能となった。毛と彼らは、既存のさまざまな文化的領域——文学、芸術、哲学、歴史学、経済学など——における権威ある人々を攻撃して彼らからその威光をはぎ取り、主席にあらゆる分野の権威を一点集中させるために手を携えた。かくして、文化的異端者と目される人々に対する前例のない攻撃とともに、毛に対する空前の個人崇拝が出現する。民衆の精神の深い場所に食い込む個人崇拝のこのうえない高まりは、大衆運動としての文革が始まるための必要にして不可欠の条件であった。だが、このように文革の「部品」は整いつつあったにもかかわらず、筆者は、これまで一般に文革の前奏と考えられてきた『海瑞の免官』をめぐる毛の批判は、それらの部品をいかに組み立てるかに関する設計図抜きで踏み出された、どこに向かうとも知れない一歩であったと論じるであろう。

毛沢東の考えに従えば、文化大革命は一回限りの運動ではなく、あたかも汚れた服の洗濯を繰り返すかのように、何年かに一度行うべきものであった。だが、このような繰り返される社会的・政治的浄化としての循環的革命というイメージは、毛によってのみ抱かれていたわけではない。それは、繰り返される政治運動にさらされるうちに、農村で暮らす人々——幹部と農民を含む——によっても共有されはじめていた。そして、「汚れた服」はいつしか自ら洗濯を求めていたのである。筆者は第10章において、中国社会の現実が、「下から」文革を暗黙のうちに要請していた側面があることを指摘し、それによって文革の始まりをより広い展望のなかに置き直すつもりである。

第11章においては、まず過熱していた四清運動が一九六五年一月の「二十三条」の制定以降、急速に「冷却」された様子が語られる。すなわち、一九六四年末には文化大革命に限りなく近づいていたようにみえた指導者たちが、いったんそこから遠ざかった事態について検討しようと思う。このように政治的振り子が「左」から「右」に振れたことが、「文化‐政治的投機者」たちと毛沢東との結合を促したと筆者は主張するつもりである。次に、毛沢東による戦争の見通しについて考察が行われる。筆者は、アメリカとの戦争の可能性が毛の革命への情熱を再び呼び覚ましたとしても、戦争は当面回避しうるとの判断が、文革の発動へと彼を導いたとの一部の論者により唱えられている仮説を退けるであろう。そして最後に、一九六五年秋に突如生じた『海瑞の免官』をめぐる拡大する騒ぎのなかで、いかに文化大革命が唐突に、しかし形の定まらない姿を現したかを考察しようと思う。

最後に結論として、筆者は文化大革命の起源について、従来とはいくらか異なる解釈を要約して示すであろう。

なお、本書にしばしば登場する「文件」という言葉は、個々の政策文書を指す中国語である。日本語にはない言葉であるが、便宜上、そのまま用いることとする。

†1　ついでにいえば、党・政府の官僚機構がずたずたにされた後、ほとんど元通りに復元されたことも、この運動の特徴をなしている。「文革はひとたび旧制度を破壊したが、その後期に旧制度は完全復活した」とジャーナリストの楊継縄は

書いている。楊継縄『文化大革命五十年』岩波書店、二〇一九年、二二五頁。したがって、この稀有な歴史上の大事件の研究は、旧制度の破壊から復元までを視野に含めて、はじめて完全なものとなりうるであろう。文革は、社会主義教育運動といういわば「前震」から始まり、一九六六年から一九七六年まで続く「本震」、そして一九七〇年代終わりを超えて一九八〇年代前半まで——つまり、一般に改革開放の起点と考えられている第十一期三中全会を超えて——続く「余震」という、一連の長い地震のようなものであったと筆者は考えている。つまり、一九六六年から一九七六年までの「短い文革」とともに、一九六三年から一九八〇年代半ばまで続く「長い文革」を思い浮かべている。

†2　Roderick MacFarquhar, *The Origins of the Cultural Revolution*, Vol. 1 (London: Oxford University Press, 1974), p. 9.

†3　「左傾」思想の「悪性膨張」が文化大革命に導いたというのが、今日における公式の党史の見解であるようにみえる。『中国共産党の九十年』はこう述べている。「まさにこの十年間〔一九五〇年代後半以降の一〇年間を指す〕の「左」の誤りが実践上および思想上で累積し発展したことが、その後の『文化大革命』という全面的な誤りの発生に導いたのである」。中共中央党史研究室『中国共産党的九十年　社会主義革命和建設時期』中共党史出版社、二〇一六年、五五八頁。ただし、これは中国の研究者、金春明によれば、文化大革命の原因をめぐる十説のうちのひとつにすぎない。他の九説とは、階級闘争必然説、党内権力闘争の総爆発説、封建主義が残した害毒説、毛沢東帝王思想説（毛は歴代の開国帝王と同様、王朝を打ち建てた後、開国の功臣を除去したという説）、奸臣が国を誤らせたという説、ユートピアの挫折説、大衆の反官僚主義説、東西文化の衝突説、そして人性野獣化説である。金春明『大変動年代的探索』中国社会科学出版社、二〇〇九年、七六―七七頁。このような見解の分岐は、中国における現在と過去との間の不安定な関係をよく物語っている。

†4　逢先知著、竹内実・浅野純一訳『毛沢東の読書生活』サイマル出版会、一九九五年、一九〇頁。

†5　文化大革命後の一九八一年六月に公表された「建国以来の党の若干の歴史問題に関する決議」の次の一節も毛沢東の思想の「悪性膨張」について語ってはいるが、文化大革命の発生には、それ以外のいくつかの要因もまた作用していたと示唆している。「毛沢東同志の社会主義社会における階級闘争に関する理論および実践上の誤りはますます深刻に発展し、彼の個人的専横の作風は党の民主集中制を次第に損ない、また個人崇拝の現象も次第に発展した。党中央は速やかにこれらの誤りを是正することができなかった。林彪、江青、康生といった野心家も下心をもってこれらの誤りを助長した。これが『文化大革命』の発動に導いたのである」。「関於建国以来党的若干歴史問題的決議」第十八条。

†6　厳家祺・高皋著、辻康吾監訳『文化大革命十年史』(上)、岩波書店、一九九六年、「前文——文化大革命の起源」参照。

†7　エドガー・スノー著、松岡洋子訳『革命、そして革命……』朝日新聞社、一九七二年、二七頁。

†8　Ｙｕ・ガレノヴィチ「劉少奇の『特別問題』」、『極東の諸問題』第一八巻第二号（一九八九年四月）、一六八頁。

†9　ユン・チアン、ジョン・ハリデイ著、土屋京子訳『マオ——誰も知らなかった毛沢東』下、二五八頁。『周恩来秘録』の著者である高文謙も同様の観点に立っている。高文謙著、上村幸治訳『周恩来秘録——党機密文書は語る』(原著『晩年周恩来』) 上、文藝春秋、二〇一〇年、一三三–一三五頁。

†10　フランク・ディケーター著、中川治子訳『毛沢東の大飢饉』草思社、二〇一一年、四七〇–四七一頁。この見解は、文化大革命を専門に扱った彼のもうひとつの著作においても変わらない。谷川真一監訳、今西康子訳『文化大革命——人民の歴史一九六二–一九七六』上、人文書院、二〇二〇年、五一頁。

†11　銭理群著、阿部幹雄ほか訳『毛沢東と中国——ある知識人による中華人民共和国史』(上)、青土社、二〇一二年、四九一–四九九頁。

†12　王年一『大動乱的年代』河南人民出版社、一九八八年、六三頁。著名な党史研究者である金冲及もまた、ある講演において同様の見解を述べている。「多くの西側の学者は、それ〔文化大革命〕を権力闘争とみなすことにいつも熱中していますが、この話は通りません。第一に、毛沢東の権力は当時、何らかの脅威を受けていたのでしょうか？　誰が彼の声望と権力に肩を並べることができたでしょうか？　この問題は存在しないのです。第二に、もし彼がほんとうに誰かの権力を無きものにしようと欲したのなら、『文化大革命』など発動する必要はなかったのです」。金冲及『生死関頭——中国共産党的道路抉択』三聯書店、二〇一六年、三五三頁。

†13　国分良成「歴史以前としての文化大革命」、『思想』第一一〇一号（二〇一六年一月）、一八–二〇頁。ただし、国分は劉少奇の打倒が文革そのものであったと考えているわけではない。彼によれば、「文革は劉少奇を降格させた第八期十一中全会で終わってもおかしくなかった。しかし、文革はまさにそこから始まった」のである。同右、二一頁。アンドリュー・ウォルダーも国分と同様、一九六六年春の毛による「迅速かつ計画的な策略」について語っている。アンドリュー・ウォルダー著、谷川真一訳『脱線した革命——毛沢東時代の中国』ミネルヴァ書房、二〇二四年、二三七頁。

†14　司馬清揚・欧陽龍門『新発現的周恩来』上冊、New York、明鏡出版社、二〇〇九年、一一二－一一三頁。
†15　金冲及、前掲書、三五八頁。
†16　中共中央文献研究室編『毛沢東伝（一九四九－一九七六）』下、中央文献出版社、二〇〇三年、一五一五頁。
†17　一九六六年一〇月四日の談話。王年一、前掲書、一〇一－一〇二頁より再引用。この談話は、『毛沢東年譜』第六巻、および『葉剣英年譜』下には記載が見当たらない。
†18　「関於無産階級文化大革命実質的一段文字」（一九六八年）、中共中央党史和文献研究院編『建国以来毛沢東文稿』第十九冊、中央文献出版社、二〇二四年、二四〇頁。
†19　「対中共中央、中央文革関於対敵闘争中注意掌握政策的通知稿的批語和修改」（一九六八年一二月）、同右、三五〇頁。
†20　スチュアート・R・シュラム著、北村稔訳『毛沢東の思想』蒼蒼社、一九八九年、二一八頁、二三八頁、および二四六頁。
†21　ポール・M・スウィージー著、伊藤誠訳『革命後の社会』TBSブリタニカ、一九八〇年、第九章「マルクス主義理論の危機」を参照せよ。
†22　矢吹晋訳『毛沢東政治経済学を語る』現代評論社、一九七四年、一二五頁。矢吹の推定によれば、この毛沢東の読書ノートは、一九六〇年後半に書かれたものである。
†23　李鋭『李鋭論説文選』社会科学出版社、一九九八年、一八五頁。
†24　「フランスの国務相マルローとの談話」（一九六五年八月三日）、東京大学近代中国史研究会訳『毛沢東思想万歳』(下)、三一書房、一九七五年、二九七頁。
†25　シグマンド・ノイマン著、岩永健吉郎訳『大衆国家と独裁』みすず書房、一九七九年、七七頁。
†26　スウィージー、前掲書、一三九頁。
†27　胡喬木によれば、毛沢東は文化大革命が始まる前、何度となく「北京の空気はよくない。北京にいたくない」と口にしていた。鄭恵「対〝文化大革命〟幾個問題的認識」、張化・蘇采青主編『回首〝文革〟』上、中共党史出版社、二〇〇〇年、六二頁。実際、主席はしばしば首都を留守にした。そのため、部下たちはこの孤独を好む最高指導者といつでも接触可能な状態ではなくなっていた。これが主席の副官たちに対する政策立案上の依存を、彼らに対する猜疑心とともに高め

たのである。

†28　中国経済体制改革研究所所長を務めた陳一諮は、一九六四年から六五年にかけて湖北省や北京郊外の農村を訪問した際、農民たちのみじめな境遇を目の当たりにして驚き、「人民公社制度は、周代の井田制度よりもっと立ち遅れたものだ」と友人と話したと述懐している。陳一諮著、末吉作訳『中国で何が起こったか』学生社、一九九三年、一三一―一三三頁。

†29　毛沢東のこのような認識を示唆する発言は、一九五七年夏の各省市区党委員会書記会議においてみられる。七月一七日の会議で彼はこう述べた。「反革命を激しくやっている所では、鎮圧しなければならない。反革命分子の粛清が不徹底な所では、いくらかの人を殺さなければならない。……浙江省の仙居、臨海の両県では、合作社の八〇パーセントが解散した。毎年百万人、あるいはそれより多くが騒ぎを起こすことについて心構えが必要だ。……今回の整風については、もし一度整頓し終われば、つまり一度苦労しておけば後はずっと楽になると考えるなら、そんなことは私に限っていえば、信じられない。いまは騒ぎを起こす人数を少し多く見積もるべきだ。六億の人民は、毎年三〇〇万人が騒ぎを起こす。つまり、〇・五パーセントの人間が騒ぎを起こすことに心構えをしておこう」。「在青島会議上的挿話」（一九五七年七月一七日）、『学習文選』第一巻、一六七頁。

†30　ジョヴァンニ・レーヴィ「ミクロストーリア」、ピーター・バーク編、谷川稔ほか訳『ニュー・ヒストリーの現在――歴史叙述の新しい展望』人文書院、一九九六年、一二四―一二五頁。

†31　マルク・ブロック著、松村剛訳『新版 歴史のための弁明』岩波書店、二〇〇九年、一六七―一六八頁。

†32　一覧表は、ロデリック・マックファーカーほか編、徳田教之ほか訳『毛沢東の秘められた講話』岩波書店、一九九三年、xii―xiiiを参照せよ。

†33　より多くの版を集めて、より広範かつ徹底的にテクストを比較すべきであるという意見が提起されるなら、そのとおりと答えるよりほかはない。『毛沢東思想万歳』にはほかにも多くの版があり（一説に、三百以上の版があるとされている）、書誌学あるいは文献学の観点からは、骨の折れる探索を必要とする題材である。これは筆者の手にあまる仕事であるため、ティモシー・チークによる探索の範囲を少し超えたところで手を打たざるをえなかった。中国国内における『万歳』に関する書誌学的研究は以下の論文で行われている。陳標「美国影印的《毛著未刊稿、〈毛沢東思想万歳〉別集及其他》」、『湖南科技大学学報（社会科学版）』第一七巻第二期（二〇一四年三月）、一三一―一二四頁。

†34　ブロック、前掲書、四五頁。
†35　楊炳章「北京大学における文化大革命の勃発」、国分良成編著『中国文化大革命再論』慶應義塾大学出版会、二〇〇三年、六六頁。
†36　銭理群、前掲書、上、四四五‐四六五頁。

第1章　社会主義社会における階級闘争と毛沢東

一九六二年九月に開催された第八期十中全会のコミュニケ（公報）には、中国共産党の階級闘争に関するよく知られた特徴的な主張が盛り込まれた。これは紛れもなく、当時の毛沢東の考え方を一切希釈することなく、そのまま書き込んだ文書であった。「プロレタリア革命とプロレタリアート独裁の全歴史的時期において、資本主義から共産主義への移行の全歴史的時期において（この時期は数十年、さらに多くの時間さえ必要とするであろう）プロレタリアートとブルジョアジーの階級闘争が存在し、社会主義と資本主義の二つの道の闘争が存在する。覆された反動統治階級は滅亡に甘んじることなく、常に復活をもくろんでいる。……この種の階級闘争は必然的に党内に反映される」[†1]。コミュニケが発表された当時、党内でも党外でも、この主張が後にもつ破滅的な意味に注目する者はいなかった。これが文化大革命を思想的および心理的に準備したことに人々が気づくのは、ずっと後のことである。

生産手段の私的所有制を廃絶することによって、ブルジョアジーを過去の遺物としたはずの社会主義社会においてもなお階級が存在し、したがって階級闘争も依然として存在するという認識に毛沢東はいつ、どのようにたどり着いたのであろうか。なぜ彼はこのような奇怪な見解に固執したのであろうか。そしてこの指導者にとって、このような認識はいかなる意味をもつものであったのだろうか。本章においては、毛の言葉をそれが発せられた具体的文脈と照応させながら、彼の階級闘争をめぐる観念の変化を追跡してみようと思う。筆者が本章で主張するのは、従来の文献において、主席の「左傾思想」のエスカレーションと呼ばれてきたこの過程が、その言葉から連想されるような一本調子の右肩上がりの曲線を描くのではなく、小休止、突如思い出したかのような再開、そして不自然な飛躍を含むきわめて曲折した過程であった、ということである。同時に、そのような過程の原因でもあり結果でもあるのだが、彼の言葉遣いが混乱に満ちており、それゆえ思想もまた首尾一貫したものではなかったことも強調されるであろう。したがって、毛の「思想」と「理論」なるものは、基本的に思索と分析の産物ではなく、政治の産物であったと筆者は結論づけるつもりである。

階級闘争の終了をめぐる毛沢東の逡巡

一九五六年秋の第八回党大会の終了直後、毛沢東は天安門上で劉少奇に対して、党大会での「基本矛盾」の提起の仕方が間違っていたと告げたという。[†2] 第八回党大会は、国内の主要矛盾が、人民の先進的な工業国を打ち建てたいという要求と現実には遅れた農業国であるという矛盾、人民の経済・文化を急速に発展させたいという要求と現在の経済・文化が人民の要求を満足させることができないことにあるとした。[†3] このような矛盾の定式化に対して、毛がいかなる修正意見を述べたか、確認する術はない。劉少奇夫人の王光美の説明では、主席は主要矛盾が階級闘争であって経済建設ではないと主張したのだという。[†4] もし彼女の言明が正しいとすれば、なぜ毛はこのような見解を述べたのであろうか。推測しうる理由は、主席が一九五六年後半にポーランドとハンガリーで生じた大規模な暴動、およびそれと関連するように思われた中国国内における民衆の騒動に衝撃を受け、国内における階級闘争にはまだ決着がついていないと思い始めたということである。

とはいえ、毛沢東の見解は一貫しなかった。彼は、一九五六年一二月四日の黄炎培への手紙のなかで、中国国内における階級闘争は「すでに基本的に解決された」と述べた。[†5] そして毛は一九五七年春、百花斉放・百家争鳴（双百）の有効性を訴える一連の地方遊説において、階級闘争は基本的に終了したと何度となく繰り返した。例えば、天津市の党員幹部に対して語った印象的な一節はこうである。

現在では、階級闘争という仕事は基本的には終わった。基本的に終わったということは、完全に終わったという意味ではない。大規模で大衆的な階級闘争が基本的には終わったということである。われわれは第八回党大会で〔そのように〕述べた。わが全党が求めているのは、この建設をやること、科学を学ばねばならないこと、大学に行って教授になることを会得しなければならないこと……そして、中国の様相を変えねばならないということである。政治の様相を変えたのち、経済の様相を変えなければならない。……いま、われわれはよく考えてみよう。考えてみることが非常に重要だ。こういう状況がある。つまり、階級闘争をやるのは基本的に終わったということだ。[†6]

この言葉によってわれわれは、毛が階級闘争の時代が終わり、新たな時代の幕が開けたと認識したがために、全党員に対して、卑屈にさえみえる姿勢で知識人たちから学ぶよう呼びかけたのが双百であり、また民主諸党派との「長期共存・相互監督」の方針であったことを知るのである。

ところが、双百が反右派闘争へと暗転するとともに、階級闘争は終了していないとの認識が再びよみがえった。毛沢東は、双百運動のなかで表明された知識分子の言論によって、あたかも突然、目を覚まされたかのようであった。すなわち、革命はまだ終わっていないと気づいたのである。反右派闘争が始まって一ヵ月後、毛は上海で各界の人士を前にしてこう語った。「彼ら〔右派〕は人民の事業の成果を否定しようとしている。これが第一〔の問題〕だ。第二は、どの方向に進むのか、つまり社会主義という方向に進むのか、それとも資本主義の方向に進むのか？　第三は、社会主義をやるのに、誰が指導するのか？　プロレタリアートが指導するのか、それともブルジョアジーが指導するのか？」[†7]。主席は、これらの基本的問題には、いずれもまだ決着がついていないと述べたのである。そして、現在、われわれが始めたのが階級闘争にほかならないと強調した。「この闘争〔反右派闘争を指す〕は主として階級闘争であり、闘争の性質は階級闘争である。さまざまな形式の階級闘争があるが、今回は主として政治闘争であり、軍事闘争でもなければ経済闘争でもない」[†8]。かくして、一九五六年秋の第八回党大会以降、果たして中国において階級闘争は終了したかという問題について、毛は最初、党の公式の立場を否定して「終了していない」といい、次に「終了した」と主張し、そして再度「終了していない」と述べたのである。このような過程から浮かび上がるのは、次のような単純な仮説である。すなわち、この指導者は自らが打ち出した政策が壁に突き当たると階級闘争を持ち出し、政策がうまくいったと思われた際には階級闘争に言及しなくなる、ということである。この場合、階級闘争への言及は、政策の失敗の弁明であると同時に責任転嫁の論理でもある。なぜなら、階級敵が現れて正しい政策の前に立ちはだかったため、政策は失敗を余儀なくされたからである。したがって、主席は階級闘争という概念をきわめて道具的に用いている。このような仮説を念頭に置いて話を先に進めよう。

反右派闘争のさなかの一九五七年一〇月、第八期三中全会の閉幕にあたり、毛沢東は確信に満ちた調子で階級闘争が継続していると述べた。「ブルジョアジーとプロレタリアートという二つの道の矛盾について。これが主要な矛盾であることは疑いない。これまでは反帝国主義・反封建主義で、〔この課題は〕すでに解決した。現在は社会主義革命であり、社会主義革命の主要な矛先はブルジョアジーの搾取制度を消滅させることに、そして農村においてはプチブルジョアジーを改造することに向けられている。中心問題は、集団化〔原文は「合作化」〕をもって個人主義と集団主義、社会主義と資本主義の矛盾を解決することである」[†9]。

翌月モスクワに赴いた毛沢東は、ポーランド統一労働者党の第一書記に選出されたばかりのゴムウカと会談を行った際にも、こう語った。「今年の夏、わが国の右派分子は政府を転覆しようと考えた。ハンガリーの革命分子はすでに鎮圧された。だが、事はまだ終わっていない。ブルジョア分子はまだあきらめていない」[†10]。

社会主義社会における階級闘争に関する三つの思考の筋道

とはいえ、たとえいくらかのブルジョア分子が、何らかの理由で幸運にも革命の荒波を潜り抜けることができたとしても、彼らはすでに基本的には打倒された階級の残存物であると考えれば事足りるであろう。生産手段をすっかり奪われた彼らは、もはや階級とは呼ぶに値しない人々であったはずである。それにもかかわらず、毛沢東が階級と階級闘争が存在し続けていると主張したのはまったく奇妙に思われる。農業集団化と企業の公有化によって、重要な生産手段の私的所有制を廃棄したところに、なおも執拗に存在し続ける階級および階級闘争とはいかなるものであるのか。生産関係の基礎が失われたところで階級はどのように生まれ、それはいかなる範疇に分けられるのか。社会主義段階においてプロレタリアートとブルジョアジーとの闘争はいかに行われるのであろうか。そして、この闘争はいつまで続くのであろうか。

これらの問題に関して、毛沢東がはっきりとした観念を抱いていたとみるのは難しい。現在われわれが利用しうる資料——より正確には、中国の権力中枢から離れた地点で活動する研究者が利用できる資料という意味であるが——のなかから、一九五〇年代末から一九六〇年代前半にかけての彼の階級闘争に関するすべての言及を取り出して並べてみても、この指導者が本当のところ何を考えていたのかについて、われわれはせいぜい、ぼんやりとした観念を得られるにとどまる。そこで、毛の階級闘争に関する観念とその変化を多少なりとも精確に把握するために、簡単な参照枠を作成しておこうと思う。これは、「革命後の社会」における階級闘争に関する可能な三つの考え方についてのポール・スウィージーによる整理に、筆者がいくらか手を加えたものである[†11]。このような参照枠は、時とともに微妙に変化する毛の力点の置き所を追跡するのに役立つであろう。

(1)ブルジョア的ないし「封建主義」的体制の転覆は、古い搾取階級を完全に除去するものではない。過去の革命の過程で**完全に除去しきれなかった地主、富農、資本家の類**が社会のあちこちに潜伏している。それらの旧支配階級はあらゆる手段を用いて――いうまでもなく外部勢力の助けも借りて――権力に復帰しようと試みるであろう(毛沢東は「復辟」という言葉を好んで用いた)。そうなると、中国共産党とそれに率いられた人民は、これらの古い搾取階級が完全に死滅するまで続く階級闘争を余儀なくされるであろう。

(2)過去に除去しきれなかった古い搾取階級が、社会のさまざまな場所で息を潜めて復活の機会をうかがっているだけではない。**古い支配階級の思想と価値**は、たとえこうした人々を物理的に完全に除去できたとしても自動的に消滅するものではない。なぜなら、それらは旧社会に染みついた支配的な考えであり、容易に除去できない習慣となっているからである。それらは、社会のすべての階層の思考と精神に深く埋め込まれている。それは現在の教育のある人々に当てはまるだけでなく、党員幹部に対してさえ当てはまる。かくして、いわば相続されて必然的に反革命的役割を果たす思想と価値を取り除く闘争もまた真の意味での階級闘争をなしている。この考え方は、あたかも根がなくても生きてゆける植物のように、ブルジョア的な土壌(すなわち生産関係)から切り離されても命脈を保ち続ける階級意識の存在を想定している。この場合、**ブルジョア的な観念**は、人間のあらゆる社会活動に深く広く根を張っているのだから、それを除去して新たにプロレタリア的観念を移植する闘争は、きわめて広範で日常的なものとならざるをえない。

(3)前記の(1)は、社会主義社会における階級敵が旧社会の残存物であれ、帝国主義が送り込んでくる特務やスパイであれ、社会主義の外部から、すなわち、「過去から」と「外から」持ち込まれることを想定している。だが、外部からやってくる敵ばかりではない。階級敵は社会主義の内部からも新たに生まれるであろう。社会主義社会を動かしていくには、さまざまな種類の行政官、管理者、技術者、専門家が必要である。こうした地位を占める人々は、一般的な労働者や農民と比べて、より高い所得を得ており、いくつもの役得や権限をわがものとしている。彼らは自らの出身階級に関わりなく、自らの既得権益を拡張し、その財産と地位を彼らの子供たちに引き継いでいこうと努める。これらの人々は、革命の所産である新しい社会構成体自身によって生み出され、そして絶えず再生産される「**新たなブルジョアジー**」なのである。彼らは新たな搾取階級であるから、除去されなければならない。

最後の（3）の考え方は、社会主義社会が分泌する専門家・技術者集団――広い意味での官僚制とみなすことができる――と一般的な人民との格差という社会的編成が本質的に資本主義的であり、したがってそれは除去されるべきものであるとみなす。社会主義社会における反官僚制的革命という考え方に道を開くこのような観点は、スターリン主義的な正統派理論を、すなわち社会主義社会においてマルクスのいう「本質的社会関係」としての官僚制の問題はありえないという理論を拒否するものである。それだけでなく、この観点は、革命後の社会で生まれる官僚制が、搾取階級そのもの、あるいは搾取階級と結びついているわけでは必ずしもなく、むしろ社会の安定的な運営において不可避的かつ必要な機能を果たしているとの観点をも拒否するものである。

いうまでもなく、革命後の社会に生じた官僚制を搾取階級とみなして除去する必要は必ずしもなかった。除去の対象ではなく、社会主義社会の維持と管理に必要不可欠な役割を果たす専門能力を備えた統治集団（行政における、また企業内における）とみなすこともできたはずである。実際、戦後の東ヨーロッパ諸国においては、このような専門統治集団の機能を承認したうえで、その弊害あるいは逆機能を統制するための手段が――その典型的な例はユーゴスラビアで行われた労働者自主管理の試みであった――講じられたのであった。官僚制が社会主義社会の一種の生命維持装置であるとすれば、それは統制の対象でありえても、廃絶の対象とはなりえない。このような観点からすれば、社会主義社会における「反官僚制革命」はまったく有害無益なものである。

前記の（1）（2）（3）に通底しているのは、社会主義と資本主義を両断法によって完全に切り分ける発想、あるいは両者がトレードオフの関係にあるという想定である。それらの間に、どちらともつかない曖昧な領域が存在すること――つまり社会主義的であると同時に資本主義的でもある領域――は想定されていない。このような想定に従えば、社会主義は資本主義を食いつぶす分だけ前進し、食いつぶされる分だけ後退を余儀なくされる。「二つの道」はどこまで行っても、少しも交わることはない。社会主義社会の内部で、何か悪しき傾向が確認されれば、それはすべて忌むべき資本主義の兆候なのである。このような認識は本質的に硬直的かつ戦闘的で、政策決定者たちの選択肢を狭めるものであった（それゆえ、中国はソ連から「教条主義」との批判を浴びたのである。だが、すぐ後で述べるように、この融通の利かない姿勢と、それと一見矛盾する敵に対する温和な扱いの呼びかけが組み合わされていたことが、文化大革命前夜の毛沢東の認識の重要な特徴を形作っていた）。

以上は総じてみれば、革命に立ち上がった人々、および社会主義に希望をもつ人々を落胆させかねない暗い見通しであった。というのも、この考え方に従えば、革命後の社会であっても階級闘争は延々と続き、終わりを見通すことができない。それどころか、闘争はいっそう激しいものになりさえするからである。この考え方は、生産手段の私的所有を消滅させた革命の後、社会主義社会は生産諸力の発展がありさえれば共産主義社会に向かって自動的に、また調和的に進化していくという考え方をきっぱりと拒否するものであった。社会主義社会は、それに先行する社会と同じように、いくつもの階級に分化した社会であり、階級闘争の成り行き次第で前進も後退もするであろうというのである。そのうえ、資本主義の国ぐには、悪意をもって、さまざまな特務やスパイを、そしてブルジョア的な思想をたえず送り込んでくるのだから、社会主義国はそれらとは可能な限り距離を取り、社会主義陣営のなかに引きこもる必要も生じたのである。

スウィージーの見立てによれば、一九五〇年代から六〇年代に至る中国の階級と階級闘争に関する議論は、前記の第一の意味をもっぱら主眼とするものから、次第に第二および第三の意味の組み合わせへと移り、そして文化大革命の終わりまでには、はっきりと第三の意味が優位を占めるようになったのであった。[†12]だが筆者は、以下の議論において、この時期における毛沢東の観点は、一貫して第一の意味が基礎に据えられたままで、やがてその上に第二の意味が加えられたが、第三の思考の筋道には到達することなく、肥大化する官僚制をたんに旧社会の遺物として認識し続けたと主張するであろう。

社会主義における階級闘争に関する毛沢東の観念の諸特徴

毛沢東は、よく知られているように、一九五六年にはすでに肥大化した党と政府の官僚機構が体現する「官僚主義」に我慢がならなくなっていた。彼のみるところ、党の支配を脅かす最大の要因はこれであった。そして、官僚主義に対する嫌悪が、双百および民主諸党派との「長期共存・相互監督」という方針に――結局は劇的に破綻する方針に――導いた。官僚主義は、その後もこの最高指導者にとって、社会主義社会における統治の病理を象徴する言葉であり続けた。とはいえ、官僚主義に染まった党と政府の幹部たちがプロレタリアートにとっての階級敵となりうるという考え方は、少なくとも一九五〇年代においては見出すことができない。

「大躍進」が開始された一九五八年春、毛沢東はさかんに「二つの搾取階級と二つの勤労者階級」について語った。同年の成都会議および漢口会議における彼の講話によれば、搾取階級のうちのひとつは、帝国主義、封建主義、官僚資本主義、国民党の残党、改造されていない地主、富農、反革命分子、悪質分子、右派分子である。もうひとつは、「民族ブルジョアジーとその知識分子」であった。一方、二つの勤労者階級とは、いうまでもなく労働者と農民を指す。[†13] 困惑させられることに、この約半月前の講話において、毛は民族ブルジョアジーを搾取階級には分類せず、彼らの半分は「気乗りせず」（原文は「半心」）社会主義を支持しているが、他の半分は資本主義を支持している、とのみ述べていた。要するに、民族ブルジョアジーは、どっちつかずの人々であると示唆していたのである。[†14] その点はひとまず措くとして、一見してすぐに、われわれは階級という言葉が非常に奇妙な使われ方をしていることに気がつく。階級とは、マルクス主義においては通常、客観的な生産関係に占める位置との関連で定義されるべきものである。だが、地主、富農、労働者、農民、民族ブルジョアジーは別として、帝国主義、封建主義、官僚資本主義など搾取階級の第一類で挙げられている範疇の多くは、客観的な生産関係とは何ら関係がない（しかも帝国主義に至っては、中国国内の勢力とはみなしがたい）。これでは、たんに政治的態度に言及しているにすぎない[†15]。要するに、まったくマルクス主義者らしからぬことであるが、階級の存在について指摘しながら、肝心のそれを生み出す生産関係についての分析が完全に欠落しているのである。同時に、毛のみるところ、社会主義に敵対的な分子は、もっぱら社会主義の外部から来るもの（帝国主義がその典型である）か、あるいは過去から来るもの（封建主義、国民党の残党、改造されていない地主）であって、社会主義の内部からそれが生み出されるという認識も欠けていたことがわかる。

毛沢東の認識に特徴的なことは、客観的・物質的な基礎から切り離された地点に階級の存在を措定するとともに、社会主義における階級闘争が**反復される**とみていたことである。彼は一九五八年一月、「工作方法六十条」のなかの第二十一条「不断革命」において、一九五六年における所有制における社会主義改造の完成は、革命の終了を意味しないとの見解を述べた。

> われわれの革命はひとつひとつ続く。一九四九年の全国範囲での政権奪取に始まり、反封建の土地改革がこれに続いた。土地改革が完成すると農業集団化が開始され、私営工商業と手工業の社会主義改造がこれに続いた。社会主義の三大改造、すなわち生産手段の所有面での社会主義革命は一九五六年には基本的に完成し、続いて昨年は政治戦線と思想戦線で社会主義革命を行った。……しかし、問題はまだ完結したわけではない。今後、**相当長い時期において、毎年**、鳴放〔自由な論争を指す〕と整頓・改造〔原文は「鳴放整改」〕の方法により、この方面の問題を引き続き解決していかなければならない[†16]。

その約二ヵ月後、毛は階級闘争が反復されると明言した。「過渡期〔これは社会主義段階を指すと考えられる〕の階級闘争は結局どうなるのか。どうしても反復すると見込んでおかなければならない[†17]」。だが、なぜ階級闘争が繰り返される運命にあるのか、彼はその理由を語らなかった。たとえ前記の（1）の考え方に従って、革命を幸運にも生き延びたブルジョアジーがいたとしても、彼らは除去されればおしまいである[†18]。実際のところ、一九五五年夏から苛烈な反革命粛清運動が続いており、それは着実に成果をあげていたのだから、反革命勢力がいつまでも大量に中国社会に居座り続けることなどありえなかった。したがって、主席の階級闘争に関する認識は二重の不可解さを抱え込んでいたといいうる。すなわち、客観的な生産関係の基礎のないところに階級の存在を想定し、また階級闘争が執拗に反復されると考えていた点においてである。

しかも特徴的なことに、血で血を洗う過酷な闘争を思い起こさせる階級闘争という言葉は、毛沢東においては、必ずしも暴力を用いて敵を抹殺することではなかった。すなわち、階級闘争とは、その大部分が「敵味方の矛盾」ではなく、「人民内部の矛盾」として穏やかに処理されるべきものであった。彼が述べるところ、「人民内部の矛盾には搾取者と被搾取者の矛盾が含まれている。労働者、農民、共産党の内部矛盾、指導者と被指導者の矛盾もすべて人民内部の矛盾である。右派分子、反革命分子を除けば、すべて人民内部の矛盾である[†19]」。「敵に対しては独裁が行われるが、人民に対しては説得が行われるであろう[†20]」。したがって、社会主義社会において行われる階級闘争は、それに先行する資本主義社会における階級闘争とは異なり、大部分が温和な性格をもつであろうというのである。これは、階級闘争という言葉を耳にした者が反射的に思い浮かべる激しいたたかいの様子とは大きく異なっていた。毛の言葉に接した彼の部下たちは、いったい主席は「右」を向いているのか「左」を向いているのだろうか、といぶかしく思ったに違いない。

なぜ毛沢東は一見奇妙に思われるこのような考えに至ったのであろうか。これは、スターリンが社会主義段階においてもなお、人々を暴力的に扱いすぎたことへの反省（つまり、フルシチョフによるスターリン批判の教訓）に基づくものであったのだろうか。それとも、人間は修養を積むことによって無限に人格的完成に近づくことができるとの儒教的な思想が毛に残存していたため（そうであったとしたら、「封建社会」の残存物を除去するよう彼が常に訴えていたのだから、大いなる皮肉である）であったのだろうか。それとも、中国の政治文化において重要な意味をもつ寛容さ、包容力、度量を示すことによって、人々を心服させる指導者であろうとしたためであろうか。[†21] それとも、敵に対して厳しさと寛容を同時に示すことが、彼らの一部をこちら側になびかせ、敵全体を瓦解させるための有効な戦略であると信じたためであろうか。それとも、階級闘争という言葉をいったん耳にしたならば、すぐさま一斉に戦闘態勢をとるに違いない従順きわまりない部下たちに対して、過激にならぬよう穏やかな闘争を呼びかけたのであろうか。本当の理由ははっきりしないが、筆者には、それらすべてが当てはまるように思われる。ともあれ、これは主席の一貫した主張であった。

われわれは毛沢東が一九五六年夏以降、あれほど党内の官僚主義的傾向に先鋭な危機意識を抱きながら、翌年春になるとその危機意識が急速にしぼみ、「官僚主義分子」に対して温和な姿勢を取るべきだと主張するよう態度が急変したことを知っている。最後には、彼は「霧雨」と「微風」で（！）官僚主義を吹き飛ばそうと述べた。[†22] 社会主義の正常な運営を攪乱する悪しき分子の策動を大げさにいい立て、それらの分子の徹底した物理的除去を命じるかと他の指導者たちが思ったその瞬間、最高指導者はあたかも手のひらを返すかのように、それら悪人たちに対する温和な扱いを提案したのである。したがって、毛による一九五八年以降の階級敵に対する温和な扱いの提唱は、一九五七年における「官僚主義分子」に対する穏やかな扱いの提唱の延長線上に位置するものであった。

毛沢東以外の人々にとって、すぐには理解しがたいこのような提案を理解してもらうために、彼は自らの「批判は厳しく、処分は寛大に」という発想が、マルクス主義の文献に基づくものではなく、紀元前の前漢時代に枚乗という文人が竹簡に記した『七発』という文章に基づくものであることを告白している。[†23] このような方針の利点は、毛がそれを意図したかどうかはともかく、彼が東洋的な慈悲を備えた君主であるという印象を人々に与えたこと、および毛にとっての政策上の比較的大きな操作可能性を与えたことであった。厳格でもあり寛容でもあることは、「左」を向くと同時に「右」を向くことであった。いまや主席には、他の指導者たちを、ときに厳格さが足りないといって叱責し、ときに寛容さが足りないといって非難することが可能となった。もちろん、このような操作が可能であったのは最高指導者だけであった。現実に「右派」あるいは「右傾分子」に対する闘争が繰り返されていたのだから、悪しき分子に対する寛大な処分など、政治局常務委員をはじめ他の指導者の誰にもできるはずはなかった。毛以外の誰かが、道を踏み外した分子に対して穏やかな処分を提案しようものなら、ただちに「右傾日和見主義者」の烙印を押されかねなかったからである。かくして、毛の「批判は厳しく、処分は寛大に」という方針は、それが実際に下におりた際には、ほとんどの場合、その前段しか注目されなかった。

以上を要するに、この指導者は、客観的な生産関係を何ら考慮することなく、政治的態度に即して「階級」を定義し、社会主義社会においても階級闘争は長期にわたって継続するであろうと主張していた。そして、その場合の階級闘争とは、多くの場合、暴力に訴えることを必要としないものであった。一方、残存するブルジョア思想との闘争を階級闘争とみなす考え方、および階級敵が中国の社会主義の内部から——ましてや党内から——生まれるという認識は示されていない。したがって、大躍進の途中までの時期においては、前記の三つの考え方の筋道のうち、第一の筋道は姿を現しているものの、第二および第三については、まだ姿を現していなかったといいうる。

廬山会議における変化

階級闘争に関する毛沢東の言論を時系列に沿ってたどれば、一九五九年夏の廬山会議がひとつの転機であったことが判明する。同年八月一六日、第八期八中全会の最終日（すなわち廬山会議の最終日）の講話において彼はこう主張した。「廬山に現れたこの闘争は、ひとつの階級闘争であり、過去数十年来の社会主義革命の過程におけるブルジョアジーとプロレタリアートという二大敵対階級の生死をかけた闘争の継続である。中国でも、わが党内でも、このような闘争は、みたところまだ続けなければならず、少なくともあと二〇年はたたかわなければならず、半世紀の間続けなければならないであろう」[†24]。これは、あろうことか**党内において**階級敵が出現したために、党内において五〇年間も階級闘争を継続しなければならないという言明であった。

だが、約一ヵ月におよぶ廬山会議における主席の発言をひとつひとつ並べてみると、このような認識は、長い会議の過程で徐々に形成されたものであることが明らかとなる。七月二六日、国防部長である彭徳懐の失脚の原因となった彼の書簡に対して付された毛のコメントはこうである。「現在、党内外に一種の新しい事物が現れている。すなわち、右傾情緒、右傾思想である。右傾活動はすでに増長し、狂ったように進攻してきている。……この種の状況はブルジョア階級の性質をもっている[†25]」。すなわち、彼にとって、ブルジョア的な性質をもつ「右傾機会主義者」の進攻こそが問題であった。八月一〇日、毛がある報告書に記したコメントによれば、「中央委員のなかに右傾機会主義分子がいる。すなわち、軍事クラブのあの同志たちである。……私は、これらの人々が党内に紛れ込んだ投機分子ではないかと疑っている。彼らは資本主義から社会主義への過渡期にありながら、ブルジョア階級の立場に立って、プロレタリアート独裁を破壊し、共産党を分裂させ、彼らの機会主義的な党を別に打ち立てようともくろんでいる[†26]」。要するに、この段階においては、彭徳懐らはブルジョア分子そのものとは断定されておらず、彼らとの「対決」がブルジョアジーとプロレタリアートとの階級闘争の一部であるという認識はまだ示されていなかった。廬山における党内闘争が、これまで繰り返されてきた二つの敵対する階級間の闘争の継続、そしてその党内における反映であるとの見方は、会議の最終局面になって初めて登場したのである。

ただし、彭徳懐を階級敵と認定しても、毛沢東は彭の扱いを温和なものにするよう提案することを忘れなかった。九月九日付で毛と党中央に宛てられた彭徳懐による自己批判の書簡に対する主席のコメントはこうである。「私はこう提案する。全党同志が、彭徳懐同志がこの書簡で表明した態度を歓迎することを。一方では、彼の誤りに対して厳粛に批判するが、他方では、彼が進歩することを歓迎するのである。この種の態度をもって、このわれわれと三一年もの関係がある老同志を援助するのである。この種の誤りを犯した一切の同志に対しても、彼らが誤りを改めることを望みさえすれば、いずれもこの二種類の態度をもって彼らに対応する[†27]」。

廬山会議を経て、毛沢東の思考において、前述の第一の思考の筋道がはっきりと浮かび上がるようになっただけではない。会議直後に行われた中央軍事委員会の席で、彼は前述の第二の考え方の片鱗をうかがわせる発言も行った。「今回、盧山会議で暴露された何年か前の大量の分裂活動、盧山の綱領については、そのほか李立三路線の時期のものもあるが、いずれも多くの資料があり、主要なものは、文字に記されている。……彼らは従来からマルクス主義者ではなく、われわれの同伴者に過ぎず、わが党に紛れ込んできたブルジョア分子、投機分子にすぎないことを論証しなければならない。……ブルジョア革命家が共産党に加入したものの、彼らがブルジョア的世界観やブルジョア的立場を変えていないということは完全に理解できることであり、これでは誤りを犯さざるをえない[†28]」。驚くべきことに、ともに長征の試練を生き延びた彭徳懐に対して、「同伴者にすぎず、わが党に紛れ込んできたブルジョア分子、投機分子にすぎない」との宣告が下されたのである。そして、彼がブルジョア的世界観を抱えたまま、革命に加わったことが深刻な党内闘争の根源であるというのである。

階級闘争に関する毛沢東の言説の曲折（1）——一九六〇年

われわれは、毛沢東が党内においても階級闘争が続いているとの奇怪な見解——もしそれが事実であるとしたら、中国共産党がどうしてひとつの階級政党たりうるのだろうか——を表明するに至った動機について詮索してみてもよいであろう。彼は中国における社会主義の現実に対する冷静で客観的な観察を通じて、そのような考えにたどり着いたのであろうか。それとも、怒りに任せて彭徳懐らを失脚させたものの、それは通常の理屈では正当化するのが難しいことに気がつき、あえて自分でも本当は信じていない大げさな「理論」を急いでこしらえてみせたのであろうか。つまり、政治的な必要から、理論らしきものがにわかに作られたのであろうか。後者のほうがはるかに現実味を帯びていると筆者が考えるのは、すでにみたように階級闘争が「終了した」「今後も続く」という発言を毛が過去に繰り返したことに加えて、一九六〇年に入ると、主席の階級闘争への言及が、少なくとも公の場においては、ぱったりと止んでしまうからである。

われわれが利用できる『毛沢東思想万歳』各版、および『毛沢東文集』第八巻には、同年における毛沢東の講話記録、書簡、他人が書いた報告書に記されたコメントなどが三〇あまり収録されているが、社会主義社会における階級闘争の継続について直接触れたものは見出すことができない。「旧社会が残した悪い作風」がさまざまな違法行為、規律違反、官僚主義の根源となっているとの指摘はなされているものの[†29]、それらが階級闘争の反映であるとの指摘は見当たらない。それは『建国以来毛沢東文稿』二〇二四年版、第十五冊に収録されている、一九六〇年に主席が記した二〇〇篇の文章――そのうちの一部は、『毛沢東思想万歳』にも収められている――をみても同様である[†30]。この事実は、階級と階級闘争に対する関心が、第八回党大会から大躍進の時期にかけて、毛沢東の思考のなかで一貫して重要な位置を占め続けていたのではなかったことを示唆している。筆者が思うに、それは、少なくとも一九六〇年夏までは、彼が大躍進の明るい見通しに自信を抱いていたために多幸感に支配されており、社会に現れた不吉な兆候を階級敵の出現によって説明する(あるいは釈明する)政治的必要がなかったためである。

もっとも、一九六〇年において、公的な場における階級闘争への言及が欠けているのは、後に彼自身が打ち明けているように、国際問題への対応に時間と精力を奪われていたためであったかもしれない[†31]。たしかに、同年六月以降、フルシチョフが実に激しい口調で毛沢東の民族主義、冒険主義、トロツキズムに攻撃を加えていたのだから、売られた喧嘩に彼が黙っているはずはなかった[†32]。あるいは、たんにわれわれがまだ当時の主席の言論すべてを把握していないだけかもしれない[†33]。

後者の可能性は、党中央の発した農村における「三反」運動に関連する文書を参照するとある程度高まる。一九六〇年三月、「官僚主義に反対することについての指示」の発出によって、党中央は農村の幹部を対象とした反汚職、反浪費、反官僚主義を内容とする三反運動の開始を指示した[†34]。この運動のなかで、汚職に手を染めた幹部たちが大量に摘発された。湖北省に関するある資料の示すところ、汚職に関わった農村の基層幹部は全体の二三パーセントに及んだ。彼らは平均すれば一人当たり四十数元を横領していたのであった。これらの幹部たちは「われわれの幹部の隊列のなかに隠れた地主、富農、反革命分子、悪質分子、堕落変質分子」であると断定された。[†35] とはいえ、同年春の段階では、彼らとのたたかいが階級闘争の一部をなすとの見解は示されなかった。それは、おそらく同年春、懸念材料が尽きることはなかったものの、人民公社の見通しは明るいとの報告が地方から相次いで寄せられていたためであったろう。

ところが、党中央の文書は、同年夏になると突如、都市において激しい階級闘争が行われていると示唆するようになる。同年八月、中央監察委員会の報告書に付された党中央のコメントによれば、いまや多くの都市で、「地下工場」、「地下運輸隊」、「地下旅館」、「地下商業投機集団」が発見されている。広州市で摘発された地下工場と地下商業投機集団の数は一〇九五、上海市で発見された地下旅館は一五〇ヵ所、瀋陽市では「黒装束の荷卸し部隊」が一万二〇〇〇人、成都市東城区では地下工場で四五万五六〇五人が雇われていた。これら地下組織の頭目は、そのほとんどが「中小資本家、五類分子、社会の残滓である。……彼らは、資本主義を発展させ、国家の経済建設事業を深刻に破壊している。……彼らは少数の国家機関、企業内部に潜り込んだブルジョア分子、堕落分子、農村のブルジョア分子と結託し、社会主義の活動に反対している」。[†36] このように述べた後、党中央のコメントは、かくも深刻化した問題の根源にあるものを指摘した。すなわち、都市においてはプロレタリアートとブルジョアジーとの階級闘争が依然として続いている、というのである。この闘争において、社会主義は基本的に勝利したとはいえ、ブルジョア分子はまだ完全に武装解除されたわけではない。党・政府機関と企業内部に紛れ込んだブルジョア分子、悪質分子、堕落変質分子が、あらゆる手段を用いてわれわれに進攻してきている。一方、工場、企業、人民公社の幹部たちは思想的に麻痺しており、ブルジョア思想の影響に対する警戒が欠けている。経済組織はブルジョア経営思想を残存させており、それが従業員の思想を腐食しているのである。[†37] われわれは、ここに前述の階級闘争に関する思考の第一の筋道および第二のそれが反映されていることを見出す。

同年一〇月二〇日付で出された中央軍事委員会の決議（当時は公表されなかった）は、約二年後の第八期十中全会のよく知られたコミュニケの一節を先取りするものであった。この決議はこう述べている。「国内では、社会主義と資本主義の二つの道の闘争が依然として主要矛盾であり、ブルジョアジーとプロレタリアートの間の意識形態上の誰が勝ち、誰が負けるかという問題は、まだ完全に解決しておらず、農村における富裕農民の自発的な資本主義的傾向と小生産者の習慣のもつ力は依然として存在しており、これらの矛盾を解決するには、なおたいへん長い時間がかかる。この種の国内外の階級闘争は、必然的にわが軍内に不断にも反映される。**社会の不断の革命は、人々の思想の不断の革命を求める**[38]」。ここで述べられている考え方は、一九五六年秋の第八回党大会における劉少奇の政治報告で述べられた、「わが国における社会主義と資本主義の間の、誰が誰に打ち勝つかという問題は、すでに解決されたのである[39]」との主張を真っ向から否定するものであった。したがって、この中央軍事委員会決議は、革命がすでに終了したはずの中国社会を、再び革命のなかに引き戻すものであった。そして、この決議の結論はこうである。「毛沢東思想を武器として、帝国主義、現代修正主義、および一切のブルジョア思想と真っ向から闘争しなければならない[40]」。この決議の作成に毛沢東が関与しなかったはずはないとすれば、彼は一九六〇年秋までに、二年後に公然と展開されることになる議論の骨格をすでに組み立てていたのである。

このような決議の登場をどう理解すればよいであろうか。主席は前年夏の廬山会議において、階級闘争が継続されているとは指摘したものの、それは党の指導部内部の分裂について語ったものであり、農村にまで階級闘争が広がっているなどと述べてはいなかった。したがって、この決議はどこか唐突であった。それが発せられた理由を推測すれば、次のようになる。第一の理由は、理論の整合性に関わる。廬山会議において、毛は階級闘争が続いていると語った。だが、指導層のなかで孤立した形で、それが継続していると主張するのは、どうみても論理的に不自然であった。もし階級闘争が指導部において存在するというのであれば、それは中国社会全体に拡がりをもつ階級対立が頂点部分に反映されたものである、といわなければならなかったであろう。

第二に、一九五七年以来、毛沢東がそうしてきたように、下部構造の分析をまったく欠いたところに階級と階級対立の存在を措定するとすれば、思想の領域での対立を問題とせざるをえなかったであろう。というのも、世代を超えて継承される思想を問題にしてはじめて、階級闘争が長期化するというテーゼを唱えることが可能となるからである。

第三に、決議に含まれている「現代修正主義」という言葉に注目しなければならない。これは、次章で述べるように、一九六〇年春のレーニン生誕九〇周年を記念する一連の論文の作成過程で指導者たちの政治的語彙のひとつとなったものであった。すなわち、社会主義の母国に修正主義が現れたという危機意識に照らして中国社会を観察した結果、中国でも資本主義とのたたかいにはまだ決着がついていないとの結論に至ったと考えられるのである。

考えうる最後の理由は、この頃、大躍進の矛盾が露わになったことと関係している。毛沢東と他の指導者たちは、大躍進によって極度に荒廃した社会のなかで、生き抜くためにあらゆる手段に訴える人々、あるいはこの危機的状況のなかにかえって好機を見出した人々――党・政府・軍の幹部たちであれ一般の人々であれ――をみていたと考えられる。フランク・ディケーターによる当時の社会状況に対する次のような観察は、おそらく的を射ている。「急激な集団化があまりにも破壊的であったがゆえに、だれもかれもがみな、基本計画の裏をかいたり、じゃまをしたり、抜け道をみつけたりと、共産党が排除しようとしている利潤動機をひそかに発揮した。災害が激甚化して数千万人の命が奪われるようになると、嘘、賄賂、隠匿、窃盗、詐欺、ちょろまかし、略奪、密輸、ごまかし、改竄など、何らかの方法で国家を出し抜かないかぎり、一般庶民が生き延びることさえままならなくなっていた」[†41]。大躍進が産み落としたのは、結局のところ、このような人々であった。これらの人々の思想と行動を毛は封建主義の残滓、あるいはブルジョア階級の残存物とみなしたのである。明らかなことは、農村で熾烈な階級闘争が続いているとの指摘は、彼ら――そのなかには大躍進を積極的に推進した幹部たちが含まれていた――に大躍進の失敗に対する責任を負わせるのに都合がよかったということである。とはいえ、同年における毛による階級闘争に関する公的言及の不在という事実は残る。これは一九六〇年において、党内では階級闘争に関わる議論は存在したが、主席が必ずしもそのような議論を牽引していたわけではなかったことを示唆している。

以上のように、大躍進の時期における毛沢東の階級闘争に関する認識の変化をたどるなら、用語法の混乱、不自然な飛躍、および言及の中断が認められるのである。したがって、その過程は、およそ自然な成長とはみなしがたい。繰り返していうが、毛の思想は中国社会に対する冷静な観察と分析のなかから生まれ発展を遂げたのでなく、有力な指導者の粛清の正当化、中国の外部に向けた視線が自らに跳ね返ってきたこと、さらに大躍進の挫折の責任転嫁という入り組んだ要因が組み合わされて形作られたと推測される。端的にいえば、思想が政治を形作る以上に、政治が思想を形作っていたのである。政治に先立って思想が存在したのではない。政治の必要性に合わせて、もっともらしい思想が場当たり的に作り出されたのである。筆者には、かつてE・H・カーがユートピアニズムについて述べた次のような指摘が、毛沢東の思想についても十分当てはまるように思われる。「目的が思考に先行し思考を規定するなら、次のようなことがあっても驚くにはあたらない。すなわち、何か初めての分野で人間精神が働き始めるとき、願望ないし目的の要素が圧倒的に強くて、事実と手段の分析に向かう傾向は弱いか存在しないという段階がまず最初に現れるということである[†42]」。主席が中国社会における階級闘争の存在に言及しながら、社会の下部構造の分析にまったく関心を示さなかったのは、まさにこのような理由によるのである。

階級闘争に関する毛沢東の言説の曲折（2）——一九六一-六二年

一九六一年一月一三日、毛沢東は第八期九中全会において、現在の情勢を冷静にみると、と前置きしたうえで、会議出席者たちの背筋を凍らせたであろう恐るべき見通しを述べた。すなわち、一部の県、人民公社、生産大隊の指導権が地主、富農、反革命分子、悪質分子によって簒奪されている。それらの場所では、共産党の看板が掲げられていながら、実際には国民党と地主階級が権力を握っているというのである。毛のみるところ、全国の県、人民公社、生産大隊の二〇パーセントはそうなっていた[†43]。主席は五日後の講話においても次のように述べた。

今日は調査研究の問題について話そう。……解放後の数年来、いくらか調査研究を行ったが不十分だった。状況についてあまり理解していなかった。例えば、農村における地主階級の復辟の問題である。……騒ぎが起こって、やっとわれわれは地主階級の復辟を認識するに至った。およそ騒ぎが起きた三種類の県、人民公社、生産大隊はだいたいにおいて反革命と関係がある。さらにそれらの一部は官僚主義分子の問題がある。人民公社の整頓とは、幹部を並べてみることだが、分類してみると、第一類は地主、富農、反革命〔分子〕、悪質分子が指導権を握っている。第二類は、いくらかの幹部が堕落変質している。これらの問題は、敵味方の矛盾の問題であり、敵味方の矛盾〔を処理する方針〕に基づいて処理しなければならない。……第三類は頑迷な官僚である〔原文は「死官僚」〕。党の政策と大衆の生存について顧みない連中である。この種の矛盾は人民内部の矛盾に属し、内部矛盾〔を処理する方針〕に基づいて処理するが、厳粛に処理しなければならない。……われわれは地主階級の復辟について調査研究が不足していた。都市に入って以降、われわれは都市の反革命に対しては比較的注意していたものの、農村には注意していなかった。†44

ところが、きわめて不可解なことに――あまりにも荒唐無稽なことを語りすぎたと反省したためであろうか――その二ヵ月後、毛沢東は農村における階級闘争について、打って変わって冷静な見通しを語った。三月二三日の広州で行われた中央工作会議での彼の発言はこうである。「現在、われわれはやはり階級分析をやらなければならない。都市であれ、農村であれ、階級〔の観点〕から離れて分析を行ってはならない。……搾取階級はわが国の大部分の地区では消滅させられた。地主階級も消滅させられた。しかし、まったくなくなっているのだろうか。調査研究してみなければならない。いくらかの地方では打倒されず、まだ権力を握っているかもしれない」。†45総じて、一九六一年春から初夏にかけての彼の態度は穏やかかつ慎重であり、そして政治が極端に「左」に傾いてしまったことへの反省がみられる。同年六月一二日、主席は一九五九年夏の廬山会議以降の反右傾闘争を念頭に置いて反省の言葉を口にした。「多くの『右傾機会主義分子』をやっつけてしまった。今にしてみれば、過ちを犯した。よい人間、正直に話をする人々を丸ごと『右傾機会主義分子』とみなし、丸ごと『反革命分子』とさえしてしまった」[†46]。したがって、「およそ無実の罪を被った人々は、すべて名誉回復してやらなければならない」[†47]。

以上のような一九六一年前半における毛沢東の階級と階級闘争に関する言及をたどるなら、彼が一貫した思考の枠組みも、中国社会の現実についての確固たる見解も持ち合わせていなかったと理解するのが適切であるように思われる。毛は、ときにふと思い出したように中国の社会主義社会における階級闘争について語る。その際、彼は周囲の人間を驚かせるような、まったく現実に根拠をもたない極端な見通しを語ってみせる。それは、「左」の眼差しをもって語られる中国社会主義の危機的状況である。だが、次の瞬間には、彼の階級闘争に関する関心は休眠状態に入ってしまう。かろうじて一貫しているように思われるのは、大躍進のなかで――とりわけ一九五九年夏の廬山会議において――「左」に舵を切りすぎたという感覚だけである。そうであるがゆえに、間歇的に現れ、そして時とともに強調点が移動する階級闘争に関する毛の指摘は、他の指導者たちを深く困惑させたに違いない。実際のところ、他の主要な指導者たちは、中ソ関係の緊張を受けて修正主義については語り始めていたものの、農村における階級闘争についてほとんど何も語ることはなかった。

だが、やがて転機が訪れる。一九六一年一〇月、毛沢東の階級闘争に関する感性を強く刺激する出来事がソ連で生じた。ソ連共産党第二二回大会である。この大会でフルシチョフが提示した新しい党綱領が中国の党に与えた衝撃については、次章でいくらか詳細に検討することとして、さしあたり、本章でこれまで述べてきた事柄との関連において、重要な点はこうである。このソ連共産党の大会以前、中国共産党の指導者のなかで、社会主義社会における持続的な階級闘争について語っていたのは、ひとり毛沢東のみであった。だが、フルシチョフが提示した新綱領に含まれていた「全人民の国家」、「全人民の党」という概念は、毛以外の指導者たちに階級闘争について語るきっかけを与え、そして革命後も階級闘争が続くかどうかという問題に対する態度を明らかにするよう彼らに迫ったのである。同僚たちの相次ぐ階級闘争への言及は、毛沢東の階級に関する問題意識をあらためて刺激しないではおかなかった。一九六二年一月、後に七千人大会と称される拡大中央工作会議における毛沢東の発言でもっとも注目される部分はこうである。

わが国内では、人が人を搾取する制度はすでに消滅しており、地主階級およびブルジョア階級の経済的基礎はすでに消滅しており、現在の反動階級はすでに過去におけるような、あのようなひどいものではなくなっている。……だから、われわれは反動階級の残存だというのである。すでに覆された反動階級はなお復活を企図している。社会主義階級では、なお新しいブルジョア分子が生まれることがありうる。社会主義の段階全体にわたって階級と階級闘争が存在しており、この階級闘争は長期にわたる複雑なものであり、ときには非常に激烈なものでさえある。[†48]

ここでは、前述の第一の思考の筋道がはっきりと姿を現している。一方、一九六〇年秋の中央軍事委員会決議に現れていた第二の筋道を示す兆候は見当たらない。第三の筋道については、新しいブルジョア分子が生まれる可能性を指摘しておきながら、なぜそういえるのか理由が示されていない。専門家・技術者集団については、毛はそれが階級ではなく、階級の付属物にすぎないと主張した。彼の言い方はこうである。「知識分子、例えば科学者、技師、技術要員、教授、作家、芸術家、俳優、医療従事者、新聞関係活動家などは、ひとつの階級ではなく、彼らはブルジョア階級に従属しているか、またはプロレタリア階級に従属している」[†49]。専門家・技術者たちが階級ではないとすれば、彼らに対する階級闘争もまたありえないことは自明である。したがって、主席が「新しいブルジョア分子」に言及したとしても、それは前述の（3）の意味とはまったく異なる文脈においてであった。

同年夏になると、第二の筋道が明確に示された。同年八月九日の北戴河での中央工作会議における毛沢東の講話は、彼の認識が新たな段階に到達したことを物語っていた。まず、毛は「資本主義思想」の長く残る影響について述べた。

資本主義思想は数十年も、数百年にもわたって存在する。数千年とはいうまい。……ソ連は現在まで数十年たっているが、まだ修正主義があり、国際資本主義に奉仕しており、実際には反革命である。『農村における社会主義の高まり』〔一九五五年〕という書物には、ブルジョア階級は消滅した。資本主義の思想的残存物があるだけだというコメントの一節があるが、言い間違いであり、訂正しなければならない。……社会主義改造は搾取階級による〔生産手段の〕所有制を一掃しはしたが、それは政治上、思想上の闘争がなくなったということと同じではない。イデオロギーの面での影響は長期にわたるものである。高級合作社化、一九五六年の社会主義改造によって、ブルジョア的所有制が完全に一掃されたが、一九五七年の政治・思想革命の提起によって、その不十分な点が補完された。ブルジョア階級は生き返ることができるのであり、ソ連はまさにこのような状態にある。[†50]

次に主席は、林彪を除く当時の政治局常務委員すべてが賛成していた包産到戸〔農業生産を戸別に請け負わせる仕組みを指す〕を取り上げ、これは個人経営とほぼ同義だとしたうえで、それは農村社会を両極分解させると主張した。「つまり、〔包産到戸を実施すれば〕両極に分解し、汚職窃盗、投機買い占めが横行し、妾を蓄え、高利貸しが行われ、一方は富裕化していく。ところが他方で、軍人、革命烈士、労働者、幹部という四種類の家族、五保戸の側はますます貧困化していく」[†51]。とはいえ、これはすでに生じている事実の指摘というよりは、起こりうる事態への警告であった。中国農村で新たなブルジョア階級が生まれつつあり、したがって階級闘争が生じようとしていると毛は明言しなかった。むしろ、彼は慎重に「これはプロレタリアートと富裕農民との間の矛盾である」と指摘している[†52]。それでも、新たに豊かになりつつある農民が階級敵であるとの言明とは指呼の間であった。というのも、彼がこの講話において、富裕農民出身の党員は、実際には共産党員ではないという驚くべき観点を語ったからである。「党員の階級構成をみると、大量の小ブルジョアジーがおり、一部の富裕農民とその子弟がおり、一団の知識分子がおり、さらに一団の十分に改造されていない悪質分子がいる。これらの人々は実際には共産党員ではない。名目は共産党だが、実質は国民党である[†53]」。

毛沢東の主張は、その場にいるすべての人々を驚愕させるものであったに違いない。彼の言葉を真に受けるなら、多くの共産党員は社会主義建設において頼りになるどころか、国民党員として打倒されなければならなかったからである。だが、毛に用語の厳密な定義をしてくれるよう求めても無駄であったろう（実際には、そのような要求はごくまれにしか提出されなかった）。彼は社会科学者として話をしていたのではなく、言葉に解釈の余地をあえて残しておく政治家として話をしていたからである。われわれが、ここで行われている政治が、大学で社会科学に関する訓練など受けたことがない人々の間で行われるものであったことを念頭に置いておくことはきわめて重要である。階級とは何か。階級闘争とは誰と誰がたたかうのか。そして、この闘争はどれくらい長く続くのか。それらは、最高指導者がある時点における政治的必要から語るもので、政治局常務委員と中央書記処の指導者たち、および彼らを通じて毛のメッセージを伝えられた地方の指導者たち、さらに一般大衆はそれぞれの仕方でそれを理解した。それは至高の地位にある者から発せられる言葉がいかに理不尽なものであろうと、彼に反論を挑むことなく、ただ彼の言葉を受け入れた後、各自がそれを勝手に解釈することによく慣れた社会であったからである。階級闘争が現下の大事なのだと伝えられた湖南省の農民が、その言葉を風水師、さまざまな迷信、売買婚、年功序列、族譜などと結びつけて考え、それらを根絶することが階級闘争であると考えたのは、驚くにあたらない[†54]。こうして、最高指導者が党員たちに対して新たな闘争に関する準備を要求した後、同年秋に開催された第八期十中全会で社会主義段階における階級闘争についての、よく知られた定式化が現れる。

一九六二年秋以降の毛沢東の階級闘争に関する言説

一九六二年九月に開催された第八期十中全会のコミュニケに記された社会主義段階における階級闘争に関する有名な定式化は、すでに本章の冒頭で引用したとおりである。「継続革命論」として知られるこの議論の内容は、実際には、一九六〇年秋に発せられた中央軍事委員会決議とほとんど変わりはなかった。違いはといえば、コミュニケにおいては、階級闘争の継続する期間が「資本主義から共産主義への移行の全歴史的期間において」とはっきり示されたこと、階級闘争が軍内のみならず党内にまで反映されると指摘されたこと、そしてもっとも重要なことは、もはやこの理論が「中国国内では」という限定が外され、事実上、普遍的な適用可能性が示唆されたことであった。このような特徴を備えた定式化は、「二つの道の闘争」にはすでに決着がついたとする第八回党大会のテーゼを覆すものであったと同時に、フルシチョフの「全人民の国家」、「全人民の党」というテーゼにも真っ向から挑戦するものであった。

共産主義に到達するまで長期間にわたり階級闘争は止むことがない、との気が滅入る、だがそれでも人々を階級敵に対する闘争に駆り立てるこのテーゼとともに党内の政治的主導権を再び掌握することに成功した毛沢東（この経緯については、第5章で改めて述べる）は、農村における階級闘争を推進するために社会主義教育運動に取りかかった。その綱領となる文書は、一部の指導者たちによる長い集団的討論を経て、ようやく一九六三年五月に完成した。一般に「前十条」と称されるこの文書には、さまざまな名称の階級敵が登場するが、不可解にも、そのどれひとつとして明確に定義されなかった。また、なぜそれらが農村に広く存在しているかについての社会的・経済的背景についてもまったく語られなかった。この文書によれば、過去に**覆された搾取階級**、**地主・富農**は常に復辟をたくらみ、反攻の機会をうかがっている。彼らは幹部を抱き込み、腐らせ、指導権を奪っている。そのため、すでに一部の人民公社、生産大隊の指導権は地主、富農の手中にある。地主、富農と**反革命分子**は結託し、宗教と宗教結社を利用して大衆を騙している。**反動分子**は公共財の破壊、情報の窃盗、殺人、放火に手を染めている。投機・闇取引を行う**旧いブルジ**

ヨア分子以外にも**新しいブルジョア分子**が現れ、投機と搾取に頼り、大儲けをしている。そして、党機関および集団経済に一群の**汚職・窃盗分子、投機・闇取引分子、堕落・変質分子**が現れ、地主、富農分子と結託して悪の限りを尽くしている。「これらの分子は、新しいブルジョア分子の一部をなしているか、あるいは彼らの同盟軍である」[†55]。こうして、農村における階級闘争の推進が掲げられた後、まず「試点」において社会主義教育運動が開始された。そして同年一〇月に第二の綱領となる「後十条」が定められ、この運動は本格化した。

ところが、運動を提起した当の本人である毛沢東は、階級闘争という主題から次第にそれていった。あるいは、彼が語る階級闘争の内容が時とともに曖昧になっていった。それは、運動の綱領において精緻な階級分析なしに、あまりにも多くのたたかうべき悪人の範疇をこしらえてしまったために、誰とたたかうのかが、かえってぼんやりとしてしまったからであった。そのため、社会主義教育運動が進むにつれて、階級闘争は実質的に後景に退き、代わって「前十条」ではほとんど言及されなかった修正主義の防止が前面に押し出された[†56]。その必要性は、このうえなく誇張された権力の危機とともに語られた。一九六三年夏以降、主席は信頼に足る根拠を何ら示すことなく、権力機関の三分の一は自分たちの手中にないと繰り返した。八月四日、彼は日本共産党の訪問団に対して、「農村の三分の一近くの生産隊が敵とその同盟者によって支配されている」と告げた[†57]。一九六四年を迎えると、毛は外国人に対して、中国でソ連と同様に修正主義者が生まれる危険性についてさかんに語った。例えば、同年二月二九日、彼は北京を訪れた金日成に対して次のように述べた。「中国が修正主義になったら、あなたたちはどうする？……中国に修正主義が出現しても長くはやれない。……長くても数年というところだ。中国は地方が大きく、人も多く、解放軍の自覚も高い。われわれが一部の軍隊を握っていれば心配はいらない。……予防注射を打っておくのだ。全人民に対して修正主義に反対する教育を行った。新しいブルジョアジーに反対しなければならない。新しく生まれたブルジョアジーは、汚職、窃盗、投機・闇取引をやっている。これらの人々の人数は多くないとはいえ、とてもひどい〔ことをやっている〕。……『地下工作』をやっている者がおよそ一〇〇〇万人はいる。……人口の六五分の一だ。……もしわれわれが注意しないと、彼らは氾濫するだろう。ソ連は〔そのような連中が〕いま氾濫していないか？」[†58]。

だが、毛沢東はしきりに修正主義の脅威について語りながら、それが階級闘争との関連においていかなる意味をもつ範疇であるか、まったく説明しなかった。それどころか、修正主義という言葉を定義することさえなかったのである。[†59] 修正主義者はブルジョアジーではないとしても、それは「新しいブルジョアジー」と同義なのだろうか。プロレタリアートが修正主義者とたたかう方法は、ブルジョアジーとたたかう方法と同じなのだろうか。修正主義者は、教育と説得によって正しい道に引き戻すことが可能なのだろうか。社会主義教育運動において具体的に行われたことから判断すれば、修正主義との闘争とは第一に、「汚職・窃盗分子、投機・闇取引分子、堕落変質分子、反革命分子、ブルジョア分子」の摘発と処分を意味した。第二に、それは毛沢東思想による幹部と人民の教化、および文化的諸領域における「革命化」を意味した。つまり、文学、演劇、芸術、哲学などさまざまな領域を政治化し、それらから資本主義的要素を一掃することが要求されたのである。そして第三に、幹部や知識人たちが「下へおりてゆく」ことを意味した。一九六四年以降、毛は現行の大学教育、とりわけ文化系の教育が決定的に間違っていると主張し、学制の短縮、および教員、学生が農村や工場へ出かけていくことを強く求めた。毛によれば、「下におりて」いかなければ修正主義に陥るのである。さらに、彼はいささか滑稽にこうも指摘した。「現在の学生は馬、牛、羊、鶏、犬、豚もわからない。これで修正主義が出ないことがあろうか！」[†60]。だが、このような要求は、まったくマルクス主義者らしからぬものであった。この指導者はあたかも、彼が好ましくないとみなした思想的傾向あるいは政治的態度を十把ひとからげにして、ときに「新しいブルジョアジー」、ときに「修正主義」と呼んでいるかのようであった（おそらく、実際にそうであったろう）。他方、毛は終始一貫して、修正主義を生み出す下部構造の分析に興味を示すことがなかった。

そうなると、一九六〇年代前半において、前記の思考の筋道（1）および（2）は毛沢東の「思想」に見出すことができる——そして、次第に（2）の比重が高まっていったようにみえる——としても、（3）は彼にとって無縁であり続けたように思われる。官僚主義的でエリート主義的な機構と実践は、中華人民共和国成立以降、政治、経済、文化を含む中国社会のあらゆる領域に急速に再確立された。それは、古くからの儒教的な思想と習慣という伝統と見事に合致したがゆえに、新たに権力の座に就いた人々によって容易に受け入れられたのである。このようにして形成された、革命運動と中国古来の歴史からなる国家のいわば二重人格に毛は我慢がならなかった。彼は一貫して「官僚主義」に対する手厳しい批判者であった。一九六一年六月、彼は大胆にも中央政府の人員二四万人を半分に削減し、さらにそれに倣って省、市、県などの政府機構も大幅な人員削減を行うよう提案した。そのようにすれば、「官僚主義を大いに減少させる」ことができると主席は主張したのである。[†61] 一九六四年一二月と翌年一月には、「官僚主義者階級」なる人々に言及し、彼らは労働者、貧農・下層中農と鋭く対立する**階級である**と述べた。[†62]

ところが、このときに毛が思い描いていたのは、社会主義社会の「本質的社会関係」としての、あるいは生命維持装置としての官僚制、およびその不可避的な分泌物としての官僚主義ではなかった。それは、レーニンの表現を借りれば「呪うべきブルジョア制度の遺物」、「旧世界の泥」[†63]としての官僚主義であった。したがって、それは官僚機構もろとも、丸ごと葬り去るべきものであると観念されたのである。結局のところ主席は、**社会主義それ自身**が固有の政治形態および経済メカニズムを通じて「新しいブルジョアジー」を生み出すという観念には到達しなかったように思われる。このような観念に、彼がたどり着かなかったのはいささか奇妙に思われる。というのは、一九五六年秋に鄧小平が、中国共産党が形作る政治構造のゆえに官僚主義が生じているとはっきり指摘していたからである。[†64] もしこのような考え方を洗練させていれば、社会主義におけるこの専門的統治集団の形成および存続を歴史的必然として承認することから出発して——すなわち、官僚制が必ずある種の搾取階級と結びついているという前提から離れて——官僚制を統制するための効果的で「民主主義的な」手段の模索へと進むことができたであろう。だが、そのような道を中国がたどることはなかった。そのひとつの理由は、中国が社会主義陣営において自ら孤立することを選び、東欧諸国が官僚制を「社会化」するために行っていた努力に何ら注意を払わなかったことであろう。毛沢東が前述の思考の道筋（3）に到達せず、肥大化する官僚制をたんに旧社会の遺物として認識し続けたことが、それを丸ごと除去する企てに道を開いたのであった。

社会主義社会における階級闘争の強調の行き着いた先は、「資本主義の道を歩む実権派」を打倒するという、一九六五年一月の「二十三条」制定に際して登場した闘争目的の定式化であった。文化大革命に導いたこの概念がいつ、そしていかにして毛沢東の脳裏に浮かんだかははっきりしない。おそらくそれは、この概念が登場する直前に提起された「官僚主義者階級」という概念と同様に、熟慮を経て提起されたのではなく、ほとんど衝動的に提起されたものであったろう。事実、いったん「資本主義の道を歩む実権派」に言及した後、毛沢東はこの概念に数ヵ月間も触れることなく、その代わりに再度「官僚主義者階級」という言葉を口にしたのであった（後の章において、われわれは再度この点に立ち返る）。このような経緯からすれば、文化大革命もまた慎重な考慮を経た構想に基づいて開始されたのではなかったと推定しうるのである。

「継続革命論」の意味

毛沢東が大躍進のなかで階級と階級闘争を語り始めた背景に立ち返ろう。彼によるこの問題への言及は、社会主義社会の建設と共産主義への移行について、もはやマルクス・レーニン主義の古典的な文献が指針となりえない時期になされた。よく知られているように、マルクスとエンゲルスは、将来の社会主義の青写真を提示することを慎重に差し控えていた。もしスターリンが一九六〇年代を迎えてもなお指導者であり続けていたら、ソ連社会がいかに重大な問題を抱えていたとしても、やはり彼の政策は世界の共産主義者にとって従うべきモデルとしての地位を失わなかったであろう。だが、一九五六年のスターリン批判以降、彼に代わって世界の社会主義を導くことができる至高の権威は不在となっていた。社会主義社会が生産手段の社会化、および国家の死滅という原理のうえに成り立つものであるという指針（後者はほとんどの場合、まったく顧みられなかった）以外、誰もそれが具体的にどのようなものとなるか、どのようなものであるべきかを知らなかった。このとき社会主義社会の運営、発展、そして共産主義への移行の道筋を鮮やかに提示できる人間が現れたならば、その人物は世界の共産主義運動の理論的権威として崇められたであろう。

果たして毛沢東がスターリン批判の後、野心に駆られて、そのような地位を自ら熱望したかは不明である。現在の時点からみて明らかなのは、社会主義の成立がいったん宣言された社会を、みるも無残に荒廃させた人物に理論的権威の資格などあるはずはなかったということである。事実、大躍進の後、指導者がいかに弁明しようとも、中国はいかなる体制の国家なのか判然としなくなっていた。人々はただ生きるのに精一杯で、公式の制度のあらゆる間隙を突いて、あるいは制度の裏をかいて、生存を確保するために必死であった。そのために、いわば社会主義とも資本主義とも（中国で使われる意味での）「封建主義」ともつかない奇怪な体制が、あるいは近代的でもあり古代的でもある体制が出現していた。

主席は、人民公社こそが共産主義の楽園へと通じる魔法の近道であると信じて疑わなかったから、またそれに劣らず重要なことであるが、フルシチョフをはじめとして他の社会主義国の指導者たちがそれに懐疑的であったために、それを捨て去ろうにも捨て去れなくなっていた。これは人民公社の生産面における客観的な有効性以上に、毛の体面に関わる問題であった。しかし、人民公社の評判は、一部の指導者の間ではともかく、民衆の間ではまったく芳しいものではなかった。そのため、大躍進の失敗が明らかになるにつれて、毛の権力から権威が音を立ててはがれ落ちていった。このような権威の衰退局面において彼が主張したのが、社会主義社会においても階級と階級闘争は存在し、また階級闘争は執拗に反復されるというテーゼであった。

このようなテーゼを、毛沢東が自信をもって唱えたなどと到底考えることはできない。繰り返していわなければならないが、社会主義社会で何が生じるか、その社会を共産主義に到達させるためには何がなされるべきかについては、いかなる理論家といえども、はっきりと答えることはできなかったのである。ましてや、スターリン批判以降、毛による中国独自の社会主義の模索は、双百であれ民主諸党派との長期共存・相互監督であれ大躍進であれ、明らかな失敗続きであった。そのような人物が、中国のみならず社会主義社会に普遍的に適用可能な「理論」を、確信をもって唱えられるはずはなかったのである。

一九五七年一〇月の第八期三中全会において、この「理論家」がプロレタリアートとブルジョアジーの矛盾、社会主義の道と資本主義の道との矛盾を「主要矛盾」と断定した際、それには「当面のわが国の」という限定が付されていた。おそらく、このときの彼の発言は、「反冒進」に象徴される党内の「右傾」を厳しくとがめる文脈においてなされたものであったろう。そして、一九五九年夏の廬山会議で毛が再び「ブルジョアジーとプロレタリアートの生死をかけた」階級闘争の継続に言及した際にも、やはり彼は「右傾」はブルジョアジーと帝国主義の圧力を受けた結果であると語っていた。[†65]要するに、党内に「右傾」の潮流を認めたとき、毛はその背後にブルジョアジーの影を見て取ることができると主張し、その潮流を覆すために「階級闘争」に取り組むべきだと訴えたのである。

だが、一九六〇年春以降、中国共産党による階級闘争への言及（すでに述べたように、この頃、毛沢東自身による公的な言及は見当たらない）には新たな二つの意味が込められるようになる。ひとつは、大躍進と人民公社を批判したフルシチョフを、階級闘争を忘却してしまった修正主義者として告発することである。そのために、一九六二年九月の第八期十中全会で現れた「継続革命論」は、たんに中国にのみ適用しうる理論ではなく、すべての社会主義に適用可能な理論としての体裁をとっていたのである。そしてもうひとつは、同年夏以降――すなわち、大躍進の失敗が明らかとなる時期――に顕著となる傾向であるが、大躍進の挫折の責任を、階級敵とみなしうる人々に転嫁することであった。以上の二つの意味は、次第にはっきりと結びつくようになった。すなわち、中国の内外に出現した、結託しかねない危険な敵に注意が向けられたのである。

とはいえ、中国の研究者である郭徳宏らが指摘するように、毛沢東は第八期十中全会で階級闘争を行わずしてどうすると啖呵を切ってみせたとはいえ、彼には本当に農村で階級対立が生じているのかについて確信もなければ、階級敵とのたたかいをどう進めるべきかについての指針もなかった。[†66] それは毛の発言が、国内外において政治的主導権を握るための一種の賭けであったからである。最高指導者がそのような状態であったのだから、地方指導者がそれぞれの地方において階級闘争を展開することにほとんど関心を示さなかったのも無理はなかった。彼らは相次ぐ「運動」に疲れ果てており、またようやく生産が回復し始めていたときに階級闘争に精力を注ぐ気にはなれなかった。そのうえ、地方指導者たちは、主席の言葉遣いがしばしば誇張に満ちていることを知っており、そのため彼の言葉を割り引いて聞く習慣ができていたかもしれない。だが、湖南省の王延春と河北省の劉子厚の態度は違っていた。彼らは一九六三年春、それぞれの地方で激烈な階級闘争が進行していること、そこでは貧農・下層中農の積極分子を動員して、「黒い風」（湖南省委の報告にみられる表現）を吹かせる「歪風邪気」（不健全な傾向とよこしまな気風）、「牛鬼蛇神」（妖怪変化）に打撃が与えられていること、幹部の労働参加がよい効果をもたらしていることなどを毛に報告した。主席はこれらの報告に大いに満足し、こう述べた。「四清をやらずにどうやって社会主義をやるのだ？」[†67] 第八期十中全会後、毛はいわば階級闘争という深い淵に片足を入れてはみたものの、そこへ本気で飛び込む気にはなれなかったが、地方指導者たちに背中を押されてようやく飛び込んだのであった。

何ら熟考を経てたどり着いた考えではなかったのだから、理論的にみても「継続革命論」なるものが、実際には理論の体をなしていなかったとしても不思議はない。プロレタリアートの敵となる「階級」は実にさまざまで、地主や富農から「悪質分子」、「堕落変質分子」、果ては「妖怪変化」に至るまでが含まれた。それらのほとんどすべてが定義不能であった。土地を所有しない人間がいかに地主であり続け、そして階級闘争の対象となりうるのだろうか。「悪質分子」は階級闘争をもって対処するのではなく、法的に対処すれば十分ではあるまいか。「堕落変質」は生産関係とどのように関わっているのだろうか。すべてが吟味に耐えなかった。それぞれの階級敵がいかにして階級でありうるかの説明には、本来は下部構造の分析が必要であるはずなのに、毛沢東の場合、それが完全に欠落していた。なぜ彼は、その分析にほとんど何の関心も示さなかったのだろうか。考えうる理由はいくつかある。第一は、まったくマルクス主義者らしからぬことであるが、経済的土台の理解が階級分析に必要不可欠とは考えていなかったことである。これはもとより、毛の理論的水準の低さを端的に物語るものである。第二に、もし厳密な下部構造の分析を行えば、中国社会にはもはや階級対立など存在しないことは明らかになってしまうのだから、土台の分析はあえて避けられたと考えることも可能である。第三に、生産関係の分析に立ち入らないのは、主席が抱いていたある種の信念に基づくものであったかもしれない。彼は、スターリンの著作『ソ同盟における社会主義の経済的諸問題』について、「スターリンは生産関係を語るのみで上部構造を語ることなく、上部構造の経済的基礎に対する関係を語らなかった」と評した。[†68] このとき、毛はスターリンに対してだけでなく、珍しくマルクスに対しても楯突いている。すなわち、上部構造、人間、運動の役割を語らなければ、共産主義へ移行することはできないというのである。この東洋の「マルクス主義者」は、スターリンとも、そしてマルクスとも異なる思想上の独自性を打ち出したいと望んでいたのかもしれない。

毛沢東を下部構造の分析から引き離した真の理由がどうであれ、彼は一貫して上部構造の問題だけを取り上げ、旧社会から受け継がれた思想や態度が「新しいブルジョアジー」や「修正主義者」を生み出していると主張した。そして、毛がたどり着いた究極の闘争対象には、不可解にも、もはや階級ではなく「派」――すなわち「資本主義の道を歩む実権派」――という範疇が用いられていた（この点については、第10章で詳述する）。これは、たんに用語法の問題だけではなかった。彼自身が「資本主義の道を歩む実権派」の打倒を、真に重要な目標であると信じていたかについても疑問が残るのである。文化大革命が始まって二年余りが経過した一九六八年一二月、主席は「走資派」（資本主義の道を歩む人々を指す）の多数は教育を受け入れ、過ちを正しているのだから、もう彼らを「すべて悪い奴らだとみなしてはならない」と述べた。[†69] 要するに、彼の言葉のすべては、そのときの政治次第なのである。

「継続革命論」には、階級を生み出す物質的・客観的諸条件の分析が欠落していただけでなく、官僚制についての緻密な分析もまた見当たらなかった。あれほど官僚主義に対する敵意をむき出しにしていたというのに（あるいは、まさにそのために)、毛沢東の社会主義社会における官僚制に関する理解はまったく単純で、それは旧社会の遺物であるというものであった。したがって、現在の社会において権力を握る人々の官僚主義は、ブルジョア社会から受け継いだ忌むべき態度と作風にほかならなかった。そうであるとすれば、この旧社会から引き継がれた「腫瘍」のようなものは、政治的外科手術によって官僚制もろとも除去するほかはなかった。ここで毛の理論は、本人はまったく意識していなかったであろうが、トロツキーが『裏切られた革命』の最後で展開した議論にきわどいところまで近づいてしまう。だが、トロツキーと異なる点は、この「腫瘍」は一度除去しただけではすまず、思想と態度のあり方次第で何度でも繰り返し現れると考えられていた点である。「腫瘍」は現れては除去され、また現れては除去される。実際のところ、このようなイメージは、後の文化大革命の開始にあたって、主席が考えていたことに近い。彼のみるところ、文化大革命は何度も繰り返されるべきものであった。毛が一九六六年七月八日付で江青に宛てた手紙にはこう記されていた。「現在の任務は、全党、全国において、右派を基本的に(すべてというのは不可能だが)打倒することであり、七、八年後にさらにもう一度妖怪変化を一掃する運動を行うべきで、その後何度も一掃する必要がある」†70。

毛沢東の「継続革命論」は、その内容を仔細に検討すればするほど虚ろにみえる。それはマルクス主義の衣をまとってはいるとはいえ、本質的には、それとほとんど関わりももっていなかった。それは慎重な考慮を経ることなく、ほとんど即興で表明された「権威への意志」にほかならなかった。すなわち、それは自らの権威の衰退局面において国外と国内の両方に向けられた、権威回復のための闘争宣言であった。社会主義段階においても階級闘争は続くという「理論」は、中国社会に関する冷静な観察と綿密な分析からではなく、彼にとっての政治的な必要から生まれたのである。

小結

毛沢東の政治的必要の所産である欠陥だらけの「理論」は、当然のように、彼の最側近たちからは十分に理解されなかった。第八期十中全会において、劉少奇は大衆を動員して階級闘争を進めるつもりは毛頭なく、「ただ二つの委員会を組織し、少数の人々で彼ら〔反動派を指す〕に対応すれば十分だ」と語った。[†71] 周恩来も、しばらくの間、社会主義教育運動を官僚主義に反対する運動だとみなしていた。[†72] 鄧小平の社会主義教育運動における役回りは、もっぱら行き過ぎを阻止することであった。[†73] 鄧とともに階級闘争に気の進まない彭真は、第八期十中全会閉幕日の全体会議で発言し、「階級闘争の落とし穴」にはまらないよう訴えた。つまり、階級闘争が、ようやく回復の兆しをみせた生産に悪影響を与えることがないよう主張したのである。[†74] 以上のような、最高指導者たちの階級闘争に対する消極的態度は、彼らが農村において悪しき現象が生じていることは理解していても、「封建勢力、資本主義勢力が狂ったように進攻してきている」などと、にわかには信じられなかったのだから無理もなかった。そして何よりも、末端の幹部や農民たちは疲れ切っていた。だが、湖南省委、河北省委、浙江省委など、一部の地方指導者たちが——またもや、というべきであろう——主席の解釈枠組みを積極的に自らの地域の状況に当てはめ、農村の「階級闘争」の深刻な状況を誇張して毛に伝えた。彼らは、大衆の間で広まっていた小さな盗み、迷信、占い、賭博、投機、空売り、売買婚、アヘンの吸引など、あらゆる農村の暗部を「階級闘争」の兆候とみなしたのである。大躍進の際とまったく同様、彼らの報告を聞いているうちに、毛は自らの主張に次第に確信を抱き始めた。

したがって、一九六〇年代前半における毛沢東の「左傾思想」のエスカレーションと一般に理解されているもの——それは実際には、すでにみたように曲折に富んだ過程であった——は、（a）先述した第一の意味における旧社会の遺物とのたたかいから、第二の意味における上部構造のあらゆる領域におけるたたかいへの闘争対象の拡大（第三の筋道についていえば、毛は「新しいブルジョアジー」を社会主義における官僚制の問題と結びつけて考察することはなかった）、および（b）曖昧で欠陥だらけの「思想」が、毛を除く最高指導者たちの頭越しに地方の指導者たちをとらえてゆく——あるいは、地方指導者たちが毛の「思想」に便乗する——二重の過程として理解することが可能である。

次章で述べるように、この「左傾」の亢進は、国際環境によっても促進された。アメリカ帝国主義に妥協的な態度をとるようにみえるフルシチョフに対して、急進主義的で戦闘的な毛沢東が、理論的な導き手が不在の国際共産主義運動において、左派を代表する論客に祭り上げられてしまったことは、一九六〇年代におけるこの運動が抱え込んだ大いなる皮肉であった。それは社会主義陣営全体が直面していた深刻な行き詰まりを物語るものであった。それでも、世界の共産主義運動において高まりゆく毛沢東の権威は、中国国内において、いったんは大きく傷ついた彼の権威を力強く下支えした。大躍進の挫折によって支配の正統性の深刻な危機に直面していた党は、いかに奇妙な「理論」を唱える指導者であっても、この「国際的権威」を推戴して危機を切り抜けるよりほかはなかった。他の指導者たちは、この大いなる権威の背後に隠れ場所を見出した。かくして、社会主義から共産主義へと続くはるかな道を、誰も自信をもって指し示すことができない時代に、自信にも展望にも一貫性にも欠け、常に曖昧で大げさな言葉で語り、およそマルクス主義的に考えないが、とにかくラディカルで戦闘的であり続けた人物が、誰がマルクスに忠実であり誰がそれに背いているか、誰がマルクスの描いた展望に近づき誰がそこから離れているかについて解釈する権利を独占してしまったのである。これには悲劇の要素が含まれているが、同時に喜劇の要素もまた含まれている。

毛沢東が自らの大失策によって中国社会を完膚なきまでに荒廃させ、大きく損なわれた自らの権威の回復の方法を探したときに、あたかも本能に突き動かされたかのように、それまで彼が得意としてきた革命の継続を選択したのは怪しむに足りない（ほかに、彼に何ができただろうか）。党はすでに根本的なイデオロギー問題について真剣に議論することをやめていたため、また指導者集団全体の理論的水準の低さのため、最高指導者の言葉に疑問を抱きながらも、ただ従うほかはなかった。党内には正当な疑問を提起できる人々が少なくなかったにもかかわらず、彼らはただ沈黙し、賛同した。そして、機会主義的な追従者たちが称賛の声をあげた。毛のエピゴーネンたちがほんとうに毛の「理論」を理解し、心服していたのかはきわめて疑わしい。おそらく主席は、自分を優れた指導者としてさかんに持ちあげようとする周囲の動きを知って、自分の権威が実際には空洞化しつつあることに気がついていたであろう。そうであるがゆえに、後の章で述べるように、彼は哲学の問題をさかんに提起し――しかし、それもまた「一が分かれて二となるのか、それとも二が合して一となるのか」といったきわめて粗雑で通俗的なものであった――観念の世界で権威を回復しようと企図したのである。だが、中国の内外で「現代のレーニン」として高まりゆくばかりの毛の声望と、実際の彼の「思想」の空疎さは、これ以上はないほど鮮やかな対照をなしていた。毛から少し離れた位置にいた追従者と大衆が熱狂的に彼を支持したとしても、最側近の劉少奇、周恩来、鄧小平、彭真らは、主席の「理論」なるものが、実際には「皇帝の新衣装」であることに気がついていたと思われる。[†75]

とはいえ、最後に強調しておかなければならないが、毛沢東の「継続革命論」の暗い見通しは、党員と民衆をこれまでの革命の成果に失望させ、今後の革命の意欲を削いでしまったわけではなかった。むしろ、人々を果てしなく続く階級闘争のなかに投げ込む憂鬱な未来像が、彼らを力強く鼓舞したという逆説が文化大革命という事件の根底に横たわっている。それはまったく不可解というわけではない。というのも、独裁者たちは人々に耐えがたい任務を課すことによって、自らの権力を強化してきたからである。ジョージ・オーウェルの次の言葉は示唆的である。「三人の偉大な独裁者〔ヒトラー、ムッソリーニ、スターリンを指す〕は、いずれもその国民に耐えがたい重荷を強制することによって自己の権力を強化したのであった。社会主義ばかりか資本主義の場合にも、これはしぶしぶながらにせよ、国民に向かって『諸君に幸せを約束する』といっているのに対して、ヒトラーは『諸君には闘いと危険と死を約束する』という。そしてその結果は、全国民が彼の足元に身を投げ出すのである[†76]」。毛が、スターリンを除けば、過去の独裁者たちの事績から積極的に学んだとは思われない。だが、危機のなかで生まれ、危機とともに生き、危機を克服することに生きがいを見出してきた彼は、危機と好機が互いに絡み合うものであることを、よく心得ていたに違いない。

†1 「中国共産党第八届中央委員会第十次全体会議的公報」、『人民日報』一九六二年九月二九日。

†2 『毛沢東年譜』第三巻、六三九頁の脚注を参照せよ。一九五七年三月に開催されたある座談会の席でも、毛は第八回党大会の決議における矛盾の扱いが論争を引き起こしたこと、そして決議から削除されたはずの章句が、もとのとおり印刷、配布されてしまったと述べている。「在九省市宣伝文教部長座談会的談話」(一九五七年三月六日)、『毛沢東思想万歳』9、五五頁。

†3 前掲『中国共産党的九十年 社会主義革命和建設時期』、四七三頁。

†4 王光美・劉源ほか著、吉田富夫・萩野脩二訳『消された国家主席 劉少奇』(原題は『你所不知道的劉少奇』)日本放送出版協会、二〇〇二年、一三八頁。

†5 「致黄炎培」(一九五六年一二月四日)、『毛沢東書信選集』人民出版社、一九八三年、五一四-五一五頁。強調は毛自身による。

†6 「在天津市党員幹部会議的講話」(一九五七年三月一七日)、『学習文選』第一巻、二四二-二四四頁。このテクストは、『毛沢東思想万歳』のいくつかの版に収録されているものと、ほぼ同一であるが、重要な違いは、『学習文選』所収のものでは、『万歳』各版で伏せ字となっている人名——黄火青、万暁塘、陳沂、陳其通、馬寒冰——が明らかにされていることである。

†7 「在上海市各界人士会議上的講話(記録要点)」(一九五七年七月八日)、『毛沢東思想万歳』11A、一八二頁。このテクストは、同12Bに収録されているものと、若干の表現上の違いがあるものの、基本的に同一である。また、丁本に収められているテクストとも、ほぼ一致している。

†8 同右、一八三頁。

†9 「在八届三中全会総結時的講話」(一九五七年一〇月九日)、『毛沢東思想万歳』12B、九七頁。この講話のテクストは、『万歳』10に収録されているものと完全に同一である。だが、困惑させられることに、『万歳』丁本に収録されているものとは、かなり異なっている。丁本の当該箇所はこうなっている。「資本主義から社会主義への過渡期において、主要な(あるいは基本的な)矛盾がプロレタリアートとブルジョアジーの矛盾、社会主義と資本主義の矛盾であることは、いまや明確である。これは社会的関係、人と人の関係が基本的には解決されたが、まだ完全には解決されていないということである。地主、富農、反革命分子、悪質分子が資本主義に賛成し、人を搾取する者が資本主義に賛成するのも、やはり

ブルジョアジーとプロレタリアートの矛盾である。二つの路線の闘争は長期の闘争を経て解決されるものである」。「八期三中全会での講話」(一九五七年一〇月七日)、邦訳『毛沢東思想万歳』上、一七三頁(丁本、一二五頁)。問題となるのは、ここで毛が用いている「社会主義への過渡期」という概念である。同じテクストにおいては、明らかにそれが社会主義段階そのものを指しているとみられる箇所があり、彼の用語法の混乱を物語っている。文脈から判断すれば、社会主義段階においても、毛がプロレタリアートとブルジョアジーの矛盾を「主要矛盾」とみなすべきだと主張している、と理解するのが適切であるように思われる。

✝10 「毛沢東主席同哥穆尔卡的談話記録」(一九五七年一一月一五日)、宋永毅編『機密档案中新発現的毛沢東講話』New York, 国史出版社、二〇一八年、四三頁。

✝11 ポール・スウィージー著、伊藤誠訳『革命後の社会』TBSブリタニカ、一九八〇年、一四一―一四四頁。

✝12 同右、一四四頁。

✝13 「在漢口会議上的講話」(二)(一九五八年四月六日)、『毛沢東思想万歳』武漢版1、八〇―八一頁。このテクストは、『毛沢東思想万歳』11Bに収録されているものと同一であるが、武漢版1には、他の版には見当たらない「在漢口会議上的講話」(一)(一九五八年四月六日)が収められている。『万歳』丁本所収のこの講話テクストには、武漢版1や11Bには含まれていないパラグラフが含まれている。他方で、丁本には、武漢版1や11Bに含まれている「漢口会議上的挿話」は収録されていない。

✝14 「在成都会議上的六次講話」(一九五八年三月二〇日)、『万歳』武漢版1、三二頁。

✝15 厳家祺らによれば、のちに毛は「三面紅旗」への反対を――つまり、ここでも政治的態度に基づいて――修正主義と呼んだのである。この簡潔な指摘は的を射ているように思われる。厳家祺・高皋著、辻康吾監訳『文化大革命十年史』上、岩波書店、一九九六年、七頁。

✝16 強調引用者。「工作方法六十条(草案)」(一九五八年一月三一日)、『毛沢東思想万歳』11B、一六頁。このテクストは、『万歳』各版を通じて、細かな字句の違いを除けば、一致している。ただし『万歳』各版では、最後の部分で、この草案は「数ヵ月をかければ」正式な条文となるだろうと記されているところ、『資料選編』二〇九頁では「九ヵ月をかければ」となっている。

†17 「在漢口会議上的講話」(二)(一九五八年四月六日)、『毛沢東思想万歳』武漢版1、八三頁。

†18 実際、前述の「第一の搾取階級」は人口の五パーセントにすぎないと毛は語っていた。同右、八一頁。

†19 「漢口会議での講話」(一九五八年四月六日)、邦訳『毛沢東思想万歳』上、二五三頁(丁本、一八五頁)。この部分は、『万歳』武漢版1や11Bに収録されているテクストには含まれていない。

†20 邦訳『毛沢東思想万歳』上、二五四頁(丁本、一八六頁)。この部分は、武漢版1や11Bに収録されている「漢口会議上的插話」(一九五八年四月一日至六日)に含まれている。

†21 これは蘇暁康らによって示された見解である。蘇暁康・羅時叙・陳政著、辻康吾監訳『廬山会議——中国の運命を定めた日』毎日新聞社、一九九二年、四〇五頁。

†22 「在山東省機関党員幹部会場的講話」(一九五七年三月一八日)、『学習文選』第一巻、二七七頁。このテクストは、『毛沢東思想万歳』11Aに収録されているものと同一である。ただし、後者からは、毛の話が途中で二〇回以上も会場の笑い声で途切れたことがうかがえる。

†23 「枚乗の『七発』について」(一九五九年八月一六日)、邦訳『毛沢東思想万歳』上、四二六‐四二八頁(丁本、三一〇‐三一二頁)。このテクストは、『毛沢東思想万歳』12Bに収録されているものと完全に同一である。やはり同一のテクストを収めている武漢版1には、『七発』の現代語訳が添えられている。

†24 「機関銃と迫撃砲の来歴その他」(一九五九年八月一六日)、邦訳『毛沢東思想万歳』上、四二一‐四二二頁(丁本、三〇八頁)。この講話のテクストは、『万歳』の各版、および『参考資料』を通じて同一である。

†25 「対一封信的評論」(一九五九年七月二六日)、『毛沢東思想万歳』10、三三四頁。このテクストは、『万歳』12B所収のものと同一である。武漢版1には、タイトルを含めて、若干の表現上の違いがみられるが、意味において異なる箇所は見当たらない。

†26 「対〈安徽省委書記張凱帆下令解散無為県食堂的報告〉的批語」(一九五九年八月一〇日)、『毛沢東思想万歳』11B、二〇二頁。同一のテクストが、『万歳』12Bに「一個批語」という異なるタイトルのもとに収録されている。

†27 「対彭徳懐九月九日的信的批示」(一九五九年九月九日)、『毛沢東思想万歳』11B、二一〇頁。『資料選編』に収録されているテクストは、これと同一であるが、タイトルにおいて彭徳懐には「同志」という呼称が添えられている。

†28　「在中共中央軍事委拡大会議和外事会議上的講話」(一九五九年九月一一日)、『毛沢東思想万歳』11B、二一一頁。『学習文選』第三巻に収録されているテクストも、これとほぼ一致している。『万歳』丁本所収のテクストは、この講話の前半部分のみを収録している。後半部分には、「われわれは地球全体に勝利しなければならない。われわれの〔闘争〕対象は地球なのだ」という大躍進時期における毛の精神の高揚を物語る発言がみられる。

†29　「堅決制止重刮〝共産風〟等違法乱紀行為」(一九六〇年三月二三日)、『毛沢東文集』第八巻、一六四頁、一六六頁。

†30　階級闘争への唯一の言及は、アラブ連合の情勢を扱った解説文に、毛が記した短いコメントである。「みよ、階級闘争がいかに鋭いか!　資本主義世界はどこでもそうだ。例外はありえない。社会主義世界でも階級闘争はやはり存在している」。「印発関於納賽尓与叙利亜社会党全面破裂情況的電報的批語」(一九六〇年一月一四日)、『建国以来毛沢東文稿』二〇二四年版、第十五冊、一六頁。

†31　「在中共八届九中全会上的講話」(伝達記録、一九六一年一月一八日)、『毛沢東思想万歳』11C、二〇頁。『万歳』武漢版2に収録されているこの講話のテクストには、一九六〇年に中央の指導者たちが国際問題に集中したとの指摘は含まれていない。その点に限らず、二つのテクストは大きく異なっている。

†32　フランソワ・フェイト著、熊田亨訳『スターリン以降の東欧』岩波書店、一九七八年、一七九頁。

†33　とりわけ、七月五日から一ヵ月以上も続いた北戴河会議での彼の発言について、外部の研究者たちはほとんど情報をもっていない。『毛沢東思想万歳』11Cおよび武漢版2は、その間の彼の講話として、七月一八日付のわずか四〇〇字あまりの摘要をひとつだけ収録しているにすぎない。

†34　「中央関於在農村中開展〝三反〟運動的指示」(一九六〇年五月一五日)、中共中央組織部弁公庁編『組織工作文件選編一九六〇年』(表紙に「絶密」とあり)、一九八〇年、『中共重要歴史文献資料彙編』第二十八輯第七十六分冊、二〇一五年、一五七頁。

†35　同右、一五九頁。

†36　「中央批転中央監察委関於〝三反〟運動中幾個具体政策問題的意見」(一九六〇年八月一〇日)、同右、一八一―一八二頁。

†37　同右、一八五頁。

†38　強調引用者。「中共中央軍委拡大会議関於加強軍隊政治思想工作的決議」（一九六〇年一〇月二〇日）、同右、二七〇－二七一頁。

†39　「中国共産党第八回全国代表大会における劉少奇副主席の政治報告」（一九五六年九月一五日）、『新中国資料集成』第五巻、二一九頁。

†40　同右、二七一頁。

†41　フランク・ディケーター著、谷川真一監訳、今西康子『文化大革命――人民の歴史一九六二－一九七六』上、人文書院、五五頁。

†42　E・H・カー著、原彬久訳『危機の二十年』岩波書店、二〇一三年、二九頁。

†43　「在中共八届九中全会上的講話」（一九六一年一月一三日）、『毛沢東思想万歳』11C、一六頁。このテクストは、『万歳』のいくつかの版に収録されているが、11Cおよび武漢版2を除けば、いずれも抜粋にすぎない。武漢版2に収められたテクストは、11Cとほぼ一致しているが、センテンスが抜け落ちたとみられる箇所がある。12Bには一月一三日の講話と一月一八日の講話を併せたものの要点が記されている。『学習文選』第三巻には、「在北京会議上的講話」と題されて、一月一三日に毛が調査研究の重要性に言及した部分の要点のみが記載されている。

†44　「在中共八届九中全会上的講話」（一九六一年一月一八日）、『毛沢東思想万歳』11C、一九頁。

†45　「在広州中央工作会議上的講話」（一九六一年三月二三日）、『毛沢東文集』第八巻、二五八頁。この講話は、『毛沢東思想万歳』のいくつかの版、および『学習文選』第三巻においては、要点が短くまとめられたものが収録されているにすぎない。

†46　「総結経験、教育幹部」（一九六一年六月一二日）、『毛沢東文集』第八巻、二七三頁、および『毛沢東年譜』第四巻、六〇〇頁。奇妙なことに、同日午前における主席の同一の講話と思われる『毛沢東思想万歳』11C、および武漢版2所収のテクスト（タイトルは「在北京会議上的講話」）は、一部は重なっているが、大部分は別物である。引用部分は、後二者には含まれていない。

†47　「総結経験、教育幹部」（一九六一年六月一二日）、『毛沢東文集』第八巻、二七五頁。

†48　「拡大中央工作会議での講話」（一九六二年一月三〇日）、邦訳『毛沢東思想万歳』下、二二一頁（丁本、四〇八頁）。こ

のテクストは、『万歳』11C、『学習文選』第三巻、および『資料選編』に収録されているものと同一である。ただし、後の第八期十中全会のコミュニケとほぼ同一のこの一節が、このとおりの形で、オリジナルなテクストにすでに含まれていたかどうかは、きわめて疑わしい。というのも、毛はこの講話を行った直後から約三ヵ月を費やし、七回もテクストを改訂しているからである。『建国以来毛沢東文稿』二〇二四年版、第十六冊、二四九頁注。

†49 「拡大中央工作会議での講話」(一九六二年一月三〇日)、邦訳『毛沢東思想万歳』下、二三頁(丁本、四〇八頁)。

†50 「北戴河における中央工作会議での講話」(一九六二年八月九日)、邦訳『毛沢東思想万歳』下、四一－四二頁(丁本、四二四頁)。『万歳』11Cおよび武漢版2に収録されているテクストには、「在中央工作会議中心小組会上的講話」という異なるタイトルが付されている。だが、テクストそれ自体は丁本とほぼ一致している。

†51 同右、四二頁(丁本、四二五頁)。

†52 同右、四五頁(丁本、四二七頁)。

†53 同右、四四頁(丁本、四二六頁)。

†54 中共襄汾県委四清弁公室編『四清簡報』(表紙に「機密文件、定期収回」とあり)第三期(一九六三年一二月四日)、『中共重要歴史文献資料彙編』第二十五輯第百二分冊、二〇一六年、二頁。

†55 「中共中央関於目前農村工作中若干問題的決定(草案)」(一九六三年五月二〇日)、中華人民共和国国家農業委員会弁公庁編『農業集団化重要文件彙編』下冊、一九八二年、『中共重要歴史文献資料彙編』第二十八輯第一分冊(上)、二〇一五年、六八四頁。

†56 「前十条」においては、修正主義という言葉はたんなるつけ足しにすぎなかった。すなわち、「幹部が労働に参加しなければ、必ず広範な労働大衆から離れ、修正主義が生まれてしまう」とされ、また農村における階級闘争は「マルクス主義と修正主義の、どちらが勝ちどちらが負けるかという問題」と関連していると指摘されているのみである。それ以外に、この文書は二ヵ所で修正主義に言及しているが、それらは毛沢東の過去の発言の引用文中においてであった。同右、六九一－六九三頁。ところが、「後十条」においては冒頭のパラグラフにおいて、社会主義教育運動は「修正主義の社会的基礎を取り除く」ことにきわめて重大な作用を果たす、と指摘されている。「中共中央関於農村社会主義教育運動中一些具体政策的規定(草案)」(一九六三年九月)、同右、六九六頁。

†57　銭庠理『歴史的変局――従挽救危機到反修防修（一九六二―一九六五）』香港、香港中文大学当代中国文化研究中心、二〇〇八年、一二〇頁。『毛沢東年譜』第五巻には、この会見の事実は記されているが、引用部分の発言については記載がない。

†58　同右、三一五―三一六頁。この会談についても、『毛沢東年譜』第五巻には簡単な記載しか見当たらない。

†59　一九六三年二月二五日、中央工作会議で農村社会主義教育運動と五反運動について議論を行った際、彼は劉少奇の発言に口を挟んでこう述べた。「現在ある者は豚肉三斤、煙草数本で買収される。社会主義教育をやってはじめて修正主義を防止できる」。薄一波『若干重大決策与事件的回顧』下、中共中央党校出版社、一九九三年、一一〇七頁。この発言は、修正主義に関する毛の曖昧な観念を象徴している。

†60　「在一次視察工作時的講話」（一九六五年一一月綜合整理）、『毛沢東思想万歳』11C、一四八頁。『万歳』武漢版2および『学習資料（一九六二―一九六七）』所収のテクストは、この発言を含んでいるものの、分量が著しく少ない。

†61　「給鄧小平的信」（一九六一年六月二三日）、『毛沢東文集』第八巻、二八〇頁。

†62　「対〈陳××同志蹲点報告〉的批示」（一九六五年一月二九日）、『毛沢東思想万歳』11C、一三三頁。『万歳』武漢版2、および『万歳（三冊）』に収められているテクストは、若干の表現上の違いが認められるが、基本的に同一である。また、『万歳（三冊）』に収録されているテクストのタイトルは、伏せ字の箇所がなく、「対陳正人同志蹲点報告時幾条批示摘録」となっている。

†63　「労働組合第二回全ロシア大会での報告」（一九一九年一月二〇日）、『レーニン全集』第二八巻、四五七頁。

†64　鄧小平は、第八回党大会における「党規約改定に関する報告」において、こう述べていた。「七年来の経験は、われわれに次のことを教えている。すなわち、政権を担当する党の位置によって、わが同志たちはいとも簡単に官僚主義的な作風に染まってしまう。現実から遊離し、大衆から遊離する危険は、党組織にとっても、党員にとっても、過去と比べて減少するどころか、かえって増加している。……政権を担当する政党の位置は、共産党員に容易に傲慢と自己満足の気分を増長させている」。鄧小平「関於修改党的章程的報告」（一九五六年九月一五日）、『新華半月刊』一九五六年第二〇号、二二三―二二四頁。

†65　「廬山会議での講話」（一九五九年七月二三日）、邦訳『毛沢東思想万歳』下、四〇七頁（丁本、二九九―三〇〇頁）。

丁本所収のテクストを『学習文選』第三巻および『万歳』11B所収のものと比較すれば、若干の字句の異同のほか、丁本ではいくつかのセンテンスが省略されていることが判明するものの、大きな違いは認められない。

†66 郭徳宏・林小波『四清運動実録』杭州、浙江人民出版社、二〇〇五年、一〇一頁。

†67 『毛沢東伝』下、一三二三頁。「四清」とは、河北省保定地方委員会が一九六三年四月四日付で河北省委員会に送った報告書にみられる言葉である。その意味は、帳簿、倉庫、労働点数、および財務を「清める」(原文は「清理」)ことであった。

†68 「関於『社会主義経済問題』一書的講話」(一九五八年一一月)、『毛沢東思想万歳』丁本、二四八頁。これは「伝達紀要」であり、「記録はたいへん不完全である」との注が付されている。丙本所収のテクストもこれと一致している。『学習文選』第三巻に収録されているテクストも、若干の字句、およびスターリンの著作の典拠を示す頁数の記載に違いがあるが、重要な違いは認められない。

†69 「対中共中央、中央文革《関於対敵闘争中応注意掌握政策的通知》稿的批語和修改」(一九六八年一二月二一日)、『建国以来毛沢東文稿』二〇二四年版第十九冊、三八四頁。

†70 「給江青的信」(一九六六年七月八日)、『建国以来毛沢東文稿』二〇二四年版、第十八冊、二八四頁。

†71 「在八届十中全会上的講話」(一九六二年九月二六日)、『建国以来劉少奇文稿』第十一冊、二九八頁。

†72 銭庠理、前掲書、三〇一頁。

†73 『鄧小平伝』下、一三〇五-一三一一頁。

†74 『彭真伝』第三巻、一〇八九頁、および『彭真年譜』第四巻、二一七頁。

†75 少なくとも鄧小平に関していえば、ベンジャミン・ヤンは筆者と同様の見解に立っているように思われる。彼は大躍進が鄧の毛に対する態度に与えた影響をこう評価している。「一九五九年終わりには、出来事ひとつひとつが、鄧の知性と良心を苦しめた。……党中央の階段を上がれたのは毛沢東のおかげ、ということは鄧がいちばんよく知っていた。だが、……いや今まで以上に尊敬はするが、非の打ちどころのない政策立案者として尊敬することはなくなった。『大躍進』と『三年連続の災害』は、毛に対する鄧の態度全体を徐々に変えたのだった」。ベンジャミン・ヤン著、加藤千洋・加藤優子訳『鄧小平　政治的伝記』岩波書店、二〇〇九年、一五八頁。

†76　「書評――アドルフ・ヒトラー著『わが闘争』」、ジョージ・オーウェル著、小野寺健編訳『オーウェル評論集』岩波書店、二〇二〇年、二二〇-二二一頁。

第2章　ソ連修正主義という鏡

中ソ論争の背景と経緯について、ここで詳しく語るつもりはない。二〇世紀の国際共産主義運動の歴史において特筆すべきこの問題については、すでに多くの著作があるし、従来のわれわれの理解を大きく揺さぶるような新しい資料群が現れたというわけでもないからである。したがって、かまびすしい議論を呼んだところの、帝国主義との戦争は不可避的であるのか、帝国主義との平和共存とは何を意味するか、核兵器の時代において戦争はなおも革命家にとって好機とみなしうるかなどの問題に関して両国指導者の間で交わされた、今日では読むに堪えない、激しく、果てしない応酬を克明に跡づけようとは思わない。また、フルシチョフと毛沢東の論争が、いかに一九二〇年代のソビエト共産主義運動における右派と左派の間の論争の焼き直しであったかをめぐる歴史的連続性に関する議論も、本章は素通りするであろう。[†1] ここで扱うのは、騒々しい論争それ自体ではなく、毛沢東によるソ連修正主義の「発見」が、いかに中国国内における「反修防修」(修正主義に反対し、修正主義を防止する)を鼓舞したか、そしていかに国内外における修正主義との闘争が結合し両者が混然一体となったか、さらに闘争が際限ないものとなったことの代償として指導者たちの政治的理性がいかに集団的に、また致命的なまでに損なわれたかという問題である。これらの問題の検討を通じて、文化大革命を生み出すことに寄与した指導者たちの世界観および心理的環境を明らかにすることが本章の眼目である。

最初に、毛沢東によって修正主義の概念が、ソ連および中国国内に強引に適用される過程が検討される。筆者は、このような企てが中国共産党の内外政策全般の根底からの再編成を要求するものであったがゆえに、多くの指導者たちからの暗黙の抵抗に直面したと述べるつもりである。次に、そうはいっても、周囲から戦争の危機が迫り、また社会主義陣営内部においても「反華大合唱」が沸き起こるなかで、彼らが次第に主席の言説を受け入れ、国内外の修正主義とたたかう決意を固めるようになる様子が語られる。そして、「反修防修」が政治上のもっとも重要な課題に昇格し、国外と国内の修正主義者に対する戦線がひとつに結び合わされたとき、中国の共産主義者の闘争対象は哲学、思想、文学など上部構造のあらゆる領域へと拡大されたと指摘するであろう。最後に筆者は、果てしない闘争対象の拡大が、指導者たちの政治的理性の集団的な退行へと導いたと論じるつもりである。

毛沢東による修正主義概念のソ連への適用

中国共産党がマルクス主義の異端を意味する修正主義という言葉を、いつ用い始めたかを特定することは困難である。冷戦開始以降の時期に限るなら、それはもっぱらユーゴスラビアの共産主義者に向けられた言葉であった。一九四八年にユーゴスラビアがコミンフォルムから「破門」されて以来、同国は中国による絶え間ない批判の対象となった。しかし、フルシチョフがチトーと和解する姿勢を示すと、毛沢東もそれに従い、一九五五年一月、中国はユーゴスラビアと国交を樹立した。ただし、それはユーゴスラビアを「資本主義国」と認識したうえでのことであった。[†2]したがって、国交樹立がなされたからといって、ユーゴスラビア共産主義者同盟に対する中国共産党の疑念が、とりわけそのアメリカとの協調的な姿勢に対する疑念が払拭されたわけではなかった。

一九五七年一一月、ロシア革命四〇周年を記念するために、社会主義諸国の指導者たちがモスクワに集まり共同宣言に署名した。この宣言には、毛沢東の提案によって、当面の国際共産主義運動において、修正主義が教条主義と並ぶ主要な危険であることが明記された。[†3] いうまでもなく、ここで用いられた修正主義という言葉は、ユーゴスラビアを念頭においたものであった。翌年三月、ユーゴスラビア共産主義者同盟が新綱領を発表すると、にわかに中国のユーゴスラビアに対する批判が熱を帯びた。北京の主張によれば、ベオグラードの「超ブロック」の立場は、アメリカ帝国主義から喝采と奨励金を受けているというのである。[†4]

だが、すぐにこの概念は、毛沢東によって共産主義陣営の盟主に対しても適用されるに至る。薄一波によれば、ソ連は変質してしまったと毛が感じたのは、一九五九年秋のことであった。すでに同年一月のモスクワの北京に対する核技術に関する援助の破棄、九月の中印国境紛争に対するフルシチョフのインド寄りの姿勢、やはり同月のキャンプ・デービッドでの米ソ首脳会談を目の当たりにして、主席はソ連の意図について重大な疑念を感じ始めたというのである。[†5] われわれは、薄があげたこれらの出来事に加えて、アイゼンハワー大統領との会見を終えたばかりのフルシチョフによる不首尾に終わった北京訪問を付け加えることができる。フルシチョフは中華人民共和国建国一〇周年を記念する宴会の席で、「キャンプ・デービッド精神」を喧伝したうえ、同年夏の人民解放軍による金門・馬祖島砲撃を念頭に、「武力を用いて資本主義制度の安定性を試してはならない」と中国の同志たちに警告した。さらに書記長は、すべての社会主義国がソ連と「時計を合わせる」よう求めたのであった。[†6] たしかに、これだけのことが重なったとすれば、毛沢東のソ連をみる眼に重大な変化が生じたとしても不思議ではなかった。

毛沢東の態度に特徴的なことは、このようなソ連に対する不満が、アメリカが社会主義諸国に対して仕掛けていると彼が信じた「和平演変」に関する不安と対になっていたことである。同年一一月中旬、毛は杭州に王稼祥、柯慶施、曽希聖、江渭清らを集めて国際情勢を検討する会議を開催し、その場でダレス前米国務長官（彼はすでに同年五月に死去していた）による三篇の演説テクストを資料として配付した。それらのテクストについて、主席はアメリカが社会主義国の内部を、彼らの思想と呼応させるように仕組んで、われわれの体制を腐食させようとしているとの見解を披瀝した。[†7]毛がこのように、自らの体制が外部の思想によって徐々に変質させられる危険性を恐れていたことは、自身が唱えていた社会主義の「制度的優越」など、彼が実際には本気で信じていなかったことを示唆している。その点はさておくとして、主席は、アイゼンハワーと親しげに会談を行ったフルシチョフを、アメリカが仕掛けた和平演変の罠にはまったと理解した。もしソ連の修正主義がその結果として生じたとすれば、それは社会主義の「堕落変質」あるいは資本主義の復活とほぼ同義であった。これが中国の党と国家の生死存亡にも関わる問題であると認識されたのも無理はなかった。というのも、アメリカは中国に対しても同様の画策を必ずや行うであろうし、中国国内にアメリカの思想に影響される人々がいないとはいい切れないからである。だがそうなると、アメリカ帝国主義およびそれに呼応する修正主義との闘争は、たんなる力と力の攻防にとどまらず、思想の次元における攻防をも必然的に含むことになる。修正主義とのたたかいは、当初から力による対決を超えて、思想の領域を含む上部構造におけるたたかいへと広がる潜在力を秘めていたのである。

一九六〇年春、ユーゴスラビアの修正主義を批判しながら、暗にソ連の修正主義を批判する一連の論文が、レーニン生誕九〇周年を記念するという体裁のもとで発表された。党の理論的機関誌『紅旗』第八号に掲載された『紅旗』雑誌編集部「レーニン主義万歳」、四月二二日付『人民日報』に掲載された『人民日報』編集部「偉大なレーニンの道に沿って前進せよ」、およびレーニン生誕九〇周年記念大会での中央宣伝部長の陸定一の講話「レーニンの旗の下に団結せよ」がそれである。第一の論文は陳伯達が、第二の論文は胡喬木が、そして第三の論文は陸定一がそれぞれ起草したものであった。[†8]第一論文は、レーニン主義は時代遅れとなったとする議論は的外れであり、帝国主義の本質はまったく変わっていない、そして現在はまだ帝国主義とプロレタリア革命の時代なのだと主張していた。この論文の草稿には、「修正主義は主要な危険である」との毛沢東のコメントが記された。[†9]

しかし第二論文においては、帝国主義に対する戦闘的姿勢のみが強調されていたわけではなかった。同論文の以下の一節は、帝国主義に対する比較的宥和的なアプローチもまた党内に存在したことを示唆している。「社会制度の異なる国々の平和共存のためには、柔軟性と辛抱強さが必要であり、ある程度の諒解と妥協に到達することが必要である。中国人民は、内外の敵に対する闘争のなかで、人民の基本的利益を損なわない妥協をこれまで拒んだことはなし、今後もまたこうした妥協を拒むことはない」[†10]。そして陸定一の文章は、プロレタリア革命とプロレタリアート独裁に関する学説を改めて述べたうえで、レーニン主義の精髄は革命精神にあり、「徹底的に帝国主義の代理人―現代修正主義の真の面目を暴露することが、われわれの神聖な責任である」と主張するものであった[†11]。これらの論文は、草稿ができあがったのち中央書記処で何度か討論にかけられ、さらに政治局常務委員会で報告が行われ、毛沢東、劉少奇、周恩来の承認を得たものであった[†12]。

以上の経緯からみれば、一九六〇年春までには、修正主義とのたたかいは、党の最高指導者たちの政治生活の重要な一部となっていたといいうる。ただし、いくつかの重要な留保を付しておくことが適切である。第一に、少なくともこの時点において、修正主義に批判の矢を放った指導者たちは、ソ連をはっきりと標的に定めていたわけではなかった。というのも、長い間ソ連から真剣に学ぶことを習わしとしてきた彼らにとって、ソ連を反面教師として批判することは、あまりにも重大な転換を意味したからである。したがって、彼らは抽象的に修正主義を批判し始めたものの、それがフルシチョフの修正主義なのか、ソ連共産党の修正主義なのか、それともソ連全体の修正主義なのかを意図的に曖昧にしたまま、本気でソ連に批判の矢を浴びせるつもりはなかった可能性がある[†13]。

第二に、修正主義との闘争は主としてイデオロギーに関わる問題であり、国家間関係を修復不可能なほどに損ないかねない問題であるとは受け止められていなかった。なぜなら、たとえソ連指導部が修正主義に染まったとしても、それが一時の病であるならば、やがて正常な状態に復帰するであろうし、たとえ不治の病であるとしても、ソ連指導部の病にとどまるかぎりは、中ソ両国のプロレタリアートの国際的連帯は残るからである。事実、われわれはすぐ後で、ソ連を純然たる敵として扱うことが指導者層において、一定の抵抗を招いたことをみるであろう。そして第三に、修正主義とのたたかいは、中国の外側に存在する悪しき思想傾向との闘争であって、国内における闘争を意味していなかった。だが、重要な転機がすぐに訪れた。毛沢東がソ連の修正主義はソビエト社会に根差した病であると示唆したうえ、国際的闘争と国内的闘争を意図的に混ぜ合わせてしまったからである。

毛沢東による修正主義概念の中国国内への適用

一九六〇年五月二八日、毛沢東は上海近くに停めた専用列車のなかで、デンマーク共産党の指導者に対して、「中国国内にも修正主義者が、しかも指導部内にも存在すると暴露してこの訪問者を驚かせた。「わが国にも修正主義者がいる。政治局員の彭徳懐を頭とする修正主義者で、昨年夏、党に進攻してきた。……彼についた者は七人の中央委員と候補委員であり、彼を含めて八人だ。われわれの中央委員と候補委員は全部で一九二人おり、八人はもちろん少数だ」[†14]。一九五九年夏の盧山会議で「右傾機会主義者」として告発された人々が、突然ここで修正主義者の範疇に包摂されたことに注目しよう。修正主義という鏡に照らして中国国内を観察したとき、主席はチトーやフルシチョフの対応物を国内にも見出したのである。彭徳懐や張聞天や黄克誠にとってはもちろん、また彼ら以外の指導者たちにとっても、実に意外なことであったに違いないが、毛の言明は、これらの党内の重要人物が、しかも革命において顕著な功績を残した人々が、中国における資本主義の復活に手を貸していると断じたも同然であった。毛の独特な文法規則に従えば、彼らに貼りつけられた修正主義者のレッテルは、彼らもまたアメリカが仕掛けた和平演変の罠にはまり込んだ人々であることを意味した。

まったくの牽強付会といってよい強引な認識上の操作を、このとき毛沢東はなぜあえて行ったのであろうか。これが、大躍進政策に対してささやかな抗議の声をあげた人々に対する彼の怒りの大きさを表していたと考えることは可能である。加えて、言語学の概念を借りるなら、言語記号の表現と内容の結びつきに高度の「恣意性」がみられる毛の習性からして、今回が特別というわけではなかった（例えば、一九五三年に毛が高崗に与えたさまざまな罪名をみよ）。だが、帝国主義者の仲間が修正主義者であり、そして修正主義者の仲間が右傾機会主義者であるといった具合に、国内外の敵がこのように次々に束ねられてひとまとまりになり、またそれによって強大化するのは、過去に例がなかった。このような知的操作は、「敵内部の区別」[†15]を重視するマルクス主義者の流儀にまったく反するものである。一見一枚岩にみえる敵内部の亀裂に鋭く注目し、それを利用して活路を見出す経験は、一九三〇年代における国民党とのたたかいでも、一九四〇年代における日本軍とのたたかいでも毛には馴染みあるものであった。したがって、われわれは主席の認識に現れた異常な兆候を、彼の普段どおりの思考法に従ったものだといって済ませないほうがよいように思われる。

筆者が重要であると考えるのは、以上のような強引な知的操作が行われたタイミングである。一九五九年の廬山会議で怒りを爆発させた主席が、容赦ない「反右傾闘争」に打って出て再び大躍進を加速した結果、一九六〇年秋にはその失敗はだれの眼にも明らかになっていた。次章で述べるように、中国の社会的・経済的秩序は各方面において音をたてて瓦解しつつあった。当然のことながら、毛の威信は大きく傷ついていた。この状況において、彼が自らの犯した失策の責任を肩代わりしてくれる人間を探していたとしても驚くにあたらない。つまり、主席による中国国内における修正主義者の「発見」が、責任転嫁の動機と結びついていたとしても不思議はないのである。政策は正しかった、だが強大で、相互につながっている内外の敵がわれわれの行く手を阻んだ結果、われわれはいくつかの面で重大な挫折を余儀なくされたのである――毛による認識上の曲芸はこのような弁明に道を開き、そして国内における修正主義者に打撃を与えるための階級闘争の実践へと道を開いた。

別の言い方をすれば、こうである。毛沢東は、大躍進政策の挫折が次第に明らかになっていくとほぼ同時に姿を現し始めた国際共産主義運動の分裂という事態に危機を見出すことなく、かえって有利なものを引き出すことができると直感した。彼はこの事態の潜在力に注目し、それを最大限に利用して自らの権威の下支えを図ったのである。マルクス主義者の伝統的知恵を逆手にとって、「敵内部の区別」ではなく「味方内部の区別」を利用したといいうるであろうか。ソ連の修正主義なるものは、大失策によって剝がれ落ちそうになっていた自らの権威の、思いもかけず得られた補強材となった。修正主義者がソ連のみならず中国にも現れたとの重大な主張は、人々の目を大躍進がもたらした荒廃からそらし、失敗の責任を彼らに転嫁することに役立ち、そして主席に新たな政治的イニシアティブの機会を与えたのである。

一九六〇年春以降、毛沢東のフルシチョフに対する怒りを強める出来事がさらに起こった。六月、各国共産党および労働者党代表者会議がブカレストで開催された際、ソ連共産党代表団が各国党代表団に対して「ソ連共産党の中国共産党に対する通知」を配付し、中国の党が「トロツキー式の分裂活動」を行い、国際共産主義運動において「セクト主義的立場」を取っていると非難したのである。七月には、ソ連政府は中国に派遣しているソ連人専門家千人あまりを一ヵ月以内に引き揚げると通告した。これは、すでにひどく衰弱していた中国経済に対して加えられた、さらなる一撃となった。この事件は、中国共産党の指導者たちに、その根源がどこにあるかの診断は別として、ソ連指導部の病は深刻であると思わせたに違いない。同年夏に北戴河で中央工作会議が開催され、そこで国際共産主義運動に生じた事態について議論がなされた後、その様子が各地に伝えられると、党内で修正主義に反対する雰囲気が一気に醸成された。[†16]だが、そうであるとしても、この時点において中国国内に修正主義が現実として根を下ろしつつあるとの認識が、毛以外の指導者たちの間に拡がっていた兆候は見当たらない。

ソ連共産党第二二回大会の衝撃

たとえ毛沢東がソ連指導部は修正主義に陥ったと主張したとしても、それがただちに、それまで鉄の結束を誇っていた中ソ両党および両国間の関係悪化に導いたわけではなかった。一九六一年は、モスクワと北京の間の緊張が相対的に緩和した時期であった。その契機となったのは、一九六〇年一一月に劉少奇がソ連を訪問して八一ヵ国共産党および労働者党代表会議に参加し、「各国共産党および労働者党代表会議声明」(モスクワ声明)に署名して帰国したことであった。この声明は、長い議論の末にソ連側と中国側の見解をどうにか調和させたものであり、ほとんどあらゆる章句にわたって、モスクワのテーゼと北京のアンチ・テーゼの総合を図ったものであった[17]。かくして、『人民日報』は中ソ友好をうたいあげた[18]。一二月二六日、ソ連駐北京大使チェルボネンコが毛沢東に会って、主席の六七歳誕生日の祝意を伝えると、毛は大喜びで二時間以上も友好的に話した。中国の研究者は、これがモスクワに送られた関係改善のシグナルであったと指摘している[19]。一九六一年一月、第八期九中全会が開催され、鄧小平が八一党会議について報告した際、フルシチョフとの闘争はまだ終わったわけではないが、大きな闘争は一段落したとみられると語った[20]。三月、外交部長の陳毅が中央統一戦線部で報告を行い、「昨年一二月のモスクワ声明発表以降、中ソの団結は新しい段階に達した」と述べた[21]。この言明は間違いではなかった。四月には中ソ間で「貨物交換協定」が、そして六月には「経済合作協定」および「科学技術合作協定」が新たに調印されたのである。

しかし、相対的に平穏な時期は長くは続かなかった。モスクワと北京の関係を再度、そしてより激しい対立に向かわせたのは、一九六一年一〇月に開催されたソ連共産党第二二回大会であった。この大会においては、よく知られているように、フルシチョフがソ連における階級闘争の終了を宣言した。すなわち、プロレタリアート独裁は資本主義から社会主義への過渡期の権力形態であったが、いまやソ連は経済的潜在力の間断なき増大を背景として、プロレタリアート独裁から「全人民的国家」へと成長を遂げたと述べたのである[22]。そして、彼は党と国家に関する新しい観念を含む新綱領を提示した。これが中国の指導者たちを強く刺激した。加えて、書記長がアルバニアにおける個人崇拝を厳しく咎めたことは、その攻撃の矛先が実際には中国に向けられていると受け止められたのである。実際のところ、フルシチョフのアルバニアにおける個人崇拝に対する批判は、必要な修正を加えれば、そのまま中国にも適用可能であった[23]。さらには、ソ連の指導者が再びスターリンに対する激しい批判を行い、かつての独裁者の遺骸を赤の広場から移すことを決定したことも北京の指導部を憤らせた。

ソ連共産党の新しい綱領案は、実際には、党大会に先立つ七月に北京に届けられたのち、中国の指導者の間で綿密な検討が加えられていた。九月一五日、廬山で開催された中央工作会議の場で、陸定一はこの綱領案をとりあげてこう述べた。「階級闘争を語らず、階級分析を語っていない。その要点は、プロレタリア革命とプロレタリア独裁に反対することである。全人民の党、全人民の国家などと大袈裟にいうのは、プロレタリアート独裁の放棄で、マルクス・レーニン主義の精髄に反している」[24]。中央宣伝部長の発言の際、毛沢東はさかんに口を挟んだ。毛の発言の一部はこうである。「みたところ、フルシチョフという人物は、社会主義社会の高給階層を代表している。それには収入の高い経理、作家、科学者――もちろんすべての作家、科学者というわけではないが――そして銀行に数十万、百万ルーブルもの預金があるいくらかの人々を含んでいる。……これらの特殊な階層にはさらに社会の盗人集団および非合法の経営者、闇市・投機・空売り［を行う人々］、暴利を貪る人々が含まれる。すなわち、社会主義社会に新たに生まれたブルジョア分子である。……彼らには権力があり、勢いがあり、金がある。……現在、ソ連社会は分化しつつある」[25]。これは、主席によるソ連修正主義の経済的・社会的根源に関する数少ない発言のひとつである。まったく奇妙にも、マルクス主義者であるはずの彼は、修正主義の発生源について、決してこれ以上の分析を加えようとはしなかった。下部構造の問題は、疑いもなく重大であった。なぜなら、もし修正主義がソ連社会内部に構造化されたものでないとすれば、修正主義はフルシチョフによる個人的な、あるいは一時的な逸脱と理解しうるからである。逆に、ソ連社会に構造化されたものであるなら、修正主義はフルシチョフ個人を超えてソ連の指導部全体をとらえており、しかも長期間にわたって持続する傾向であり続けるであろう。毛は後者の見解に傾いていたようにみえるが、この問題にはまったく無頓着であった。

一一月一九日、モスクワでの二二回党大会に参加したのち帰国した周恩来が、ソ連共産党大会について政治局会議で報告を行った。首相はあたかも主席の魂が乗り移ったかのような口調で、ソ連共産党の新綱領は、平和主義的な修正主義的思想に貫かれている。修正主義の国内的根源は、高給をもらう階層および農村の富裕階級である。修正主義の本質は、ブルジョア階級に対する妥協、帝国主義に対する屈服、および革命に背を向けることである、と述べた[26]。

ソ連共産党第二二回大会が中国共産党に対して与えた影響は二重である。第一に、それまでおそらくは毛沢東および少数の指導者のみが抱いていた社会主義の母国が修正主義の罠に陥ったという観念を、指導部全体に行き渡らせたことである。ほんとうに指導者たちのすべてがそのように考えるに至ったかは、もちろん確かめようがない。とはいえ、少なくとも主席の言説が指導部全体で反復されるようになったのである。これは翻って、中国国内の事情が国外の修正主義という鏡に照らして観察され始めたことを意味した。なぜなら、社会主義の母国でさえそうなるのであれば、中国がそうならない保証はどこにもなかったからである。

第二は、個人崇拝を擁護する——積極的にあるいは消極的に——態度をあらためて指導者たちに植えつけたこと、あるいはすでに困難になっていた個人崇拝に対する反駁を不可能の領域にまで引き上げたことである。第二〇回党大会におけるフルシチョフ報告の力点のひとつは、まぎれもなく個人崇拝に対する批判に置かれていた。ところが、同報告を批判した中国共産党内部の議論は、利用可能な資料をみる限り、この点にまったく触れていない。大会後、個人崇拝について——その対象となる毛沢東を除いて——指導者たちの間に抱かれた観念はおそらく、個人崇拝を否定するフルシチョフが修正主義者であるならば、修正主義に陥らないためには個人崇拝に対する批判を控えなければならない、ということであったに違いない。このような態度は、大躍進政策の失敗によって党が大きな危機に直面している現在、最高指導者の権威を弱体化させることは、党の権威をさらに失墜させ、政治的に取り返しのつかない事態を招く恐れがあるとの考えと組み合わされて、より確固たるものとなったかもしれない。

党内において、個人崇拝が問題視されなかったわけではなかった。一九六〇年三月二五日、鄧小平は政治局常務委員会において大胆にも、そして正当にも、毛沢東は集団指導の代表者であるから、彼を党中央から切り離してはならない、毛を「党の集団指導における一人のメンバーとみなすべきである」と発言した[†27]。だが、彼の問題提起は賛同者を集めることはできなかった。その理由は、党が直面していた未曾有の危機と関連づけて考えるのがよいであろう。毛沢東はいまや中ソ論争を通じて、国際共産主義運動の左派を代表する論客として、大きな声望を得るようになっていた。彼の高まる声望のゆえに、いまや東南アジアとラテン・アメリカの共産党内では、毛沢東主義者とフルシチョフ主義者との分裂が多かれ少なかれ公然化していた。[†28] ならば、毛の国際的名声に傷をつけないことが、中国国内の危機を乗り切るにあたっても有益であったろう。そのため、中国共産党の指導者たちは全体として、毛沢東に対する個人崇拝を擁護したのである——あるいは、毛の背後に隠れ場所を見出そうとしたというべきかもしれない。

一九六二年一月の七千人大会においては、修正主義とのたたかいは、すでに重要な政治課題へと昇格していた（ただし、第4章で述べるように、七千人大会において、階級闘争はほとんど語られなかったか、少なくとも周辺的なテーマであるにとどまった）。劉少奇は、この大会の実質的な基調報告となる「書面報告」において、長い紙幅を割いて「現代修正主義」への反対について語った。[†29]「書面報告」を「補充する」ための口頭報告においても、劉はソ連共産党第二〇回大会から世界に影響を与え始めた現代修正主義は、「第二二回党大会を経て比較的全面的な修正主義路線へと発展した」と述べた。[†30] 毛もまた最終日の講話において、われわれが社会主義経済を確立しなければ、「ユーゴスラビアのような国家に成り下がり、実際上、ブルジョア国家に成り下がり、プロレタリアート独裁はブルジョア独裁に転化してしまう」と指摘した。[†31] かくして、社会主義の母国において資本主義の復活がありうるという認識は、七千人大会を経て、たんに指導者層だけでなく全党に共有されたのであった。沈志華は、外交部档案館資料に基づき、七千人大会直後に北朝鮮の駐華大使李永鎬が離任する際、彼と会見した劉少奇、鄧小平、および外交部と中央対外連絡部の責任者たちが、フルシチョフは正真正銘の修正主義者で、国際共産主義運動の分裂は不可避であると告げたことを明らかにしている。[†32] だが、本章最終節でみるように、このような認識は、やがて中国共産党の世界観、およびアメリカ帝国主義に対する戦略を引き裂いてしまうのである。

ユーゴスラビアに続いてソ連までもが「真正の」修正主義に転落したとすれば、それを他山の石として、中国国内の修正主義防止に努めなければならないという論理が登場することは自然であった。そして、このような論理がのちに社会主義教育運動に道を開いたのである。

国外と国内の修正主義に対する闘争の結合

そうはいっても、党中央の指導者たちのソ連に対する態度にはまだ抑制が効いていた。繰り返し強調しておく価値があるが、冷戦が続いているというのに、社会主義の盟友であるソ連を反面教師どころか敵として扱うことが中国の内外政策全般にもたらす深刻で破滅的な影響を、彼らは真剣に考慮せざるをえなかったからである。一九六二年二月二七日以降、中央対外連絡部長の王稼祥は、劉寧一、伍修権との連名で周恩来、鄧小平、陳毅に宛てて書簡を送り、対外政策全般におよぶ数度の提言を行った。同年夏に毛沢東によって、まったくの修正主義的な外交方針――「三和一少」と称された――として攻撃されることになる王の提言の中核をなす主張はこうである。世界戦争の危険性を過度に強調すべきではない。社会主義諸国との友好協力を発展させるべきである。武装闘争だけが民族独立の道ではない。核戦争には断固反対すべきである。対外援助は実力相応に行うべきである。以上の考え方に、劉少奇、周恩来、鄧小平など党中央の指導者たちは――もちろん毛沢東は除いて――賛同していたと中国の歴史家、楊奎松は書いている。[†33]おそらくは、このような合意のうえに立って、党中央の指導者たちはソ連との関係悪化を食い止めるために一定の努力を行ったのである。

二月二二日にはモスクワが北京に書簡を送り、中国共産党に三つの罪を着せた。そのひとつはアルバニアを支持するという「反レーニン主義的行為」であり、もうひとつは国際会議で「特殊な立場」を主張したこと、さらにもうひとつは国際共産主義運動での「独特な路線」であった。[†34]党中央はこの書簡に対して一ヵ月以上も慎重に検討を加えたのち、四月九日、鄧小平がチェルボネンコ大使に返信を手渡した。この書簡は「われわれの共通点こそが主要である」ことを強調し、モスクワが世界各国共産党・労働者党代表会議を開催して社会主義陣営内部における現下の対立を克服すべきであるとの提案を記していた。[†35]この間、党中央は党内指示を発し、修正主義への反対は、ソ連共産党の特定の同志の誤りに反対することであり、ソ連という国家全体、ソ連共産党、およびソ連人民に反対することを意味しないと党員に告げていた。[†36]その後、劉少奇は六月下旬、北京を訪れたアルバニア党代表団に対して、われわれの反帝国主義国際統一戦線には修正主義者も含まれると明言したのであった。[37]

このようなソ連との対立のエスカレーションを避ける努力は、毛沢東のいない北京で、留守を預かる劉少奇をはじめとする政治局常務委員たちが、国内の社会的・経済的な危機を乗り切るためには、平穏な国際環境が不可欠であると考えたことを反映したものであった。彼らの努力によって、一九六二年春から夏にかけて、中ソ間の公開論争はいったん停止した。

だが、国際環境は中ソ対立が平穏な小休止のなかにたたずむことを許さなかった。七千人大会の期間中、新疆の伊寧、霍城、塔城、裕民などで住民がソ連領に逃亡していた。逃亡者は一九六二年初めから現れ始め、春になって増大し、総計で六万人を数えるまでに至った。中国側は、ソ連のウルムチ領事館および伊寧領事館がこの逃亡を手助けしていたと疑っていた。[38] 毛沢東はこの事件の背後に、ソ連の修正主義者による意図的な敵対行為をみた。彼の確信するところ、いまやソ連は「兄弟国」に対する「転覆活動」にまで手を染めるに至ったのである。「やはり〔劉〕少奇同志のいったことは正しかった。一九六〇年に、彼はフルシチョフが新疆で転覆活動をやっているとみた。果たして、彼のいったとおりであった。新疆における闘争の主要な方面は、ソ連の現代修正主義である。力を集中してソ連修正主義に対応しなければならない」。[39]

さらには、同年初めからインドとの国境地帯が軍事的緊張の度合いを高めていた。夏を迎えると、インド軍は中国との国境西端のアクサイチン地区に拠点を増設し、一触即発の状態となった。一〇月一七日に隣国との戦争を決断した毛沢東は、[40] 後日、その理由を外国人にこう打ち明けている。「〔インド人は〕やりたい放題のことをしていた。これにはわれわれの総理、参謀総長も人を馬鹿にしていると腹を立て、ひとつ打ちのめしてやろうと決めたのである」。[41] 一〇月二〇日から二ラウンドの戦闘が行われ、中国側は軍事的優位を確認したのち、一一月二一日、政府が声明を発して一方的に停戦を宣言した。[42]

北側と西側だけでなく、南側も脅かされていた。諦めの悪い蔣介石が「大陸反攻」の構えをみせていることに、北京の指導者たちは四月になって気がついた。台湾は、大躍進政策の失敗によって大陸の社会・経済が大混乱に陥っていることを知っており、とくに香港に難民が大挙して押し寄せるようになると、反攻の機が熟したと考えたのである。[†43] 六月一〇日、党中央は、差し迫っているように思われた国民党軍による東南部沿海地区への侵攻を粉砕するよう指示した。六月二四日付『人民日報』は、「全国軍民は警戒を強めて蔣軍の軍事的冒険を粉砕する準備をせよ」との文章を掲載し、全国民に対して国家が臨戦態勢にあることを告げた。

したがって、中ソ間のイデオロギー的な論争は一段落していたとはいえ、現実的な対外的問題をめぐって指導者たちはまったく息をつくことができなかった。むしろ、彼らは大きな戦争が避けられないかもしれないとの危機感を募らせていた。一般に、戦争の危機は、指導者たちをたたかいに備えるための国内における態勢作りへと駆り立てる。彼らの努力の重要な一部は、権力に反抗的と目される人々の摘発と除去に振り向けられる。それは、ほとんど権力者の本能に属するといってよい。中国共産党にもそれが当てはまることを理解するためには、われわれは一九三〇年代初めの同党の革命根拠地、および一九四〇年代初めの解放区で生じた出来事を思い浮かべればよい。一九六二年に中国の国内政治に作用した力学も同様であった。対外的な戦争の危機は、全党をあげて国内における反抗的な分子の除去に向かう雰囲気を醸成したのである。その結果、対外的な緊張は国内的な緊張をもたらした。六月初旬、毛沢東は公安部長の謝富治に対して、都市の治安管理を強化し、国内外の敵による破壊工作を粉砕するよう指示した。[†44] 極度に緊張した雰囲気は、対外闘争と国内闘争をひとつに融合させる格好の触媒であった。

この頃、南方を転々としていた毛沢東にとって、他の指導者であれば心理的な恐慌をきたしてもおかしくない、四方八方から敵が押し寄せる事態は、かえって活力の源泉であった。彼は五月三一日、羅瑞卿に対してこう語った。「孟子はいった。憂患に生き、安楽に死す。敵国外患なければ国恆《つね》に亡ぶ」、「多難は邦《くに》を興す」。[†45] 主席は六月二三日には滞在先の武漢を離れて青島に行く予定であった。ところが、その前日、彭真への手紙に「私はいま、武漢に月末まで滞在することに決めた。長江で泳ぐことは、私にはたいへん有益である。七日間から一〇日間は泳ぎたい。そのあとで北京に引き返す」と記した[†46]。水泳で鋭気を養った後、六月三〇日に武漢を離れて北京に戻る途中、毛はいくつかの省の指導者たちに夏の収穫の見通しを尋ねた。果たせるかな、河南省、山東省、そして湖南省湘潭地区の指導者（華国鋒）は、いずれも見通しは明るいと答えた。七月五日、彼は満足げに述べた。「今年の河南の麦の収穫状況はこれにまでになかったほどよい。湖南もよい。麦の収穫はかつてないほどよく、幹部・大衆の想像もつかなかったほどだ」[†47]。明らかに、毛は大仕事をやる気になっていた。七月六日に北京に戻った毛は、第4章で述べるように、北戴河会議での反転攻勢に打って出たのである。

「継続革命論」として知られる、同年九月の第八期十中全会における毛沢東の主張は、前年のソ連共産党第二二回大会におけるフルシチョフの主張に対するアンチテーゼとして理解することが可能である。フルシチョフが、プロレタリアート独裁が行われる「過渡期」を資本主義から社会主義に至る時期に限定したのに対し、毛はそれを資本主義から共産主義へ至る時期へと拡大した。それによって毛は、階級闘争が消滅したとされるソ連社会主義に、階級闘争が継続される中国社会主義を対置した。第八期十中全会のコミュニケに盛り込まれたこの有名な主張が、前年のソ連共産党大会における書記長の主張をほぼ裏返しにしたものであったことを考えれば、「継続革命論」の根底にあったものがフルシチョフへの対抗心であったとしても不思議ではない。主席のテーゼは、対外的にみれば、ソ連修正主義に対するたたかいの布告であった。ところで、修正主義は資本主義（および帝国主義）と手を携えているのだから、中国国内における階級闘争は、必然的に修正主義との闘争を意味した。かくして、「継続革命論」は理論的に対外闘争と国内闘争を、階級闘争の名のもとに結合したのである。それは、毛がこの中央委員会総会において、すでに彼が二年前に外国人に対して述べていた観点、すなわち国内の「右傾機会主義」を「修正主義」とみなすという観点を、全中央委員に対して語ったことにも表れていた[†48]。これ以降、修正主義の概念によって、国内と国外の悪しき諸傾向がひとつに結び合わされた。これは、たんに共通する現象が国内と国外とを問わず観察できるということだけを意味するのではなかった。国境を越えて間接的あるいは直接的につながる危険な修正主義分子の存在が想定されたのである。

これ以降、中ソ対立が再び激しさを増すと同時に、国内では社会主義教育運動が展開された。一九六二年秋から冬にかけて、中国共産党はソ連共産党のみならず他の諸国の党とも対立を深めた。それはヨーロッパ各国共産党が相次いで党大会を開催し、ブルガリア、ハンガリー、チェコスロバキア、イタリアなどの各党が中国批判を展開したためであった。中国側が「反華大合唱」と呼ぶ国際共産主義運動における潮流がこれである。毛沢東は、多くの国々の共産党による批判に直面しても、決して意気消沈することはなかった。彼は、ヨーロッパから帰国した劉暁（駐ソ大使）、伍修権（対外連絡部副部長）、趙毅敏（同じく対外連絡部副部長）らを呼んで報告を聞いたのち、康生と「反修詩」を作りあって、修正主義反対の意気を高めたという。[†49]国際的な論争に備えるための、康生を組長、呉冷西を副組長とする中央反修文件起草小組はすでに活動を開始していた。[†50]一二月三一日付『人民日報』は社説「トリアッティ同志とわれわれとの分岐」を掲載し、続いて長大な論文「レーニン主義と現代修正主義」が『紅旗』一九六三年第一期に掲載され、中国の反撃が開始された。一九六三年一月六日には「国際共産主義運動中の二つの路線の闘争はひとつの新しい段階に入った」と題する党内通知が発せられた。これはソ連との決裂に向けた覚悟を党員・幹部に求めるものであった。[†51]すぐにソ連側も反撃に出た。一九六三年一月の東ドイツにおける党大会で、フルシチョフが初めて公開の場において中国を名指しで批判したのである。彼は同時に公開論戦の停止を呼びかけた。すると、中国はすぐに『人民日報』社説「モスクワ宣言とモスクワ声明の基礎の上に団結しよう」を掲げて対抗した。[†52]

北京で中央工作会議が開始された一九六三年二月二一日、モスクワは北京に対して書簡を送り、「生じた事態からの出口を見出し、われわれの友好を妨げているものを一掃するため」、中ソ両党会談の開催と公開論戦の停止を提案した。[†53]劉少奇は、三篇の論文を発表してソ連側に反論したのち、一時論戦を停止することを提案した。[†54]毛沢東はといえば、実に意気軒昂であった。それは前年の北戴河会議以降、国内の政治的主導権を取り戻していたことと関係があったに違いない。彼は中央工作会議最終日の二月二八日、自信たっぷりにこう述べた。「今回の会議は国際問題に巻き込まれ、〔私は〕国内問題には関わらなかった。劉少奇は国内・国際問題〔の両方〕に関わった。……われわれの四篇の論文とソ連の四篇の論文を中国国内の知識分子に比べさせれば、九〇パーセント以上はわれわれの観点を受け入れるだろう。……これからは問題を国内の反修防修に移さなければならない」。[†55] 驚くべきことに、社会主義陣営内でほとんど四面楚歌の状態に置かれていたというのに、主席は論争における主導権は自らの手中にあると考えていたのである。三月一日から四日間にわたり、『人民日報』は論文「再びトリアッティ同志とわれわれの分岐について論ず」を掲載した。一一万字にのぼるきわめて長大なこの論文は、中央工作会議の期間中に毛の幾度にもおよぶ推敲を経てようやく完成したものであった。彼は最終稿に「うまく直した。たいへん完璧で、これ以上心残りの部分はない」とのコメントを記した。[†56] その後、中ソ論争は小休止を迎え、中国側は中ソ両党会談の可能性を模索し始めた。

だが三月三〇日、ソ連共産党は中国共産党に対して書簡を送り、「国際共産主義運動の総路線」に関するモスクワ側の観点を体系的に提示した。そして、これらの観点をきたるべき両党会談の基礎にしたいと申し出たのである。呉冷西のみるところ、ソ連共産党がそれまでの「直接的に反アルバニア、間接的に反中国」から「直接的に反中国」に転じたのは、この文書の公開が契機となったのであった。[†57] 毛沢東はただちに断固たる反撃を指示し、毛、劉、周、鄧など主要な指導者総がかりでの返書の作成が開始された。この仕事の責任者となった鄧小平によれば、「この文件は、〔自分が〕文件を担当して以来、おそらくもっとも精力を注いだ代物だった」。[†58] 毛は五月上旬から中旬にかけて、杭州で社会主義教育運動の綱領となる「前十条」の作成に携わっていた。その作業が終了すると、すぐに彼はモスクワに対する返書の推敲に取りかかったのである。以上の過程をみるなら、社会主義教育運動の基本方針の作成とソ連との論争は、修正主義とのたたかいを中心とするほとんどひとつの作業であった。毛をはじめ中国共産党の主だった指導者たちは皆、ソ連とたたかう気になっていたが、その闘争心は国内の修正主義にも向けられたのである。ソ連に対する実に長大な返書（「国際共産主義運動の総路線についての提案」（二五条））は六月一四日にソ連に送られたのち、一五日夜、中国国内で全文放送された。[†59]

六月一八日、ソ連共産党中央委員会は声明を発し、この返信のソ連国内における公表を拒否した。返信が「ソ連共産党とその他兄弟党に対する理由のない攻撃を含んでいる」というのがその理由であった[†60]。以降、七月上旬にモスクワでの開催が予定されていた中ソ両党会談に向けて、北京の指導部は大忙しであった。雰囲気が険悪化するなかで、モスクワでは一部の中国大使館員と中国人留学生が国外退去となる事件も起きた[†61]。こうして中ソ対立はピークを迎える。

中ソ対立のピーク、そして際限のない闘争へ

一九六三年七月五日、中ソ両党会談がモスクワで開始された。中国側の代表団は、鄧小平を団長、彭真を副団長とし、康生、楊尚昆、劉寧一、伍修権、潘自力（駐ソ連大使）がメンバーとして加わっていた。果たせるかな、会談を行った双方は、相手側の主張にまったく耳を傾けることなく持論を展開するのみで、何ら妥協点を積極的に見出そうとはしなかった[†62]。両者は、あたかも決裂することを目的に話し合いを行ったかのようであった。会談の期間中、モスクワで米・英・ソ三国代表者会談が始まり、部分的核実験禁止条約に署名したことは、中国側をさらに憤らせた。帝国主義の圧力に屈することが修正主義の標識であると毛沢東が再三警告していたにもかかわらず、フルシチョフはそれに耳を貸さなかったからである。両党会談は、七月二〇日、会談は継続されると記されたコミュニケを発表しただけで物別れに終わった。翌日、鄧小平らが北京空港に降り立ったとき、毛沢東、劉少奇、周恩来、朱徳をはじめとする指導者たちと、「反修」スローガンを叫ぶために動員された群衆五〇〇〇人の出迎えを受けた。伍修権はこの「破格の歓迎儀式」について、当時の驚きを忘れがたい様子で回想録に記している[†63]。指導者たちは中南海に戻り、報告会が開催された。毛は実に満足げに、また余裕たっぷりにこう述べた。「われわれの現在のソ連との分岐は、敵対的性質の矛盾である。ただし、われわれは、いまやはり人民内部の矛盾を処理する方式で〔矛盾を〕解決するのである[†64]」。つまり、本来は敵としてやっつける対象であるところ、温情を施して温和に扱ってやろうというのである。国際社会における中国の孤立、四方から迫りくる脅威、そして国内社会の混乱を考慮に入れれば、窮地に陥っていたのは中国

のほうであるはずなのに、主席はそれをいっこうに気にかけなかった。

「反修戦士」として論争の先頭に立った鄧小平や彭真、およびその他の指導者たちは実に精力的に論争に関与したといいうる。だが、それはソ連が修正主義の深刻な病に冒されたとする毛沢東の診断に賛同していたからというより、中国を抑圧する勢力とのたたかいというナショナリスト的な動機に基づいていたと理解するほうがよいであろう。二〇年後、鄧小平はオーストラリア共産党の代表に対してこう述べた。「〔中ソの〕大論戦において、われわれは九編の文章を発表したが、私はこれらの仕事すべてに参加した。現在の観点からすると、多くの観点は誤っていた。われわれの誤りは個別の観点にあったのではない。個別の観点について誰が誰に対して誤っていたかをいうのは難しい。われわれの真の誤りは、中国自身の経験と実践に基づいて国際共産主義運動の是非を論断し、評価したことにある。そのため、いくらかの事柄が唯物主義と弁証法の原則に合致しなかった。主要なのはこの問題である」[†65]。さらに一九八九年五月、天安門事件の直前に中国を訪れたゴルバチョフ書記長に対して、鄧はこう述べた。「六〇年代の中期から、われわれの関係は悪化した。……この方面では現在われわれも自分たちが当時述べたことがすべて正しかったとは思わない。ほんとうの実質的問題は不平等であったことだ。中国人は屈辱を受けていたのだ」[†66]。したがって、この論争は、もしソ連側が中国との間で結んでいた協定を破棄したり、技術者・専門家を引き上げたりして、すでに苦境に陥っていた中国をさらに苦しめるようなことがなければ、イデオロギー論争の領域にとどまっていた可能性があるのである。その領域を踏み越えてしまったのは、両国指導者の間のいまや修復不能となり、手がつけられなくなった個人的確執のためであったとともに、共通する国家的利益とイデオロギー上の分岐を可能な限り切り分けて、後者による前者に対する侵害を極小化しようとする外交上の理性が双方から失われていたためであった。

「反修戦士」たちのモスクワからの帰国後、毛沢東は中央書記処に分業体制を敷き、ソ連との公開論争は康生が主たる責任者となった。すなわち、モスクワとの対立は機構的に支えられたのである。中ソ論争は、よく知られているように、中国側が同年九月六日に発表した論文「ソ連指導部とわれわれとの意見の相違の由来と発展」（第一評）を皮切りに、翌年秋の第九評の発表に至るまで続く一連の論文の発表によって最高潮を迎えた。九月一三日に発表された第二評「スターリン問題について」は、草稿の段階で毛沢東が三度も手を入れた論文であった。この論文は、スターリンの「主な面は正しいものであり、誤りは第二義的なものである」と主張することによって、毛があくまでもスターリンの擁護者であることをあらためて示した。[†67]また興味深いことに、中国におけるマルクス・レーニン主義者の代表として、自分と劉少奇を並べてみせた。「早くも一九二〇年代末期と三〇年代全体にわたり、さらにまた四〇年代の初期と中期において、毛沢東同志と劉少奇同志を代表とする中国のマルクス・レーニン主義者は、スターリンの若干の誤りの影響を排斥しつつ……ついに中国革命を勝利に導いた」。[†68]たしかに、ここまでのソ連とのイデオロギー対立において、主席と副主席の間に目立った亀裂を認めることはできない。この両者は手を携えて国内と国外の修正主義に反対する運動を積極的に展開したのであった。したがって、この時点から、三年後（一九六六年秋）の事態を見通すことは無理であった。さらに第二評には、誤りを犯した同志に対する処遇についても興味深い言及がある。「誤りを犯した同志は、改めさえすればそれでよい。もし彼らが改めないなら、彼らが秘密集団を作り、裏で破壊活動をやりさえしなければ、彼らが実際の経験を通じて、だんだんと目覚めるのを待つこともできる」。[†69]これは社会主義教育運動に臨む中国共産党の方針が――やがて彼ら自らそれを裏切ることになる方針が――国外にも投影された結果であったといってよい。実際、「九評」は当時の毛沢東の中国国内および党内状況に対する観察としても読むことができるのである。

九月二六日、第三評「ユーゴスラビアは社会主義国家か」が発表された。この論文は、「資本主義の復辟」という概念――それはすでにレーニンが予言していたことだと主張されている――のうえに組み立てられていた。[†70]革命によっていったん打倒されたブルジョアジーは見事に復活を遂げて、バルカン半島の社会主義政権を内側から骨抜きにしてしまい、やがて指導権を握るに至ったというのである。まったくの無知か、あるいは悪意からなされたように思われる、チトーがユーゴスラビアで資本主義を復活させたというこの奇怪な議論の眼目はといえば、階級闘争を怠れば、同じことが他の社会主義国でも起こらない理由はない、ということであった。

一〇月二二日に第四評「新植民地主義の弁護士」が、次いで一一月一九日に第五評「戦争と平和の問題での二つの路線」が発表された後、二九日付でフルシチョフから毛沢東宛てに書簡が届いた。それは公開論争の停止と中ソ両国関係の改善を呼びかけるものであった。毛は、この手紙を第二期全人代第四回会議の席上で鄧小平に読み上げさせた。そしてその直後、政治局会議において主席はこう述べて、論争を継続する決意を示した。「われわれが彼らの七月一四日付書簡に対してまだ回答し終えておらず、彼らが発表した二千篇あまりの反華文章にまだ回答し終えておらず、さらに四十数ヵ国の兄弟党が発表したわれわれを攻撃する決議、声明にも回答していないことを考えると、彼らが公開論戦を停止するよう呼びかけていることについては、われわれは回答を忘れず、やはりわれわれの評論を続けよう[†71]」。

一二月一二日に発表された第六評「根本的に対立する二つの平和共存政策」は、その表題からして闘争心にあふれており、内容もアメリカ帝国主義との一切の妥協を拒否する戦闘的な姿勢で貫かれていた[†72]。公式の『毛沢東伝』によれば、この論文は毛沢東が二ヵ月余りを費やして準備したもので、驚くべきことに、彼はこの原稿に一七回も手を入れたという[†73]。これが事実であるとすれば、同年秋、毛の精力の大部分は国際問題への対応に費やされたといってよい。国内においては、「後十条」が同年秋にようやく制定され、社会主義教育運動が軌道に乗り始めたことが、彼の精神に余裕をもたらしたのかもしれない。同じ頃、主席は国内における修正主義との闘争においてもきわめて戦闘的であった。彼は党中央の通知を通じて、現代修正主義に対する批判を、哲学、社会科学、文学、芸術方面に――すなわち、上部構造のあらゆる部分に――拡大せよと指示したのである[†74]。毛のあふれるばかりの戦闘精神は、国外から国内を貫くとともに、国内のあらゆる領域をも貫きはじめた。

一九六四年二月四日、第七評「ソ連共産党指導部は当代最大の分裂主義者である」が発表された。発表前、毛は以下の一節を原稿に付加した。「ソ連指導者の修正主義と分裂主義は、国内のブルジョア階級の要素の氾濫と増長の産物である」[†75]。とはいえ、ここでもソ連社会に関する詳細な階級分析は何ら行われなかった[†76]。この論文は、あたかも修正主義の存在が認められるのだから、ブルジョアジーが復活しているはずであると主張している――一切の具体的な証明抜きで――かのようであった。これは、熾烈な階級闘争の存在を指摘しておきながら、それを生み出す下部構造の分析にはまったく関心を示さなかった毛の態度を反映している。その後、主席と党中央は一九六三年一一月二九日付のフルシチョフからの書簡に対する返信の作成に時間を費やした。一九六四年二月二九日付の返信は、北京での両党会談を提案するものであった。一週間後、北京での会談に同意するモスクワからの返書が届いた。とはいえ、中国側がほんとうに両党会談の開催を望んでいたのかはきわめて疑わしい。というのも、三月三一日には第八評「プロレタリア革命とフルシチョフの修正主義」が発表され、初めてフルシチョフを名指しで修正主義者と呼んだからである[†77]。

一九六四年春以降、毛沢東はしきりに革命の後継者について語るようになった。六月一六日、北京郊外の十三陵ダムで開催された政治局会議において、彼はこう述べた。「帝国主義は、われわれ初代は問題にならず、第二代目も変わりそうにないが、第三代目、第四代目には望みがあるといっている。帝国主義のこの望みは実現するだろうか。……ソ連では第三代目にフルシチョフが現れているから、われわれのところでも修正主義が現れるかもしれない。いかにして修正主義を防ぐのか。われわれはどのようにして革命の後継者を養成するのか」。このように問題提起をした毛は、後継者が備えるべき五つの条件をあげた。すなわち、(1)真のマルクス・レーニン主義者であること。(2)中国と世界の圧倒的多数の人々に誠心誠意奉仕する革命家であること。(3)圧倒的多数の人々と団結して、ともに仕事のできるプロレタリアートの政治家であること。(4)民主的な作風の持ち主であること。(5)謙虚で慎み深く、自己批判の精神に富み、工作上の欠点や誤りを勇敢に改める者であること[†78]。以上の諸条件は、毛沢東自身の性格をほとんど裏返しにしたもののようにみえる。もし彼が、自身にそのような性格がすべて備わっていると考えていたとすれば、驚くべきことである。

中国にも修正主義者が出現しかねないとの不安は、ソ連がアメリカとともに和平演変の策源地になり始めたという観察と結びついていた。呉冷西によれば、第九評の原稿を手直ししている際、主席は「フルシチョフ集団がソ連で和平演変をやっているが、それは中国を含むすべての社会主義国に向けられている」と語ったという[†79]。そうであるとすれば、修正主義者とは、もはや帝国主義者とほとんど同義であった。彼らはともに、すべての社会主義国に対して手先を送り込み、その内部にいる人々の思想を腐食させ、それらの国々の社会主義的秩序を内側から崩壊させようと企てるであろう。毛の概念の使用法は、いつものように、ひどく厳密さを欠いており、その言葉が包み込む対象は不断に拡大された。その結果、さまざまな敵は国境を越えて相互に結びつき——修正主義者、帝国主義者、ブルジョアジー、右翼日和見主義者など——その結果、観念のうえで強大化し、あたかもいくつもの首をもつひとつの怪物のようになった。客観的に眺めれば、そう考える必要はどこにもなかった。たしかに、フルシチョフはアイゼンハワーとケネディに譲歩したが、だからといって書記長が国際共産主義運動を全体として埋葬しつつあるなどと考えるのは、どうみても現実離れしていた。だが、主席は好んでそのような拡張主義的な概念の用い方をし、敵内部の亀裂など問題にならないかのようであった。われわれは、ここに国際闘争と国内闘争が融合し、互いが互いを支えあう構造が形作られていることを見出す。国際的な戦線での修正主義者との激しいたたかいは、国内における修正主義者に対する人々の警戒を高め、その摘発を強め、彼らの戦闘的姿勢を鼓舞した。一方、国内における修正主義者に対する戦闘的な姿勢は、対外的な態度に投影された。かくして闘争は全面的になった。社会主義教育運動の本格化と、中ソ論争のピークが時期的に重なっているのは偶然ではなかった。両者は相互に、たたかいの燃料を供給し合っていたのである。

前述したように、同じ頃、戦闘精神の極みに達した毛沢東が、文学、学術、芸術のあらゆる方面においても現代修正主義に対する批判を拡大するよう呼びかけたことを考慮すれば、彼の闘争の対象は際限がなかった。しかも、この長く続く戦いは、毛の世代を超えて続くのであるから、後継者の養成が重要な課題として意識されたのは自然な成り行きであった。要するに、毛沢東の挑んだ闘争は、どこまでも広がる時間と空間における全面的なたたかいであった。

のちに文化大革命を支えることになるこのようなメンタリティは、毛沢東の異常な精神の高揚が生んだ狂気そのものであったのだろうか。それとも、われわれはそこに何らかの合理性を見出すことが可能であろうか。筆者には、それはかろうじて可能であるように思われる。筆者はすでに、彼が大躍進の失敗を取り繕い、壮大な責任転嫁を行うために「反修防修」に乗り出したという仮説を提起しておいたが、それだけではない。ドイッチャーが指摘するように、革命の拡大だけが当時の中国にとって国家の安全の展望を切り開くものであった。というのも、西側諸国からは経済封鎖を受けているうえに、いまや東側諸国からも陶片追放されかけている中国は、遠近問わず諸国の革命を推進することによって、社会主義陣営に新しいメンバーを加え、それに対するソ連の支配権を弱体化させるとともに、帝国主義の力を弱める作用に期待するほかなかったからである。[†80] とはいえ、おそらく毛は諸事情について熟考したうえで、このような戦略——もしこの表現を使えるならば——に自覚的にたどり着いたわけではなかったであろう。国際的にほぼ四面楚歌となる状況下で、大躍進で大きく傷ついた国家の指導者として自らの威信を回復する方法を模索するうちに、意図せずにたどり着いた戦略であったと考えられる。

国際的孤立の深みへ

一九六四年七月一四日、九篇の論文のなかでもっとも分量の多い第九評「フルシチョフの似非共産主義およびその世界史上の教訓について」が発表された。もともと、これに続く第十評が準備されていたらしい。だが、一〇月中旬にモスクワで生じた重大な政変のため、発表されなかった。[†81]

一〇月一六日は、中国にとって記念すべき日となった。モスクワでフルシチョフが失脚し、その直後に新疆で初の原爆実験が成功したのである。[†82] クレムリンでの書記長解任劇の後、中国共産党は連日、政治局常務委員会を開催して対応を協議した。毛沢東は、いったん事態の「静観」を提案したという。[83] それは修正主義の首魁が玉座を去ったのだから当然であった。だが、彼はすぐに態度を翻し、一〇月二七日の政治局常務委員会で、われわれは行動をとるべき時期に来たと述べた。[84] 行動とは、公開論争を断固継続するという意味であった。毛の提案に従い、党の代表が北朝鮮、ベトナム、ルーマニア、アルバニアなどの党とともにモスクワを訪れ、一〇月革命記念行事に参加して、ソ連外交の変化を促すことになった。[85]

一一月五日、周恩来を団長とする訪問団がモスクワに到着し、式典に参加したのち、祝宴でよく知られた事件が生じた。酒に酔ったマリノフスキー将軍が中国側副団長の賀竜に対して、われわれはフルシチョフを失脚させた、諸君もわれわれにならって毛沢東を失脚させてはどうかと述べたのである。賀竜は取り合わなかったが、周恩来はこれを重大な事件とみなして、ソ連共産党側に厳重な抗議を行った（もし抗議しなかったとしたら、周恩来と賀竜は中国に帰国した後、毛によって彭徳懐と同列に扱われたかもしれない）。この事件は、ソ連が中国指導者の一部と手を組んで、自分の失脚をもくろむ可能性があることをあらためて毛沢東に認識させたであろう。

ともあれ、いったんは改善の光が差したソ連共産党との関係は、この事件によって再び悪化した。一九六五年二月に北京を訪問したコスイギン首相が毛沢東に公開論争を停止するよう求めた際、毛は得意の表現で、論争は一万年でも続けると応じた。首相がそれでは長すぎるというと、主席は「もし一万年から九千年減らすと千年だ。これが最大限の譲歩だ」と述べた。[86] この会談記録を読むなら、毛がソ連との論争をやめるつもりはなかったことは明白である。モスクワとの論争の継続は、ようやく軌道に乗った中国国内における社会主義教育運動を支えていたからである。ソ連修正主義との妥協なき闘争を行ってはじめて、国内における妥協なき階級闘争を鼓舞することができると主席は考えていたに違いない。

三月にはモスクワで世界共産党会議が開催されたが、中国共産党はこれを「分裂会議」と呼び、参加しなかった。この会議を評した『人民日報』の記事は、ブレジネフを先頭とする新しいソ連共産党指導部は、フルシチョフの修正主義と大国ショービニズムと分裂主義をそのまま受け継いでいると述べた。[87] 批判はまたしても辛辣さを増してゆき、六月には、ソ連の新指導部は「フルシチョフよりもいっそう隠れた、いっそう悪賢い、いっそう危険な修正主義」であるとの評価が下されるまでに至った。[88] このような評価からすれば、ソ連新指導部が提案した北ベトナム支援の共同行動を、中国側が拒否するのは当然であった。同年秋、『人民日報』と『紅旗』の論説は強い口調で、中国が現在のソ連と妥協点を見出すいかなる意思もないことを明らかにした。「彼らの路線が変わらないかぎり、また彼らのアメリカ帝国主義や反動派と結んだ同盟が一日でも取り消されないかぎり、われわれは絶対に彼らと『共同行動』をとることはできない[89]」。

一九六六年一月にはモスクワから、同年春に開催予定のソ連共産党第二三回党大会に中国共産党が代表団を送るよう招請状が届いた。ソ連の首都に代表団を送るべきか否か、毛沢東がまたもや中国の首都を離れて南方に行ってしまったために、残された政治局常務委員会は一ヵ月以上も決断できなかった。最終決断は杭州に滞在していた主席に委ねられ、結局、参加は見送られたのであった。[90] 同じ頃、中国のメディアは日ソの「反動的結託」に警鐘を鳴らし始めた。この議論によれば、日ソの接近は「米ソ結託の変種」であり、また米ソ日印四国による中国包囲網の一環節なのである。[91] 加えて、英ソ関係の親密さの増大にも注意が払われていた。[92] 北京の指導者たちのみるところ、いまやモスクワは反動勢力を自らの周囲に集結させ始めていたのである。

当然のように、ブレジネフの指導部に対する中国の非難はいっそう激しさを増した。ソ連共産党第二三回大会の頃から、中国が米ソ両国による新たな「東方ミュンヘン」の陰謀に警告を発し始めたのは、きわめて象徴的であった。[93] 一九三八年九月に締結されたミュンヘン協定の東方版を意味するこの言葉は、一九三九年に毛沢東によって使われて以来、小国に対するほしいままの侵略権を大国に与える、大国間の妥協を指す呪うべき象徴であった。そして、米ソによる新たな「東方ミュンヘン」は、ベトナムの民族解放闘争を犠牲にする可能性があると主張されたのである。かつて帝国主義諸国間の妥協を意味した「ミュンヘン」にソ連が加担する可能性があるとされたことは、ソ連が帝国主義国と完全に同列に扱われていることを雄弁に物語っていた。

米ソによる陰謀画策に警鐘を鳴らすことは、いうまでもなく最高指導者によって鼓吹されたものであった。毛沢東は、米ソ結託によってチェコスロバキアのような小国が犠牲に供されるだけではなく、中国もまた両国による直接の分割対象となる危険性に注意を払うよう訴えた。一九六五春、彼はマレーシア共産党の指導者らに次のように語った。「アメリカとソ連が共同で中国に戦争をしかける可能性はないだろうか。彼らは平和的な方法では中国に立ち向かうことはできないと考え、戦争という方法でわれわれを消滅させようと試みないだろうか。たとえそうなっても、何もたいしたことはない。……われわれはこの点について、準備している」[†94]。中国の宣伝機関がこのような主張を公然と展開することは、さすがに無理であった。だが、主席が国際舞台で社会主義陣営から力を借りようとするどころか、それを敵視していることは、いまや疑いようもなかった。

社会主義陣営に頼れなくなった中国が、帝国主義とのたたかいに多くのアジア・アフリカ諸国を引き込もうとしたのは自然であった。だが、そのような中国の企てが成功を収めることはなかった。信頼できる持続的な同盟者をアジア・アフリカ諸国の間に見出すことは、中国自身の過剰な戦闘的姿勢ゆえに、ますます困難となりつつあった。それら諸国は、いまや非同盟会議派とアジア・アフリカ会議派に引き裂かれており、そのためアジア・アフリカとは、もはやたんなる地理上の概念でしかなかった[†95]。一九六四年の春から夏の四ヵ月を費やして、周恩来はアジア・アフリカ諸国を精力的に歴訪し、第二回アジア・アフリカ会議の開催に向けた準備を行った。同年四月には、二二ヵ国が参加した準備会合が行われ、翌年六月にアルジェリアでの本会議開催が決定していた。ところが、中国は次第に孤立を深め、一九六四年一〇月下旬には「分裂をもたらすアジア・アフリカ会議には参加しない」との立場を表明するに至った。

国際的な孤立にもかかわらず、というより孤立したがゆえに、中国は世界が革命の新たな時代を迎えていると主張した。一九六五年を迎えると、中国こそが「世界革命の中心」、「世界革命の根拠地」であるとの言説が堂々と唱えられ始めた。[96] その典型的な議論は、林彪の「人民戦争の勝利万歳」と題する論文にみられる。この論文は、中国革命を通じて体得された農村根拠地の建設に基づく革命戦略を国際舞台にも適用し、「世界の農村」（中国を含む発展途上地域）から「世界の都市」（アメリカや西欧）を包囲するという世界戦略を主張していた。そして、人間が武器よりも重要であることをあらためて指摘し、中国が勝利を収めうる唯一の戦争形態は、巨大な人力、広大な土地、および修正されざるマルクス・レーニン主義に基礎を置く持久戦であると強調していた。[97] このような議論は、対話や「平和運動」を帝国主義に対する有効な闘争形態のひとつとみる観点の拒否を伴っていた。つまり、いまや武装闘争こそが、ほとんど唯一の意味ある闘争形態とみなされるようになったのである。[98] それは、おそらく深刻な国際的孤立を対価とすることを理解していながら、あえて打ち出された主張であった。

政治的理性の集団的退行

一九五〇年代終わりに毛沢東がソ連を修正主義の範疇に強引に押し込めてから、一九六〇年代半ばに中国が深刻な国際的孤立に陥る過程は、中国共産党が世界における矛盾の多様性と錯綜性、およびそれらの利用可能性を認識する政治的理性の退行過程として眺めることが可能である。この過程は、毛沢東によって始められ、毛沢東によって牽引され、そして毛沢東によって極端な領域にまで到達させられた。この間の中国の指導者たち――毛以外の指導者たち――の世界観を特徴づけているのは、絶え間ない動揺あるいは一貫性の欠如である。

一九五九年秋に主席がユーゴスラビアに加えて、ソ連もまた修正主義の罠にはまったと示唆したことは、他の指導者たちの国際情勢認識に対して突然投げつけられた爆弾となった。毛の主張は、ただちに彼らの世界観と対外政策にさまざまな問題を発生させた。ソ連が修正主義に陥ったのは、フルシチョフの個人的な、また一時的な誤りに由来するのであろうか。それともソビエト社会・経済に深く根差した根源があるのであろうか。もしソ連が修正主義にとりつかれているのなら、国際的な反米統一戦線からソ連は除外すべきであろうか。それともソ連と帝国主義との矛盾がいくらか残るのであれば、ソ連はやはり統一戦線に含めるべきであろうか。たとえソ連が修正主義だとしても、ソ連の指導部と人民との矛盾は残るはずであるから、広範なソ連人民との連帯を目指すべきであろうか。ソ連から経済発展のための資金や技術上の援助を受けられないとしたら、どの国からの支援に期待すればよいのだろうか。

目がくらむような世界観の大転換を要求されたために、北京の指導者たちは、毛沢東が修正主義の概念をモスクワに適用し、さらにフルシチョフはアメリカの和平演変の罠にはまったのだと主張しても半信半疑であったに違いない。なるほど彼らは毛の主張に反駁しなかった（個人崇拝が最高潮に達していたときに、また彭徳懐が祭壇に生贄として捧げられた後で、そのような大それたことができただろうか）。そして、主席の主張に沿って同様の発言を繰り返した。だが目を凝らせば、指導者たちの間での認識の混乱が浮かび上がる。一九六一年九月、周恩来はアメリカ帝国主義が直面している「五大矛盾」について語った。すなわち、（1）本国人民との矛盾、（2）アメリカ統治階級内部の矛盾、（3）同盟国との矛盾、（4）民族独立運動との矛盾、および（5）社会主義国との矛盾である（彼はこのうち、何が主要な矛盾であるか語らなかった）。彼はこう述べることによって、依然としてソ連がアメリカと鋭く対立しているとの理解に立っていたことをほのめかしている。[†99] 王稼祥は一九六二年六月末になっても、社会主義陣営と帝国主義陣営の矛盾を「根本矛盾」と表現していた。[†100] これら二人の中国外交の大立者に共通するのは、毛沢東がさかんに社会主義陣営内部の正統と異端の間の亀裂に言及するようになって以降も、それを世界における諸矛盾の配置のなかに組み入れていないことである。両者は、社会主義の母国が資本主義と結託する修正主義に染まったという最高指導者の診断を是認したうえで対外政策全般を組み替えることに尻込みしていたようにみえる。毛の診断は、アメリカ帝国主義に対抗するにあたって、まず統一された社会主義陣営の力に依存し、次に発展途上国を社会主義陣営に引きつけるという、それまでの対外戦略と容易に和解させることが難しかったのだから、それは無理もないことであった。

一九六二年夏、毛沢東が対外路線における「三和一少」の罪を王稼祥に着せ、修正主義との闘争を全党に押しつけるようになってからも、党内における世界観の混乱は収まらなかった。同年九月、中国外交部が発行する雑誌『世界知識』に掲載されたある論文は、帝国主義国と社会主義国との間に介在する広大な中間地帯が「各種の矛盾の焦点」であると論じた。[†101]この見解の意味するところは、「中間地帯」が当面の主戦場であるとしても、資本主義陣営と社会主義陣営の間の矛盾が、究極的な矛盾であるということであった。ところが不可解にも、同誌の次号に掲載された別の論文は、現在の世界の「基本矛盾」として、（1）社会主義と帝国主義の矛盾、（2）帝国主義と植民地・半植民地の矛盾、（3）帝国主義の「独占集団」の間、および帝国主義諸国間の矛盾、（4）帝国主義国内のブルジョアジーとプロレタリアートの矛盾をたんに並列的に列挙していた。[†102]一九六三年三月に発表された「再びトリアッティ同志とわれわれの違いについて」は、世界の「主要的矛盾」（この言葉が「主要矛盾」と区別されるべきかどうかははっきりしない）として（1）社会主義陣営と帝国主義陣営の矛盾、（2）帝国主義国同士の矛盾、（3）帝国主義と被抑圧民族との矛盾、（4）資本主義国内部のブルジョアジーとプロレタリアートの矛盾が指摘され、そのうち（2）と（3）が「世界の矛盾の焦点」であるとされた。[†103]しかし、その四ヵ月後に発表された「国際共産主義運動の総路線についての提案」においては、前記の四つの矛盾が（1）（4）（3）（2）の順で「基本矛盾」として列挙されているにすぎない。[†104]

以上のような世界における矛盾を表現する用語の絶え間ない変化、および矛盾配列の仕方の変化は、国際関係の基底をなす力学が何であるかをめぐる中国共産党の一貫した認識枠組みの欠如を、あるいは党内における見解の分岐と混乱を如実に物語っている。

おそらくは、混乱した認識の枠組みを整序するために一九六四年一月に再び毛沢東によって唱えられたのが中間地帯論であった。[†105]よく知られているように、この議論の骨格はすでに一九四六年夏に毛がアメリカ人記者に語り、その後、一九五〇年代半ばに一部の指導者によって再度語られていた。その議論によれば、アメリカ帝国主義の最終目標は社会主義陣営を消滅させることであるが、その前にまず反共反ソを「煙幕」としてアメリカと社会主義陣営の間に横たわる広大な「中間地帯」を収奪しようとしているのである。[†106]だが、一九六四年に再び現れたとき、この議論は新たな装いをこらしていた。すなわち、「中間地帯」はアジア、アフリカ、ラテン・アメリカの独立国あるいは独立しつつある国家を含む「第一中間地帯」と、西欧、オセアニア、カナダなどの資本主義国からなる「第二中間地帯」とに区分されていたのである。後者に属する諸国の支配階級には、一方でアメリカの支配を受けながら、他方でそこから抜け出そうとする二面性があり、そのためにこれら諸国は、社会主義国および各国人民とともに反米統一戦線の一翼を担う潜在力を備えているのだと説明された。[†107] この新しい中間地帯論は、世界の構図における水平軸（両陣営間の対立）と垂直軸（帝国主義と被抑圧民族の対立）を、後者をいくぶん際立たせる形で組み合わせている点に特徴がある。

鄧小平や彭真などの「反修戦士」たちが、モスクワでロシア人理論家を相手に派手に論争を展開し、そしてソ連の修正主義を辛辣に批判する論文が続々と発表されていたときに現れたこのような世界観は、なおも米ソ間の矛盾を片隅に追いやっていないという点において、注目に値する。毛沢東が、フルシチョフがアメリカの和平演変の策略にはまったと主張し、米ソ結託をさかんに非難していたときでさえ、『人民日報』や『紅旗』は米ソの矛盾がなおも決定的重要性をもつと示唆していたのである。これは、もしかすると毛自身、フルシチョフへの対抗心からソ連修正主義の危険性を大袈裟にいい立てたものの、自らの判断を全面的に信じる気にはなれなかったことを、あるいは自らの修正主義に対する批判が行き過ぎたと感じたことを反映していたのかもしれない。事実、彼は一九六四年半ばには、帝国主義と修正主義は結託もするが矛盾もあると語っていたのである。[†108] すでにみたように、主席はソ連社会の下部構造を何ら仔細に検討することなく、フルシチョフが修正主義の病にかかったと診断していた。ならば、それはフルシチョフ個人の一時的な病とみることが可能であったはずである。おそらく、このような可能性がまだ残されていると中国の指導者たちが考えていたからこそ、一九六四年一〇月のフルシチョフ失脚後に、彼らは関係改善を求めた明瞭なシグナルをモスクワに送ったに違いない。ロシア十月革命を記念する同年一一月七日付『人民日報』社説には、前年には見当たらなかった中ソ人民の友好万歳というスローガンが復活した。[†109] また、翌年二月の中ソ友好同盟相互援助条約締結一五周年を記念する同紙社説は、「われわれはアメリカ帝国主義とその手先に反対するたたかいのなかで、引き続きこの条約の役割を発揮させなければならない」とうたった。[110]だが、前述したように、期待はすぐに打ち砕かれ（あるいは自ら打ち砕き）、ブレジネフに対しては、前任者よりもいっそう危険な修正主義者との評価が下されたのであった。

一方でかくも強く米ソの結託に警鐘を鳴らしながら、他方で従来のようにアメリカ帝国主義の最終目標が社会主義陣営の消滅にあると主張するのは――これが中間地帯論の重要な前提であった――どうみても自己矛盾であった。しかも、一九六五年五月、彭真がインドネシアで展開した次の議論のように、主要矛盾をアメリカ帝国主義とアジア、アフリカ、ラテン・アメリカにおける被抑圧民族の間に設定すると、中間地帯について語ることにもはや意味はなかった。彼はこう指摘した。「世界の全局面からみて、アジア、アフリカ、ラテン・アメリカの被抑圧民族とアメリカを頭とする帝国主義の間の矛盾が、現在の世界の各種の矛盾のなかでもっとも突出した、もっとも先鋭な矛盾であり、現在の世界の主要な矛盾である」[111]。かくして、中間地帯論はまたしても姿を消した。

では、中国共産党の世界観から水平軸（両陣営間の対立）が除去され、垂直軸（帝国主義と被抑圧民族の対立）だけが圧倒的な比重をもって浮かび上がったのだろうか。そうではなかった。今回の中間地帯論の消滅は、新たな体系だった世界観の登場に道を開くことはなかった。その代わり、同党の宣伝機関は、世界がたんに「変動、分化、再編」の過程にあるとの見解を語り始めたのである。ソ連との北ベトナム支援に関する共同行動をきっぱりと拒否した前述の論文には、その後しばらくの間、中国共産党が国際情勢について語る際に繰り返されることになる、次のような観点が含まれていた。「当面の世界情勢の特徴は、国際的階級闘争が日増しに深まりつつある状況のもとで、いま大きな変動、大きな分化、大きな再編が進行しているということである。……各種の政治勢力は、いま世界的規模で激しく分化し、あらためて再編されつつある」[112]。これは、ソ連という同盟者を自ら捨て去り、また発展途上国の人民にも階級闘争を要求して、結局それらの政府との関係を悪化させた代償として、孤立感と被包囲感が増大したことの表現であったといいうる。換言すれば、友が減り、敵ばかりが増えたために、帝国主義に対する国際的統一戦線の構想それ自体が解体してしまったことの表現であった。

世界をこのようにみる必然性はまったくなかった。マルクス・レーニン主義者の理性をもって眺めれば、敵は分断することが可能であり、友は至る所に見出すことが可能であった。敵の間に潜在的友を見出そうとせず、かえって友の間に潜在的敵だけを見出そうとする態度は、政治的理性の退行と呼んでも差し支えないであろう。たとえソ連共産党との間で、戦争と革命の関係に関するレーニンの古典的命題をめぐる意見の分岐があったとしても、またプロレタリアート独裁の適用される期間をめぐって見解の相違があったとしても、アメリカ帝国主義に対する共同行動をとることは完全に可能であった。たとえ発展途上国の民族ブルジョアジーが国内で労働運動を抑圧しようとも、それらの国々を反米統一戦線に加えることは可能であった。たとえ中国国内で階級闘争を進めるとしても、国外に対しても同じことを要求する必要性はまったくなかった。あたかも、中国は世界のあらゆる勢力を敵に回すことそれ自体を目的として行動しているかのようであった。

このような政治的理性の退行は、国際政治をめぐる思考だけに限られたことではなく、国内政治に関する思考にもはっきりと表れていた。一九六六年春、毛沢東は一部の共産党員たちが実際には国民党員であると繰り返した[†113]。レーニンは、自らと真正な敵との間にある広大な領域に目を向け、これを利用するよう求めてはいなかったであろうか。だが、毛は自らが唱えていた「一が分かれて二となる」との「哲学」をもっぱら味方にのみ適用し、決して敵に適用しようとはしなかった。その結果、毛の目には国内であろうと国外であろうと、もはや「草木皆兵」であるかのごとく映っていたのである。われわれはのちに、このような全般的な政治的理性の退行を背景として、あるきっかけで政治的地滑りが生じたところに、文化大革命が姿を現す様子を目撃するであろう。

小結

このような理性の退行は、あたかも急速に広がる感染症のように、毛沢東から始まり、すぐに指導者層全体をとらえ、やがて全党へと拡大し、そして最後には無数の人々を道連れにした。十分な証拠には欠けているが、毛を除く他の指導者たちの多くは、中国が国際社会においてかくも孤立することを決して望んでいなかったといいうる（もし彼らが皆孤立を望んでいたとしたら、中ソ対立は実際に生じたものよりも、はるかに直線的にエスカレートしていたに違いない）。例えば、一九五九年の廬山会議での大躍進批判によって、すでに外交部第一副部長を解任されていた張聞天は、一九六四年二月に彼の「社会主義政治経済学ノート」に、中ソ論争を念頭に置いて、ひそかにこう記していた。「たとえ二人のマルクス主義者であっても、同一事物に対する認識が完全に一致することはありえないし、往々にして一致せず、それによって論争が生じる。この種の論争は、当然のことながら、階級闘争とはいえない」[†114]。このような指導者たちの存在によって、中ソ対立の過程は必ずしも一本調子でエスカレートしたのではなく、ときに緩和されかけた。だが結局は、論争を「一万年続ける」ことを厭わない最高指導者の攻撃性によって、対立は極端な地点にまで立ち至ったのである。

毛沢東は対外的緊張の結果として強められた国内的緊張が、大躍進によって大きく傷ついた彼の権威の効果的な補強材となることを知っていたに違いない。一方、他の指導者たちは、大躍進後に党が直面した支配の正統性の危機を乗り切るには、主席に集中された権威が必要だと考えていたから、彼の対外的姿勢に正面から異議を唱えることはなかった。それどころか、ソ連との対立が激しさを増すなかで、民族的利益をかけた英雄的たたかいを演じるナショナリストとしての自らの姿に陶酔してしまったのである。たたかいに酔いしれていたのは、指導者ばかりではなかった。「九評」は中国の民衆をも熱狂させた[†115]。のちにわれわれは、このときの中国社会の熱狂において、人々の精神の奥底にしまい込まれていた反西洋的感情が解き放たれたことをみるであろう。要するに、中国全体が頂点から底辺に至るまで、国際社会における自国の孤立したたたかいに不安と恐怖を覚えるどころか、すっかり心を奪われてしまったのである。

かくして、「反逆のエートス」は中国の内部で拡大再生産され、世界に向けて奔流のように溢れ出した[†116]。このとき、中国内部においては、強力な同調と随順の圧力が作用した。それは社会主義教育運動を通じて、あらゆる層の指導者たちだけなく、一般の人々をもとらえた。内部に向けられた闘争は、もはや下部構造に向かうことなく――すでに革命を通じて生産関係は徹底的に改変されていたからである――上部構造へと向かうほかはなかった。だが、思想、哲学、文学、社会科学、歴史、芸術などあらゆる領域が闘争対象となると、もはや禁猟区は残されていなかった。最高指導者が一切のブルジョア的なるものに対して全面的な攻撃を開始したとき、彼の矛先は、党の最高指導部を含めて、どこに向けられても不思議はなかったのである。

†1　この点に関するもっとも鋭い洞察として、アイザック・ドイッチャー著、山西英一訳『毛沢東主義』新潮社、一九六五年、一五四頁を参照せよ。

†2　服部隆之「中国と旧ユーゴスラヴィアとの国交樹立に関する党関係の問題」、『中国研究月報』第七〇巻第一一号（二〇一六年一一月）、四頁。

†3　「社会主義十二ヵ国共産党・労働者党のモスクワ宣言」（一九五七年一一月二二日）、欧ア協会編『中ソ論争主要文献集』日刊労働通信社、一九六五年、一〇二頁。この点が毛沢東の提案で付け加えられたものであることについては、彼自身がのちに明らかにしている。「在北戴河中央工作会議中心小組会議上的講話」（一九六二年八月九日）、『学習文選』第三巻、三一一頁。

†4　「各国共産党・労働者党代表会議（モスクワ）に関する中国共産党第八期全国代表大会第二回会議の決議」（一九五八年五月二三日）、日本国際問題研究所現代中国部会編『中国大躍進政策の展開』上巻、日本国際問題研究所、一九七三年、一〇六頁。ユーゴスラビアの修正主義の根源と中国共産党が考えたものについての、もっとも詳細な分析は、陳伯達「南斯拉夫修正主義是帝国主義政策的産物」（一九五八年六月一日）、『陳伯達文選』（武漢、一九六八年七月？）、『中共重要歴史文献資料彙編』第十四輯第七分冊、二〇〇六年、三一二―三二三頁に見出すことができる。

†5　薄一波、前掲書、下、一一四二頁。薄が、ソ連が原子爆弾のサンプル供与を含む「国防新技術に関する協定」を破棄

したのは一九五九年一月であったと記しているのは誤りである。この秘密協定は一九五七年一〇月一五日に調印され、一九五九年六月二〇日にソ連が破棄通告を行った。
†6 『劉少奇伝』第二版、下、八四六頁、および牛軍著、真水康樹訳『冷戦期中国外交の政策決定』千倉書房、二〇〇七年、一七四頁。
†7 『毛沢東年譜』第四巻、二三六－二三八頁。
†8 『鄧小平伝』下、一一四〇頁。
†9 「対《列寧主義万歳》一文送審稿的批語和修改」（一九六〇年四月）、『建国以来毛沢東文稿』二〇二四年版、第十五冊、一六二頁。
†10 「沿着偉大的列寧道路前進」、『人民日報』一九六〇年四月二二日。
†11 「在列寧的革命旗幟下団結起来」（一九六〇年四月二〇日）、《陸定一文集》編輯組編『陸定一文集』人民出版社、一九九一年、六六〇頁。
†12 『鄧小平伝』下、一一四一頁。
†13 毛沢東は一九六〇年三月に書いた「反華問題について」と題する文章において「国際共産主義運動中の修正主義分子と半修正主義分子」という表現を用いている。「関於反華問題」（一九六〇年三月二二日）、『建国以来毛沢東文稿』二〇二四年版、第十五冊、一一〇頁。彼はこの時点では、ソ連を真正の「修正主義」ではなく「半修正主義」だと理解していたのかもしれない。「半修正主義者」という言葉は、三ヵ月後の政治局拡大会議において配付されたコメントにもみられる。「在上海会議上印発四個文件的批語」（一九六〇年六月一五日）、『毛沢東思想万歳』11C、二一〇頁。
†14 薄一波、前掲書、下、一一四四頁。ただし、この発言は公表されなかった。この発言については、『毛沢東年譜』第四巻にも、また会見に同席した楊尚昆の日記にも記載が見当たらない。
†15 「敵内部の区別」の欠如は、中ソ論争の際、イタリア共産党の指導者トリアッティが中国の指導者たちの態度の特徴について指摘したものであった。トリアッティ「討論を本当の言葉にひきもどそう」（一九六三年一月三日）、社会主義政治経済研究会編『中ソ論争』合同出版社、一九六三年、二六一頁。この点と関連することであるが、毛は帝国主義の統治集団内部にも物のわかる人々（「明智派」）が存在するとの考え方をまったく認めようとしなかった。「在蘇聯『政治自学』

雑誌発表有関国際問題文章的情況報告上的批語」（一九六〇年七月）、『建国以来毛沢東文稿』二〇二四年版、第十五冊、二八五頁。

†16 『建国以来毛沢東文稿』二〇二四年版、第十五冊、三三一－三三三頁注。

†17 ドイッチャー、前掲書、七一頁。

†18 例えば、「中蘇両国人民是最親密的兄弟」、『人民日報』一九六〇年一一月八日。

†19 銭庠里、前掲書、二四八頁。

†20 呉冷西、前掲書、上冊、二四八頁。

†21 銭庠里、前掲書、二四九頁。人民解放軍の内部雑誌も、同年春には次のように述べている。「中ソ両国共産党、中ソ両国の団結は、中ソ人民および世界人民にとって根本的な利益である。……中ソ両国の境遇は一様ではないから、一切の問題について完全な一致をみることは不可能である。……しかしこれは、社会主義から共産主義への移行、帝国主義に反対するという大前提の一致を妨げるものではない」。「当面の国際情勢のいくつかの主要な問題について」、『工作通訊』第一七号（一九六一年四月二五日）、本郷賀一『工作通訊抄――中国共産軍の実態』時事通信社、一九六四年、四三七－四三八頁。

†22 フルシチョフ「党中央委員会の報告」（一九六一年一〇月一七日）、前掲『ソ連邦共産党第22回大会資料』、一九〇－一九一頁。

†23 同右、二六四－二六五頁。一〇月二〇日の政治局拡大会議において、劉少奇は「〔フルシチョフが〕公開の場でアルバニアを非難したことは、実際上、われわれをこらしめようとすることであり、その矛先はわれわれに向けられているのだ」と発言した。『毛沢東年譜』第五巻、四二頁。

†24 呉冷西、前掲書、上冊、四六一頁。ただし、呉のいう日付は不正確かもしれない。というのも、楊尚昆がその日、会議は休会であったと日記に記しているからである。『楊尚昆日記』下、六八頁。

†25 呉冷西、前掲書、上冊、四六三頁。

†26 銭庠里、前掲書、二五六頁。

†27 『鄧小平伝』下、一一三四頁。

†28　ドイッチャー、前掲書、七〇頁および七四頁。
†29　「在拡大的中央工作会議上的報告」（一九六二年一月二七日）、『建国以来劉少奇文稿』第十一冊、七八―八二頁。
†30　「在拡大的中央工作会議上的講話提綱」（一九六二年一月）、同右、九六頁。
†31　「在拡大的中央工作会議上的講話」（一九六二年一月三〇日）、『学習文選』第三巻、二八四頁。
†32　沈志華著、朱建栄訳『最後の「天朝」』下、岩波書店、一四九―一五〇頁。
†33　楊奎松『毛沢東与莫斯科的恩恩怨怨』第四版、南昌、江西人民出版社、二〇一五年、四四四頁。
†34　『毛沢東伝』下、一二二〇頁。
†35　銭庠理、前掲書、二六四頁。
†36　同右、二六〇頁。
†37　『劉少奇年譜』下巻、五五七頁。
†38　『毛沢東伝』下、一二三一頁。
†39　一九六二年八月三日の発言、『毛沢東年譜』第五巻、一二四頁。
†40　Chen Jian, *Zhou Enlai: A Life*, Cambridge, MA: The Belknap Press of Harvard University, 2024, p. 480.
†41　邦訳『周恩来伝』下、五九頁。この外国人とは、パキスタンのアユーブ・カーン大統領である。この会見は、一九六五年三月四日に行われた。だが、『毛沢東年譜』第五巻には、この会見が行われた事実は記されているものの、毛のそのような発言については記載が見当たらない。
†42　このときの中印国境紛争に関する中国側の詳細な記述としては、邦訳『周恩来伝』下、第二二章を参照せよ。
†43　五十嵐隆幸『大陸反攻と台湾』名古屋大学出版会、二〇二一年、八八―九二頁。
†44　『毛沢東年譜』第五巻、一〇四頁。
†45　銭庠理、前掲書、二六八頁。
†46　『毛沢東年譜』第五巻、一〇八頁。
†47　『毛沢東伝』下、一二二八頁。
†48　「在中国共産党八届十中全会的講話」（一九六二年九月二四日）、『学習文選』第三巻、三一五頁。

†49　銭庠理、前掲書、三四三頁。
†50　同小組の正式な発足は一九六三年二月であった。呉冷西、前掲書、下冊、五四〇頁。
†51　銭庠理、前掲書、三四五頁。とはいえ、まだこの時点においては、ソ連共産党もソ連の指導者も名指しでは批判されていなかった。
†52　社論「在莫斯科宣言和莫斯科声明的基礎上団結起来」、『人民日報』一九六三年一月二七日。
†53　「ソ連邦共産党中央委員会より中国共産党中央委員会に宛てた書簡」（一九六三年二月二一日）、前掲『中ソ論争主要文献集』、一四九八－一五〇一頁。
†54　『毛沢東伝』下、一二七〇頁。
†55　『毛沢東伝』下、一二七二頁、および『毛沢東年譜』第五巻、一九九－二〇〇頁。
†56　「対《列寧主義在当代的若干問題》稿的批語和修改」（一九六三年二月二〇日上午）、『建国以来毛沢東文稿』二〇二四年版、第十六冊、四八二頁。
†57　呉冷西、前掲書、下冊、八三六頁。
†58　『毛沢東伝』下、一二七七頁。
†59　二五条のうちの第二〇条は、指導者の個人崇拝に関する中国共産党の苦悩に満ちた態度を明らかにしている。ここで同書簡は、一方で「中国共産党は元来、個人の役割を誇張することに賛成してこなかった」と述べているが、他方で「『個人崇拝反対』を口実にして、こともあろうに他の兄弟党や兄弟国の内政に干渉」することに反対するとしている。「国際共産主義運動の総路線についての提案」、大東文化大学東洋文化研究所編『現代中国革命重要資料集』第二巻、大東文化大学東洋研究所、一九八一年、九〇一－九〇二頁。
†60　「中国共産党の六月一四日書簡に関するソ連共産党中央委員会の声明」（一九六三年六月一九日）、前掲『中ソ論争主要文献集』、一五二四頁。
†61　銭庠理、前掲書、三五一頁。
†62　この会談に参加した伍修権によれば、この話し合いはあたかも「聾者同士の対話」であった。伍修権『回憶与懐念』中共中央党校出版社、一九九一年、三七一－三七二頁。団長の鄧小平は、会議が終了する前日、団員たちに「会談をこの

ような形で続けていくことには、もはや何の意味もなくなったと思う」と語った。崔奇『我所親歴的中蘇大論戦』人民出版社、二〇〇九年、一七八頁。

†63 伍修権、前掲書、三七三頁。

†64 銭庠理、前掲書、三五四頁。

†65 中共中央文献研究室編『鄧小平思想年譜』中央文献出版社、一九九八年、二七二頁。

†66 「結束過去、開辟未来」（一九八九年五月一六日）、中共中央文献編輯委員会編『鄧小平文選』第三巻、人民出版社、一九九三年、二九四-二九五頁。

†67 「スターリン問題について——再びソ連共産党中央委員会の公開状を評す」（一九六三年九月一三日）、前掲『中ソ論争主要文献集』、六六一頁。

†68 同右、六六二頁。

†69 同右、六六三頁。

†70 「ユーゴスラビアは社会主義国か——三たびソ連共産党中央委員会の公開状を評す」（一九六三年九月二六日）、同右、六七三-六九三頁。

†71 『毛沢東伝』下、一二九二-一二九三頁。

†72 「根本的に対立する二つの平和共存政策」（一九六三年一二月一二日）、前掲『中ソ論争主要文献集』、七四〇-七五九頁。

†73 『毛沢東伝』下、一二九四頁。

†74 「中共中央関於在報紙刊物上発表批判現代修正主義的文章和試辦内部刊物的通知」（一九六三年一二月一八日）、『中共中央文件選集』第四十四冊、五一一-五一五頁。

†75 『毛沢東伝』下、一二九四-一二九五頁。

†76 「ソ連共産党指導部は当代最大の分裂主義者である——七たびソ連共産党中央委員会の公開状を評す」（一九六四年二月四日）、前掲『中ソ論争主要文献集』、七九四-八二〇頁。

†77 「プロレタリア革命とフルシチョフ修正主義——八たびソ連共産党中央委員会の公開状を評す」（一九六四年三月三一

日)、同右、八二一-八四六頁。
†78 「在十三陵的講話」(一九六四年六月一六日下午)、『毛沢東思想万歳』11C、八六-九〇頁。この講話は、『毛沢東思想万歳』丁本にも収録されているが、テクストが短縮されており、劉少奇による数度の挿話も削られている。これらの条件は、いくらか表現が修正されたのち、第九評に書き込まれた。
†79 『毛沢東伝』下、一三〇三頁。
†80 ドイッチャー、前掲書、一五八頁。
†81 『毛沢東伝』下、一三〇三頁。
†82 実際には、フルシチョフの解任は、一〇月一四日深夜、チェルボネンコ大使により、伍修権に口頭で伝えられた。公式に解任の事実が明らかにされたのが二日後の一六日であった。呉冷西、前掲書、下冊、八二九-八三〇頁。一部で語られているように、中国最初の原子爆弾の爆発は、フルシチョフ解任の「祝砲」ではなかった。
†83 同右、八三八頁。
†84 同右、八四一頁。
†85 同右、八四三頁。
†86 「柯西金与毛沢東会談記録:中蘇関係及国際形勢等問題」(一九六五年二月一一日)、沈志華主編『俄羅斯解密档案選編中蘇関係』第十一巻、四三頁。この会談記録は、宋永毅編『機密档案中新発現的毛沢東講話』にも収録されている。それによれば、同じ場面での毛の発言は、「千年縮めよう。そうすれば九千年だ。これが最大限の譲歩だ。千年縮めよう」。「毛沢東主席、劉少奇主席等同過境我国的蘇聯総理柯西金談話記録」(一九六五年二月一一日)、『機密档案中新発現的毛沢東講話』、一五六頁。この点に限らず、これら二つのテクストの間には無視できない違いがある。
†87 『人民日報』、『紅旗』雑誌編集部「評莫斯科三月会議」、『人民日報』一九六五年三月二三日。
†88 『人民日報』、『紅旗』雑誌編集部「把反対赫魯暁夫修正主義的闘争進行到底」、『人民日報』一九六五年六月一四日。
†89 『人民日報』、『紅旗』雑誌編集部「駁蘇共新領導的所謂〝聯合行動〟」、『紅旗』一九六五年第一一期(一一月一一日)、九頁。
†90 呉冷西、前掲書、下冊、九三三-九三九頁。

†91　史集「蘇日勾結是蘇美合作的変種」、『世界知識』一九六六年第四期（二月二五日）、七頁。ついでにいえば、一九六二年秋の国境における軍事衝突以来、インドもまた中国による鋭い批判の対象となっていた。北京による批判はデリーのネルー政権だけでなく、それに「追従する」インド共産党の「ダンギーを頭とする修正主義一味」にも向けられた。ダンギーはチトーと並ぶ「修正主義者の鏡」とまで酷評された。社説「修正主義者的一面鏡子」、『人民日報』一九六三年三月九日。この社説は北京の外文出版社から数ヵ国語に訳されて中国国外にも大量に散布された。
†92　評論員「他們究竟在幹甚麼勾当——評英蘇両国政府首脳莫斯科会議」、『人民日報』一九六六年三月六日。
†93　学裕「何謂慕尼黒陰謀」、『世界知識』一九六六年第五期（三月一〇日）、二五頁。
†94　「毛沢東会見馬共領導人洪韜、裴文、文凱和外国専家柯弗蘭、愛徳楽、艾溌斯坦談話」（一九六五年三月一九日）、前掲『機密档案中新発現的毛沢東講話』、一六四頁。同様の観点を語ったものとして、「戦争準備要放在両個可能上」（一九六五年一〇月一〇日）、『建国以来毛沢東軍事文稿』下巻、三二八頁を参照せよ。いうまでもなく、このような荒唐無稽な言明は、毛を深く尊敬している外国の訪問者たちからさえも賛同を引き出すことはできなかった。
†95　定形衛「アジア・アフリカ連帯運動と中ソ論争」、『国際政治』第九五号（一九九〇年一〇月）、一一五‐一二九頁。
†96　正確には、一九六〇年夏には、すでに一部の地方指導者たちが、ソ連が修正主義に陥ったとの毛沢東の指摘を受けて、国際共産主義運動の指導権はいまや中国が担うべきであるとの主張を展開し始めていた。同年八月末に黒竜江省委が党中央に送った報告書には、「革命の指導の中心がすでに中国に移ったのだから、わが党は国際共産主義運動を指導する責任を担うべきである」と記されていた。『建国以来毛沢東文稿』二〇二四年版、第十五冊、三二八頁注。国内を途方もない破壊と混乱に追いやった大躍進の失敗を完全に棚にあげて、このような主張を展開することは当然無理であった。したがって、この主張は国内向けにとどまった。だが、このような地方指導者による主張は、大躍進の失敗を封印して「前に逃げる」政治的手法に、地方指導者たちもまた引き付けられていたことを、あるいはそのような手法を、たんに毛沢東一人が思い浮かべていたわけではなかったことを物語っている。
†97　林彪「人民戦争的勝利万歳」、『人民日報』一九六五年九月三日。
†98　典型的な議論として、社論「向偉大的英雄的越南南方人民致敬」、『人民日報』一九六五年一二月一九日を参照せよ。少なくとも一九六三年までは、帝国主義との対話や「平和運動」は有効な闘争形態として承認されていたようにみえる。

王稼祥「略談対某些国際問題的看法」（一九六二年六月二八日）、『王稼祥選集』人民出版社、一九八九年、四四八頁は、アメリカとの対話の有効性を主張していた。また、「平和運動」を有効な闘争方式とみる観点については、前掲「再論陶里亜蒂同志同我們的分岐」、一〇頁を参照せよ。

†99 「当前世界局勢的特点」（一九六一年九月二八日）、中華人民共和国外交部・中共中央文献研究室編『周恩来外交文選』中央文献出版社、一九九〇年、三一六頁。

†100 「略談対某些国際問題的観法」（一九六二年六月二九日）、前掲『王稼祥選集』、四五〇頁。

†101 斉明之「美国対中間地帯的侵略政策」、『世界知識』一九六二年八期（九月二五日）、七頁。

†102 韋央「現代修正主義的新罪証」、『世界知識』一九六二年第九期（一〇月一〇日）、四頁。

†103 「再論陶里亜蒂同志同我們的分岐」、『紅旗』一九六三年第三・四期合刊（三月四日）、八頁。

†104 「関於国際共産主義運動総路線的建議」、『人民日報』一九六三年六月一七日。

†105 毛沢東「中間地帯有両個」（一九六四年一月五日）、『毛沢東外交文選』中央文献出版社、一九九四年、五〇八頁。

†106 このような議論をもっとも詳細に展開したものとして、陸定一「戦後の国際情勢におけるいくつかの基本問題についての説明」（一九四七年一月二日）、『新中国資料集成』第一巻、三九二頁を参照せよ。

†107 「ザンジバルの専門家M・M・アリ夫妻を接見した際の談話」（一九六四年六月一八日）、邦訳『毛沢東思想万歳』下、一六〇－一六一頁（丁本、五一四頁）、および「接見桑給巴尔専家米・姆・阿里夫婦的談話」（一九六四年六月一八日）、『毛沢東思想万歳』武漢版2、一六五頁。これら二つのテクストは基本的に同一である。

†108 社論「全世界一切反対美帝国主義的力量聯合起来！」、『人民日報』一九六四年一月二一日。

†109 社論「在偉大的十月革命旗幟下団結起来」、『人民日報』一九六四年一一月七日。

†110 社論「為維護中蘇団結而闘争――慶祝中蘇友好同盟互助条約簽訂十五周年」、『人民日報』一九六五年二月一四日。

†111 彭真「在印度尼西亜〝阿里亜哈姆〞社会科学学院的講話」、『人民日報』一九六五年五月二九日。

†112 『人民日報』、『紅旗』雑誌編集部「駁蘇共新領導的所謂〝聯合行動〞」、『紅旗』一九六五年第一一期（一一月一一日）、一一六頁。

†113 例えば、「政治局拡大会議での講話」（一九六六年三月二〇日）、邦訳『毛沢東思想万歳』下、三二三頁（丁本、六三

五頁）、および「政治局常務委員会拡大会議での講話」（一九六六年三月一七日）、同右、三二九頁（丁本、六四〇頁）。前者のテクストは、『毛沢東思想万歳』11Cにも収録されているが、いくらか短く、また他の指導者たちの挿話がいくつか削られている。後者のテクストは、『毛沢東思想万歳』武漢版2にも収録されており、丁本所収のテクストと完全に同一である。ただし、武漢版2には表題に「摘録」と記されており、また日付も「三月一七日から二〇日」とされている。

†114 『張聞天選集』第四巻、中共党史出版社、一九九五年、四六六頁。

†115 中ソ論争が最高潮に達した時期の中国民衆の反応については、銭理群、前掲書、上、五四四－五五一頁を参照せよ。

†116 「反逆のエートス」とは丸山眞男の言葉である。彼は、まったく異なる日本近代史という文脈においてであるが、かつてこう述べた。「歴史的な方向意識をもたぬ『反逆』はしばしば盲目であるが、反逆のエートスによって不断に内部から更新されない『革命』は急速に形骸化する。革命『運動』は体制の次元からいえば反逆であるが、『運動』の内部においてはむしろ同調と随順を意味することが少なくない」。『忠誠と反逆――転形期日本の精神史的位相』筑摩書房、一九九二年、一〇五頁。毛沢東が一九六〇年代前半において行ったことは、まさに「反逆のエートス」を上から不断に注入することによって、革命を更新し続けることであった。だが、このようなエートスの注入は、基本的に、失敗を封印して「前方へ」逃げるという動機に基づいて行われたというのが本書における筆者の主張である。

第3章　大躍進の挫折とその責任転嫁

大躍進は、よく知られているように、途方もない数の犠牲者を生んだ末に事実上放棄された。貧しい社会をごく短期間のうちに豊かな共産主義社会へと押し上げようとした向こうみずな企てが、かくも悲惨な結末を迎えたのだから、毛沢東と党は立ち止まり、これまでの政策の根本的見直しを行って当然であった。おそらく、さらに望ましいことは、あたかも「早送り」で済ませてしまったかのような新民主主義段階まで後退することであったろう。だが、主席はそのような道を選ばなかった。というのも、毛にとって、社会主義建設の総路線、大躍進、および人民公社を意味する「三面紅旗」は、彼がフルシチョフとダレスにたたきつけた挑戦状であったからである。これには彼の、党の、そして中国という国家の体面がかかっていた。したがって、退却は問題外であった。毛は「三面紅旗」は正しい政策であるから絶対に放棄しないと明言したうえで、農村を再び階級闘争のなかへ投げ込んだ。筆者は、後にこれを「前方への逃げ」と呼ぶであろう。この最高指導者は党の仲間たちに、大躍進の悲惨な結果について、これ以上あれこれ議論するのはやめて、未来に向かって新たな一歩を踏み出そうと訴えた。だが、そうするためには、彼らに代わって大失敗の責任を負う贖罪の山羊が必要であった。

本章で検討されるのは、大躍進がもたらした前例のない荒廃と絶望、およびそれらの諸原因ではない。検討されるのは、本来、合理的で穏健な路線へと転換すべき局面が訪れていたにもかかわらず、従来の急進的な路線に、再び非合理的で急進的な路線が接ぎ木される過程である。この過程においてわれわれは、目を覆うべき惨状が次々に明らかになるにもかかわらず、成果こそが主要であるとの強弁が繰り返されるのを目撃するであろう。同時に、毛沢東と党中央が絶対に放棄しないと言い張った人民公社が、事実上、形骸化する様子もみるであろう。だが、このような状況のもとでは、当然のことであるが、主席が権威を維持し続けるのは困難となった。そこで大がかりな虚構が編み出された。過去から引き継いだ悪質な人々と堕落した末端の幹部たちが結託して、「三面紅旗」を台無しにしつつあるというのである。かくして、新たな階級闘争の開始が――それどころか、「新たな革命」を行うことが――宣言された。筆者は、主席によって再度、苛烈な階級闘争が呼びかけられた背後には、大失策の壮大な責任転嫁の意図があったと主張するつもりである。

人民公社をめぐる毛沢東の不安と自信

大躍進の最中の一九五八年一二月に第八期六中全会で採択された「人民公社の若干の問題に関する決議」は、人民公社の誕生を、詩的な表現を用いてこう称えている。「一九五八年、一種の新しい社会組織が、あたかも朝にのぼる太陽のごとく、アジア東部の広い地平線上に姿を現した。これがわが国農村における大規模で、労働者・農民・兵士・商人・学生を結合し、権力機構と合作社を一体化させた〔原文は「政社合一」〕人民公社である。その出現は、その強大なる生命力をもって人民の広範な注意を引いた[†1]」。だが、「太陽」はすぐに雲に覆われた。人民公社が給与を社員に支払い始めるや、社員の出勤率が大幅に低下したのである。党中央に届けられた広東省のある県からの報告書は、出勤率が驚くべきことに、五〇パーセントから六〇パーセントも低下したと伝えている。農民たちは公共食堂で食事をしているというのに出勤せず、仮病を使い、小病を大病と偽り、読書にいそしむ人間が多いというのである。

彼らがそうするのは、ひとえに多く働いても少なく働いても公社から支給されるものが同一だったからである。[†2]

一九五九年夏の廬山会議までには、人民公社に対するさまざまな問題点の指摘はすでに出揃っていた。「五風」（共産風、誇張風、命令風、盲目指揮風、幹部特殊化風）と称された諸傾向がそれである。われわれは、ここで問題がすべて「風」、すなわち政策の執行にあたる幹部の作風の問題とされていることに注目しなければならない。諸問題のなかで、もっとも深刻とみなされた「共産風」――すなわち、すべてのものを人民公社の所有としてしまう風潮――は、毛沢東と党中央が再三再四その克服を訴えても止むことがなかった。それは大躍進の極左的雰囲気のなかで、地方の党幹部たちが右翼日和見主義という政治的には致命的となるレッテルを貼られることを恐れたためであった。最高指導者が人民公社の利点を「一に大きいこと、二に公有制であること」（原文は「一大二公」）と繰り返し述べているのだから、何でも「公有化」して悪いことがあろうか、いやそうしなければ前進に消極的な右傾分子とみなされてしまう、と彼らは考えたのである。廬山会議では、毛沢東は行き過ぎた左傾の風潮をいくらか改める気になっていた。ところが、よく知られた事実であるが、この会議において、大躍進の行き過ぎをやんわりと戒めた彭徳懐の書簡および張聞天の長口上に対して毛は怒りを爆発させ、左傾の是正は吹き飛んでしまった。

あまり注目されない事実は、この会議において主席が、人民公社が危機的な状態にあることを自ら認めたことである。人民公社は「つぶれてしまうだろうか？　現在、半分はつぶれていないが、半分がつぶれようとしている。七分がつぶれても、三分は残る。つぶれるものはつぶれる。うまくやれないものは、必ずつぶれる」[†3]。その六日後にも、彼は半ば自信を失ったかのような調子で記している。「同志諸君、研究してくれたまえ。ソ連でかつてつぶれた公社とわれわれの人民公社が同じものなのか、われわれの人民公社ははたしてつぶれてしまうのか、もしつぶれるのなら、それをつぶすに足るどんな要因があるのか、もしつぶれないとしたら、それはなぜであるのか。歴史の要求に合わないものは必ずつぶれる。人為的につぶれないように維持することは不可能である。歴史の要求に合うものは、必ずつぶれない。人為的に解散させることはできない。これが歴史唯物主義の大きな道理である」[†4]。

だが、その三日後、主席は王稼祥に対して、自ら勇気を奮い起こすように書き送った。「これ〔人民公社に関する三篇の資料を指す〕を読んでみたまえ。面白いぞ。私がこれを書いたのは、フルシチョフに反撃を加えるためだ。私はそのうち人民公社の優越性を宣伝する文章を書こうと思っている。百花斉放、人民公社、大躍進――これら三つにフルシチョフらは反対、もしくは懐疑的な態度をとっている。彼らは受け身の立場に置かれており、われわれは実に能動的だと思うが、君の考えはどうか。この三つは、党内の多数の反対派や懐疑派も含めて、全世界に戦いを挑むものなのだ」[†5]。ここで毛がいう「全世界」に含まれていた重要な人物は、アメリカの国務長官を務めたダレスであった。一九五八年一二月の「人民公社の若干の問題に関する決議」はこう述べている。「現在世界には大量の愚かな人々がおり、われわれの人民公社を必死に攻撃しているが、そのなかにアメリカのダレス氏〔原文は「先生」〕がいる。このダレスという人物は、わが国の事情を何も知らないのに、中国通を気取っており、狂ったように人民公社に反対している」[†6]。これは受けた挑戦が大きいほど、かえって闘志をみなぎらせる毛の面目躍如たる文章であった。われわれはこれらの文章から、主席にとって、人民公社は中国社会を共産主義へと連れて行く早道であっただけでなく、フルシチョフ、ダレス、および党内の「多数の反対派や懐疑派」の鼻を明かすための手段であったことを知る。彼の体面は、まさに人民公社の成否次第であった。したがって人民公社は、たとえ多くの問題をはらんでいるとしても、廃止することは論外であった。

八月五日になると、われわれは、どういうわけかすっかり自信を取り戻した毛沢東を見出す。彼は湖南省平江県のある人民公社の生産大隊が、いったん数十の公共食堂を解散したのち復活させた経験について、こうコメントを述べた。「人民公社や公共食堂には深い社会的根源があるのであって、風を吹かせて吹き飛ばすべきではないし、不可能でもある。一部の食堂は風の一吹きで吹き飛ばされるが、一部あるいは大部分の人はもう一度やろうとする。……孫中山いわく『事は天理にかない、人情に応え、世界の潮流にかない、大衆の必要に合い、先知先覚者が志を行い、ならざるなし』。この言葉は正しい。わが大躍進、人民公社はこれに属する」[†7]。このように自分自身と指導者たちに言い聞かせた以上、これ以降、主席の人民公社および大躍進に対する反省が、まったく表面的なものにとどまったのは驚くにあたらない。彼は廬山会議の最中、数度の講話に加えて実に多くのメモや書簡を残しており——これは明らかに毛の危機感を反映していたとみて差し支えないであろう——そのなかで何度か大躍進についての自らの過ちについて言及している。もっとも具体的なのは、以下のくだりである。「私には二つの罪状がある。ひとつは一〇七〇万トンと叫んで、大々的に鉄鋼を製錬したことだ。諸君も賛成したのだから、少しは私と責任を分かち合ってもらうが、初めて俑《よう》〔人形（ひとがた）の意〕を作りし者は私であり、他人に責任をなすりつけることはできない。主要な責任は私にある。人民公社には全世界が反対しており、ソ連も反対している。ほかに総路線について、偽物だったのか本物だったのか。……〔人民公社化について私は〕河南でいい出し、江蘇、浙江での発言記録がすばやく伝わった。発言は軽率だったし、自信もあまりなかったのだから、もう少し慎重にすべきだった」†8。ここで彼は実に率直に、人民公社は自分が軽率にいい出したことで、自信もなかったと告白している。したがって、われわれはこの指導者が、自信がなくても自信に満ちた調子で語る場合があることに注意しなければならない。実際、後にわれわれは、社会主義教育運動の開始においても、毛の態度は同様であったことをみるであろう。その点は、いまは措《お》くとして、これが大躍進に関する毛の自己批判の到達点であった。

　廬山会議における彭徳懐の「三面紅旗」に対する「批判」が毛沢東の激しい怒りを掻き立て、鳴り物入りで「反右傾闘争」が始まると、もはや人民公社に対する根本的な批判は不可能となった。廬山会議の意義は、党が根本的な方針に関して自由に議論する有機体であることを完全にやめてしまったことにある。これ以降、大躍進と人民公社に対して及び腰と認定された指導者と幹部は「右傾日和見主義者」のレッテルを貼られ、全国的規模での粛清が進められた。これが大躍進を掲げた向こうみずな突進を再び勢いづかせ、農村の荒廃をこのうえないものにしたのである。

一九六〇年秋のどん底状態——秩序と夢の崩壊

一九六〇年六月に上海で開催された政治局拡大会議において、指導者たちは不安に取りつかれながら政策について議論していた。というのも、ソ連との関係悪化がもはや容易に修復できない地点にまで立ち至ったように思われたことに加え、大躍進のもたらした国民経済の悪化と社会的混乱が日増しに明らかになりつつあったからである。北京、天津、上海、太原などの大都市においては食糧の備蓄が底をつき始め、いずれの都市も、もはや数日しかもちこたえられないという危機的状況に立ち至っていた。[†9] 会議の最終日、毛沢東は「十年の総括」なる文章を発表し、社会主義時期における建設には「まだ認識されていないひとつの大きな必然の王国」があることを認めた。[†10] だが、これは事態の重大性を認識できない最高指導者が悠長に構えて発した、まったく中途半端な反省の弁であった。

同年秋になると、大躍進と人民公社の矛盾は各地で噴出し、もはや手がつけられなくなっていた。湖北省のある県から党中央に届けられた報告書は、「共産風」が克服されていないどころか、依然として猛威を振るっていると指摘している。この報告書によれば、建前は「三級所有」であるにもかかわらず、公社が生産隊を「侵犯」していた。すなわち、土地、食糧、住宅から鎌、箸、尿瓶に至るまで人々から取りあげてしまった。公社の手先である「紅専隊」が一切を「公有」としてしまうため、農民たちは彼らを「イナゴ隊」と呼んでいる。希望を失った人々は牛を売り、農機具と家具を焼いてしまった。そして土地を離れ、逃亡してしまった。この報告書は、このような人民公社の態度が「反右傾」の雰囲気——言い換えれば、行き過ぎた左傾の雰囲気——と関係があることを認めている。[†11] 同県からの別の報告書は、農民が張り出した壁新聞の言葉を伝えている。「天は雪を降らし、地は苗を植えるが、穀物の芽はすっかりなくなった。大衆が困難を訴えると、右傾の帽子〔レッテルの意味である〕の災難が当たる」。[†12] この報告書の以下の章句は、人民公社が直面している苦境を率直に伝えている。

大衆はこう結論づけている。二年〔共産〕風が吹いて社員は貧乏になった。集団も貧乏になった。国家も貧乏になった。もう二年風が吹いたらメシも食えなくなる、と。政治上、党と大衆の関係は悪化した。大衆の社会主義に対する誤解は増大し、一群の幹部はダメになり、党の基層組織も少なからずダメになった。党の政策は貫徹されず、人民公社の安定はひどく損なわれた。「共産風」がひどく吹いた地方では、大衆は「共産風」を「屁〔原文は「臭炮」〕と罵り、幹部を「南京虫」と罵っている。……「共産風」によって人々はわけがわからなくなった。何を社会主義と呼ぶのかわからなくなり、「全部平準化して」自分と他人を分けないことが社会主義だと考えている。†13

飢餓が農村に暗い影を落とし始めていた。党中央がいつその兆候に気がつき、これが深刻な問題であると認識したのかははっきりしない。毛沢東は一九六一年三月、広州で陳伯達、胡喬木、田家英らに対して、「農村問題は一九五九年にすでに発生していたが、廬山会議の反右〔傾闘争〕は問題を深刻化させ、一九六〇年はさらにひどくなった。餓死者は一九六〇年夏になってようやく中央に報告された」と述べている。†14 この言明は、飢餓拡大を地方からの報告の遅れのためだと主張しているようにも思われ、毛の言葉を額面通り受け取るのは禁物である。公式の党史は、一九六〇年一〇月末になって、河南省信陽地区で大量の餓死者が出ている事実がようやく北京にも伝わり、党中央の指導者たちを震撼させたとしている。†15 一〇〇万人もの人々を餓死させたとされるこの事件の衝撃は、さすがに毛沢東の重い腰を動かし、党中央を飢餓への対応に向かわせた。†16

同年秋以降、党中央と各省委は、矢継ぎ早に指示や通知を発して大躍進と人民公社がもたらしたさまざまな方面における混乱に取り組もうとした。それらの文書からは、当時、中国社会がいかに全般的な危機に直面していたかをうかがうことができる。多くの農民が飢えて、飢餓浮腫が広がっていた。そのため、河北省委は、大衆を動員して「すべての食用可能なものを集めよ――自宅にあるものであろうと野生のものであろうと全部集めよ」と呼びかけた。†17 安徽省委は、都市の各機関、工場、学校、部隊など、あらゆる場所で豚と家禽を飼うよう指示した。実際のところ、同年九月には省委弁公庁（事務局）の建物の前で一三〇〇頭あまりの豚が飼育されており、省委直属の製鉄工場でも六八一頭の豚が飼育されていた。[18]一二月二〇日付の党中央の指示は、地方の指導者たちだけでなく北京の指導者たちも、体面をかなぐり捨てて、食糧の確保を呼びかけたことを物語っている。「災害に見舞われた地区は、時機をみて野生のデンプンであろうと、野生の油であろうと採集し、狩りを行い、魚を捕らえ、何としても主・副食品を増大させ、代用食品を大いに普及させ、生産し、災害を救済し、節約して飢饉を乗り切らなければならない[19]」。

学生と教師たちが満足に食べられなかったため、学校では中長距離走など活動量の多い運動は禁じられた[20]。民兵の訓練も停止された。[21]都市には食い詰めた農民たちが大挙して押し寄せていた。[22]食糧と石炭を積んだ鉄道列車は、しばしば集団的な強奪の対象となった。[23]飢えと寒さに苦しむ人々にとって、鉄道の施設は格好の略奪対象であった。鉄道部党委の報告によれば、一九六〇年第４四半期以来、済南鉄道局の管内では枕木、電線などの盗難が相次ぎ、周村、孟家、涯庄などの駅付近の六四戸を調査したところ、その八〇パーセント以上が鉄道器材の窃盗に手を染めていた（転売が目的であったと思われる）ことが判明した。[24]

公安部の統計が示すところ、一九六〇年九月から一九六一年一月二五日までに、二三の省と自治区において、一〇〇斤（五〇キログラム）以上の食糧が強奪された事件は三万件近く、損失は八〇〇万斤（四〇〇〇トン）に及んだ。湖南省だけでも、一〇〇斤以上の強奪事件は四五三〇件、損失は一八四万斤（九二〇トン）に達した。[25]

足りないのは食糧だけではなかった。市場にはほとんど何も出回っていなかった。遼寧省では暖房用の石炭が不足して、人々が冬を無事に越せるか怪しくなっていた。石炭のみならず、マッチ、電球、鍋、碗、箸、縫い針、俎板《まないた》、洗濯板、目薬も市場からほとんど姿を消していた。[26]そのため、党中央と国務院はあらゆる機関、団体、部隊、学校、企業に対して、今後一年間、ソファー、絨毯、机と椅子、乗用車、バイク、自転車、テレビ、カメラ、録音機、タイプライター、[27]計算機、扇風機などを購入しないよう指示した。それどころか、室内の壁にペンキを塗ることさえ禁止したのである。紙が不足していたために、新聞は発行部数を制限された。『人民日報』は五パーセント、『大公報』、

『光明日報』、『中国青年報』、『工人日報』は二五パーセント発行部数を削減することが求められた。[†28] これはプロパガンダを、ラジオとともに新聞に大きく依存する政治体制にとっては、重大な決断であった。

人民解放軍総後勤部長を務めていた邱會作は、自身の回想録に、自ら目撃したことであるとして、一九六一年夏、山東省に駐屯する部隊の八〇パーセントはサツマイモを干したもの（原文は「地瓜干」）を食料としていたと記している。これは一九五八年、五九年から豚の餌として蓄えられていたものであった。また、やはり同年、土地が肥沃で生産力の高さで知られる「天府の国」四川省綿陽に駐屯する部隊で食べられていた米の二〇パーセントはもみ殻、砂、泥で占められていたという。[†29]

物質面での極端な不足は、労働規律の低下に導いた。谷牧副総理が北京市郊外のいくつかの製鉄工場と炭鉱を視察したところ、労働者たちの逃亡が深刻な問題となっていた。ある製鉄工場では、一九六〇年中に二八〇〇人余りの労働者が逃亡した。一九六一年を迎えても逃亡は止まず、一月に三二七人、二月に四六八人、三月に五五八人、そして四月には上旬だけで四二三人が工場から無断で姿を消していた。勝手に遅刻し、早退する労働者も後を絶たなかった。[†30]

暴動に関する情報は、餓死者に関する情報と同様、当時から今日に至るまで注意深く秘匿されているため、われわれはなお詳細を知ることができない。ジャーナリストの楊継縄は一九九〇年代に編纂された地方誌に基づき、一九五八年三月から一九六三年にかけて甘粛、雲南、四川、広東、広西、安徽、青海、湖北、湖南、貴州、河北で生じた三〇に及ぶ暴動についてそれらの概略を記述している。[†31] 楊によれば、これらの暴動の大部分は小規模で、当局によって「反革命暴乱」と呼ばれているとしても政治的動機は見当たらず、たんに食糧不足に耐えきれなくなった人々が生存のために食糧を強奪しただけであった。[†32] 彼が数えあげている以外にも、一九六〇年一二月八日、党中央が山東、河南、甘粛、貴州で発生した「深刻な情況」について指示を発していることから判断すれば、暴動はさらに広い範囲で——疑いもなく全国的に——広がっていたと考えてよいであろう。この「深刻な情況」に対する党中央の指示は、危機の原因を反革命分子のせいにして、こう述べている。「まだ改造されていない、あるいは改造を受けつけないもっとも断固とした、もっとも隠れた反革命分子が社会主義を極端に敵視し、意図的に、いつでも『借屍還魂』〔屍を借りて魂を蘇らせる〕の準備を行い、指導権を奪い、復辟を実行し、狂ったようにもがいている[33]」。おそらく、ソ連の歴史を多少なりとも理解している指導者であれば、ロシア革命後に生じた内戦が集結したのちクロンシュタット軍港で水兵たちが起こした反乱が、中国においても再演される可能性について思い浮かべていたに違いない。

官僚機構のモラルの低下も同様に深刻であった。財政部党組はこう指摘している。財政規律が緩み、一部の地区と単位が国家の収入とすべきものを勝手に自らの収入としていた。「少なからずの地区と単位が、国家の財政制度と財政規律を遵守せず、単純に本地区、本単位の局部的な必要から出発して、中央の収入を地方の収入と化し、予算内収入を予算外収入と化し、国家収入を集団収入と化している[34]」。

以上をまとめて眺めてみれば、あたかも大きな戦争に敗れた後のような荒涼たる光景が広がっていた。もはや計画経済は完全な虚構と化していた。それどころか、全経済が停止寸前であった。この惨状は毛沢東の構想の完全な失敗を物語っていた。一九五六年秋の第八回党大会で成立を宣言された中国における社会主義が、今やすっかり意味を失ったことは明らかであった。社会主義の秩序が崩壊しただけでなく、共産主義の夢もまた崩壊してしまったからである。中国はもはや共産主義に向かって、希望を抱きながら歩みを進める社会ではなかった。人々はただ生存を確保するために、自身の精神と行動が社会主義の制度と規範に合致していようといまいと、とにかく必死に食糧と物資を求めて動き回っていた。生きるために、人々は盗まなければならなかった。当時の農民にインタビューを行ったある中国の歴史家はこう書いている。「よき人々であれ、悪人であれ、すべての人々が盗まなければならなかった。そうでないと、飢えてしまうからである。人々は他の村人たちによって『どうして盗みに行かないのか？』と促されさえしていた[35]」。恐るべき飢餓は、ときに人々に人肉食まで強いた[36]。マルクス主義者を名乗る人々が、「革命」を通じて社会の物質的生産諸力を桎梏から解放するどころか、それを完膚なきまでに破壊した――意識が存在を破滅に追いやったとでもいえるであろうか――とすれば、彼らの企ては完全なる失敗であったといわざるをえない。

危機が底なしであることを理解した党中央は、一九六〇年一一月三日、「緊急指示書簡」を全党に発して事態を打開しようとした。この書簡は、最高指導者の体面に配慮して「現在の全体的形勢は大いによい」と驚くほど厚顔無恥な前置きをしながら、「共産風」がなお是正されていないとして、以下の諸点を含む十二条を指示した。すなわち、(1)生産大隊を採算の基本単位とすること、(2)自留地、小規模の家庭副業、各戸が豚を飼育することを認めること(もはや「集団的生産を妨げない限りで」という限定は付されていなかった)、(3)控除すべき部分を少なくし、多く分配すること(原文は「少扣多分」)、そして(4)労働に応じた分配という原則は少なくとも二〇年変えないこと、である。[†37]「少扣多分」という新方針は、「公債金」と「公益金」の大幅な削減を意味した。前者は生産拡大のための投資を意味し、後者は公共食堂、医院、養老院、身体障碍者に対する保護費用などの社会保障費を意味する。つまり、労働人民にとってのユートピアを構成した要素が、人民公社から無残にもはぎとられてしまったのである。これにより、農民はもはや人民公社に夢をみることができなくなったといってよい。[†38]

だが、驚くべきことに、この緊急指示とともに党中央が発したもうひとつの指示は、「共産風」に反対する大衆運動において、「もう一方の極端に走り、右傾の誤りを犯すことがないよう注意しなければならない」と釘を刺していることである。[†39]この指示は、前述の「緊急指示書簡」とは明らかに異なる精神によって書かれており、当時の党中央が異なる二つの政治的志向の間で引き裂かれていた様子をうかがわせる。農村を極度の荒廃に追い込んだ政策の根底にあったのが、毛沢東によって解き放たれた「左」の急進的な態度であったことに指導者たちは十分に気がついていたのだから、党中央は思い切って舵を「右」の穏健な方向に切るべきであった。しかし、指導者たちの少なくとも一部は、舵を「右」に切ってしまえば、彼らが基本的に維持すべきであると考えた「左」の政策が根本から失われることを恐れていたのである。

ともあれ、生まれたばかりの中国の社会主義が、これ以上はないほどの深刻な危機に陥ったことは明らかであった。それにもかかわらず、次第に先鋭化しはじめたソ連との対立を背景として、中国が国際共産主義運動の新たなリーダーを自任し始めていた——そして、世界の左翼的な人々の一部からもそのようにみなされ始めていた——ことは、大いなる皮肉であった。大躍進が引き起こした惨状を直視すれば、中国にはそのような資格がまったく欠けていたこと、また毛沢東がこの国際的な運動を指導するにふさわしい指導者ではないことも明白であった。だが、廬山会議で「三面紅旗」に対する懐疑を、何ら根拠がないと大見栄を切って否定し、また大躍進と人民公社によって修正主義者フルシチョフの鼻をあかしてやろうと大いに意気込んでいたのだから、毛があっさりと大躍進をひっこめるはずはなかった。これは彼の意地と体面、そして権威に関わる問題であった。

整風運動の開始——失敗の弁明と責任転嫁

一九六〇年一二月二四日から翌年一月一八日まで、北京に集められた中央と地方の指導者たちは、深い危機への対応を集中的に議論するための長い会議に臨んだ。一月一三日まで開催された中央工作会議、および一月一四日から一八日にかけて開催された第八期九中全会がこれである。

未曾有の危機に対処するために、党は六つの中央局(すなわち中央東北局、中央華北局、中央華東局、中央西北局、中央中南局、中央西南局)を設け、それらによって各省、市、自治区党委の指導を強化するという態勢を構築した。[†40] このような全国の六分画は、建国初期の統治方法を復活させたものにほかならなかった。これは、もっとも困難な時期を切り抜けるための官僚制的統制の強化を目的とする便法であったといってよい。

毛沢東は今回の会議期間中、すっかり意気消沈していたためか、珍しく長い講話を行わなかった。[†41] 中央工作会議の期間中、彼が発した短い挿話は、毛が工作上の欠点について、いつものように「十本の指のうちの一本」の問題にすぎないと片づけずに、二本あるいは三本の問題だと述べたことを伝えている。[†42] 一月三日の政治局常務委員会においては、彼は気弱にも、「大躍進のスローガンは一九六一年には提起できるだろうか」と他の指導者たちに問うた。鄧小平が「今年の元旦の社説〔『人民日報』社説を指す〕では大躍進を提起せず、社会主義建設の新しい勝利を勝ち取ろうと提起した」[†43]と答えると、毛は「今年は地に足をつけて、民力を養う〔原文は「休養生息」〕のがよいだろう」と力なく述べた。[†44]

第八期九中全会のコミュニケ（声明）は、党が整風運動を開始したことを明らかにした。[†45]整風運動とは、過去の方針と政策に対する党全体の反省、党員相互の批判に基づき、党員全体の思想と行動の新たな一致を作り出すための運動を意味する。大躍進政策が経済的、社会的な、そして思想的な未曾有の恐慌をもたらした以上、体制刷新のために、過去の例にならって整風運動が開始されたのは怪しむに足りない。前記のコミュニケは、中国共産党と国家が直面する困難の根源が大躍進と人民公社それ自体にあるとは主張しなかった。そのかわりこの文書は、農業の生産計画が一九五九年の「深刻な自然災害」によって、また一九六〇年の「過去百年なかった自然災害」によって達成できなかったことを認めた。だが、それにもかかわらず、「わが国が過去三年で獲得した偉大な成果は、党の社会主義建設の総路線、大躍進、人民公社が中国の実際の状態に適合していることを証明しているのである」となおも強弁したのである。[†46]

ならば、現在、党と国家が直面している困難はどこから来ているのであろうか。コミュニケは、問題は革命の隊列に潜り込んだ悪質分子、および善意から出発しているが党と政府の基本政策を十分に理解していない工作人員にあると主張した。悪質分子とは、過去の革命において改造されるべき人々であったが、何らかの理由で改造を免れた人々を指していた。このような人々が党と政府に紛れ込み、悪しき影響力を振るい、一部の工作人員を堕落・変質させているというのである。「党と政府の工作人員のうち九十数パーセントは、忠実に人民に奉仕しているが、数パーセントは革命の隊列と各種の経済組織に紛れ込んだ悪質分子、すなわち改造されていない地主階級分子、ブルジョア分子、ならびに反動階級からの影響と浸蝕を受け変質した分子である。彼らは農村と都市で法律を犯し、人民の利益に危害を与えている」[†47]。

悪質分子と並んで整風の対象となるのが、「善意ある工作人員」であった。「善意ある工作人員のなかにも少数の自覚が高くない者がおり、彼らは党と政府の基本政策に対する認識を欠き、……理解が十分でない」[†48]。こうして新たな整風運動は、党と政府の各機関における人員の再審査を通じて、悪質分子の粛清を目指すとともに、工作人員の再教育を目標に掲げたのである。

当時の中国共産党の党員数が一七〇〇万人であったとして、コミュニケがいう「数パーセント」を仮に五パーセントとすれば、それは八五万人に達する膨大な数を意味した。客観的にみて、これほどの規模の悪質分子が、革命を生き延び、さらに建国後に行われた数度の過酷な摘発運動をも生き延びて、依然として党内に潜んでいることなどありえなかった。すでに一九五五年夏から大規模な反革命粛清運動の嵐が吹き荒れており、それは建国直後に行われた反革命鎮圧運動で除去しきれなかった「隠れた反革命分子」（原文は「暗蔵反革命分子」）を大量に始末していた。実際には、この大規模な反革命粛清運動でさえ、駆除しきれなかった「害虫」を駆除する運動としては、もはや不必要であった[†49]。

いわば乾ききった布を絞って水を滴らせることが無理であることは、おそらく毛沢東をはじめ指導者たちも十分に理解していたであろう。だが、明らかに途方もない誤りを犯した最高指導者を無謬のままにしておくためには、ある種の虚構がどうしても必要であった。すなわち、党と政府の政策は正しかったが、その前に立ちはだかってこれを台無しにした強大な敵と、政策の精神を把握できなかった一知半解の幹部たちの誤った指導が党と政府を手痛い挫折に導いたというフィクションである。ここで贖罪の山羊とされたのが、過去の革命において何らかの理由で改造を免れた「悪質分子」であるとともに、大躍進のなかで「善意」から出発して積極分子として活動し――つまり人民公社運動あるいは大生産運動の先兵として活動し――そうであるがゆえに称賛を受けた人々、すなわち末端の幹部たちであった。後者が整風運動の標的とされたとき、その多くはなぜ自らが処分を受けなければならないのかを理解できなかったに違いない。筆者には、指導者たちが――政治局常務委員たちや各省の指導者たちを含めて、もしかすると毛沢東自身も含めて――このような作り話を真剣に信じていたとは思われない。しかし、フルシチョフやチトーや墓のなかのダレスに対して、そして中国国内の「反対派」と「懐疑派」に対して、大躍進と人民公社の実験は大失敗のうちに幕を閉じたという事実を率直に告げるわけにはいかなかった。そのようなことをすれば、国際政治と国内政治のいずれの力学においても、中国共産党が無防備となることは明らかであった。党内政治においても、もし毛沢東が廬山会議であれほど口汚く罵った彭徳懐や張聞天が結局は正しかったとなれば、大きな混乱が訪れたに違いない。[†50]したがって、毛沢東のみならず党指導者層にとっても、壮大な責任転嫁はどうしても必要であった。このような責任転嫁は、失敗の大きさに比例してその規模が大きくなる性質のものであったから、そのための虚構もまた失敗の大きさに見合う大がかりなものになることは避けられなかった。

悪質分子および誤りを犯した基層幹部の摘発は、大衆によって進められた。この摘発はただちに終わることなく、一九六三年以降の社会主義教育運動へと引き継がれた。人民大衆の面前に過ちを犯した人々を引きずり出し、人民公社の引き起こした厄災の責任を彼らに負わせ、党の本来正しい政策が彼らによって台無しにされたという筋書きに従って責任転嫁の芝居が進行するはずであった。そして、この大衆的な政治的演劇を通じて人民の怒りは鎮まると期待された。

注目すべきは、この筋書きが、たんに農民たちが日常目にする幹部たちの悪行の数々が暴かれ、彼らが罰せられ、そして新たに清廉な幹部が行政を担うという幸福な結末をもつ、一回限りの物語ではなかったことである。それは特徴的なことに、過去から現在まで続き、そして未来へも続いていくはずの長期に及ぶ、農村における熾烈な階級闘争の一部として人々に提示されたのである。それは唐突に現れた物語ではなかった。一九五九年夏の廬山会議において、すでに毛沢東は廬山における「闘争」を、「階級闘争である。これは過去一〇年来の社会主義革命の過程における、ブルジョア階級とプロレタリア階級という、二大敵対階級の生死をかけた闘争の継続である」と述べていたことを思い起こそう。[†51]したがって、われわれはいま熾烈な階級闘争に直面しているとする論理は、必ずしも党員・幹部を驚かせるものではなかったであろう。先に述べた「緊急指示書簡」十二条を党内に貫徹させるために作成された、農村の整風運動をめぐる中央工作会議の「討論紀要」はこの運動についてこう述べている。「**これはひとつの先鋭な階級闘争であり、実際にはもう一度革命を行うものである。**社会主義革命の補講であるだけでなく、封建残余を粛清する民主革命の補講でもある」[†52]。結局のところ、大躍進と人民公社がもたらした極度の荒廃のなかで、党が見出した活路が再度の革命であった。だが理論的には、社会主義への移行はすでに完了していたのだから、この革命なるものは「補講」としか表現できなかった（理論的にはそのはずである。しかし、実際には、「補講」という言葉は次第に使われなくなり、たんに「新たな革命」とのみ語られるようになる）。しかも注目すべきことに、この「補講」は一度だけで終わるものではないと宣言されたのである。「階級敵が滅亡に甘んじるものでないことに鑑みれば、彼らはあらゆる手を使って〔われわれの隊列に〕潜り込み、破壊を行い、復辟をもくろむだろう。われわれは警戒し、われわれの隊伍をいつも真剣に検査すべきである。また、地主階級とブルジョア階級の思想的影響と習慣の力がなお長期にわたり存在することに鑑みれば、もし幹部に対していつも教育と整頓を行わなければ、一部の人々の思想・意識に変化が生じ、次第に堕落・変質してしまうことさえあるかもしれない。**……だから、農村の整風は一年に一度行わなければならない**」[†53]。以上の言葉は、党の階級闘争に関する論理に重大な飛躍が生じたことをわれわれに教えている。旧い「思想」と「習慣」の力が作用し続ける限り、階級闘争は一度きりのものではない、というのである。

これは人々を不安にさせる展望であった。これでは、彼らがいつ闘争から解放されるのかわからなかった。なぜ党は、悪質分子を一度残らずあぶり出して処分してしまえば、革命の「補講」はただちに終了すると宣言しなかったのであろうか。筆者には、繰り返していうが、毛沢東およびその他の指導者たちが、いくら除去しても除去しきれないほど大量の反抗的な人々が中国社会になお潜んでいるなどと真面目に信じていたとは思われない。むしろ、革命のプロセスを継続させることそれ自体が必要であると彼らが考えていたように思われるのである。あるいは、革命は終了したと宣言して人々を精神的に武装解除させるべきではないと考えていたのかもしれない（さらに、革命は簡単に「かたがつく」のではないと表明しておくことによって、将来における失敗についても、あらかじめ弁明の余地を残しておくことができると考えていたのかもしれない)。大躍進と人民公社を武器として世界に対して闘争を挑み続ける以上、擬似的に革命状況を作り出すことによって人々をある種の緊張状態に置いておくことは指導者たちによって重要と考えられたのであろう。

このとき、ソ連との論争が始まっていたことは、毛沢東にとって好都合であった。というのも、社会主義の母国が修正主義に陥ったとすれば、それは社会主義化を実現したあらゆる社会が罹患しかねない病であり、したがって中国もまたこの病を警戒しなければならなかったからである。そうなると、大躍進と人民公社を失敗に追い込んだ原因は、普遍的でより大きな悪しき傾向とつながっている可能性があると主張することができた。つまり、たたかうべき敵は中国の内側にも外側にも、そして過去にも現在にも未来にも存在し、それらがすべてつながっていたのである。繰り返していおう。壮大な失敗を取り繕うためには、壮大な虚構が必要であった。かくして党は、大躍進と人民公社によって疲れ果てた人々にさらに鞭を振るい、永続する階級闘争の炎のなかに投げ込み、彼らの戦闘精神を維持しようとした。この炎は、まだみぬ反革命分子にも大躍進と人民公社の失敗の責任を負わせて、彼らを焼き尽くすであろう。

とはいえ、革命の敵に対する戦線を拡大しすぎないための配慮が示された。すなわち、地主、富農、反革命分子、悪質分子および堕落変質分子との矛盾は「敵味方の矛盾」の範疇に属するが、「頑迷な官僚主義分子」(原文は「死官僚主義分子」)との矛盾は「人民内部の矛盾」に属し、したがって教育と改造の方針で臨むとされたのである。農村幹部のうち、前者に該当する人々はおよそ三パーセントのみだと説明された†54。このような配慮は、微妙なバランス感覚に基づくものであった。一方では革命の情熱は維持されなければならなかったが、他方では廬山会議以降の行き過ぎた反右傾闘争には轡《くつわ》がはめられなければならなかった。とはいえ、この轡にはあまり効き目がなかった。なぜなら、反右傾闘争には公式的に何ら終了宣言が下されていなかったのだから、地方の指導者と幹部たちは、まずもって

「左」であるよう心掛けねばならなかったからである。先回りしていっておけば、のちに展開される社会主義教育運動においても、左傾の是正は困難をきわめた。それは紛れもなく地方指導者の心理を反映していたのである。

さらなる軌道修正

一九六一年三月、毛沢東は広州に指導者たちを集めて、人民公社に関する問題を集中的に討論するための大規模な会議（中央工作会議）を開催した。この会議に関するわずかな情報は、人民公社に関するさまざまな意見がこの場でたたかわされたことを伝えている。議論の焦点は、採算単位を生産大隊とするか生産隊とするか、農民には人気のない公共食堂を存続させるべきか、および生産を戸別に請け負わせるべきかであったとみられる。[†55]討論の結果、「農村人民公社工作条例（草案）」（通称「六十条」）が採択された。この長大な文書は、主として人民公社の管理運営方法について定めているが、争点であった人民公社の基本採算単位を生産大隊とすること、そして公共食堂は積極的に設けることをうたった。[†56]

ところで、広州会議に先立つ一月の北京での中央工作会議において、毛沢東は各指導者たちに地方に赴き、調査を行うよう呼びかけていた。第八期九中全会においても、彼は「一九六一年を調査の年とし、大いに調査研究の風を起こそう」と訴えた。そして、この中央委員会総会閉幕直後の一月二〇日、毛は秘書の田家英に対して手紙を送り、三〇年前に書いた「調査研究」なる文章を陳伯達と胡喬木に送るよう命じた。あわせて、この手紙を「三組二一人」に転送し討論に付すよう指示したのである。手紙は、異例にも「至要至要!!!」（「至要」とは、きわめて重要であるという意味である）との言葉で締めくくられていた。「三組二一人」とは、陳伯達、胡喬木、田家英がそれぞれ率いる七名ずつの調査チーム、合計二一人を指す。毛はこれら三つのチームをそれぞれ広東省、湖南省、浙江省に派遣した。[†57]さらに、三月に広州で「六十条」を定めた際にも、主席は指導者たちに地方に出かけ、調査を行い、この「草案」について広範な人々と討論するよう求めた。[†58]本来的に扱いが難しい問題と格闘して手痛い敗北を喫したあと、最高指導者はいつになく慎重であった。あるいは、人民公社が「情理にかなっている」と信じたこの指導者は、餓死者や暴動に関する多くの情報に接しても、それらが事実を伝えているのか、なお半信半疑であったのかもしれない。あるいは、何をすべきかわからなくなり、とりあえず調査を行うよう呼びかけたのかもしれない。ともあれ、毛に再三強く促されて、指導者たちは地方に出かけていった。

四月中旬、湖南省の農村調査に向かった胡喬木は、毛沢東に対して、公共食堂がいまや「生産発展の障害になっている」と書き送った。[†59] 信頼する秘書からの書簡は、すでに他の指導者たちとの対話を通じて、公共食堂の存続に懐疑的になっていた最高指導者の背を、その廃止に向けてひと押しした。同じ頃、湖南省で調査を行った劉少奇もまた、民衆は公共食堂を望んでいないと結論づけた。[†60] 五月には河北省邯鄲で調査を行った周恩来からも電話で、社員のほとんどは公共食堂で食事するより、自宅での食事を望んでいるとの報告が届いた。[†61] 二〇年後に改革の旗手となる胡耀邦も、遼寧省海城を調査した後、青年、壮年、老年、婦女、基層幹部のいずれからも公共食堂を支持する声は聞かれなかったと伝えてきた。[†62]

五月下旬から六月にかけて、毛沢東は再び北京で中央工作会議を開催し、先の「草案」の修正に取り組んだ。その結果作成された「修正草案」において、公共食堂を経営するかしないかは、「完全に社員の討論によって決定される」と定められた。これは実質的には、公共食堂を廃止に追い込むものであった。[†63] こうして、かつて「社会主義の陣地」と称えられ、人民公社制度の中核をなすと目された公共食堂は、あっさりとその役割を終えた。加えて、やはりかつて「共産主義の要素」としてもてはやされた配給制——すなわち、人民公社に属する農民に対して平均的に分配する部分——もまた廃止された。この文書に続いて、党中央は人民公社が農民から取りあげたすべての農機具、家屋、家具、家畜などを原所有者に返還・弁償することを決定した。「こうすることによってのみ、農業生産の発展を促進することができるし、……さらに一歩労働者と農民の連盟を打ち固めることができるのである」。[†64] こうして人民公社は、毛沢東が「一大二公」（第一に規模が大きく、第二に公有制である）と称した特徴を徐々に失い、たんなる形骸と化しはじめた。

とはいえ、「三面紅旗」に誤りはなく、大きな成果を生んだというのが公式見解であったからには、大躍進と人民公社はともかくも維持されなければならなかった。そのような党の決意は、一九六一年六月三〇日、党成立四〇周年記念式典における劉少奇の講話を通じて披瀝された。彼は「三面紅旗」の政策は絶対に正しいが、その政策の実施の仕方に誤りがあったと主張した。誤りは、党員の経験の乏しさゆえであった。一七〇〇万人の党員のうち、「八〇パーセントは中華人民共和国成立後に入党した者であり、〔しかも〕七〇パーセントは一九五三年以降の入党者で、経験が浅く、マルクス・レーニン主義の系統的な教育を受けていない」。そのうえ、建国以前に入党した「わが党の骨幹にしても、革命の熟練工であるとはいえ、社会主義建設事業については経験が浅い」[†65]。社会主義建設における経験の欠如が手痛い挫折に導いたという論理は、のちに七千人大会に際して、林彪によって、失敗は支払わねばならなかった「授業料」であったという言い方にまで洗練されることになる。われわれはここに、慰めの修辞学の発展をみることができる。

政策の修正は、人民公社をめぐる諸政策にとどまらなかった。建国以来最大の危機に臨んで、劉少奇は団結可能な一切の勢力を、党の周囲に団結させせなければならないと訴えた。そのため、知識人が再び取り込みの対象となった。それは、大躍進がもたらした惨憺たる結果に憤った農民と、中国の現状と将来を憂う知識人の同盟ができあがる可能性を察知した党の予防措置であったかもしれない。驚くべきことに、劉は四年前に知識人たちを地獄に突き落とした百花斉放・百家争鳴の方針を再び持ち出した。「知識分子は、わが国の社会主義建設事業が勝利を勝ち取るうえで、欠くことのできない重要な力である。わが国の知識分子の隊列は絶えず拡大しており、彼らは思想の自己改造のうえで、きわめて大きな進歩を遂げた。彼らは社会主義建設事業の各戦線において貴重な貢献を行った。われわれは引き続き知識分子の隊列を拡大し、引き続き百花斉放・百家争鳴の方針を遂行し、わが国の社会主義の科学・文化事業をいっそう反映させせなければならない」[†66]。さらに驚くべきことに、彼はすでに一九五七年の反右派闘争によって破綻していた民主諸党派との「長期共存・相互監督」の方針を引き続き掲げることも明らかにしたのである。[†67] このような副主席の言明は、かつてこれらの方針に従って自由な意見を党にぶつけ、それゆえ痛い目にあった知識人たちに歓迎されるどころか、かえって彼らを起こりうる新たな災難に対して身構えさせたと容易に想像できる。だが、深い危機に直面した党にとっては——毛沢東がこの方針に全面的に賛成であったとは信じがたいけれども[†68]——知識人の協力は不可欠であった。要するに、舵を「左」に切りすぎたために船が座礁したのだから、今度はいくらか大胆に「右」に切らなければならなくなっていたのである。それは人民公社も同様であった。

発足当時、「一大二公」を特徴とする人民公社は、所有と分配のあらゆる面において生産隊、生産大隊、人民公社の三層からなる構造の最高レベルに権力が集中されていた。だが、すでに述べたように、「共産風」に対する批判が強まるにつれて、一九六一年春までに、中心的な環節は生産大隊へとおろされた。同年夏を迎えても、党中央は生産大隊の集団所有制を基礎とした三級所有制は、農村人民公社の現段階における唯一の正しい根本的な制度であると主張していた。ところが、指導者たちは、すぐに最末端の生産隊を基本的な採算単位とするところまで後退することを余儀なくされた。一〇月七日、党中央は実に曖昧な調子で、いくつかの材料から判断すれば、「大多数の状況からみて、生産隊を基本採算単位とすることが比較的よい」と述べた。[†69] 生産隊とは、せいぜい二〇戸あるいは三〇戸からなる古くからの部落にほかならなかった。これは、農作業のやり方が、人民公社という外被をまとってはいるものの、実質的に農業集団化以前の段階に戻ることを意味していた。翌年二月一三日、党中央は正式に生産隊が基本的な採算単位であること、そしてこの仕組みを少なくとも三〇年間維持することを宣言した。[†70]

人民公社の「公」の側面が次第に減退するに伴い、「労働に応じた分配」という原則の有効性が改めて確認された。党中央は、中国の農業生産の発展水準がまだきわめて低いため、農民は一定の物質的な奨励による刺激がない限り、生産意欲をかきたてられないことをはっきりと認めた。そのため、多く働いたものには多く、少なく働いたものには少なく分配するという制度を実行せざるをえないと判断したのである。『工人日報』に掲載されたある論文によれば、なぜ「労働に応じた分配」原則を採用するかといえば、それは人々の思想水準がきわめて低く、旧社会の思想の残りかすがまだ消滅していないため、この分配原則によって大衆の社会主義の意識水準を高めるとともに、怠け者の改造を行うためであった[†71]。これは、人々に人民公社に対する思想的準備がまったくなかったと認めたも同然であった。存在が意識をはるかに引き離して、先に進みすぎていたのである。この説明は、人々の共産主義へ向かおうとする情熱、意欲、自発性の高まりゆえに人民公社は成立したとするかつての説明が完全に覆されたことを意味した。また同時に、人民公社が「天理にかない」、「人情に応え」、「大衆の必要に合う」ものとした毛沢東の考え方がまったく誤りであったと実質的に主張するものであった。かくも完全なる敗北は、負け惜しみの勝利宣言によって包み隠せるようなものではなかった。だが、それでもこの最高指導者は、潔く失敗を認めることはなかったのである。

小結

一九六〇年秋までには、大躍進と人民公社の失敗は誰の目にも明らかとなっていた。このとき、中国共産党は十月革命後に生じた内戦の終了後にソ連が採用したネップ（新経済政策）の前例に従うこともできたはずである。レーニンが絶望的な経済状況のなかで選択した「息つぎ期」としてのネップについて、毛沢東はよく理解していた。彼は、一九五六年末には黄炎培、陳叔通などの民主諸党派の指導者に対し、「私はロシアがネップを早く終息させすぎたのではないかと思っている。二年退却をやっただけで進攻に転じてしまい、〔そのため〕現在に至るも社会では物資が不足しているのだ」とこの政策の効用を語っていた[†72]。しかし筆者は、大躍進の目を覆うばかりの失敗が明らかになったとき、党内で中国版ネップの導入の可能性が真剣に検討された証拠を見出すことができなかった。林彪は、一九六〇年代初めに中国が経験した未曾有の危機と、一九二〇年代初めにソ連が経験した困難とを比較し、レーニンが採用したネップについて研究していたという[†73]。張聞天もまた一九六二年春、レーニンの著作を読み直し、ネップの中国への導入について思いを巡らせていた[†74]。おそらく、少なからずの指導者たちが、それぞれ中国版ネップ導入の可能性について考えていたが、前進に消極的な右翼日和見主義者、あるいは敗北主義者というレッテルを貼られることを恐れたため、集団的な討論には至らなかったのであろう。少なくとも彼らは、ネップのような、農村に市場過程を導入し、富農に小資本家として土地を賃借し、賃労働を雇用する権利を与えるという選択肢には見向きもしなかった。†75

社会主義以前の方式へと退却する代わりに、毛沢東と党中央は「前方へ」逃げた。レーニンは、社会主義建設の過程において失敗を犯した場合には、「始め《ママ》に立ち返る」重要性を指摘して、次のように述べている。

> 社会主義経済の基礎を仕上げる（とくに小農民の国で）というような画期的な企てを、誤りを犯すことなく、ときには後退するということもなく、またなしとげなかったものや誤ってやったことに無数の手直しをすることもなしに、成し遂げることが可能であると考える共産主義者は、敗北の運命にある。幻想をもたず、意気消沈することもなく、きわめて困難な課題に立ち向かって、何度も何度も「始めに立ち返る」だけの力と柔軟さを保持している共産主義者は敗北しはしない（そして、おそらくは滅亡もしないであろう）。†76

大躍進の完全な失敗の後、毛沢東が耳を傾けるべきはこのレーニンの言葉であったろう。だが、主席は「始めに立ち返る」のではなく、「前方へ」逃げることを選んだ。すなわち、疲弊しきった農民たちをいくらか休ませ慰撫しながら、同時に彼らの視線が指導者の引き起こした大失敗とその責任の問題へと向けられることのないよう誘導しながら、彼らを長期にわたって続く階級闘争の炎のなかへ投げ込んだのである。

熾烈な階級闘争が過去の革命を通じてすでに終わりを告げたのではなく現在も持続しているし、将来にわたっても続くであろうという論理は、取り返しのつかない失敗を犯した毛沢東と党中央を免責し、過去から引き継いだ悪質な分子とその影響を受けているとされる下層の幹部たちに責任を転嫁する論理―虚構であった。この論理―虚構は、人々を再び反革命分子狩りに熱中させることによって、大躍進と人民公社が引き起こした惨状から彼らの目を背けさせるとともに、末端の党幹部たちを犠牲に供することによって主席と党中央の権威を守ろうとするものであった。

過去と現在と未来に及ぶ壮大な責任転嫁の物語のなかに人々を投げ込むことによって、大きく傷ついた毛沢東の権威を救おうとする企ては成功したのだろうか。後の社会主義教育運動のなかで、湖南省の農村に入った工作隊は、農民たちが家のなかの竈《かまど》の神を取り外し、代わりに毛沢東の像を張り出しているのを見出した。[†77]無数の人々を塗炭の苦しみに追いやった人物を「神」として崇拝するなど、常識的には、いかに手の込んだ政治的仕掛けをもってしても、ありえないことのように思われる。したがって、一九六一年に始まる整風運動および一九六三年に始動した社会主義教育運動を通じて、未曾有の飢餓の責任を、人々の身近にいる幹部たちだけでなく、彼らと過去および未来においてつながっている、決して諦めることのない強大なブルジョア階級に負わせる論理は、人々に見事に受け入れられたといえるかもしれない。想像を膨らませるなら、遠い北京で暮らす皇帝とその側近たちの善意を、地方の官僚たちがときに悪意をもって読み違えたことによって引き起こされる悲劇の物語に慣れていた人々の政治文化も、この壮大な責任の転移に寄与したかもしれない。

とはいえ、主席が人々の感情と心理を見事に操作できたと考えるのは根本的に誤っている可能性がある。というのも、竈の神が大躍進の期間中、農民に食物を与えてくれなかったのだから、彼らが神に交替を命じ、いくらか役に立ちそうな新たな神——すなわち毛沢東——を崇め始めたとしても不思議はないからである。実用主義的な人々の間では、「神の交替」は、あたかも野球の試合における投手の交替のようなものである。したがって、壮大な責任転嫁のための虚構が本当に人々の心をとらえたのかについて、確実なことはいえない。

少なくとも、大がかりな責任転嫁は、大きな代償を伴っていた。第一に、党員も一般の人々もともに、苦難に満ちた革命の後に訪れるはずの楽園に暮らすことを諦めなければならなくなった。長く続く闘争の後に訪れるのは、やはり長く続く闘争であった。マルクスは、プロレタリア革命が何度も繰り返されるような事態を想定していたであろうか。これは古典的なマルクス主義がまったく想定していなかった循環的な発展であった。第二に、実際には存在しないブルジョア階級の存在は、幹部たちが行う数々の悪事によって「証明」されるほかはなかった。かくして、幹部たちは繰り返し、いつまでも階級敵として処分され続ける運命に置かれたのである。われわれはここに、革命闘争の対象となるブルジョア階級が存在しなくなった社会において革命の慣性を維持するために、党組織の一部を実質的に階級敵として叩き続けながら、最高指導者と党中央の権威を守る奇怪な政治体制の誕生をみる。すなわち、あたかも蛸《たこ》がわが身を食うかのように、自身の一部を「自食」しながら生存を続ける体制である。われわれは後に、この体制が端から足を食べてゆき、やがて根本まで食らったところに文化大革命が生じたことをみるであろう。

そうはいっても、重要なことであるが、階級対立の虚構に依存するこのような体制は、一九六一年初めの整風整社運動の開始によって、ただちに完成することはなかった。それは、再度の革命と階級闘争の継続は提起されたものの、いまは新たな政治運動に取りかかるときではないし、ましてや階級闘争などもはやありえないという意識に大部分の指導者たちがとらわれていたからである。指導者だけでなく、人々も相次ぐ動員によって疲労困憊していた。ロベスピエールは、五年に及ぶ革命闘争によって「民衆は疲れている」といわなかったであろうか。[†78]大躍進後の人々もまた同じ状態に置かれていた。実際、整風運動が提起されてからも、方向性はまったく定まらなかった。

このような状態は、一九六二年一月に中央・地方の指導者を大量に集めて行われた中央工作会議（七千人大会）を経ても変わらなかった。次章で述べるように、七千人大会は階級闘争をほとんど語らなかった。だが、七千人大会後、毛沢東を除く政治局常務委員たちが、経済合理性に基づいた危機打開策を打ち出したとき、主席がそれを拒否しながらすべての政策を階級闘争に収斂させてゆく過程が力強く開始されるのである。

†1　「関於人民公社若干問題的決議」（一九五八年一二月一〇日）、中華人民共和国国家農業委員会弁公庁編『農業集体化重要文件彙編（一九五八～一九八一）』上、一九八一年、『中共重要歴史文献資料彙編』第二十八輯第一分冊、一一〇頁。
†2　「新会県人民公社在発放第一次工資後出勤率、労働効率為什麼普遍下降」（一九五九年一月二五日）、同右、一二七－

一二九頁。

†3 「在廬山会議的講話」(一九五九年七月二三日)、『毛沢東思想万歳』11B、一九六頁。この引用文のなかの「七分がつぶれても、三分は残る」は、『万歳』丁本に収録されたテクストには見出すことができない。武漢版1のテクストには、その部分は含まれている。

†4 「関於研究人民公社問題的批語」(一九五九年七月二九日、八月一日)、『建国以来毛沢東文稿』二〇二四年版、第十四冊、二二九頁。

†5 同右、二三〇頁。

†6 「関於人民公社若干問題的決議」(一九五八年一二月一〇日)、『農業集体化重要文件彙編』上、一一二頁。

†7 周俊によれば、毛沢東の情報の利用の仕方には、「自らがすでに持っている期待や予測を支持する情報に強い関心を示す一方、反証する情報に対しては、無視とまでは言えないものの関心が弱まる」という特徴がみられる。周俊『中国共産党の神経系――情報システムの起源・構造・機能』名古屋大学出版会、二〇二四年、三一七頁。このときの毛の「自信」は、彼の期待にそう情報が届けられたことによるのであろう。「毛沢東同志対湖南省平江県談岑公社稲竹大隊幾十個食堂散伙又恢復的情況的批語」(一九五九年八月五日)、同右、二三八頁。

†8 「在廬山会議的講話」(一九五九年七月二三日)、『毛沢東思想万歳』11B、一九七頁。この引用部分の中略箇所には、「譚〔震林〕の旦那、あんたは大砲をたくさんぶっ放したが、狙いが不正確だったな」との発言があるが、それは『万歳』丁本所収のテクストにはみられない。

†9 中共党史和文献研究院信息資料館『李先念自述』中共党史出版社、二〇二四年、一六一―一六二頁。

†10 「十年総結」(一九六〇年六月一八日上午八時)、『毛沢東思想万歳』11C、一一頁。このテクストは、『毛沢東思想万歳』武漢版1に収録されているものと、いくつかの個所において若干の表現上の違いがある。また、前者が伏せ字としている人名の一部が、後者においては明らかにされている。しかし、重要な違いは認められない。

†11 「関於河陽県貫徹政策試点情況的報告」(一九六〇年九月一八日)、『農業集体化重要文件彙編』上、三六四―三七一頁。

†12 「河陽県貫徹政策第一段階的総結」(一九六三年一一月三日)、同右、三八四頁。

†13 同右、三九五頁。

†14『毛沢東年譜』第四巻、五六四頁。このくだりは、『毛沢東思想万歳』11Cに収録されている「在広州会議上的講話（摘録）」（一九六一年三月二三日）には含まれていない。いつ党中央が飢餓の問題を深刻にとらえはじめたかという問題は、簡単に答えるのがむずかしい。中国の歴史家、楊奎松によれば、一九五四年にはすでに全国的な食糧不足が生じており、少なからずの省で餓死者が出ていた。翌年以降も飢饉は発生しており、いわば常態化していたという。毛沢東は、国共内戦に臨んだ際と同様の覚悟をもって大躍進に取り組んだため、多少の犠牲は当然だと考えていた。だが、一九五八年一〇月下旬から一一月上旬にかけて彼の認識は大きく変化し、このままだと大量の死者が出ることを恐れるようになったという。楊奎松「毛沢東是如何発現大飢荒的？」、『江淮文史』二〇一四年第三期、四－一〇頁。だが、毛はそのまま走り続けた。つまり、党中央は早くから餓死者の問題に気づいていたが、いつそれが容認できる限度を超えたと判断したのかは、判然としないのである。

†15 前掲『中国共産党的九十年　社会主義』、五一一－五一二頁。

†16『毛沢東年譜』第四巻は、一九六〇年秋から翌年初めにかけて、主席が信陽地区の問題について、何度となく言及している事実を伝えている。だが、それらの記述のなかに、われわれは飢饉や餓死者という言葉を見出すことはできない。毛沢東だけでなく、他の党中央の指導者たちの講話、および省レベルの党委員会の文書のなかにも、餓死者に関する記述を見出すことは困難である。管見の限りで、筆者が見出した餓死者にはっきりと言及している行政文書は、以下の西蔵工作委員会のものだけであった。だが、この記述においてさえ、餓死者が出ているとの報告はなされているものの、その規模についてはまったく言及がない。「分工委関於工委九月十日対桑伊区発生厳重餓死人事件的批復貫徹執行意見及検討向工委的報告」（一九六〇年一〇月一〇日）、『西蔵工委文件』蔵発（六〇）字〇八七号、『中共重要歴史文献資料彙編』第三十一輯第一百〇四分冊、一－五頁。

†17「河北省委批転保定市委関於発動群衆開好吃飯大会的報告」（一九六〇年一一月一六日）、『中共中央文件選集』第三十五冊、四六四頁。

†18「関於城市大力発展養猪家禽的通知」（一九六〇年九月二二日）、中共安徽省委弁公庁等編『中共安徽省委文件選編（一九五八－一九六二）』、二〇〇四年、『中共重要歴史文献資料彙編』第三十三輯第九十八分冊、二五三頁。

†19「中共中央関於冬季農業生産和備耕工作的指示」（一九六〇年一二月二〇日）、『中共中央文件選集』第三十五冊、五三

六頁。

†20 「中共中央、国務院関於保証学生教師身体健康的緊急通知」(一九六〇年一二月二一日)、『中共中央文件選集』第三十五冊、五四五頁。

†21 「中央工作会議関於農村整風整社和若干政策問題的討論紀要」(一九六一年一月二〇日)、『中共中央文件選集』第三十六冊、一一一頁。

†22 「中共中央関於検査盲流人口処理工作的通知」(一九六〇年一一月二五日)、『中共中央文件選集』第三十五冊、四五七頁。

†23 「中共中央関於即速做好鉄路沿線安民工作和治安保衛工作的批示」(一九六一年一月二八日)、『中共中央文件選集』第三十六冊、一五四頁。

†24 「中共中央批転鉄道部党委関於鉄路器材丟失情況的報告」(一九六一年四月二日)、『中共中央文件選集』第三十六冊、三八九頁。

†25 「中共中央関於立即停止糧食損失、抓緊糧食翻晒的通知」(一九六一年二月二〇日)、『中共中央文件選集』第三十六冊、二八九頁。

†26 「中共遼寧省委関於安排好当前市場的緊急指示」(一九六〇年一一月一二日)、『中共中央文件選集』第三十五冊、四五一-四五六頁。

†27 「中共中央、国務院関於進一歩圧縮社会集団購買力的決定」(一九六一年一月二三日)、『中共中央文件選集』第三十六冊、一三〇頁。一般に、大躍進は農業生産に大きな打撃を与えたことで知られているが、工業生産に対する打撃もまたきわめて大きなものであった。工業総生産額は一九六〇年から六一年にかけてほぼ半減した。ウォルダー、前掲書、二一〇頁。

†28 「中共中央同意中央宣伝部関於圧縮和控制報刊書籍用紙方案的建議」(一九六一年一月一六日)、『中共中央文件選集』第三十六冊、九一頁。

†29 邱會作『邱會作回憶録』香港、新世紀出版社、二〇一一年、三三二-三三三頁。

†30 「中共中央転発谷牧関於迅速克服工人私自離廠現象和鞏固工人隊伍的意見等報告」(一九六一年四月三〇日)、『中共中

央文件選集』第三十六冊、五〇八頁および五一六頁。

†31　楊継縄『墓碑——中国六十年代大飢荒紀実』下篇、香港、天地図書有限公司、二〇〇八年、九三六－九三九頁。

†32　同右、九三九頁。

†33　「中共中央関於山東、河南、甘粛和貴州某些地区所発生的厳重情況的指示」（一九六〇年一二月八日）、『中共中央文件選集』第三十五冊、五一七頁。われわれが現在利用しうる党中央の文書からは、甘粛省がとりわけ深刻な様相を呈していたことが推察できる。だが、こんにち公表されている党中央の文書には、現地で「飢餓」が発生していたとも「暴動」が発生していたとも、何ら述べられていない。

†34　「中共中央転発財政部党組関於停止若干地区和単位任意占用国家収入的請示報告的批示」（一九六〇年一一月二五日）、『中共中央文件選集』第三十五冊、四六〇頁。

†35　Gao Wangling, "A Study of Chinese Peasant 'Counter-Action'," in Kimberley Ens Minning and Felix Wemheuer, eds. *Eating Bitterness: New Perspectives on China's Great Leap Forward and Famine*, Vancouver: UBC Press, 2011, p. 289. 興味深いことに、このような状態は農業集団化の始まりとともに生じ、大躍進の時期においてもっともひどくなったが、その後も解消されることはなく、一九七〇年代に至るまで続いたという。これは中国において集団化された農業が、毛沢東の主張とは違って、いかに「天理にかなない、人情に応える」ものではなかったかをよく物語っている。

†36　その痛ましい様子については、楊継縄、丁抒、裴毅然らが叙述している。前掲『墓碑』上篇、第一章。丁抒著、森幹夫訳『人禍——餓死者二〇〇〇万人の狂気』学陽書房、一九九一年、二三一－二三三頁。王友琴著、小林一美編、佐竹保子ほか訳『血と涙の大地の記憶——「文革地獄」の真実を求める長い旅にて』集広舎、二〇二三年、四九九－五一五頁。これらの記述の多くは、公式の党・政府の文献ではなく、人々の回想に基づいている。だが、裴毅然による記述の一部は『内部参考』に依拠したものである。『血と涙の大地の記憶』、四九九－五〇〇頁。したがって、当局は人々が相食《は》んでいる事実を知っていたのである。

†37　「中共中央関於農村人民公社当前政策問題的緊急指示信」（一九六〇年一一月三日）、『中共中央文件選集』第三十五冊、三七七－三八六頁。

†38　社団法人国際善隣倶楽部アジア資料室編著『一九六一年の中共——建設と批判』社団法人国際善隣倶楽部、一九六二

年、三〇二‐三〇三頁。

†39 「中共中央関於貫徹執行『緊急指示信』的指示」（一九六〇年一一月三日）、『中共中央文件選集』第三十五冊、三八九頁。

†40 「中国共産党第八届中央委員会第九次全体会議関於成立中央局的決議」（一九六一年一月一八日）、『中共中央文件選集』第三十六冊、五〇‐五二頁。

†41 『毛沢東思想万歳』武漢版2、一頁から八頁には、「在中央工作会議上的講話」（一九六一年一月十三日）、および「在八届九中全会的講話」（一九六一年一月十八日）と題する、いずれも地主階級の復辟の可能性に警鐘を鳴らしながら調査研究の重要性を訴える比較的短い二つの講話テクストが収録されている。二つの講話テクストは、『万歳』11Cにも収められている。だが、前者は完全に武漢版2と同一であるが、後者はかなり省略されたものである。『毛沢東文集』第八巻に収録された一月一三日の講話テクスト（「大興調査研究之風」と題されている）は、講話の一部にすぎない。

†42 「堅決退賠、刹住『共産風』」、『毛沢東文集』第八巻、二二九頁。

†43 『人民日報』一九六一年一月一日の第一面には、「全国人民は緊密に団結しよう、一九六一年の社会主義建設事業の新しい勝利を勝ち取ろう！」との赤く縁どられたスローガンがみられる。

†44 『毛沢東年譜』第四巻、五一七頁。

†45 「中国共産党第八届中央委員会第九次全体会議公報」（一九六一年一月）、中央党校党史教研二室編『中国共産党社会主義時期文献資料選編』（四）、一九八七年六月、『中共重要歴史文献資料彙編』第二十一輯第二十七種、二三九頁。かつて抗日戦争中に延安で行われた第一次整風運動、そして社会主義改造後の一九五七年から五八年にかけて行われた第二次整風運動に続いて、今回は第三回目の整風運動であると称された。

†46 同右、二三八頁。

†47 同右、二三九頁。

†48 同右、二三九頁。

†49 高橋伸夫「反革命粛清運動と一九五七年体制の起源」上下、『法学研究』第九〇巻第八‐九号、二〇一七年。

†50 よく知られた事実であるが、一九六五年九月二三日、毛は彭徳懐と五時間半も語り合い、会話のなかで「真理は君の

ほうにあったかもしれない」と打ち明けた。『毛沢東年譜』第五巻、五三〇頁。この主席の言葉は、彼が内心では「三面紅旗」に疑問を抱きながら、あえてその正しさを主張し続けたことを示唆している。

†51 「機関銃と迫撃砲の来歴およびその他」（一九五九年八月一六日）、邦訳『毛沢東思想万歳』上、四二一‐四二二頁（丁本、三〇八頁）。このテクストは、『毛沢東思想万歳』11Bに収録されているものと完全に同一である。『建国以来毛沢東文稿』二〇二四年版、第十四冊に収められているテクストは、上記の二つと比較すれば若干の字句の異同がみられるが、基本的に同一である。

†52 強調引用者。「中央工作会議関於農村整風整社和若干政策問題的討論紀要」（一九六一年一月二〇日）、『中共中央文件選集』第三十六冊、一〇三頁。

†53 強調引用者。同右、一〇五頁。

†54 同右、一〇一頁および一〇四頁。

†55 『毛沢東年譜』第四巻、五五九頁。

†56 「農村人民公社工作条例（草案）」、『中共中央文件選集』第三十六冊、三六〇‐三八〇頁。

†57 李頴『文献中的百年党史』北京、学林出版社、二七八頁。

†58 『毛沢東年譜』第四巻、五二三頁、五二六頁、および五六五‐五六八頁。

†59 『毛沢東伝』下、一一五七頁。

†60 中共長沙県党委党史資料徴集弁公室編『劉少奇主席在天華蹲点調査資料』、一九八八年四月、『中共重要歴史文献資料彙編』第三十五輯第三十四分冊、三三四‐三四九頁。興味深いことに、劉少奇が湖南省広福公社天華大隊に赴き、まず幹部たちと話をしたところ、彼らは公共食堂に賛成であった。だが、劉は一般社員と話をしているうちに、彼らが食堂の利点よりも弊害のほうが重大だと考えていることに気づいた。幹部たちは、公共食堂の経営が「上の」方針であることを考慮して、反対できなかったのである。大隊のある幹部は、劉による調査が終了してから半年以上も経過した一九六二年初め、劉に手紙を送り、先の調査の際、自分が副主席に偽りの数字を告げていたことを告白した。この生産大隊では、飢餓により四八人が死亡していたのに、一〇人と偽ったというのである。また二六〇軒の農民の家屋を解体していたのに、四三軒しか解体していないと告げていた。「一九六二年一月五日彭梅秀給少奇同志的信」、同右、三五七‐三五八頁。このエ

ピソードは、当時の中国の政治環境において――おそらく現在に至るも同様であると思われるが――上層の決定事項に下層が異議を唱えることがいかに困難であったかを物語っている。

†61 『毛沢東伝』下、一一五九頁、および『周恩来年譜』中巻、四〇九頁。

†62 薄一波、前掲書、下巻、九二八頁。

†63 「農村人民公社工作条例（修正草案）」、『中共中央文件選集』第三十七冊、四九‐七二頁。

†64 「中共中央関於堅決糾正平調錯誤、徹底退賠的規定」（一九六一年六月一九日）、同右、九二‐九七頁。

†65 「在慶祝中国共産党成立四十周年大会上的講話」（一九六一年六月三〇日）、『建国以来劉少奇文稿』第十冊、三〇三‐三二〇頁。劉のあげた党員数一七〇〇万人とは、正党員だけでなく、候補党員を含んだ数字であったかもしれない。というのは、一九六〇年一〇月に周恩来がエドガー・スノーに示した数字は、候補党員を除いて「一三〇〇万人を超えない」というものであったからである。エドガー・スノー著、松岡洋子訳『今日の中国――もう一つの世界』上、筑摩書房、一九七六年、二三九頁。

†66 「在慶祝中国共産党成立四十周年大会上的講話」（一九六一年六月三〇日）、『建国以来劉少奇文稿』第十冊、三一二‐三一三頁。

†67 同右、三一三頁。

†68 薄一波によれば、毛はこの方針に賛成ではなかった。薄一波、前掲書、下巻、一〇〇六頁。

†69 「中共中央関於農村基本核算単位問題的指示」（一九六一年一〇月七日）、『中共中央文件選集』第三十七冊、一六二‐一六三頁。

†70 薄一波、前掲書、下巻、九四二‐九四三頁。

†71 駱耕漠「現段階農村人民公社的性質」、『工人日報』一九六一年七月二一日。

†72 毛沢東「可以消滅了資本主義、又搞資本主義」（一九五六年一二月七日）、『共和国走過的路――建国以来重要文献専題選集』中央文献出版社、一九九二年、三〇八頁、および『毛沢東年譜』第三巻、四七頁。

†73 李徳・舒雲編撰『林彪元帥年譜』下冊、香港、鳳凰書品文化出版、二〇一五年、二六〇頁。

†74 中共中央党史研究室張聞天選集伝記組編『張聞天年譜』下巻、中共党史出版社、二〇〇〇年、一一八六‐一一八七頁。

†75 ネップの性格については、E・H・カー著、塩川伸明訳『ロシア革命――レーニンからスターリンへ、一九一七－一九二九年』岩波書店、二〇〇〇年、四三－五三頁が簡潔な説明を与えている。

†76 「政論家の覚書」（一九二二年）、マルクス＝レーニン主義研究所レーニン全集刊行委員会編『レーニン全集』第三三巻、大月書店、一九六一年、二〇三－二〇四頁。

†77 省委長沙工作隊「武塘大隊加強経常政治思想工作的初歩情況」（一九六四年四月）、中共湖南省委弁公庁編『偉大的革命運動――社会主義教育運動経験選編』（一九六四年五月）、『中共重要歴史文献資料彙編』第二十五輯第五十六分冊、二〇一五年、二七八頁。このような現象が広く生じていたかどうかはわからない。可能な解釈のひとつは、毛沢東を生み出した湖南省ならば、彼を神に祭り上げるような農民がいても不思議ではない、というものである。もうひとつの可能な解釈は、このような行為が、毛に対する大げさな忠誠を示さなければどのような目にあうかに関するリスクの計算からなされた、というものである。

†78 アルベール・ソブール著、井上幸治監訳『フランス革命と民衆』新評論、一九八九年、三一五－三一六頁。

第4章　新たな出発をめぐる党内の亀裂——七千人大会とその余波

指導者たちの多くが、大躍進が前進ではなく後退を、それも致命的といいうる大きな後退をもたらしたと認識しても、政策の根本的な修正は生じなかった。というのも、共産主義への力強い前進が生じるはずが、実際には決定的な退行が生じたと認めるなら、毛沢東と党全体を国際的にも国内的にも政治的に無防備な立場へと追いやる恐れがあったからである。そのため指導者集団は全体として、政策転換には消極的であった。それどころか、彼らは「三面紅旗」は正しい路線だと主張し続けた。毛沢東はといえば、実に曖昧な態度で、一九六一年を調査研究の年とするよう呼びかけただけで済ませようとした。肝心の最高指導者の態度がはっきりしなかったのだから、他の指導者は動き出すことができなかった。そのため、同年は方向性の定まらない一年となった。

毛沢東の秘書を務めた逢先知が、大躍進の挫折以降、党内で多くの同志たちが社会主義とは何であるか、わからなくなったと書いているのは、おそらく事実であろう。[†1] 党員たちが深く動揺する様子をみてとった主席は、かつてない規模の会議を開催して気分を一新し、認識を統一し、新たな出発を図ろうともくろんだ。いわば、党内状況を「リセット」しようと試みたのである。本章で検討されるのは、この空前の規模の会議（すなわち七千人大会）にもかかわらず、というよりこの会議が大躍進に関して真に批判的な検討を行わなかったがゆえに、党中央内部に政策方針をめぐる重大な分岐が生じた過程である。筆者はこの亀裂が、以下の二重の意味において文化大革命の背景要因のひとつを形作ったと論じるつもりである。第一に、この分岐が、毛沢東に政治局常務委員たち、さらに北京の党・政府機関に対する深い疑念を生じさせたことである。そして第二に、七千人大会後、大躍進の失敗の責任をめぐる議論が再燃しかねない状況が生じたことが、主席に悲惨な過去を封印して「前方への逃げ」を打つことを、すなわち、階級対立の虚構の全面的な援用を決意させたことである。

開催の準備

一九六二年一月一一日から二月七日にかけて、北京で中国共産党による空前の規模の会議（中央拡大工作会議）が開催された。出席者が、中央の党・政府・軍の指導者たちに加えて、県レベルの指導者たちまでをも含む七一一八人にも及んだため、この会議は後に七千人大会と称された。なぜかくも大規模な会議が開かれたのであろうか。

発端は一九六一年一一月初旬、中央書記処が各中央局第一書記を呼んで、翌年における食糧の徴収計画について議論したところ、周恩来が示した徴収計画に盛り込まれた数字が大きすぎると、各中央局の指導者たちが難色を示したことであった。大躍進の傷跡は深く、各地方は、それほど多くの食糧を供出できないと反発したのである。数名の中央局指導者たちから提起された異論に対して、鄧小平は、総理の示した計画はどうしても達成しなければならないと強く主張した。深刻な危機からの回復の方法およびテンポをめぐって、指導者たちの間で見解が分かれても不思議はなかった。意見がまとまらないなか、中南局第一書記の陶鋳が、全国の地方委員会書記たちを北京に集めて会議を開催し、思想を統一しようと提案した。この提案に毛沢東が賛同したのである。[†2] 主席はたんに賛成しただけでなく、一一月一二日の政治局常務委員会拡大会議において、より下層の指導者も加えた会議を提案した。党規約にない大規模な会議を開催しようという毛の目的は、祝祭にも似た会議を開催することによって、「気が沈み、空気が重苦しい」

党内のムードを変えることであった。[†3] 大規模な会議を開催すれば、党内の沈滞した雰囲気を一掃し、全党一致の局面を生み出せると考えた点において、大失策を犯した当の最高指導者は実に楽観的であった。また、これほど大きな会議をわずか二ヵ月で準備できると考えた点においても、彼は楽観的であった。[†4]

毛沢東のこのような楽観主義の背景について、いくらか述べておくことが有益であろう。一二月二〇日、主席は中央書記処をあずかる――それゆえ会議の準備で大忙しの――鄧小平と長く語り合った。翌日、鄧によって伝えられた毛の言葉はこうである。「昨年、一昨年、気持ちはあまり愉快ではなかった。だが今年は気分がよい。なぜなら、われわれの政策が、やってみるとすべて奏功したからだ。まず農村で効果があった。『六十条』〔「農業六十条」を指す〕が最近〔生産〕隊を基礎にして、〔問題を〕さらに一歩解決したのだ。……来年は労、農、兵、学、商、政、党という七つの方面をすべて掌握しなければならない。来年は一年を大きくつかんで、いくつかの方面で成果を出さなければならない。工作はいくらかうまくやらなければならない」[†5]。このまったく無邪気に聞こえる発言から判断すれば、主席は「六十条」の公布によって、農村が直面する問題はすでに解決されたと楽観的に考えたのであった。この文書が定めた措置によって最悪の時期は過ぎ去った、再び気力を奮い起こして前進すべき時がきたというのである。

大躍進という大惨事を引き起こした張本人としての自覚が、毛沢東にはまったく欠けていたわけではなかった。一九五九年夏の廬山会議において、彼は「一九五八年の主要な責任は私にあるし、私にあるというべきである」と認めた。[†6] 彼は続けて、「私には二つの罪状がある。ひとつは一〇七〇万トンと叫んで、大々的に鉄鋼を製錬したことである。諸君も賛成したのだから、少しは責任を私と分かち合ってもらうが、はじめに俑《よう》〔人形（ひとがた）の意〕を作りし者は私なのだから、他人に責任を押し付けることはできず、主要な責任は私にある。……〔人民公社化について私は〕河南でいい出し、江蘇、浙江での発言記録が素早く伝わった。発言は軽率であったし、自信も大してなかったのだから、もう少し慎重にすべきであった」と語った。[†7] だが、主席の自己批判はここまでであった。この講話の基調は、彭徳懐の「意見書」に現れたと彼が考えたところの「右傾機会主義」的態度を非難することに、すなわち大躍進の断固たる継続に定められていたからである。

この最高指導者は、自分が定めた発展の基本方針それ自体には、何ら問題はないとの態度を取り続けた。具体的な成果が現れず、行き詰まったとすれば、それは現場の指導者たちに問題があるからであった。一九六〇年三月二三日、毛は各地方の党委員会に送られたコメントにこう記した。「いくらかの人民公社工作人員は狂ったように、規律の観点がまったく欠けており、上級の許可も得ないで『一平二調』〔一に平均分配、二に徴発という意味〕をやっている。そのほか、まだ『三風』がある。すなわち、汚職、浪費、官僚主義で、また大発作を起こして人民に危害を加えている」[†8]。このうえなく強大な権力をもつ指導者が、このような責任転嫁を行ったとしても、驚くにはあたらない。むしろ、彼は農業政策の失敗の根源であった人民公社の制度に相当の問題があることを認め、指導者たちの意見を聞いて真剣に是正しようと試みた点においては、ある程度まで謙虚さを備えた「聞く耳をもった」指導者であったといいうる――少なくともこの時点においては。

前章で述べたように、毛沢東による人民公社の改革の方針は、一九六一年三月に全党員に下達された「六十条」草案によって明らかにされた。これは長い時間をかけて作成された文書であった。毛は同年一月に北京を出発し、河北省、山東省、浙江省、江西省を経由しながら各地方指導者たちの意見を聴取し、最後に広州において比較的大きな会議を開催してこの草案をとりまとめたのである。同草案は九月下旬に彼が北京に戻るまでの間、修正が重ねられた。修正の総方針は「退却」することであった。毛は九月二九日、政治局常務委員会宛てに送った書簡において、規模にすれば二〇戸から三〇戸からなる生産隊を人民公社の基本採算単位とすることを提案した[†9]。ここまで「公有」の程度を引き下げれば、人民公社の最大の弊害であると目された「平均主義」の問題は自ずと片づくはずだと彼は考えたのである。それに「中国社会主義の巨大な陣地」と称された公共食堂の取りやめを加えて、主席のこれ以上は退くことができない最後の退却線が引かれた。とはいえ、この退却は、農民たちに評判の悪い人民公社の制度それ自体を守り抜くことを目的としていた点において、戦略的な退却ではなく、戦術的な退却にすぎなかったといいうる。

退却の成果はすぐに現れたように毛沢東には思われた。一九六一年一二月中旬、再び地方視察に出た彼は、無錫で江蘇省の指導者から報告を受けた。この地方指導者は毛に対して、同省の食糧買い付け任務は計画の九四パーセントを達成し、綿花生産は超過達成、さらに豚、家禽も好調であり、貿易、財政状況のいずれもよいと告げて最高指導者を大いに喜ばせた。[†10] 翌日、毛は李先念と姚依林に、「江蘇は工業、農業、財政、貿易などいくつかの方面でよい経験をした。〔彼らの話は〕たいへん聞く価値がある」と書き送った。[†11] したがって、大躍進が途方もない犠牲者と混乱を生んだ直後であるというのに、主席はつらい審判を受ける悲壮な覚悟で七千人大会に臨んだわけではなかった。むしろ、意気揚々とこの空前の規模の会議に臨んだのである。

だが、毛沢東以外の指導者たちはといえば、会議をいかなるものにするかをめぐって、意見が分かれていた。一九六一年一二月二一日、中央工作会議で劉少奇が行うことになる報告の初稿の検討会が、鄧小平の主宰によって開催された。李富春、李先念、薄一波、譚震林などの経済部門に関わる指導者たちの大方の意見は、この原稿に盛り込まれた国内の情勢判断が楽観的すぎるというものであった。[†12] 劉少奇が初稿を読んだ際の反応は、彼が当時もっとも気にかけていた「分散主義」についての事例が不足しているというものであった。さらに、この会議に出席していた呉冷西の記憶に従えば、劉は「重病には劇薬を用いなければならない」、「政治局を代表して〔自分が〕自己批判を行わなければならない」、「一九五九年の廬山会議は、ただ右傾反対だけをやって、左傾反対をやらなかった」などと述べたという。[†13] ところが、最終的にできあがった報告原稿を読むなら、以上の指摘はすべて反映されなかったことがわかる。それはすべて劉の判断によっていたと思われる。中国の歴史家である銭庠理によれば、副主席は最後まで、報告の最初の部分「現在の情勢と任務」をどう書くかについて悩んでおり、中央工作会議が始まる直前の一月八日夜一二時に至るまで修正を命じていたのである。[†14]

副主席の悩みは容易に推察しうる。大躍進が社会と経済に与えた傷が果てしなく深いものであることは、明らかであった。それは疲れ果て、腹をすかせた人民の前で隠しようもなかった。だが他方で、それによって被った打撃の大きさを強調すれば、大躍進を推進した毛沢東と党中央の責任が問われなければならなかった。加えて、今後も高く掲げ続けるとすでに宣言した「三面紅旗」が色褪せてしまうことも明らかであった。前章で述べたように、劉は前年の建国記念日の講話において、「三面紅旗」の方針の正しさを力強く弁護したばかりであった。したがって、副主席がなしうることは、大躍進の「成果」と失敗をともに認めながら、われわれは困難に直面しているけれども、総じて情勢は明るいと強弁することしかなかったのである。

一方、毛沢東は、そもそも「工作会議」にすぎないこの会議で、党中央を代表する正式な報告が劉少奇によって読み上げられ、党中央の公式見解が披瀝されることを想定していなかった。それゆえ、毛はこの報告の作成にははじめから関与しておらず(あるいは関心がなく)、一九六一年一一月三〇日から一二月一九日まで北京を離れ、杭州、上海、無錫などを転々としていたのである。

中央工作会議の開会まで一〇日間を切った一九六二年一月八日と九日、報告原稿は二度に分けて、杭州に滞在する毛沢東のもとに送られた。彼は一睡もせずにこの原稿に目を通し、一月一〇日午前一〇時にコメントが劉少奇、鄧小平、陳伯達宛てに送られた。主席のコメントには、これでよいと思うが、一度しか読むことができなかったため、異論を提起できない、そこで三日間報告の読み上げを延期し、その間全体会議は開催せず、グループ討論を行うのはどうかと記されていた。[†15] ところが、毛はすぐに意見を変えて、新たな指示を発した。すなわち、ただちに報告原稿を――したがって未定稿を――印刷配付して三日間のグループ討論に付すべし、そうして意見を集めてから政治局会議にかけて正式な報告書とし、しかる後に大会で読み上げればよい、と。[†16] 銭庠理が指摘するように、これは当時の指導者たちの間に、現状に関する共通の見解がなかったことを暴露したに等しかった。[†17] 中央弁公庁主任の楊尚昆は、一九六二年一月一〇日の日記に、主席は報告原稿の中心にある分散主義への反対は動かしてはならないと述べた、と記した。ところが、その五日後の日記に楊はこう書いている。省の指導者たちの間には分散主義に対するさまざまな意見がある。彼らがいうには、工業における分散主義はたしかに存在するが、農業においては分散ではなく、集中こそが問題である。県クラスの幹部たちは、人民公社政策が正しいのかどうか懐疑的である、と。[18] これでは指導者たちの見解は容易にまとまりそうになかった。そのため、毛沢東は会議開催日の前日になって、自らが選んだ二〇人からなる報告書の起草委員会を立ち上げ、まず主要矛盾について思想を統一した後、あらためて文書を作成しようと土壇場での提案を行った。[19] かくして、中国共産党の歴史上、空前の規模の会議は、どたばたのうちに始まったのである。

七千人大会（1）——分科会

一九六二年一月一一日、七千人大会が開幕を迎えた。この会議については、疑いもなく膨大な記録が残されているにもかかわらず、われわれが利用できる資料はごく限られている。[20] 各グループ討論で行われた地方指導者たちの発言はおろか、党中央の指導者たちの発言でさえ、現在われわれが手にしているテクストは、彼らの発言の一部にすぎない。[21] したがって、われわれは現在のところ、少数の資料を頼りに、また核心的な資料を利用できる中国の研究者たちの研究成果を手がかりに、この会議の模様を再現するほかはない。

前例のないほど大規模なこの会議は、異例にも開幕式を行うことなく、分科会を先行させ、全体会議を後回しにした。そして、参加者にまず劉少奇の報告原稿を検討させたのである。各大区のうち、華北、東北、西北、西南、中南の書記たちは事前に配付された報告書の草案に賛成したが、もっとも熱烈な大躍進の支持者であった華東の柯慶施だけは、大躍進の成果が十分に述べられていないと主張して、強硬に反対した。[22] 一月一八日には、報告書起草委員会において彭真による刺激的な発言がなされ、波紋を呼んだ。この政治局員にして北京市長は正当にも、毛沢東にはっきりと自己批判してもらいたいと考えたのであった。彼の発言はこうである。「われわれの誤りは、まず中央書記処が責任を負うのであるが、毛主席、〔劉〕少奇と中央〔政治局〕常務委員のその他の同志を含めるか含めないか？　含めるべきものは含め、誤りがあるだけ誤りがあるのだ。三つの五ヵ年計画による〔共産主義への〕移行と〔公共〕食堂は、いずれも毛主席が決めたことだ。……もし毛主席が一パーセント、〇・一パーセントの誤りについてすら自己批判しないなら、よからぬ影響がわれわれの党に残ってしまう」[23]。翌日、この発言に対して、周恩来が真っ向から異議を唱えた。総理によれば、主席の威信は守られなければならない。したがって、「三面紅旗」は否定してはならず、また現在われわれが直面している困難に対して頭を下げてはならないのである[24]。陳伯達もまた毛の擁護に立ち上がった。「主席の仕事を点検するのか？　現在の根本問題は、中央が集権できないことである」[25]。

ほかにも、グループ討論においては、多くの率直な意見が述べられた。例えば、躍進はいかなる基準で測ることが可能なのか。大躍進があったというなら、食糧が不足しているのはなぜか。路線が正しいというなら、なぜ全国的にみてうまくいかなかったのだろうか。各会場では連日、激しい討論と批判が展開された。そのため警備担当者は、悲嘆にくれた参加者たちが自殺に走らないよう目を配っていなければならなかった[26]。

後に中央文革小組の一員となる左派の若い論客で、七千人大会にも出席していた戚本禹が回想録で述べるところ、この大会ではたしかに餓死者の数の調査が議題となったという。会場では多くの報告があり、毛沢東の警護員がいうには、こうした報告を聞いている際、毛は目に涙をためていたのであった。戚によれば、当時の初歩的な統計では、餓死者は三〇〇万人とされていた。だが、主席が数字を隠してはならないというと四〇〇万人とされたのであった[27]。戚はこの会議において、餓死者がもっとも多かった地域のひとつである安徽省の部会に参加した。同省の指導者である曾希聖に対する批判はこのうえなく厳しく、彼の党籍を剥奪して労働改造に送るよう主張した出席者もいたという。さらに戚の記すところ、毛沢東は七千人大会の期間中に餓死者について調査を行わせるため、秘書たちを河南省へ、そして董必武を安徽省に送った。ところが曾希聖は調査チームが訪問する先々の飢えた人々を辺鄙な村へ送って調査チームと接触させなかった。そのために、調査チームも最後まで飢餓の実態は把握しきれなかったという[28]。結局、曾希聖は安徽省委書記を解任され、中央華東局第二書記に降格された。この意外なほど軽い処分は、おそらく安徽グループの討論に劉少奇が参加し、曾について「曾希聖同志の個人的な欠点、個人的な誤りは容認しうるものである」と述べて彼を積極的に弁護したためであったと推察される[29]。副主席は、曾希聖を厳罰に処することが、どこまで及ぶかわからない処分の連鎖反応を生じさせることを恐れていたのかもしれない。だが、きわめて多くの餓死者を出した地区の指導者の処分がこの程度で済んだことは、大躍進の失敗に対する党中央の曖昧な態度を象徴するものであった。

七千人大会（2）——全体会議

会議が始まってから半月が経過した一月二七日午後、ようやく初の全体会議が開かれ、劉少奇が口頭報告を行うために演壇に立った。副主席の口頭報告は第二稿、すなわち二一名からなる起草委員会の討論を経て作成され、一月二五日に開催された政治局会議で採択されたテクストに基づいていた。ところが、なぜか演壇上の劉の手元にこのテクストはなく、その代わりに十数ページにわたる要点メモ（提綱）のみがあった。[30] 劉の報告直前、このメモのみが人民大会堂の休憩室で毛沢東に渡された。[31] したがって、毛には劉の要点メモを仔細に検討するだけの時間的余裕はなかった。劉の口頭報告は、現在『劉少奇選集』下巻に収録されているが、収録に際しては削られた部分があると注記されており、外部の研究者は依然として、彼の三時間に及んだ口頭報告の全貌を知ることができない。

副主席は、あえて書面報告第二稿にはなかった「三分天災、七分人災」という言葉——いまや劉少奇の代名詞となっている有名な表現——を用いて、大躍進の評価を語った。注目すべき一節はこうである。

これまで、われわれは通常、欠点・誤りと成果を、一本の指と九本の指の関係にたとえてきた。現在ではおそらく、すべての場所でこのようにはいえない。一部の地区ではやはりこのようにいえる。いくつかの地方では、欠点や誤りがあるとしても、それは一本の指にすぎず、成果が九本の指であるだろう。しかし、全国を総じていえば、欠点と成果の関係は一本の指と九本の指の関係とはいえない。おそらく、三本の指と七本の指の関係だろう。さらにいくらかの地区では、欠点の誤りは三本の指にとどまらない。もしこれらの地方でも欠点と誤りは三本の指にすぎず、成果が七本の指だといえば、実際の状況に合致せず、人を納得させることができない。私は湖南のある地方に行ったとき、農民は「三分天災、七分人災」といっていた。あなたがたがそれを認めないなら、人々は不服である。全国の一部の地区では、欠点と誤りが主要であり、成果は主要ではない。この問題は各省委、各地方委、各県委において実事求是で討論し、初歩的な判断を下してよい。来年さらにもう一度討論してまた判断を下してよい。さらに次の年、また次の年、また次の年また討論し判断を下してよい。[†32]

この言葉は、劉少奇が大いに悩んだ末、ありったけの勇気を振り絞って発したものであることは明らかである。というのも彼は、大躍進は成果が誤りを大きく上回っていると信じて疑わない毛沢東を前にして、この企ては欠点と誤りのほうが成果よりも主要なものであるかもしれず、失敗の原因についても人災の側面のほうが天災よりも重要であるかもしれないと主張したからである。劉の発言が「三分天災、七分人災」に及んだ際、会場からは嵐のような拍手が沸き起こり、五分間から一〇分間も鳴りやまなかったという。[†33] もしこれが事実であるとすれば、副主席の発言は、指導者たちの間に潜在していた大躍進の評価をめぐる深い亀裂を際立たせたのであった。

もし大躍進の悲惨極まりない失敗が「人災」であるなら、それは果たして誰の責任であるのか。この問題に参加者の注意を向けた点においても、劉少奇の発言はきわめて刺激的であった。だが、さすがに彼はそれが毛沢東の責任であるとはいえなかった。その代わりに劉は「主要な責任は中央が負わなければならない。……いわゆる中央が負うのだ。それは中央各部門を含み、国務院と国務院に所属する各部門を含むのである」と述べた。[†34] それでも、「三分天災、七分人災」発言に拍手を送った人々は、究極の責任を負うべき人間の名前を思い浮かべていたであろう。このとき、毛がきわめて危険な局面に立っていたことは、疑う余地がない。

一月二九日、国防部長の林彪が演壇に立った。彼の講話は、その全貌が知られていないものの、苦境に立たされた毛沢東を力強く弁護し、それゆえに毛の称賛を受けたものとして知られている。林は大躍進における失敗を、巧妙にも「学費の支払い」と呼んで正当化した。われわれには経験がなかった、経験がなかったがゆえに「学費」を支払った、これは支払わなければならなかった対価なのだ、と彼は主張したのである。[†35] そう述べたうえで、国防部長は主席を高く持ちあげた。「困難な時期においては、より中央の指導に依拠し、より毛主席の指導に依拠し、毛主席の指導を信じなければならない。そのようにすれば、さらに容易に困難を克服することができるのである。事実は、これらの困難が、まさにわれわれが多くの事柄について毛主席の指示に基づいて行わなかったために生じたのだということを証明している。……過去の工作がうまくいったのは、まさに毛主席の思想が妨害を受けなかったときである。およそ毛主席の思想が尊重されず、妨害を受けたときは、誤りが生まれるのである。過去数十年の歴史は、まさにこのような歴史である。であるから、困難な時期においては、党はさらに団結し、より毛主席について歩まなければならない。こうしてはじめて党は勝利に次ぐ勝利を得られるのであり、国家はさらによくなるのである」。[†36]

国防部長の講話は、毛沢東によって大いに称賛された。[†37] 大会後、毛が南方に赴いた際も、彼に同行した羅瑞卿は、主席が林彪の講話をほめるのを一度ならず聞かされたという。[†38] 中国の研究者である張素華は、林の講話によって、毛は自らの過ちを反省するどころか、自らを許す気になり、「三面紅旗」を引き続き掲げるのに、何の躊躇も抱かなくなったと指摘しているが、それは十分ありうるように思われる。[†39] つまり、国防部長は迷える主席の背中を力強く押したのであった。これはその後の中国政治の展開にとって、不幸な結果を招いた。

林彪のこの講話に関するひとつの重要な情報が、彼の部下であった呉法憲（当時、空軍政治委員）によって与えられている。呉によれば、林は本来、この会議で報告を行うつもりはなかった。だが、軍と地方の指導者たち、および中央軍事委員会の一部のメンバー（呉が名前をあげているのは陶鑄、羅瑞卿、劉亜楼の三名である）に求められて、毛の威信を擁護する講話を行ったのであった。[†40] もしこの指摘が正しいとするなら、七千人大会がかろうじて作り上げた党内一致の外観は、大躍進の残した爪痕の深さなど問題にする必要はないという態度をとる毛沢東とその熱烈な支持者たち、および大躍進がもたらした危機を深刻に受け止めていた劉少奇、鄧小平、彭真などの指導者たちとの間の深い亀裂をかろうじて覆い隠していたのである。

毛沢東の熱狂的な支持者の一人で、会場にいた戚本禹は、当然のことながら、劉少奇の報告よりも林彪の講話のほうがはるかに印象的であったと回想録に記している（たしかに、講話記録からは、林の講話が何度となく参加者の笑い声で途切れたことがうかがえる）。そして、これ以来、党内における国防部長の威信は大いに高まったというのである。[†41]

七千人大会（3）――毛沢東講話

一月三〇日、ついに毛沢東が演壇に立った。この講話のテクストは、『毛沢東思想万歳』のいくつもの版で参照することができるが、彼は講話終了後すぐに講話記録を編集しはじめ、その作業は長く続いた。したがって、われわれが読むことができるテクストは、修正された後のものであり、原テクストがいかなるものであったかは不明である。[†42]

このテクストを読んですぐに気づくことのひとつは、彭真が期待したような大躍進の挫折に関する毛沢東の自己批判はまったくみられないということである。毛はあたかも他人事であるかのように、おざなりな調子で失敗の責任について語った。「およそ中央が犯した誤りは、直接的に私に責任があり、間接的にも私に責任の一部がある。というのも、私が中央の主席だからである。私は他人に責任を押しつけるものではない。その他いくらかの同志にも責任がある。しかし、第一に責任を負うのは私であるべきだ」。[†43]この言明は、明らかに大躍進当時の彼の自己批判からも後退していた。大躍進の挫折について語る代わりに、彼は「民主集中制」について長く語った。皆が自由に意見を述べるよう促したのである。もちろん、主席が促したのは、過去三年に及ぶ厄災がもたらした破壊の傷跡についてではなく、未来について語ることであった。未来について語るとは、過去の大惨事についてくどくど語ってはならない、気分を一新して新たな出発をはかろうということであった。

より重要な点は、（現在利用できるテクストにおいて）階級闘争について語ってはいるものの、明らかに力点はそこに置かれていないことである。主席はこう述べている。「すでに覆された反動階級は、なお復活をもくろんでいる。

社会主義社会ではなおも新しいブルジョア分子が生まれることがありうる。全社会主義段階において階級と階級闘争が存在しており、この階級闘争は長期にわたる複雑なものであり、時には激烈なものでさえありうる」[†44]。それにもかかわらず、階級敵からの攻撃に備えよ、彼らとの闘争に本腰を入れよ、階級闘争に勝ち抜くことにわれわれの未来がかかっているという同年秋以降の主席の主張は、この講話には見当たらない。そもそも以上の引用部分は、前後の文脈からみていくらか不自然である。したがって筆者には、引用部分は、講話後の加筆であるように思われる。実際のところ、毛の講話後に行われた政治局常務委員たちの講話は、いずれも階級闘争に言及していない。もしここで主席が階級闘争を強調していたとしたら、彼らがそれに唱和せずに済ませることなどできたであろうか。最高指導者による階級闘争への言及があったとしても、それが彼の講話においてまったく付随的な位置しか占めていなかったことは、毛自身が「われわれの今回の会議の主な議題は、分散主義に反対し、集中と統一を強化することではないか」[†45]と語っていることから、そして講話の最後に「〔今回の講話の〕中心は民主集中制の実行の問題であり、党の内外での民主主義の発揚の問題だった」[†46]と述べていることからも、うかがうことができる。

講話後に開催された政治局常務委員会において、毛沢東は多くの参加者からあがった、話し足りないという声に押されて会議の延長を提案した[†47]。多くの参加者に北京で春節を過ごさせ、「いいたいことをいう」（原文は「出気」）会にしよう、と主席は述べた[†48]。その結果、グループ討論がさらに三日間続いた。『楊尚昆日記』の記載によれば、はじめ参加者は容易に口を開こうとしなかった。楊は安徽省と福建省のグループ討論は、それぞれ劉少奇と周恩来が参加したために、省委に対して初歩的な意見が述べられているものの議論はまだ深まっておらず、四川省のグループ討論は、鄧小平が参加しているにもかかわらず発言者がいない、と記している[†49]。それは、銭庠理が指摘するように、過去の反右派闘争および反右傾闘争（一九五九年）の経験があったからである[†50]。つまり、自由に発言した人々が、前進することに消極的な「右派分子」という烙印を押され、一網打尽にされるのを恐れたためであった。それでも、地方の指導者たちは、いったん口を開くと堰を切ったようにそれぞれの省委員会に鋭い批判を浴びせた。とりわけ、河南省、安徽省、甘粛省の指導者たちは批判の猛烈な嵐に直面した。[51] その結果、各大区の書記たち、および各省委員会の書記たちはいずれも自己批判を行わざるをえなくなった。後に鄧小平は当時を振り返って、七千人大会ほど、主要な指導者たちが率先して自らの誤りを認めた会議はなかったと述べた。[52] 二月六日から七日にかけて、鄧小平と周恩来がそれぞれ中央書記処と国務院を代表して自己批判を行った。こうして主要な指導者がひととおり自己批判を行った後、毛沢東が閉会宣言を行い、七千人大会は幕を閉じた。[53]

総じていえば、七千人大会は、大躍進後の極度に荒廃した社会と経済の立て直しのための方針を何ら定めることができなかった。参加者は祝祭に参加した気分で、毛沢東に促され、ときに「いいたいことをいい」、ときに省の指導者たちを吊るし上げて溜飲を下げた。そして、あたかも競い合うように、自ら進んで自己批判を行った。朱徳は二月三日の山東省グループの会合における講話で、今回、参加者は「いいたいことを思う存分に発言し、気づいたことは何でもいい、余すところなく話し合って、上下の心が通い合った」と満足げに述べた。[54] だが、彼らはほかに語るべきことがあるのを知りながら、それらをほとんど素通りすることで「心が通い合って」いたのである。実際のところ、指導者たちは、途方もない大失策を犯したというのに、なぜそのような事態に立ち至ったかについて真剣に議論せず、またそれがどの程度の荒廃を社会にもたらしたのかについても十分に議論しなかった。[55]「三分天災、七分人災」という劉少奇による問題提起は、結局のところ、会議の基調に据えられることなく、特定の地方指導者たちの暴走の問題に置き換えられてしまった。そして、指導者たちが口々に行った自己批判は、あたかも責任の所在を曖昧にすることを目的としていたかのようであった。[56]

こうして、指導者たちは、すでにすっかり色褪せてしまった「三面紅旗」を引き続き掲げるという方針以外、どこに向かって進むのかを決めることができなかった。それは、世界史上に特筆されるこのうえない政策的失敗を犯したというのに、その事実に客観的で根本的な検討を加えることなく――それは現在に至るまでそうである――成果のほうが主要であると強弁したのだから当然であった。そのため、取り繕われた党内一致の局面は、その背後に明らかな不一致を覆い隠していた。重大な亀裂が、大躍進の打撃を重く受け止める人々と、軽く受け止める人々の間に走っていた。それは党中央の内部を深く走る危険な可能性を秘めた活断層であった。党の歴史において最大規模の大会は、そのような見解の相違を棚上げしたにすぎなかった。

興味深いことに、ちょうど一年前に始められた整風整社運動において階級闘争が語られ、農村ではこの言説に沿って苛烈な運動が進められていたというのに、七千人大会は階級闘争をほとんど語らなかった――少なくとも現在利用できる資料による限りは、そのようにみなすことができる。前章で述べたように、約一年前には、党が「ひとつの先鋭な階級闘争」に直面しており、「もう一度革命をやる」とまで主張されていたというのに、この沈黙は何を意味するのだろうか。唯一可能に思われる解釈は、毛沢東が大躍進の惨禍から人々の目をそらし、失墜した自身の権威を回復するために、われわれはいま熾烈な階級闘争に直面しているとの論理を唱えてはみたものの、彼はまだ本気でこの論理―虚構に賭けてみる気にはならなかった、というものである。おそらくそれは、生産状況が改善した（と彼が判断した）ために、階級敵による破壊を持ち出すことには意味がないと判断されたからであろう。そうであるとすれば、これは主席が階級闘争をいかに道具的に用いていたかを示す証左なのである。

実際、七千人大会が取り上げた問題のうち、主役の座を占めていたのは「分散主義」であった。とりわけ劉少奇は、党内諸関係の不正常な状態といいうるこの問題に関心を集中させていた。副主席の書面報告第二稿の次の一節は、彼および原稿の修正に加わった指導者たちの主要な関心がどこにあったかを如実に物語っている。

現在の党内生活中のもっとも重要な問題のひとつは、下級の党委と上級の党委の関係、とりわけ地方党委と党中央の関係である。長い間、われわれの党の上級・下級の関係は一般的にいって正常であった。ところが、最近の一時期、いくらかの地方部門・単位に下級組織が上級組織に服従せず、各自わが道を行き、独立性をもつという状況がある。それらの地方・部門・単位の党組織といくらかの幹部は、自己完結することを好み、自ら系統をなし、自ら局面をなし、自由に行動し、党と人民が彼らに管理を委託した地区・部門・単位を自らの「小天地」、「独立王国」とみなし、中央と上級から質問されることを喜ばず、中央と上級の決定を尊重せず、まじめに執行せず、中央の政策と党の規律に背き、党の統一に危害を与えている。この種の分散主義的傾向は、断固として是正しなければならない。……唯一の道は、全党が中央に従うことである。[†57]

これは、いかにも党内の組織的規律を重んじる劉少奇ならではの言明であった。彼が分散主義の問題に焦点を当てたのは、毛沢東が階級闘争の問題を持ち出したのと同様、大躍進の失敗から毛と党中央を免責し、地方あるいは下級に責任を肩代わりさせようという意図から出たものであったとみなすことは可能である。主席と副主席が、いくぶん異なる方法によって、国家の経済と社会をまったくの機能不全に追いやった失敗から党中央の権威を守ろうとしたとしても不思議はないからである。

とはいえ、党内諸関係の態様を改めることは、党と国家がこの先どこへ進むべきかという問題とは別であった。破綻したことが明らかであった総路線、大躍進、人民公社という「三面紅旗」を継続して掲げるという方針は、実質的には何の意味ももたなかった。こうして党は、空前の規模の集会を開いたにもかかわらず、基本的な問題を何ら解決することなく、いわば勢いよく燃えている船をそのまま進ませようとしたのである。しかし、大会後まもなく、船はすでに座礁していることが判明する。というのも、大躍進のもたらした損害が予想以上に甚大であることが、次々に判明したからである。

政治局常務委員たちによる「大調整」

七千人大会後、毛沢東が望んだ気分を一新しての「仕切り直し」が奏功するどころか、党内の亀裂はいっそう深まった。それは、大躍進が残した膨大な負の遺産目録がようやく明らかとなり、劉少奇をはじめとする毛の副官たちが、それと真剣に取り組むことを余儀なくされたためであった。中国経済の現状に強い危機感を覚えた副主席は、七千人大会の終了直後から立て続けに重要な会議を開催し——すべて毛沢東抜きで——危機への対応策を練った。その様子は、主席を除く最高指導者たちが、ふと目覚めたように国民に対する責任を感じたかのようであった。一九六二年二月二一日、劉は後に西楼会議と称される政治局常務委員会拡大会議を開催した。ここで彼は同年の財政赤字が三〇億元に達すること、餓死者が依然として発生し続けていること、日用品の供給が極端に不足していることなどを聞かされ、大きな衝撃を受けた。[†58]

二月二三日、七千人大会ではほとんど発言しなかった党きっての経済専門家である陳雲が、中国経済の現状について重要な診断を下した。[†59]彼は、中国経済は五つの困難を抱えていると述べた。すなわち、農業が大幅な減産に見舞われたこと、基本建設の規模が国家の財力と物力を超えていること、紙幣の大量発行によって赤字を補塡するやり方がインフレを招いていること、投機取引が盛んに行われていること、および都市人口の生活水準の低下である。このように述べた陳は、困難を解決するための六つの措置を提案した。(1)一〇年の経済計画を大きく二つの段階に分ける——前半は回復段階で、後半は発展段階である〔回復がかくも長きにわたるとは、七千人大会はまったく想定していなかった〕。(2)都市の人口を引き続き減少させる。(3)あらゆる方法を用いてインフレを終息させる。(4)都市人民の最低生活需要を保証する。(5)あらゆる方法を用いて農業の増産を図る。(6)計画に携わる機関が主要な注意を、工業と交通から農業の増産とインフレの終息へと向けること。[†60]

同日、劉少奇は当時の彼の精神を見事に要約する言葉で会議を締めくくった。「中央工作会議〔七千人大会〕での困難な状況に対する把握は不十分だった。〔出席者たちは〕一部の問題を暴こうとせず、一面真っ黒だというのを恐れた！　本来の面目に戻そう。何を恐れるのか？　一面真っ黒だといえば、人を悲観させもするが、人々の困難に立ち向かう勇気を奮い起こさせもする。……現在は回復時期にあるが、一九四九年以降の三年と状況は異なり、非常時期の性質を帯びている。通常の方法を用いてはならない。尋常ならざる方法で国民経済を調整する措置を貫徹していかなければならない」[61]。このように述べた後、副主席は、国務院の会議を開催して前記の陳雲の見解をより広範に伝達することを提案し、出席者の賛同を得た。

二月二六日、国務院各部各委員会党組会議が招集され、陳雲が西楼会議で述べた観点をさらに詳細に語った。彼は講話の冒頭、大躍進がもたらした危機の深さについて、結論はなお定まっていないかのように述べた。「困難が存在していることについては皆の認識は一致している。だが、困難の程度、困難の克服が早いか遅いかについて見解は一致していない。この種の不一致を隠してはならない。この数年間、大変動のなかにあって、皆は情勢に対し、あれやこれやの見方をもっている。認識の一致を得るには、時間と事実による証明が必要である」。だが、彼は一〇年の経済計画の前半部分、すなわち回復段階が一九六〇年を起点としておよそ五年かかると主張したことによって、現状を厳しく見積もる劉少奇と同じ側に立っていることを明らかにした[62]。陳の報告は、出席者から長時間の熱烈な拍手をもって迎えられたという[63]。同日、いまや危機意識の虜となった劉少奇は、北京製鉄所が連年巨額の赤字を出し続けている事実を伝えた報告書を読んだ後、彭真に対してこう述べた。「もし国営工場がこのようにやり続けるなら、その結果はどうなる。亡国になるのではあるまいか[64]」。

大躍進の期間中、一時活動を停止していた中央財経小組が李富春を組長として活動を再開した。三月七日と八日の会合では、一九六二年度の計画の調整が議論された。その際、陳雲は「大調整」が必要だと主張して次のように述べた。「重点は『傷筋動骨』〔構造的組みかえを意味する〕の四文字だ。痛快にやらねばならない。『傷筋動骨』を拒んではならない。現在、もはや猶予はない[65]」。周恩来もまた大胆な調整が必要であると述べた。「もともとゆっくりと転換すればよいと考えていたが、いまみるとよくない。一八〇度の転換が必要なのだ。もしこれまでが改良的方法だとすれば、いまは革命的方法が必要だ[66]」。

先鋭な危機意識は、三月一二日と一三日に開催された政治局常務委員会の基調に据えられた。この会議で採択された、前述の陳の講話に加えて李先念、李富春の講話を全党に伝える党中央の指示は、「われわれは現在、経済上で一種のたいへん不正常な時期に置かれている。すなわち、非常時期だ」と述べている。[67] この会議はまた、「大調整」の間、中央財経小組組長に陳雲を就任させることを決定した。[68] これは合理性を備えた本来の意味での計画経済を復活させようとする、政治局常務委員たち——林彪を除いて——の一致した意志の表れであった。陳雲に経済回復の陣頭指揮を執らせようとした劉は、鄧力群に命じて、ここ数年における陳雲の経済工作に関する言論をまとめさせ、『陳雲同志の数年来の経済建設に関するいくらかの意見』と題して政治局常務委員ら一部の指導者たちに配付した。[69] 三月一六日、状況が切迫していると考えた劉少奇は、周恩来と鄧小平を伴い武漢に飛び、毛沢東と面会して上記のような政治局常務委員会の決定を伝えた。このとき、主席はとくに異議を唱えなかった。[70]

毛沢東および林彪以外の政治局常務委員たちは五月七日から一一日にかけて、参加者が一〇〇人以上にのぼる大規模な中央工作会議を開催し、中央財経小組が提出した文書「一九六二年調整計画をめぐる討論についての報告」を検討した。これが後に「五月会議」として知られる会合である。この報告書のテクストは断片が知られているのみで、全貌はいまだ明らかではない。中国の研究者によれば、この文書は中国が直面する経済的困難について、かなり具体的に論じたものであった。例えば食糧供給については、回復が急速に進むことはありえない、食糧生産が一九五七年の水準に回復するには三年から五年を要すると記されていた。参加者の一人は「毒蛇が腕にかみついた。壮士は腕を切り落とす」決心をすべきだと述べた。[71] 劉少奇は会議を締めくくる講話でこう述べた。「見積もりが過大であることが危険なのか、それとも見積もりが低すぎることが危険なのか。比べてみれば、やはり過小なほうが危険である」。[72] 周恩来も同意見であった。「中国は現在なお非常に困難な時期にある。われわれの主観的誤りによってもたらされた経済発展の不均衡という結果は、短期間で好転させることは不可能であり、一歩一歩やるしかない。……第三次五ヵ年計画時はおそらく調整段階になるだろうし、場合によっては第三次五ヵ年計画だけでは足りない可能性もある」。[73] 鄧子恢が、政治的には危険な意味をもつ包産到戸を試してみようと提案したのもこの会議であった。このアイデアが毛沢東を大いに立腹させたことについて、われわれは後に詳しく検討するであろう。この会議においては、都市人口をさらに一〇〇〇万人削減することも決定された。[†74] 多くの企業を閉鎖、操業停止、合併、転業させることも併せて決まった。だが何といっても、「非常時」から抜け出す鍵は農業生産の回復にあったのである。

農業問題をめぐる指導者たちの議論を検討する前に、一九六二年前半に主として政治局常務委員たちによって行われた他の諸分野における方針転換についても触れておくことが有益である。なぜなら、いくつもの分野で同時に、しかも急速に方針転換が行われようとしていた──毛沢東を蚊帳の外に置いて（実際には、北京を留守にしたことによって、自ら蚊帳の外に出たのであるが）──ことが、自分は挑戦されているとの感覚を主席に与え、同年夏以降の彼による政治的主導権を奪回するための反撃を呼び起こすことになったからである。

一九六二年二月から三月にかけて、広州で国家科学技術委員会主任である聶栄臻の主催による全国科学技術工作会議、および国務院文化部と中国戯劇協会が主催した座談会が開催された。急遽、周恩来は広州に駆けつけ、「知識分子問題を論ず」と題する講演を行った。その際、おそらく毛沢東が知識分子を指して「ブルジョア知識分子」と呼んでいたことを念頭に置いていたのであろう、総理はいかにも曖昧な表現を用いて、知識分子の新たな性格規定につき明言することを避けた。[†75] だが三月二八日、周は第二期全人代第三回会議における政府工作報告のなかで、今度はきっぱりと言い切った。「旧社会から来た知識分子は、一二年間の鍛錬を経て、一般的にいえば、すでに根本的に変化している。……まったく疑いなく、彼らは労働人民に属する知識分子である。われわれは彼らを信頼すべきであり、彼らに心を開くべきである……もしまだ彼らをブルジョア知識分子とみなすなら、明らかに間違いである」。[†76] 広州会議においては陳毅も、一二年の試練を経て、とりわけこの数年の深刻な困難の試練を経て、わが国の広範な知識分子は愛国的で、共産党を信頼しており、党、人民と苦楽を共にすることができることが証明されたと述べた。[†77] 広東省の指導者である陶鋳もまた同様の見解を表明した。彼は非常な大胆さをもって、文学と芸術に携わる人々の「創作上の自由」を力強く擁護してみせた。「党中央と毛主席の『百花斉放・百家争鳴』の方針は早くに提出されたが、私のみるところ、われわれは十分に「放」を行っていないし、十分に「鳴」を行ってもいない。反対に、近年の創作はいくらか委縮し、批判も狭くなっているようだ。このような評価は、大げさなものだろうか。『右傾』だろうか。私はそうではないと思う。事実はこのようなものであり、このようにいうべきなのだ」。[†78]五月には、周の発言を引用して、中央統一戦線部長の李維漢も、労働人民の知識分子の隊伍は、「労働者階級の立場にしっかりと立った」知識分子であると述べた。[†79]以上のような指導者たちの発言は、反右派闘争以前の一九五六年一月における知識分子問題会議において、総理が表明した知識人たちに対する宥和的な立場への復帰を意味していた。これによって、知識人を取り巻く空気に変化が生じようとしていた。聶栄臻は回顧録に、一九六二年春、党と知識人の関係は空前の改善をみせたと書いている。[†80]回顧録を残している作家・ジャーナリストで、右派として批判されていた蕭乾も、当時を振り返って、「六二年の雪解けぶりはすごかった！……ある人が知識人からブルジョアというレッテルを取るよう主張したと聞くと、やはり本当に心が躍った」と書いている。[†81]

だが、知識人の復権は、最高指導者の許しを得ることなく彼の部下たちが独断で行ったものであったに違いない。というのも、毛沢東は知識分子が労働者階級に属するとの言明をその後も行わず、知識分子に対する警戒を決して解かなかったばかりか、かえって不信感を増大させていったからである。われわれは後の第9章において、主席が国内の修正主義に対する警戒を強めるにつれて、知識人に対しても不信感を募らせてゆき、挙句の果てに彼らをことごとく潜在的な修正主義分子とみなすに至る経緯を検討するであろう。

鄧小平は、反右派闘争以来の「右派」に対するゆきすぎた政治的処分の見直しと名誉回復に努めていた。処分の見直しは、一九六一年六月一五日に党中央が「農村人民公社工作条例修正草案について討論し試行することに関する指示」を発して以来、県以下の幹部に重点を置く形ですでに始まっていた。一九五八年以来の相次ぐ政治運動のなかで、県以下の幹部たちは、一〇〇〇万人も処分されていた。処分がもっとも多かったのは、廬山会議以降の反右傾闘争、および一九六〇年末以降の整風整社運動であった。[†82]鄧の指導下にある中央書記処は一九六二年四月二七日に「党員、幹部の審査工作を加速することに関する通知」を発し、処分見直しの速度を速めることを促した。[†83]鄧は、五月の中央工作会議において、「過去に誤って処分した者、あるいは基本的に誤って処分した者については、すべて帽子を取る〔一律に名誉回復を行う、という意味である〕」と大胆に述べた。[†84] その結果、同年八月までに、全国で三六五万人の党員と幹部が再審査にかけられ、驚くべきことに、そのうちの七〇パーセントが誤って処分されたと認定されたほか、三七〇万人の大衆が再審査を受け、すべて名誉回復がなされたのであった。[†85] これが間もなく、毛沢東によって「翻案風」（処分を覆す風）と呼ばれ、批判されることになる動きであった。

おそらく、このような政治的雰囲気の好転を察知したことが、一九五九年夏の廬山会議で批判された彭徳懐をして、毛沢東に宛てて手紙を書かせた理由であった。この一九六二年六月一六日付で送られた長い手紙――「八万言の書」と称される――は、基本的に自己批判と弁明の文書であり、自らの名誉回復を求めるものであった。[†86] だが、第2章で述べたように、毛は彭を復権させる代わりに、彼に新たに「修正主義者」の汚名を着せたのであった。

対外関係の面においても、大躍進の時期における諸政策の見直しを求める声があがっていた。一九六二年二月二七日、中央対外連絡部長の王稼祥は、同部の核心的メンバーであった劉寧一および伍修権との連名で、周恩来、鄧小平、陳毅宛てに書簡を送り、中国の対外政策に関する重要な提言を行った。[†87] 提言は、この書簡を含めて少なくとも二度行われたが、その要点は以下のようなものであった。すなわち、すべての社会主義諸国との友好協力関係を発展させるべきである。世界戦争が不可避であると過度に強調すべきではない。帝国主義が存在する条件下においても「平和共存」は可能である。武装闘争のみが民族独立を達成する手段ではなく、非武装闘争もまた重要である。核戦争には断固として反対しなければならない。そして、対外援助は実力相応にとどめるべきである。[†88]

いくらか不可解な点は、小林弘二が指摘するように、なぜこの時点で中央対外連絡部長がこのような大胆な提言――それらは、フルシチョフの見解を反映したものであると指摘されてもおかしくなかった――を行ったのかということである。[†89] すでに第2章で述べたように、一九六〇年一一月のモスクワにおける八一ヵ国共産党会議で劉少奇が共同声明に署名して以来、一年近く中ソ論争が抑制され、また中断されていた経済的・軍事的交流が一部再開された後、一九六一年一〇月のソ連共産党第二二回大会でフルシチョフが「全人民の党」、「全人民の国家」という概念を提起し、毛沢東に衝撃を与えていた。王稼祥が提言の作成に取りかかったのは、その直後であると考えられる。ならば、彼はその時点において十分に予見しえた中ソ関係の悪化を深く憂慮していたに違いない。だが、毛沢東の怒りを買うことが明らかであったこれらの見解を、中央対外連絡部長がなぜあえて述べたのかという問題は残る。ひとつの可能性は、彼が党内きっての外交の専門家であったために、ソ連との関係悪化が中国に及ぼす影響について、誰よりも深く憂慮していたということである。王にとって幸いなことに、七千人大会直後にモスクワと北京の二つの党中央の間で書簡が交わされ、一九六二年四月七日付の中国共産党のソ連共産党に対する書簡は、公開論争の終結を提案し、「われわれの共通点こそが主要である」ことを強調していた。[†90] 彼は、結果的には束の間に終わるこの局面を持続させたいと強く望んだのかもしれない。この可能性と矛盾しないもうひとつの可能性は、七千人大会が、主席に促されることによって、ある程度まで言いたい放題の集会になったために、王も大胆に意見を述べてみる気になっていた、というものである。中央対外連絡部長の動機がいかなるものであったにせよ、中ソ関係を対立の泥沼から引き揚げようとした彼の試みは、一九六二年夏以降、毛沢東によって「三和一少」（帝国主義、修正主義、各国反動派に対して宥和的で、民族解放闘争への支援を少なくする、という意味である）とのレッテルを貼られ、厳しく批判されることになる。

包産到戸をめぐる議論

公式の『毛沢東伝』は、包産到戸（戸別に生産を請け負わせる仕組みを指す）に関する問題は、主席が一九六二年夏以降、再び階級闘争を提起する直接のきっかけとなったと指摘している。[†91] それはこの生産の仕組みが、毛が中国を共産主義へ導く最良の手段と信じて疑わなかった人民公社を、根底から無力化する企てのように彼には映ったからであった。

前章で述べたように、そもそも人民公社は一九五八年夏に発足して以降、うまくいったためしがなかった。それは生産力を飛躍的に上昇させる仕組みと思われたが、肝心の農民たちの生産意欲はかえって減退してしまった。党中央は、それを制度自体に無理があるからだとは考えずに、現場の幹部たちの誤った指導、および農村に潜む反社会主義的意図をもった悪しき人々のせいにした。一九五八年一二月に開催された第八期六中全会では、人民公社に地主、富農、反革命分子、右派分子が紛れ込んでおり、それがこの画期的な仕組みの正常な運営を妨げているとの指摘がなされた。一九五九年夏の廬山会議以降は、人民公社内部の「組織的不純」の問題に注意が喚起された。農村における幹部集団の間に反革命分子、富農、悪質分子が少なからず潜んでおり、彼らの反社会主義的な活動ゆえに、一部の生産隊は先進的な制度にもかかわらず、かえって貧困になったと指摘されたのである。基層幹部に対する懐疑的な態度は次第に深まり、一九六〇年冬に十二ヵ条の緊急指示が出された後、もはや経済的な刺激の組み替えによってではなく、悪質な幹部たちを、その他の悪しき人々とともに政治権力によって除去し、生産力を高めるべきであるとの考え方が芽生えた。整風整社運動は、まさにこのような考え方に基づいて展開されたのであった。

一九六一年を迎えると、人民公社の制度はようやく手直しされた。同年三月、党中央は農民たちの間できわめて評判の悪い公共食堂の重要性を再度強調したが、一ヵ月後にそれは「生産の発展を阻む障害」とされた。これは毛沢東の心変わりによるものであった。六月には、配給制度が廃止された。村の祭りや市場も再び許されるようになった。そして九月、毛が最後の譲歩を行った。すなわち、人民公社の採算単位を生産大隊から生産隊に戻したのである。これは異なる村の人々と共同で生産活動を行うのではなく、自分とその家族、そして近隣の人々とともに生産を行い、その努力と創意を報酬と直結させることを意味した。要するに、まる一年をかけて、人民公社は大躍進が始まった一九五八年に主席がその大きな利点としてあげた「一大二公」(ひとつには規模が大きく、二つには公有制である)から遠ざかったのである。

それでも人民公社は、農民たちにまったく歓迎されなかった。人民公社を根絶せよというスローガンさえ、一部の農村では叫ばれていた。[†92] 彼らは集団で生産活動を行うことを嫌い、一家あるいは一戸の単位で生産することを求めていた。たんに要求していただけでなく、党の政策がどうであれ、実践していた。すなわち、人民公社から離れて自分たちで作物を育て始めていたのである。薄一波は、包産到戸が人民公社の経営方式に対する農民たちの「自発的な否定」であったと書いている。一九六二年までに、安徽省の農村の実に八〇パーセントにおいて生産請負が行われていた。[†93]

安徽省が独自の取り組みを開始したことに対して、党中央および安徽省委員会の上位機関である中央華東局の態度は曖昧であったと薄一波は記している。事実、安徽省委書記の曾希聖が華東局書記の柯慶施にこの方式について意見を求めても、柯はそれを広めてはならず、試験的にやるのがよいと答えるばかりであった。[†94] 埒《らち》が明かないとみた曾は、一九六一年三月中旬、直接毛沢東に訴えた。毛の返答は「試験してみよ。ダメだったら、自己批判すればよい」というものであった。安徽省委書記はただちに省委員会に電話し、許可が下りた旨伝えた。[†95] 三月二〇日、曾は毛沢東、劉少奇、周恩来、鄧小平、彭真らに「責任田」の長所と欠点を分析した書簡を送ったが、毛は態度を明らかにしなかった。明らかに気乗りがしない主席は、試してみてもよいとの態度から出ることはなかった。七月に曾がさらに毛沢東に報告を行った際、毛は「諸君が欠点はないと考えるなら、広く進めてもよい」と答えた。ところが、一二月になると、主席はもはや「責任田」を許容できないものとみなした。それは「六十条」によって、農村で生産隊を基本採算単位としてから、これが引き下がることのできる最後の退却線だと彼が考えたからであった。[†96] 一九六二年一月の七千人大会において、毛は曾が大躍進中に「五風」の誤りを犯したこと、および「責任田」を実行したことを鋭く批判した。責任田は「方向性の深刻な誤り」で「修正主義の色彩を帯びている」というのである。[†97] この批判のために――より重要な理由は、先に述べたように、彼が管轄する地域で餓死者が大量に出たことであった――曾は安徽省委書記を解任される羽目となった。[†98]

だが、最高指導者の意向がどうであれ、「責任田」の生命力は強靭であった。のちにわれわれは第10章において、社会主義教育運動を展開するために各地に赴いた工作隊が、農民たちが依然として包産到戸を実践しているのを見出して驚く様子をみるであろう。生産請負が強い生命力を保持した理由は、それが農民たちの広範で切実な要求に基づいていたからにほかならない。陝西省北部の農民、楊偉名は農村の荒廃ぶりを深く憂い、党が一九四七年に「主体的に」延安を放棄した果断な精神を現在にも適用すべきだと説く意見書を党中央に送った。[†99] 農民たちだけではなく、知識人もまた農民たちの痛切な声に唱和した。北京大学校長を務めた馬寅初は浙江省の農村に住む知識人、楊下水とともに生産請負制を求める陳情書を作成した。江蘇省でも二人の農村知識人が、生産請負制は現在の農村における生産力の水準にふさわしく、また農民たちの意識形態にも適合していると訴える手紙を農村工作部長の鄧子恢に送った。[†100] さらに、地方の幹部たちもまた生産請負制の採用を主張していた。『農業集体化重要文件彙編』は、直接最高指導者に宛てて意見書を送った二人の勇気ある幹部の名を、彼らの意見書とともに記録にとどめている。安徽省太湖県の党委員会宣伝部に属する銭譲能は、農民の八〇パーセントから九〇パーセントまでもが責任田を支持しており、彼らを支持しないのはマルクス・レーニン主義的ではないと主張した手紙を毛沢東宛てに送った。[†101] 河北省張家口の地区委員会第一書記である胡開明も、銭と同様の精神に基づく、だがより詳細に生産責任制の意義を説明した書簡を主席に送った。[†102] 毛はこれらの書簡に目を通し、のちに少なくとも胡を厳しく批判したのである。

農村からの切実な要求は党中央の指導者たちを動かした。一九六二年六月一四日、中央農村工作部副部長の王観瀾は、部長の鄧子恢に書簡を送り、安徽省の大衆の「強烈な要求」は、「責任田」が三年間とがめられないことであると書いた。一ヵ月後、王は再度鄧子恢に書簡を送り、農民たちは、一に蔣介石を恐れず、二に自然災害を恐れない、ただ「責任田」を禁止されることを恐れている、と述べた。[†103] 同じ頃、国家計画委員会主任の李富春も安徽省を視察し、劉少奇と鄧小平に宛てた手紙のなかで、農民たちは皆、包産到戸がよいといっている、と書いた。[†104] すぐに包産到戸の旗手となる鄧子恢は、薄一波によれば、もともとこの方式には反対であったらしい。だが、一九六二年前半、安徽省委が「責任田」を制限する方向に軌道修正を行うと、それを不満に思った区委員会書記が鄧子恢に手紙で訴えたのである。五月の中央工作会議において、鄧は包産到戸の力強い擁護者として立ち現れた。農村工作部長が主張するところ、生産責任制を打ちたてることは、「今後、集団的生産をしっかりやり、集団所有制を打ち固めるための根本的な環節なのである」[†105]。七月一一日、鄧子恢は中央高級党校ではっきりと語った。「田間管理責任制としての包産到戸を単独経営とみなしてはならない。統一的に行われてはいないが、土地や生産手段は集団所有であり、戸別経済ではない。田間管理としての包産到戸、〔生産目標の〕超過達成の奨励は許される」[†106]。

毛沢東の有能な秘書、田家英もまた当初は安徽省の独自の試みに反対であった。だが、一九六二年三月末から四月にかけて、毛に命じられて湖南省を調査すると考えに変化が生じた。まったく意外なことに、主席の故郷である韶山で、農民たちは広く包産到戸を支持していたからである。五月に田は上海に赴いて、陳雲と毛沢東に報告を行った。陳は賛成したが、毛は賛成しなかった。「農民のいうことを聞いてやれないときもある」と経済よりも政治を重視する主席は気まずそうに述べた[†107]。田は「包産到戸に関する建議」と題する意見書を五月末にまとめ、六月初旬に印刷して党中央の指導者たちに送った[†108]。田は再び湖南省へ赴き調査を行ってから、同月末に北京に戻った。彼はただちに劉少奇に報告を行ったが、劉は包産到戸にすぐに賛成しなかったようである[†109]。だが、鄧小平の賛同は得られた。七月九日、田は毛沢東に対して包産到戸を支持する旨の報告を行った。現在、全国で包産到戸、分田到戸を行っているのは農村総数の三〇パーセントに達しており、そのうち四〇パーセントに達するだろう。彼らに自由にやらせておくよりは、何らかの指導を与えてやらせるほうがよい、と田は主張した[†110]。彼は「農村経済を回復させる十大政策」と題する文書を起草する気になっていたらしい[†111]。だが、毛沢東はこのとき態度を明らかにしなかった[†112]。

鄧小平も包産到戸の支持者であった。六月下旬、中央書記処の会議で中央華東局農村弁公室の報告を聴取した際、華東局の責任者は「責任田」は単独経営で、方向性の誤りだと述べた。出席者は賛成と反対がそれぞれ半分ずつに分かれた。このとき、鄧は「安徽の同志が、黒猫でも黄猫でもネズミを捕る猫がよい猫だといっている。〔責任田を〕試してもよい」と発言したのであった[†113]。彼は七月七日には、共産主義青年団の会議で、やはり猫の比喩を用いて、民衆が望むなら合法化するまでだと主張した。この実用主義的態度で知られる指導者はこう述べた。「農業そのものの問題は、いまみると、主としてやはり生産関係から解決しなければならない。これは農民の積極性を引き出すということだ。……各種の形式の包産到戸は、おそらく〔農村の〕二〇パーセント〔で実行されている〕にすぎない。これは大きな問題だ。この問題にどんな解答を与えるか、中央は八月の会議で研究するよう準備している。現在は『百家争鳴』だ。このような問題は『百家争鳴』であるべきだ。皆がアイデアを出し合い、最後に〔もっともよい〕方法を見出すのだ」[†114]。このときの鄧の態度をより正確に表現するなら、彼は包産到戸を唯一の解決策とみるのではなく、それを含む農民の生産に対する積極性を引き出す可能性のある、あらゆる措置を試してみようという気になっていたということである。

陳雲は、中央書記処総書記以上に安徽省の試みを積極的に擁護した。同年春、上海と杭州に滞在していた彼は、安徽省の「責任田」に関する報告を読んで、農村が危機的状況から脱する方法としてそれがすこぶる有効であると信じた。「これは非常時期における非常な方法だ。……分田到戸と呼んでも、包産到戸と呼んでもよい」[†115]。六月下旬、北京に戻った彼は劉少奇、林彪、鄧小平、周恩来と意見交換を行い、前三者とは基本的に見解の一致をみた（だが、きわめて慎重な周恩来だけは、二日後、すでに牛や農機具は集団化してしまったのだから、もう一度分配すべきではないと述べて反対した）[†116]。七月六日、陳雲は毛沢東に面会を求め、わが国農村では相当長期にわたって個人経営と集団経済は共存する、したがって現在は個人生産の積極性を活かして困難を乗り切るべきだと訴えた[†117]。このとき毛は何もいわず、ただ陳の話を聞くだけであったらしい。ところが、翌日になって、主席は怒りを爆発させた。分田単幹は集団経済を瓦解に導くもので、修正主義にほかならない、これは「どちらの道を行くのかという問題だ」というのである。毛の激しい怒りに、陳はすっかり意気消沈させられてしまった[†118]。

その他、包産到戸を支持していた重要な指導者のなかには中南局第一書記の陶鋳が含まれる。四月に彼が河南省で調査を行った際、土地を農民に貸し出して耕作させればよいと発言すると、それでは資本主義になると主張する者がいた。それに対して陶は、「これも資本主義だというなら、私は人が飢えて死ぬよりは資本主義がよい」と応じたのであった。[119]

包産到戸の利点を語る副官たちに対する毛沢東の怒りは、しばらく収まらなかった。王光美によれば、主席は帰京した後、劉少奇を中南海のプールサイドに呼び出し（彼女は日付を明示していない）、劉を厳しく叱責した。その際、毛はこう語ったという。「君は何を急いでいるのだ？　なぜ押し止められないのか？　私を帰ってこさせても、君は押しとどめられないのか？　私が死んだらどうなるのだ？」[120]。

以上のように、毛沢東の副官たちのほとんどが、加えて、あろうことか彼の秘書までもが包産到戸に賛成していた。毛は農民たちが人民公社をひどく嫌っていること、そして彼らの声と地方の幹部たちの声が、さらには政治局常務委員たちの主張までもが互いに響きあっていることに気がついて愕然としたに違いない。[121]大躍進で地獄をみた農民たちに、いったん土地を返すことが社会主義に背くものであるかどうかは、まず人々の食糧不足の問題を片づけてから、あらためて議論すればよいと考えることもできたはずである。だが、主席はこの考え方をまったく受け入れようとしなかった。なぜ彼はかくも頑なに農業の脱集団化を拒否したのであろうか。それは、反対されると、かえってもともとの企てに固執することを常とする毛の個人的性格のゆえであったかもしれない（一九五六年の周恩来や陳雲が進めた「反冒進」に対する主席の反発の強さを想起せよ）。だが、より説得力があるように思われる説明は、前年秋に行われたソ連共産党第二二回大会でフルシチョフが「全人民の党」、「全人民の国家」という新しい概念を提起したことに衝撃を受けた毛が、ソ連が完全に修正主義に変質したと考え、中国に同じ轍を踏ませないと固く決意していたからである、というものである。あるいは、修正主義に対する批判を開始してしまった以上、自らの足元で社会主義からの後退とみえる一切の企てを彼が許容できなくなっていた、と考えることもできる。大胆にも、社会主義の母国の指導者に対して修正主義に陥ったという非難を投げつけているときに、フルシチョフが毛の批判を逆手にとって、中国を非難し始めるような事態は、何としても避けなければならなかった。農業を集団的生産の仕組みから撤退させることは、たとえそれが農民たちの切実な要求であったとしても、またたとえそれが当座の措置であったとしても、修正主義的な企てにほかならないと毛は信じたのである。

そう信じるかぎり、主席は断固反撃しなければならないと腹を決めた。七月八日、彼は自宅に劉少奇、周恩来、鄧小平、陳伯達、田家英らを呼んで非公式の会議を開いた。毛は河南、山東の夏の収穫は悪くないと述べ、劉に対して河南、山東、江西の指導者と話すよう指示した。そして、おそらく居並ぶ政治局常務委員たちの背筋を凍りつかせたに違いないが、毛は彼らに対して、包産到戸には反対だとはっきり告げたのである。[122] さらに主席は、党中央の名義で、人民公社の集団経済を強化することに関する決定の草案を陳伯達に——つまり田家英を迂回して——起草させることを提案した。田家英の証言によれば、陳伯達はもともと包産到戸に賛成していたが、「一貫して狡猾な」陳は、毛に対してこの問題について自ら意見を述べることがなかった。主席が態度を明らかにしてから、陳はそれに合わせて意見を述べ始めたのである。[123]

七月一九日と二〇日、陳伯達が主宰する、決議文の起草委員会が各大区の書記の参加のもとで開催された。果たせるかな、最高指導者の意をくんだ地方の指導者たちは、本心はどうであれ、いずれも農業生産を脱集団化することに反対した。この会議で、人民公社の熱烈な支持者である上海の柯慶施は、単独経営はだめだ、方向性の誤りだと主張した。山西省の劉瀾濤は、西北局がいかに包産到戸を抑え込んでいるかを誇らしげに語り、広東省の陶鋳と王任重は、広西省桂林専区西竜県が集団経済を強化した経験を報告した。のちに毛は、この座談会記録を「分析がマルクス主義的であり、分析ののち提出された意見もマルクス主義的である」と満足げに高く評価した。[124] 党中央がこの決議（「人民公社の集団経済を打ち固め、農業生産を発展させることに関する決定（草案）」）を下達すると、各省、市、自治区、そして国務院の各部から六一篇もの書面報告が北京に届いた。その多くは包産到戸を批判するものであったという。[125]

七月二〇日、毛沢東は避暑地の北戴河で各中央局第一書記と会談した際、挑発的にこう述べた。「君たちは社会主義に賛成するのか、それとも資本主義に賛成するのか。……いまある者が全国規模で包産到戸をやる、はなはだしきは分田到戸をやると主張している。共産党が分田をやるのか。……ある者は農業を回復させるのに八年かかるという。包産到戸をやれば四年でよいという。君たちはどう思う。……回復がそんなに難しいというのか。こうした話はすべて北京の人間がしているのだ。下のほうの同志は、やはり希望があるという。現在の経済状況は真っ暗なのか、それとも光明があるのか」。[126] このとき、主席が語った相手および彼の言葉からみて、包産到戸をめぐる政治的な駆け引きにおいて彼が頼みの綱としたのは、毛としばしば意見が食い違う「北京の人間」(すなわち、主として政治局常務委員たち)ではなく、彼に決して楯突くことはない「下のほうの同志」たちであったことは明らかである。数年後に顕著となる、北京を丸ごと敵とみなして破壊しようとする最高指導者の態度の始まりは、ここに見出すことができる。

小結

包産到戸をめぐる党内の亀裂は、総じていえば、大躍進によって被った経済的・社会的打撃をきわめて深刻なものと理解し、危機に対処するためにはたんに戦術的な撤退ではなく戦略的な撤退が必要であると考える人々と、戦術的な撤退によって危機はすでに峠を越えたのだから、とにかく前進すべきであると考える人々の間に走っていた。前者を代表する人格は劉少奇であり、後者は毛沢東によって代表されていた。極度に慎重な劉は、新民主主義段階まで撤退すべきであるとは決して主張しなかったが、一九六二年春の彼の一連の発言から判断すれば、おそらく副主席の本心はそうであったに違いない。[127] 一方、すでに修正主義の脅威を強調し、それとのたたかいを国内的にも国際的にも——とりわけフルシチョフに対して——旗印に掲げていた毛にとって、社会主義段階からの後退など問題外であった。この見解の分岐は、たんに農業生産の方式をめぐる見解の分岐を反映していただけではなかった。それは、過去の知識人に対する政策、過去の運動で誤った処分を受けた人々の処遇、そして対外政策などをめぐる立場の違いと重なっていた。要するに、政策全般において一九五六年以前の段階にまで後退すべきかどうかが問われていたのである。

このような党内における根本的な立場の相違は、七千人大会があれだけ多くの発言を許しながら、そして最高指導者自身が「百家争鳴」を促しておきながら、肝心の大躍進がもたらした荒廃とその原因について、真に批判的な分析を避けたために、遅かれ早かれ顕在化せざるをえないものであったといいうる。破滅的な失敗の後で未来に向かって再出発するためには、過去に対する客観的な観察と合理的な分析が必要であった。だが、毛沢東の権威と自らの支配的な地位を守ることを何よりも優先させた指導者たちは、それを意図的に避けたのである。そのうえ、参加者の多くは大躍進の失敗の真の責任者が誰であるのかをはっきりと理解していたにもかかわらず、互いに自分に責任があると主張し合い、いわば指導者総懺悔の局面を作り出し、責任の所在をうやむやにしてしまった。現在の時点から振り返れば、彼らは、それぞれが指導者本来の真の責任を自覚し、もう少しだけ勇気を奮えば、会議の様相をまったく異なったものにできたように思われるが、そうしなかった。

とはいえ、大躍進の失敗は、彼らが演じた壮大な茶番劇によって糊塗できるものではなかった。それがもたらした傷の深さは七千人大会後にいっそう明瞭となり、政治局常務委員たちを震撼させた。「非常時」、「革命的方法」、「腕を切り落とす覚悟」といった言葉は、大躍進が中国の社会と経済に対して与えたほとんど致命的なまでの打撃とようやく正面から向き合おうとした最高指導者たちの覚悟を示していた。彼らの議論は今度こそ、毛沢東の誤りと責任を際立たせないではすまない地点にまでたどり着く潜在力をはらんでいた。劉少奇、鄧小平、陳雲らは、それを開ければ中国政治の基調を大きく変える可能性をはらんだ扉に手をかけていたのである。

だが、政治的危機を感知する能力において毛沢東はすぐれていた。彼は、西楼会議と五月会議を経て、政治局常務委員たちが再び大躍進の失敗を際立たせることに強い不満を抱いた。毛のこの不満は、疑いもなく、自分の権威がさらに失われつつあるという不安と対になっていたであろう。そして、この不満と不安は、彼に政治的主導権を取り戻すための思い切った行動に出ることを促した。楊尚昆は七月一八日の日記に、同日、主席が中南海のプールに彼を呼び出し、「集団的道を行くか、それとも個人経済の道を行くのか」という問題について語ったことを記している。ただならぬ空気を感じ取った中央弁公庁主任は、周恩来と会って毛の話の内容について告げた後、ある種の予感を抱いて日記にこう書いた。「私は事態がたいへん深刻であると思う。とても不安だ！」[†128]。果たせるかな、一九六二年夏、毛は局面を打開するために大胆に行動を起こした。彼が行ったことは、これ以上過去を問題とすることなく、党全体を前方へ思い切って跳躍させることであった——階級闘争に向かって。これが筆者のいう「前方への逃げ」である。それまで主席は、階級対立の虚構の効用に気づいてはいたものの、それに全面的に頼る気にはならなかった。だが、今回は違っていた。彼は自らの権威を守るために、「継続革命」を旗印に掲げて副官たちに一戦を挑む覚悟を決めたのである。

†1　董辺・鐔徳山・曽自編『毛沢東和他的秘書田家英』増訂本、中央文献出版社、一九九六年、一〇〇頁。
†2　『鄧小平伝』下、一二二一-一二二三頁。
†3　『毛沢東年譜』第五巻、四七頁。
†4　前例のない規模の会議の開催は、容易に想像しうるように、その運営を支える裏方たちに重い課題を突きつけた。大小二八二ヵ所の会場および宿泊場所の確保、八〇〇輌を超える車の手配、食材の準備、安全の確保など、克服すべき課題は数え上げればきりがなかった。彼らの苦労の一端は、当時の警備担当者が生き生きと語っている。張文奇「有関七千人大会的保衛和后勤工作」、張素華『変局——七千人大会始末』中国青年出版社、二〇〇六年、三三〇-三三七頁。
†5　『毛沢東伝』下、一一九〇頁。
†6　「廬山会議での講話」（一九五九年七月二三日）、邦訳『毛沢東思想万歳』上、四一一頁（丁本、三〇四頁）。
†7　同右、四一三頁（丁本、三〇四頁）。この講話は、構成、展開、そして口調からして、毛沢東がもっとも自己抑制を取り払って話したもののひとつである。
†8　『毛沢東年譜』第四巻、三五七頁。

†9　「給中央常委的信」（一九六一年九月二九日）、『毛沢東文集』第八巻、二八四－二八五頁。
†10　『毛沢東年譜』第五巻、五八頁。
†11　「関於了解江蘇省経済工作的経験給李先念、姚依林的信」（一九六一年一二月一五日）、『建国以来毛沢東文稿』二〇二四年版、第十六冊、一七七頁。
†12　銭庠理、前掲書、六六－六七頁。
†13　同右、六八頁。
†14　同右、七〇頁。
†15　「対劉少奇《在拡大的中央工作会議上的報告》稿的批語和修改」（一九六二年一月一〇日）、『建国以来毛沢東文稿』二〇二四年版、第十六冊、一九七頁。
†16　張素華、前掲書、四七頁。
†17　銭庠理、前掲書、七三頁。
†18　楊尚昆『楊尚昆日記』（下）、中央文献出版社、二〇〇一年、一〇九－一一三頁。
†19　同右、一一三頁。実際には、この起草委員会のメンバーは一人増えて二一人となった。
†20　各グループ討論の状況をモニターしていた楊尚昆のもとには多くの報告が届き、彼の事務机の上には大量の文書が山をなしていたという。『楊尚昆日記』（下）、一一五頁。資料がいまもって公開されないのは、おそらく餓死者に関する議論が少なからず含まれているからであろう。
†21　劉少奇を除けば、二月六日に行われた鄧小平による講話は例外といいうる。「在拡大的中央工作会議上的講話」（一九六二年二月六日）、『鄧小平文選（一九三八－一九六五年）』人民出版社、一九八九年、二七九－二九九頁。この講話は、横から口を挟んだ劉少奇や毛沢東の言葉を含むかなり長大なもので、比較的原形をとどめているとみられる。朱徳と陳雲の講話は、要点のみがそれぞれ『朱徳選集』人民出版社、一九八三年、三八七－三九一頁、および『陳雲文集』第三巻、中央文献出版社、二〇〇五年、四〇〇－四〇三頁に収録されている。周恩来の講話は、二月三日の福建グループにおける講話、および二月七日の大会閉幕時の講話のごく一部が『周恩来年譜』中巻、四五五－四五六頁に引用されているにすぎない。李先念の講話もその一部のみが切り取られて、『李先念文選』人民出版社、一九八九年、二七六－二七九頁に収録

されている。林彪の講話については、後に言及する。

†22 張素華、前掲書、九八頁。

†23 『彭真伝』第三巻、一〇六三頁、および『彭真年譜』第四巻、一六九頁。

†24 張素華、前掲書、一〇九‐一一〇頁。われわれはこのテクストの原文を参照することができない。『周恩来年譜』中巻にわずかな記載がある同日の総理の発言は、毛沢東を擁護した部分をまったく含んでいない。

†25 薄一波、前掲書、下巻、一〇二六頁。この言葉は、彭真に向けられたものであった。すると彭は即座にこう答えたという。「私の意図は、人に一種の印象を与えてはならないということ、つまり、他の人間は批判してよいのに、毛主席だけは批判することができないというのはよくない、ということだ」。『彭真年譜』第四巻、一六九頁。この興味深いテクストについても、外部の研究者はやはり原文を参照できない。

†26 張文奇、前掲「有関七千人大会的保衛和后勤工作」、三三三頁。

†27 戚本禹『戚本禹回憶録』(上)、香港、中国文革歴史出版社、二〇一六年、二四〇‐二四一頁。ただし、現在われわれが利用できる七千人大会における主要な指導者の講話テクストにおいて、餓死者の数に言及しているものは、まったく見当たらない。

†28 同右、二三九頁。

†29 劉少奇「在拡大中央工作会議安徽大組上的両次講話」(一九六二年一、二月)、『中共重要歴史文献資料彙編』第四輯劉少奇専輯第十五分冊、一九九七年、一八一頁。大躍進における曾希聖の役割についてのある記述によれば、七千人大会は二月三日に閉幕する予定であったが、当日、安徽省蚌埠市委員会の副書記が党中央に手紙で「安徽の問題は解決していない」と書き送った。毛沢東はこれを重視し、会期の延長を決定したという。そして、二月三日より劉少奇が安徽省代表たちと座談会を開催し、それは三日半続いた。二月七日の大会閉幕後も安徽省代表たちは北京にとどまり討論を続けた。そして、二月九日に副主席が再び討論に参加し、曾希聖の解任を決定したという。尹家民「〝大躍進〟前后的安徽省委両書記」、『党史博覧』二〇一五年第八期、一八頁。この記述は、典拠が示されておらず、裏づけに欠けている。だが、公式の毛沢東や劉少奇の伝記、年譜などの記載と矛盾するわけではない。

†30 このメモは、『建国以来劉少奇文稿』第十二冊に収録されている。

†31　張素華、前掲書、一二七－一二九頁。

†32　『劉少奇選集』下巻、四二一頁。この箇所は、われわれが『建国以来劉少奇文稿』第十一冊で参照できる劉少奇の口頭報告テクスト、すなわち、のちに「中発〔六二〕七六号文件」として党中央から発せられた文書には含まれていない。『文稿』に収められている当該箇所はこうなっている。困難の「原因は次の二つにほかならない。ひとつは天災である。連続する三年の自然災害がわれわれの農業と工業を減産させた。もうひとつは一九五八年以来のわれわれの工作中の欠点と誤りである。これら二つの原因のうち、どちらが主要なのか？……それぞれの地方において状況は同じではない。各地方の具体的状況に基づいて、実事求是で大衆に説明すべきである。……総じて、一九五八年以来、われわれの成果がやはり主要であり、第一位である。欠点と誤りがそれに次ぎ、第二位である。われわれは工業、交通の建設において大きな成果を収めた。農業水利建設の方面でも大きな成果をあげた。われわれは政治上、思想上、さらに商業、文教、軍事などの方面においても、いずれも大きな成果を収めた」。「在拡大的中央工作会議上的講話」（一九六二年一月二七日）、『建国以来劉少奇文稿』第十一冊、一〇七－一〇八頁。

†33　張素華、前掲書、一三二頁。

†34　同右、一三五頁。

†35　同右、一四四頁。

†36　「在拡大的中央工作会議的講話」（一九六二年一月二九日）、中国人民解放軍軍事科学院《紅戦団》編『林副主席重要講話和文章選輯』一九六七年四月、『中共重要歴史文献資料彙編』第一輯林彪専輯第二十四分冊、二〇〇一年、一六八－一六九頁。残念なことに、このテクストは三時間に及んだとされる国防部長の講話の、およそ三分の一程度にすぎない。

†37　「対林彪在拡大的中央工作会議上的講話稿的批語和修改」（一九六二年三月二〇日）、『建国以来毛沢東文稿』二〇二四年版、第十六冊、二五七頁。

†38　王光美『王光美自伝』香港、聯合作家出版社、二〇〇八年、二四六頁。

†39　張素華、前掲書、一四七頁。

†40　呉法憲『呉法憲回憶録——艱難歳月』第三版、下巻、香港北星出版社、二〇〇八年、五四六－五四七頁。

†41　戚本禹、前掲書、上、二三六頁。

†42　編集後の「確定版」テクストは一九七八年七月一日付『人民日報』において、講話を行う毛の写真とともに公開されている。『毛沢東思想万歳』武漢版2所収のテクストには、この講話を県・団級以上の幹部の学習用に供するとした党中央の一九六六年二月一二日付の通知が付されている。編者・発行地ともに不明の『毛主席的有関重要講話』（表紙に「内部文件、不得外伝」とあり、一九六七年一月九日）に収録されている講話テクストも、句読点・感嘆符の打ち方、および若干の字句以外は、『毛沢東思想万歳』武漢版および11Ｃに収録されているものと同一である。

†43　『毛沢東年譜』第五巻、七八頁。

†44　「在拡大的中央工作会議上的講話」（一九六二年一月三〇日）、『毛沢東思想万歳』武漢版2、二二頁。

†45　同右、二一頁。

†46　同右、三一頁。

†47　薄一波、前掲書、下、一〇一八頁。

†48　『毛沢東年譜』第五巻、八〇頁。

†49　『楊尚昆日記』（下）、一一九頁。

†50　銭庠理、前掲書、一三九頁。

†51　同右、一三九－一四〇頁。

†52　薄一波、前掲書、下、一〇二九頁。

†53　ただし、周恩来と鄧小平は、二月八日、各中央局書記、各省・市・自治区の党委書記を集めて、食糧の生産および買い付け予定額などに関する文書を検討させた。したがって、実際には、大会は規模を縮小して、もう一日続けられたのである。『周恩来年譜』中巻、四五六頁。

†54　「糾正〝左〞的偏向、恢復和発展生産」（一九六二年二月三日）、中共中央文献編輯委員会編『朱徳選集』人民出版社、一九八三年、三八七頁。

†55　薄一波は七千人大会を振り返って、それが「実際には困難を何ら暴きつくすものではなかった」と率直に述べている。薄一波『領袖元帥与戦友』中央文献出版社、二〇〇八年、二七二頁。

†56　『晩年周恩来』の作者である高文謙によれば、大会最終日の講話において、周恩来は何度となく自己批判を口にした

ため、毛沢東がたまらず口を挟み、「一度責任を認めればそれでたくさんだ」と述べたのであった。邦訳『周恩来秘録』上、一三八頁。司馬清揚と欧陽劉門は、ハーバード大学フェアバンク研究センター図書館所蔵の二月七日周恩来講話のテクスト（ガリ版刷、筆者未見）に基づき、総理の講話は林彪の講話と同工異曲であったとしている。『新発現的周恩来』上冊、New York、明鏡出版社、二〇〇九年、一二一頁。

†57 「在拡大的中央工作会議上的報告」（一九六二年一月二七日）、『建国以来劉少奇文稿』第十一冊、六六－六七頁。

†58 呉冷西「同家英共事的日子」、『毛沢東和他的秘書田家英』増訂本、中央文献出版社、一九九六年、一四五頁。

†59 七千人大会における陳のわずかな発言は、陝西省グループにおける講話テクストの一部が、『陳雲同志文稿選編　一九五六－一九六二年』（広東、人民出版社、一九八一年）に、他の一部が『陳雲文集』第三巻（中央文献出版社、二〇〇五年）に収録されている。後者は、彼の講話の日付を一九六二年二月八日——つまり七千人大会閉幕の翌日——としている。おそらく、これはすでに述べたような周恩来と鄧小平の主宰による、一日だけ延長された中央工作会議での発言であろう。

†60 中共中央文献研究室『陳雲年譜』修訂本、下巻、中央文献出版社、二〇一五年、一二五頁。

†61 中共中央文献研究室編『劉少奇年譜』下巻、中央文献出版社、一九九六年、五四九頁、および『陳雲年譜』修訂本、下巻、一二五頁。両者が引用する劉少奇の発言は、いくらか表現が異なるが、大意は同じである。

†62 「目前財政経済的情況和克服困難的若干辦法」（一九六二年二月）、『陳雲同志文稿選編　一九五六－一九六二年』、一五七頁および一六五頁。

†63 『陳雲伝』（三）、一三一八頁。

†64 『劉少奇年譜』下巻、五四九－五五〇頁。

†65 『陳雲伝』（三）、一三二二頁。

†66 『周恩来年譜』中巻、四六三頁、および邦訳『周恩来伝』下、二一一頁。

†67 『劉少奇伝』第二版、下、八二六頁。大躍進がもたらした未曾有の危機について、それまでまったくそっけない態度を示していた李富春も、ようやく事の本質を理解したらしく、中央華東局の会議で「大躍進後に発生した経済困難は、一般的な困難ではない」と述べた。「認識困難、克服困難」（一九六二年六月七日）、《李富春選集》編輯組編『李富春選集』

中国計画出版社、一九九二年、二八五頁。

†68 『陳雲年譜』修訂本、下、一三二頁。公式の『陳雲伝』(三)、一三二一頁の記載によれば、陳はこのポストへの就任を、体調不良を理由に再三辞退したが、劉少奇と李富春の説得により最後は引き受けたのであった。

†69 毛沢東は、この資料集を同年夏の北戴河会議の際、手元に置いていたという。銭庠理、前掲書、一六六頁。

†70 『毛沢東年譜』第五巻、九二頁、および『劉少奇伝』第二版、下、八二七頁。

†71 銭庠理、前掲書、一六九頁。銭は、この言葉が五月会議の精神を要約していると述べている。

†72 「目前的経済形勢到底怎麼様」(一九六二年五月一一日)、『劉少奇選集』下巻、四四六頁。

†73 邦訳『周恩来伝』下、四九‐五〇頁。

†74 このプロジェクトは、大きな混乱も伴わず、九月に基本的な終了をみた。銭庠理、前掲書、一七〇頁。

†75 「論知識分子問題」(一九六二年三月二日)、中共中央統一戦線工作部・中共中央文献研究室編『周恩来統一戦線文選』人民出版社、一九八四年、四〇七‐四二四頁。

†76 「不断加強人民民主統一戦線是国家政治生活中的一個根本任務」(一九六二年三月二八日)、同右、四二六頁。

†77 前掲『中国共産党的九十年　社会主義革命和建設時期』、五一九頁。

†78 「陶鋳在話劇歌劇創作会議上的講話」(一九六二年三月五日、広州)、北京大学文化革命委員会資料組新北大公社徹底批判劉、鄧、陶資産階級反動路線聯絡站『徹底掲露陶鋳的反革命修正主義罪行』一九六七年四月、『中共重要歴史文献資料彙編』第十輯第一至五分冊合訂本、一九九六年一二月、一三四頁。彼は早くも一九六一年秋に、「ブルジョア知識分子」という言葉は用いないよう訴えていた。陶は中南地区の高級知識分子座談会でこう発言している。「高級知識分子は試練を経て、たいへん大きな進歩があった。われわれはいつまでも彼らがブルジョア知識分子だといい続けてはならない。〔そのようにいうのは〕もうやめにしたほうがよいと私は思う。現在、彼らは国家の知識分子であり、民族の知識分子であり、社会主義建設の知識分子である」。「在中南区高級知識分子座談会上的講話」(一九六一年一〇月一一日)、《陶鋳文集》編輯委員会編『陶鋳文集』人民出版社、一九八七年、二五七頁。これと大部分同一のテクスト――だが、より分量が多いテクスト――が文化大革命中に編集された陶鋳を批判するための冊子に収録されている。それによると上に引用した部分はこうなっている。「反右派闘争以降、彼ら〔高級知識分子を指す〕は三年の大躍進の試練を経て、たいへん大きな進歩

があった。彼らは試練を経て、進歩があり、社会主義建設のために服務しているのだから、われわれはいつまでも彼らがブルジョア知識分子だといい続けてはならない」。「陶鋳在高級知識分子座談会上的講話（記録稿）」（一九六一年九月）、前掲『徹底掲露陶鋳的反革命修正主義罪行』、一二九頁。

†79 「統一戦線的形勢和任務」（一九六二年五月七日）、《李維漢選集》編輯組編『李維漢選集』人民出版社、一九八六年、四三三頁。

†80 『聶栄臻回憶録』下、解放軍出版社、一九八四年、八三四頁。

†81 蕭乾著、丸山昇ほか訳『地図を持たない旅人――ある中国知識人の選択』（下）、花伝社、一九九三年、一八〇頁。中国青年報社で仕事をしていたジャーナリストの劉賓雁も、一九六二年のある日、偶然、録音で陳毅の広州会議における講話を聞き、「すっかり興奮してしまった」と述懐している。劉賓雁著、鈴木博訳『劉賓雁自伝――中国人ジャーナリストの軌跡』みすず書房、一九九一年、一四三－一四四頁。

†82 銭庠理、前掲書、二一〇頁。

†83 「中共中央関於加速進行党員、幹部別工作的通知」（一九六二年四月二七日）、『中共中央文件選集』第三十九冊、三三四－三三五頁。

†84 『鄧小平伝』下、一二三六頁。

†85 銭庠理、前掲書、二一二頁、および前掲『中国共産党的九十年　社会主義革命和建設時期』、五二〇頁。

†86 彭徳懐著、田島淳訳『彭徳懐自述――中国革命とともに』サイマル出版会、一九八六年、二頁。

†87 徐則浩編著『王稼祥年譜』中央文献出版社、二〇〇一年、四八八頁、および徐則浩『王稼祥伝』当代中国出版社、一九九六年、五五八－五五九頁。

†88 「実事求是、量力而行」（一九六二年三月二一日）、《王稼祥選集》編輯組編『王稼祥選集』人民出版社、一九八九年、四四六－四六〇頁、および「略談対某些国際問題的看法」（一九六二年六月二九日）、同右、四四四－四四五頁。これらの文章は収録に際して一部が削られており、全文は公表されていない。

†89 小林弘二『グローバル化時代の中国現代史（一九一七－二〇〇五）――米・ソとの協調と対決の軌跡』筑摩書房、二〇一三年、二六四頁。

†90　銭庠理、前掲書、二六四頁。
†91　『毛沢東伝』下、一二五八頁。
†92　銭理群、上、四六五頁。
†93　薄一波、下、一〇七八頁。これは安徽省に限られたことではなかった。広西省においても、四二・三パーセントの生産隊で包産到戸が行われている県があったという。銭庠理、前掲書、一八二頁。
†94　薄一波、前掲書、下、一〇七九頁。
†95　同右、一〇八〇頁。
†96　『毛沢東伝』下、一二三一－一二三二頁。
†97　薄一波、前掲書、下、一〇八〇頁。
†98　まったく皮肉なことに、のちに改革開放が始まると、曾希聖は生産責任制を先導した人物として讃えられた。一九八二年秋、胡耀邦総書記は、曾を農村改革の先駆者としてほめあげたのである。盛平主編『胡耀邦思想年譜』下巻、香港、泰徳時代出版有限公司、二〇〇七年、八〇五頁。
†99　銭庠理、前掲書、一八六－一八七頁。
†100　銭理群、前掲書、上、四五四－四五五頁。
†101　「銭譲能同志《関於保荐責任田辦法的報告》」（一九六二年八月二日）、前掲『農業集体化重要文件彙編』下冊、五九九－六〇八頁。
†102　「胡開明同志《関於推行〝三包〟到組的生産責任制的建議》」（一九六二年八月八日）、同右、六〇九－六一六頁。
†103　銭庠理、前掲書、二〇三頁。
†104　薄一波、前掲書、下、一〇八一頁。ただし、李富春の意見はきわめて慎重であった。彼は七月一〇日、党中央に対する報告においてこう述べた。「生産力の破壊が深刻で、大衆が集団経済に自信を失った地区においては、農民を説得し、また農民を支援して集団経済をやらせるほか、農民の意見に基づいて、いくらかの過渡的方法――例えば、安徽省の「責任田」、河南省の「借地」など――を採用してもよい」。「就当前経済工作給中共中央的報告」（一九六二年七月一〇日）、《李富春選集》編輯組編『李富春選集』中国計画出版社、一九九二年、二九〇頁。国家計画委員会主任が、実質的には経

済計画をまったく無視した大躍進の礼賛者で、しかも廬山会議で「右翼日和見主義者」たちに断固たる打撃を与えたことを大いなる勝利と考えていたのだから、彼の慎重さは当然であった。李の大躍進に対する態度をよく示すものとして、李富春『総路線の赤旗を高くかかげてひきつづき前進しよう』北京、外文出版社、一九六〇年九月、六－七頁を参照せよ。

†105 薄一波、前掲書、下、一〇八一頁。

†106 『鄧子恢文集』人民出版社、一九九七年、六〇八頁。

†107 薄一波、前掲書、下、一〇八四頁。

†108 戚本禹、前掲書、上、二六九－二七二頁。

†109 『劉少奇伝』第二版、下、八三二頁。

†110 前掲『毛和他的秘書田家英』増訂版、九一－九三頁。

†111 銭庠理、前掲書、一九八頁。

†112 薄一波、前掲書、下、一〇八四頁。

†113 同右、一〇八五頁。

†114 中共中央文献編輯委員会編『鄧小平文選（一九三八－一九六五）』人民出版社、一九八九年、三〇五頁。

†115 郭徳宏、前掲書、一二頁。

†116 『陳雲伝』(三)、一三三三頁。

†117 『毛沢東年譜』第五巻、一一一頁注によれば、陳雲は事前に姚依林から、この話は主席が受けつけないかもしれないとの警告を受けていたにもかかわらず、きわめて楽観的な態度で毛に進言しに出かけたのであった。

†118 薄一波、前掲書、下、一〇八六頁、および『陳雲伝』(三)、一三三三頁。

†119 郭徳宏、前掲書、八九－九二頁。

†120 王光美、前掲書、二五二頁。劉の息子の劉源によって再現された会話は少し違っている。その会話はこうである。劉「餓死者がこんなにも多く出ています。歴史はあなたのことも私のことも書きつけるでしょう。人が相食む、と。歴史に書かれるのですぞ」。毛「三面紅旗も否定する。土地も分ける。それでも君は押し止めもしないのか。私が死んだらどうなってしまうのか」。王光美・劉源ほか著、吉田富夫・萩野脩二訳『消された国家主席　劉少奇』日本放送出版会、二〇

〇二年、二二一－二二二頁。このような会話は、時期と内容からして、あったとしても不思議ではないが、公式の『毛沢東伝』にも『毛沢東年譜』第五巻にも一切記載が見当たらない。したがって、この「口論」を毛と劉の重大な衝突の確実な証拠とみなすのは難しい。だが、フランク・ディケーターはいささか軽率に、この場面に文化大革命が始まる「決定的な瞬間」をみている。『毛沢東の大飢饉』、四七〇－四七一頁、および『文化大革命』上、五一頁。

†121 公式の『毛沢東伝』の執筆者も、包産到戸や分田到戸を支持する声の大きさに、毛はさぞや驚いたに違いない、と記している。『毛沢東伝』下、一二三二頁。

†122 同右、一二三二頁。劉少奇、周恩来、鄧小平は大慌てで七月九日と一〇日、河南と山東の指導者と会った。

†123 前掲『毛沢東和他的秘書田家英』増訂本、一四七頁。

†124 「毛沢東同志関於印発鞏固生産隊集体経済問題的座談会記録的批示」（一九六二年七月二二日）、前掲『農業集体化重要文件彙編』下冊、五九〇頁。薄一波、前掲書、下、一〇八六－一〇八七頁、および『毛沢東伝』下、一二三四頁。

†125 薄一波、前掲書、下、一〇八七頁。

†126 『毛沢東伝』下、一二三四頁。

†127 劉少奇は一九六一年春に湖南省で行った農村調査の際に、情緒も、給与待遇も、労働効率も、生産物の品質もすべて「一九五七年以前に」戻さなければならない、と力説していた。「農村手工業問題」（一九六一年四月二四日）、中国中共文献研究会劉少奇思想生平研究分会・中共湖南省委党史研究院編『劉少奇湖南農村調査：文献、回憶・研究』中央文献出版社、二〇二三年、九頁。

†128 『楊尚昆日記』下、一九六頁。

第5章　一九六二年夏の大転換

一九六二年春に毛沢東以外の主要な指導者たちが、現状に対する鋭い危機意識を抱き、政策全般をいったん大躍進以前に戻そうと試みたとき、毛は南方各地を転々としながら、しばらく様子をみていた。だが、ついに我慢ならなくなって反撃に出た。このとき、主席が守ろうとしたのは農民の利益ではなく、自身の権威およびそれを支えると思われた旗印であった。旗印とは、中国がフルシチョフのソ連の轍を踏み、修正主義に陥ることがあってはならない、というものである。

毛沢東の反撃は七月下旬から開催された北戴河会議において開始された。それに先立ち、彼は同年における夏の収穫が、一九六〇年および一九六一年を上回るという報告をいくつか受けていた。これは食糧生産の回復が順調であるという証拠を求めていた最高指導者の意向をくんで、地方指導者が客観的な検証に耐えない数字を毛に告げたのか、それとも現実に一部の地方においては、生産が予想以上にうまくいっていたことを反映していたのかは、はっきりしない。いずれにせよ、それは主席が強く待ち望んでいた報告であった。というのも、それは包産到戸に頼ることなく農業生産が回復できるという証拠であったからである。前章で述べたように、毛が陳伯達に命じて集団的生産活動を強化する党中央の決議の草案を書かせたのは、その直後のことであった。

本章が焦点を当てるのは、毛沢東が同年夏にひとつの政治的な賭けに出て、党内における政治的主導権を完全に取り戻す過程およびその帰結である。この一《いち》か八《ばち》かの賭け――筆者はそうであったと信じるが――の際に彼が掲げたのが階級闘争という旗印であった。すでに第3章で検討したように、毛は大躍進の失敗から人々の目をそらし、失墜した自身の権威を下支えするために、中国社会は熾烈な階級闘争に直面しているとの言説を一九六一年初めまでには編み出していた。しかし、彼はまだこのような虚構の真の価値と効用について理解してはいなかった。あるいは、この虚構を通じて、自らを政治構造の頂点にあらためて置き直すという断固たる意志に欠けていた。その証拠に、前章で検討したことであるが、主席は一九六二年一月の七千人大会というきわめて重要な機会に、階級闘争の重要性について語らなかった。だが、同大会後、大躍進がもたらした惨状の責任問題が再燃しかねない状況が生まれると、毛は「継続革命」の旗印を高く掲げて、この局面を切り抜けようとしたのである。彼のもくろみは外れなかった。同年夏、政治局常務委員たちをはじめ、指導者たちはすべて、春に自らが主張したことを撤回して、われ先に「継続革命」の旗の下に集い、結束を誓い合った。その結果、ようやく階級闘争が中国政治の基調に据えられることとなった。その意味で、一九六二年夏は毛と党の文化大革命への歩みにおいて、たしかに重要な一歩であった――彼らはそれをまったく自覚していなかったのであるが。

北戴河中央工作会議予備会議

一九六二年七月一一日付で党内各機関へ送られた中央工作会議の開催を告げる通知によれば、同月下旬に開催予定のこの会議では、現在の農村工作に関わる問題として、包産到戸と分田到戸が農業生産をより早く回復させ発展させる方法でありうるか、またこの種の方法を採用した場合、政治上、経済上いかなる問題を引き起こすかが検討事項のひとつとなるはずであった。また、すでに包産到戸が実施され、単独経営が行われている地方では、いかなる政策がとられるべきかについても話し合われる予定であった。[†1] したがって、この時点においては、指導者たちは、大躍進の災禍を克服する方法として政治局常務委員たちや農村工作部長が考えた諸方策を、開かれた態度で議論しようとしていたといいうる。だが、最高指導者には、そのような考えはまったくなかった。

七月二五日、毛沢東が河北省北戴河に到着し、中央工作会議の準備会合が始まった。この会合は八月五日まで続いた。この長い準備期間は、彼がいかにこの中央工作会議を、そしてその後に控えている第八期十中全会を重視していたかを物語っている。毛はこの会議に、政治局の指導者たちだけでなく、各大区、省、市の指導者たちをも集めた。それは戚本禹の説明に従えば、政治局常務委員たちが包産到戸に賛成している一方、地方指導者たちはそれに反対していることを主席が知っていたためであった。[†2] つまり、毛は第二層の指導者たちを味方につけて、第一層の指導者たちを孤立させようともくろんだのである。

主席は、この避暑地に着いた当日、「兄弟国」の事情を伝える党内雑誌『兄弟国家和兄弟党報刊材料』に掲載されたポーランドの農業集団化に関する記事にコメントを記し、陳雲、鄧子恢、田家英――つまり、包産到戸の主唱者たち――に読むよう指示した。この記事は、ポーランドがさらに広範に農業集団化を進めようとしていることを説明したものであった。[†3] 北戴河での最初の行動がこのようなものであったことからみて、毛が重視したのは、農業の集団的生産の仕組みを個人生産へと後退させようとしているようにみえた同僚たち――彼らは決してそのように意図していたわけではなかった――に心理的な打撃を加え、人民公社が「資本主義的」生産の仕組みへと退行することを断固として阻止することであった。そのためにこの会議においては、農村工作に関する文書が全部で一五も作成されたが、公式の『毛沢東伝』によれば、そのうち主席がもっとも重視したのは、彼が陳伯達に起草させた「人民公社の集団経済を一歩進んで打ち固め、農業生産を発展させることに関する決定（草案）」、および「農村人民公社工作条例修正草案」であった。[†4]

会議において毛沢東は、農村の集団経済を維持することは、社会主義の根本的な精神に関わる問題であると強調した。七月二八日に開催された政治局常務委員会拡大会議での主席の発言はこうである。「現在、国際、国内には共通するひとつの問題がある。革命は結局、プロレタリアートが指導するのか、ブルジョアジーが指導するのかということだ。われわれのこの国家についていえば、プロレタリアート独裁が必要なのか、ブルジョア独裁が必要なのか」[†5]。これが極端なまでに単純化され、そして現実離れした問題提起であることは明らかであった。大躍進が残した廃墟のなかに、ブルジョアジーが力強く息づいて復権を虎視眈々ともくろんでいるなどと大部分の指導者たちは信じられなかったに違いない。だが、参加者たちは、会議を通じて何度となく毛が同じ問題提起を繰り返すのを聞かされた[†6]。

八月一日、党中央は「単幹（単独経営）問題に正しく対応することに関する規定（草案）」を採択した。この文書は、党内が統一された思想、統一された行動に到達しなければならないと訴えている。統一された思想とは、農村において社会主義経済は優勢を占めているとはいえ、今後長期間にわたって資本主義と社会主義の二つの道の間で闘争は続くであろう、したがって、われわれは単幹に対して「正しい態度」を取る必要がある、というものであった[†7]。もちろん、「正しい態度」とは、単幹を資本主義と同等視することであった。

翌日、毛は河北省、山西省、内蒙古自治区の指導者に対して、全国的にみて農業生産は順調に回復しつつある、だから問題は多少あるとしても、前途は光明に満ちていると語った[†8]。これはいうまでもなく、包産到戸などに頼る必要はないという意味であった。そのため、主席は同日、安徽省太湖県党委宣伝部副部長の銭譲能から送られた手紙（前章においてすでに言及しておいた）を読んで、不愉快になったに違いない。ありったけの勇気を奮い起こして書かれたこの地方幹部からの手紙には、同県において一九六一年三月以降進められた責任田によって、状況に「根本的な変化」が現れたことが記されていた。この仕組みによって、ある生産大隊では一九六〇年と比較して、一九六一年には食糧生産が八一パーセント増大し、綿花の生産量は一〇倍に、豚、家禽もまた数倍に達したとされていた。銭の主張するところ、責任田は「社会主義集団経済の一種の管理方法」であり、単独経営ではないのである。そして、この方法を支持する農民は少なくとも八〇パーセント、ことによると九〇パーセント以上に達するであろう、と。毛はこの

手紙に対して、ただちに反応を示すことなく、ただ皆で研究してほしいとコメントを記しただけであった。[†9]

主席は、その翌日に行われた陝西省、青海省、寧夏自治区、新疆ウイグル自治区の指導者との談話においても、「今回の会議の問題は、社会主義の道を歩むか、単幹の道を歩むかということだ」と繰り返した。[†10]

予備会議の最終日である八月五日、毛沢東は柯慶施、李葆華、陶鋳、王任重らと談話して包産到戸の弊害について語った。在席していた包産到戸の旗手、鄧子恢は主席の以下のような言葉が自らに向けられたものであるとすぐに理解したであろう。「包産到戸、単幹をやると、半年もすれば農村の階級分化がひどくなることがわかる。ある者はたいへん貧しくなり、生活できなくなる。土地を売る者、土地を買う者がいる。ある者は高利貸しをやり、またある者は妾を囲う。貧困戸、中間戸、富裕戸はそれぞれ三分の一だという」。そして、農村に階級はまだ存在していると彼は強調した。「地主、富農、反革命の残余はいずれもまだ存在する」。[†11]

階級が存在するとすれば、当然のことながら、階級闘争もまた存在するはずであった。だが、きわめて理解しにくいことに、毛沢東は現下の農村における地主、富農に対する闘争を、暴力を使用する階級闘争と考えるべきではないと語ったのである。「矛盾にはいくつかの種類がある。第一の種類は敵味方の矛盾で、敵対的〔原文は「対抗性」〕なものである。第二の種類は人民内部の矛盾で、これはプロレタリアートとブルジョアジーの間の、社会主義と資本主義の間の矛盾を含む。社会主義と資本主義、プロレタリアートとブルジョアジーの矛盾は敵味方の矛盾に似ている。というのも、この二つの矛盾は互いに相容れないからである。この種の矛盾は第一の種類の矛盾に似ているとはいえ、区別しなければならず、やはり人民内部の矛盾とよぶのがよい」。[†12]驚天動地の発言ではあるまいか。地主、富農という「階級敵」は人民の範疇に属しており、それらは暴力を通じて除去すべき対象ではないというのである。だが、その一方で、彼はヨーロッパの共産党が唱える議会での多数獲得を通じた社会主義への平和的移行を、現実性がないとして一蹴していたのである。毛の指摘は、おそらく聞いている人々誰をも深く困惑させたに違いない。

一般に、主席が一九六二年夏以降、階級闘争の重要性を党員たちに向かって何度となく強調したことはよく知られている。だが、毛の言葉には奇妙な曖昧さがつきまとっていたことに注意しなければならない。彼はただ苛烈な階級闘争に向かって、他の指導者と党員たちを駆り立てたわけではなかった。階級闘争の意義を力説しながら、それは敵との闘争とは性質が異なると主張していたのである。これは、あたかも敵に向かって大胆に進攻せよといっておきながら、敵は温和に扱うようにと指示したに等しい。なぜ毛はこのようにわかりにくい議論を展開したのかについて、考えうる可能性はすでに第1章で検討しておいた。結局のところ、これが、かつて一九五三年春に彼が高崗に対してとった態度のように、また一九五九年夏に彭徳懐に対してとった態度のように、一方で厳しく咎めながら、他方で温和な扱いを示唆したのと同様、あたかも「陰」と「陽」が背中合わせになっている毛の性格を反映したものであったのか、それとも、再びいまが階級闘争に立ち上がるときだと檄を飛ばせば、容易に党員たちが暴走し、多くの無実の人々を罪に陥れてしまう事態を避けるための配慮——すなわち、「左」に走りすぎないようにとの配慮——から出ていたのかは、はっきりしない。そのいずれであるにせよ、あるいは両者の理由が複合されていたにせよ、主席は、階級闘争の時は来たれり、資本主義に向かってよろめきかけている指導者たちよ目を覚ませと呼びかけたのであった。

八月五日の毛沢東はふだんにもまして雄弁であった。包産到戸に対する攻撃が執拗に続いた。「ある者は〔農村の〕六〇パーセントを分田到戸とし、別のものはすべて分田到戸にせよと主張している。これはつまり、基本的に単幹とするか、あるいはすべて単幹にするということだ。すなわち、五億の農民はすべて小ブルジョアジーに変わるということで、小ブルジョアジーに権力を握らせ、小ブルジョア独裁をやらせるということだ。だが、こんなことは歴史上なかったことである。……みたところ、数パーセント、十数パーセントに単幹をやらせるならよい。まだ〔残り〕九〇パーセントが集団〔経済〕だからだ。もし全部が単幹あるいは大部分が単幹となるなら、私は反対だ。もしそうしたら、党内は必ず分裂する。……プロレタリアート独裁をやるのか、ブルジョア独裁をやるのか、それともプチブル独裁をやるのか。われわれはどんな道を行くのか[†13]」。このような主張が、やはり問題を極端に単純化したものであることに、会議参加者たちは十分に気がついていたと思われる。集団的経営と個人的経営は、相互に排除し合うものではなく、共存可能であったはずである。加えて、重要なことに、包産到戸に賛成するいかなる指導者も、集団的生産の仕組みを根絶するよう主張してはいなかった。彼らは、集団的生産という大きな枠組みのもとで、深い危機を乗り切るための便法として、また当面の間という限定を付したうえで、農民たちに彼らが長い間慣れ親しんできた個人的経営の才覚を発揮させるよう主張していたのである。だが、毛は頑なに二者択一を迫った。それは理論的には明らかに強引で乱暴きわまりないものであったけれども、政治的には有効であった。とりわけ、知的な洗練さに欠ける指導者たちを味方につけるには、優れた政治戦術であった。主席の気迫に押された劉少奇は動揺し、八月五日の会議後、当面するいくつかの重要問題を研究するために、「中心小組」(あるいは核心小組)を政治局員と一部の地方指導者によって組織してはどうかと提案した。その提案には毛沢東も反対しなかった。約二〇名からなる小組のメンバーは、結局のところ、毛によって選定され、果たせるかな、陳雲、鄧子恢、田家英は外されてしまった。[†14]

北戴河中央工作会議

八月六日、ようやく中央工作会議が始まった。最初の全体会議において、中央書記処を代表する鄧小平が、今回の会議の議題は、農村工作、財政貿易工作、都市工作、およびその他の問題であることを宣言した。また、この会議は大区の地理的区分に基づき六グループに分かれて行われ、核心小組が問題を集めて討論した後、再び各グループに返すという形をとると告げた。[†15]

続いて、毛沢東が階級、情勢、矛盾について講話を行った(このテクストは『毛沢東思想万歳』の一部の版、『学習文選』、および『資料選編』にしか収録されておらず——それらは基本的に一致している——しかもそのテクストは講話の一部にすぎないため、現在われわれはその全貌を把握することができない)。階級について、毛はソ連で「全人民の党」という概念が打ち出されたことを念頭に置いて、これが中国にも当てはまるかという問題を提起した。「社会主義国家に果たして階級は存在するのかしないのか。外国である人がこういった。階級がなくなった。だから党は全人民の党であり、もはや階級の道具、プロレタリアートの党ではなくなった。プロレタリアート独裁がなくなったのだから、全民独裁（ママ）はその対象を失い、残るは対外矛盾だけになった、と。われわれのような国家に〔このような考え方は〕適用できるのだろうか」。だが、このとき、毛はすぐには自分の答案を示さなかった。[†16]

次に情勢に関して主席は、ある者は過去数年について光明ばかりをみて暗い面をみない、別のものはほとんど暗黒しかみていない。どちらが正しいか、と問うた。もしどちらも正しくないなら、第三の見方、すなわち、基本的には明るいが、問題は少なくない、というべきである。これは一九五九年夏の廬山会議の際の観点——成果は大きく、問題は少なくないが、前途は明るい——に帰ることを意味する、と毛は述べた。そして彼はこの見方に立つと示唆した。[†17]

最後に毛沢東は矛盾について述べた。社会主義をやるのか資本主義をやるのか、分田到戸、包産到戸をやるのか集団経済をやるのか、とここでも彼は再び参加者に二者択一を迫った。そして、居並ぶ指導者たちに向かって、「現在、この単幹風は上層に行けば行くほど強く吹いている」とつけ加えて参加者たちの背筋を凍りつかせた。[†18]これは政治局常務委員たちに対するあからさまな恫喝であり、はっきりとした警告であった。ソ連のように社会主義から資本主義へ立ち戻ってはならない、農業の脱集団化は資本主義へと回帰する道であるから、現在そのような道をたどろうとしている指導者は大きな過ちを犯している、と毛は示唆したのである。

ただし、わかりにくさは残った。それは矛盾の処理の仕方についてであった。どのような矛盾があるのか、と主席は問うた。「まずは敵味方の矛盾だ。そして人民内部の矛盾だ。この二つしかない。人民内部には一種の矛盾があり、その本質は敵対的だが、われわれの処理の形式は、それを人民内部の矛盾として解決するのである。これは社会主義と資本主義の矛盾のことをいっているのだ」。[†19]これは、プロレタリアートとブルジョアジーの矛盾、社会主義と資本主義の矛盾を人民内部の矛盾として扱うよう主張した前日の発言を繰り返したものであった。

三日後、毛沢東は中心小組会議において再び講話を行った。この講話のテクストは、『毛沢東思想万歳』の多くの版に収録されており、分量からみても六日の講話よりはるかに多い。話の冒頭、彼はいきなり衝撃的な問題提起を行った。「今日は、〔中国〕共産党が崩壊するか、崩壊しないかという問題を取り上げたい」と毛は切り出した。[†20]それは彼のみるところ、資本主義思想が数十年、数百年にわたって存在し続けるため、ブルジョアジーが復活する危険性があるからであった。「ブルジョアジーは生き返ることができるのであり、ソ連はまさにこのような状態にある」と主席は述べた。[†21]彼のみるところ、ソ連は完全に堕落変質した国家であった。「ソ連は現在まで数十年たっているが、まだ修正主義があり、国際資本主義に奉仕しており、実際には反革命である」。[†22]これは社会主義陣営が崩壊したと断じたも同然であった。翻って中国共産党の内部を見渡せば、恐るべき光景が広がっていると彼は指摘した。「党員の階級構成をみると、大量の小ブルジョアジーがおり、一部の富農とその子弟がおり、一団の知識分子がおり、さらに一団の十分に改造されていない悪質分子がいる。これらの人々は実際には共産党員ではない。名目は共産党だが、実質は国民党である。……はっきりした汚職や腐敗行為を、この部類の人々はやりやすい。知識分子・地主・富農の子弟にはマルクス主義化した者もいるが、全然そうなっていない者もおり、マルクス主義化の程度が不十分な者もいる。……ブルジョア知識分子は全部、帽子を脱ぎ捨てているだろうか。ブルジョア知識分子の本質は変わっていない」。[†23]したがって——これが講話の要点であるが——幹部に対する再教育と階級闘争の継続によって、中国共産党にも修正主義が降臨することを防がなければならないのである。

もし毛がいうように、過去の革命の炎によって焼き尽くすことができなかったブルジョアジーの燃えかすが、再び火を噴き始めて周囲を蹂躙しているというなら、それは激しい闘争によって——つまり暴力を用いた苛烈な闘争を通じて——除去すべきではあるまいか。実際、主席はこの日の講話で、「われわれは一万年でも階級闘争をやらなければならず、さもなければわれわれは国民党、修正主義分子に成り下がるのではあるまいか。**平和的移行というが、**〔**平和的な手段では**〕**絶対に移行しない**のであり、永遠に移行しないのである」[†24]と力を込めて述べている。だが、この階級闘争なるものは、敵味方の矛盾とは区別すべきものなのである。[†25]このように、毛沢東が「左」に向かって思い切り舵を切ったかのように思わせておきながら、実際には同時にいくらか「右」にも切ったことを、おそらく他の指導者たちはよく理解できなかったに違いない。理解できなかったがゆえに、二年後に劉少奇は「左」に向かってまっしぐらに走りはじめたが、それが主席の怒りを買うこととなるのである。

八月九日の毛沢東の講話には、さらに注目すべきことがある。第一に、彼がこの会議をはっきりと同僚たちに対する反撃の場であると考えていたことである。彼はこう述べた。「諸君は私に長いこと圧力をかけてきた。一九六〇年以来二年以上もだ。だから、少しは諸君に圧力をかけてもかまわないだろう[†26]」。われわれはここに、かつて一九五八年の大躍進の開始に際して、毛がその二年前に、周恩来らによって「冒進」を咎められたことに不平を述べていたこととの類似性を見出す。頭を押さえられたと感じると、反骨精神の塊であるこの最高指導者は、猛烈に反発する習性を備えていた。社会主義の大義を訴えて、包産到戸の企てを阻止することは、大躍進開始時と同様、彼の個人的なうっぷん晴らしを兼ねていたのである。

第二に、彼の不満の原因は包産到戸の問題だけではなかったことが明らかにされた。毛は商業についてはわからないといいながら、同僚たちの商業政策には大いに問題があるとみていた。「商業部は改称して破壊部と呼ぶべきである。……商業政策とそのやり方は根本から研究し直さなければならない。……〔強制徴収・買い上げは〕集団に打撃を与え、単幹を有利にする。今回は何はともあれ、この問題を解決しなければならない[†27]」。不満の対象は商業部だけにとどまらなかった。「財政経済関係の各部、各委員会は、これまで報告をしてこなかった。事前に指示を求めてもこなかったし、事後に報告もしてこなかった。独立王国だ。年がら年中、署名〔だけ〕を要求してくる。……外国のことを、われわれは皆よく知っている。ケネディが何をやろうとしているかさえも知っている。しかし、北京の各部〔これは党および政府の各部という意味であると思われる〕がどんなことをしているのか誰が知っていよう。いくつかの経済部門の状況を私は知らない[†28]」。さらに六日後、毛は安子文が部長を務める中央組織部を槍玉にあげた。「中央組織部は以前から中央に報告しない。そのため、中央の同志は組織部の同志たちの活動をまったく知らない。全部を封鎖しており、ひとつの独立王国となっている」[†29]。後に、われわれはこの最高指導者が、自らの足元である北京市を同様の理由で非難し始めるのをみるであろう。個々の指導者を超えて、主席は党と政府の官僚機構――それは日々複雑化する社会主義の運営のために必要不可欠であった――そのものが我慢ならなくなり始めていたようにみえる。それはすでに一九五六年以来、彼の発言のなかにしばしば現れていた不穏な兆候であった。次第に募る毛の不満は、やがて彼に「北京」を諸悪の根源、あるいは彼に対する抵抗の象徴と認識させるに至り、彼はそれにたたかいを挑むのである。

そして第三に、毛沢東のもくろみ通り、地方の指導者たちは彼の主張を支持した。毛の講話の最中、四川省委書記の李井泉が口を挟んだ。李は、単幹を始めてから農村社会の両極分化がひどい、たった二年でそれが明らかになったと述べたのである。この発言を待っていたかのように主席は応じた。「二年もいらない。一年あまりで階級分化が現れた。そのうちある者は共産党の支部書記で、汚職をやり、多くを占有し、妾を囲い、高利貸しをやり、土地を買っている」[†30]。

政治的主導権を握るための毛沢東の戦術は見事に功を奏した。出席者の一人であった薄一波は、八月五日と六日における「単幹風」に対する毛の厳しい批判によって、会議の雰囲気は「一辺倒」となったと述懐している[†31]。参加者たちがあたかも雪崩を打つようにして、毛に対する支持を表明し始めたのである。誰一人として彼に議論を挑んだ者はいなかった。形勢不利と判断した政治局常務委員たちは、八月一一日の中心小組会議であっさりとこれまでの立場を捨て去った。鄧小平は毛沢東にすり寄ってこう述べた。「主席がこのたび提出した問題は、非常に重要で時宜にかなっている。たんに国内問題、単幹問題だけでなく、内容は広範囲に及び、国際・国内のひとつの歴史的時期全体を含んでいる。すなわち、社会主義の過渡期、あるいはプロレタリアート独裁の時期と呼ばれる時期だ。この歴史的時期にはまだ階級・階層があり、まだ階級闘争がある」[†32]。

劉少奇も自己批判を行った。「われわれのこの国家には階級が存在する時期がまだ長くある。だから、階級闘争はやはり長期におよぶ。……一月会議〔七千人大会を指す〕でわれわれはひとつの見積もりを行った。そのときは、もっとも困難な時期はすでに過ぎ去ったといった。五月会議でもまた見積もりを行った。いまからみると、五月会議は困難について二つの点で見積もりが過分だった。第一は夏の収穫が減ることが決定的になったと考えたことだ。いまからみれば、減産はしておらず、かえって増産したのだ。第二はそのとき、単幹が全国ですでに二〇パーセントに達していると見積もったことだ。いまからみれば、全国では多くても一〇パーセントを超えない[33]」。この発言に対して、毛が横から口を挟んだ。「夏の収穫の具合はかつてないほどよい。全国的にそうだ。これは〔人民公社の〕基本採算単位を下におろした効果が大きかったことを証明している。……おそらく、やはり一月会議の見積もりが正しかったのだ。……ある人の見積もりでは、回復に五年から八年かかるという。農業の回復に五年、八年などと、そんなに時間がかかるといってはいけない。いくらか希望がなければならない。そんなに長くかかるといえば、希望がなくなってしまう[34]」。

八月一七日の中心小組会議では、周恩来も自己批判を行った。「主席が提起した三つの問題、六つの矛盾は、いずれも非常に重要なもので、きわめて時宜にかなっている。……われわれは一時期、困難について多く語りすぎたため、党内に沈滞ムードが漂ってしまった。その後、正しい措置を講じたが、何かというと問題を悲観的に捉える習慣ができてしまった[35]」。こうして政治局常務委員たちは変わり身も早く、わずか二ヵ月前の立場をいとも簡単に覆し、相次いで「投降」したのであった[36]。

今回、毛沢東の祭壇に捧げられた生贄は、包産到戸の旗手である鄧子恢であった。指導者たちは、彼に対して八月九日の中心小組会議で集中砲火を浴びせた。西南局第一書記の李井泉は、鄧が同年六月と七月に行った報告の記録を手に取り、農村工作部長は困難の前でおじけづき、富裕中農が資本主義的農業を要求する声を代弁していると批判した。陳伯達は、鄧が人民公社は高級合作社に如《し》かず、高級合作社は初級合作社に如かず、初級合作社は互助組に如かず、互助組は単幹に如かず、などといっているが、実際には彼の要求は資本主義をやれということなのだと述べた。

柯慶施も農村工作部長に対する容赦ない包囲攻撃に加わった。この上海の指導者が主張するところ、鄧は自作農をもっとも先進的な生産方式とみなしており、その考え方は建国以来一貫して変わっていない、彼は事実上富裕中農の代表者なのである。[†37]

一一日の会議で、毛沢東は再び田家英と鄧子恢を批判した。とりわけ鄧に対する批判は厳しいものであった。[†38] 毛は鄧について、社会主義革命の精神的準備がない人々に属しており、社会主義革命に興味がないとまで酷評した。そのため、農村工作部長は自己批判を余儀なくされ、自らが「毛主席と党中央の方針に背き、方向性の誤りを犯した」と認めた。[†39] 一二日の会議においても、主席の鄧子恢に対する批判は執拗に続いた。毛はこのとき、鄧が一九五五年夏以前に一貫して農業合作社に反対していたことのみならず、一九五〇年に「四大自由」を主張したことまでもちだし、彼が「ブルジョア民主主義者」の立場に立っていると述べた。[†40] そのため、一三日の会議で、鄧は再度の自己批判を強いられたのである。[†41] 主席が繰り返し農村工作部長を批判したのは、彼の言説が指導者や幹部たちの間で一定程度支持されていたからであった。毛は、軍幹部たちの間にも、鄧子恢を称賛する者が少なからず存在することに注意を払っていた。[†42] おそらくは、そのような農村工作部長の影響力を一掃するためであったと思われるが、主席は間もなく中央農村工作部を、「この十年間ひとつもよいことをしなかった」という理由で廃止してしまうのである。[†43]

一五日の中心小組会議においては、劉少奇が取り仕切った五月会議に対する批判が噴出した。もちろんこれは、主席の主張を全面的に支持する立場からなされたものであった。国家計画委員会主任の李富春は、五月会議における方針上の問題は、そこで提起された「速さを勝ち取り、ゆっくり準備する」（原文は「争取快、準備慢」）の後半部分に重点を置いたことであると語った。副総理の譚震林も、農業の回復には五年かかるといういい方には反対だと述べた。毛沢東、李富春と同じく、やはり湖南省出身の譚の主張によれば、二年あれば、一九五七年の食糧生産の水準である三七〇〇億斤にまで回復させることが可能なのである。[†44] 薄一波は、その人物を特定することを避けているが、この日の会議においてある参加者は、「大躍進の状況は、きっとすぐ新たに訪れるだろう」と述べたと述懐している。[†45] 田家英が戚本禹に語るところ、王任重と陶鋳は、包産到戸を主張した人々を党から追放せよと強く主張しさえした。[†46] そして譚震林は、田家英が明らかに農村自由市場の解消に反対しているのにもかかわらず、それが理解できず、大声で田の意見に賛成した（つまり譚自身は、自由市場の解消を強く主張したつもりであった）という。[†47] 驚くべきことに、さすがに毛沢東もそこまでは望んではいなかったであろうが、大躍進が実質的に再開されてもおかしくはないところまで、会議の雰囲気は「左」へと急激に傾いた。これは毛が断固とした姿勢を示したとき、彼の副官たちがどのように動くかをよく物語っている。彼らはあたかも「風にそよぐ葦」のようであった。

戚本禹は彼の回想録に、北戴河から北京に戻ってきたばかりの田家英が戚に伝えてくれた、会議における興味深い人間模様を記している。それによれば、包産到戸に対する批判においてもっとも力がこもっていたのは譚震林であった。彼は多くの根拠のない増産指標を並べてみせた。陳正人（農業機械部部長）もまた、湖南省を訪れ――実際には訪れてはいなかったという！――血色のよい（原文は「紅光満面」）農民たちに出会ったと述べた。中央機関の一部の責任者たち、例えば、王鶴寿（冶金工業部長）は地方の同志たちよりも強く包産到戸に反対している。李井泉の左傾ぶりはひどい。陸定一は、少し前には中央宣伝部で包産到戸の利点を大いに語っていたのに、このたびの会議ではその弊害を大いに語っている――「私にはそんな〔変節の〕才能はない」[†48]と田は語ったという。陳伯達、陸定一、陳正人、廖魯言（中央農村工作部副部長）はいずれも同様の人物である、と。

それにしても、生産の回復は、本当に毛沢東が主張するようにきわめて順調であったのだろうか。もしそれが確かな根拠をもつものであったなら、毛の主張は包産到戸の支持者たちを容易に沈黙させることができたはずである。しかし薄弱な根拠しかなかったとすれば、主席の議論は、はったりを利かせたも同然であった。二日前の一三日の中心小組会議において、彼は包産到戸に頼らなくても、江西省、山東省、河南省はうまくやっていると語った。毛によれば、山東省委書記の周興は、上海で華東局の会議が開催された際、「一面真っ暗」だと述べた。ところが、周はその二ヵ月後に主席が山東省に赴いて彼を訪ねると、情勢はとてもよい、今年山東省の小麦は八億斤から一〇億斤増産できると語ったのであった。[†49] このエピソードは、主席が事実を聞き出したというより、政治的圧力によって聞き出したいことを聞き出したのではないかという疑惑を招くものである。残念なことに、一九六〇年代前半における食糧生産に関する信頼に足る統計をわれわれは手にしていない（おそらく将来においても、手にできる見込みは小さいと思われる）。したがって、この問題は依然として解明できないものとして残っている。「中国の友」として知られるアメリカ人ジャーナリストのアンナ・ルイズ・ストロングは、一九六二年九月一七日、「中国からの手紙」において、「華北平野が豊作というううれしいニュースをお知らせしましょう。このことは、とりもなおさず中国の全域にわたって食糧が十分に供給されることを意味しています。河南省と山東省は、最後まで災害に襲われた地方ですが、ついにここも難関を乗り切りました」と記した。[†50] 王光美は、彼女の回想録に一九六三年の北京における春節に賑わいが戻った様子を記している。有名な繁華街のひとつである和平門外の琉璃廠は人通りも多く、糖葫蘆や綿花糖などの菓子、各種の特産品などが豊富な品揃えで売られており、人々は楽しそうな様子であった、と。[†51] 劉賓雁もまた、こう書いている。「たぶん一九六二年であったと思うが、ある朝、北京の街頭に油餅を揚げる鍋が再び現れたのを目にしたとき、今回の飢饉はかなり早く過ぎ去ったと思った」。[†52]

だが他方において、われわれは、経済の第二次五ヵ年計画が一九六二年に終了した後、順調であれば一九六三年には第三次五ヵ年計画が開始されるところ、実際にそれが始まったと宣言されたのが一九六六年であったことを知っている。[†53] 少なくとも、一九六二年秋に各地から北京に伝えられた収穫の状況は、いずれも芳しいものではなかった。同年九月、湖北、山東、陝西、四川、黒竜江、湖南、広東、吉林、貴州、内蒙古から「災害」の状況を伝える報告が続々と党中央に届いた。毛沢東は、これらの報告に接して、きっと肝を冷やしたに違いない。だが、すでに「夏の収穫はかつてないほどよい」と言い張っていたのだから、現実がどうであれ、判断を覆すわけにはいかなかった。湖北から届けられた「災害」に関する報告書に対して、毛はあくまで強気にこうコメントを記した。「これらはいずれも災害状況に関する報告であるが、幹部の努力、大衆の積極性、人心の安定がみてとれる。減産があったとしても、増産もまたある。つまり、災害に見舞われた地区も一面真っ暗というわけではない。中国人は社会主義建設をやれるのだ」[54]。以上の手短な考察から、とりあえず得られる暫定的な結論はこうである。すなわち、主席は包産到戸に頼らずとも集団的生産の仕組みだけで危機を乗り切ることができたという主張を、確信をもって述べていたわけではなかった。むしろ、それは確かな勝算があったとはいいがたい、危うい賭けであった。

毛沢東が大躍進の「成果」を否定する主張を封じ込め、政治的主導権を奪い返すことにだけ関心があったわけではない、ということも指摘しておかなければならない。彼にとって、階級闘争は重要であったとしても、生産もまたそれに劣らぬ重要性をもっていた。八月一五日の中心小組会議において、李富春の発言中、毛は口を挟んでこう述べた。「われわれの各方面の政策の出発点と着眼点は生産を発展させること、生産を促進すること、生産に有利であるということだ」[55]。この主張は、後に主席が繰り返し立ち返る論点となる。

八月二〇日、最後の中心小組会議が開催された。劉少奇が、階級と階級闘争の問題をここで議論したとはいえ、これを広く伝達すると、たちまち「反右傾闘争」が再度沸き起こるかもしれないと述べ、伝達範囲を限定することを提案すると、これを毛沢東は支持した[56]。毛は、鄧子恢に対する批判を念頭に置いてこう述べた。「われわれはそよ風と小雨〔原文は「和風細雨」〕で問題をはっきりさせ、是非をはっきりさせ、広く現実と結びつけ、主に思想問題を解決する。理を説かねばならず、道理を説かねばならない。今回の会議のようにである」[57]。二四日、北戴河における中央工作会議は、全体会議を開いた後に終了した。幕を閉じたのはこの会議だけではなかった。七千人大会後の、客観的かつ合理的な認識に基づき、堅実な社会主義建設を目指す可能性を秘めた時期もまた幕を閉じた。劉少奇、陳雲、鄧小平らが主導するかに思われた中国版ネップは、構想途中の段階で流産してしまった。かくして、短い「経済の季節」が終わりを告げ、長く激しい「政治の季節」が幕を開けた。この「政治の季節」の頂点で訪れたのが文化大革命であった。

第八期十中全会予備会議

一九六二年八月二六日から九月二三日までの長きにわたり、第八期十中全会の準備会合が北京に場所を移して開催された。政治的な力比べは、すでにこの準備会合に先んじた北戴河会議において毛沢東の完全な勝利、逆からいえば政治局常務委員たちの完全な屈服で終わっていた。そのため、この会合で大きな波乱と呼びうるものは生じなかった。『毛沢東年譜』第五巻は、この間、毛が外国からの訪問客と何度か会見したほか、商業に関する政策の問題、インドとの国境紛争の問題、そして中央書記処の人事について考えたことを記している。[†58]『毛沢東思想万歳』のいかなる版にも、また『学習文選』、『学習資料（一九六二―一九六七）』、『資料選編』にもこの予備会議の最中、主席が行った講話は収録されていない。

波乱めいたことがあったとすれば、それは八月二二日に彭徳懐が、先述した六月一六日付の書簡に続いて、再び毛沢東に宛てて「私は党内に『小集団』をもたないし、『党を簒奪する』ことをもくろむ醜悪な意図はない。また、いかなる外国人とも中国で転覆活動をしていない」と主張する書簡を送ったことである。[†59]しかし、毛は北戴河会議の期間中と同様、一九五九年の彭徳懐に対する処分を覆そうとはせず、かえって彭の要求を「翻案風」の一部とみなした。九月三日、主席は前国防部長のしたためた二つの書簡を小組会議で検討するよう指示した。[†60]

もうひとつの小さな波乱は、「翻案風」に対する批判が、彭徳懐に連なるとされた別の人々をも失脚に追い込んだことであった。この事件のきっかけは、一九六二年夏、実在した陝西省の革命家を題材にして書かれた小説『劉志丹』に、彭徳懐を復権させる意図が込められているとの、牽強付会といいうる告発がなされたことであった。[†61]この小説が正式に出版される前に、いくつかの新聞と雑誌に掲載されてしまったことを雲南省第一書記、閻紅彦が問題視し、康生に報告したために騒ぎが生じたのである。八月二四日、康生は中央弁公室秘書長の楊尚昆に手紙を書き、この小説が「政治的傾向性を帯びている」として、中央書記処がこの問題を処理するよう要求した。そのため、九月八日以降、第八期十中全会予備会議の場でこの小説に対する批判が始まった。閻紅彦は、「小説『劉志丹』は習仲勲（副総理）が主宰して書いた」ものであり、「劉志丹の宣伝を借りて高崗を宣伝するものだ」と主張した。すると、康生もまた「現在の中心問題は、なぜいまこの時期に高崗を宣伝するかだ」と述べたという。[†62] 九月中旬以降、予備会議の各グループは、彭徳懐を批判すると同時に習仲勲、さらには習に連なるとされた賈拓夫（国家経済委員会副主任）、劉景範（地質部副部長、劉志丹の弟）などにも批判の対象を広げた。やがて彼らはひとまとめにされ、さらには一九五三年の高崗事件とも結びつけられて「彭徳懐、高崗、習仲勲反党集団」あるいは「西北反党集団」と呼ばれた。毛沢東は、この実に荒唐無稽な批判の拡大とエスカレーションを何ら阻止しなかったばかりでなく、第八期十中全会では「小説を書いて反党、反人民をやるのは一大発明である」と述べ、かえって火に油を注いだ。[†63]

彭徳懐に対する再度の批判と並んで、中央対外連絡部長の王稼祥の主張した対外的方針もまた再度の批判にさらされた。王の方針を批判するための言葉である「三和一少」（帝国主義、修正主義、各国反動派に対して融和的であり、各国の革命運動に対する支持を減らす）は、康生が言い出したらしい。[†64] 九月一四日の華東グループ討論の場で、外交部長の陳毅は「三和一少」を厳しく批判した。陳は、「三和一少」のような「よこしまな風」が吹くのは、三年にわたる困難が、マルクス主義的立場が堅固ではないいくらかの人々の気を挫いてしまったからだ、と述べた。毛沢東はこの発言も称賛した。[†65]

第八期十中全会

一九六二年九月二四日から二七日にかけて北京で開催された第八期十中全会は、一般に、毛沢東が「継続革命論」と呼ばれる、階級闘争に関する独特な理論を打ち出した会議として知られている。文化大革命の理論的基礎は、まさにここで据えられたというのである。筆者の考えでは、それは大きく誤ってはいない。だが、すでに階級闘争の強調は、この会議に先立つ夏の北戴河会議において明らかであった。さらにいえば、すでに第1章で述べたように、社会主義段階における資本主義勢力の復活の可能性と階級闘争の継続をうたった第八期十中全会の有名なコミュニケは、一九六〇年秋の中央軍事委員会決議を引き写したものであった。したがって、この中央委員会総会を文化大革命への歩みにおける理論上の画期とみるのは当たらない。イデオロギー的な変化は、この会議に先駆けてすでに徐々に進行していたのである。

実際、開幕日に行われた毛沢東の講話に、目新しい点はとくに見当たらない。ここでも彼は、社会主義国家に階級は存在しないのかと問うた。「今では、社会主義国家に階級が存在することは肯定してよく、階級闘争が存在することも肯定してよい」と彼は断言した。[†66] 毛は、レーニンがブルジョアジーは復活すると述べたように、「反動階級は復活するかもしれず、警戒心を高めなければならない。十分に青年たちを教育し、幹部を教育し、大衆を教育し、中級と下級の幹部を教育しなければならない」と語った。[†67] ただし、階級闘争を呼びかけておきながら、主席の提唱する闘争方法は、やはり穏やかなものであった。「どんな誤りを犯した同志についても、やはり一九四二年から四五年の整風運動のときの路線に従う。誤りを真面目に改めるかぎり、すべて歓迎の態度を表明し、彼らと団結しなければならぬ。……李××〔李維漢と推定される〕同志の誤りは改められた。われわれは彼を信任するのだ。……首をはねるようなやり方はしないよう、私は同志諸君に勧告したい。殺生戒は解除すべきではない。多くの反革命分子も殺してはいけない」。[†68]

この発言に登場する中央統一戦線工作部長の李維漢の誤りとは、同部のいわゆる民主諸党派に対する工作に関係するものであった。李は、一九五六年以来、五年あるいはそれ以上の時間を費やしてブルジョア分子を消滅させること、および民主諸党派を根本的に改造して社会主義政党とすることを主張していた。彼は一九六二年五月には、小型の商工業者の大多数はすでに労働者となり、大中資本家の大部分も政治的には大きな進歩をみせ、その相当部分は積極的に社会主義のために働いている、と述べた。[†69] これは社会全体の改造可能性という見地からすれば、至極当然の考え方であったといいうる。だが、一部の指導者が、このような議論は最高指導者のいう「一万年も」続くであろう階級闘争の意義を著しく貶めるものであると主張したのである（たしかに、毛沢東の議論は、ブルジョア階級の改造が不可能とまではいわずとも、改造がきわめて困難であるという前提に基づいていた）。第八期十中全会において中央統一戦線工作部長は書面発言を行い、同部の工作に誤りがあるかどうか、部内に戻り検討を行いたいと述べた。だが、その後、李は二度にわたり厳しい批判にさらされ、部長職を解任されたのであった。[†70]

しかし、李維漢に対する批判は、彭徳懐に対する批判と比べればまだ穏やかなものであった。薄一波は、この会議は終始、全体会議およびグループ会議ともに、彭徳懐に対する批判で満ちていたと回想録に記している。「今回の彭に対する批判は、その勢いも大きく、一九五九年の廬山会議のときに劣らなかった」[†71]。毛沢東は会議初日の講話で、彭徳懐、習仲勲、張聞天、黄克誠、周小舟、賈拓夫は「罪があまりに大きい」ため、会議に参加する資格はなく、天安門にも登らせないと述べた。[†72]この講話のなかで、彼らの罪に言及する直前、主席は中国国内の右翼日和見主義は今後、修正主義と呼ぶのがよいと語っていたため、彭徳懐らは修正主義者に「昇格」したのである。[†73]

李維漢を一時的に無罪放免としながら、より深く反省を行ったようにみえる彭徳懐に対して、毛は「そよ風と小雨」で対応するどころか、まったく情け容赦がなかった。前国防部長に対するもっとも手厳しい批判者であった陳伯達は「社会主義の制度のもとでも、張邦昌〔一二世紀、金軍が傀儡とした人物〕、石敬塘〔五代後晋の高祖、しばしば傀儡皇帝と称される〕は現れるのだ」といい、康生は「彭を国慶節の際、天安門に登らせてはならない」と主張した。[†74]九月二七日には、彭徳懐と習仲勲に対してそれぞれ専門審査委員会を組織することが全会で決議された。[†75]

批判の集中砲火を浴びたのは、会議に参加していない彭徳懐だけではなかった。鄧子恢もまた再度厳しい批判にさらされた。九月二四日、毛沢東は陳伯達の発言中に口を挟み、農村工作部長に対する批判に及んだ。翌日の会議においても、毛は董必武の発言中、董をさえぎって突然、鄧子恢に対する批判を始めた。[†76]『毛沢東伝』の執筆者によれば、毛は陳雲、鄧子恢、そして田家英を、包産到戸を主張する三人の代表とみなしていたのであった。だが、ひどく叩かれたのは、もっぱら鄧子恢であった。劉少奇もまた毛に唱和して鄧子恢に対する批判に加わった。副主席は九月二六日の講話においてこう述べた。困難に直面した一部の地委書記、市委書記、県委書記は党中央に手紙を書き、社会主義の道を放棄するよう正式に提案し、個人経営を主張した。だが、個人経営に前途はない。社会主義的な大規模経営だけが農民を貧困から救い、農業を苦境から救い出すことができる。そして、彼はこう断言した。「もし党が個人経営を指導するなら、もし中央委員会が個人経営を指導するなら、私のみるところ、われわれの党は変質して共産党ではなくなってしまったのである」[†77]。劉はこの講話の最後の部分で突如、党内における派閥あるいはセクトの問題について語り始めた。副主席によれば、かつてレーニンは、党内の反対派は無条件で解散させるか党籍を剝奪すべきだと主張した。ならば、秘密の反対派や反党集団はなおさら許すことはできないのである[†78]。この言明は、「彭徳懐集団」に向けられたものとみることが可能であるが、自らが反対派に属することは決してないという毛沢東に向けた決意表明であったと考えることもできる。鄧子恢と彭徳懐を容赦なく批判することで、劉は自らの保身を図ったようにみえる。

それは劉少奇だけに限られたことではなかった。周恩来もまた、包産到戸を批判し、これは「認識上の誤りである」と述べた。そして「皆が心をひとつにして」団結するよう訴えた[†79]。もちろん団結とは、主席の周囲に固く集うことを意味していた。総理の発言に毛沢東は満足した。主席は、困難に直面して党内には三種類の人間が見出せるとし、「断固として困難を克服しようとし、動揺していない」人物として、林彪、柯慶施、李井泉、彭真、陶鑄、そして周恩来をあげたのである[†80]。

前章においてすでに述べたように、七月初旬の時点では、農民の生産に対する意欲を引き出すための手段を「百家争鳴」の精神で考えるべきであると述べていた鄧小平も、八月になると態度を変化させていた。公式の『鄧小平伝』は、八月一一日に彼が毛沢東の階級闘争に関する議論に賛同の意を表明したと記している[†81]。

七千人大会に臨んで毛沢東の自己批判を望んだ彭真は、七千人大会後、「冷たい空気」(状況を悲観的にみる空気、という意味であると理解しうる)が現れたと述べた。だがそれにもかかわらず、「三面紅旗」は倒れない、毛主席が提起した総路線と総方針は普遍的な真理である、今回の中央委員会総会が相当大きな精力を階級闘争に振り向けたのは必要であり、正しいことであった、と北京市長は強調した。[82]

以上のような指導者たちの言動を総じて、中国の文学者、銭理群が「またも廬山会議」と記しているのは、事態の核心を突いている。[83]共通の敵を皆で叩きあって一致団結の局面を作り出す――その団結は、最高指導者の意思に部下たちが完全に従うことによって成し遂げられるものであった――という毛沢東の得意とする政治手法がまたも採用された（同様の手法は、一九五九年の廬山会議だけでなく、高崗に攻撃を集中して党内の分裂を回避した一九五三年秋の会議でも採用されたことを想起することが有益である）。その結果、主席自身がそれを望んでいたとは信じがたいが、有無をいわさず最高指導者への同調を強いる重苦しい雰囲気が会議を支配した。そのような雰囲気の醸成に大きな役割を果たしたのは、柯慶施、李井泉、王任重、陶鋳といった地方指導者たち――毛が頼りにした人々――であるとともに、陳伯達、康生などの理念にはほとんど関心をもたず、政治的投機を好む人々であった。かくして第八期十中全会の意義は、理論上の新機軸を打ち出したことにあるのではなく、特定の人物に対して批判の集中砲火を浴びせることを通じて会議参加者の間に醸成された異常ともいいうる逸脱を許さぬ雰囲気、そして戦闘的な雰囲気にあったのである。このような雰囲気のなかで、一九六一年一月の中央工作会議で語られたものの、その後、しばらくの間放っておかれた階級闘争の必要性が再び政治の基調に据えられた。

小結

前章の末尾で引用したが、一九六二年七月下旬に楊尚昆が日記に記した「不安」は見事に的中したといいうる。彼が危惧したことは、毛沢東が強い覚悟で政治的反撃に打って出ること、そしてその際に「誤りを犯した」同志たちが手厳しい追及を受けることであったに違いない。だが、楊は指導者の誰もが、われ先に生贄の山羊に剣を突き刺すような行動をとることまでは予見していなかったと思われる。七千人大会で完全には実現できなかった党内一致が、同年夏の一連の会議を通じて、これ以上はないほど完璧な形で実現された。それは毛沢東による極端化された政治的争点の操作のもとで、毛に唱和するほかなかった政治局常務委員たち、そして主席に迎合するエピゴーネン――地方指導者たち――の組み合わせによって実現した党内一致であった。

文化大革命中に熱烈な毛沢東主義者によって刊行された『党内における二つの路線闘争大事記』によれば、同年夏、劉少奇は『共産党員の修養を論ず』の改訂版を大量に発行して、党員たちが「修養」を積めば、社会主義社会における階級闘争は不要になるとする議論を中国内外に広く散布した。また、劉は同年において『毛沢東選集』を一冊も印刷させなかったという。[†84] これによって、この分厚い大事記は、一九六二年夏に劉少奇と鄧小平が形作る「黒い司令部」と毛沢東派との間で、激しい権力闘争が演じられていたとの印象を与えているが、このようなイメージは、明らかに現実に根拠をもたない。現実はといえば、主席が政治的主導権を回復しようと断固たる態度に出たとき、政治局常務委員たちは、なす術もなく彼に従い、地方の指導者たちとともに、風にそよぐ葦のごとく大合唱を始めたのであった。このことは、党内において「政治家」がただ毛沢東一人しか存在しなかったことを物語っている。

一九六二年夏に主席が政治的主導権を完全に奪い返すことができたのは、主として彼の見事な政治的技術と胆力によるものである。毛には、このたたかいに臨んで十分な勝算があったのだろうか。筆者には、そうは思えない。というのも、彼は不確かとしかいいようのない生産の急速な回復を根拠として、包産到戸の支持者たちに闘争を挑んだからである。したがって、もし各地から相次いで不作の報告が届けられたならば、彼の賭けは裏目に出る可能性があった(もっとも、勝利のチャンスが薄いからといって、たたかいを諦めるような人物ではなかったかもしれない)。まったく幸いにも、主席はもくろみ通り、副官たちの、とりわけ政治局常務委員より一段下位に属する指導者たちの行動様式に助けられた。七月下旬から二ヵ月に及ぶ一連の会議の様子を、現在利用可能な資料に基づいて再現すれば、われわれが通常、近代的な政治エリートに期待するような議論はまったく行われていなかったことが明らかとなる。われわれが見出すのは、何の政治的信念ももたず、ただ自らの地位に恋々とし、「右」から「左」へといとも簡単に――あるいは最高指導者が望むように、いかようにでも――言説を変えてみせる機会主義的な政治的カメレオンの群れである。このような副官たちの姿は、おそらく彼らの経歴と深く関わっていたのであろう。革命とそれに続く激動期を生き延び、幾度もの粛清を免れ、そして毛沢東につき従って昇進を果たしたのが彼らであった。したがって彼らにとって、毛に対する忠誠と、党および革命の大義に対する忠誠の区別は意味をなさなかった。清朝末期に生まれた彼らは、ほとんどの場合、正規の高等教育を受けたことがなかった。それゆえ思想、哲学、文学、芸術の素養は無に等しく、これらに関する彼らの見解はきわめて表層的、通俗的、そして実用主義的であった。すでに言及した田家英による会議の描写からうかがうことができるように、こうした人々を集めて行われる「会議」は、理性的な説得に基づき他者の同意を調達する場にはならず、感情的な追従と攻撃の場となるだけであった。特徴的なことに、いったん誰かが攻撃対象として認定されるや、その人物に対する猛烈な批判が沸き起こり、激しさを増し、そして止むことはなかった。参加者はわれ先にと、この攻撃に加わることによって、自らがその人物とつながるものではないことを宣明し、身の「潔白」を証明しようとしたのである。毛はこのような事情をよく理解し、準備を十分に整えたうえで会議に臨んだのであろう。一方、劉少奇ら政治局常務委員たちは、一連の会議において毛沢東による激しい批判にさらされることを予期してもいなければ、主席と対決することなど考えてもいなかった。彼らは、哀れなほど無策であると同時に、連帯にも欠けていたから、大勢に従うほかはなかった。

ただし、一連の会議を経て醸成された党内の空気は、主席が望んでいたような未来への楽観主義に満ちた明るいものではなかった。中国における社会主義の未来が明るいものであるとは、毛を除けば、おそらくほとんどの人々は信じられなかったに違いない。なぜなら、皆で生贄の山羊を屠《ほふ》った後に浮かび上がった「継続革命論」は、現在の闘争が終わった後にも、次なる闘争が待ち構えていると示唆していたからである。したがって、現下の苦難を超えたところにあるはずの楽園を想像することはできなかった。果てしなく続く――「一万年も」続くと毛は繰り返し述べた――闘争の見通しのなかで、最高指導者以外は、みな自分が修正主義者の烙印を押されないかと恐れた。彼らは希望によってではなく、恐怖によって団結していた。そのような恐怖が、すでに反党分子の烙印を押された特定の人々に対する容赦ない執拗な攻撃の背景を形作ったのである。

党全体が不穏な空気に包まれ始めていることに、気がついている者がいないわけではなかった。九月二六日、周恩来が一九五九年の廬山会議を念頭に、右傾に反対する際には左傾にも注意を払わなければならないと発言した。「一九五九年の廬山会議には、ひとつの欠点があった。それは反右派闘争が底辺まで押し広げられ、大衆のなかにまで持ち込まれたことである。この教訓をくみ取り、右派反対、『左傾』防止の運動は行わないようにすべきである」[†85]。彭真も第八期十中全会の閉幕日の全体会議で、「現在、右の傾向があるからといって、また左にしてはならない」と述べた[†86]。おそらく、彼らは不吉な兆候を感じ取っていたのであろう。だが、腹心たちの抵抗と呼びうるものは、ここまでであった。「一辺倒」となった党は、再び大きく「左」へと舵を切った。階級闘争あるいは「新たな革命」の歯車が党内政治の力学に組み込まれ、本格的に回り始めたのである。

†1　「中央関於召開中央工作会議的通知」（一九六二年七月一一日）、『建国以来劉少奇文稿』第十一冊、二五九－二六六頁。
†2　戚本禹、前掲書、上、二五〇頁。
†3　「対論波蘭農業合作化発展道路的一篇文章摘要的批語」（一九六二年七月二五日）、『建国以来毛沢東文稿』二〇二四年版、第十六冊、三三一頁。陳雲は七月二八日付の鄧小平と毛沢東に宛てた手紙で、陳伯達が作成した「人民公社の集団経済を一歩進んで打ち固め、農業生産を発展させることに関する決定（草案）」に完全に同意すること、および「できるだけ心筋梗塞を避けるために」今回の会合を欠席する旨伝えてきた。『陳雲年譜』修訂本、下巻、一三七頁。以降、彼はしばらく事実上の隠遁生活に入り、一九六六年八月の第八期十一中全会まで、政策決定に携わることはなかった。『陳雲伝』(三)、一三三六頁。
†4　『毛沢東伝』下、一二三五頁。
†5　同右、一二三五頁、および『毛沢東年譜』第五巻、一一九頁。
†6　毛沢東は、予備会議の期間中、二度にわたりユーゴスラビアの経済的混乱に関する新華社の報道記事を参加者に印刷

配付し、マルクス主義の道を行くのか、それともユーゴの「反マルクス主義」の道を行くのがよいかを討論するよう指示した。「対新華社関於南斯拉夫経済情況報道的批語」(一九六二年八月二日)、『建国以来毛沢東文稿』二〇二四年版、第十六冊、三三三頁、および「対一篇関於南斯拉夫経済困難通訊的批語」(一九六二年八月二日)、同右、三三五頁。

†7 『毛沢東年譜』第五巻、一二一―一二二頁。

†8 同右、一二二頁。

†9 「銭譲能同志《関於保荐責任田辦法的報告》」(一九六二年八月二日)、前掲『農業集体化重要文件彙編』下冊、五九九―六〇八頁、および「在関於保荐責任田辦法的来信上的批語」(一九六二年八月二日)、『建国以来毛沢東文稿』二〇二四年版、第十六冊、三三一頁。

†10 『毛沢東伝』下、一二三七―一二三八頁。

†11 同右、一二三八頁。

†12 同右。

†13 同右、一二三八―一二三九頁、および『毛沢東年譜』第五巻、一二六頁。

†14 『毛沢東伝』下、一二三九頁。

†15 『毛沢東年譜』第五巻、一二七―一二八頁。

†16 「在中央工作会議上的講話」(一九六二年八月六日下午北戴河)、『毛沢東思想万歳』11C、三八頁。『毛沢東思想万歳』武漢版2に収録されているテクストは、人名の一部が伏せ字とされているものの、その他の点ではまったく同一である。『学習文選』第三巻所収のテクストは、それらと比べて、一部が省略されている。

†17 同右。

†18 同右、三八―三九頁。

†19 同右、三八頁、および『毛沢東伝』下、一二四〇頁。

†20 「在中央工作会議中心小組会上的講話」(一九六二年八月九日北戴河)、『毛沢東思想万歳』11C、三九頁。このテクストを『毛沢東思想万歳』武漢版2に収められたものと比較すれば、わずかな字句の違いが認められる――おそらくは録音された講話を文字にした際に生じたいくつかの違い――のみで、その他の点では同一である。『学習文選』第三巻に収録

されたテクストは、それらに比べて、いくつかの箇所が省略されている。
†21 同右、三九頁。
†22 同右。
†23 同右、四〇頁。
†24 強調引用者。同右、四一頁。
†25 毛は八月一七日の中心小組会議において、李先念の発言をさえぎって、今回の階級闘争は血を流さないものでなければならないと主張した。「一生涯、戦争をやって〔われわれは〕階級闘争を忘れてしまった。現在の階級闘争の情勢はこれまでと違う。これまでは流血だったが、今はそうではない」、『毛沢東年譜』第五巻、一三六－一三七頁。だが、主席はなぜ今回は流血を避けなければならないのかについて、まったく説明していない。
†26「在中央工作会議中心小組会上的講話」(一九六二年八月九日)、『毛沢東思想万歳』11C、四〇頁。
†27 同右、四一頁。
†28 同右、四二頁。
†29「対中共中央組織部的批評」(一九六二年八月一二日)、『毛沢東思想万歳』武漢版2、四三頁、および『学習資料(一九六二－一九六七)』、四一頁。
†30『毛沢東伝』下、一二四二頁、および『毛沢東年譜』第五巻、一三〇頁。『毛沢東思想万歳』11C、三九頁、および『学習文選』第三巻、三〇六頁の当該箇所には李井泉は登場せず、たんに毛がこう述べているのみである。「単幹は必ず階級分化を引き起こす。二年もいらない。一年で分化が起こる」。
†31 薄一波、前掲書、下、一〇八七頁。
†32『鄧小平伝』下、一二四三－一二四四頁。
†33『劉少奇伝』第二版、下、八三九－八四〇頁。『劉少奇年譜』下巻、五五九頁には、この発言の一部だけが引用されている。
†34『毛沢東伝』下、一二四四頁、および『毛沢東年譜』第五巻、一三二頁。
†35 邦訳『周恩来伝』下、二一一頁、および『周恩来年譜』中巻、四九三－四九四頁。

†36 ただし、文化大革命中に造反派によって編集されたある資料集は、劉少奇が同年八月二七日になっても、依然として単独経営を主張していたと述べている。同日、副主席は山西省の責任者に対して、こう語ったという。「君たちは今年〔生産が〕だめで、来年もやはりだめなら、単独経営をやらざるをえないだろう。今年単独経営をやらなくても来年は単独経営をやる。君たちが彼らにやらせなければ、彼らはこっそりとやるだろう」。前掲『毛主席的革命路線勝利万歳――二十二年来両条路線的闘争概況』、三三頁。

†37 《鄧子恢伝》編輯委員会『鄧子恢伝』人民出版社、一九九六年、五六七頁。

†38 『毛沢東伝』下、一二四五頁。一九八一年六月に出された「建国以来の党の若干の歴史問題に関する決議」の公式の注釈書は、この頃の毛沢東の鄧子恢に対する批判の言葉を記録している。それによれば、主席は農村工作部長に対して「君は今回、包産到戸をやったが、マルクス主義が飛んで行ってしまったな」と語ったのであった。中共中央文献研究室『関於建国以来党的若干歴史問題的決議注釈本（修訂）』人民出版社、一九八五年、三六二頁。

†39 前掲『鄧子恢伝』、五六八頁。

†40 「関於重印農村工作部貫徹執行〝農業六十条〟材料的批語」（一九六二年八月一二日）、『建国以来毛沢東文稿』二〇二四年版、第十六冊、三四三頁。

†41 『毛沢東伝』下、一二四五頁。執拗に繰り返される批判に対して鄧子恢自身がどのように感じていたかは興味深い点である。戚本禹は田家英から伝え聞いた話として、鄧子恢は厳しく批判されると、自己批判の際に、自身に原因ありとせず、田家英の湖南における農村調査の影響を受けたと述べたという。田は怒り、時間的な前後関係が違うと主張した。すると鄧は「ああ間違えた、誤解した、誤解した」と語ったという。戚本禹、前掲書、上、二七九頁。

†42 「対鄧子恢《関於当前農業生産和人民公社問題》報告的反映的批語」（一九六二年八月二六日、二九日）、『建国以来毛沢東文稿』二〇二四年版、第十六冊、三六六頁および三六七頁注。

†43 廖蓋隆主編『新中国編年史一九四九－一九八九』人民出版社、一九八九年、二〇八頁。

†44 薄一波、前掲書、下、一〇七六頁。

†45 同右。

†46 戚本禹、前掲書、上、二七九頁。筆者は前章において、陶鋳が包産到戸の支持者であったことを指摘しておいた。こ

のような変わり身の早さは、中国共産党の指導者のなかで、疑いもなく彼にのみ特徴的なことではなかった。

†47 戚本禹、前掲書、上、二八〇頁。

†48 同右、二七七－二八一頁。

†49 『毛沢東伝』下、一二四六頁。

†50 アンナ・ルイズ・ストロング著、藤村俊郎訳『中国からの手紙』1、みすず書房、一九六五年、四頁。

†51 王光美『王光美自伝』香港、聯合作家出版社、二〇〇八年、二四五頁。

†52 前掲『劉賓雁自伝』、一四五頁。

†53 元旦献詞「迎接第三個五年計画的第一年──一九六六年」、『人民日報』一九六六年一月一日。一九六四年九月、李先念は「わが国の現在の食糧状況はたいへんよい」としながら、生産量は一九五七年の水準を回復したものの、一九五八年のそれにはまだ届いていないことを明らかにしている。「関於一九六四年糧食計画安排的意見」(一九六四年九月二〇日)、《李先念伝》編写組編『建国以来李先念文稿』第二冊、中央文献出版社、二〇一一年、二五一頁。

†54 「在谷城、光化、襄陽三県旱災情況報告上的批語」(一九六二年九月八日)、『建国以来毛沢東文稿』二〇二四年版、第十六冊、一七三－一七四頁。

†55 『毛沢東年譜』第五巻、一三五頁。

†56 『劉少奇伝』第二版、下、八四〇－八四一頁。

†57 『毛沢東伝』下、一二四九頁。

†58 『毛沢東年譜』第五巻、一四〇－一五〇頁。

†59 王焔主編『彭徳懐年譜』人民出版社、一九九八年、七七五頁。

†60 『毛沢東年譜』第五巻、一四三頁。

†61 この小説の執筆者は、劉志丹の弟の夫人であった。この事件の経緯──この小説がようやく一九七九年に出版され、そしてまた発禁となる複雑な事情をも含めて──に関するもっとも詳細な記述として、石川禎浩「小説『劉志丹』事件の歴史的背景」、石川禎浩編『中国社会主義文化の研究』京都大学人文科学研究所附属現代中国研究センター、二〇一〇年、一五三－二一四頁を参照せよ。

†62　薄一波、前掲書、下、一〇九六頁。
†63　同右。薄によれば、毛のこの発言は、主席の講話の最中、康生が彼に手渡したメモにそう書かれてあったのを、毛が読みあげたものであった。同右、一一三〇－一一三一頁。ただし、この点について、『康生年譜』の編者である余汝信は、根拠がなく信用できないとしている。『康生年譜』、三〇七頁注。
†64　前掲『王稼祥伝』、五六五頁。
†65　「在中共八届十中全会預備会議華東組情況簡報上的批語」（一九六二年九月）、『建国以来毛沢東文稿』二〇二四年版、第十六冊、四〇四頁。外交部長のこの発言については、劉樹発主編『陳毅年譜』下巻、人民出版社、一九九五年には記載が見当たらない。
†66　「在八届十中全会上的講話」（一九六二年九月二四日上午懐仁堂）、『毛沢東思想万歳』11C、四二頁。『学習文選』第三巻に収録されたこの講話のテクストにおいては、数人の人名が伏せ字とされ、彭徳懐からの引用文が削られ、また若干の字句の異同がみられる。だが、『万歳』所収のテクストと大きくは違っていない。
†67　同右、四二－四三頁。
†68　同右、四四頁。
†69　「統一戦線的形勢和任務」（一九六二年五月七日）、《李維漢選集》編輯組編『李維漢選集』人民出版社、一九八六年、四三三－四三四頁。
†70　李維漢『回憶与研究』中共党史出版社、一九八六年、六八二頁。第八期十中全会の後、李維漢に対する最初の批判は一九六二年一〇月から開始され、異常にも、批判のための会合が四十数回も開かれた。そして一九六三年五月二七日、「中央統一戦線部の数年にわたるいくつかの政策理論問題の検査総括」と題する文書が中央に提出され、一段落した。ところが、一九六四年五月から六月にかけて開催された中央工作会議で、毛沢東が中国に修正主義は現れるかという問題を提起すると、李に対する批判が再燃し、彼には「反党、反中央、反毛主席」の罪名が与えられたのであった。同右、六八二－六八四頁。
†71　薄一波、前掲書、下、一〇九三頁。
†72　「在八届十中全会上的講話」（一九六二年九月二四日上午懐仁堂）、『毛沢東思想万歳』11C、四五頁。『万歳』丁本の

該当する箇所には、賈拓夫（第八期中央委員）の名は見当たらない。
†73 同右、五四頁。
†74 薄一波、前掲書、下、一〇九四頁。
†75 同右。
†76 『毛沢東伝』下、一二三三頁。
†77 「在八届十中全会上的講話」（一九六二年九月二六日）、『建国以来劉少奇文稿』第十一冊、二九二－二九七頁。
†78 同右、三〇一－三〇三頁。
†79 邦訳『周恩来伝』、五四頁。
†80 戚本禹、前掲書、上、二八二頁
†81 『鄧小平伝』下、一二四三頁。
†82 『彭真伝』第三巻、一〇八九頁。
†83 銭理群、前掲書、上、四八五頁。
†84 『毛主席的革命路線勝利万歳――党内両条路線闘争大事記（一九二一－一九六九）』（編集者、出版地、出版社不明）、一九六九年七月、六一九頁。
†85 邦訳『周恩来伝』下、二〇－二一頁。この発言は、『周恩来年譜』中巻、四九八頁においては、趣旨のみが伝えられている。
†86 『彭真伝』第三巻、一〇八九頁、および『彭真年譜』第四巻、二一六－二一七頁。

第6章　社会主義教育運動の開始

第八期十中全会で社会主義教育運動を提起してはみたものの、毛沢東はそれを展開するための具体的な方法を何ら持ち合わせていなかった。彼は農村においても「反修防修」が必要であると考えていたが、一歩進んで、そのために何をすればよいかに思い至らなかった。最高指導者がそうであるかぎり、部下たちはすぐには動こうとはしなかった。末端の幹部たちに至っては、容易に想像しうることであるが、相次ぐ政治運動に疲れ切っていた。すでにみたように、一九六一年初めから農村部において整風整社運動が行われており、この運動が人民公社の幹部たちのさまざまな不正を暴いていたのだから、多くの人々にとって、新しい政治運動など不要であるように思われた。ましてや、せっかく農業生産が回復しつつあったのだから、農村の幹部と大衆が新たな政治運動に熱をあげるのは、その面からも得策ではなかった。かくして、最高指導者の社会主義教育運動の呼びかけは、しばらくの間放っておかれた。主席の問題提起に応答したのは、ここでも一部の地方の指導者たち――末端の指導者ではなく、省級の指導者たち――であった。彼らは、何をすべきかわからなくなった指導者の背中を押すようにして、毛に社会主義教育運動を開始させたのである。

本章で検討されるのは、一九六二年秋に社会主義教育運動が提起された後、翌年に農村で推進されるべきこの運動に関する二つの綱領――すなわち、「前十条」と「後十条」――が作成され、それが軌道に乗り始める曲折に富んだ過程である。この過程で注目されるのは、毛沢東が新たな階級闘争の波を作り出す際にみせた、二つの異なる魂である。ひとつは、中国の社会主義に対して「狂ったように進攻してくる」階級敵に対する、飽くなき闘争の魂であった。これは党と大衆を先鋭なたたかいに駆り立てる好戦的な精神であった。もうひとつは、このたたかいの範囲を可能な限り限定し、また敵を「棍棒の一撃で」打ち倒すのではなく、穏やかに闘争を進めようとする温和な精神であった。矛盾するようにみえるこれら二つの精神が同時に、あるいは交互に表面化することが、社会主義教育運動の時期における最高指導者の心理学的特徴を形作っている。以上の異なる精神は、指導者たちの間に、異なる支持者を見出した。以下で展開される物語の筋書きを単純化するなら、こうである。初めのうち、主席の階級闘争の訴えは、ほとんど捨て置かれた。だが、一部の地方指導者の熱烈な反応によって、階級敵の勢力が実に大きなものであるとの見方が広まり始め、主として第一の精神に基づいて「前十条」が作成された。すると、すぐにたたかいは各地で激烈なものとなり、歯止めが失われそうになった。そこで第二の精神が呼び戻され、それを尊重する形で「後十条」ができあがった。とはいえ意外にも、副主席が主席以上の戦闘精神をもって仲間たちを鼓舞し、運動を極端な方向に引きずり始める。そして、ここから運動は過激化し始めるのである。

筆者はここでも、大躍進後の中国の政治過程が、もっぱら次第に強まるばかりの毛沢東の思想的左傾化によって駆動され、それによって文化大革命へと一直線に向かう過程ではなかったと主張するつもりである。そうではなく、この過程は、半ば自信を失い、立ち止まり、躊躇する主席による他の指導者たちとの相互作用を通じて、どこかぎこちなく「左」へと次第に傾いていく過程であったと論じるであろう。

社会主義教育運動の背景

一九六三年に開始される社会主義教育運動に先んじて、同名の運動がすでに一度ならず行われていたこと――そして、ひとつの運動がとくに終了を告げられることなく、次の運動が始まっていたこと――に注意しておかなければならない。公式の党史さえ素通りしているため資料は乏しいが、最初の運動は一九五七年夏、毛沢東が農村で幹部と農民を対象とする社会主義教育の必要性を訴えたことにより開始された。彼は同年七月に青島で開催された各省市区党委員会書記会議の席でこう述べた。「私はただちに中央が指示を発して、全農村人口に対して大規模な社会主義教育を行い、党内の右傾機会主義思想を批判し、一定数の〔部門〕本位主義思想を批判し、富裕中農の資本主義的思想と個人主義の思想を批判し、地主・富農の反革命行為に打撃を与えることに賛成する」[†1]。反右派闘争の農村への拡大と理解しうるこの運動は、農業集団化の過程で各地に現れた農民たちの合作社からの脱退騒ぎ、および農業生産物の統一買い付け・販売が計画通りに進まないことに業を煮やした毛が、幹部と農民の思想に問題の根源があると主張して始めたものであった。同年秋以降に本格化したこの運動は、多くの県委員会第一書記を更迭し、さらに農村幹部を大量に入れ替えたとまではいえないとしても、少なくとも上級機関から大量の幹部を村に送り込み、従来の地元幹部の影響力を大きく削いだのであった[†2]。

とはいえ、翌年に大躍進が始まり、人民公社化運動が開始されると、この運動には新しい任務がつけ加えられた。すなわち、新しい生産の仕組みに幹部と農民を適応させるという任務である。一九五八年八月二九日に党中央が発出した「農村において社会主義・共産主義教育運動を普遍的に展開する」指示は、「大躍進、大豊作、大勝利」を広く宣伝することによって、社会主義建設の総路線をより深く人々の心に刻むよう訴えた[†3]。同年一二月の第八期六中全会においても、翌年における工農業生産のさらなる飛躍に保証を与えるため、人民公社において「社会主義、共産主義思想に関するひとつの深く掘り下げた教育運動を展開すること」が決議された[†4]。このような党中央における議論を受けて発出された安徽省委による省内に対する指示は、この運動が、大躍進および人民公社の制度にふさわしい思想と態度を人々に身につけさせることを目的とするものであると説明している。つまり、人々を工農業生産において競争させ、「共産主義の美しい未来について語る」ようにし、「いち早く社会主義から共産主義に移行する気概」をもたせることが必要だというのである。[†5]

この社会主義教育運動が人々を大躍進に駆り立てるためのものであったとすれば、約三年後に再び党中央が発した社会主義教育運動に関する指示は、大躍進のもたらした未曾有の荒廃のなかで疲弊した人々を慰め、彼らを集団的生産の枠組みのなかにとどまらせたまま、困難に打ち勝つ強い意志を身につけさせるためのものであった。一九六一年一一月に出された党中央の指示はこう述べている。「農村の状況についていえば、今年は昨年よりよい。来年の状況は今年よりさらによくなるといえる。われわれの現在の任務は、……一歩進んで農民の積極性を引き出し、一歩進んで広範に農民を動員し、一九六二年の農業生産における比較的大きな増産をかちとることにある。そのためには、一歩進んで農村人民公社工作条例六十条の内容をさらに完全なものとし、さらに充実させなければならない。これが農村の状況を引き続き好転させることを保証する根本措置である」[†6]。

一九六三年に開始された社会主義教育運動は、以上の先行する同名の運動とはさらに目的が異なっていた。それは前年秋の第八期十中全会における毛沢東の問題提起を受けて、農村における階級闘争を進めるため、あるいは「反修防修」（修正主義に反対し、修正主義を防止する）を目的として行われたものであった。当初、中央においても地方においても指導者たちは明らかにこれを敬遠した。それにはいくつか理由があった。第一に、すでに同名の運動が進められていたためである。指導者たちは――とりわけ地方の指導者たちは――新たな社会主義教育運動は不必要であるばかりか、現在の運動をも混乱させかねない有害なものであるとさえ理解したかもしれない。第二に、この頃、一九五七年以来の政治運動によって「右派分子」のレッテルを貼られた人々の名誉回復が進められていた。[†7]一方において、このように過去の行き過ぎた階級闘争の後始末に追われているというのに、他方において、新たに階級闘争を始めるのはどういうわけか、と多くの指導者は疑問に思えたであろう。第三に、すでに行われていた農村の整風整社運動は、農村における階級的異分子を大量に摘発し、彼らに忌まわしいレッテルを貼り、そして処分していた。このうえ、さらに何が必要であるというのだろうか。そして最後に、繰り返すが、新たな政治運動がせっかく回復しつつある生産活動に水を差すおそれがあると指導者たちは考えた。当時、江蘇省委第一書記を務めていた江渭清は回想録に、第八期十中全会後に開催された江蘇省委第四回代表大会で同省委書記処の仲間たちと話した際のことをこう記している。「皆この数年、農村での運動が相次ぎ、幹部たちはすでに十分に痛めつけられており、生産の状況もようやく好転し始めたから、このうえさらに痛めつけられるのはかなわないと感じていた。そこで、〔江蘇省では〕農村社会主義教育運動の重点を、〔階級闘争ではなく〕集団経済を打ち固め、発展させることに置いたのである」[†8]。以上を要するに、ひとつの運動が終了を告げられることなく、新たな運動が次から次へと追加されたため、地方の指導者たちは「消化不良」を起こしていたのである。それでも、彼らは結局のところ、「上から」のたび重なる要請には従わざるをえなかった。

とはいえ、一九六三年に幕を開ける社会主義教育運動は、必ずしも毛沢東の思いつきと独断で開始されたわけではなかった。中央組織部は、大躍進期において短期間に党員数が「大躍進」した結果生じた、党員の資質の低下を深く憂慮していた。一九六二年一二月八日、中央組織部副部長の一人であった張啓竜のある会議での発言はこうである。「絶対多数の党員はよい。あるいは基本的によい。しかし、問題は少なくなく、ある問題はたいへん深刻である。いくらかの党員は党員の条件を備えておらず、そのうちの少数は堕落変質分子と悪質分子である。……現在の状況はまだ完全に明らかではないが、われわれが目下、一五から二〇パーセントの党員が不合格だというのは、いくらかの典型調査に基づく見積もりである。……まさに〔鄧〕小平同志がいうように、たとえ数パーセントの党員が不合格であったとしても、問題はやはり深刻である」[†9]。党員数は、一九五六年秋には一〇七三万人であったが、一九五八年一一月には一二四五万人に増加したのち、一九六一年一一月には一七〇〇万人にまで急増していた[†10]。大躍進とともににわかに膨れ上がり、不良分子を大量に抱え込んだ党員の隊伍は、この企ての事実上の終了後、縮小される運命にあったといいうる。そして毛沢東もまた、中央組織部の問題提起に賛成していたと推察される。というのも、彼は一九六二年夏の北戴河における中央工作会議において、「党員の成分をみると、大量の小ブルジョアジーがいる。一部は富裕農民とその子弟であり、一部は知識分子であり、さらに一部は十分に改造されていない悪質分子である。〔これらの人々は〕実際上は共産党ではない。名目は共産党だが、実質は国民党である。……われわれの彼らに対する教育が間に合っていない」と述べているからである。[†11] 毛がこのように考えていたとすれば、一九六三年の社会主義教育運動は、大躍進後に党が置かれていた組織的状況から生じる客観的な党員数削減の要請と、主席による階級闘争の要求が出会ったところに生じたと理解しうる。いうまでもなく、党内に大量の不良分子と目される人々が存在したことは、毛にとって、大躍進の失敗の責任を押しつけるのに、むしろ好都合であった。

農村社会主義教育運動の開始

公式の党史はいずれも、農村における社会主義教育運動の起点を一九六二年秋の第八期十中全会に求めている。そのうちのひとつである『鄧小平伝』はこう述べている。「第八期十中全会後、『反修防修』が全党のひとつの重要な指導思想となった。第八期十中全会で毛沢東は『反修防修』から出発して、社会主義教育運動を行わなければならないと提起した」。[†12]

とはいえ、いささか不可解なことに、現在われわれが参照できるこの会議における毛沢東の講話テクストには、彼が農村においてそのような運動を行うようはっきりと指示した文言は見当たらない。加えて、第八期十中全会が採択した諸決議、およびこの会議の公報（コミュニケ）のいずれにも、社会主義教育運動の開始を告げる言葉は含まれていないのである。[†13] 一九六二年九月二四日の懐仁堂での講話において、たしかに主席はブルジョアジー復活の危険性に注意を促すことから出発し、幹部と大衆を教育する必要性について次のように述べていた。「ユーゴスラビアは変質し、修正主義になり、労働者・農民の国家から反動的な民族主義分子が統治する国家に変わった。われわれのこの国でもこの問題を十分に理解し、十分に認識し、十分に研究しなければならない。階級が長期にわたって存在し、階級と階級との闘争〔が存在すること〕を認めなければならない。反動階級には復辟の可能性があるのだから、警戒心を高めなければならない。十分に青年たちを教育し、幹部を教育し、大衆を教育し、中級・下級の幹部を教育しなければならない」[†14]。しかし、彼はそのような教育をひとつの政治運動として組織するよう指示してはいないのである。可能性としては、この講話には、外部の研究者が知りえない文言がさらに含まれていたのかもしれないし、会議期間中に毛は別の発言をしていたのかもしれない。あるいは、主席は、以上に引用した言葉でもって、自分の意図は十分に明らかにされたと感じていたのかもしれない。いずれにせよ、第八期十中全会を一九六三年に始まる社会主義教育運動の起点とするこんにちの一般的な理解は、いくらかの曖昧さを含んでいる。

ともあれ、社会主義教育運動が他の指導者たちによって事実上無視されていることに不満を抱いた毛沢東は、一九六三年二月一一日から、中央工作会議を開催してこの問題について討議した。だが、この会議ははじめのうち、社会主義教育運動よりは、全国で増産節約と「五反」を展開することについて集中的に議論を行った。この討論は彭真のイニシアティブで進められ、その結果五つの憂慮すべき傾向に反対する指示、すなわち「中共中央の全国範囲内で増産節約を展開し、汚職・窃盗に反対し、投機・空売りに反対し、浪費に反対し、分散主義に反対し、官僚主義に反対する運動に関する指示」が採択された。彭真の説明によれば、「五反」とは「経済上の反修防修」を意味した。これは主として都市において社会主義教育運動を行うことを想定したものであり、農村でこの運動をいかに行うかについての指示ではなかった。そのうえ、この政治局員兼北京市長の懸念は、修正主義の出現よりは別の点にあった。彼は会議の席上、鄧小平も自分も運動が生産を停滞させ、また打撃面が広くなりすぎて、後でまた名誉回復をやらなくてはならない羽目に陥ることを心配している。だから、増産節約を中心とし、一貫してそれを重視しなければならない、と述べたのである[†15]。明らかに、彭や鄧の関心は新たな政治運動には向いていなかった。というのも、上記の「指示」はイデオロギー教育よりは増産の必要性を強調しているうえに、運動の対象となる範囲を県より上のレベルの党、政府、軍および大衆団体機関に限定し、わざわざ「一般に、大衆集会で闘争を行う方針はとらない」などと述べていたからである。[†16]

議論の方向性が誤っていると感じた毛沢東は、軌道修正をはかった。二月一五日、彼は湖南省委第一書記の張平化から届いた、湖南における社会主義教育運動の成果を語る報告書をほめあげ、会議の参加者に対して印刷して配付するよう指示した。[†17] この報告書は、次のように述べていた。わが省において最近行われた社会主義教育運動の成果は顕著である。目下、湖南における階級闘争は激烈で、農村であれ都市であれ、階級敵による破壊活動は猛威を振るっている。「反社会主義的な「黒い風」が強く吹いている。われわれは、昨年一二月下旬から全省で社会主義教育運動を行うための配置を進め、教育に重点を置いて階級闘争を開始した、と。その五日後には、河北省委から送られてきた整風整社運動および農民に対する社会主義教育の経験をまとめた報告書についても、毛は同様に印刷配付を命じた。[†18] しかし、この時点において、主席はまだ社会主義教育運動の具体的な構想を何ら持ち合わせてはいなかった。二月二六日、彼は各中央局第一書記を集めて農村工作に関する問題を議論させた。このときも、毛は農村において「修正主義を防止する一組の制度がなければならない」と発言したものの、具体的な提案は何も行わなかった。[†19]

中央工作会議の最終日にあたる二月二八日、毛沢東はようやく運動に関する基本的な考え方を明らかにした。彼の述べるところ、社会主義教育とは、幹部の教育と大衆の教育をともに行うものである。幹部教育は人を打つような過酷な方法で行うべきものではなく、彼らの大部分は問題があるとしても保護してやり、「温水で身を清めさせ」、彼らの精神的負担を取り除いてやるべきである。一方、貧農・下層中農の積極分子、さらに中農およびすでに改造されたか、あるいは改造されることを望む地主・富農の残余と団結して、「あの狂ったように進攻してくる、湖南人がいうところの『黒い風』を吹かせる」妖怪変化どもに対しては断固とした打撃を与えなければならない。主席の見立てでは、このような幹部と大衆の教育には数年を要するのであった。[†20]

以上の言葉から判断すれば、毛沢東は数年の時間をかけて、数々の問題を起こした農村の幹部たちを、少数の反革命的と目される分子を除き、大部分は比較的温和な方法で再教育を施し更生させるつもりであった。彼は、階級闘争が「反修防修」のために必要不可欠であると考えてはいたが、人々を全国的範囲で階級敵に向かって激しく、まっしぐらに突撃させようとは考えていなかった。毛は自分が人々に対して、何の留保もなく「左」へ向かうよう指示すれば、途方もない混乱が起こることをよくわきまえていた——少なくともこの時点においては。[†21] 主席は社会主義教育運動の実施に際して、かなり慎重な態度をとっていたのである。それは、彼が大躍進の最中に社会全体に大号令をかけて実施した反右傾闘争がきわめて多くの冤罪を生んだことを思えば当然であった。

それでもまだ、社会主義教育運動という名目で具体的に何を行うのかという問題は残った。だが一九五八年夏、地方における実践が毛沢東に人民公社という大躍進の手段を授けたように、一九六三年春においても、やはり地方における実践が彼に「四清」という社会主義教育運動の手段を授けたのである。

二月の中央工作会議以降、やっといくらかの地方が農村の社会主義教育運動に重い腰をあげた。主席のもとには、河北省保定地区党委員会の報告、東北局第一書記の宋任窮が記した階級教育に関する報告、河南省における農村の社会主義教育に関する報告などが続々と届けられた。[†22] そのうち、毛がとくに注目したのは河北省保定地区党委員会の「四清」運動（帳簿、倉庫、労働点数、および財務の四項目をきれいにすること）に関する報告であった。この報告書は、農村の幹部たちの間で多く食べ・多く占有すること（原文は「多食多占」）、浪費、汚職、窃盗といった現象が広くみられると指摘し、「事実はあらためて階級と階級闘争がたしかに存在することを証明した。二つの道の闘争は激烈である。生産隊において『四清』を展開することは、……資本主義による集団経済への進攻に対する再度の社会主義革命闘争である」と述べていた。[†23] これを読んだ主席は、わが意を得たと感じ、「四清を行わずして、どうやって社会主義をやるのか」と口走った。[†24] こうして、四清は農村における社会主義教育運動の代名詞となった（一方、都市における社会主義教育運動の代名詞が五反であった）。

ところが全国的にみれば、これらはまだ限られた地区の運動にすぎなかった。政治局常務委員たちの態度も煮え切らなかった。四月二五日、毛沢東が上海で周恩来、鄧小平とソ連共産党から届いた三月三〇日付書簡について議論した際、社会主義教育運動についても注意せよと彼らに告げたものの、彼らの反応は鈍かった。[25] そこで毛は、個別の経験について述べた報告書を読むよう指導者たちに勧めるだけでは、社会主義教育運動は推進できないと判断した。そして、この運動を指導するためのひとつの権威ある文書を作成する必要があると考えるに至ったのである。主席は彭真に電話をかけ、そのような文書の起草を命じた。[26] 北京市長に対して毛が示したこのような信頼は、ちょうど三年後に生じる事態――彭真に対する全面的で苛烈な批判――を、主席がこのときまったく予想していなかったことを物語っている。

毛沢東は杭州に移動した後、農村社会主義教育運動の綱領となる文書の策定に取りかかった。彭真、陳伯達、各中央局第一書記、江華（浙江省委第一書記）、胡耀邦（湖南省委書記処書記）らがこの作業に参加した。[27] 五月二日、毛は宋任窮が河南省における運動について記した報告書に対するコメントのなかで、綱領の基本に据えられるべき精神を次のように明らかにした。今回の運動においては、「要するに、絶対多数〔九十数パーセント〕の幹部および大衆と結合して、適切に人民内部の矛盾を解決しなければならない。……指導者と大衆がともに認めた、本当に懲らしめなければならないごく少数の人々だけを懲らしめる。……〔この運動は〕農作業の合間に、生産をおろそかにしないという条件のもとで進めなければならない」。[28] したがって主席は、人々が生産活動を放り出し、もっぱら階級闘争に熱をあげるよう求めたわけではなかった。それは生産の合間に、ごく少数の悪人たちとたたかう、抑制された運動となるべきであった。彼が五月七日の夕食会で、杯を手に仲間たちに語るところ、「四清、五反、修正主義の根を掘り崩す〔運動の〕勝利に乾杯！」。「ある人は心配している。それは次の二つにほかならない。ひとつは生産を停滞させること、もうひとつは傷つく人が多すぎることだ。階級闘争と社会主義教育を生産に有利にしなければならない。四清と五反の結果はといえば、きっと増産に有利となるだろう」。[29]

夕食後に再開された会議において、毛は綱領に盛り込まれるべきもうひとつの点、すなわち幹部の労働参加を追加した。「〔山西省〕昔陽県の資料はよい。君たちは読んだか？　あの県の幹部たちは毎年労働に参加する。少なくとも六〇日だ。……幹部が労働に参加すれば、多くの問題は解決する。支部書記が労働に参加したら、大隊長、隊長、会計係も参加し、整党整団〔団とは共産主義青年団を指す〕はうまくいく。こうすれば修正主義は少なくなる」[†30]。このとき、主席の念頭に置かれていたのは、約三〇年前の延安での経験であったと考えてさしつかえないであろう。きわめて困難な環境のなかで指導者、幹部、大衆の間の物理的・精神的距離が近く、大多数の人間が同じ目標を共有することによって互いに結びつき、あたかもひとつの有機体を構成しているかのようにみえた――少なくとも、彼にとっては――経験である。これを再現するには、幹部たちの労働参加は不可欠であった。

五月七日、彭真が書いた綱領案の初稿が検討された。毛沢東は不満げに、こう述べた。「そんなに長くなくともよい。いくらか短く、厳粛にしなければならない。例えば、認識の不一致というような問題を書かなければならない。私は一一の省を回ったが、ただ王延春〔湖南省委書記〕と劉子厚〔河北省委書記〕だけが私に社会主義教育について滔々と語った。その他の省では〔そのような話を〕してくれなかった。河南もそうだ。……社会主義教育運動の要点は、階級、階級闘争、社会主義教育、貧農・下層中農に依拠すること、四清、幹部が生産労働に参加すること――これらが一組でなければならない」[†31]。われわれは現在、初稿がいかなるものであったかを知ることはできない。おそらく、それは毛の目からみて、生産活動を台無しにしないよう配慮するあまり、大胆さに欠けていたのであろう。

主席の不興を買った彭真は、翌日、驚くべき率直さをもって自己批判を行った。「皆は昨年の北戴河会議以来、主席についていくことができなかったし、下にあるいくつかの先進的単位にもついていくことができなかった」。すると毛はこの発言に応えて述べた。「階級闘争と生産は同時にやってはいけないのか。会議をやりながら生産をやる。そうすれば生産の勢いが生まれる。階級闘争は生産を促進できるじゃないか」。さらにある出席者が、昨年の北戴河会議以降、皆の認識が一致していないから、二、三ヵ月に一度主席のところで会議を開くよう皆が求めていると述べた際、毛は「おお！　これがまさに『不唱天来不唱地、就唱一本香山記』〔天も唱えず、地も唱えず、ただ一冊の『香山記』だけを唱える」だ」と謎めいた言葉で応じた。[32] このいささか理解に苦しむ言葉は、毛自身の説明に従えば、重点をつかむこと、すなわち階級闘争をつかむことを意味するのであった。[33]

毛沢東は会議を終了させようという気になっていたが、周恩来が面会を求めてきたために、会議は四日間延長されることになった。[34] その間、毛は浙江省弁公庁が作成した幹部の労働参加に関する資料に長いコメントを記した。これは当時の主席の考え方をよく物語る文章であるため、引用に値する。

階級闘争、生産闘争、および科学実験は、社会主義強国を建設する三つの偉大な革命運動であり、共産党人を官僚主義に陥らせず、修正主義と教条主義を避け、永遠に不敗の地に立つための確実な保証であり、プロレタリアートを広大な労働大衆と連合させ、民主独裁を実行するための頼れる保証である。そうでないと、地主、富農、反革命分子、悪質分子、妖怪変化が一斉に飛び出してきてしまう……。そうなるのに多くの時間はかからない。少なくて数年、十数年、長くて数十年で不可避的に全国的な反革命復辟が起こるだろうし、マルクス主義の党は必ずや修正主義の党に変わり、ファシストの党に変わり、中国全体が変色してしまうだろう。同志たちよ、考えてもみよ、これがいかに危険な情景であるか！[35]

毛の概念の使用法は相変わらず混乱しており、修正主義と教条主義は同一の危険な傾向であると指摘されるとともに、修正主義はファシズムと同類であるとさえ述べられている。[36] それでも、修正主義の出現を回避するためには階級闘争を行わなければならないというメッセージははっきりしていた。続いて、毛は社会主義教育運動の意義について述べた。

この闘争は、あらためて人を教育する闘争であり、あらためて革命の階級隊伍を組織するもので、いままさにわれわれに対して狂ったように進攻してきている資本主義勢力と封建勢力に対して、鋭い、真っ向からの闘争を行うものである。彼らの反革命の気勢を削ぎ、これらの勢力のなかにいる絶対多数の人々を新しい人間に改造する偉大な運動である。また、幹部と大衆がともに生産労働と科学実験に参加し、われわれの党をさらに一歩栄光ある、さらに偉大で、さらに正しい党とし、われわれの幹部を政治もわかれば業務もわかる、また紅にして専〔革命的であると同時に専門能力を備えているという意味〕でもあり、浮き上がらず、旦那様にならず、大衆から離れず、大衆と一丸となり、大衆から擁護される本当のよき幹部とさせるものである。この運動が完了すれば、全国には一種の活気に満ちた情景が現れるだろう。ほぼ地球の四分の一を占める人類にこのような情景が現れれば、われわれの国際主義的貢献も、さらに大きなものとなろう。†37

大躍進で農民大衆をあれほどまで痛めつけ、そのうえ彼らの間からあがった切実な包産到戸の要求を頑としてはねつけた人物が、かくも熱心に幹部が大衆と一体となるよう訴えているのは実に奇妙に思われる。だが、これは彼の本心であったと同時に、大躍進で人々を塗炭の苦しみに追いやった経験を通じて強められた信念でもあったのである。

「前十条」

その後、毛沢東は期待を裏切った彭真に代えて、陳伯達に文書作成を命じた。そうはいっても、毛はほとんど自分ひとりでこの文書を書き上げた。具体的な文言を陳に口授し、一部のパラグラフは毛自らが書いたのである。†38 二日間を費やして、農村における社会主義教育運動の綱領となる文書「中共中央の現在の農村工作における若干の問題に関する決定（草案）」が完成した。これは十ヵ条からなるため、後に「前十条」と呼ばれた。この文書には、中国社会で暗躍する実にさまざまな「分子」が登場し、「深刻な階級闘争」の状況が列挙されている。いわく、**打倒された搾取階級**、および**地主・富農**が反攻の機会をうかがい、階級的復讐を企み、幹部を腐敗させ、指導権を簒奪し、封建的な宗族による統治を復活させようとしている。その結果、いくつかの人民公社の指導権は地主・富農の手中にある。**反革命分子**は地主・富農と結託し、宗教と宗教結社を利用して大衆を欺いている。**汚職・窃盗分子**、**投機・空売り分子**、**堕落変質分子**もまた、地主・富農とぐるになって悪事の限りを尽くしている。そして、**反動分子**は各種の破壊活動に携わっており、**ブルジョア分子**も依然として投機・空売りを行っている。そして、**新しいブルジョア分子**が投機、搾取、金儲けを行っている。こういって、この草案は「敵情」をしっかり認識するよう訴えた[†39]。これら眼が眩むほど多くの政治的な範疇が、党員および幹部たちの危機感を煽ることに役立ったとしても、これでは中国の農村で起きている問題の本質がどこにあるかを彼らに理解させる助けにはならなかった。それでも、毛沢東は以上のさまざまな悪人たちと断固戦うことを呼びかけた[†40]。「政治上で平和共存、組織上で曖昧、経済上でいい加減であるなら、これでどうやって社会主義を建設できるのか」。

次いで、草案は幹部の労働参加の意義を強調している。幹部が生産労働にまじめに参加することは、「社会主義の制度からして、根本性をもつ一大事である[†41]」。

奇妙なことに、草案には序文の性格をもつ、哲学的な文章が付け加えられた。一年後に「人の正しい思想はどこから来るか」と題されて『毛沢東著作選読（乙種本）』（一九六四年五月）に収録されたこの文章は、こう述べている。「人の正しい思想はどこから来るか。……人の正しい思想は、ただ社会的な実践のなかから、ただ社会的な生産闘争、階級闘争、科学実験――これら三つの実践のなかから来るのである[†42]」。公式の『毛沢東伝』によれば、毛は一九六一年末から、一九三七年の著作である『実践論』を土台として、再び哲学に関する著作を書きたいと望んでいたのであった[†43]。なぜ毛はこの時期にあえて再び哲学の世界に飛び込もうとしたのであろうか。ソ連に起きた深刻な変化と中国社会で観察しうる名状しがたい諸傾向をみて、社会主義が何であるのかが彼にもわからなくなっていたためであろうか。それとも、大躍進の原因と結果についての真剣な考察から逃避しようという衝動のためであろうか。それとも、大躍進の劇的な失敗によって自らの権威の低下に気がついた彼が、権威回復の手段として哲学の分野における声望を再び手中にしようと望んだためであったのだろうか。それとも、新たな企てを開始しようとする主席が、再び道を誤ることがないよう——これは何にもまして重要な事柄であった——自らに言い聞かせたのであろうか。筆者には、そのいずれもが動機に含まれていたように思われる。

それにしても、「すべては実践のなかから」というモットーは、その根本において経験主義的であり、原理原則の明確化を避け、意識的推論に基づくことなく、経験に基づく直感的な判断を通じて人は正しい道に導かれるとの主張であった。これは先験的な理論に行動を合わせるよう求めるマルクス主義者の主張らしくなかった。だが、そうでありながら、毛沢東は同志たちに、あくまでマルクス主義的な世界観と方法論を要求したのである。「前十条」の第七条「マルクス主義の科学的方法を用いて調査研究を行う問題」において、毛は次のような指摘を書き加えた。「われわれの間には、指導工作に当たるいくらかの同志、および一般的な工作に当たる多くの同志で、マルクス主義の科学的で革命的な認識論がまるでわかっていないか、あまりよくわかっていない者がまだいる。彼らの世界観と方法論はやはりブルジョア的であるか、ブルジョア思想の残余がまだある。彼らはしばしば自覚的に、あるいは無自覚的に主観主義〔唯心主義〕をもって唯物主義に代え、形而上学をもって弁証法に代えている。そうであるから、彼らの調査研究工作はうまくやれないのである†44」。そうはいっても、前述したような農村社会に暗躍するさまざまな悪人に関する叙述は、どうみてもマルクス主義的な分析方法からはほど遠かった。ともあれ、「前十条」は政策文書としては異例にも、哲学的言辞によって彩られていたのである。

五月一一日夜、毛沢東はこの文書があくまでも草案にすぎないことを強調し、正当にも、政治局拡大会議での討論と決定を経なければ正式の文書としてはならないと周恩来に告げた。そして、彭真に対しては、この草案を携えて南方各省を回り、地方の指導者たちの意見を聞くよう指示した。毛のみるところ、今回の運動の成功の秘訣は、穏やかに、ゆっくりと行うことであった。「あせってはならない。いずれにせよ、準備に一、二年かけ、二年で完成しないなら三年やる。……**要するに、今回は少し穏やかにやる。**時期を分け、グループを分け、ひとつの県でも時期を分け、グループを分け、まず試点〔ある事業を試験的に行う場所を指す。適切な日本語が見当たらないため、以下そのまま「試点」と記す〕を設ける。……こうすればうまくいく」[45]。討論の段になって、周恩来の問題提起に基づき、草案中にある九十数パーセントの幹部と人民を団結させるとされた箇所については、九五パーセント以上を団結させるとすることとなった[46]。また、周は鄧小平が「われわれの絶対多数の幹部はよい」と書いておくよう提案していると伝えると、毛は同意した[47]。周と鄧の提案は、今回の運動においては、多くの幹部と人民を敵に仕立てあげないよう努めるべきであるという毛の考え方と合致するものであった。「虱がいない場所で虱を探そうとしてならない」——これは社会主義教育運動の時期における毛のお気に入りの表現であった——と主席は述べた。また、過ちを犯した幹部については、温情をもって扱うべきなのだとも彼は主張した。「汚れた物と汚れた金は返してもらわなければならない。だが、情理に合うようにしなければならない。返してもらって生活が苦しくなるのではいけないし、幹部が生活できなくなるのでもいけない」[48]。

五月一二日、各中央局書記を集めた会議でも、最高指導者はいたって慎重であった。その様子は、あたかも深い淵に飛び込もうとして足が震えすくんだかのようであった。「各中央局は七月二〇日の北戴河会議以前に、一度小規模な会議を開いて、ここまでの経験を総括してほしい。**天下を大乱に陥れるのではない。中乱、小乱もだめだ。地区委員会はどんな具合か。さぐってみてだめなら〔運動を〕発動しないことだ。**自覚的でなくてはならず、無理強いしてはならない。これが何であるかわからせることだ。一年準備して、二年でやり終え、うまくやる。……四清をこれまでわれわれはやったことがない。これまでたくさんの運動があったが、欠点が出ると、後で名誉回復が必要になった。要するに、中央局は状況をみなければならない」[49]。主席が大きな事業を自ら提案しておきながら、いざそれを開始する段になって、ふと強い不安に駆られるのは、今回が初めてではなかった。大躍進に際しても、それを本格的に始める前に、彼は急進主義者らしからぬためらいをみせたのであった[50]。つまり、この指導者は、自信たっぷりに新たな道に踏み出すよう訴えた次の瞬間には、不安げな態度をみせることがあるのである。過去に、毛が不用意に政治運動の大波を起こしては、膨大な後始末に追われた経験に照らせば、このような態度は無理もなかった。ましてや、大躍進で取り返しのつかない失敗を犯した直後であったのだから、彼が慎重になるのは当然であった。

続いて彼はこうも述べた。「九五パーセント以上の人間に対して弁髪をつかんではならず、棍棒で打ってはならず、帽子をかぶせてはならない。手足が汚れた人間には自己批判をさせる」[†51]。このような姿勢は、官僚主義者に攻撃を浴びせる必要性を広く訴えた後、一転して、「そよ風と小雨」で官僚主義を叩くことを提唱した一九五七年春の整風運動を思い起こさせる。かくして、主席は階級闘争を大々的に行うと宣言して他の指導者たちに戦闘態勢をとらせながら、その闘争は努めて温和に行うべしと指示したのである。

草案を携えて北京に戻った周恩来が主宰する（劉少奇の外遊のためである）政治局常務委員会は、この文書を採択した。こうして五月二〇日、「前十条」は全国に伝えられた（この文書には付属文書として、浙江省で幹部が労働に参加した経験に関する七点の資料が、毛沢東のコメントとともに添えられた）。すぐに各地で農村社会主義教育運動の「試点」が設けられ、四清が展開された。同時に、都市においても五反が進められ、社会主義教育運動はようやく軌道に乗り始めた。

「後十条」

毛沢東によって地方視察を命じられた彭真は、一ヵ月をかけて河北省、江西省、広西省、雲南省、貴州省、四川省、陝西省を回った後、「現在の農村の階級闘争、社会主義教育運動および四清、五反などの若干の問題に関する報告」と題する報告書をまとめた。この報告書は、運動が開始されるや、それがすぐに「左」に向かって流され始めたことに対する彼の憂慮を反映したものであった。彭によれば、大胆な反革命的活動を行う人々はごく少数であるはずなのに、そうした人々は「ある地方では一〇パーセント前後だといい、別の地方では一〇から二〇パーセントほどだといい、さらに別の地方では、もともと一五パーセントと見込んでいたが、いまでは三〇パーセントほどであると見込んでいる」。また、かつて地主、富農、資本家とされた人々の子弟は、現在の政治的態度いかんにかかわらず、親の階級区分を受け継いだままである。さらに彼がいうには、誤りを犯した幹部は「相当多い」が、現在一部の地方では貧農・下層中農の組織を立ち上げるに際して、彼らと幹部を対立させすぎている。[†52] この報告書は七月七日に毛沢東に送られた後、印刷されて各地に送られた。この報告書が衝撃をもって受けとめられたため、指導者たちの間には、「前十条」に、より具体的な指針を盛り込むことが必要であるとの認識が生まれたのである。[†53]

新たな文書の作成は鄧小平と譚震林に託され、その起草作業は田家英のチームが請け負った。[†54] 九月六日から約三週間、北京で中央工作会議が開催され、主として農村社会主義教育運動において現れた一連の左翼的偏向現象について議論が交わされた。この会議の紀要には、各地で運動中に、「あせり」、「行き過ぎ」、「むやみに人を捕らえて打つ」などの現象が現れたと記されている。この会議において、田家英らの手による「農村社会主義教育運動のいくらかの具体的政策問題について（草案）」が採択された。これがのちに「後十条」と呼ばれる文書となるものの原形となった。会議の最終日にあたる九月二七日、毛沢東は四清と五反を、たんに幹部たちの間に現れたさまざまな偏向の是正にとどめてはならないと主張した。それらは「実際上、国内で修正主義に反対するための基礎を据えるものだ。そのなかにはイデオロギー面のものが含まれなくてはならない。文学のほか、さらに芸術――例えば、歌舞、戯劇、映画など――すべてを掌握すべきだ。……現在、経済形式はすでに変わり、社会主義経済となった。上部構造もこの経済形式に適合させるべきである」。[†55] この発言は、毛が「教育」によって改めなければならないと考えていた対象が、幹部たちの具体的な行為のみならず、中国人の文化的活動全体にまで拡大されたことを物語っていた。われわれはのちに、文化的諸領域における主席の不満が四清の進展いかんにかかわらず、次第に膨らんでいく様子をみるであろう。

中央工作会議後、「後十条」草案は何度も修正された後、一〇月五日に毛沢東に送られた。[†56] 公式の『毛沢東伝』の記すところ、その後しばらくの間、毛から反応がなかったことは、「後十条」の起草者たちを大いに不安にさせた。[†57] 意外にも、主席は突然、「後十条」草案を携えて再び南方に向かい、各地方の指導者たちに意見を求めた。このような行動は、独断専行する独裁者というイメージから毛を遠ざける。「前十条」の場合と同様、彼は慎重さを失うことなく、驚くほど他人の意見を聞いて回ったのである。こうして毛は自らさらなる修正を加えた後、一〇月二五日、「前十条と後十条の二文件は、農村各支部に二部ずつ送り、県・区・人民公社の党委指導者が党員全体と社員全体に向けて読みあげることとする」と各地にこれらの文件を伝達する際の指示書を起草した。この指示書および修正を加えられた「後十条」草案は、政治局常務委員会のメンバーに送られ、討論に付された。一〇月三一日に政治局会議が開かれ、「後十条」草案第六稿が検討された。劉少奇の提案に基づき、文書のタイトルを「具体的な政策問題」から「具体的な政策規定」とすることが議決された。もちろん、政治局常務委員たちの決定は、最高指導者の同意なしでは正式な決定とはなりえなかった。すぐに劉は上海に赴き、毛が起草した指示書を手直しした後、北京に戻り、再び政治局拡大会議を開催して一一月一四日、ようやく「規定（草案）」と「通知」（すなわち指示書）が採択されたのである。主席は二日後に「規定（草案）」に同意し、ここに第二の綱領の複雑な作成作業は終了した[†58]。

「前十条」には、より具体的な指針が必要であるとの問題提起がなされて以降、実に四ヵ月もの時間を費やして完成した文書がこれであった。それは党の指導者たちによって、文字通り集団的に作成された文書であった。「通知」は作成の経緯について次のように述べている。「今年九月に中央工作会議で『農村社会主義教育運動のいくらかの具体的政策規定について（草案）』という重要文件が採択された後、一〇月中、われわれはまた河北、河南、湖北、湖南、広東の五つの省委、若干の地方委員会および中南局の指導的同志とそれぞれ会合をもち討議した。その後、われわれはさらに華東局の指導者および華東各省の指導者たちと再び討議を行った[†59]」。かくも長き「民主主義的な」討議の過程の背後にあるのは、最高指導者の異例ともいうべき慎重さであった。それは、毛の社会主義教育運動の目的と方法に関する自信の欠如を反映するものであったといいうる。主席の身辺にあって二七年間秘書を務めた葉子龍は、回想録において「自信は毛沢東という偉大な人間の一部であった」と書いている[†60]。だが、事実はそう単純ではない。自信とともに不安が、あるいは自信と不安が交互に訪れる状態こそが、毛の人格の一部なのである。

「後十条」は社会主義教育運動が「階級闘争を要（かなめ）とする」ことを明確に打ち出している。しかし、闘争はあくまでもごく少数の敵に向けられたものでなければならなかった。したがって、大多数の幹部はもちろんのこと、中農を全体として敵に回してはならなかった。そのため、この文書は九五パーセント以上の現地幹部および大衆と団結することをうたったのである。しかも、特徴的なことに、九五パーセント以上の幹部と団結することは、九五パーセント以上の大衆と団結するための「前提条件」であるとされていた。これは紛れもなく、一九六三年春から夏にかけての運動において、多くの現地幹部が過酷な打撃の対象となったことの反省に基づくものであった。さらに、運動を促進するために農村に派遣される工作隊は、基層組織と基層幹部に依拠しなければならないとされていた。工作隊の任務は、あくまでも基層幹部の参謀となり、彼らにアイデアを提供することであり、絶対に彼らの仕事を代行してはならないのであった。[†61] これらの特徴が、運動を過激化させないための歯止めという意義を有していたことは明白である。[†62] このようにして、一九六三年冬から翌年春にかけて、社会主義教育運動の試点は全国の農村へと拡大された。ところが、まったく奇妙なことに、左翼的偏向の危険性が指導者たちによって認識され、そのため運動が左傾化することへの歯止めが講じられていたにもかかわらず、指導者たちの認識は次第に「左」へと流され、それに伴い運動それ自体も過激化していった。このような運動がたどった軌跡を考える際、劉少奇が果たした大きな役割を検討しないわけにはいかない。

「左」へと傾く劉少奇

「左」への方向転換を推し進める——つまり、敵の脅威をより深刻なものと考え、それに対するより断固とした闘争を呼びかける——点において、劉少奇は毛沢東とともに際立っていた。あるいは、毛をしのいでさえいた。第八期十中全会以降、この両者があたかも競い合うようにして階級闘争の重要性について語り、それに伴い党全体が次第に先鋭な危機意識に包まれるのが、一九六二年秋から一九六四年秋までの中国の政治過程の特徴といいうる。もしこの過程の延長線上に文化大革命があるとすれば（実際には、それほど単純な過程ではなかったことが、のちに検討されるであろう）、この事件は毛と劉が共同で始めた事業であった――そして、それによって副主席は自ら墓穴を掘った――ようにみえるのである。それゆえ、劉少奇の社会主義教育運動に関する態度について入念に検討しておくことが必要である。

一九六二年一月の七千人大会に提出された書面報告において、劉少奇は幹部たちの腐敗ぶりについて、我慢がならない様子でこう記している。「一部の幹部が分散主義を利用して引き起こした混乱現象、私腹を肥やすための不正行為〔原文は「営私舞弊」〕、はなはだしきは社会の悪質分子と結託し、悪のかぎりを尽くし、市場を攪乱している。これら幹部はすでに堕落変質しているのである」[†63]。彼が言及している幹部たちの悪しき諸傾向とは、すでに述べたように、大躍進のもとで極限状況に置かれた彼らが生存を確保するために余儀なくされた各種の逸脱行動、および大躍進後に社会・経済を復興させる目的で採用された諸政策によって育まれた「資本主義的」な諸行為であった。このとき、副主席の問題意識の中心に置かれた概念は「分散主義」であった。これはとくに地方の幹部たちの逸脱行為を指す言葉であったが、劉がそれに対する特効薬とみなしたのは、党全体を党中央が定めた規律に厳格に従わせること、すなわち官僚的統制の強化を通じた組織的引き締めであった。これは、いかにも「組織の人」である劉少奇らしい見解であった[†64]。

だが一九六二年夏に毛沢東が、われわれは資本主義の残存勢力の「狂ったような進攻」に直面している、したがってわれわれの課題は階級闘争であると強調してから、劉少奇の見解に重大な変化が生じた。もはや彼にとって、たんなる組織的統制の不足と規律の緩みが問題なのではなかった。毛が第八期十中全会で階級闘争の重要性を強調する重要な講話を行った二日後の九月二六日、劉の講話は、「私は九月二四日の毛主席の講話、および以前の数回の講話に賛成する」との言葉で始められた。副主席の述べるところ、われわれの工作上の困難は、一部の指導者たちをひるませ、彼らはあろうことか社会主義の道を放棄するよう提案し、単独経営という前途のない方策をとるよう党に要求したのであった。「もし党が単独経営を指導するなら、もし中央委員会が単独経営を指導するなら、私のみるところ、われわれの党は変質して、共産党ではなくなっているのである」[†65]。そして劉は、われわれが直面している問題は、中国においてなお社会主義と資本主義が争っているという文脈において理解されなければならないという毛の主張を繰り返してみせた。副主席によれば、両者のどちらが勝つかは、まだ相当長い時間がたたなければわからない。「だから、党内で教育を強化し、社会主義思想を強化する準備をしなければならない。われわれはブルジョア階級の復辟に準備しておかなければならず、われわれの後継者を教育して、この誰が勝ち、誰が負けるかという問題の最終決着をつけさせなければならない」[†66]。そしていくらか不可解にも、劉は党内派閥あるいはセクトは絶対に容認できない、とのメッセージでこの講話を締めくくった。「反党活動、反党派閥を審査せよ。こういったこと〔審査〕は少数の人間で行うのだ。われわれはこれらの人々〔少数者〕がうまくやれると信じている」[†67]。

一九六三年二月六日に始まった中央工作会議の準備会合において、劉少奇は突然、あたかも毛沢東の魂が憑依したかのような口調で語り始めた。あるいは、毛の言説を極端にした形でこう述べた。「思うに、これはひとつのたいへん先鋭な階級闘争だ。わが党にとって、「生死存亡に関わる問題だ」。そして、会議終了に際しての発言はこうである。「今回〔の社会主義教育運動〕は過去の三反、五反よりも小さくはならないだろう。いくらか大きく、及ぶ範囲もいくらか広くなる。……今回はもともとのブルジョアジーを捕まえるのではなく、新しく生まれたブルジョアジーを捕らえるのだ。共産党と国家幹部のなかにいるブルジョアジーを捕らえるのだ。労働人民のなかから出てきた一部の人間を捕らえるのだ」[†68]。副主席の言葉には、主席がこの頃強調していた、誤りを犯した幹部たちを「温水」で清めよという主張はまったく見当たらない。われわれは、この言葉が三年半後に彼自身に向けられるのを知るであろう。

なぜ劉少奇は「党と国家機関のなかにいるブルジョアジーを捕らえる」という毛沢東でさえ口にしなかった激しく戦闘的な言葉で語ったのだろうか。主席がいう階級闘争を忘れてはならないという主張の政治的価値に、副主席がふと気がついた可能性はありうる。毛も劉もともに、大躍進の失敗の責任を負わせる贖罪の山羊を探していたとすれば、毛の「発見」は、党による安定的な支配の維持という見地からして実に都合がよかったからである。だが、より説得力を持つように思われる説明は、一九六二年夏の北戴河会議、秋の中央工作会議、および第八期十中全会における毛沢東と彼に賛同する指導者たちによる「黒暗風」、「単幹風」、「翻案風」に対する猛烈な攻撃にさらされた後、劉は自らの権力に関する考慮から、毛の判断に留保なく従うという姿勢を示さなければならないと強く感じていた、というものである。そのいずれの理由が真実に近いにせよ、ここから彼が社会主義教育運動の旗手となる過程が開始された。[†69]

一九六三年二月一二日、中央工作会議の全体会議で、劉少奇はこのうえなくラディカルな表現で、全党をあげた新たな階級闘争の開始を宣言した。

第八期十中全会で階級、階級闘争について話をしたが、いま正式な配置を行って階級闘争をやる。この階級闘争の対象は投機・空売り、汚職・窃盗、さらには深刻な見栄を張った無駄遣い〔原文は「鋪張浪費」〕、深刻な堕落変質、違法・規律違反、深刻な分散主義である。……われわれはすでにブルジョアジーを消滅したが、いままた新しいブルジョアジーがいる。新しいブルジョアジーと古いブルジョアジーに対する〔われわれの〕態度は異なる。古いブルジョアジーとは、もともと民族ブルジョアジーで、われわれは〔彼らに対して〕買収政策をとり、さらに彼らを政治協商会議委員にしてやった。新しいブルジョア分子とは、汚職・窃盗分子、投機・空売り分子で、彼らは古いブルジョア分子と比べて〔規模が〕小さい。古いブルジョアジーは資本が比較的大きく、店舗を持ち、工場を持ち、生産手段を持っていた。だが、これらの新しいブルジョアジーの連中は、国家と人民が困難なときに搾取を行い、破壊的に振る舞うのである。……〔したがって五反運動を〕新しく台頭してきたブルジョア分子を消滅する闘争とみなし、また新しい社会主義革命闘争とみなさなければならない。[†70]

だが、なぜ幹部たちの汚職・腐敗が「新しいブルジョアジー」による反革命的行為とみなしうるかについて、副主席はまったく説明しなかった（あるいは、説明できなかった）。社会主義社会における階級闘争の必要性について語りながら、下部構造の分析がまったく欠けていたという点において、劉は毛と瓜二つであった。

二月二五日の会合で、劉少奇はソ連との対決を念頭において「反修防修」について長い講話を行った。この講話の最後の部分は、中国国内における修正主義の防止についてあてられていた。彼はこれが党と国家の生死存亡に関わる重要な問題であると力を込めて訴えた。

われわれは、われわれの党と国家が堕落変質しないことを保証する有効な方策を用いなければならない。たんにわれわれの代が堕落変質しないよう保証するだけでなく、われわれに続く世代も堕落変質しないよう保証しなければならない。これはわれわれの面前に置かれたひとつの重大な任務である。もしわれわれがこの任務をはっきりと認識せず、また実践においてこの種の保証を得られなければ、前途は危険である。これはわれわれの党、われわれの国家の生死存亡に関わる問題である。もし保証が得られなければ亡党、亡国となろう。[†71]

なぜかくも「反修防修」が重要なのかといえば、それは副主席によれば、中国社会にはまだブルジョアジーの残存分子、堕落変質分子がいるばかりでなく、「不断に新しいブルジョア分子が生まれている」からであった。そのため、「われわれの個別の単位において、すでに指導権が悪質分子によって奪われている状況がある」[†72]。こうした状況があるからこそ、「およそ五年ごとに大衆的な整党〔大衆の力を借りた整党という意味であると理解しうる〕を行わなければならない。一九五二年に〝三反、五反〟をやって一度整頓し〔原文は「整」〕、一九五七年に反右派〔闘争〕をやって一度整頓し、現在もう一度整頓しようとしている。このように常に整頓する。定期的に整頓すれば欠点は少なくなるかもしれず、悪人もいくらか少なくなるかもしれない。われわれの党はさらに健全化するだろう」と劉は述べた[†73]。この発言に毛は同意し、口をはさんでいった。「五年に一度やる。〔間隔が〕長すぎるのはよくない」[†74]。このような考え方は、文化大革命は、あたかも汚れた服を洗濯するかのように、何度も繰り返して行うべきものであるという、後の毛の発言を思い起こさせる。

劉少奇が「反修防修」に熱をあげたもうひとつの理由は、それが国際的にみても要請されていたからであった。彼は、同年一一月中旬、中国科学院哲学社会科学部委員会の会議で行った演説で、現代修正主義者（すなわちソ連指導部）がマルクス・レーニン主義を堅持する党と人々に対して「狂ったように進攻している」こんにち、マルクス・レーニン主義の純潔性を守るために、現代修正主義者を徹底的に反駁し、彼らの理論を粉砕する必要があると述べた[†75]。とはいえ、毛沢東と劉少奇の態度は、他の指導者たちからみて、明らかに浮き上がっていた。すでに述べたように、党主席と副主席のこのような階級闘争の強調は、容易に他の指導者たちからの積極的な支持を引き出すことができなかった。それは、つい一年前に劉自身が、大躍進がもたらした破滅的な状態からの回復を最優先するよう主張し、社会主義的であろうとなかろうと、「非常時」なのだから、とにかく生産回復に役立つ手段を採用すべしと唱えていたのだから当然である。他の多くの指導者が、劉の変わり身の早さとその徹底ぶりに驚いたとしても不思議はなかった（あるいは、変節は党指導者たちの政治的常数であったから、驚きをもって迎えられたわけではなかったかもしれない）。それでも、主席と副主席が一致して社会主義教育運動の推進を訴えたことは、新たな階級闘争をためらう他の指導者たちの背を力強く押したに違いない。

同年五月、毛沢東が杭州で「前十条」を作成した際、劉少奇は王光美とともに東南アジア諸国を歴訪中であり、その文書の作成には一切関わることがなかった。公式の『劉少奇伝』によれば、劉はベトナムから帰国後、雲南省昆明で「前十条」を読み、大いに賛成したのであった[†76]。

劉少奇の社会主義教育運動に対する態度を、鄧小平が「前十条」の公布後にみせた態度と比較することは、劉のいささか特異な立場を浮き彫りにする点で有益である。中央書記処総書記のこの運動に対する主たる関心は、運動それ自体を力強く推進することにではなく、その副作用を小さくすることに注がれていた。一九六三年一〇月八日の鄧の発言はこうである。「こう考えてはどうだろう。〔一九五二年に〕三反運動をやってから、一〇年〔この運動を〕やらなかったのだから、問題は多い。もし警戒を怠れば、打撃面は大きくなってしまうかもしれない」[†77]。鄧もまた、幹部たちの腐敗については十分に気がついていた。だが、利用できる資料の示すところ、彼はこの現象がそれほど深刻なものとは考えていなかったようにみえる。そのため、一九六四年初めには、農村における社会主義教育運動と都市における五反を可能な限り早く収束させることが鄧の主要な関心事となった。一月六日、彼が薄一波、李雪峰と会った際の発言はこうである。「五反には大雑把な計画がなければならない。ずるずるとやってはならず、追加的に行うのでもいけない。整頓・改革はひとつの運動で解決できるものではない。いくらかのことは運動後にやる。ひと思いにやることはできない」[†78]。

本心では新たな政治運動など行いたくはなかったという点において、彭真もまた鄧小平と同様の立場に立っていた。彭は第八期十中全会の最終日に全体会議で発言したが、その際、彼は階級闘争を行うからといって、その「落とし穴」にはまらないよう訴えた。すなわち、運動が生産に影響を与えてはならないと主張したのである[†79]。一九六二年末、彭は北京の石景山鋼鉄公司と京西鉱務局で調査を行った。その際、公式の『彭真伝』によれば、彼はかつての三反運動に類似した運動をいま行えば、生産活動に大きく影響すると考えた。そこで、彭はまず増産節約、生産秩序の整頓、労働効率の向上などに取り組んだのちに反汚職・窃盗運動を行うよう提案したのであった。すでに述べた一九六三年二月の中央工作会議における、五反をめぐる討論の際の彼の説明は、そのような思考の延長線上に位置するものであった[†80]。

一方、社会主義教育運動に臨む劉少奇は、一九六二年前半の頃とは著しく対照的に、生産について少しも気にかけなかった。少なくとも、『建国以来劉少奇文稿』によって確認できる彼の社会主義教育運動に関する議論においては、この政治運動が生産活動に与えかねない影響について配慮を示す言葉は一切見当たらない。かくして、「左」に傾いた毛沢東と、毛よりもさらに「左」に傾いた劉少奇が、互いに競い合うようにして社会主義教育運動を推進することによって、運動は過激化してゆくのである。

小結

一九六二年秋の第八期十中全会において「反修防修」を目的とした社会主義教育運動を提起したものの、毛沢東はそれに関する具体的な構想を何ら持ち合わせていなかった。翌年二月以降、一部の地方指導者たちが主席の言葉に反応して進めた実験から啓示を受けて、ようやく彼は「四清」という手段にたどり着いた。そして、同年春、都市における五反と農村における四清を中心に据えた第一の綱領である「前十条」を作成して、運動の準備は整った。ところが、いざ運動を開始する直前になって、最高指導者は奇妙なためらいをみせた。あたかも急に足がすくんだかのように、あるいは震える心と声でもって、彼は他の指導者たちに対して努めて慎重になるよう求めたのである。それは、冒頭で述べたところの、第二の精神――苛烈な闘争を求める魂ではなく、温和な闘争を求める魂――が毛に息づいていたためであった。だが、そうはいっても、地方の指導者たちと党の官僚機構は、政策上の微妙な匙加減を考慮できるほど繊細でもなければ慎重でもなかった。実際のところ、「左」であることは「右」であることよりも、政治的にははるかに安全な立場であったのだから、新たな闘争の大号令をかけられた指導者たちが「左」に傾かないはずはなかった。それは「病を治して人を救う」ことをモットーにして展開された、抗日戦争時期の延安整風運動が、暴力に満ちたものとなり、少なからずの人々を死に追いやったのと同様であった。運動はすぐに破壊的な大波と化し、一切合切を飲み込み始めた。そのために、第二の綱領が新たに必要となったのである。

「後十条」の作成過程において、毛沢東は主導的役割を果たしたとはいいがたい。それはこの頃、彼がフルシチョフとのたたかいにすっかり心を奪われていたため、国内的運動の推進のために十分な時間を割く精神的余裕がなかったからだと考えることが可能である。とはいえ、この文書の作成に四ヵ月もの時間を費やし、かつてないほど多くの地方指導者に意見を聞いて回ったことから考えれば、主席には社会主義教育運動の意義とそれによって得られる成果に関する確信が欠けていたからだ、と考えるほうがよいように思われる。実際、一九六三年春から秋にかけての毛の姿は、あたかも重戦車のように他の指導者と民衆を力ずくで引きずり、自らの目標に強引に従わせる独裁者の姿からはほど遠い。むしろ、一貫した政治的構想をもたず、自信に欠け、ときに立ち止まり、他の指導者の言動に引きずられやすい、どこか弱々しい指導者の姿が浮かび上がるのである。このことは、大躍進後の中国の政治過程が、指導者たちの一貫した左傾化によって特徴づけられるのでもなければ、文化大革命へと一直線に向かう過程でもなかったことを示唆している。それは小休止と小さな飛躍を含む、また毛沢東という単一の動力によって駆動されたのではなく、いくつかの補助的動力――劉少奇および地方指導者たち――によっても駆動された過程であった。

ともあれ、第二の綱領には、温和な闘争を求める毛沢東の魂が第一の綱領と比べて、より強く反映されていた。[†81]だが、それでもやはり「階級闘争を要とする」ことをうたった「後十条」は、運動の急進化に歯止めをかけることができなかった。それは「左」であることをよしとする指導者たちの性格に加えて、劉少奇が次第に極端な立場をとり始めたからであった。

次章においてわれわれは、主席と彼の副官たちの間で営まれた、互いが互いをさらなる「左」へと鼓舞する作用によって、運動が急進化していく様子を目撃するであろう。

†1　「一九五七年夏季的形勢」（一九五七年七月在青島和各省市委書記談話要点）、『学習文選』第一巻、三五一頁。

†2　角崎信也「『農村整風』と基層幹部の行動変容――『大飢饉』の前奏：一九五七～五八年」、小嶋華津子・磯部靖編著『中国共産党の統治と基層幹部』慶應義塾大学出版会、二〇二三年、六七‐八九頁。

†3　「中共中央関於今冬明春在農村中普遍展開社会主義和共産主義教育運動的指示」、『人民日報』一九五八年九月一一日。

†4　「関於人民公社若干問題的決議」（一九五八年一二月一〇日）、中共中央組織部・中共中央党史研究室・中央档案館編

『中国共産党組織史資料』第九巻、中共党史出版社、二〇〇〇年、六五三頁。

†5 「中共安徽省委関於在農村中普遍深入開展社会主義和共産主義教育運動的指示」（一九五八年一〇月二〇日）、中共安徽省委弁公庁等編『中共安徽省委文件選編（一九五八－一九六二）』、二〇〇四年、『中共重要歴史文献資料彙編』第三十三輯第九十八分冊、二〇一七年、一一二－一一四頁。

†6 「中共中央関於在農村進行社会主義教育的指示」（一九六一年一一月一三日）、前掲『農業集体化重要文件彙編』上、五二八頁。

†7 「中央批発中央統戦部関於第二次全国改造右派分子工作会議的報告」（一九六二年一〇月二〇日）、広州軍区政治部組織部編『組織工作史料選編』、一九七九年一二月、『中共重要歴史文献資料彙編』第二十七輯第二百〇八分冊、二〇二二年、二六〇－二六二頁。第一回会議は、一九六一年八月二八日から九月二七日にかけて開催されている。「中央統戦部、組織部、宣伝部関於全国改造右派分子工作会議的報告」（一九六一年九月二七日）、同右、二五〇頁。権威ある記述に従えば、一九五九年から一九六四年にかけて、かつて「右派分子」とされた人々三〇万人から「右派分子」の「帽子」がはずされたのであった。前掲『中国共産党組織史資料』第五巻、二二頁。

†8 江渭清『七十年征程――江渭清回憶録』下巻、江蘇人民出版社、一九九六年、四七二頁。

†9 張啓竜「在組織工作会議上的総結発言提綱」（一九六二年一二月八日）、中共中央組織部編『張啓竜在組織工作会議上的総結発言提綱』、『中共重要歴史文献資料彙編』特輯之一百一十九、三頁。

†10 党員数の出所については以下のとおりである。「中国共産党第八回全国代表大会における劉少奇副主席の政治報告」（一九五六年九月一五日）、『新中国資料集成』第五巻、二五四－二五五頁。中共中央組織部「関於今后接収党員工作的意見」（一九五八年一一月七日）、中共中央弁公庁機要室編『武昌会議通過的幾個文件彙集』一九五九年一月一九日、『中共重要歴史文献資料彙編』特輯之一百一十九、三四－三五頁。および前掲、張啓竜「在組織工作会議上的総結発言提綱」（一九六二年一二月八日）、五頁。

†11 「北戴河における中央工作会議での講話」（一九六二年八月九日）、邦訳『毛沢東思想万歳』下、四四頁（丁本、四二六頁）、および『毛沢東思想万歳』11C、四〇頁。これら二つのテクストは完全に一致している。

†12 『鄧小平伝』下、一三〇四－一三〇五頁。

†13 『中共中央文件選集』第四十一冊には、この会議で採択された五つの決議が収録されている。会議後に出された公報は、それ以外の決議が採択されたことを何ら示唆していない。「中国共産党第八届中央委員会第十次全体会議的公報」（一九六二年九月）、前掲『中国共産党組織史資料』第九巻、九〇一－九〇六頁。姜華宣他主編『中国共産党重要会議紀事（一九二一－二〇〇一）』中央文献出版社、二〇〇一年、二七六－二七七頁の説明もまた、五つの決議に触れるのみである。

†14 「在八届十中全会上的講話」（一九六二年九月二四日上午）、『毛沢東思想万歳』11C、四二－四三頁。この講話テクストは、『毛沢東思想万歳』丁本に収録されているものと、基本的に同一である。だが、後者は文中に登場する鄧小平の氏名を伏せ字としている。

†15 『彭真伝』第三巻、一〇九一頁、および『彭真年譜』第四巻、二四六頁。

†16 「中共中央関於励行増産節約和反対貪汚盗窃、反対投機倒把、反対鋪張浪費、反対分散主義、反対官僚主義運動的指示」（一九六三年三月一日）、前掲『中国共産党社会主義時期文献資料選編』（五）、一九六－二一〇頁。この指示は、全国の都市における「五反」開始の狼煙となった。

†17 「対湖南省委《関於社会主義教育運動情況報告》的批語」（一九六三年二月一五日）、『建国以来毛沢東文稿』二〇二四年版、第十六冊、四八六頁。

†18 「対河北省委関於農村整風整社運動情況報告的批語」（一九六三年二月二〇日）、同右、四九〇頁。

†19 『毛沢東伝』下、一三二〇－一三二一頁、および『毛沢東年譜』第五巻、一九七－一九八頁。

†20 『毛沢東伝』下、一三二一頁、および『毛沢東年譜』第五巻、一九八－一九九頁。

†21 四月二六日、北朝鮮からやって来た『労働新聞』代表団に対して、上海で主席はこう述べた。「われわれの五反は新聞には載せない。一九五二年、五三年に三反・五反をやったとき、新聞に載せたとたんに多くの問題が出てきて、多くの人々を誤ってやっつけてしまったことに鑑みて、そうする。……もし新聞で五反を公開したら、自殺はもっと多くなるだろう」。郭徳宏、前掲書、四二頁。『毛沢東年譜』第五巻、二一二頁には、この発言は記載されていない。その代わりに、主席が北朝鮮からの訪問客に対して、外国語を少し勉強したほうがよい、そうでないとマルクス・レーニン主義の研究に支障をきたす、と告げたことが記されている。

†22 『彭真伝』第三巻、一〇九四頁。

†23 「中共保定地委関於開展社会主義教育進行〝四清〟工作向省委的報告」(一九六三年四月四日)、中共中央文献研究室編『建国以来重要文献選編』中央文献出版社、第十六冊、一九九七年、二五四頁。この報告書は、大衆を広く動員して「六十条」の学習を徹底させる、思想闘争は激烈に行わなければならないが、誤りを犯した幹部に対しては「病を治して人を救う」方針を取るなど、当時の毛沢東の主張を網羅的に盛り込んだもので、同地区の幹部たちによる最高指導者の言説に関する実に周到な研究ぶりをうかがわせる。

†24 『毛沢東伝』下、一三二三頁、および『毛沢東年譜』第五巻、二〇七頁。

†25 それはその頃、周と鄧が中ソ論争に忙殺されていたためである。そのうえ、総理についていえば、社会主義教育運動の意義をまったく理解していなかった可能性がある。周は一九六三年五月二九日および六月一三日、二度に分けて党中央および国務院直属機関の幹部たちに対して講話を行った。この講話は、幹部たちの作風、態度、思想を問題としながら、しかも毛沢東「人の正しい思想はどこから来るか」に言及しながら、官僚主義の克服を訴えるばかりで、奇妙にも、まったく社会主義教育運動について言及していない。「反対官僚主義」(一九六三年五月二九日)、および「過好〝五関〟」(一九六三年五月二九日)、『周恩来選集』下巻、人民出版社、一九八四年、四一八－四二二頁、および四二三－四二八頁。これらのテクストは、いずれも講話の一部にすぎないとはいえ、総理が社会主義教育運動に積極的であったとは信じがたい。公式の『周恩来伝』も、彼がこの運動において果たした役割に何ら言及していない。

†26 『毛沢東年譜』第五巻、二二二頁、および『彭真年譜』第四巻、二六一頁。

†27 のちに、この小型会議は杭州会議と称された。この会議において、毛は四度講話を行ったとする文献もあるが(鄭仲兵主編『胡耀邦年譜資料長編』下冊、香港、時代国際出版有限公司、二〇〇五年、二四二－二四三頁)、『毛沢東思想万歳』11C、五六－五九頁に収録された「在杭州会議上的講話」には、五月七日、五月八日、および五月一一日の談話と挿話に基づくとの注記がある。おそらくこの会議において、主席はまとまった講話は行わなかったのであろう。三度の談話と挿話はいずれもごく短い。

†28 「中央関於抓緊進行農村社会主義教育的批示」(一九六三年五月一〇日)、『建国以来毛沢東文稿』二〇二四年版、第十六冊、五三四－五三五頁。『毛沢東伝』下、一三二四頁の説明によれば、この文書は五月二日、毛によって起草され、他の指導者たちの同意を得た後、五月一〇日付で党内に発出されたのであった。

†29 『毛沢東伝』下、一三一七頁、および『毛沢東年譜』第五巻、二一七頁。
†30 『毛沢東伝』下、一三一七－一三一八頁、および『毛沢東年譜』第五巻、二一八頁。毛が「偉大な模範」ともちあげたこの昔陽県の資料は、三月二三日に党中央のコメントとともに各省、市、自治区党委員会に転送された。「中共中央転発『山西省昔陽県幹部参加労働已形成社会風尚』的調査材料」（一九六三年三月二三日）、前掲『農業集体化重要文件彙編』下冊、六六七－六六八頁。
†31 『毛沢東年譜』第五巻、二一六－二一七頁、および『彭真年譜』第四巻、二六二－二六三頁。
†32 『彭真伝』第三巻、一〇九五頁、および『彭真年譜』第四巻、二六三頁。
†33 「在杭州会議上的講話」（一九六三年五月）、『毛沢東思想万歳』11C、五九頁。毛自身の説明に従えば、『香山記』は帰荘王の娘（観世音菩薩）の物語であり、その始まりは、七文字を一句とするこの二句になっているという。
†34 総理は社会主義教育運動について意見を述べるために毛のもとにやって来たのではなかった。五月二日に発生した貨物船・躍進号の沈没事件――魚雷攻撃によって沈没させられた可能性が一時取り沙汰された――に関する報告のため、杭州を訪れたのである。『周恩来年譜』中巻、五五二頁。
†35 「転発浙江省七個関於幹部参加労働的好材料的批語」（一九六三年五月九日）、『建国以来毛沢東文稿』二〇二四年版、第十六冊、五三〇－五三一頁。このテクストは、『学習資料（一九六二－一九六七）』、および『毛沢東思想万歳』11Cに収録されているものとまったく同一である。このコメントは、のちに「前十条」が党中央から発せられる際、付属資料に添えられた。
†36 筆者は、毛沢東によるこのような言葉遣いを、基本的に彼の思考の乱れを表すものと理解しているが、一部の毛沢東主義者にとっては、中国共産党が修正主義の党に変わり、ファシストの党に変わるというのは、やがて鄧小平の指導のもとで現実となる卓越した預言であった。W・ヒントン著、田口左紀子訳『大逆転――鄧小平・農業政策の失敗』亜紀書房、一九九一年、「原著まえがき」参照。
†37 「転発浙江省七個関於幹部参加労働的好材料的批語」（一九六三年五月九日）、『建国以来毛沢東文稿』二〇二四年版、第十六冊、五三一－五三二頁。
†38 董辺他編『毛沢東和他的秘書田家英』増訂本、中央文献出版社、一九九六年、一四八頁。

†39 「中共中央関於目前農村工作中若干問題的決定（草案）」（一九六三年五月二〇日）、前掲『農業集体化重要文件彙編』下冊、六八一－六九四頁。
†40 これは、毛が湖南省委員会の報告の文言を引用したものであった。『毛沢東伝』下、一三三二頁。
†41 「中共中央関於目前農村工作中若干問題的決定（草案）」、前掲『農業集体化重要文件彙編』下冊、六九〇－六九一頁。
†42 「人的正確思想是従哪里来的」（一九六三年五月）、『毛沢東文集』第八巻、三二〇頁。
†43 『毛沢東伝』下、一三二四頁。
†44 「中共中央関於目前農村工作中若干問題的決定（草案）」、前掲『農業集体化重要文件彙編』下冊、六九二頁。
†45 強調引用者。『毛沢東伝』下、一三二五－一三二六頁、および『毛沢東年譜』第五巻、二二五頁。この言葉から、われわれはちょうど三年後に生じる文化大革命が、一九六三年春の時点における主席の精神から、いかに離れたものであったかを知るのである。
†46 邦訳『周恩来伝』下、七七頁。
†47 『毛沢東伝』下、一三三六頁、および『毛沢東年譜』第五巻、二二六頁。
†48 『毛沢東伝』下、一三三七頁、および『毛沢東年譜』第五巻、二二六－二二七頁。
†49 強調引用者。『毛沢東伝』下、一三三八頁、および『毛沢東年譜』第五巻、二二六頁。この会議に参加した中央東北局第一書記、宋任窮の回想によれば、毛は五月一一日夜、社会主義教育問題について考えるあまり一睡もできず、一二日早朝五時四〇分に各中央局の書記を招集してこの会議を開いた。その際、主席は書記たちに対し再三、焦らずに運動を進めるよう言い含めたのであった。宋任窮『宋任窮回憶録』解放軍出版社、一九九四年、三九二頁。
†50 高橋伸夫『中国共産党の歴史』慶應義塾大学出版会、二〇二一年、一七一－一七二頁。
†51 『毛沢東伝』下、一三三八頁、および『毛沢東年譜』第五巻、二二七頁。
†52 『彭真伝』第三巻、一〇九七頁、および『彭真年譜』第四巻、二八〇－二八二頁。
†53 『彭真伝』第三巻、一〇九八頁。
†54 そのため、文化大革命時期において毛沢東主義者たちは、「後十条」は鄧小平が社会主義教育運動を骨抜きにするために作成した文書であるとの言説を振りまいた。例えば、『毛主席的革命路線勝利万歳——党内両条路線闘争大事記（一

九二一―一九六九)』(編者・出版地・出版社不明)、一九六九年九月、六四四―六四五頁を参照せよ。同じタイトルをもつ別の大事記『毛主席的革命路線勝利万歳――党内両条路線闘争大事記(一九二一―一九六七)』(編者・出版地・出版社不明)、一九六七年(?)、一九三―一九四頁も同様に、「後十条」は鄧小平が毛沢東の「前十条」を破壊するために打ち出した「黒い文件」であるとしている。だが、すぐ後で述べるように、「後十条」は毛沢東自らが何度となく手を入れた末に完成した文書であったのだから、このような主張がまったくの誤りであることは明白である。

†55 『毛沢東伝』下、一三三〇頁、および『毛沢東年譜』第五巻、二六三頁。

†56 『鄧小平年譜』下、一七七五―一七七六頁の記載によれば、この修正作業は鄧小平を中心にして行われたのであった。

†57 『毛沢東伝』下、一三三一頁。

†58 『毛沢東伝』下、一三三三頁、および『毛沢東年譜』第五巻、二八〇頁。『建国以来劉少奇文稿』第十一冊、六〇一頁注は、この文書が定稿となった日付を一一月一六日としている。

†59 「中共中央関於印発和宣伝農村社会主義教育運動問題的両個文件的通知」(一九六三年一一月一四日)、前掲『農業集体化重要文件彙編』下冊、六九五頁。

†60 葉子龍『葉子龍回憶録』中央文献出版社、二〇〇〇年、一二一頁。

†61 「中共中央関於農村社会主義教育運動中一些具体政策的規定(草案)」(一九六三年九月)、前掲『農業集体化重要文件彙編』下冊、六九六―七一八頁。工作隊の任務が「主に基層幹部の参謀となり、彼らにアイデアを出すことであり、……絶対に代行してはならない」との文言は、毛沢東の加筆によるものであった。「関於印発和宣伝農村社会主義教育運動的両個文件的批語、通知和対〝后十条〟的修改」(一九六三年一〇月―一一月)、『建国以来毛沢東文稿』二〇二四年版、第十七冊、八三頁。

†62 前掲『毛沢東和他的秘書田家英』(増訂本)、一〇〇頁。

†63 「在拡大的中央工作会議上的報告」(一九六二年一月二七日)、『建国以来劉少奇文稿』第十一冊、三八頁。

†64 よく読まれている劉少奇の評伝において、ローウェル・ディットマーはこの人物の性格について、こう書いている。「一言でいって、劉は官僚であった」。Lowell Dittmer, *Liu Shao-Ch'i and the Chinese Cultural Revolution: The Politics of Mass Criticism*, Berkeley: University of California Press, 1974, p. 182.

†65 「第八届十中全会上的講話（一九六二年九月二六日）、『建国以来劉少奇文稿』第十一冊、二九二―二九七頁。

†66 同右、二九九―三〇〇頁。

†67 同右、三〇三頁。ここで劉が「反党活動、反党派閥」と呼んだのは、彭徳懐に連なる「西北反党集団」を指すと理解しうる。

†68 『劉少奇伝』第二版、下、八六九―八七〇頁。

†69 ずっと後で、陳伯達は獄中において、いつのことかははっきりしないが、彼が毛沢東に対して、劉少奇に社会主義教育運動を任せてみてはどうかと提案したと述べている。すると毛は喜び、同意し、劉と話してみようと応じたという。陳伯達著、陳暁農編注『陳伯達遺稿：獄中自述及其他』香港、天地図書、一九九八年、七九頁。もし陳の言明が事実であるとすると、劉少奇は毛に試されていると理解して、社会主義教育運動に懸命になったのかもしれない。

†70 『劉少奇伝』第二版、下、八七〇頁、および『劉少奇年譜』下巻、五七一頁。

†71 「関於反対現代修正主義闘争的前途和我們的方針」（一九六三年二月二五日）、『建国以来劉少奇文稿』第十一冊、三七〇頁。このテクストは、会議後に毛沢東および政治局常務委員たちによるたび重なる加筆修正を経て、三月二九日、中共中央文件として発出された。同右、三九四頁注。

†72 同右、三七〇頁。

†73 同右、三七一頁。

†74 『毛沢東年譜』第五巻、一九七頁。

†75 「在中国科学院哲学社会科学部委員会第四次拡大会議上的報告提綱」（一九六三年一一月一二日）、『建国以来劉少奇文稿』第十一冊、六〇七―六〇八頁。

†76 『劉少奇伝』第二版、下、八七一頁。

†77 『鄧小平伝』下、一三〇六頁。

†78 同右、一三〇七頁。

†79 『彭真伝』第三巻、一〇八九頁。

†80 同右、一〇九一頁。この調査については、なぜか『彭真年譜』第四巻には記載が見当たらない。

†81　田家英の助手として「後十条」の起草に参加した逢先知は、この文書の目的が「『左』を防ぎ、『左』に反対すること に眼目があった」と述べている。逢先知、前掲書、一九三頁。

第7章　一九六四年における指導者たちの集団的熱狂

一九六三年秋における「後十条」の制定以降、党幹部たちは上級から下級に至るまで、ようやく重い腰をあげて農村に赴き、二つの十条を農民たちに読み聞かせる——これは、かつて官僚が人々を招集して皇帝の布告を読んで聞かせた古い慣習を想起させる——とともに、自ら労働に参加した。これによって、ようやく社会主義教育運動は軌道に乗り始めた。毛沢東は、健全な思想が必ずや生産を向上させると信じた。そして、よき思想は人民解放軍から学ぶことによって得られる、というのが彼の主張であった。その結果、四清、五反と並んで「解放軍に学ぶ運動」が開始された。さらに、正しい思想によって生産力を飛躍的に向上させたと認められた工業と農業のモデル（大慶と大寨）に学ぶための二つの運動が新たに追加された。このため、一九六四年以降、中国では農民から労働者そして知識人に至るまで、また下級の指導者から上級の指導者に至るまで、ほとんどすべての人々が何重もの政治—生産運動のなかに放り込まれた。かくも全面的な動員は、挫折した大躍進以来のことであった。これは、「九評」の公表によってますます高まるソ連の修正主義者を非難する声、およびベトナムを通路としてますます近づいてくるように思われたアメリカ軍の足音を聞きながら行われた企てであった。

このうえなく危険性が増しているように思われた国際環境のもとで行われた複合的動員の特徴は、指導者たちがあたかも内戦に臨むかのように、国内の「敵」に対する戦闘的姿勢を次第に強めたことであった。彼らは国内の政治権力の三分の一が敵の手中にあるとする最高指導者のまったく現実味を欠く見積もりを受け入れ、さらにはあろうことか、彼ら自ら、もっと広範囲において指導権は失われていると主張し始めた。そのため、各地で地主―ブルジョア連合によって「簒奪された」と目された政治権力を奪還する動きが開始された。その意味において、文化大革命は、その開始を告げられることがないまま、事実上開始されていたといいうる――ただし、一九六六年春以降始まった文革と、いささか様相は異なっていたのであるが。このような政治の急進化は、毛沢東と彼の副官たち、とりわけ劉少奇(および彼の妻)との間の相互作用を通じて促された。本章で検討されるのは、一九六四年に社会主義教育運動が急進化することによって、農村にある種の革命状況が生じる過程、および主席と副主席の間に事実上の主導権争いが生じる過程である。筆者は、毛沢東の文化大革命に先んじて、いわば劉少奇の文化大革命が生じており、これが指導者たちの間に「新たな革命」に向けた精神的高揚をもたらすとともに毛の文革にひな形を与え、さらに後の副主席の悲劇を準備したと主張するつもりである。

複合的動員

「後十条」が繰り返し修正され、最終的に定稿となった後、毛沢東はこの文書の宣伝をきわめて重視した。ところが、彼が当てにしていた軍からは何も反応がなかった。いくつもの方面で対外的緊張が増していたのだから、軍がその本来の任務に照らして、国内の政治―生産運動に力を振り向けようとしなかったとしても当然であった。[†1] だが、毛は軍が国内の政治運動の局外に立つことを認めなかった。彼は一九六三年一二月一四日、自らが頼みとする林彪に宛てて手紙をしたため、軍内で二つの十条に関する学習を進めるとともに、軍から一部の幹部を引き抜いて工場や農村に送り、宣伝活動を行わせるよう求めた。[†2] その結果、人民解放軍もまた社会主義教育運動の主体となった――おそらく、林彪を除く軍の指導者たちはあまり乗り気ではなかったであろうが。

ちょうど同じ頃、主席は冶金工業部長の王鶴寿から報告を受けた。王は、人民解放軍の政治工作の仕方を学ぶことが、企業における政治思想工作のモデルとなったと書いていた。工業部門が軍に学ぶことは、毛が数年来温めていた構想であった。[†3] 彼の構想の要点は、よき思想がよき生産結果をもたらすということであった。一二月一六日、主席は軍の首脳たち――林彪、賀竜、聶栄臻、羅瑞卿、蕭華（総政治部主任）――に書簡を送り、工業部門が解放軍に学ぶ問題を提起した。「国家の工業各部門が、いま上から下まで、すべて解放軍に学び、政治部、政治処、政治指導員を置き、四つの第一〔人の要素、政治、思想工作、活きた思想の四つを重視することを指す〕と三八作風を学ぶよう提起している者がいる。……薄一波同志によると、いますでに水電部、冶金工業部、化学工業部、石油部が解放軍の方法に学んだやり方でやっているとのことである。……この問題は、私が数年来考えてきた。いま工業部門が自ら解放軍に学ぶといい出しており、石油部の偉大な成績も説得力があるから、これは普遍的に実行するときが来た」[†4]。ここから「解放軍に学ぶ」運動が開始された。[†5] 思想的にも武装された兵士による生産運動への参加は、黒竜江省の大慶油田で奇跡的ともいいうる生産量を生み出してもいた。その結果、「工業は大慶に学ぶ」運動も同時に始まった。四清、五反、「解放軍に学ぶ」運動、そして「工業は大慶に学ぶ」運動に通底するものは、幹部と大衆の思想が健全でありさえすれば、修正主義の浸透は防ぐことができるし、増産もまた可能であるという信念であった。主席は一九六四年一月上旬、統一戦線部の報告書の原稿にこう書きつけている。「もしわれわれとわれわれの後継者が絶えず警戒を高めることができないなら、少しずつ人民大衆の自覚を高めることができないなら、社会主義教育工作を深く浸透させることができないなら、各級の指導権は真正なマルクス主義者の手中ではなく、修正主義〔者〕によって簒奪されるところとなり、そうなればわが国は資本主義復辟の道を歩むことになってしまうかもしれない」[†6]。

人々の思想に訴えかけることをかくも重視したのは、毛沢東が自ら膨らませた修正主義の脅威によって、ほとんど押し潰されそうになっていたからであった。一九六四年を迎えてから、彼の精神状態はどうみても異常であった。その様子は、あたかも妄想にとりつかれているかのごとくであった。一月三〇日、毛は北京を訪れたベトナム労働党代表団に対してこう述べた。「ソ連に修正主義が生まれたら、皆さんは反対した。もし中国に修正主義が生まれたら、やはり皆さんは反対しなければならない」[†7]。中国国内に生まれかねない悪しき傾向に対して、外国人に国際的圧力をかけるよう中国の指導者自らが求めたことは異例であった。だが、毛はまったく同様の呼びかけを、二月二九日に秘密裏に訪中した金日成に対しても行ったのである。

> 彭徳懐がフルシチョフのように、党、軍隊、政権を掌握したら、今日われわれはモロトフ、マレンコフ、カガーノヴィチの境遇と同じように、やはり殺されてしまうかもしれない〔注・彼らは殺されてはいない!〕。これらの人間はいつも復辟を考えている。だから警戒を高めなければならないのだ。……中国が修正主義になったら、あなたたちはどうする。……中国に修正主義が出現しても長くはやれない。長くても数年というところだ。中国は地方が大きく、人も多く、解放軍の自覚も高い。われわれが一部の軍隊を握っていれば心配はいらない。……予防注射を打っておくのだ。全人民に対して反修正主義教育を行う。新しいフルシチョフに反対しなければならない。新しく出てきたブレジネフは汚職・窃盗・投機・空売りをやっている。これらの人々の人数は多くないとはいえ、とてもひどい。……〔中国で〕『地下工作』をやっている者がおよそ一千万人いる。……人口の六五分の一だ。……もし注意しないと、彼らは氾濫するだろう。ソ連はいま〔そういう連中が〕氾濫していないのか。[†8]

次いで三月二三日には、北京を訪問した日本共産党の政治局員、袴田里見に対しても同様の指摘を行った[†9]。だが、毛はまだ語り足りないと感じた。そこで秘書の林克に対して、やはり異例にも、武漢で袴田との再度の会見を準備するよう指示したのである。会見は四月一〇日に行われた。主席はこの日本共産党の最高指導者、宮本顕治の右腕に対して、こう告げた。「当時〔一九六二年を指す〕は一陣の風が吹いていた。一九六二年は狂っていた。……中央連絡部長〔王稼祥を指す〕は三和一少を主張した。彼はもともと病気だったのに、あの年の春になって突然元気が出てきたのだ。このほかに統一戦線部もある〔李維漢が批判されたことを指している〕。……これらはほんの二つの例にすぎない。そのほかにもある。中央の各部は、それぞれが天下泰平というわけではない。各部が、みな一が分かれて二となっている。地方もまた天下泰平ではない。われわれの中央委員、中央候補委員のうち十数人が修正主義者だ」[†10]。ソ連の修正主義に対して真っ向から勝負を挑んでいる最中であるというのに、自らの足元が崩れる危険性があると外国人に公然と語ってみせる毛沢東の心理は尋常ではなかった。以上の一連の発言を通して、われわれは彼が、中国が修正主義に侵食される危険が社会の末端部分にあるだけでなく指導層にもあり、さらには党中央にさえもあると考えていたことを知るのである。

四月二五日、主席はオーストラリア共産党代表団との会見で彼らにこう語った。「みたところ、修正主義が荒れ狂ったピークが〔ソ連共産党〕第二二回党大会だった。……以前、われわれの幹部、党員、人民は中国共産党とソ連共産党にどんな違いがあるのか知らなかった。公開論争が始まって以降、皆やっと二つの共産主義、二つの共産党があることがわかったのだ」[†11]。この発言によって、毛が公開論戦をやめようというフルシチョフの提案を頑なにはねつけたのは、書記長の鼻を明かしてやりたいとの願望のためばかりでなく、論争を通じて中国国内の修正主義の危険性を暴露し、この有害な傾向とのたたかいを人々に促すためであったことを知るのである。五月一一日、主席はすっかり頭に血がのぼったためか、支離滅裂な表現を用いて、ソ連の指導部を罵った。「現在のソ連はブルジョア独裁、大ブルジョア独裁、ドイツ・ファシストの独裁、ヒトラー式の独裁であり、ゴロツキ集団であり、ドゴールよりもっと悪い」[†12]。

尋常ではない心理にとりつかれていたとはいえ、毛沢東の関心は修正主義の防止にのみ注がれていたわけではなかった。彼には、社会主義教育運動が生産活動を妨げていないかもまた気がかりであった。毛は前述した三月下旬の袴田との会見後、またもや北京を離れて南方に向かった。三月二八日、彼は河北省邯鄲に立ち寄り、山西省委第一書記の陶魯笳、河北省委第一書記の林鉄らから社会主義教育運動に関する報告を受けた。その際、主席は「君たちはそうやって、果たして生産を妨げることはなかったのか。生産の状況はどんな具合だ」と尋ねた。生産が重要であるからには、政治運動はやみくもに進めてはならなかった。彼は二人の省委書記に告げた。「五反であれ四清であれ、ゆっくりやって、うまくやることだ。急げば目的を達成することはできない。もちろん漫然とやってよいというのではない。……現在の問題は別の方面、すなわち急ぎすぎるということだ」[†13]。陶魯笳が、貧農出身の指導者である陳永貴に率いられた山西省昔陽県大寨大隊が飛躍的な生産を成し遂げた経験を毛沢東に語ったのは、その翌日であった[†14]。毛は大きな関心を示し、ここから「農業は大寨に学ぶ」運動が始まったのである。階級闘争を主題とする社会主義教育運動が展開されているときに、大慶と大寨という二つの生産運動のモデルが生み出されたのは、まさに主席の関心が階級闘争と生産にあったことをよく表している。

その後も毛沢東は、同様の趣旨を地方の指導者たちに語り続けた。三月三〇日、彼は河南省鄭州に到着すると、西北局第一書記の劉瀾濤、安徽省委第一書記の李葆華、河南省委第一書記の劉建勲に対してこう告げた。「今回の社会主義教育運動は絶対にあせってはならない。必ず徹底して行い、いいかげんに済ませてはならない。二年でだめなら三年やり、三年でだめなら四年やる。過去の民主革命は徹底的にやらなかった。いまは補講が必要だ。社会主義革命をいいかげんにやったら、将来また補講が必要になる」[†15]。その三日後に武昌に赴いた毛は、湖北省委第一書記の王任重から報告を受けた。湖北省では当年中に人民公社の五〇パーセントで社会主義教育運動を完成させると聞かされ、主席は懸念を表明した。「君たちは要求を急ぎすぎていないか。そのようにすれば、その場を取り繕うだけになるのではないか」。彼は王が自ら地方に出かけて運動を指導しないことにも不満を述べた。「君はなぜ行かないのだ。君は年を取ってもいないし、病気でもない。自ら大衆のところへ行って、二つの十条を読み聞かせるべきだ」[†16]。四月一九日に南昌に到着した後、毛は江西省委第一書記の楊尚奎に対して、社会主義教育運動の成否を測る基準は、生産の具合であるとの点を強調した。「生産を発展させなければならない。もし生産がダメになったら、低下したら、農村社会主義教育運動は失敗なのだ[17]」。

このように、最高指導者が地方指導者たちに対して、政治運動に熱をあげるあまり生産を疎かにしないよう繰り返し言い含めておいたにもかかわらず、実際には、彼らはこの忠告をあまり意に介さなかった。というのも、地方指導者たちにとって、生産よりも政治のほうがはるかに重要であったからである。各地の指導権が地主やブルジョアジーや「妖怪変化」によって簒奪されていると毛沢東がいうからには、生産の状況を気遣って指導権の奪回を後回しにするわけにはいかなかった。彼らにとって、「左傾」の誤りを犯すほうが、「右傾」の誤りを犯すより、はるかにましであった。「左傾」が行き過ぎたために、党内から厳しい批判をくらったのは、一九三〇年代の李立三や王明とその仲間たちくらいのものであった。他方、「右傾」は、彭徳懐の例にみるように、もっと破滅的な結果を指導者たちに与えてきた。毛が国家権力の三分の一が敵の手中にあるといい始めたからには、これは何よりも政治的な大事であったのである。最高指導者が「戦闘開始」を告げているというのに、生産にうつつを抜かすことなどできたであろうか。

「三分の一の指導権が失われた」

一九六四年五月一五日から一ヵ月あまりの長きにわたり、北京で中央工作会議が開催された。この会議は、アメリカとの戦争に備えるための「三線建設」（内陸部での軍需工業建設の企てを指す）が議論された場として知られているが、社会主義教育運動もまた重要な議題のひとつであった。会議参加者の一人である薄一波によれば、指導者たちの言動が集団的に異常になったのがこの会議であった。「会議でなされたいくらかの発言は、後十条を制定した際に強調された精神とはすでに大きく異なっており、多くの過激で不適切な意見と措置が提起された[18]」。指導者たちの言説が過激化する発端は、六月八日の会議において、社会主義教育運動のなかで暴露された基層幹部の深刻な堕落変質ぶりを周恩来や彭真が報告した後、毛沢東がわれわれの国家の三分の一の権力はすでにわれわれの手中になく、敵の手中にあると発言したことである[19]。

毛沢東が具体的根拠を何ら示すことなく、このような指摘をするのは今回が初めてではなかった。すでに一九六一年一月一八日、第八期九中全会における講話のなかで、彼はこう述べていた。「あるところでは指導権は地主、富農、反革命分子、悪質分子に簒奪されている。実際上、共産党の看板を掲げながら、国民党、地主階級のために働いている。これは国民党、地主階級の復辟である。全国の県、人民公社、生産大隊の三〇パーセントはよいが、五〇パーセントはふつうであり、二〇パーセントは悪い」[20]。とはいえ、このような大袈裟で、まったく現実離れした、誇張に満ちた言説を、毛がいつから口にし始めたのかは、正確にはわからない。『毛沢東思想万歳』を点検してみるなら、一九五七年春には、彼が茅盾、巴金ら文芸界の代表らを前にして「みよ、ハンガリーがまだ乱れていないのに、中国の三分の一がすでに乱れてしまっている」と述べていることがわかる[21]。最高指導者がこのような表現を好んだため、おそらく他の指導者たちも、同様の誇張された表現を用いることを躊躇しなくなっていたのであろう。すでに一九六〇年における整風整社運動の際、広東省坦州の整社工作団は、同地の人民公社における二〇パーセントの大隊、三〇パーセントの小隊の指導権が悪人の手中にあると主張していたという[22]。

一九六三年六月四日には、ベトナムからの訪問客に対して、「指導権はまったく共産党の手中にない。二つ目は、いくらかの共産党人に変化が起こり、名は共産党だが、実際には違う」と主席は語った[23]。その十日後には、河北省邯鄲で省委書記の林鉄が、河北で過去に土地改革が平和的に行われたか、あるいは不徹底であった生産大隊は全体の三〇パーセントあまりであると述べた際、毛はこう語った。「君たち〔の状況〕は湖北と変わらないな。湖北の同志がいうには、〔土地改革がちゃんと行われなかったのは〕三分の一だ。ある場所では土地改革が不徹底であり、ある場所では〔土地改革の〕後で変わり〔政権が変質したという意味である〕、ある場所では富裕中農が権力を握っている。つまり、三分の一が社会主義ではないということだ」[24]。同年八月四日には、蔵原惟人ら日本共産党代表団に対しても、毛は中国農村の三分の一近くの生産隊が敵とその同盟者によって掌握されていると告げた[25]。さらに一九六四年三月二九日には、再び河北省邯鄲で、河北において農村の党支部書記のうち二〇パーセントに深刻な問題があり、生産隊のうち四不清〔四つの項目において誤りを犯しているという意味〕の問題が深刻であるのは三分一にのぼると報告を受けた際、主席は「われわれにほんとうに三分の二があるなら〔三分の二を支配下に置いているなら、という意味である〕、すばらしいではないか」と応じた。[†26]

主席が本気でそのように考えていたかは疑わしい。たしかに毛のもとには、各地で治安が悪化しているとの報告が届いていた。一九六二年夏の北戴河での中央工作会議の際には、公安部党組から、同年四月以降、一部の都市で窃盗、強盗、殺人事件が増えており、反革命分子の活動が顕著になっているとの報告を受けていた。[†27] 一九六三年秋には、華北と華中を襲った大規模な水害によって、数十万人単位での難民が発生し、いくつもの省で治安が脅かされたため、公安部は反革命分子の暗躍に注意を促していた。[†28] 彼は例によって、そのような「反革命分子」の活動の背後に、大陸反攻の機会をうかがう蔣介石やアメリカの諜報機関の影をみていたかもしれない。だが実際には、農村であれ都市であれ少数民族地域であれ、あらゆる地点に張りめぐらされた党と国家の機関の作用を通じて、人々の生活は監視され、統制され、方向づけられていた。そのうえ、一九五〇年代半ばから行われた反革命粛清運動が、大量の反革命分子をすでに大量に摘発していた。したがって、農村の三分の一が敵に支配されているなど、客観的にみてあるはずがなかった。それは、およそ現実との接点をもたない、政治構造の頂点から発せられたデマゴギーであった。おそらく主席は、自分がときおり放つ過激な言葉が、それを聞く者に与える心理的効果を計算に入れて、言葉を選んでいたのであろう（とはいえ、政治的計算ではなく、たんなる虚言癖であった可能性も排除できないのであるが）。少なくとも、以前から毛は、このような人を驚かす表現を好んで用いていたといいうる。

一九六四年六月八日の毛沢東発言に話を戻せば、主席の話に先立って、劉少奇が激越な調子で発言していることが注目される。劉は六月二日、和平演変はすでに「高級機関」に身を置くいくらかの人々に影響を及ぼしており、省委員会、市委員会にもそうした人々の手先がいると述べた。彼は社会主義教育運動において、もはや基層幹部に依拠する必要性を強調しなかった。副主席のみるところ、基層幹部は現地に派遣された工作隊にさまざまな方法で抵抗しており、工作隊はむしろそのような基層幹部の抵抗を除去する方法を講じるべきなのである。「彼らの四清に対する抵抗は反党で、破壊は反革命であるから、〔彼らの〕党籍を剝奪すべきである」[†29]。してみれば、六月八日の中央工作会議における毛沢東の発言は、劉少奇の態度に触発されたものとみることが可能である。実際のところ、当日の毛の発言は、以下のような、劉少奇との掛け合いのなかで生まれたものであった。


毛「現在、世界には二種類の共産党がある。ひとつは本物で、もうひとつは偽物だ」。

劉「考えてみなければならない。われわれのところでも将来、修正主義が出るかどうか。注意しないと必ず出てくるだろう」。

毛「もう出ているではないか。〔甘粛省の〕白銀工場がそうだ〔すぐ後でこの事件に触れる〕。陳伯達が調査した〔天津の〕小站公社もそうだ。みたところ、われわれのこの国家の三分の一の権力はわれわれの手にではなく、敵の手に握られている[†30]」。


六月一一日午後には、人民大会堂一一八庁で劉少奇がもっぱら修正主義の問題について語った。薄一波によって再現されている劉と毛の対話はこうである。今回は、康生も口を挟んだ。


劉「おそらく、すべての社会主義国家でプロレタリアートが政権を取った後、修正主義、資本主義の復活が生じるのかもしれない」。

毛「注意しないと必ずそうなる。注意してもそうなるかもしれない」。

康「みたところ、**たぶんすべての社会主義国家にこのような法則がある**。注意しなければそうなるだろう。注意してもやはりそうなるだろう。鍵はそれが指導権を握るかどうかだ[†31]」。

主席が言及した白銀工場とは、甘粛省白銀市の有色金属工場を指す。一九六三年二月、同工場がブルジョア分子によって乗っ取られたとする報告を受けた国家経済委員会主任の薄一波は、現地に工作組を派遣することを検討した[†32]。薄はこの大きな工場が「実質上、すでにブルジョア階級によって簒奪されている。……その誤りの性質は敵味方の矛盾に属する。革命の手段を用いて指導グループを改組してはじめて問題の根本的な解決を保証できる」と明らかに事態を誇張して党中央に書き送り、工作組派遣の許可を求めた。党中央の認可を受けて、冶金工業部と甘粛省委からなる約五〇〇人の工作組が現地に派遣され、「奪権」を行った。その後、冶金工業部の報告書が党中央に送られ、それが党中央のコメント付きで各地に転送された。そのコメントはこう述べている。白銀工場は「地主・ブルジョア階級集団に企業の指導の大権を簒奪され[†33]、地主・ブルジョア階級が集団で統治する独立王国となってしまった。このような深刻な事件は、皆の深い考察に値する」。

このように考えるなら、国内で修正主義者が権力を握る――そして国外の修正主義者と結託する――ことに関する毛沢東の危機意識は、同僚たちとの相互作用を通じて膨らんでいったとみるべきである。彼は、副官たちの危機意識を煽り立てたが、それによって深い危機意識を植えつけられた副官たち――もしかすると、本気では主席のいうことを信じていなかったかもしれないけれども――が逆に毛を煽ったのである。ことによると、最高指導者も副官たちも、そして地方の指導者たちも、みな本当の危機などないことを理解していながら、あたかも深刻な危機があるかのように語り、振る舞い、誰がもっとも先鋭な危機意識を抱いているかを競う（あるいは装う）ゲームに興じていたのかもしれない。それはあたかも、虚言のこだまが、返ってくるたびに虚偽の度合いを増すかのようであった。その点は措くとしても、五月に始まった中央工作会議は、参加者たちがそのように危機を鼓吹しあったために[†34]、異常な精神に支配された。その精神は、銭庠理がいうように「臨戦状態」と要約するのが適切であろう。つまり、アメリカ帝国主義との間にだけではなく、国内におけるブルジョア階級との間にも決戦が迫っているようにみえたのである。

われわれは文化大革命前夜、最高指導者によって作られたいくつものデマゴギーが指導者集団をとらえ、さらには社会に浸透しはじめていたことを理解しておくべきである――ユーゴスラビアはアメリカに買収された、ソ連は資本主義化している、モスクワとワシントンは結託している、彭徳懐は「西北反党集団」を組織した、中国の権力の三分の一は敵の手中にある、など。デマゴギーの跳梁跋扈は、第2章で述べたような政治的理性の退行の原因でもあり結果でもあった。多くの指導者たちにとって、次第に自己増殖を始め、手がつけられなくなりつつあった虚偽情報は、それが事実に根拠をもたないことが明白であったにもかかわらず、なおも捨てがたいものであった。なぜなら、それらのデマは、大躍進がもたらした荒廃の責任問題から人々の眼を背けさせるとともに、最高指導者および党全体の権威を守る役割を担っていたからである。深刻な荒廃から社会・経済を救い出すための合理的プログラムを欠いたまま、一党支配を続けていくとすれば、虚偽と虚構への深い依存は避けることができなかった。だが、いくつものデマによって相互に結びつけられ、それによってますます強大化する国内外の敵は、指導者たちをパラノイアに陥れるとともに、彼らから現実感覚を次第に奪い取っていった。もっとも現実からかけ離れた考えを抱くようになったのが、本来、毛沢東が解き放ったデマゴギーの氾濫を抑制すべき立場にあった劉少奇であったのは、大いなる皮肉である。

劉少奇の先鋭な危機意識

修正主義に対する危機意識の鋭さにおいて、副主席は主席を上回っていた。劉少奇は六月末から七月にかけて地方視察に出かけた。その際、彼は山東省済南と安徽省合肥において、これまでの社会主義教育運動のやり方に対して怒りを爆発させた――主席だけでなく副主席もまた、毛の表現を借りれば、「大砲をぶっ放す」ことがあったのである。劉の怒りの激しさは、彼に同行していた華東局の指導者が、心配のあまり、彼らの次の訪問地である南京に到着する前に江蘇省委第一書記の江渭清に電話をかけ、精神的準備をしておくよう伝えたほどであった。[†35] 七月一五日および一七日、劉が南京で江蘇省委員会の会議に出席した際の発言はこうである。「およそ三分の一の指導権はわれわれの手中にない。……三分の一にとどまらないかもしれない。……〔社会主義教育運動は〕農村、都市のどちらでもうまくやれていない。……この革命は土地改革、〔農業〕集団化、公私合営化よりもさらに広く、さらに深刻で、さらに複雑だ」[†36]。誇張に満ちたこのような言明は、江渭清との衝突を招いた。かつて反右派闘争の際にも比較的穏健な態度をとったこの省委書記は、江蘇省の基層幹部の多数に問題は認められない、自分は比較的よく農村部へおりていって状況をよく知っている、主席も幹部の大多数は悪くないといったではないか、と正当にも主張した。すると副主席は、過去の一年あまりの四清運動は「負け戦」だったと指摘した。省委第一書記がなおも、そのようにはいえないと抵抗すると、お前は王光美の報告（後述する「桃園経験」を指す）に賛成するのかと劉は詰め寄った。江はいささかもひるむことなく、江蘇省の状況に合わないなら、われわれはそのまま彼女の方法を適用することはないと答えた。翌日、劉は江に対して、昨日のお前の意見は誤っていると述べた。事はこれで終わらず、七月二九日、王光美が江渭清に電話をかけ、江蘇省で明るみに出た汚職は「反党、反人民、反社会主義的性質の現行反革命事件である」との劉少奇の評価を伝えた。九月八日、江は劉に対して自己批判の手紙を送ると、副主席は省委書記の「教条主義」、「現実から遊離し、大衆から遊離している」態度を厳しく叱責する手紙を返した。しかも、劉はこの手紙を毛沢東の同意を得て、全党機関に向けて印刷配付したのであった[†37]。

七月二一日に上海で行われた華東局および上海市委員会の会議において、劉少奇は旧支配勢力が復活しつつあるだけではなく、もともとの地主と資本家が統治し続けてもいると述べたが、参加者から「三分の一の指導権はわれわれの手中にない」という言い方は現実と合致していないし、九五パーセントの幹部と団結するという方針とも矛盾しているとの指摘に直面した[†38]。江渭清の反対とあわせて考えれば、主席と副主席の主張する「三分一テーゼ」は、少なからずの地方指導者たちを困惑させていたのである。たしかに、党中央は「大部分の幹部は悪くない」と繰り返し述べていたのだから、毛と劉の主張はどうみても自己撞着であった。彼らの指摘は、さすがに劉をもたじろがせた。「毛主席のいわれた基層の三分の一の指導権はわれわれの手中にないという話に、ある者は疑問を抱いている。実事求是でいこう。あるだけあるのだ。私も三分の一に達しないよう望む。問題は、三分の一に打撃を与えられないことだ」[†39]。

このように地方視察において、各地で指導者たちの懐疑的な態度に直面したにもかかわらず、あるいはそうであるがゆえに、北京に戻った後、副主席は「三分の一テーゼ」を確信に満ちた調子で繰り返した。繰り返すどころか、あろうことか何の根拠も示すことなく、三分の一以上かもしれないと語り始めたのである。八月一日、北京の党・政府・軍・大衆団体幹部大会において、劉少奇は長大な講話を行った。明らかに事前に入念に準備したのではなく、話したいことを自由に話したという印象を受けるこの講話（これもまた毛沢東の講話スタイルと共通点がある）において彼は、現在わが党が直面している敵は、レーニンが十月革命直後の内戦において直面した敵よりもずっと狡猾であると指摘した。というのも、敵がわれわれに対して用いる主要な方式は、「和平演変」と「反革命両面政権」という一見して敵対行為とわからない方式だからである。このような狡猾な手段を用いる隠れた敵とたたかうには、「後十条」では不十分であると劉は強調した。「第二の十条を含めて、二つの十条〔前十条と後十条を指す〕を読んでみると、よい所がある。しかし、地主、富農、反革命分子、悪質分子、そして深刻な過ちを犯した幹部は、この第二の十条の多くの政策規定を利用して工作隊を阻み、思い切って大衆を発動することに反対し、四清をやるのに反対している。第二の十条の具体的な政策規定は、大衆を思い切って発動し、問題が解決したら、〔その後は〕いかに寛大に処理するかという問題になっている。〔そもそも〕大衆を発動できなかったら、どうやって第二の十条に基づいてやるというのだ。一度読んでみるとよいのだが、もう〔その点を〕強調してはならない」。そして劉は、基層組織の幹部たちをまったく信用できないと切り捨てた。

第二の十条では、二つの依拠〔現地幹部と大衆への依拠を指す〕といっている。ふだんわれわれは、農村では貧農・下層中農がわれわれの唯一の頼りだといっている。いまでは二つの依拠という。二つの依拠では唯一ではないだろう。……現在では、工作隊は自ら積極分子とつながりをつけ〔原文は「紮根串連」〕、直接大衆を発動しなければならない。基層組織を通してはいけない。そうしてやっと実際の状況が理解でき、四清・五反をうまくやることができる。そして、やっと二つの九五パーセントを団結させることができ、共同の敵に相対することができるのである。

そういった後、副主席は、「後十条」は幹部の団結と大衆の団結の順序が間違っていると指摘した。「第二の十条には、九五パーセントの幹部を団結させることが、九五パーセントの大衆を団結させる前提であると述べられている。このいい方は間違っている。九五パーセントの大衆を団結させることが、九五パーセントの幹部を団結させる前提であるといわなければならない」。結論として、劉は社会主義教育運動の成否を握るのは、外部から派遣された工作隊であると主張した。「いわゆる『工作隊は〔現地幹部の〕参謀になれるだけである』〔後十条にある表現〕というのは、大衆がすでに発動された場合に限られる。……およそ深刻な問題のある基層においては、参謀になることはできない。だから、第二の十条が善し悪しを区別せず、工作隊は、すべての事柄は基層〔幹部〕を通し〔て行い〕、ただ参謀になれるだけだというのでは問題は解決できず、往々にして不適切なのである」[†40]。

なぜ劉少奇は、あれほど多くの指導者の知恵を集めて作成した「後十条」にことごとく楯突いたのであろうか。彼が一貫して毛沢東に対して示してきた痛ましいほどの忠誠ぶりから考えるなら、副主席に、主席から政治的主導権を奪おうという意図があったとは信じがたい。そうだとすれば、「後十条」公布後の九ヵ月の社会主義教育運動の過程で明るみに出た、腐敗しきった基層幹部たちのありさまに完全に愛想が尽きたためであったかもしれない。そのためであろうか、いまや農村において堕落変質した幹部たちは、彼の眼には三分の一を超えはじめているように思われた。八月一日の講話で劉はこう語っている。「毛主席はいわれた。われわれの基層単位の三分の一の指導権はわれわれの手中にない、と。みたところ、ある地方では〔それよりも〕いくらか少なく、ある地方ではいくらか多いかもしれない。……**私がみたところ、堕落変質した分子を含めれば、三分の一より少ないことはあるまい**。農村で四不清の誤りを犯した者は少数ではなく、多数かもしれない」[41]。劉の講話は指導者集団全体に衝撃を与え、幹部たちは次々と農村に赴き、社会主義教育運動に従事することとなった。

その後、副主席の表現は、ついにはっきりと主席の見積もりを超える地点にまでたどり着いた。文化大革命中に毛沢東主義者によって編集された劉少奇を攻撃するひとつの冊子は、八月一〇日、副主席が「社会主義教育問題、四清五反問題の報告」において、次のように発言したとしている。「いくらかの基層単位は、もともと階級敵によって牛耳られてきた。華北の三分の一、河北の六〇から七〇パーセント、山西のほぼ全部……基層単位の指導権はわれわれの手中にない。それは私のみるところ、三分の一を下回ることはない」[42]。そして、彼は八月二一日にも同様の発言を行った。「いくらかの地方では、三分の一を超えている。文化教育機関、小中学校では三分の一にとどまらない。農村では四不清幹部は少数ではなく多数である」[43]。

なぜ劉少奇は、あたかもわれを忘れたかのように、かくも「発熱」してしまったのだろうか。彼の言葉には、毛沢東が示していた生産活動への配慮は微塵もなかった。一九六二年春に彼が経済問題に取り組んだ際の現実的立場と比較するなら、劉は一方の極端から別の極端に移動したようにみえる。二年前の春には、客観的根拠に基づいて「左」の路線がもたらした最悪の諸結果とたたかおうとした人物が、今回は、何の客観的根拠もないまま、ひたすら「左」へと突き進もうとしていた。これは国共内戦時期における土地改革において、情け容赦なく地主たちに打撃を加えたときと同様、そして一九四六年に「平和と民主主義の新段階」を唱えたときと同様、夢中になりやすい、あるいは極端に走りやすい彼の性向が再度表面化したためであったろうか。このような劉少奇の性向は、かつてフランツ・ボルケナウがブハーリンの政治的行動について、極端から極端へと移動する特徴を帯びていたと指摘したことを想起させる[44]。それとも、毛沢東のお株を奪い、天下に号令をかけている自分の姿に陶酔したためであったろうか。それとも、毛以上に「左」寄りの姿勢をあえてとることによって、強固な意志をもつ筋金入りの革命家という印象をあらためて幹部たちに与え、毛の後継者にふさわしい存在であることを自ら証明しようとしていたのだろうか。言い換えれば、一九六二年に主席の信頼を失った埋め合わせをする気になっていたのだろうか。さらにもうひとつ可能性を追加するとすれば、劉は前年に「前十条」と「後十条」が作成された際、いずれも海外訪問のため出国しており、作成過程にほとんど関与していなかった。そのため、彼は社会主義教育運動に関心があるという姿勢を強く示す必要性を感じていたのかもしれない[†45]。いずれの可能性もありうるように思われる。また、以上の諸要素は本質的にお互いを排除しないのだから、以上のうちのいくつか(あるいはすべて)が組み合わされて、副主席の背中を「左」に向かって押していたのかもしれない。

明らかなことがひとつある。それは劉少奇が自分の妻である王光美によって、さらに「左」へ傾くよう鼓舞されていたことである。妻は夫に強く促されて、一九六三年一一月から翌年四月まで、河北省撫寧県盧王庄人民公社の桃園大隊に工作隊の一員として入り、社会主義教育運動を指導した[†46]。それは、「前十条」の作成にも「後十条」の作成にも関与しなかった夫が、社会主義教育運動に対する自らの熱意と覚悟を示すために、妻にも役割を演じてもらおうとしたからであると考えられる。果たせるかな、すぐに村の幹部たちの党員らしからぬ行為——派手な宴会、賭博、汚職など——が次々と明らかになった[†47]。春節を過ごすためにいったん帰京した妻からの中間報告を受けた劉は、現地幹部らの行為を「一種の深刻な反党活動」、「一種の実際上の反革命活動」と断じ、彼らは「基本的に共産党ではない」と結論づけた[†48]。そしてこの夫婦は、「四不清」の誤りを犯した幹部たちは地主、富農、資本家から影響を受けているだけでなく、「上に」根をもっている——すなわち、上級幹部を後ろ盾としている——したがって「上の」問題を解決しなければ、四清は徹底しないと考えるに至った。この着想は前年一二月中旬、ダンスパーティーの席で、毛沢東から授けられたものであったという[†49]。われわれはここに、夫と妻がお互いを、さらに「左」に向かうよう鼓舞しあっていたことを理解するのである。春節後に再び桃園大隊に赴いた王光美は、以前にも増して鋭敏になった「左」の眼差しと嗅覚で現地を観察し、ますます多くの深刻な問題を発見するに至った。その結果、党の支部書記は免職処分となり、新しい党支部が打ちたてられた[†50]。

一九六四年六月末以降、劉少奇が王光美を伴って各地を回るうちに、王の経験は四清運動のひとつのモデルとしての地位を確立するようになった。これは夫妻がまったく意図したことではなかったが、求めに応じて各地で「桃園経験」について講演を行ううちに、講演内容が四清運動についての具体的な指針を求めていた地方指導者たちの要求と合致したためであった。[51]多くの地方で工作隊員が、彼女の報告の録音を聞いた。[52]講演記録は、陳伯達の強い勧めによって、推敲を経たうえで報告書「ある大隊の社会主義教育運動の経験についての総括」としてまとめられ、八月一九日、劉少奇によって毛沢東と党中央宛てに送られた。陳伯達が、この報告書を各地の党委員会および社会主義教育運動に携わるすべての工作隊に送るよう強く主張している、と劉は書き添えた。[53]主席が報告書を全国に発出することに同意したため、それは九月一日、党中央の文書として各中央局、各省、市、自治区党委員会に送られた。[54]

ところで、同じ頃、天津市小站で社会主義教育運動を指導していた陳伯達も、現地における反革命分子の活動を大げさに伝える報告書を作成していた。八月四日、清末に袁世凱が新軍を訓練したこの場所で、彼は三つの「反革命集団」を捕らえたことを党中央に報告した。[55]その後、陳は天津市党委の名義で河北省委、中央華北局、党中央宛てに「小站地区における奪権闘争に関する報告」を提出した。報告書が記すところ、小站地区の権力は三つの反革命集団によって打ち立てられた「反革命両面政権」(すなわち、敵と味方の両方に同時に仕える政権)にほかならず、これらの集団は長期にわたり「反革命復辟活動」に従事してきた。社会主義教育運動以前は、「この場所の天下は、まだわれわれのものではなかった。あるいはかなりの程度、われわれのものではなかった」。反革命三集団の「上の根は区委にある」、すなわち区の指導者が彼らの庇護者である、というのである。[56]劉少奇は、王光美の報告書と同様、この報告書の内容についても少しも疑いを差しはさまなかった。それどころか、一〇月二四日、劉は陳の報告書を全党に送付するために「社会主義教育奪権闘争に関する指示」を書いた。この指示において副主席は、あたかも後の文化大革命の際の語法を先取りしたかのような表現でこう述べている。「小站地区での敵と味方の矛盾は、主として形式上は人民内部の矛盾、はなはだしきは党内の矛盾が現れたものであるが、一部の人々を惑わし、長期にわたり解決できなかった。……こうした一部の人民内部と党内に隠れた敵を無視する偏向がある。……およそ敵に操られ、あるいは指導権を簒奪された場所では、必ず奪権闘争を行わなければならない」[†57]。

遠からず毛沢東の後継者となるはずであったこの人物は、本気で革命をやり直す気になっていたのだろうか。党がかつてかくも長きにわたって、あれほどの精力と犠牲を払って成し遂げた革命は、中国社会の表面をかすっただけで、かくも不徹底であったというのだろうか。「党のすべての活動の根本目的は、人民の物質生活と文化生活における需要を最大限に満たすことである」[†58]とする第八回党大会で採択された党規約は誤りで、依然として階級闘争が党の主要な任務であり続けるというのだろうか。たしかに、副主席はそう考えるに至ったようにみえる。一〇月一一日、中央華北局第一書記の李雪峰が劉少奇に書簡を送り、山西省と河北省の各県の指導幹部は、農村社会主義教育運動に抵抗するムードがあると訴えた。すると、劉はこの手紙を全党に送るよう提案した。その際の副主席のコメントはこうである。「現在の状況下、党内各級幹部に対し、はっきりと現在の主要な危険は右傾の危険であると指摘しなければ不利である」[†59]。

副主席の態度からは、二年前の第八期十中全会において、階級闘争に熱中するあまり反右傾ムードの高まりが起きないよう配慮すべきであると主張した慎重さはすっかり失われていた。むしろ、彼はそのような慎重さを自らかなぐり捨て、大胆に「左」に向かって舵を切るよう主張していたのである。事実、八月一一日、広州における劉の発言はこうである。「現在、党内には深刻な右傾がかなり蔓延している。私はこれまで右傾について語ることを恐れてきた〔なぜなら右傾反対運動を行えば、必ず深刻な副作用が生じるから、という意味であると思われる〕。心配してきた。帰ってきて主席に報告したところ、主席は左を恐れるなといった。半年に一度総括しよう」[†60]。一一月七日、副主席は党中央の名義で、「問題が深刻な地区において貧農協会が権力を行使することに関する指示」を発した。この指示において彼は、「奪権」なるものが、一定の地区を現在支配している権力者集団の、「上から」の作用を通じた強制的な取り換えを意味することを明らかにした。劉がいうには、現在社会主義教育運動を行っている地区において、もし基層幹部が機能不全を起こしており、まったく工作を行っていない場合、指導権が堕落変質分子に握られている場合、そして指導権が地主、富農、反革命分子、悪質分子、あるいは新ブルジョア分子に握られている場合、工作隊の許可を得て、一切の権力を貧農協会に帰してもよいのである。[†61]とはいえこれは、二年後に開始される文化大革命における奪権とは似て非なるものであった。というのは、文革における奪権は、大衆による「下から」のイニシアティブを通じて達成されるべきものであったからである。やがて、このような副主席の考え方に毛沢東は我慢がならなくなる。

「後十条」修正草案

社会主義教育運動の主導権を自らの手中に収めることによって、毛沢東に代わり政治の主役に躍り出ることが真の動機であったかどうかはともかく、この運動に並々ならぬ意欲を示した劉少奇は、「後十条」の改定にとりかかった。一九六四年五月二八日、彼は各中央局の書記たちを集めた会議で、「後十条」では大衆を立ち上がらせることが十分に強調されていないと主張した。この綱領は、基層幹部に依拠し、その九五パーセントと団結することが強調されているが、「四不清」幹部は――すなわち、堕落変質してしまった現地幹部たちは――これをもって四清に反対しているというのである。[†62]六月一七日、中央書記処は劉の提案に従って、「後十条」の改定を決定した。しかし、副主席は自らが社会主義教育運動の先頭に立たないではいられない気分に取りつかれていた。そのため、改定作業は当初、譚震林のもとで進められていたが、八月五日、中央書記処は劉自らが担当することを決定したのである。[†63]副主席は、田家英を伴い、広州で作業を進めようとした。同日、党中央は四清・五反運動指揮部を発足させ、その指揮を副主席に委ねた。[†64]

広州に出発する前日、田家英は綱領の改定について毛沢東に助言を求めた。毛がこの秘書に与えた助言（あるいは警告）は二つであった。ひとつは基層幹部全体を「真っ黒」と考えないこと、そしてもうひとつは大量の工作隊員を一点に集中させないことであった。主席の言葉は、北京から武漢に向かう飛行機のなかで田から劉に伝えられた。[†65]そのとき、劉は眉に皺を寄せ、無言のままであったと公式の『毛沢東伝』は伝えている。[†66] 毛はこの「助言」によって、果てしなく「左」へと傾いていくかに思われた劉少奇に対して、右から少しだけ袖を引いて彼を引き留めにかかったようにみえる。だが、主席は暴走し始めた副主席を本気で止めようとはしなかった。むしろ、後押ししたのである。

劉少奇は広州に向かう途中、武漢、長沙などに立ち寄り、地方指導者たちの話に耳を傾け、自らも湖北・湖南省幹部大会で報告を行い、社会主義教育運動の方法について考えを述べた。それは総じていえば、ますます深刻化する――したがって、ますます現実離れした――危機意識に基づく戦闘的な方法であった。彼は現地の指導者たちが腐敗しきっており、まったく役に立たず、したがって「上から」派遣された工作隊が、強制的に農村の清掃作業を行うしかないと腹を決めたようであった。改定作業を託された田家英は、自分がどうしても納得できない見解を文書に書き込むのに難儀したらしい。[†67]

八月一六日、広州に滞在中の劉は毛に電報を送り、今後の社会主義教育運動の進め方について、次のようにすることを提案した。すなわち、「力を集中して殲滅戦を行う」。また、県委の指導を主とするこれまでの方式を改め、「各県の工作隊を地委に集中し、省委の工作隊も地委に赴かせ、省委・地委の指導下でひとつの県を集中的にやる」、「工作隊に統一的に全部やらせる」というのである。[†68] 副主席は、すでにこの提案が大方の地方指導者の賛同を得ているとして、彼にしては珍しく、かなり強い調子で主席に承認を迫った。劉はこう述べている。「湖北・湖南省委で討論した後、彼らは皆この提案に賛成した。私が杭州に行く前、中南局もこの提案に賛成し、あわせて中南五省はこのようにすると決定した」。[†69] 毛は二日後に「とてもよいと思う。完全に賛成する」と返答した。[†70]

実に奇妙な承認ではあるまいか。劉少奇の提案した方法は、先に毛沢東が田家英を通じて劉に与えた助言に完全に反するものであった。副主席のやり方は、まさに大規模な工作隊を一点に集中させ、現地の幹部たちをほとんど信用せず（つまり「真っ黒」とみなし）、彼ら全体を敵に回しかねなかったからである。実際のところ、主席はすぐ後になって、まさにそのような理由で副主席の方式に強く反対するのである。そう考えると、毛は劉にあえてやらせてみて、様子をみたのかもしれない——罠をしかけたとまでは断言できないが。「桃園経験」を全国に発出することに主席が同意したことも、同じ文脈に置いて考えることが可能である。ともあれ、一九六四年夏に党指導部が集団的に左傾化した際、毛はあたかも新たな革命の指揮官のように振る舞う劉の一歩後ろを歩きながら、歩調を合わせ、ときに彼の背中を押していたのであった。

八月二六日に北京に戻った劉少奇は、毛沢東の指示に従って、「後十条」の修正案を各中央局第一書記の集まる会議で検討させた。公式の党史は、参加者は皆、基本的にこの修正案に同意したと述べている。だが、鄧小平だけはやんわりと異論を差しはさんだ。「〔劉〕少奇同志の方法は、力を集中して殲滅戦をやるというものだ。……しかし、ちょっと補足したい。われわれは工作隊を率いる者が誤りを犯さないと考えてはならない。集中もあれば分散もある。ある地方では、すでに半分やり終えたが、工作隊は撤収していない。県委の力が強ければ、やらせてみてもよい。……敵の力をどうみるか。三分の一というのは、だいたいの見積もりだ。深刻なのはいつでも少数だ」[†71]。だが、九月一八日、党中央から正式に発出された「後十条」修正草案をみるなら、鄧の意見は反映されなかったことが理解できる。この草案は中国農村が直面する政治的危機を深刻に描き出し、そのために断固とした階級闘争の必要性を訴えていた。草案はこう述べている。社会主義教育運動は「土地改革運動と比べて、さらに広範で、さらに重大な、大規模な大衆運動である」。「全国の農村でこの運動を完成させるには、およそ五年、六年、あるいはさらに長い時間を要する」。「資本主義勢力と封建主義勢力は、狂ったように進攻してきている」。「彼らは幹部たちを籠絡して腐らせ、和平演変を実行し、反革命両面政権を打ち立てている」。したがって、われわれは「貧者を訪問して苦労を聞き出し、深く根をおろして横に広くつながり、貧農・下層中農を発動して組織する」。今日からみて、農村の政治・社会状況について、ひどく現実離れした評価が下されていることは明らかである。そして、もっとも注目すべきことに、「運動全体は工作隊が指導する」と規定したのである[†72]。すなわち、副主席は「上から」の強力なイニシアティブを通じて、党組織と大衆の政治・社会生活を根底から再編成しようとしたのであった。そのために、草案はのちに文化大革命のなかで毛沢東主義者たちによって、「形は『左』だが、実質的には右のブルジョア反動路線の代表作」と呼ばれたのである。[73]

劉少奇の文化大革命

「後十条」修正草案を発出して以降、劉少奇は社会主義教育運動の進め方に関し、矢継ぎ早に指示を出した。その様子は、あたかも彼こそがこの運動の主役であることを誇示するかのようであった。副主席は、現地で運動を指導する工作隊の編成の仕方について、省委、地委、県委からそれぞれ人を出して混成チームを組織したうえで、ひとつの地区を担当することを強く推奨した。[74] 次いで彼は、工作隊の権限について、中央組織部、中央監察委員会、公安部、最高法院、最高検察院の責任者を集めた会議を取り仕切り、当地の県委は工作隊が指導し、人民公社の党委も工作隊分隊党委の指導を受けると定めた。それだけでなく、工作隊は破壊活動を行った四類分子（地主、富農、反革命分子、悪質分子）の逮捕・拘留、および紀律違反を犯した県委書記、県長以外の幹部の審査と処分を行うことができると規定したのである。[75] こうして工作隊は強大な権限を得た。それは、県の範囲内における工作隊独裁とでもいいうる態勢であった。

さらに劉少奇は、陳伯達が進めた天津小站地区の奪権闘争に関する報告書を各地に送り、これを参照するよう指示した。この指示には、当時の副主席の国内矛盾に関する見方の特徴がよく表れているため、引用に値する。

ここから次のことがみてとれる。現在のわが国内の敵味方の矛盾の一部は形式上人民内部矛盾、はなはだしきは党内矛盾として現れている。敵味方の矛盾、人民内部の矛盾、党内矛盾はひとつに織り合わされている。大量の人民内部の矛盾と党内矛盾のなかに、一部のたいへん危険な敵味方の矛盾が含まれている。こうした一部の敵味方の矛盾を必ず明らかにしなければならない。現在の階級闘争の複雑性はここにある。……およそ敵に操られているか、指導権を奪われた地方では、必ず奪権闘争を行わなければならない。そうしなければ、深刻な誤りを犯すことになる。[76]

劉のこのような主張は、本来温和に扱うべきものとされている人民内部の矛盾、あるいは党内矛盾のなかにも、より深刻な敵味方の矛盾が含まれているとして、その危険な矛盾を努めて探し出し、断固として除去するよう要求するものであった。重要なことに、このアプローチは、厳しく扱うべき敵味方の矛盾とみえるもののなかに人民内部の矛盾を努めて見出すよう促す毛沢東のアプローチとは正反対であった。明らかに、副主席のアプローチには、運動を「左」に向かって駆り立てずにはおかない危険な衝動が含まれていた。

とはいえ、いまや運動の主役に躍り出た劉少奇の言説は、紛れもなく、他の指導者たちにも深い影響を及ぼしはじめていた。一一月二一日、山東省委書記の譚啓竜が自己批判を行った。自分は「後十条」の起草に参加したが、認識が不足していたと彼は反省の言葉を述べた。譚によれば、その文書の最大の欠点は、それがたんに基層幹部の情緒を反映したもので、広範な大衆とりわけ貧農・下層中農の情緒を反映していなかったこと、つまり各級幹部たちの一種の「右寄りの」情緒を反映するものであったことである。劉少奇の指摘によって、自分は初めてこの点に気づいたのだ、と。山東省委書記は続けてこう述べた。党中央の二つの十条の基本精神は「反右傾」である。毛主席は、第八期十中全会前からそうだったのではあるまいか。今年七月、劉少奇は山東省で六度にわたって講話を行ったが、われわれはそこで初めて「反右傾」を理解し始めた。山東省における党の主要な危険は「右傾」にほかならない。[77]

一一月三〇日、河南省委は党中央に宛てて、同省で行われた工作隊の集中的な教育・訓練について報告を行った。この報告書は、同省の状況から判断して、指導権が簒奪されている範囲は三分の一にとどまらない。それは基層においてのみならず、県と人民公社のレベルにおいても同様であると述べていた。[78]

一二月一日、広東省第一書記の陶鋳も、毛沢東と党中央に宛てた報告書において、劉少奇の言葉をまねたように、ここ数年、「左」よりは「右」がよい、「左」を恐れて「右」を恐れないという「右傾思想」がわれわれの目を曇らせてきた、と述べた。[†79] 同年末の中央工作会議で陶は、三分の一の指導権がわれわれの手中にないというが、整理してみるともう少し多いかもしれない、広東省の権力の四〇パーセントがわれわれの手中にないというのが比較的現実に近いかもしれない、とさえ語った。[†80]

一二月七日および一〇日、小站での運動を終えた後、しばらくして再び天津を訪れた陳伯達から毛沢東と劉少奇に宛てて同市の状況に関する報告書が送られた。それによると、土地の「隠匿」(つまり土地が公有に帰されることなく、非合法的に私的に所有されていることを指す)がひどく、天津市の土地の一五から二〇パーセントにも及んでいるのであった。[†81] このように各地から、どうみても現実離れした、信じがたい報告が党中央に集まりつつあった。それらは、いずれも劉少奇の口吻をまねたものであった。その限りで、厳密に証明することはできないとしても、かなりの数の指導者たちが、毛沢東から劉少奇へと「乗り換え」はじめていたようにみえる。

時間はいくらか前後するが、一一月中旬に湖北省農村社会主義工作会議で行われた王任重の講話は、副主席の言説が主席のそれ以上に、指導者たちの標準になりはじめていたことを物語っている。きわめて興味深いことに、毛沢東を引用することなく、劉少奇の引用を散りばめたこの講話において、湖北の若き指導者はこう述べている。

自分は現地におりてみるまで、和平演変、反革命両面政権についての認識が甘かった。〔湖北省〕孝感県を例にとると、この県の数人の主要な指導者は、すでに腐っているか、腐っているに近い。一本の指が腐っているのではなく、数本の指が、多数の指が腐っているか、あるいは頭からシッポまで腐っている。……何を堕落変質というか? それは労働者が搾取者に変わり、共産党が国民党に変わったことをいう。投機・空売り、汚職・窃盗、多く食べ多く占有すること、ゆすりたかり、高利貸しはいずれも搾取である。職権乱用、威張り散らすこと、人を打ち罵ること、人民を抑圧すること、婦女を汚すこと、縁故採用、悪事の限りをつくすことは悪逆非道なボス〔原文は「悪覇」〕の行為で、国民党の行為である。現在、すでに一群の幹部がまさにこのように、新悪覇、新地主、新富農、新ブルジョア分子、新貴族に変わってしまった。彼らは労働者から搾取者へと変わり、共産党から国民党へと変わり、革命から反革命へと変わったのである。堕落変質分子とわれわれの矛盾は敵味方の矛盾であり、人民内部の矛盾ではない。この点をはっきりさせなければならない。そうして初めて、和平演変と反革命両面政権の深刻さと複雑さを理解することができ、徹底的に革命をやる決心がつくのである。[†82]

劉少奇は王任重のこの講話を称賛し、各地にそのテクストを転送した。[†83]

王の講話は、党内状況についての誇張と単純化に満ちたカリカチュアにほかならなかった。共産党内部は、いまや真正の共産党員と国民党員に化した人々に分かれており、あるいは革命派と反革命派とに分かれており（中間派は想定されていない）、両者の間に一切妥協の余地はないのだから、前者は後者を暴き出し、そして打倒する革命に立ちあがらなければならない、と訴えているのである。かくも極端なまでに単純化され、デマゴギーと化した党内対立の構図、そして党内の「同志たち」に対する戦闘的な態度は、一年半後に生じる文化大革命を予告しているようにみえる。実際に、一九六四年後半には、すでに各地できわめて暴力的な「奪権」、およびそれに対する抵抗が生じていたことを考えれば、毛沢東の文化大革命に先んじて劉少奇の文化大革命があったといいうる。それは毛の文革と同様、新たな革命を標榜し、反資本主義的かつ暴力的ではあったが、反官僚制的ではなかった。むしろ、「上から」の作用を通じて、党機関の基層部分を淘汰し、より効率のよい党組織に置き換えることを通じて、党組織全体を整頓することが目的であった。その限りで、党機関の破壊は限定的であったといいうる。主席の文革は、このような副主席の文革をあたかも逆立ちさせるかのようにして開始されたと考えることができる。それは「下から」の作用を通じて――すなわち、大衆運動を通じて――基層にある党機関を破壊するだけでなく、上に向かってどこまでも破壊を進めたのである。おそらく、劉がかくも極端な言説を広めることに熱中しなければ、かくも社会主義教育運動に没頭することがなければ、かくも他の指導者たちを「新たな革命」に向けて駆り立てることがなければ、毛は後に劉の運動を転轍する形で文化大革命を始めることは困難であったろう。こうして劉少奇は、まったく意図することなく、皮肉にも、やがて自らがそのなかで滅ぼされることになる運動の基礎を作りあげてしまったのである。

小結

一九六二年春と一九六四年春から秋にかけての劉少奇の政策的志向を比較すれば、彼はひとつの極端からもうひとつの極端へと、一足飛びに移動したようにみえる。それは「右」から「左」への劇的な跳躍であった。とはいえ、劉の言説を仔細に検討すれば、一貫する要素もまた浮かびあがる。それは、いずれの時期においても、彼が「上から」の官僚制的統制の強化、および規律の引き締めによって党組織全体を鋳造し直そうとしたことである。副主席は一九六二年には、中央権力の再強化および地方に下放された権限の回収を通じた「分散主義」の克服によって、そして一九六四年には上級機関が派遣する工作隊によって、末端部分の組織が弛緩した状態を解消しようとした。これは一方で「上から」のイニシアティブを重視し、他方で「下から」のそれに信頼を置かないアプローチであったといいうる。劉は大衆を大胆に「発動する」よう訴えてはいたものの、彼の主要な関心は党組織の各階梯が上から下まで全体として、ひとつの機械のように整然と組み合わされ、統制がとれた状態にあるよう保つことであった。このような考え方は、おそらく彼がかつて長い間、国民党支配地区で活動した経験に基づくものであったろう。過酷な弾圧のもとで党組織が生き延びるためには、「組織観念」が決定的な意味をもっていたのである[†84]。その意味で、劉の振幅の大きい政治的立場を、たんに日和見主義的であったと理解すべきではないように思われる。

先に述べた点を繰り返せば、劉少奇が社会主義教育運動に関してみせた尋常ならざる積極性は、毛沢東から政治的主導権を奪い、もって主席を出し抜こうとする政治的計算から発したものであったとは、きわめて考えにくい。というのも、彼が権謀術数にふけった形跡はまったく見当たらないからである。もし副主席が権力の面で主席に拮抗するための政治的計算をひそかにめぐらせていたならば、劉は一九六二年夏にあれほど完璧に毛によって打ちのめされることはなかったであろう。また、次章で述べるように、一九六四年末の再度の完全な敗北もまたなかったであろう。彼は自分よりも計算高い相手に対しては、哀れなほど無力であった。

一九六二年夏に続いて、やがて劉少奇を再度屈服させる毛沢東は、本質的に――そういってよいと思うが――統制嫌いであった。[†85] 彼の理想とする社会においては、人々が最高の教育者である指導者に導かれ、思想面での高度な一致を基礎として、官僚制的統制なしにいきいきと自由闊達に変革に向けて邁進するはずであった。そうであれば、劉の指導する社会主義教育運動は、毛が目指すものとは正反対の方向を向いていたのである。したがって、副主席のアプローチと主席のそれは、やがて衝突する運命にあったといいうる。しかも、「後十条」修正草案の作成過程、およびその後の運動の進め方をめぐる党内の議論に現れているように、運動の主導権を事実上、副主席が握ったことが問題であった。事実、指導者たちの一部は、毛よりも劉の言説を好んで引用し始めていたのである。このような状態を、主席が見過ごすはずはなかった。一九六二年夏とまったく同様に、毛が主導権を奪い返そうとする局面が生じることは避けられなかった。劉少奇は、なぜかこの点を少しも考慮することなく――政治的策略を不得意とする彼の人間的な特徴がよく表れている――自ら社会主義教育運動の先頭に立ったのであった。果たせるかな、その瞬間は一九六四年末の中央工作会議の期間中に訪れた。

†1　一九六〇年一一月、林彪は、各地に駐屯している軍が、地方の状況について現地の党委員会に報告を行うよう求める総政治部の提案を拒否する手紙を毛沢東に送った。それは、林が正当にも、もしそうすれば、党の工作に軍が介入する道を開くことを懸念したためであった。このとき、毛は林の意見に同意した。「在林彪不同意通令軍隊向各地党委反映地方情況的信上的批語」（一九六〇年一一月一五日）、『建国以来毛沢東文稿』二〇二四年版、第十五冊、四〇六頁。

†2　「関於在部隊宣講農村社会主義教育運動両個文件給林彪的信」（一九六三年一二月一四日）、『建国以来毛沢東文稿』二

〇二四年版、第十七冊、一四一－一四二頁。
†3 『毛沢東伝』下、一三三三頁。
†4 同右、一三三四－一三三五頁、および『毛沢東年譜』第五巻、二九三－二九四頁。「関於学習解放軍加強政治工作的批示」（一九六三年一二月一六日）、『毛沢東思想万歳』11C、六四頁に収録されているテクストも、これと一致している。
†5 社論「全国都要学習解放軍」、『人民日報』一九六四年二月一日。
†6 「在徐冰《関於中央統戦部幾年来若干政策理論性問題的検査総結》上加写的一段文字」（一九六四年一月）、『建国以来毛沢東文稿』二〇二四年版、第十七冊、一八〇頁。
†7 『毛沢東伝』下、一三三八頁、および『毛沢東年譜』第五巻、三一〇－三一一頁。
†8 銭庠理、前掲書、三一五－三一六頁、および『毛沢東年譜』第五巻、三一九－三二〇頁。このとき中国を訪問した金日成は、第七評「ソ連共産党指導部は現代の最大の分裂主義者である」の起草に参加したという。沈志華『最後の「天朝」』下、一六五頁。
†9 銭庠理、前掲書、三一五－三一六頁。
†10 同右、三一七頁。袴田に対する三月二三日と四月一〇日の談話の、中国国内の修正主義に言及した部分は、いずれも『毛沢東年譜』第五巻には記載がない。
†11 『毛沢東年譜』第五巻、三四三頁。
†12 「国家計画委員会指導グループの総合報告の際の若干の発言」（一九六四年五月一一日）、邦訳『毛沢東思想万歳』（下）、一三六－一三七頁（丁本、四九六頁）。『毛沢東思想万歳』11Cに収録されている発言も、まったく同一である。「在計委領導彙報第三個五年計画時的一些挿話」（一九六四年五月一一日）、『毛沢東思想万歳』11C、八二頁。
†13 『毛沢東伝』下、一三四〇頁、および『毛沢東年譜』第五巻、三三三一－三三三三頁。
†14 『毛沢東年譜』第五巻、三三四頁。
†15 『毛沢東伝』下、一三四〇頁、および『毛沢東年譜』第五巻、三三四頁。ここで毛が使用している「社会主義革命」という言葉は、社会主義に道を開くための革命ではない。社会主義に到達した後、共産主義へと至る過程において行われるさまざまな「運動」を指していると理解しうる。実際、彼の政治的語彙において、運動と革命はほぼ同義なのである。

†16 『毛沢東伝』下、一三四一－一三四二頁、および『毛沢東年譜』第五巻、三三五頁。
†17 『毛沢東伝』下、一三四二－一三四三頁、および『毛沢東年譜』第五巻、三四一－三四二頁。
†18 薄一波、前掲書、下、一一一六頁。
†19 『劉少奇伝』第二版、下、八七三－八七四頁、および『毛沢東年譜』第五巻、三五八頁。
†20 「在中共八届九中全会上的講話」（一九六一年一月一三日）、『毛沢東思想万歳』11C、一六頁。このテクストは、『万歳』武漢版2に収録されているものとほぼ一致している。『学習資料（一九五七－一九六一）』所収のテクストは、いくつかのパラグラフが抜け落ちているが、11Cおよび武漢版2には見当たらないパラグラフも含まれている。
†21 「和文芸界的談話」（一九五七年三月八日）、『毛沢東思想万歳』9、七四頁。『毛沢東年譜』第三巻においては、この座談会での毛の発言について比較的詳細な記載がなされているものの、引用部分に関する記載は見当たらない。
†22 薄一波、前掲書、下、一一一六頁。
†23 郭徳宏、前掲書、一〇六－一〇七頁。『毛沢東年譜』第五巻、二三〇－二三一頁の記載から、この「外国人」とはベトナム人であることが判明する。だが、このような毛の発言は記載されていない。
†24 『毛沢東年譜』第五巻、二三二頁。
†25 郭徳宏、前掲書、一二〇頁。この言葉も、『毛沢東年譜』第五巻には記載がない。
†26 『毛沢東年譜』第五巻、三三三－三三四頁。
†27 同右、一三五－一三六頁。
†28 「公安部情況反映―冀魯豫蘇皖区災区当前社会治安比較平穏但不穏固」、『中共中央文件選集』第四十四冊、三〇〇－三〇二頁。
†29 薄一波、前掲書、下、一一一六頁、および『劉少奇年譜』下巻、五九二頁。
†30 『彭真伝』第三巻、一一〇六頁。この対話は『毛沢東思想万歳』のいかなる版にも、そのままの形では収録されていない。だが、『学習文選』第四巻と『毛沢東思想万歳』11Cには、該当するとみられるテクストが「在中央常委会上的講話」（一九六四年六月八日）というタイトルのもとに収録されている。『彭真年譜』第四巻、三三六頁の記載に従えば、周恩来もまた毛とともに発言し、敵に権力を握られている地方が少なくないと発言した。薄一波の記述によれば、毛と劉の

やり取りはさらにこう続く。毛「省、地区、県に伝えよ。中国にフルシチョフ〔的〕修正主義の中央が出現したら、各省が食い止めよ」。劉「各省は独立してよい」。薄一波、前掲書、下、一一四八頁。ただし、『学習文選』では毛の発言はこうなっている。「下へ伝えよ、県にまで伝えよ。もしフルシチョフが出てきたらどうするか？　中国に修正主義の中央が出たらどうするか？　県委が修正主義の中央を食い止めるのだ」。『学習文選』第四巻、二二二頁。『毛沢東思想万歳』11C、八五頁の表現もこれと同一である。

†31　強調引用者。薄一波、前掲書、下、一一四八頁。『毛沢東年譜』第五巻、三六〇－三六一頁には、もう少し長く毛の発言が引用されているが、康生の発言については記載が見当たらない。

†32　注目すべきことに、その約一年前、白銀市党委員会は、七千人大会の直後に開催された会議において、こういって大胆にも毛沢東に自己批判を迫ったという。「この数年、われわれはすでに国民をひどい目にあわせてきた。これ以上言葉を濁してはならない」、「毛主席がもうこれ以上自己批判して誤りを正すことがないなら、スターリン時代の後期と同じ誤りを犯すことになる」。戴雨山『四清』大冤案的真相——読於開国『銅城風雨』」、『争鳴』二〇〇七年一月、八二－八三頁。

†33　薄一波、前掲書、下、一一一七－一一一八頁。

†34　銭庠理、前掲書、三一九頁。

†35　江渭清『七十年征程——江渭清回憶録』江蘇人民出版社、一九九六年、四八三頁。

†36　同右、四八三－四八五頁。

†37　同右、四八六－四九六頁。

†38　郭徳宏、前掲書、一三二頁。

†39　『劉少奇伝』第二版、下、八七四頁。

†40　「関於社会主義教育問題」（一九六四年八月一日）、『建国以来劉少奇文稿』第十二冊、九一－一二七頁。この講話記録は、陳伯達と王力によって整理された後、劉少奇によって加筆修正がなされた。当初、講話テキストに付されたタイトルは「劉少奇同志の四清、五反および二つの労働制度、二つの教育制度の問題に関する報告」であったが、より大きな問題を扱うことを示唆する「社会主義教育問題に関して」に改められた。同右、一二八頁注。

†41　強調引用者。『劉少奇伝』第二版、下、八七四頁。強調部分は、『建国以来劉少奇文稿』第十二冊に収録されたこの講話テクストには見当たらない。

†42　首都紅代会北京師範大学井岡山公社編『毛主席的革命路線勝利万歳――二十二年来両条路線的闘争概況』一九六七年四月、『中共重要歴史文献資料彙編』第五輯第十五分冊、一九九六年、五二頁。だが、この報告については、『劉少奇伝』、『劉少奇年譜』、『建国以来劉少奇文稿』のいずれにも記載が見当たらない。

†43　郭徳宏、前掲書、一三三頁。

†44　フランツ・ボルケナウ著、佐野健治・鈴木隆訳『世界共産党史』合同出版、一九六八年、一〇九－一一〇頁。劉少奇とブハーリンは、ともに強力な指導者に依存し、献身し、そしてその指導者によって粛清されたのである。

†45　さらにひとつの可能性を示しておけば、王光美がほのめかすように――彼女ははっきりそう書いているわけではないが――肺病が再発したため、残された人生の時間が少ないと感じた副主席が、最後に大きな仕事をやり遂げる気になっていたというものである。王光美、前掲書、三二二－三二五頁。

†46　王光美は周恩来、および劉少奇の秘書たちから、行かないほうがよいと助言を受けたにもかかわらず、夫の圧力に押される形で農村に赴いたのである。Elizabeth J. Perry, "Wang Guangmei and *Peach Garden Experience*," in Timothy Cheek, Klaus Muhlhahn, and Hans van de Ven eds, *The Chinese Communist Party: A Century in Ten Lives*, Cambridge: Cambridge University Press, 2021, p. 95.

†47　王光美、前掲書、三〇九頁。

†48　銭庠理、前掲書、三一〇頁。

†49　王光美、前掲書、三〇九－三一〇頁。

†50　同右、三一〇－三一一頁。

†51　同右、三一三頁。

†52　『劉少奇伝』第二版、下、八八二頁。

†53　「関於請中央転発《関於一個大隊的社会主義教育運動的経験総結》事給毛沢東併中央的信」（一九六四年八月一九日）、『建国以来劉少奇文稿』第十二冊、一七二頁。

†54 「中央転発《関於一個大隊的社会主義教育運動的経験総結》的批示」（一九六四年九月一日）、『建国以来劉少奇文稿』第十二冊、一八二―一八三頁、および『劉少奇年譜』下巻、六〇〇―六〇一頁。四清運動のモデルとなった桃園村のその後の運命は、この運動の性格をよく物語っている。同村の幹部と農民たちは、王光美らによって新しく権力の座に据えられた人々を受け入れようとしなかった。彼女は、この生産単位をひとつの模範に仕立て上げようとして多くの物財をつぎ込んだが無駄であった。一九六四年から桃園村の食糧生産量はかえって下降し始め、一九六五年、一九六六年と連続して減産となった。一九七八年の第十一期三中全会以降、同村の農民はやっと半飢餓状態から脱することができたのであった。王海光「四清運動的階級闘争建構――『桃園経験』研究」、『二十一世紀』第一七五期（二〇一九年一〇月）、一〇〇―一〇一頁。

†55 薄一波、前掲書、下、一一二四頁。

†56 『劉少奇伝』第二版、下、八八三頁。

†57 「中央関於社会主義教育運動奪権闘争問題的指示」（一九六四年一〇月二四日）、『建国以来劉少奇文稿』第十二冊、二五四頁。

†58 「中国共産党規約」（一九五六年九月二六日）、『新中国資料集成』第五巻、二六七頁。

†59 『劉少奇伝』第二版、下、八七九頁、および『劉少奇年譜』下巻、六〇七頁。劉は、一〇月一八日付で李富春に送った手紙でも、現在少なからずの同志に右傾思想があり、「右傾の危険が現在の主要な危険である」と述べている。「給李富春的信」（一九六四年一〇月一八日）、『建国以来劉少奇文稿』第十二冊、二四七頁。

†60 『劉少奇伝』第二版、下、八七八頁、および『劉少奇年譜』下巻、五九九頁。この発言が示唆することは、毛沢東が劉少奇の左旋回を促した、ということである。

†61 「中央関於在問題厳重的地区由貧協行使権力的批示」（一九六四年一一月七日）、『建国以来劉少奇文稿』第十二冊、二九一頁。

†62 『劉少奇伝』第二版、下、八七九頁。

†63 同右。

†64 『劉少奇伝』第二版、下、八八〇頁、および『劉少奇年譜』下巻、五九九頁。

†65『劉少奇伝』第二版、下、八八〇頁、および『毛沢東年譜』第五巻、三八一‐三八二頁。

†66『毛沢東伝』下、一三五二頁。

†67 前掲『毛沢東和他的秘書田家英』増訂本、一四九頁。田家英とともに「後十条」の改定作業に従事したのは、広東省の若き指導者、趙紫陽であった。王光美、前掲書、三一四頁。

†68「関於集中力量進行城鎮五反和農村社会主義教育問題給毛沢東併中央的信」（一九六四年八月一六日）、『建国以来劉少奇文稿』第十二冊、一五〇‐一五六頁。

†69 同右、一五一頁。

†70『毛沢東伝』下、一三五三頁、および『毛沢東年譜』第五巻、三八六頁。

†71『鄧小平伝』下、一三〇八頁。

†72「中共中央関於農村社会主義教育運動中一些具体政策的規定（修正草案）」（一九六四年九月一〇日）、前掲『農業集体化重要文件彙編』下冊、七三〇‐七五二頁。

†73 前掲『毛主席的革命路線勝利万歳――党内両条路線闘争大事記』、六七二頁。筆者が入手した同じ題名の文献の異なる版（首都『革命史学』雑誌編集部が編集した原本に基づいて複製された、と注記がある）にも、同一の表現を見出すことができる。『毛主席的革命路線勝利万歳――党内両条路線闘争大事記（一九二一‐一九六七）』（一九六七年発行と推測される）、一九九頁。

†74「中央関於社教工作隊編成和交流社教工作経験問題的指示」（一九六四年一〇月二三日）、『建国以来劉少奇文稿』第十二冊、二五〇‐二五一頁。

†75「中共関於農村社会主義教育運動中工作団的領導権限的規定（草案）」（一九六四年一〇月）、同右、二六八‐二六九頁。

†76「中央関於社会主義教育運動奪権闘争問題的指示」（一九六四年一〇月二四日）、同右、二五三‐二五六頁。

†77 郭徳宏、前掲書、二一七頁。

†78『建国以来劉少奇文稿』第十二冊、三三五頁注。

†79 郭徳宏、前掲書、二三二頁。

†80『楊尚昆日記』下、二四一頁。

†81　『建国以来劉少奇文稿』第十二冊、三四八－三四九頁注。

†82　「王任重同志在農村社会主義教育工作会議上的講話記録稿（節録）」（一九六四年一二月三日）、『農業集体化重要文件彙編』下冊、七八五－七八六頁。

†83　「中央批転王任重在農村社教工作会議上講話的通知」（一九六四年一二月三日）、『建国以来劉少奇文稿』第十二冊、三二四－三二五頁。

†84　「組織観念」の重要性こそ、延安時代における劉少奇が彼の有名な講演「共産党員の修養について」において強調したものであった。この講演において、彼はこう述べている。「共産党員は、どんな場合、どんな問題であっても、いつも党の全般的利益を考え、党の利益を前面に押し出し、個人の問題、個人の利益は従属的な地位に置く。党の利益は何よりも高い。これがわれわれ党員にとって最高の原則であり、すべての党員がその思想意識のなかに、この考え方を強く打ち立てなければならない。これがつまり、われわれが常に口にしているところの『党性』または『党的観念』、『組織観念』なのである」。浅川謙次・尾崎庄太郎編訳『劉少奇主要著作集』第一巻、三一書房、一九五九年、六四頁。この著作は、一九六二年八月に改めて印刷に付され、五種類の外国語にも訳されて大量に刊行された。これがまた文化大革命のなかで毛沢東主義者たちに、劉に対する攻撃の材料を与えたのである。前掲『毛主席的革命路線勝利万歳——党内両条路線闘争大事記』、六一九頁。

†85　ついでにいえば、彼は困難や障害が眼前にあれば、それを乗り越えないではいられない性格の持ち主であった。一九六四年六月、北京市郊外の十三陵ダムで青年たちと交わしたとされる会話は、そのような主席の性格をよく物語っている。「諸君は第七級の風のなかで泳いだことがあるかね？」、「水泳は大自然と闘争する運動の一種だ。諸君は大河や大海に行って鍛錬すべきだ」。「暢遊十三陵水庫時対青年的談話」（一九六四年六月）、『学習資料（一九六二－一九六七）』、一一〇頁。この談話があったのは、『毛沢東年譜』第五巻、三六二頁の記載からみて、六月一六日のことであると推定されるが、毛のこのような発言については記載がない。このような人物にとって、劉少奇が「上から」党組織に課そうとした統制の強化は、払いのけなければならない障害と映っていた可能性がある。

第8章　「資本主義の道を歩む実権派」概念の登場

一九六四年夏以降の劉少奇の主張は、あまりにも現実離れしていたために、各地の指導者たちははじめのうち半信半疑であった。だが、副主席の強力なイニシアティブによって「後十条」修正草案がまとめられた後、彼らは劉の過激な主張を次第に受け入れ始めた。それは、劉のやり方に疑問を抱いていたはずの毛沢東が彼を制止するどころか、彼を支持する態度を示していたためであった。もしかすると、毛は劉の力を借りて――さらには王光美の力も借りて――「三分の一テーゼ」に象徴される現実離れした認識を、指導者たちの間に広めようとしていたのかもしれない。かくして、副主席の権威は明らかに高まりつつあった。それを物語るのは、同年秋以降、地方指導者たちが次々に劉少奇の表現に沿って――ときにはそれを凌駕するほど過激に――彼らの現実認識を語るようになったことである。すなわち、農村では反革命が猛威を振るっている、したがって現在権力を握っている人々から大胆な「奪権」を行わなければならない、もはや「左傾」を恐れるときではなく「右傾」とたたかうべきときがきた、というのである。その結果、つい二年前には誰もが気に留めていた、一九五九年の廬山会議以降の反右傾闘争の破滅的な影響についての教訓を語る者は、もはやいなくなっていた。

そのような背景のもと、一九六四年末、第三期全人代第一回会議に参加するために、地方の指導者たちが北京に集まる機会を利用して、社会主義教育運動の現状と今後の方針を議論するための中央工作会議が開催された。この会議において、誰も事前に予想しなかったことであるが、毛沢東と劉少奇が「論争」を展開した。前例のない主席と副主席の衝突に、他の指導者たちはひどく動揺し、会議後、劉に対して毛に従うよう集団で忠告した結果、副主席は一九六二年夏と同様、またしても屈服を余儀なくされた。指導者たちが予測できなかった事態は、それだけではなかった。副主席との議論のなかで、突然、主席は「資本主義の道を歩む実権派」なる奇妙な概念を持ち出し、この範疇に属する人々を叩くことが社会主義教育運動の目標だと主張したのである。議論の結果、それを指針に含む「二十三条」が、この運動の最終綱領として採択された。本章で検討されるのは、毛沢東が社会主義教育運動の主導権を劉少奇から奪い返す際に、この奇怪な概念が運動の中心に据えられた経緯、およびその意義である。筆者は、この中央工作会議までにすでに異常に高められた「新たな革命」に向けての指導者たちの戦闘精神、各地ですでに始まっていた「奪権」の企て、および「実権派」なる打撃目標の定式化によって、彼らが文化大革命の瀬戸際にまで近づいていたものの、なおもその地点から文革を見通すことは困難であったと主張するであろう。

中央工作会議（1）

一九六四年一二月一五日、北京で中央工作会議が始まり、約一ヵ月間続いた。この会議は、社会主義教育運動をめぐる毛沢東と劉少奇の見解が衝突した場として、また中国共産党が文化大革命へ大きく近づいた契機として一般的に理解されている。それゆえ、詳細に検討してみる価値がある。

この会議は、周恩来によるソ連における権力者の交代、および彼のモスクワ訪問に関する報告から始まった。[†1] そのテクストは公表されていない。次いで、劉少奇が各地の社会主義教育運動の過程で提起された諸問題について報告を行った。『毛沢東思想万歳』の一部の版に、劉が報告を行った際の毛沢東の挿話が収録されている。それによれば、副主席が一部の地方で「新しいブルジョア分子」が出現したようだと指摘した際、毛はこの表現に反対してこう述べた。「新しいブルジョア分子と呼べば、農民は理解するのが難しい。やはり汚職・窃盗、投機・空売り分子と呼ぶのがよい。〔それなら〕農民はわかる」。また劉が幹部の家族のなかにも少なからずの四類分子（地主、富農、反革命分子、悪質分子を指す）がおり、排除しなければならない、これは普遍的な問題だと指摘したとき、主席は「反革命、悪覇、四類分子はそんなにも多いのか！　数千万か、数百万か。〔だが、それらは〕各地に散らばっており、いつだって少数だ」と不満そうに語った。[†2] さらに、副主席が「王任重は党内粛清〔原文は「清党」〕が必要だといっているが、党内粛清という話はしなくてよい、おそらくたくさんの党員を粛清しなければならなくなるだろうから」と述べた際、主席は「私は〔粛清に〕賛成だ。どのみち数百万人を粛清しければならないと私はとっくにいってきた。彼らはまったく〔党員の〕体をなしていない。広範な大衆が反対しているなら、共産党員ではない」と応じた。[†3] これは聞く者すべての背筋を凍りつかせたであろう重大な発言であった。『毛沢東思想万歳』の一部の版には、劉が「建党」について問題提起をしたと記載がある。[†4]「清党」であれ「建党」であれ、われわれは、このとき党の最高指導者たちが、党組織を根本的に作りかえる必要性について語っていたことを理解するのである。当日の会議の最後に、毛は明日以降の会議は毎日午後三時半から始める、午前中はグループ討論を行う、ただし、いいたいことがあれば、密談を行うのではなく、全体討論で自由に述べよと告げた。[†5]

　翌日以降行われた地方指導者たちの発言内容の要点は、楊尚昆によって記録されている。一六日の広東省委第一書記、陶鋳の発言は、国内情勢に関する厳しい認識によって貫かれていた。広東省においては、農村の四〇パーセントの指導権がわれわれの手中にないとみるのが現実に近い、と彼は指摘した。農村だけでなく、都市の工場においても、工房の主任たちが大権を握り、悪の限りを尽くしている。幹部たちは右傾思想に取りつかれており、事態の深刻さをまったく理解していない。なぜ、このような事態に立ち至ったか、とこの広東省の指導者は問うた。彼のみるところ、それは過去に行われた土地改革が中途半端で、時間も短く、幹部たちの力も足りなかった――要するに、階級闘争が不十分であり、その後もそれが行われてこなかった——からであった。しかも、上級幹部たちが農村においていこうとせず、農民に対する教育が不十分であったからである。かくして、問題山積となった農村社会における主要矛盾をどうみるべきか、と彼は問題提起を行った。陶は敵味方の矛盾も多くなりつつあるとはいえ、人民内部の矛盾が主要であり、そのようなものとして処理すべきであると主張した。[†6]

四川省党委第一書記の李井泉は、われわれに対する劉少奇の批判は正しい、と前置きしてから発言を開始した。彼は陶鋳と同様、過去の土地改革が不徹底であったから、新しく階級を区分し直さなければならないと指摘した。李は、現在の農村における主要矛盾は何かと提起したが、彼自身の答えは述べなかった。ただし、反社会主義的、反人民というレッテル貼りが横行しているため、混乱を引き起こしていると示唆した。[†7]

主要矛盾がいかなるものであるかをめぐる議論は、この会議で何度となく繰り返された。それは基本的に、農村の階級矛盾を深刻にとらえる認識から出発して、主たる矛盾を敵対的なものと理解し、敵に決定的な打撃を与えるよう主張する立場と、やはり鋭い階級矛盾の認識から出発しながら、なおも比較的温和な解決を求める立場との間で指導者たちが分裂していたからであると推察しうる。陶鋳は後者の立場に立っていたが、主流を占めたのは、やはり前者の立場に立つ議論であった。一七日の東北グループにおける討論では、現在現れている問題は階級闘争の反映であるから、主要矛盾はプロレタリアートとブルジョアジーという二つの階級の矛盾、社会主義と資本主義の矛盾というべきであるとの意見が提起された。そうなると、資本主義は打倒すべき敵であるからには、温和な態度を取るべきではなかった。西北グループの討論においても、主要矛盾は悪い幹部と人民公社で働く大衆との間の矛盾である、したがって今回の社会主義革命の中心問題は、指導権を悪い人々の手から奪還することなのである、との意見が出された。[†8]

同日、東北局書記の宋任窮も、過去の土地改革が平和裏に行われたことが地主、富農による権力の奪還を招いたと指摘した。そのため、東北のある県では二一の生産大隊のほとんどすべての指導権がわれわれの手中にはないのである。これは一九五九年から六〇年にかけて行われた基層における指導者の入れ替え——整風整社運動以前に行われた指導者の交替を指していると思われる——が不十分であったためでもある。「やらないほうがよかった」とこの軍人あがりの政治家は驚くべき認識を語った。というのも、一九六二年に名誉回復が行われた際、もともとの（悪質な）指導者たちが再び権力を握ってしまったからである。農村だけでなく、工場も同様であり、状況は大きな騒ぎとなった貴州省の白銀工場と大差ないという。[†9]

西北局第一書記の劉瀾濤はもっとも激越な調子で語った。社会主義教育運動とはつまるところ奪権なのだ、と三年後には「六一人叛徒集団」の一人として弾劾されるこの人物は主張した。権力を奪い返すという挙に打って出なければならないのは、指導権がわれわれの手中にないからである。この状況は三つに分類できると彼は主張した。第一は、よい人間が悪人に変質してしまい、新しい富裕層が形成されている場合である。新たに生まれた貧富の格差により、「新しい仇、新しい恨み」が生じていると劉は指摘した。第二は、古い搾取者と新しい搾取者が連合して独裁を行っている場合である。彼のみるところ、これもまた過去の土地改革が不徹底であったことと関係があるのである。そして第三は、比較的少数といえるが、過去の地主、富農が依然として権力を握っている場合である。県レベル以上の幹部で、腐っているか、深刻な問題を抱えている者は全体の五〇パーセント以上にのぼる、と劉は恐るべき見通しを明らかにした。[†10]

一二月一八日、華北局書記の李雪峰——一年半後に彭真に代わって北京市長となる人物である——は、状況は探れば探るほど深刻にみえると述べた。「六十条」、「前十条」、「後十条」は大衆に読み聞かせても効果がない。山西省の八つの重点県の県委書記のうち、三人は腐っており、七二人の常務委員のうち、問題を抱えているのは三八人に及んでいる。「社会主義革命〔これは社会主義に到達するための革命ではなく、社会主義に到達した後に行われる運動を意味している〕に力を入れなければならない」と彼は強調した。[†11]かくして中央局の指導者たちの多くは、いずれも劉少奇にならって、かなり誇張された形で、それぞれの陣地が敵に思うがまま侵食されている状況について深刻に語った。そして、新たな革命が必要である、あるいは革命をやり直す必要があると訴えたのであった。

だが、このような主張は当然のことながら、理論的な問題を提起せざるをえないものであった。社会主義革命を繰り返す必要性について、マルクスとレーニンは語っていただろうか。この新たな革命は何度繰り返さなければならないのか。革命が反復されるだけで、いっこうに共産主義に近づくことができなければどうなるのか。マルクス主義は歴史の段階的発展について語っていたのに、もし循環的発展しか起こらないとしたら、革命に何の意味があろうか。このような問題が当然議論されるべきであったにもかかわらず、楊尚昆の記録からみるかぎり、理論的な議論はまったく沸き起こらなかった。本来、一回限りであるはずのプロレタリア革命が、いつの間にか、反復される革命=運動に取って代わられており、誰もそれを問題視しようとしなかった。これは、当時の党指導部全体の理論的な水準の低さを如実に物語っている。毛沢東は明日から数日間、休会とすることを宣言した(実際には、中央工作会議が再開されたのは一二月二七日のことであった)。

一二月二〇日の衝突

主席と副主席の間での社会主義教育運動の理解をめぐる重大な衝突が、一二月二〇日午後、人民大会堂河北ホールで開催された政治局常務委員会で生じたとみる点で中国の文献は一致している。公式の『毛沢東伝』は、「誰も予想していなかったが、この会議で毛と劉の間に面と向かっての意見の衝突があった」と伝えている。[†12] そして、この衝突が文化大革命の直接の引き金になった決定的な瞬間であったと目されている。というのも、後に毛自らが、エドガー・スノーが提起した、劉少奇を排除しようと決断したのはいつであったかとの問いに対して、「二十三条」を制定したときであったと答えているからである。[†13] したがって、この場面は慎重に復元されなければならない。手がかりとなる記録は、(a)『毛沢東思想万歳』各版、および北京郵電学院東方紅公社が編集した『戦無不勝的毛沢東思想万歳』(一九六七年三月一五日)に収められている、二時間に及ぶこの会議の記録、[†14] (b)公式の『毛沢東伝』、『毛沢東年譜』、『劉少奇伝』、『鄧小平伝』に引用された毛、劉、鄧およびその他の参加者の発言、および(c)王光美の回想録である。総じて、『毛沢東思想万歳』各版および『戦無不勝的毛沢東思想万歳』に収録されたテクストは、同一のテクストから派生しているように思われる。一方、『毛沢東伝』および『毛沢東年譜』に引用されているテクストは、別のテクストに基づいていると推察される。残念なことに、楊尚昆と薄一波は記録を残していない。

当日、会議に遅れてやって来た劉少奇が毛沢東に発言を促されて、次のように問題提起を行った。「農村にひとつの問題がある。陶鋳同志が提起したものだが、彼は農村の当面する主要矛盾は、富裕農民と広範な大衆および貧農・下層中農の間の矛盾だという。何人かの同志もこのようにいい、農村にはすでに富裕階層が形成され、すでに特権階層が形成されている。このように問題を提起してよいだろうか？　それとも、もともとの地主、富農、反革命分子、悪質分子が堕落変質し、深刻な誤りを犯した悪い幹部と結びついて、大衆との間に矛盾を生じているのだろうか？」[†15]これは、社会主義教育運動において党と人民が行う階級闘争の対象がいかなる人々であるかの特定に関する重要な問題であった。

毛沢東は、この問題提起に正面から答えなかった。その代わり、彼は唐突にも「実権派」なる概念を持ち出し、「実権派」を叩けばよいのだと主張した。「地主、富農は舞台裏の黒幕だ。舞台には、四不清幹部がいる。四不清幹部が実権派〔原文は「当権派」〕だ。地主、富農をやっつけるだけでは、貧農・下層中農は納得できない。切実なのは幹部の問題だ。地主、富農、反革命分子、悪質分子はまだ実権を得るに至っていない。過去において、〔われわれは〕彼らと闘争したことがあるから、大衆は彼らをそれほど恐れてはいない。主として、これらの悪い幹部が大衆の頭の上に載っているから、大衆はひどく貧しくなり、耐えられないのだ。あの地主や富農は、すでに土地を〔取り上げられて〕分配されたうえ、鼻つまみ者にされている。ところが、実権派はといえば、叩かれたことがなく、鼻つまみ者にされたこともない。彼らは実権派であり、上部も彼らのいうことを聞くし、彼らが〔農民の〕労働点数も決める。おまけに共産党員でもある」[†16]。

すると、劉は納得しない様子でこう返した。「これは初めて〔聞く話〕だ。実権派の背後には、地主、富農、反革命分子、悪質分子、あるいは紛れ込んでいる四類分子がいる。一部の悪い幹部は地主、富農との関係はあまり密接ではない。地主、富農、反革命分子、悪質分子が組織に紛れ込んできており、それらには階級区分から漏れた地主、富農で、貧農、共産党〔員〕になりすましている者も含まれている。それらは実権派だから、以前の地主、富農にも属していない。地主、富農は鼻つまみ者にされたけれども、この連中は彼らとも違っている」。そう述べた劉は、正当にも「言葉を統一しなければならない」と主張し、もう一度先の問題提起に帰った。「主要矛盾についてはどのように説明すべきだろうか？[†17]」。

やはり主席は、主要矛盾が何であるか明示することを避け、憤慨した様子で述べた。「やはり実権派が問題だ。彼らは労働点数を多く記[†18]入したいのだ。『五大指導者』〔原文は「五大領袖」〕はどうなのだ？　君たち『五大指導者』は実権派ではないのか？」

「実権派」が果たして誰を指すのか、劉少奇は納得がいかない様子で話を続けた。「三種類の人間がいる。すなわち、階級区分から漏れた地主、新しく生まれたブルジョアジー、腐りきった〔幹部〕……。〔幹部は〕多くの場合、勤労人民の出身だが、立場・経済・思想・組織の四つの点がきれいではない。彼らは地主、富農、反革命分子、悪質分子と結託しており、そのなかには地主、富農、反革命分子、悪質分子に操られている者もいる。その他、すでに帽子を取り去られた〔改造を経て、勤労人民として扱われるようになったという意味である〕地主、富農、反革命分子、悪質分子が実権を握っている場合もある[†19]」。

しかし毛は、驚くべきことに、劉による農村社会の階級分析には興味がないようであった。「どんな階級か、どんな階層かを問題にする必要はなく、ただ実権派、共産党の実権派、五大指導者で実権派にくっついて歩む者だけを問題にすることだ。以前、国民党であった者でも、共産党であった者でも、いずれにせよ、いまやその人物は実権派である。大衆を立ち上がらせるのは、われわれのこの党を整頓するためなのだ。……中心の問題は党の整頓にある[†20]」。

これ以上、毛との議論を続けることは得策ではないと考えたか、劉は同意していった。「富裕階層〔という言葉〕は提起せずに、新しい搾取・抑圧分子と呼ぶか、または汚職・窃盗分子、投機・空取引分子とだけ呼ぼう。もしも彼らがひとつに結びつければ、集団と呼んでもかまわないだろう[†21]」。

主席は実権派を懲らしめるよう主張したとはいえ、打撃の対象は狭くするよう主張した。「現在、私はこの問題ではいくらか右寄りだ。そんなにも多くの地主、富農、国民党、反革命分子がいるだろうか。和平演変を図っている者が二〇パーセントだとしよう。七億の人口のうちから二〇パーセントを取り出すと、どのくらいの数となるか？〔そうしたのでは〕おそらく『左』の潮流を生むことになるだろう」。したがって、誤りを犯した多くの者は大目にみてやるほうがよい、というのである。毛はこう主張した。「四不清幹部のうちでは、汚職で四〇元、五〇元取り込んだり、一〇〇元ぐらい取り込んだりした者が多数だろう。まず、こうした連中をいくらか解放せよ。そうすれば、われわれは多数ではないか！　誤りを犯した者に対してはっきり道理を説けば、やはり革命的になる[†22]」。

この発言に対して、劉少奇が少し不満げに述べた。「そのような者ばかりとは限らない。数百元〔着服した〕者も少なくなく、数千元とか、一千斤の穀物〔を横領した者〕もかなり多い。おそらく、一千元の者も解放しなければならないだろうが、弁償はやはりさせなければならない」。すると毛が「練り歯磨きは、いくら絞っても、きれいには絞り出せない。どうしようもないではないか。少しくらいは残ってもかまわない。そんなにきれいに絞り出せるだろうか。寛大に処理せよ」と応じた。これに対して劉は、まだ納得がゆかない様子でこう述べた。「絞り出せるだけは、どうしても絞り出さねばならない。ある者は大衆から搾取し、ある者は国家から搾取している。やはり弁償させ、厳しく、徹底的に弁償させなければならない。とくに悪質な者、あくまで抵抗する者からは没収しなければならない」。毛は、やはり寛大さが必要だと主張していった。「国家も人民のものであり、われわれ自身は何ももっていない。厳しく弁償させるのは正しい！〔ただし〕十分情理にかなったものにしなければならない。必ずしも『徹底的に』ということをもちだす必要はない[†23]」。

ここで鄧小平が口を挟んでいった。「今回の運動は、打撃面を数パーセントにするのが比較的有利だ。運動を始めるとき、四不清幹部を分化させ、闘争中にも分化させ、彼らを勝ち取り、教育し、改造し、最後には打撃面を数パーセントにすることだ[†24]」。

打撃面を広げすぎず、経済的な処分も過酷なものにしないという方向で、参加者の意見が一致しかけた際、毛が再び舵を「左」に切った。つい先ほど、自分は「右」寄りだといったことを忘れたかのように彼はいった。「現在は、冷水をかける恐れがあるから〔大衆の革命的情熱に水を差すという意味である〕、諸君は状況〔原文は「気候」〕を掌握せよ。現在はやはり反右傾化である。一二月は入れないとしても、来年一月、二月、三月――少なくともあと五ヵ月は闘争しなければならない。ひとつには、拡げすぎてはならないということ、つまり打撃面を拡げてはならない。二つ目には、冷水を浴びせてはならない。これは下部には公表してはならないことだ[†25]」。

ここでまた劉少奇が主要矛盾の話題に戻った。「主要矛盾は四清と四不清の矛盾ということでよいだろうか？」。陶鋳がただちに「賛成する」といった。すると、毛が不可解にも、「人の意志で変えられるものではない」と応じた[†26]。彭真が口を挟んだ。「主要矛盾はこういうことではないか。全体としては、全社会主義段階において、やはりわれわれが第七期二中全会で提起した主要矛盾だが、プロレタリアートとブルジョアジーの矛盾である。〔だが〕社会主義教育運動においては、四不清、汚職・窃盗、投機・空売りで、主要なのは幹部をやっつけることだ。全体的な矛盾はブルジョアジーとプロレタリアートの矛盾で、この全体的ないい方と今回の運動のいい方は分けなければならない。これもまたブルジョアジーとプロレタリアートの矛盾の一種の形式だ[†27]」。毛はまったくとり合わず、再び実権派について語った。「一部は階級区分漏れしたもの、一部は新しく生まれたもの、一部は腐ってしまったものだが、それが実権派である。……でかいのをやっつけたら、その他の狐や狸はゆっくりと片づけることだ[†28]」。

劉少奇はあくまでも主要矛盾の問題をはっきりさせようとした。そして、断定的な口調で述べた。「四清と四不清、これが主要なものだ。もちろん、そのほかにもある」。そのように副主席が述べたとき、安徽省委書記の李葆華が質問した。「矛盾の性質は何だろうか？」。

劉「人民内部の矛盾と敵味方の矛盾がひとつに絡み合っている」。

毛「どんな性質だって？　反社会主義でいいではないか。ほかにどんな性質があるというのだ？」

劉「いずれも社会主義ではない」。

毛「資本主義的な性質だ。それにさらに封建主義、帝国主義を加えるというのか？　資本主義をやるのと大差ない。われわれは民主革命をやったが、それは社会主義に道を開くためだった」。

劉「政治、経済、思想、組織の四不清には人民内部の矛盾があり、敵味方の矛盾もある。問題の複雑性はここにある」[†29]。

陶鋳「大量なのは人民内部の矛盾だ」[†30]。

毛「それがどうしたというのだ。まず幹部をやっつけろ！」[†31]

以上のような毛沢東と劉少奇との間のぎこちないやり取りのなかに、両者の間のある種の不和と緊張を見出すことは容易であるとしても、決定的といいうるほど鋭い衝突であったかどうかは、はっきりと知ることはできない。だが、王光美が記憶している中央工作会議での毛と劉の会話は、たしかに対立があったことを示唆している。彼女が描く両者の「初めての言い争い」の場面はこうである。


毛「どうして四清と四不清の矛盾、敵味方の矛盾と人民内部の矛盾が交錯しているというのだ？　どこにそんなにたくさんの交錯があるのだ？　内外の〔矛盾の〕交錯とは何だ？　これは一種の形式だ。性質は反社会主義だろう！　重点は党内の資本主義の道を歩む実権派をやっつけることだ」。

劉「この『派』というのは、私はずっとわからないできた。資本主義の道を歩む人はいる。だが、ブルジョア階級は滅亡しようとしている。どうして『派』などというものがありうるのだ？　『派』といってしまえば、〔そこに含まれる〕人が多すぎて、そこらじゅう敵味方の矛盾だらけとなってしまうのではないか。石炭部、冶金部のように、どれが資本主義の道を歩む実権派なのか？」

毛「どうしてないといえるのだ？　張霖之〔石炭部長〕がそうだ」。

明らかに主席は怒っており、会場の空気は凍りついた。副主席はそれ以上話さなかった。[†32]

この場面は、その場にいた多くの指導者たちをひどく不安にさせた。政治局と中央書記処の「多くの人々」の頼みを受けて、中央組織部長の安子文は、日付は不明であるが劉少奇にこう進言したという。「あなた方二人の主席の間に矛盾が生じたので、下は混乱している。何であろうと、毛主席との間に矛盾を生じさせてはならない」。[†33] やはり日付ははっきりしないが、会議の期間中、毛と劉の不和を心配した朱徳と賀竜が、劉に対して毛を尊重するよう促したと公式の『劉少奇伝』は記している。[†34]『晩年周恩来』（邦訳『周恩来秘録』）の著者である高文謙によると、話はもう少し複雑である。高の記すところ、主席は副主席が自己批判を行って誤りを認めることに固執し、陶鋳と謝富治を通じて劉に圧力をかけたが、劉は自己批判を拒んだ。そこで周恩来が仲介に入り、「党内生活会」（実に奇妙な名称であるが、これがしばしば党員の自己批判の場となった）を開催することでようやく劉の自己批判を引き出すことに成功したというのである。[†35] おそらく、同僚たちの集団的圧力を受けて、劉は自己批判するほかなくなったのであろう。

劉少奇は翌年一月一三日より、自宅で「党内生活会」を開いて自分に対する批判を聞いた。これは劉自らが司会を務め、自らに対する批判を聞くという奇妙な会合であった。「生活会」の記録は、陳伯達を通して毛沢東に伝えられたという。[†36] 副主席の主席に対する屈服は明らかであったが、それは党内の指導者たちの間での合意を反映したものであった。毛沢東の横暴さは、彼個人の性格に基づくものであるとしても、それは最高指導者の権威を完全なものにしておこうと努める――たとえ彼が誤っていることが明白である場合でも――指導者たちの集合的意思に支えられていたのである。

毛沢東の意見に基づき、陳伯達が会議紀要を作成することとなった。この紀要は、社会主義教育運動の性質について、「いくつかのいい方がある。（1）四清と四不清の矛盾、（2）党内外の矛盾の交錯、または敵味方の矛盾と人民内部の矛盾の交錯、（3）社会主義と資本主義の矛盾。最後のいい方が比較的妥当であり、問題の性質を概括している。重点は党内の資本主義の道を歩む実権派をこらしめる〔原文は「整」〕ことである」[†37]。このいくらか曖昧な表現は、毛沢東がすでに裁定を下したにもかかわらず、主要矛盾が何であるかをめぐる議論に、はっきりと決着がついていないことを示唆していた。一二月二四日、劉少奇が司会を務めた政治局常務委員会拡大会議はこの紀要を採択し、「社会主義教育運動において現在提起するいくらかの問題」（十六条）というタイトルを付した。だが、二日後、毛はこれに一条を追加して「十七条」とした。この文案は、一二月二八日に党中央の文書として正式に採択された[†38]。これによって、四清運動の指針に関する追加的な文書の作成は終了したはずであった。だが、話はまだ終わらなかった。

一二月二六日、毛沢東は七二歳の誕生日を迎えた。当日夜、人民大会堂のあるホールで四〇人あまりを集めて祝宴が催された。その際の異常な様子を、陶鋳夫人である曾志が回想録に記している。彼女によれば、毛は着席する前、李富春に対して「君たちは何も私に話そうとしない。君たちは独立王国をやっているな！」と冗談をいっている風でもなく語り、場を凍りつかせた。その晩は、祝宴の雰囲気は微塵もなかった[†39]。主席はこうも述べたという。「〔一九六四年〕五、六月の中央工作会議は、全国基層の三分の一の指導権はわれわれの手中にないとみなした。私はさらに党中央から修正主義が出ないかと心配したのだ！　修正主義の出現は、ブルジョアジーが政治の舞台上で興ることを意味している」[†40]。薄一波も、このときの荒れ模様の主席を次のように記している。

一二月二六日のこの日、毛主席は一部の中央指導者、各大区の主要な責任者同志と少数の部長、労働模範、科学者を招いて人民大会堂で誕生日を祝った。毛主席は数名の労働模範、科学者とともにひとつのテーブルにつき、他の中央〔政治局〕常務委員と政治局の同志は別のテーブルについた。開口一番、彼はこういった。今日は、子供たちは呼ばなかった。彼らは革命で何の仕事もしていないからだ。そういった後、彼は社会主義教育運動のなかでの誤った認識や問題提起について次々に批判した。何が四清で四不清か、党内外の矛盾がどう交錯しているのか、これは非マルクス主義的だとか。彼は中央のある機関が「独立王国」をやっていると非難し、さらに党内に修正主義が生まれる危険があるといった。誰ものをいう者はなかった。[†41]

これはもちろん、毛が隣のテーブルについていた劉少奇ら政治局常務委員たちに聞かせた言葉であった。彼が何らかの大きな不満を抱えていたことについて、疑問の余地はないように思われる。だが、毛の言葉から判断すれば、不満の矛先は副主席にのみ向けられていたわけではなかった。したがって、主席が劉少奇の排除を決断したのはこの中央工作会議の最中であったという毛自身の事後的な説明は、額面通り受け取ることはできない。

この宴会の後、劉少奇は鄧小平、周恩来、彭真とともに東北グループの会合に出席し、「要するに、何といおうと農村で〔人民公社の〕社員をやっつけてはならず、工場で労働者をやっつけてはならず、学校で学生をやっつけてはならない。主として実権派をやっつけるのだ」と述べた。[†42] この発言は、劉がおそらく内心では大きな疑問を抱きながらも、毛のいう「実権派」の概念を受け入れたことを意味した。ただし、この場で表明された鄧小平の見解は、主席とはかなり異なる政治的志向がまだ存在していることを物語るものであった。鄧の発言はこうである。「工場では早くやる方法を考えなければならない。農村ではひとつの県を一年でやる。ひとつの大隊なら半年でやる。工場なら半年ではだめだ。だが、比較的早くやる経験はあったほうがよい。例えば一年、あるいは一年より少し短くする。瀋陽には大小数千の企業がある。一体いつまでやるのだ？」[†43]。第6章で言及した社会主義教育運動の始まりの時点における彼の態度とあわせて考えるなら、結局のところ、鄧は本心では、この運動をまったく余計なものとみなしていたように思われる。

翌日再開された中央工作会議でも、毛沢東は鬱憤をため込んでいた様子であった。彼は司会を務めながら、発言者の意見にさかんに口を挟んだ。そのため、陳伯達の発言は、陳が話しているのか毛が話しているのか判然としなくなるほどであった。陳が矛盾の問題に言及した際、毛は「わが党には少なくとも二つの派がある。社会主義派と資本主義派だ」と叫んだ。さらには、あたかもこれ以上の発言は無用だとばかりに、「長く話すと誰も聞かなくなるぞ！彼にそのましゃべらせておけ、どうせ誰も聞かないのだ！」と述べた。[†44] さらに彼は脈絡もなしに、謎めいた言葉も吐いた。「一部の人間は本を読みすぎるのだ。読書バカになっている！……秦の始皇帝から、帝王は世襲となったのだ！　**北京には二つの独立王国がある。私はいわない。諸君が研究せよ**[†45]」。

中央宣伝部長の陸定一の発言も、毛沢東が差し挟む言葉によってしばしば中断を余儀なくされた。陸が文化の革命について言及した際の毛の挿話はこうである。「レーニンがいった階級闘争は長期にわたるものだ。小生産者が大量に存在すれば資本主義を発展させる。打倒された階級は長期にわたって存在し続ける！　これらはスターリンがすべて忘れてしまったことだ！」。中央宣伝部長が、知識分子と技術人員を雇った際に高給をとる人々が生まれ、技術幹部の養成は「技術が一切を決定する」原則に従っているから、「高給階層」、「特殊階層」が生まれている、「三大差別」（都市と農村、労働者と農民、頭脳労働者と肉体労働者の間に存在する差異を指す）は縮小するどころか、むしろ拡大していると述べた際、主席は「その極点でフルシチョフが生まれたのだ」と叫んだ。続けて毛は「文学の原稿料は文学を繁栄させるだろうか。われわれの原稿料が上がれば、事態は反対の方向に向かってしまう！」と述べた。すると、陸も「文化部はすべて腐ってしまった」と唱和した。[†46] 会議における以上のやり取りのなかに、われわれは何の制約も受けずに自らが思いついたことをそのまま口にする年老いた独裁者の姿を見出す。ソ連はすでにスターリンの時代にレーニンの教えから逸脱し、階級闘争をすっかり忘れてしまい、高い給料を得る特殊な階層を育んだ。その結果、フルシチョフによる修正主義が生まれ、そして中国も同じようになりつつある、と毛は考えていたようなのである。

新疆ウイグル自治区党委書記であるサイフジン（賽福鼎）は、毛の不安にさらに民族問題を追加した。彼によると修正主義者は新疆で転覆活動を行っている。新疆の幹部のなかの修正主義者は、ソ連によって中国に打ち込まれた「釘」であるか、ソ連と結託している人々——彼らの多くはソ連からの移民で、まだソ連籍を保持している——であり、実際にはソ連の情報員である。[†47]

同日、会議が終了したことを毛沢東は知らなかった。曾志の回想に基づけば、会議後、江青が陶鋳夫妻に声をかけ、人民大会堂小ホールで現代京劇『紅灯記』を観ようと誘った。開演前、夫妻が休憩室で毛沢東に出くわした際、毛は品位に欠ける言葉で質問した。「君たちの会議は終わったのか？　俺が参加していないのに散会したのか？　ある者が俺の頭の上に糞尿をたれている。俺は第二線に退いたといっても、まだ話はできるぞ！」。彼はさらに、会議に参加した連中はすでに帰ってしまったのかと問うた。陶鋳が、帰った者もいると告げると、主席は「帰ったやつに、すぐ戻ってくるようにいえ！」と述べた。これによって、会議はさらに延長されることとなった。[†48]

中央工作会議（2）

一二月二八日、人民大会堂河北ホールで中央工作会議は再開された。最初の発言者である人民解放軍総参謀長の羅瑞卿は、軍もまた「今回の革命」を担わなければならないと述べる一方、軍隊内には深刻な問題があると打ち明けた。少なからずの軍人が堕落しきっており、小さな病で長く休養を取る人間が少なくない。加えて、地主や資本家の子女と結婚している者が一〇から三〇パーセントにものぼっている、と一年後には失脚の憂き目をみるこの指導者は指摘した。[†49]

続く外交部長、陳毅の発言について『楊尚昆日記』はほとんど素通りしている。陳に続いて公安部長の謝富治が発言台に立った。彼は公安系統の下層人員の多くが腐っており、たくさんの悪事を働いていると述べた。公安機関は指導者が何かを失えば大騒ぎで事に当たるのに、人民の生命財産にはまるで注意していない。悪人をかばい、善良な人間に打撃を与えている始末である、というのである。[50]

この日の最後の発言者は毛沢東であった。なぜか彼は『八全大会文件』と『中華人民共和国憲法』を携えて会場入りした。[51] 彼の意図は、発言の最後の段になって明らかとなる。毛の発言のもっとも重要な部分は、「十七条」のうちの「第一条、運動の性質」をめぐるものであった。「運動の性質」は、社会主義教育運動の性質について、（a）四清と四不清の矛盾、（b）党内外の矛盾の交錯、または敵味方の矛盾と人民内部の矛盾の交錯、そして（c）社会主義と資本主義の矛盾、という三種類の異なる見方があると指摘していたが、主席はここで再び明確に裁定を下した。「〔政治局〕常務委員会で話し合い、さらに何人かの地方の同志と話し合ったところ、やはり第三の提起の仕方が比較的よいと思う。なぜなら、運動の名称は社会主義教育運動であり、四清教育運動ではなく、矛盾の交錯についての教育運動などでもないからである。……重点は、党内の資本主義の道を歩む実権派をやっつけることである」。[52]

発言の最後の部分で、毛は『八全大会文件』と『中華人民共和国憲法』を取りあげた。[53] 憲法第八五条と八七条において、言論、出版、集会、結社、デモの自由がうたわれていると指摘した後、彼はさらにこう述べた。以下は公式の『毛沢東伝』の記載による。「出版の自由はあるのか？　現在、文化部は一部の人々にだけ出版の自由を認めている。この出版機関は私のみるところ、整頓しなければならず、多くの悪人の手に握られている。……それから結社だ。現在、**われわれには結社が必要だ**。つまり、あの四不清がひどすぎる連中を追い出し、〔別の？〕**共産党をひとつ作らなければならない**。支部をしっかり整頓し、基層における党委員会をしっかり整頓し、各級党委員会もしっかり整頓しなければならない。これを結社という」。[54] このくだりは、『楊尚昆日記』には、「結社とは四不清幹部を追い出し、共産党をしっかり作る」ことだと記録されている。[55]『毛沢東思想万歳』のいかなる版にも、この部分については記載が見当たらない。だが、『毛主席在制定《二十三条》時的三次講話』には該当する箇所がある。この部分は、きわめて重要であるから引用しておく価値がある。

われわれは中華人民共和国の公民なのか？　これらの民主・自由はあるのか？　われわれが河北ホールで開いた会議は集会なのか？　**結社が必要だ。四不清が深刻な奴らを追い出し、支部をしっかり整頓し、公社をしっかり整頓しなければならない。**×××はあんなにもたくさんの集団について語ったが、分類が細かすぎて、大衆から離れているといえる〔一二月二〇日に劉少奇が、悪人たちを分類してみせたことを指していると思われる〕。デモ行進について、私はかねがね大衆は官僚主義に対してデモ行進をやってもよいと主張してきた。五七年には成都の学生が北京にきて請願をしようとしたが、許可されなかった。恐れる者があったからだ。雅安、杭州のいくつかの学校も街頭でデモ行進をしようとしたが阻止された。反革命はデモ行進をやれば自らを暴露する。官僚主義に対するデモ行進は、利点があると私は思う。大衆はほんとうに耐えられなくなって、官僚主義をやっつけるのだ。……肝っ玉が小さいな！　デモ行進やスローガンを書かれるのを恐れるとは。つまるところ、悪人が騒ぎを起こすのは、大きければ大きいほどよい。小さければ暴露されず、大きければ暴露される[†56]」。

この引用部分からすれば、主席は「別の」共産党を作るよう主張したのではなく――その可能性は排除できないが――現在の党組織をきれいに清掃する必要性を主張しているように思われる。また、官僚主義に対する彼の嫌悪は明らかであり、大衆に思い切り騒がせてそれを退治させよと主張している。だが、一方で、それは悪人どもを暴き出すためであるともほのめかしている。

それにしても、既存の党を打ち捨てて、別の党を作ることを提起したとも理解できる毛沢東の心理は尋常ではなかった。彼の言葉は、前年六月に発表された「九評」において、革命の後継者の養成に関して、後継者の条件の核心は「われわれの党と国家が変質しないことを保証できること」とした点と響き合っている。主席は新たな世代によって、新たな党を作る気になっていたのだろうか――もちろん、自分は指導者の座に居座り続けたままで。どの地方においても、どの党・政府機関においても、さらには軍や公安機関においてさえ幹部たちが腐りきっているという報告を聞かされて、すっかり失望してしまった毛は、真面目にこのような構想を思い描いていたのだろうか。それとも、他の指導者たちの反応をみるために観測気球をあげたのであろうか。本心はわからないとはいえ、重大な発言であった。この発言は、たしかに後の文化大革命につながっているようにみえる。だが、毛は多くを語らなかった。彼は、あたかもいまの発言は忘れてくれといわんばかりに、「諸君の時間を潰してはいけないな。私も官僚主義になってしまった」と述べて、この日の会議は終了した。公式の『毛沢東伝』によれば、この日の会議において、劉少奇はわずかしか発言しなかった。[†57] ともかくもこの日、「十七条」は党中央から正式に発出され、中央工作会議はいったん終了した。

一二月二九日夜、劉少奇、鄧小平、彭真が西北グループの指導者たちと語った際の言葉が、楊尚昆によって記録されている。総じて、後二者は、四清運動において行き過ぎが生じないよう注意を払っていた。鄧が一〇パーセントもの家庭に問題があるとみるのはよくないと述べると、劉は六から八パーセントで十分だと応じた。これは厳格でもあり、寛容でもあるのだ、と副主席は述べた。彭は、過去の土地改革の際、地主が誰かは明らかで、反革命分子も容易に判別できたと語った。だが現在、四不清幹部は隠れており、われわれは慎重に調査研究しなければならない。人々を無理やり地主や反革命分子に仕立てあげてはならないと述べた。[†58] 新たな年の元旦、劉、鄧、彭、そして周恩来は華北グループの会議に出席したが、そこでも鄧小平は打撃面の拡大を防ぐよう主張した。「打撃面を拡大してはならない。多くやりすぎてはならない。地主、富農、反革命分子、悪質分子を含めて、終始総戸数の六、七、八パーセントとする。これが最大限度だ。……ただ人を捕らえることだけを考えてはならない。激励して改造することも考えよ[†59]」。

時間はいくらか前後するが、一二月三〇日、事態は思わぬ方向に動いていた。毛沢東が突然、すでに下達された「十七条」の実権派に関する部分を次のように訂正するといい出したのである。「これら実権派には幕前もいるし、幕後もいる。……黒幕は、ある者は下におり、ある者は上にいる。……下にいる者のうち、ある者はすでに地主、富農、反革命分子、悪質分子およびその他の悪質分子に分類されているが、別の者は区分に漏れた地主、富農、反革命分子、悪質分子およびその他の悪質分子である」。このように劉少奇に書き換えを提案した際、毛はこれが陳伯達の意見に基づき、自分が同意したものだとわざわざ書き添えた。[†60] これはどうみても、実権派がいかなる人々であるかを、さらに謎めいたものにする余計な修正であった。だが劉は同意するほかなく、そのため中央弁公庁は、異例にも先に下達した「十七条」の無効を宣言し、代わって訂正済みの「十七条」を発出した。[†61] 併せて、中央工作会議は元旦以降も継続すると伝えた。

一九六五年一月三日、第三期全人代第一回会議において劉少奇が国家主席に、周恩来が首相に、そして朱徳が全人代常務委員長に再選された。同日夜に開催された政治局常務委員会拡大会議で毛沢東が再び爆発した。河北省委員会の責任者が保定地区新城県における社会主義教育運動について報告を行っている際、毛がさえぎっていった。「一万五千人を集中してひとつの小さな県をやっている。人口は二八万人だ。数ヵ月やってまだ埒が明かない。〔工作隊は〕文献を四十数日も学習しておきながら村に入らない。煩瑣哲学をやっている。……ただ工作隊だけに頼っている。なぜ県の二十数万人〔の大衆〕に依拠しないのだ？……一万五千人が根を下ろしてつながりをつける〔原文は「紮根串連」〕。何が根をおろしてつながりをつけるだ。ひっそりかん〔原文は「冷冷清清」〕としているじゃないか！……一千戸あまりのところに五〇〇人の工作隊が行く。これでどうやってうまくいくのだ。人海戦術はダメだ。……こんなふうに力を集中して殲滅戦をやるのでは敵を殲滅できないと思う。方法を改める必要があると思う。……虱がいないのなら、しつこく探す必要はない。虱がいないのに、どうやって虱を探し出せるのだ？」[†62]。劉少奇が割って入り、工作隊が時間を割いて公式文件を学習しているのは、右傾に反対するためだと述べると、毛は悪態をついた。「学べば学ぶほど馬鹿になる。他人の右傾に反対する結果、自分が右傾することになるのだ」[†63]。

以上の『劉少奇伝』に引用された毛沢東の言葉は、楊尚昆が記録している胡耀邦によって伝えられた毛の言葉とおおむね一致している。楊が日記に記している主席の主張のひとつの眼目は、大衆運動に依拠せよという点であった。したがって、「人が多くなってはならず〔工作隊の人数が多すぎてはならないという意味である〕、文件が多すぎてはならず、会議は長くなりすぎてはならない」のであった。もうひとつの眼目は、社会主義教育運動において、徹底を追求してはならないということであった。これは主席の発言に割って入った鄧小平の意見に基づくものであったとみられる。鄧は「運動はどんな目標を達成すべきか？　問題は徹底という二文字だ。徹底を要求したほうがよいのか？おそらく徹底しないほうがよい」と主張した。[†64]すると、毛もこの見解に同意して、「あまりにも徹底を求めると、徹底しないことになる」、「一九六七年まで〔社会主義教育運動を〕やるのは、せっかちを防止するためだ！」と述べたのである。このような毛の主張に対して、劉少奇は「現在のやり方には賛成しない！」、「三つの依拠〔現地の大衆、現地の幹部、工作隊に依拠することを指す〕は間違っているが、工作隊に依拠することもできない」と述べ、前年夏以降の彼の主張を自ら完全に覆した。[†65]

話の最後に、毛はまたも謎めいた言葉を口にした。「首を切るのはそう急いではならない。首が落ちてしまったら、それで終わりだ。免職しないなら任地を換えればよいのだ！　どこに行っても革命はできるではないか！　例えば、私は湖南人だが、湖南で革命をやるとは限らない。江西に行ってもよいではないか！　その後で陝北には行かないのか？〔これは明らかに、一九三〇年代における自分の経験を語っている〕。その後、胡宗南がやってきて延安を占領した〔一九四七年三月の事態を指す〕が、すぐに行ってしまった。**いままた北京で革命をやるのだ**[†66]」。ともあれ、鄧小平はじめ参加者たちは皆、毛の意見に賛意を表したと公式の『毛沢東伝』は伝えている。[†67]

「二十三条」

毛沢東の言動はどこまでも不可解で予測不能であった。一月五日午後に行われた政治局常務委員会拡大会議において、突如、彼は発出したばかりの「十七条」の改定を提案した。その際の毛の発言は、やはり劉少奇に対する批判の継続と理解しうるものであった。この発言は、自分に楯突いたようにみえる人間を完全に屈服――一度ならず何度も――させないでは済まない主席の性格をよく表している。

現在、一部の人々にとって、マルクス主義は他人に対するものであって、彼ら自身は少しのマルクス主義もないようだ。完全に一切を否定している。一面真っ黒というわけではないだろう！　幹部で数十元、百元、数百元着服した者が多数だろう。千元以上は多くないだろう〔これは一二月二〇日の会議で、劉少奇が千元以上着服している幹部も少なくないと発言したことに対応していると思われる〕。七〇、八〇パーセント〔の幹部〕はよい部類に入り、勝ち取ることができる。王光美が〔社会主義教育運動を〕行ったあの大隊では、私は数えてみたが、千元以上を着服した者は、たった四人しかいなかった。五人目はいなかった！[†68]

ある参加者が、運動の期間は短縮する必要がないかと問題を提起したとき、主席はこう述べた。「時間の問題だが、全国で六、七年かけて終わらせるというのは変える必要がないが、いくらか短くしてよい。この言葉を書いておくのは、焦る気持ちを防止するためだ。事実上、ひとつの単位は数ヵ月あればよい。やはり教育だ。運動をやるにはまず大衆に依拠し、それから重荷をおろした幹部に依拠し、第三にようやく工作隊に頼るのだ〔この点も、工作隊が一切を仕切るとした劉少奇の主張を重ねて否定したものだと考えられる〕。工作隊も前二者に依拠しなければならない[†69]」。

陶鋳が現状の新しい特徴について語った際、毛は口を挟んだ。主席は、一二月二〇日の会議における劉少奇による矛盾の定式化について、まだうっぷんが晴れない様子でこう語った。

第七期二中全会は、国内の主要矛盾はブルジョアジーとプロレタリアート、資本主義と社会主義の矛盾だと指摘した。その頃は、まだ修正主義はなかった。八全大会第一回会議、第二回会議はいずれもそのようにいった〔実際には、そのような矛盾の定式化はなされていない〕。杭州会議で十条〔前十条を指す〕を制定し、それからずっと社会主義をやり、運動全体は社会主義教育をやったのだ。〔それなのに〕どうして四清と四不清の矛盾が来るのだ？　どうして敵味方の矛盾と人民内部の矛盾の交錯になるのだ？　そんなに多くの交錯などどこにあるのか？　何が党内党外の〔矛盾の〕交錯だ！　これは一種の形式で、性質は反社会主義ではないか！　重点は党内の資本主義の道を歩む実権派をやっつけることにある。[†70]

一月六日、地方指導者たちが陸続と北京に到着し、中央工作会議は継続され、再び「十七条」について議論が行われた。改定作業は鄧小平、彭真、陳伯達の手に委ねられた。楊尚昆が同日の日記に、意味深長に記している。「今では、いくらかの問題が比較的はっきりしてきた。だが、まだ完全にはっきりしているわけではない。さらに聞き、見なければならない。総じて、問題は比較的大きい。それはたんに方法の問題だけではない」[†71]。この言明は、指導者たちの間に社会主義教育運動の目的と手段をめぐって、依然として合意が欠けていたことを反映していた。推測すれば、劉少奇の考え方は、毛沢東から完全に否定されたとはいえ、まだ潜在的な支持者をもっていたのである。そうであるからこそ、主席は繰り返し劉少奇の主張を否定したとみることができる。

一月八日、再び毛が劉少奇の定式化に不満を述べた。「四清、四不清というのは、どの社会にも適用できるのだから、マルクス・レーニン主義的ではない」[†72]。同日、楊尚昆が再び日記に書いている。「今日は、小組会は休み。〔鄧〕小平、彭真、〔陳〕伯達同志が原稿を検討している。私は夜になって原稿をみた。すでに二四段落に改稿され、比較的大きな修正がなされていた。**精神全体が完全に変わったのだ！**」[†73]。翌日の日記に、楊は新しい文案はすでに二十四条となっていると記した[†74]。つまり、一月六日から九日にかけて、十七条が二十四条へと変貌を遂げていたのである。

十七条には、大きな追加・修正が施された。追加された項目は、（1）情勢、（2）運動をうまく進める基準、（3）力を集中して殲滅戦を行うこと、（4）「面」の工作をしっかり行うこと、（5）幹部問題、（6）貧農・下層中農協会を打ちたてること、（7）思想と方法であった。一方、もともと含まれていた「集団問題」が削除されたため、最終的に二十三条となった。

奇妙にも、第二条「運動の性質」——これがもっとも長く書かれている条項である——においては、なおも先に述べた三種類の矛盾の提起の仕方が列挙され、第三の「社会主義と資本主義の矛盾」こそが「マルクス主義的である」と強調されている。おそらく、このように述べたとしても、現場で運動を推進する工作隊や幹部にとっては何の助けにもならなかったであろう。だが、この条項によって、指導者の間での矛盾の理解をめぐる議論にともかくも決着がついた。この運動の重点は、「党内のあの資本主義の道を歩む実権派をやっつける」ことであり、「都市と農村の社会主義の陣地をさらに一歩打ち固め、発展させる」ことであるとされた。だが、ここでも「実権派」なる人々の明確な定義はなされなかった。その代わり、読む者誰をも困惑させる実に曖昧な書き方で、「あの資本主義の道を歩む実権派は、ある者は幕の前におり、ある者は幕の後ろに隠れている。これらの実権派を支持する人間は、下にいる場合もあれば、上にいる場合もある。下にはすでに階級区分された地主、富農、反革命分子およびその他の悪質分子がおり、区分から漏れた地主、富農、反革命分子およびその他の悪質分子もいる。上には人民公社、区、県、地区に、はなはだしきは省と中央の部門で工作しているいくらかの社会主義に反対する分子がいる」。要するに、これはまったく伸縮自在な概念であり、可能性からいえば、恐るべきことに毛以外のすべての指導者と幹部に適用可能であった。そして実際に、それに近いことが後に生じるのである。

第三条「統一方法」とは用語法に関わるものであった。都市と農村の社会主義教育運動は、今後一律に「四清」と呼ぶ。それは政治、経済、組織、思想を清める——つまり、一切を清める！——ものであると再定義された（だが、運動の現場においては、第10章でみるように、社会主義教育運動と四清は、同じものを指す言葉として併用され続けた）。同時に、都市の社会主義教育運動はこれまで「五反」と呼ばれてきたが、この言葉は今後使用せず、農村の運動と併せて「四清」と呼ぶものとされた。第四条は運動の成否を判断する基準を六つあげている。それらには、貧農・下層中農が真に動員されているか、幹部が労働に参加しているか、よい指導の核心が打ち立てられているか、増産がみられるか、という点が含まれていた。第五条「工作方法」は、それまで劉少奇が主張していた方法を完全に否定している。すなわち、工作隊は一切を指導するのではなく、大衆の大多数および現地幹部の大多数に依拠し、大衆、幹部、工作隊の「三結合」が打ち立てられるべきであると定めた。さらに、第五条は、まったく毛沢東的な表現で「ひっそりかんとやってはならず、神秘化をやってはならず、少数の人々の間でのみ活動してはならない」と付け加えている。これは、秘密裏に人的つながりをたどって悪質な幹部を見出すという劉少奇の方法に対する批判であった。ひとつの地点にあまりにも多くの工作隊を集中させるような「人海戦術」をやってはならないという点も同様に、副主席に対する批判であったと理解しうる。

第二十二条において、いかにも哲学者を気取る毛沢東が付け加えたらしい、「思想方法」についての注意が述べられている。「いかなる物事であれ、絶対的で、静止しており、孤立しており、変わらないとみるのは形而上学である。……唯物弁証法を提唱し、形而上学と煩瑣哲学に反対しなければならない」。社会主義教育運動は、一九六四年の秋冬から数えて、三年前後の時間をかけ全国の三分の一の地区を終わらせ、六、七年で全国的な完成をみるとされた。したがって、字句どおりに解釈すれば、この運動は一九六九年か一九七〇年まで続くはずであった。[†75] われわれはこの運動の途中で突如、文化大革命が始まったことに注意しなければならない。この点に注目すれば、文革は何ら事前によく準備された計画に従って開始されたものではないことは明らかである。

一月一四日、「二十三条」が最終的に定稿となった後、毛沢東が長く続いた中央工作会議を締めくくる講話を行った。「文件はできた。無事に終わった。会議は散会してよい。一ヵ月会議をやって、一度復習した。私はいくらか大砲をぶっ放したが、今では問題は解決した。党内には社会主義をやった経験がなく、私にもなかった。現在、これらの経験〔二十三条を制定したことを指す〕は皆で作ったのではないか？〔皆の意見は〕集中的に中央に反映された」。[†76] 主席は、「二十三条」をもって「後十条」に置き換えるつもりであった。あれほど長い集団的な検討を経たというのに、「後十条」はあっさりと破棄されてしまった――したがって、「後十条」修正草案もまた破棄された――のである。「今回の社会主義教育運動は、第八期十中全会から始まった〔実際には、始まっていない〕。一九六三年五月に

〔前〕十条ができた。なぜそこから三ヵ月たっただけで、九月に北京で会議を開いてまた十条〔後十条を指す〕を制定したのか？　たった三ヵ月で、そんなに多くの経験を積んだのか？　第二の十条は条文が面倒で、いくらかの内容は長すぎ、煩わしすぎる。それ以降の冬と春の経験は比較的多かった。とりわけ、〔劉〕少奇同志の昨年夏の講話は、中央、各省〔の指導者たち〕を下に行かせた。私は、それは根本的によかったといおう。それがなければ彼らは行かなかったし、それほど全面的にはならなかった」[†77]。

ところが、主席はそういって、いったん劉少奇を持ちあげた後、次の瞬間、彼を地面にたたきつけた。

> 今回また経験を総括することになったのは、一昨年の後半と昨年まる一年、とりわけ一一〇万人の工作隊がおりていって、戦線上でいくつかを恐れたからだ。大衆を恐れ、根がちゃんとおりないことを恐れ、右傾を恐れ、誤りを犯すのを恐れた。これまで有効だった大衆に対して目的を説明することもせず、今回は秘密工作をやった。つまり旗印を明らかにせず、いくつものことを恐れたのだ。一一〇万人がそんなにたくさんのことを恐れてどうするのだ。……同時に、私は〔劉〕少奇同志の講話〔一九六四年八月一日の北京での講話を指していると思われる〕もよくなかったと思う。下にもおりていかなかった。さらにいえば、大袈裟に騒ぎ立ててはならない。……この文件のなかには、根をおろしてつながりをつけることはなくなった。というのも、こんなふうにやっていたら、何年やってもできないからだ[†78]。

「二十三条」は、全体として、いったんは過激な方向に向かった社会主義教育運動を穏やかな方向に誘導しようと意図したものであったといいうる。というのも、この文書は、劉少奇の「後十条」修正草案に従えば打倒されるであろう現地幹部たちを「よいか、比較的よい」部類に分類し、粗暴な手段に訴えることを禁じ、誤りを犯した者たちに再教育を施して使い続けるという方針を示したからである。とはいえ、この運動に関わる人々を「左」へと駆り立てる要因は、あいかわらず残されたままであった。なぜなら、運動の重点は「党内の資本主義の道を歩む実権派をやっつけることである」とされ、そのうえ実権派は、あらゆるところに潜んでいると示唆されたからである。[†79]

この文書は、四清運動（いまや社会主義教育運動には、この名称が与えられたために本章ではこう呼ぶ）に関する指導者たちの認識を統一することに寄与したであろうか。楊尚昆は、一月二四日付の日記に、「二十三条」は「比較的よいが、うまくいくかどうかは実践を経て証明されなければならない」と素っ気ない調子で書いた。[†80] 四清運動の新たな指針に対して、明らかに彼は、もろ手をあげて賛成というわけではなかった。というのも、この文書は運動が進むべき基本的な方向性に関していえば、いわば「右」を向くと同時に「左」を向いていたからである。地方指導者たちは、「社会主義教育運動は、天地をひっくり返す大革命である」という王任重の言葉に典型的に示されているように、資本主義に戻りつつあると彼らが次第に考えるようになった中国の農村と都市の政治的・社会的な現状に関する深刻な認識から出発して、新たな革命をやる気になっていた。あるいは、中国がすでに制度上は社会主義を達成したことをすっかり忘れてしまったかのように、新たな革命は不可欠であると考えるに至っていたのである。

そのような認識に地方指導者たちを至らしめたのは、劉少奇（とその妻）に責任があり、さらに劉の左旋回を抑制しようとしなかったばかりか、かえって後押しした毛沢東にも責任がある。一九六四年末から続いた中央工作会議の際に、公式の『鄧小平伝』が指摘するように、「このとき劉少奇は、情勢と基層政権の状況に関する判断に変化が生じており、すでに比較的現実に近づいていた」のかもしれない。[†81] たしかに、一二月二〇日の会議における毛とのやり取りの際の劉の言葉に、われわれは彼の強い危機感と打撃対象の拡大化の傾向を認めることができる一方、農村における危機の根源がどこにあるかを客観的に把握しようとする、主席よりも冷静で分析的な態度を見出すことができる。だが、劉の情勢認識が発熱した状態から、冷めた状態に変化していた確実な証拠は、現在利用できる文書には見当たらない。

鄧小平と彭真は、新たな革命などまったく考えていなかったようにみえる。比較的醒めた目をもっていたこの両者からは、中国農村の三分の一が地主その他によって支配されているなどという、まったく現実離れした言明が聞かれることはなかった。彼らの関心は、混乱に導きかねない新たな政治運動を早く終わらせ、それが社会に与える傷を可能なかぎり浅いものとし、生産に影響を与えないようにすることに注がれていた。[†82] だが、地方指導者の間に、彼らに追随する者はいなかったようにみえる。

毛沢東の主張する「党内の資本主義の道を歩む実権派をやっつける」という言葉が、普遍的な注意も関心も引かなかったと薄一波が述べていることは、おそらく事実であろう。[†83] それは、脈絡もなく突如現れたこの言葉が、劉少奇が一二月二〇日の会議で疑問を提起したように、誰にもよく理解できなかったからである。鄧小平にとっても、この概念は不可解であった。彼は一月三日の会議で、毛沢東のいう「実権派」を区別することを提案した。鄧は正当にも、実権派をまるごと叩くのか、それとも実権派のなかの「資本主義の道を歩む」人々だけを叩くのかと問うたのである。だが、この問題提起に対して、その場にいた毛がどのように応えたかは、記録がない。[†84] 毛が中央工作会議直前になって、やはり突然使い始めた「官僚主義者階級」という言葉を覚えていた指導者たちは、毛による「実権派」という言葉への固執に困惑したに違いない。主席は、一九六四年一二月一二日、薄一波が彼に送った農業機械部（翌月に第八機械工業部に改組される）長、陳正人の洛陽トラクター工場における社会主義教育運動に関する報告書にコメントを記した。毛は「官僚主義者階級と労働者階級、貧農・下層中農は二つの鋭く対立する階級である」、「これらの人々〔これは薄一波の注釈によれば、企業の指導的幹部のなかで断固として資本主義の道を歩む人々を指す〕は労働者の血を吸うブルジョア階級分子にすでに変わってしまったか、変わりつつある。彼らがどうして認識が足りていることがあろうか？　これらの人々は闘争の対象であり、革命の対象である。社会主義教育運動は絶対に彼らに頼ることはできない」と書いていた。[†85] 同日、毛は駐ルーマニア中国大使館による報告書に書きつけたコメントでも、「彼ら〔ルーマニア人〕は、われわれの多くの官僚ブルジョア階級の悪質な幹部を、まさによい人間だと思っている」と記した。[†86] 主席はすでに帝国主義者、修正主義者、封建主義者、地主、富農、反革命分子、悪質分子、さらには妖怪変化など、敵となる人々をあまりにも多くの言葉で呼んでいた。その長いリストにいまや官僚主義者階級および官僚ブルジョア階級が、そしてさらに「資本主義の道を歩む実権派」が付け加えられたのである。そうであるなら、「資本主義の道を歩む実権派」は、多くの指導者たちに対して、またしても主席によって新たな言葉が付け加えられたという印象を与えただけであったかもしれない。

こうして敵にさまざまな名称を与える一方、毛沢東はそれらの敵の社会的・経済的背景について——すなわち、社会主義的制度が存在する社会において、かくも多くの、そして多様な敵を持続的に生み出す下部構造について——ほとんど言及しなかった。彼はただ、知識人と技術者に支払われる比較的高い給料が、新しいブルジョア階級を育んでいると語っただけである。そうでありながら、彼は同僚たちの議論がマルクス主義的かそうでないかの最終判定者であろうとした。知的誠実さと客観的分析への情熱に欠ける最高指導者の言葉づかいは、どうみてもひどく混乱しており、理論的な吟味に耐えるものではなかった。それゆえ、一二月二〇日の中央工作会議において、劉少奇は正当にも、敵はどこから来ているのかと繰り返し問うたのであった。だが、それは毛がほとんど関心をもたない点であったため、二人の議論はまったくかみ合わなかったのである。†87

小結

一九六四年夏から一九六五年初めまでの中国政治の展開のなかに、翌年春に開始される文化大革命に向けて着々と布石を打つ毛沢東の姿を見出すことは不可能である。彼の言動に計画性は微塵も認められない。むしろ、この最高指導者の言葉と振る舞いは、どこまでも衝動的であったようにみえる。一貫した要素があったとすれば、それは政治的主導権を決して失うまいとする意志（あるいは本能というべきかもしれない）だけであった。もし毛が事前に作成された何らかの計画に従って文革に向けて冷静に歩を進めていたとしたら、あれほど手間暇をかけて作成した「後十条」を「条文が長すぎ、煩わしい」という理由で、あっさりと破棄してしまうことはなかったであろう。また、いったん

「十七条」を制定しながら、次の瞬間にそれを改定するといい出すこともなかったであろう。さらに、「二十三条」で四清運動に六、七年費やすといいながら、躊躇なくその予定をご破算にして、文化大革命を始めるという挙には出なかったに違いない。われわれが見出すのは、予測不能なタイミングで感情を爆発させ、周囲の人々が理解不能な言葉を口にしながら、いきあたりばったりで進む最高指導者の姿、そして疑問を感じながらも主席を持ちあげ、追随しようとする副官たちの哀れで痛ましい――だが、喜劇的でもある――姿である。そして、彼らはやがて、まだまだ続くはずであった四清運動の最中、突如として文化大革命を始めてしまうのである。

劉少奇に対する不満と怒りは、たしかに一九六四年末から始まる中央工作会議における毛沢東の態度を特徴づけていた。[†88]楊尚昆が後に語るところ、主席の副主席に対する不満は、一九六四年夏に劉が王光美に「桃園経験」を各地で五時間も語らせていたこと、また同年秋、毛が幹部たちに「下におりて」社会主義教育運動を行うよう命じても、彼らの反応はまったく鈍かったのに、劉が命じるや、省と市の書記たちが次々におりていったことが癪に障ったために生じたものであった。[†89]これらは、毛の劉に対する悪感情の原因としては、十分ありうるように思われる。だが筆者が考える、より重要な原因は、一二月二〇日における両者の対話に典型的に表れているように、他の指導者たちにとって、劉の言葉のほうが毛よりも、より分析的で、よりマルクス主義的にみえたことである。おそらく、その直後に主席が連発した「マルクス主義的ではない」という言葉は、その傾向が自分に当てはまるものであることをある程度自覚しながら、それでも相手を理論的権威の高みからひれ伏させるためのものであったろう。

毛沢東の劉少奇に対する悪感情の原因のもうひとつの可能性は、前章で述べたように、毛が四清運動に対する劉のアプローチに官僚主義の悪弊をみたことであった。「上から」派遣される工作隊が、現地幹部をことごとく敵に回しながら「下から」の大衆運動を統制するやり方に、根っからの反逆精神の持ち主である主席が本能的な反発と嫌悪感を覚えたとしても不思議ではない。「上から」の統制によって、運動が「ひっそりかんとしている」ことに毛は耐えられなかった。何の制約も受けない大衆運動の暴風雨によって、諸悪をきれいに洗い清めるというのが、彼の思い描く運動の理想の姿であったからである。

こうして、誰も意図していなかったというのに、事態は一九六六年春の文化大革命の始まりまで、あとほんの一息という地点にまでたどり着いていたようにみえる。たしかに、われわれの後からの知恵によって文革の材料とみなしうるものは、すでにテーブルの上にほぼ出揃っていた。それらを列挙すれば、（a）毛沢東の劉少奇に対する不満と怒り、（b）農村や工場で数々の不正を働く幹部たちに対する指導者および民衆の不満と怒り、（c）極端に「左」に傾き、革命をやり直す、あるいは新たな革命をやる気になっていた中央と地方の指導者たち、（d）文革の中心的スローガンとなる「資本主義の道を歩む実権派」をやっつけるという観念、および（e）毛によって抱かれた、党を根本から作り直す必要があるという観念である。もうひとつの重要な要素である毛沢東に対する極端な個人崇拝については、次章で検討するつもりである。

以上の材料にさらにもうひとつ、四清運動のなかで、きわめて暴力的な「奪権」がすでに各地で始まっていたことを追加してもよいであろう。中国の研究者、郭徳宏が「四清革命」と呼ぶこれらの政治的暴力は、文革のリハーサル、あるいは少なくとも見かけ上、文革そのものといってもよかった。陝西省長安県では、社会主義教育運動のなかで、幹部に対して暴力を用いた自白の強要が行われた結果、自殺を試みた事案が一八二件発生し、うち一五四人が死亡したという。甘粛省張掖地区では、「二十三条」が伝えられる以前、すでに二一二人が自殺していた。海南島の国営西達農場では、「腐った」幹部が全体の七〇パーセントに達したとされ、幹部全員が大きな倉庫に閉じ込められた。[†90] 以上をまとめて眺めるなら、一九六五年一月の中央工作会議の終了時点において、事実上、翌年に始まる文化大革命のための準備はほぼできあがっていたようにみえる。[†91]

とはいえ、われわれは、以上が四清運動を形作っていた諸条件、および四清運動の過程で生じていた事実であったという点を忘れるべきではない。そして、この運動とは質的に区別されるべき新たな運動を、その時点では誰も必要とは考えていなかった。すなわち、「文化大革命」なる運動の概念と計画について、毛沢東を含め、誰一人として心に思い描いてはいなかったのである。もし思い描いていたとしたら、四清運動の方針について、かくも多くの指導者を集め、かくも長い間議論を重ねる必要はなかったであろう。そのうえ、一九六九年あるいは一九七〇年に至るまで四清運動を続けるなどと宣言する必要もなかったであろう。そのように考えれば、文化大革命は四清運動を基礎にしているとはいえ、そこから何らかの奇妙な飛躍を経なければ生じなかったとみることができる。

奇妙な飛躍というのは、「資本主義の道を歩む実権派」を除去して、党組織を鋳造し直すこと——党組織全体を洗い清め、修正主義の芽を摘み、そして革命のモメントを維持し続けること——は四清運動を通じて可能であったからである（また、それが四清運動の目的であった）。つまり、文化大革命なしでも、毛沢東の目的は達成できたはずである。それなのに、なぜ「余計な革命」が必要であったのだろうか。副主席は主席との一時的な「衝突」の後、毛の見解を完全に受け入れることを表明したし、卑屈にも、繰り返し自己批判を行った。したがって、客観的にみれば、劉は毛の権威に対して何ら重大な挑戦を突きつけていたわけではなかった。このような人物を除去することが目的であったなら、文化大革命のような大衆を巻き込んだ大掛かりな政治運動はまったく必要ではなかったであろう。

かくして、われわれは一九六四年末まで進められ、そして一九六五年初めに制定された「二十三条」によって態勢が立て直された四清運動を通じて、文化大革命の準備がすでに整ったかにみえて、実際には、それに至るためには、もう一段の飛躍が必要であったことに気づくのである。その跳躍が、およそ入念な準備のもとでなされたものではなかったことは、これまでの経緯からして明らかである。ならば、われわれは一九六五年から六六年にかけての具体的な政治的展開において、そのような飛躍がいかになされたかを探求しなければならない。

†1　『毛沢東年譜』第五巻、四四九頁、および『周恩来年譜』中巻、六九二頁。

†2　「在十二月十五日下午劉××講話時的挿話」（一九六四年一二月一五日）、『毛沢東思想万歳』11C、一一六頁。『万歳』武漢版2に収録されているテクストもほぼ同一である。

†3 『毛沢東年譜』第五巻、四四九頁。

†4 「在十二月十五日下午劉××講話時的挿話」(一九六四年一二月一五日)『毛沢東思想万歳』11C、一一六頁。

†5 同右、一一七頁。

†6 『楊尚昆日記』(下)、四六三–四六五頁。

†7 同右、四六五–四六六頁。

†8 郭徳宏、前掲書、二五五–二五六頁。

†9 『楊尚昆日記』(下)、四六六–四六七頁。

†10 こう彼が述べた際、誰かが「欽差大臣〔皇帝の特命を受け、特定の事柄に対処する高官〕が必要だ!」と叫んだ。あるいは、これは楊尚昆の感想かもしれない。同右、四六七–四六八頁。

†11 同右、四六九–四七一頁。

†12 『毛沢東伝』下、一三六八頁。

†13 エドガー・スノー著、松岡洋子訳『革命、そして革命……』朝日新聞社、一九七二年、二七頁。

†14 『戦無不勝的毛沢東思想万歳』に収録されている一二月二〇日の会議のテクストに付された注記によれば、このテクストにはもともと「両主席の講話紀要」というタイトルが付けられていた。だが、造反派はこれを不適切と判断し、「毛主席と劉××の講話紀要」と改めたという。もうひとつの注記は、「この文章はオリジナルの文件に基づいて印刷されたもので、いかなる変更も加えていない」と述べている。おそらくそのためであろうが、『毛沢東思想万歳』各版とは異なり、毛と劉の対話に口を挟む一六人もの指導者たちの氏名がすべて明らかにされている。残念なことに、このテクストには頁ナンバーが打たれていない。

†15 『毛沢東伝』下、一三六八頁。『劉少奇伝』第二版、下、八八六頁において引用されている劉の発言は、以下に示すようにいくらか短いが、大意は同じである。「陶鋳は、現在の農村の主要矛盾は、富裕農民階層と広範な大衆、貧農・下層中農の矛盾だといった。このように提起するのか、それとももともとの地主、富農、反革命分子、悪質分子と堕落変質して重大な過ちを犯した幹部が結びついたものと大衆との間の矛盾というべきだろうか?」。邦訳『毛沢東思想万歳』下、二四四–二四五頁(丁本、五八一頁)において、陶鋳は名前を伏せられて××と記載されている。さらに、『毛沢東思想

万歳』11C、一一八頁には、李井泉もまた登場してこう述べている。「ひとつの問題がある。農村方面での主要な矛盾は何かということだ。陶鋳はいった。農村にはすでに富裕階層、特殊階層が形成されている、と。彼によれば、主要な矛盾は、広範な大衆および貧農・下層中農と富裕階層、特殊階層の間の矛盾である。〔主要矛盾は〕やはり地主、富農、反革命分子、悪質分子、および悪質な幹部が結合したものと大衆との間の矛盾である」。『戦無不勝的毛沢東思想万歳』に収録されているテクストは、『毛沢東思想万歳』丁本とほぼ変わらない。このように、記録は少しずつ違っているが、劉少奇による問題提起の趣旨は同一である。

†16 「中央工作座談会紀要」(一九六四年一二月二〇日)、邦訳『毛沢東思想万歳』下、二四五頁(丁本、五八一頁)、『毛沢東思想万歳』11C、一一八頁、および『戦無不勝的毛沢東思想万歳』当該テクストの二頁目から三頁目。毛のこの発言に関する三者のテクストは同一である。

†17 邦訳『毛沢東思想万歳』下、二四五頁(丁本、五八一―五八二頁)、『毛沢東思想万歳』11C、一一八頁、および『戦無不勝的毛沢東思想万歳』当該テクストの三頁目。この部分についても、三者のテクストはほぼ同一である。

†18 邦訳『毛沢東思想万歳』下、二四六頁(丁本、五八二頁)、『毛沢東思想万歳』11C、一一八頁、および『戦無不勝的毛沢東思想万歳』当該テクストの三頁目。このくだりについても、三つのテクストは同一である。「五大指導者」とは、国共内戦期における土地改革に関する劉少奇の報告のなかに登場する表現であり、村の党支部書記、村長、武装委員会主任、治安員、農会主任を指す。「劉少奇関於土地会議各地彙報情形及今後意見的報告」(一九四七年八月四日)、中央档案館編『解放戦争時期土地改革文献選輯』中共中央党校出版社、一九八一年、七三頁。

†19 邦訳『毛沢東思想万歳』下、二四六頁(丁本、五八二頁)。『毛沢東思想万歳』11C、一一八頁の記載によれば、最後のセンテンスはこうなっている。「その他、階級区分から漏れた地主、富農、反革命分子、悪質分子が実権を握っている場合もあれば、すでに帽子をかぶせられた地主、富農、反革命分子、悪質分子が実権を握っている場合もある」。『戦無不勝的毛沢東思想万歳』当該テクストの三頁目の記載も『万歳』11Cと同じである。

†20 邦訳『毛沢東思想万歳』下、二四六頁(丁本、五八二頁)、『毛沢東思想万歳』11C、一一八―一一九頁、および『戦無不勝的毛沢東思想万歳』の当該テクストの三頁目。この部分について、三者のテクストは同一である。

†21 邦訳『毛沢東思想万歳』下、二四八頁(丁本、五八三頁)、『毛沢東思想万歳』11C、一一九頁、および『戦無不勝的

毛沢東思想万歳』当該テクストの四頁目。三者のテクストはいささかも違っていない。だが、公式の『毛沢東伝』が引用する、この劉の発言に該当すると思われる言葉は、いくらか違っている。「階層は問題とせず、富裕農民階層、特権階層は問題にしないことにしよう。農村においてこうした権力を握る人間がおり、反大衆的で、大衆を搾取し、大衆を圧迫しているということだ」。『毛沢東伝』下、一三六九頁。これは、主席の発言を挟んで行われた副主席の二回の発言を、ひとつにまとめたものであるように思われる。この公式の伝記は、ときにこのようなあまり好ましくない引用の仕方をする場合がある。

†22 邦訳『毛沢東思想万歳』下、二五〇頁（丁本、五八五頁）、および『毛沢東思想万歳』11C、一二〇頁。および『戦無不勝的毛沢東思想万歳』当該テクストの五頁目。この部分の三者のテクストは一致している。この発言に対応すると思われる、公式の『毛沢東伝』に引用された毛の言葉は、以下のように少し違っているが、趣旨は同一である。「何十元、百元、百数十元を着服した大多数の幹部は、まず解放してやれば、われわれの大衆は多くなる。百元から百五十元を着服した〔連中を〕解放すれば、八〇パーセントは解放したことになる」。『毛沢東伝』下、一三六九頁。

†23 邦訳『毛沢東思想万歳』下、二五一頁（丁本、五八六頁）、および『毛沢東思想万歳』11C、一二〇頁、および『戦無不勝的毛沢東思想万歳』当該テクストの五頁目。この箇所について、三者のテクストは一致している。

†24 『毛沢東伝』下、一三七〇頁。この鄧小平の発言は、『毛沢東思想万歳』11Cには、記載が見当たらない。『戦無不勝的毛沢東思想万歳』当該テクストの五頁目に登場する鄧の発言はいくらか違っている。「打撃面は何パーセントに抑えるのが有利だろうか。いったん始めたら、四不清幹部を分化させることが必要になる。地主・富農の一部の態度のよい者は〔帽子を〕かぶせてはならない。貧農・下層中農のごく少数の者に帽子をかぶせることに利点はある。例えば、ある者に新しいボスという帽子をかぶせるのだ。しかし、多数は分化させ、勝ち取る。幹部や党員にしてはならない。攻撃対象ではなく、やはり勝ち取る対象だ」。邦訳『毛沢東思想万歳』下、二五二頁（丁本、五八六－五八七頁）には、鄧は××として登場し、名前が示されていないが、発言内容はこれと同一である。

†25 邦訳『毛沢東思想万歳』下、二五三頁（丁本、五八八頁）、『毛沢東思想万歳』11C、一二一頁。および『戦無不勝的毛沢東思想万歳』当該テクストの七頁目。このくだりについて、三つのテクストは同一である。

†26 『毛沢東伝』下、一三七〇頁。この場面に限らず、当日の毛と他の指導者たちとの対話は、うまくかみ合っていない。

それは、主席の返答が、他の参加者の問題提起に正面から応えるものになっていないからである。テクストが省かれているためか、それとも毛の応答が実際このように、ちぐはぐなものであったのかは確かめようがない。

†27 郭徳宏、前掲書、二五九頁。この発言については、『彭真伝』第三巻および『彭真年譜』第四巻のいずれにも記載がない。『戦無不勝的毛沢東思想万歳』当該テクストの七 - 八頁目に登場する彭真の発言は、以下のようにごく短い。「現段階の主要矛盾は、ブルジョアジーとプロレタリアートの矛盾であり、現在は主として四不清……四不清が主なものである」。邦訳『毛沢東思想万歳』下、二五五頁(丁本、五八九頁)に彭真は××として現れ、これと同じ発言をしている。

†28 邦訳『毛沢東思想万歳』下、二五五頁(丁本、五八九頁)、『毛沢東思想万歳』11C、一二一頁、および『戦無不勝的毛沢東思想万歳』当該テクストの八頁目。この発言については、三つのテクストは一致している。

†29 以上の劉少奇、李葆華、毛沢東のやり取りは、『毛沢東伝』下、一三七一頁、および『毛沢東年譜』第五巻、四五三頁。不可解にも、『毛沢東思想万歳』のいずれの版にも、また『戦無不勝的毛沢東思想万歳』の当該テクストにも李葆華は登場しない。

†30 郭徳宏、前掲書、二六〇頁。

†31 邦訳『毛沢東思想万歳』下、二五七頁(丁本、五九〇頁)。まったく同じ表現を『毛沢東思想万歳』11C、一二一頁、および『戦無不勝的毛沢東思想万歳』当該テクストの八頁目に見出すことができる。

†32 王光美、前掲書、三二一頁。ただし、この場面は、『毛沢東思想万歳』のいかなる版にも、また『戦無不勝的毛沢東思想万歳』にも描かれていない。

†33 銭庠理、前掲書、四〇六頁。

†34 『劉少奇伝』第二版、下、八九二頁。だが、公式の『朱徳伝』、『朱徳年譜』新編本、および『賀竜年譜』には、関連する記載を見出すことはできない。

†35 前掲『周恩来秘録』上、一四六 - 一四七頁。

†36 『劉少奇伝』第二版、下、八九二頁。『毛沢東伝』下、一三七九頁の記載によれば、一月一三日の「生活会」の参加者は、劉少奇、鄧小平、彭真、陳伯達を含めて一七人であった。

†37 『劉少奇伝』第二版、下、八八八頁。

†38 同右、八八八頁。
†39 曾志『一個革命的幸存者――曾志回憶実録』下、広東人民出版社、一九九八年、四三二‐四三三頁。
†40 郭徳宏、前掲書、二六一頁。
†41 薄一波、前掲書、下、一一三一頁。また、『毛沢東年譜』第五巻、四五六頁にも同様の記載がある。
†42 郭徳宏、前掲書、二六三頁。
†43 『鄧小平伝』下、一三二〇頁。
†44 「中央工作会議での発言」(一九六四年一二月二七日)、邦訳『毛沢東思想万歳』下、二六六頁(丁本、五九八頁)、および『毛沢東思想万歳』11C、一二四頁。
†45 強調引用者。『楊尚昆日記』(下)、四七六‐四七七頁。楊尚昆が記録しているこの主席の言葉は、董必武の発言の際の挿話かもしれない。『毛沢東伝』下、一三七三頁、および『毛沢東年譜』第五巻、四五七頁の記載によれば、毛の発言はこうである。「〔建国以来〕いまでは一五年たった。独立王国ができた。北京だ。私がいうのは北京市委員会ではない。二つの独立王国がある。諸君は当ててみよ。私はいわない」。
†46 『楊尚昆日記』(下)、四七七‐四七八頁。
†47 同右、四七八頁。
†48 曾志、前掲書、下、四三二頁。彼女と陶鋳は、毛がいう「ある者」とは、おそらく劉少奇を指していると考えた、と曾は書いている。だが、なぜそのように考えたのかは説明していない。
†49 『楊尚昆日記』(下)、四七九頁。
†50 同右、四八〇頁。
†51 なぜ主席は、これ見よがしに二冊の本を会場に持ち込んだのだろうか。公式の『劉少奇伝』の説明はこうである。ひとつは、会議が始まる前、鄧小平が毛に対して、忙しいなら出席する必要はないと告げたことである。そしてもうひとつは、ある会議――『劉少奇伝』は、それがいかなる会議か伝えていない――で、毛が長い講話を準備していたにもかかわらず、劉少奇によって遮られたことであった。『劉少奇伝』第二版、下、八八九頁。
†52 「中央工作会議での講話」(一九六四年一二月二八日)、邦訳『毛沢東思想万歳』下、二六八‐二七〇頁(丁本、五九九

九頁)、および『毛沢東思想万歳』11C、一一五頁。公式の『劉少奇伝』第二版、下、八八八 - 八八九頁に引用されている毛の発言も、大きくは変わらない。『毛主席在制定《二十三条》時的三次講話』(編者、出版地、出版年不詳)、『中共重要歴史文献資料彙編』第五輯第三百三十五分冊、二〇一七年、二頁では、「やはり第三の提起の仕方が比較的よいと思う」の前に「おそらく」(「恐怕」)が付されており、断定的な口調がやわらげられている。

†53 『楊尚昆日記』(下)、四八二頁。

†54 強調引用者。『毛沢東伝』下、一三七五頁、および『毛沢東年譜』第五巻、四五八頁。

†55 『楊尚昆日記』(下)、四八二頁。

†56 強調引用者。『毛主席在制定《二十三条》時的三次講話』、三頁。

†57 『毛沢東伝』下、一三七五頁。

†58 『楊尚昆日記』(下)、四八三頁、および『彭真年譜』第四巻、三八二頁。

†59 『鄧小平伝』下、一三二一頁。

†60 「対《農村社会主義教育運動中目前提出的一些問題》的批語和修改」(一九六四年一二月、一九六五年一月)、『建国以来毛沢東文稿』二〇二四年版、第十七冊、四八二 - 四八三頁、および四八六頁注。

†61 薄一波、前掲書、下、一一三二 - 一一三三頁。

†62 『劉少奇伝』第二版、下、八九〇頁、および『毛沢東年譜』第五巻、四六〇 - 四六一頁。

†63 『劉少奇伝』第二版、下、八九一頁。『毛沢東年譜』第五巻には、この毛の言葉は記載されていない。

†64 『鄧小平伝』下、一三二一頁。ただし、『毛主席在制定《二十三条》時的三次講話』、七頁に記載がある鄧の発言はいささか異なる。「私は二つの問題があると思う。ひとつは、運動がどんな目的を達成しようとしているかだ。問題は徹底の二文字だ。どこまで徹底させるのか? もうひとつは方法の問題だ。これまで、数年も運動をやった経験がなかった。ひとつの運動を五年、六年もやるとシッポが長く残る……」。

†65 『楊尚昆日記』(下)、四八六 - 四八九頁。

†66 強調引用者。『毛主席在制定《二十三条》時的三次講話』、七頁。強調部分は、主席の一二月二七日における、「北京には二つの独立王国がある」という発言に対応しているものと思われる。

†67 『毛沢東伝』下、一三七七頁。
†68 同右、および『毛主席在制定《二十三条》時的三次講話』、八頁。
†69 同右。
†70 『毛沢東伝』下、一三七八頁、および『毛主席在制定《二十三条》時的三次講話』、八頁。
†71 『楊尚昆日記』(下)、四八九頁。
†72 郭徳宏、前掲書、二七六頁。
†73 強調引用者。『楊尚昆日記』(下)、四九〇頁。
†74 同右。
†75 「農村社会主義教育運動中目前提出的一些問題」(中共中央政治局召集的全国工作会議討論紀要、一九六五年一月一四日)、『中共中央文件選集』第四十八冊、六一一六頁。
†76 『毛沢東伝』下、一三七九頁、および『毛沢東年譜』第五巻、四六九頁。
†77 『毛沢東伝』下、一三八〇頁、および『毛沢東年譜』第五巻、四六九頁。
†78 同右。
†79 公式の『鄧小平伝』は、ここで運動の重点を「党内の資本主義の道を歩む実権派をやっつける」ことに置いたのが、党を文化大革命へと導いた誤りであったと述べている。『鄧小平伝』下、一三二一頁。
†80 『楊尚昆日記』(下)、四九二頁。
†81 『鄧小平伝』下、一三〇九頁。一九六四年末におけるこのような劉少奇の態度変化を指摘する文献は、他の中国の公式文献には見当たらない。このことは、党史上の重要な争点について、公式文献においても解釈のバリエーションがありうることを示唆している。
†82 もう一人の重要な指導者である周恩来が、社会主義教育運動をどのようにみていたかは不明である。少なくとも、彼がこの運動に積極的であったことを示す証拠は、現在のところ見出すことはできない。それどころか、奇妙にも、一九六四年一〇月下旬に総理が行った、現代京劇『東方紅』演出人員大会における講話では、党の規律と団結について語りながら、社会主義教育運動についてまったく言及していない。「遵守党的紀律、維護党的団結」(一九六四年一〇月二三日)、

『建国以来重要文献選編』第十九冊、二九九－三〇四頁。
†83　薄一波、前掲書、下、一一三四頁。
†84　『鄧小平伝』下、一三二一頁。
†85　「対陳正人関於社教蹲点情況報告的批語和批注」（一九六四年一二月一二日、一九六五年一月一五日）、『建国以来毛沢東文稿』二〇二四年版、第十七冊、四六七－四六八頁、および薄一波、前掲書、下、一一二九頁、さらに『毛沢東年譜』第五巻、四四五頁。ただし、『毛沢東思想万歳』の一部の版に収録されているテクストは、いくらか表現が異なる。「彼らがどうして認識が足りていることがあろうか？」は、『万歳』11Cでは「彼らがどうして是非を識別できるだろうか？」となっている。「対《陳××同志蹲点報告》的批示」（一九六五年一月二九日）、『毛沢東思想万歳』11C、一三三頁。日付が一月二九日となっているのは誤りかもしれない。
†86　銭庠理、前掲書、三九九頁。
†87　公式の『毛沢東伝』の執筆者も、二人の議論の奇妙なすれ違いに注目している。『毛沢東伝』下、一三六八頁。
†88　戚本禹が回想録に記すところ、文化大革命が始まった後、江青が戚にこう語った。「二十三条」について議論していた頃、主席はたいへん苦悶していた。「以前、劉少奇は私に対してこうではなかった。たとえ意見が異なる場合でも、いつも婉曲に述べたものだ。だが現在は、私が一言いうと、それをことごとくさえぎるのだ」と毛は妻に語ったという。戚本禹、前掲書、上、三三九頁。
†89　中国共産党口述史料叢書編委会編『中国共産党口述史料叢書』第一巻、中共党史出版社、二〇一三年、二七四頁。主席は楊尚昆に対して、次のように語ったという。「やはり〔劉〕少奇はすごい！　私が何度も省委書記たちに〔農村や工場へ〕おりていくようにいったのに、彼らは動かなかった。〔だが劉〕少奇が一喝すると、すぐにおりていった」。
†90　郭徳宏、前掲書、二四五－二四八頁。
†91　Chen Jian は、「二十三条の発出は文化大革命の幕開けであった」と述べている。Chen, *op. cit.*, p. 521.

第9章　文化の諸領域に対する全面的な批判

文化大革命がその名にふさわしく文化の革命をうたったのは、毛沢東と彼の仲間たちが文化的諸領域において一切の資本主義的あるいはブルジョア的要素との決別が必要であると考えたからであった。だが、既存の文化に対する全面的な攻撃は、一九六六年春になって突如始まったわけではない。公式の党史は、主席による文学、芸術、学問などに対する批判は、一九六二年秋に開催された第八期十中全会後に始まっていたとしている†1。とはいえ、このときの彼の批判は、中国における文化的現状の一切を否定するような過激な性格を備えてはいなかった。それは文化革命とまではいいがたい、抑制された批判であった。しかし、主席の文学、芸術、さらには学術一般に対する批判は一九六三年以降次第にエスカレートし、やがて全面的かつラディカルな批判へと発展するのである。

本章で検討されるのは、毛沢東の文化的諸領域に対する批判が次第に高まりゆく過程、その背後にあると目される動機、およびその帰結と意義についてである。ここでの筆者の基本的な主張はこうである。文化的諸領域に対する毛の全面的な攻撃は、彼の権威の衰退局面において現れたものであった。ここでいう権威とは、国際共産主義運動において毛が獲得しつつあった権威を指すのでもなければ、中国民衆の間で彼がすでに勝ち得ていた権威を指すのでもない。毛の周囲にいた指導者たちの間での権威を指すのである。厳密に証明することはできないが、双百の——あるいは、それ以前から始まる農業集団化の——挫折以来の一連の政策的失敗によって、この最高指導者の権威は権力者集団の間で空洞化しつつあった（そうでなければ、どうして一九六二年春に政治局常務委員たちによる公然たる「退却」の企てが生じたり、同年秋以降、主席が社会主義教育運動を呼びかけても、多くの指導者たちがそれを実質的に無視したりするといったことが生じたのだろうか）。したがって、文化的諸領域に対する毛の総攻撃の開始は、国内外で高まりゆく彼の権威と彼の周囲で空洞化する権威という逆説的な状況において生じたものとみなしうるのである。この両者の落差から生じた不満、および完全無欠の権威へと近づこうとする衝動が、主席の文化的諸領域に対する突撃の背後にあったと筆者は主張するであろう。

もうひとつの動機は、遠ざかろうとする衝動と結びついている。フルシチョフとの対立のなかで浮かびあがった「反修防修」という新たな課題は、二重の意味において、主席に大躍進の失敗による権威の失墜から這いあがるための足場を与えた。ひとつは、計り知れない過去の損失から人々の目を背けさせると同時に、中国の社会主義それ自体がいまや危機に直面しているとの主張によって彼らの視線を未来に転じさせ、彼のために「前方への逃げ」道を切り開いたことである。もうひとつは、「反修防修」が上部構造における防御を意味する以上、毛の不得意な——あるいは関心の薄い——下部構造の分析から離れて、彼が得意とする上部構造の問題へと党内外の関心を誘導することを可能にさせたということである。要するに、「反修防修」を通じて、毛は「前方への逃げ」のみならず「上方への逃げ」もうったのである。

とはいえ、完全無欠の権威の獲得は、最高指導者一人ではなしえなかった。それは、筆者がここで文化 - 政治的投機者と呼ぶ人々との共同作業によってはじめて可能となったのである。毛沢東と彼らは、既存のさまざまな文化的領域——文学、芸術、哲学、歴史学、経済学など——における権威ある人々を攻撃して彼らからその威光をはぎ取り、主席にあらゆる分野の権威を一点集中させるために手を携えた。かくして、文化的異端者と目される人々に対する前例のない攻撃とともに、空前の個人崇拝が出現する。この個人崇拝は、指導者と民衆の反西洋的感情を推進力にしたという点で、従前の毛に対する個人崇拝とはいくらか異なる性格をもつものであったと筆者は主張するであろう。いうまでもなく、民衆の精神の深い場所に食い込む個人崇拝のこのうえない高まりは、大衆運動としての文化大革命が始まるための必要にして不可欠の条件であった。だが、このように文化大革命の「部品」は整いつつあったとしても、筆者は、これまで一般に文革への歩みの最後の一歩——あるいは文革の最初の一歩——と考えられてきた『海瑞の免官』をめぐる毛の批判は、それらの部品をいかに組み立てるかに関する設計図抜きで踏み出された、どこに向かうとも知れない一歩であったと論じるであろう。

「反修防修」と文化の諸領域に対する批判のはじまり

第八期十中全会における講話で毛沢東は、「およそひとつの政権を覆そうと思えば、いずれもまずイデオロギー〔原文は「意識形態」〕方面の工作を行わなければならない。革命的階級はそうするのであり、反革命的な階級もまたそうするのである」と述べた。[†2]これは、修正主義による中国国内のイデオロギー的浸食とその結果としての「和平演変」を恐れる毛による、この新たな脅威に対抗するために、上部構造あるいは文化的諸領域での防御を固める必要があるとの訴えであった。それらの領域は、彼の眼からみて、あまりにも無防備であるように映ったのである。毛は一九六二年一二月二一日、現在の中国の演劇には「帝王将相、才子佳人」が多く、「西風が東風を圧倒している」（資本主義的なものが社会主義的なものを圧倒している）と述べ、舞台上にプロレタリアートが登場しないことに不満を漏らした。[†3]とはいえ、彼は悪い演劇は少なく、よい演劇も少ないとつけ加えており、中国の演劇全般を否定してはいなかった。

一九六三年二月二五日、中央工作会議において劉少奇が「現代修正主義に反対する闘争に関する問題」と題する報告を行っている最中、毛沢東はさかんに口を挟んだ。劉がソ連修正主義と闘争するために、われわれは自らの観点を系統的に述べるための五、六冊のパンフレットを準備するのがよいと述べた際、毛は哲学、経済学上でのわれわれの考え方を明らかにする必要がある、と主張した。さらに劉が政治上、思想上、軍事組織においても修正主義を防止する必要があると語ったとき、主席は社会主義教育を広範に展開してのみ、修正主義を防止することができると強調した。[†4]したがって、毛が思い描く修正主義とのたたかいは、イデオロギーや文化を含む上部構造のあらゆる面における闘争を含んでいたのである。おそらく、このような主席の問題提起を受けたためであろう、三月に文化部党組は、伝統的な演劇で幽霊や霊魂を登場させる演目（「鬼戯」）を一律に上演禁止とする措置をとるよう提案し、党中央はこれに同意した。[†5]

「反修防修」が文化の諸領域をめぐる陣地争奪戦であると認識された以上、中ソ論争が熱を帯びるにつれて、毛沢東による文化の変革についての訴えが熱を帯びるのは当然であった。九月二七日――それはソ連との公開論争における中国側の初めての論文「ソ連指導部とわれわれとの意見の相違の由来と発展」（「第一評」）が公表された直後であった――彼は中央工作会議において、修正主義に対する反対は、意識形態における変革を含むものでなければならないと主張した。主席の主張するところ、文学だけでなく、芸術、歌舞、映画などにおいても、封建主義的、資本主義的なものを取りあげるのではなく、社会主義的なものを取りあげなければならない。「現在、経済形式はすでに変わった。社会主義経済となったのだ。上部構造もこれに適応しなければならない。上部構造の形式はいくらか変わるべきであるし、内容もいくらか変わるべきである」。[†6]これによって、毛は文化革命開始の狼煙をあげたのであった。

一一月、毛沢東は中国戯劇家協会の機関誌『戯劇報』と文化部に対する辛辣な批判を浴びせるなかでこう述べた。この新聞は妖怪変化ばかりを宣伝している。それは封建的で遅れた存在――帝王将相や才子佳人――ばかりを好んで取りあげ、社会主義的なものを登場させていない。文化部はこれを放っておいている。このままでは、文化部は「帝王将相部」、「才子佳人部」、「外国死人部」と改名したほうがよい、と。[†7]

一二月一二日には、さらに辛辣さを増した批判が、今度は文化芸術のあらゆる部門に対して拡大された。上海の大立者である柯慶施が『文芸情況彙報』に載せた曲芸の改革に関する文章にコメントを記す形で、主席はこう述べた。「各種の芸術形式――戯劇、曲芸、音楽、美術、舞踏、映画、詩と文学など――には問題が少なくない。人が多いのに、社会主義の改造は多くの部門で、今に至るも収穫ははなはだ少ない。多くの部門では現在に至るもいまだに『死人』が統治している……多くの共産党員が熱心に封建主義と資本主義の芸術を提唱しており、社会主義の芸術を提唱していない。奇怪なことではあるまいか」[†8]。

一九六四年二月三日、毛沢東は突然『人民日報』に批判の矛先を向けた。「『人民日報』はずっと思想・理論工作に注意せず、哲学・社会科学の文章が少ない。自然科学はさらに少ない。この種の状況は変えなければならない」[†9]。同日、彼は北朝鮮からの訪問者に対してこうも述べた。「君たちはうまくやっている。理論隊伍が組織されている。われわれには六つの中央局があり、朝鮮より大きいのに、理論隊伍が組織できていない。だから、政治、社会科学、文芸の面から反修防修の問題を解決するのに二五年かかる」[†10]。

この年の春節の期間中、主席は北京大学校長や清華大学校長を含む教育工作者を集めて座談会を開催した。この座談会は、毛が学制の短縮や試験方法などについて、持論を大いに語る場となった。彼の主張するところ、「現在は課程が多すぎて、人をダメにしている。小中学生、大学生を毎日緊張状態に置いている。小中学生の近視が倍に増えた。これではよくない。……課程は半分に削ってよい」。「われわれの教育方針は正しい。しかし、方法が間違っている。課程が多すぎて、圧迫が強すぎ、人をダメにしている。学制、課程、教学方法、試験のやり方、これらいくつかの方面はすべて改めなければならない」。そして毛は、それ以降何度となく繰り返されることになる、本をたくさん読めば愚か者になるという主張を口にした。「本はたくさん読みすぎてはいけない。マルクス主義の本は読まねばならないが、読みすぎてはいけない。数十冊も読めば十分だ。多く読むと、反対の方向へ向かうこともありうる。読書バカになり、教条主義者あるいは修正主義者になってしまうのだ」[†11]。『毛沢東思想万歳』の一部の版に収録されているこの座談会の記録によれば、最後に主席は居並ぶ文化人たちに対して、驚くべき一言を放った。「俳優、詩人、文学者、劇作家を都市から追い出し、これらをことごとく下部に追いやらねばならない。……農村に送り、工場に送らねばならない。……下部におりない者には誰も飯を食わせず、下部におりてから飯をやるようにすべきである」[†12]。

毛沢東は座談会で学校教育について持論を語ることに満足せず、翌月にはついに中央宣伝部と中央教育部に対して「改革」を指示した。彼の述べるところ、「現在、学校では課程が多すぎる。学生に対する圧力が大きすぎる。教授法もまたよくない。試験の方法は学生を敵とみなし、突然の襲撃を行っている」[†13]。

最高指導者がこのように述べたからには、教育に携わる部局は「改革」に向かって動き出さなければならなかった。いくつかの資料は、同年春以降、各地で教育関係者が慌ただしく座談会を開いたり、生徒たちの生活、勉学、健康について広範に調査を行ったりした様子を伝えている[†14]。だが、容易に想像されるように、学制の短縮、教学内容の簡素化、および試験制度の改革は簡単にはできなかった。高等教育部はこれらの「巨大で複雑な」課題を達成するために「系統的な調査」を行うと述べたが、これはもしかすると、そのように宣言するだけにとどめて、「改革」の引き延ばしを図ったのかもしれない[†15]。

なぜ毛沢東は教育制度の大胆な――あるいは破壊的な――「改革」を主張したのであろうか。薄一波に従えば、それは知識分子が容易に修正主義者に変化しやすいと毛が信じていたからにほかならなかった[†16]。たしかに、主席はもっとも修正主義に陥りやすいのは、文科系の高等教育を受けた人々であると何度も繰り返し、そして次第にその調子は極端になった。一九六四年八月二四日、彼は日本の素粒子物理学者、坂田晶一の文章を唯物弁証法に立脚しているとほめちぎった後、こう付け加えた。「中国の知識分子には何種類かある。技術者はいくらかよく、社会主義を受け入れる。理科を学んだ者がその次だ。文科を学んだ者がもっとも劣る。〔理論物理学者の周培源に対して〕諸君のところの馮定〔北京大学哲学系教授〕は、私のみるところ、修正主義者だ。彼が書いた本のなかでいっていることは、フルシチョフのいっていることと同じだ」[†17]。その五日後、主席はネパールからの訪問者に対しても、現在の学制および文科系教育に対する批判を展開した。

現行の学制は年限が長すぎるし、科目が多すぎる。教授法でもその非常に多くのものがよくない。……多くの学生はどれが馬か、牛か、羊か、鶏か、犬か、豚かがわからず、どれが稲か、あわか、豆か、麦か、もちきびか、きびか区別がつかない。……現在改革が必要だが、やはり非常に多くの困難があり、多くの人は不賛成である。……もっとも現実から遊離しているのが文科だ。歴史を学ぶ者であろうと、哲学を学ぶ者であろうと、経済学を学ぶ者であろうと、皆現実からひどく遊離している。彼らは世界の事情がもっともわからないのだ。……比較してみると、わが国では文科がもっとも立ち遅れており、それは現実との接触が少なすぎるからである。学生にしても、教授にしても、どちらも同じだ。ただ教室のなかで授業をしているだけだ。[18]

われわれはこれらの主席の言葉のなかに、彼の根っからの知識人嫌い、反エリート主義的傾向、そして自己の経験の美化が入り混じっているのを容易にみて取ることができる。ただ教室のなかで授業を受けるのではなく、実践のなかで鍛えられてこそ本当の学問が身につく――あたかもそれは自分が辿ってきた道であると主張しているようにみえる――というのである。六月六日、中央工作会議で第三次五ヵ年計画について語った際、毛はこう述べた。われわれの幹部のうちでは、「三つの門〔家門、校門、機関の門〕をくぐった者がきわめて多いが、国家がこのような幹部たちに掌握されることは危険である。……われわれの国家は主として実践のなかで読書した幹部に頼る」必要があるのである。[19]二日後、「実践のなかで読書した」人物として、彼はかつて一九二〇年代半ばに広州の農民運動講習所で教員を務めた肖楚女なる人物をあげた。毛によれば、この人物は学校に通ったことがなく、それどころか私塾にも通ったことがない（実際には通った経験がある）のに、すばらしい文章を書いた。そのため、農民運動講習所は彼を大いに頼りにしたというのである。「私は彼が好きだった」と毛は述懐した。[20]いうまでもないことであるが、読書の量を減らして農村と工場での労働を経験しさえすれば、人は修正主義に対する免疫を獲得するであろうという主張は、どうみても、まったくあてにならないものであった。毛沢東は、正真正銘の「修正主義者」フルシチョフが工場でも鉱山でも働いた経験をもつ人物であることも（ついでにいえば、「修正主義者」チトーもまた錠前屋などさまざまな労働現場で働いた経験をもつことも）、また人民公社で働く中国の農民たちが、個人経営という「小ブルジョア的」方式をあれほど強く望んだこともすっかり忘れてしまったかのようであった。重要なことは、毛は修正主義の生成を生産関係との関わりで理解しようとしなかったために、それを防止する方法を日常的なプロレタリアート的実践と態度に求めたということである。おそらく、そのような方法は素朴な経験主義者を大量に養成するだけで、労働者階級がヘゲモニーを行使するために、グラムシがいうような、彼ら自身の「有機的知識人」を創り出す役には立たなかったであろう。[†21] だが、もし修正主義という言葉が、たんに最高指導者への反逆を意味するとすれば、たしかにそれは「反修防修」の有効な手段であったかもしれない。というのも、知識人たちが十分な読書と思索にふけるための時間を失い、それによって彼らが自身の哲学的見解を表明することができなくなれば、社会において唯一の哲学者である主席を脅かす者はいなくなるからである。

ともあれ、毛沢東の強い主張によって、「半農半読」（半分農業に従事しながら、半分勉学に励む）あるいは「半工半読」（半分肉体労働に従事しながら、半分勉学に励む）が公式のスローガンに昇格し、八月以降、文科系の教員と学生たちを農村に下らせて社会主義教育運動に参加させるよう、党中央から矢継ぎ早に指示が出された。八月一九日には、党中央による大学のすべての卒業生（外国の大学を卒業して帰国した者を含む）を「労働実習」に参加させることを定めた通知が、九月一一日には党中央と国務院から「高等学校の文科の教員と学生を組織して社会主義教育運動に参加させることに関する通知」が、そして一一月一七日には党中央による「半工（耕）半読教育制度問題に関するコメント」、さらに一九六五年七月一四日には党中央による「半農半読教育工作に関する指示」が出された。陸定一が同年春の全国半農半読会議における報告で述べるところ、半農半読教育の普及には、建国以来、教育部の指導者たちが盲信してきたソ連の教育学者イ・ア・カイーロフの学説からの脱却という意味が込められているのであった。[†22]

このように主席が文化革命を鳴り物入りで開始した以上、政治局常務委員たちも沈黙を守るわけにはいかなかった。いくつかの証拠に照らせば、周恩来と劉少奇は、一九六三年春までは、主席が唱え始めた文化革命の意義をまったく理解していなかった（少なくとも賛同していなかった）といいうる。周は一九六三年二月に、多くの文学者や芸術家を前にして文化革命とは大きく異なる立場、すなわち双百の方針をいかによりよく貫徹させるかについて語っていた。[†23] その二ヵ月後にも、首相は文筆家たちを前にして、「文芸工作の方針は百花斉放、古いもののなかから新機軸を打ち出すこと〔原文は「推陳出新」〕、百家争鳴、昔のことに重点を置かず現在のことに重点を置くこと〔原文は「薄古厚今」〕」であると述べた。[†24]

劉少奇もまた一九六三年三月八日、現代劇であれ歴史劇であれ皆によくみせて、彼らをよく休ませてやれ、それもまた社会主義的労働の熱意を鼓舞することであり、政治に奉仕することだと語った。[†25] 首相と副主席は、最高指導者の文化革命に対する熱意が明らかになった際、大急ぎで彼らの立場を修正しなければならなかった。一九六四年一月三日、劉少奇は中央宣伝部と文化芸術界から約三〇人を呼んで座談会を行った。鄧小平と彭真も出席して発言した。目的は、さまざまな文化的実践に携わる人々に作品の社会主義化を促すことであった。[†26] この座談会の最初の発言者である有名な文芸評論家にして中央宣伝部副部長、周揚の発言中、劉はさかんに口を挟んだ。彼の挿話でもっとも印象的な部分はこうである。「文化全体には文芸だけでなく、社会科学も含まれる。教育も含まれる。**社会主義の時代には、すべてが社会主義的であるべきなのだ**[†27]」。「文学芸術の陣地全体で、われわれプロレタリアートと社会主義が占領している部分は少なく、封建主義的なもの、資本主義的なものが圧倒的優勢を占めている。陣地は彼らが占領しているのだ。この陣地はわれわれが占領しなければ、彼らに必ず取られてしまう」[†28]。このような見方に従えば、文化的諸領域とは、資本主義と社会主義が熾烈な争奪戦を展開している場所なのである。鄧小平も戦意高揚に努めてこう述べた。「修正主義を出さないという意義からいえば、文学芸術方面の重要性は、農村の社会主義改造に劣らない。ハンガリーのペトフィクラブのように、武器をもたない人々の反革命復辟の企てに注意すべきだ」[†29]。ペトフィクラブは一九五六年秋のハンガリー事件以来、中国の指導者たちにとって、自由化を主張する文化人たちが集う、忌まわしい組織の象徴となっていた。彭真もまた中国にこの種のクラブが出現する可能性に警鐘を鳴らした。「ハンガリー事件のとき、将軍は〔反革命の〕司令部を組織したのではなく、ペトフィクラブを組織した。……現在、われわれはいくらかの資本主義的なもの、封建主義的なものを氾濫させている。私も人々にそうさせている一人だ。われわれは責任を分担しなければならない[30]」。かくして、主席の最側近たちは毛沢東に唱和して「文芸戦線」における根底からの社会主義的改造の必要性を訴えたのであった。

社会主義教育運動に熱をあげる劉少奇は、文化に対する批判においても、その過激さを次第に増し、ついには毛沢東に引けを取らなくなった。副主席は四月中旬、北京を訪問した北朝鮮文化代表団に対してこう述べた。「中国の文学・芸術界には問題が多い。……つまり、古代史に関する小説が多く、それらが圧倒的優勢を占めている。地方劇はどれも『帝王将相』、『才子佳人』一色だ。……イデオロギーを形作る文化は、一定の社会・経済と一定の社会・政治を反映している。現在、経済・政治はいずれも社会主義的になったが、文化はまだ資本主義的だ[31]」。

文学芸術が宣伝部門に関わる問題である以上、中央宣伝部長の陸定一も沈黙を守るわけにはいかなかった。彼は、二月三日、中国戯劇家協会が春節の夜会を開いた際、同協会を趣味が劣悪だとして厳しく批判した。それは協会の一部の人々が腐敗しているからにほかならなかった[32]。中央宣伝部長の言葉は、やがて理論的な色彩をまとうようになった。彼は四ヵ月後の中央工作会議において、高給を取る文学者、教授、科学者はすべて修正主義の基礎があるとみなすと宣言したのである[33]。その結果、劇作者たちは、哀れにも劇本の執筆に基づく上演報酬を取り消されることとなった[34]。

六月二七日、ついに毛沢東による決定的な一言が発せられた。彼は中央宣伝部による文芸工作者の諸団体における整風の状況に関する報告書に次のようなコメントを記した。

一五年来、〔文芸工作者は〕**基本的に**（すべての人間がというわけではないが）党の政策を執行してこなかった。旦那様となり、労働者・農民・兵士に近づこうとせず、社会主義の革命と建設を反映しようとしなかった。ここ**数年**、なんと修正主義すれすれのところまで転がっていった。もし真面目に改造しないなら、必ず将来ある日、ハンガリーのペトフィクラブのような団体となってしまうだろう。[†35]

これは文芸に携わるすべての人々にとって、きわめて不吉な兆候であった。一九五七年に始まる反右派闘争の衝撃の記憶が呼び起され、粛清の嵐が再び近づきつつあるように思われた。七月初旬の中央書記処の会議は、主席の文学、芸術、哲学、社会科学に関する指示を貫徹するために彭真を組長とする五人小組――後に「文化革命五人小組」と称されるグループ――を発足させることを決めた。[†36] この会議に出席した呉冷西は、この決定が「反修防修」を目的とする文化革命を文芸の領域から開始することを意味したと説明している。彼のみるところ、毛は農村の基層部分から始めた四清を上部構造にまで拡大した文化革命を考えていたのである。[†37]

一九六四年後半以降の文化的諸領域に対する全面的批判

一九六四年後半、中国のあらゆる文化的諸領域が一斉に党‐国家による激しい攻撃にさらされた。この全面的な攻撃は、同じ時期に顕著となった、潜在的に資本主義的要素と目されるものに対する指導者たちのかつてない敵意の高まりを直接的に反映するものであった。したがって、既存の文化に対する批判も、資本主義の復活を防止するために不可欠の措置であるというのが名目であった。いかなる領域において、いかなる理由で、誰が攻撃されるか、誰も見当がつかなかった。それは文化の領域で発動された予測不能なテロルといってもよいほどであった。

この一斉攻撃は、大躍進後に訪れた文化的状況に対する、二重の意味での反動であったと理解しうる。ひとつは、すでに第4章で述べたような、一九六二年春に指導者の一部が主導して始めた知識人への融和的な政策に対する極端な反動である。もうひとつは、大躍進がもたらした文化面での荒廃、あるいは社会主義以前の文化への復帰に対する反動である。マシュー・D・ジョンソンがいうように、社会主義が何であるかわからなくなった人々は「政治化された文化」に興味を失った結果、伝統的で非公式的な文化――当局が封建的で不健全で資本主義的と呼んだ文化である――に再び関心を向け始めていた。貧困に苦しむ人々は、公認された書店で高い書籍を求めるよりも、非公認の書店で安く連環画（一種の漫画本）あるいは猥褻な本を借りた。あるいは、公認された劇場で格調高い演劇を観るよりは、旅回りの芸人たちが天幕の下で行う、ならず者や殺人者や霊魂が登場する演劇を安い値段で観ることを好んだ。[†38] 毛沢東と党は、自らの大失策が引き起こしたこのような文化的な混沌に我慢がならなくなり、文化面での極端な引き締めに走ったのである。

この引き締めは、一九二九年以降のソ連におけるスターリンが企てた文化革命と比較しうるものである。農業集団化、重工業化と並んで強行されたこの文化革命によって、ソ連の文化と思想は極度に狭隘化し、まったく多様性を失ってしまった。書記長の態度は、レーニンが一般に文化の変革に関して性急さを戒め、「われわれにとっては、手始めには、ほんとうのブルジョア文化で十分であろう。……文化の問題では、性急さとがむしゃらは、何よりも有害である」[†39]と述べた態度と対照的であった。毛沢東は文化政策に関しても、個人崇拝についてとまったく同様、レーニンの弟子ではなくスターリンの弟子であった。おそらく毛は、文化に関する政策について意図的にスターリンの手法に学んだのではなかったであろう。やはり個人崇拝の場合と同様、意図せずして彼の手法を採用してしまったのである（したがって、二人の独裁者は、ともに農業集団化、重工業化、文化革命、および個人崇拝という「四位一体」の体制を構築したのだといえるかもしれない）。だが、そうはいっても、中国の党の文化政策は、ソ連の党の文化政策と比べれば、やはり極端であった。スターリン時代におけるソ連の文化政策のスポークスマンといいうるア・ア・ジダーノフは、古い文化であるからといって、それを全面的に拒否するのは賢明ではないと主張した。「われわれボリシェビキは文化遺産を拒否しない」と彼は明言した。「反対に、われわれはソビエト社会の勤労者を労働、科学、文化における偉大な仕事に奮い立たせうるすべてのものをそこから取り出すために、すべての民族、すべての時代の文化遺産を批判的にわがものとするのである」とこの政治局員は述べた。[†40]

とはいえ、各文化的領域に対して、「上から」のまったく理不尽で一方的な攻撃が行われたために、社会はただ恐怖におびえ、その攻撃を甘受するばかりであったという見方は、事実を過度に単純化したものだとつけ加えておかなければならない。一九六四年九月一日付で中央音楽学院のある学生が毛沢東に送った手紙は、修正主義への批判と防止を名目に行われた文化批判が、民族主義的な主張と混じり合って――あるいは「反西洋」というテーマと響き合って――「下から」の一定の支持を受けていたことを示唆している。その手紙にはこう書かれていた。「長期的に、大量に、無批判に西欧のブルジョア音楽文化を学習したために、ブルジョア思想がわが学院の教師と学生にきわめて深刻な影響を及ぼしています。一部の人々は、労農兵のために演出しようとしません。それは、これらの人々が労農兵には音楽がわからず、時間の浪費だと考えているからです。一部の人々は、西洋音楽に恋々とし、民族音楽を軽視し、音楽の革命化、民俗化、大衆化に反感を抱いています」。[†41]西洋文化とはブルジョア文化であったのだから、ブルジョア文化が攻撃にさらされたとき、西洋文化に攻撃が及ばないことなどありえなかった。実際、一九六三年には、多くの西洋式の交響楽団が解散に追い込まれた。中国式と西洋式の混合楽団においても、西洋楽器が取りあげられてしまった。[†42]もちろん、西洋音楽だけが批判されたのではなかった。シェイクスピアやバルザックなどの「ブルジョアジーの代弁者」もまた批判されたのである。[†43]

したがって、われわれは文化大革命前夜における毛の奇怪な言説が、党の指導者たちだけでなく、社会においても進んで受容され、再生産される素地があったことを理解しておくべきである。ソ連修正主義に対する批判は、中国共産党による革命の勝利以来、中国社会の奥底にしまい込まれていた反西洋的感情――そうでなければ、どうして人々が西洋の思想であるマルクス主義を受容できたであろうか――と共鳴し、人々を熱狂に導いたのである。いうまでもなく、このような社会の反応は、反西洋の旗手としての毛沢東に対する崇拝をさらに高みに押し上げたのであった。

「上から」の文化革命の圧力にさらされた中国社会は、半ば「自発的」に「下から」呼応し、人々の日常生活が大きく変わり始めていた。その一端は、消費生活の変化に現れていた。国務院財貿弁公室が一九六五年二月に公表した資料によれば、文化革命の影響を受けて、市場に流通している商品の多くが、封建的迷信を連想させる、ブルジョア的色彩を帯びている、外国語をそのまま用いている、などの理由で生産停止あるいは出荷停止に追い込まれていた。黒竜江省の多くの県では、封建的迷信と関わりがあるとされて、「喜」、「福」、「寿」などの文字が入った商品が出荷停止となった。同様の理由で武漢のレストランは、一部の料理名を変更していた。その結果、「麻婆豆腐」は「肉末麻辣豆腐」に、「獅子頭」（大型の肉団子の煮込み）は「紅焼四大元」に変えられたのであった。同弁公室によれば、さらに別の地方では、外国語をそのまま用いているとして、いくつかの薬品——そのなかには「般尼西林」（ペニシリン）、「阿司匹林」（アスピリン）が含まれていた——を出荷停止にしてしまった。これは必ずしも、融通の利かない地方当局によるばかげた禁止令のためばかりではなかった。髪にパーマをかける女性たちが激減したように、文化革命の呼び声に呼応する民衆の「積極的」な姿勢にもよっていたのである。[†44]

一九六四年六月初旬から七月末にかけて、北京で京劇の全国的な試演会が開催された際、陸定一は次のように述べて、京劇が資本主義復活の防止に果たすべき役割を強調した。「われわれは志向をしっかり定め、努力して工作を行い、われわれの後の世代が修正主義を出さないよう保証し、資本主義がわが国で永遠に復辟しないよう保証しなければならない」[†45]。この大会において、江青は「京劇における革命について」と題して得意満面のスピーチを行った。彼女は上海を——そして柯慶施を[†46]——指導者と脚本家と大衆の三結合を実現していると持ちあげ、それが京劇改革の見本であると述べたのである。大会最終日にあたる七月三一日、康生が発言を行った。彼はいくつもの映画と演劇の名をあげて、これらはすべて「大毒草」（これはかつて反右派闘争の際によく用いられた言葉であった）であると言い放った。[†47] 翌月、中央宣伝部が中央書記処に対して、二篇の映画——『北国江南』、『早春二月』——をブルジョア的人性論、人道主義、温情主義を宣揚し、階級闘争を抹殺し歪曲しているという理由で、「公開で放映し批判することについての伺いに関する報告」を提出したことをきっかけに、大量の映画が批判の対象となった。[†48] この夏、批判された小説は六五篇、批判された作家は五五人に及んだという。[†49] したがって、一九六四年夏には農村部における暴力を伴う大量の幹部の入れ替えだけでなく、文化的諸領域に対する全面的な攻撃という意味においても、文化大革命は正式に開始を告げられることなく、すでに始まっていたといいうるのである。

同年夏、毛沢東の批判は、さながら上部構造全体が気にくわないとばかりに、文芸、哲学、経済学、歴史学などあらゆる方面に及んだ。盆栽（中国語「盆花」）さえもが彼の批判対象となった。主席によれば、盆栽を飾るのは「旧社会の遺物である」。それは封建士大夫階級とブルジョア階級が好んだものであった。「全国が解放されてすでに十数年もたつのに、盆栽は減るどころか、かえって増えている。いまこれを改めなければならない」と彼は語った。[†50]

盆栽に対する批判は、社会に対する影響力からいえば、ささやかなものであった。だが、批判の矛先が人文社会科学の諸分野に向けられると、影響はきわめて大きなものとなった。よく知られた批判対象は、哲学者で中央高級党校（現在の中央党校）の副校長である楊献珍の「二が合して一となる」論、経済学者孫冶方の「生産価格論」および「企業利潤観」、歴史学者翦伯賛の「歴史主義」および「譲歩政策論」などであった。だが、実際にはこれらの批判は、いずれもまったく学術的吟味に耐えうるものではなく、政治的な観点からこじつけられた奇怪な議論であった。

楊献珍は一九六四年四月、中央高級党校において「唯物主義序論」を講じた際に、「二が合して一となる」（原文は「合二而一」）という観点は、対立物の統一という法則であると述べた。すると、間もなく、『光明日報』紙上でこの観点をめぐる論争が沸き起こった。反対論を組織したのは康生であった。康生は、すでに一九五九年の廬山会議の後から楊に対する狙いを定めており、「三面紅旗」への反対を理由に、楊を副校長に降格させることに成功していた。「修正主義反対哲学創作小組」（原文は「反修哲学写作小組」）を率いていた康生は、そのチームのメンバーである関鋒に指示して、「二が合して一となる」のは弁証法ではないとする議論を『光明日報』に掲載させたのである。[†51] 六月八日、毛が政治局常務委員会拡大会議で裁定を下した。「一が分かれて二となる（原文は「一分為二」）のが弁証法で、二が合して一となるというのは、おそらく修正主義で、階級調和を論じるものだ」[52]。この裁定を受けて、中央高級党校は同年夏から秋にかけて、「中央の直接の指導のもとで」学生や職員を動員して大がかりな楊献珍批判キャンペーンを展開したのであった[53]。

だが、攻撃はこれで終わりではなかった。主席は八月中旬、北戴河に康生、陳伯達、関鋒、呉江、龔育之、邵鉄真らイデオロギー部門の担当者を集めて「合二而一」論を批判する文章を作成させた。その文章は「二つの根本的に対立する世界観」と題された[54]。このタイトルは、中ソ論争のなかでソ連を批判する論文のひとつ「二つの根本的に対立する平和共存政策」を思い起こさせる。同年末までに、全国で発表された楊を批判する文章は、異常にも、五〇〇篇あまりに達したという[55]。楊に対するかくも執拗な攻撃がなされたのは、もしかすると彼が劉少奇の古い部下であったことと関係があるかもしれない。だが、この点は立証できない。翌年三月に中央高級党校は「楊献珍問題に関する報告」を党中央に提出した。この報告書は荒唐無稽にも、楊を彭徳懐の一味で、「小フルシチョフ」であると結論づけた。当然のように、この哲学者は失職を余儀なくされた[56]。

なぜ毛沢東は、客観的にみれば政治的にはまったく無害といいうる哲学のささいな問題を、これほど重視したのであろうか。それは、彼が自らを除いて哲学の権威が存在することを許すことができなかったためであると理解することができる。だが、おそらくそれだけではなかった。筆者にとってより重要に思われることは、毛の「哲学」の神通力が次第に効かなくなり始めていたことである。社会主義の成立を宣言したものの、社会主義の始祖たちが描いたイメージからますます遠ざかっていく現実の社会を前にして、共産主義に向かって着実に歩みを進める社会を建設するために、「実践論」、「矛盾論」、「人の正しい思想はどこから来るか」などの毛沢東の著作は、まったく無力であった。彼はこの事実に半ば気づいていたかもしれない。この現実を前に、毛は白旗をあげるよりは、自らの「哲学」がもつ有効性をあくまで主張し、それを人々に認めさせることを選んだのである。もちろん、そのためには政治の力が必要であった。党中央は一九六四年夏、県級以上のすべての幹部に対して、毛沢東の哲学に関する著作の学習を義務づけた。[57] このような主席の著作の学習運動の到達点として、はじめは軍内で流通していた『毛主席語録』が、一九六五年末に人民出版社から発行され、翌年には中国社会の隅々にまでに行き渡るのをわれわれは目撃するであろう。すなわち、毛は一方で権威ある哲学者たちからその威光を奪い去り、他方で行政的手段を通じて自らの「哲学」の値を高くつりあげることによって、権威の衰退局面を逆転しようとしたのである。

康生は、焦慮に駆られる主席の「哲学」のよき理解者を装い、そしてその「哲学」を保護する番人となることによって、毛の信頼を得ていた。そのため、いかなる分野の学術的権威であっても、その人物を標的にして引きずりおろすことが可能であった。北京大学哲学教授の馮定もまた、そのような標的となったあわれな人物の一人であった。馮は著書『平凡的真理』（一九五六年）と『共産主義人生観』（一九五六年）によって、青年たちの間で強い影響力をもっていた。その彼に康が嚙みついたのは、康が本のなかに「個人の作用を誇大視してはならない」、「領袖を神格化すべきではない」という表現を見出したためであった。これは修正主義の証拠であるというのである。[58]

北京大学の副校長を務めた経験をもつ有名な歴史学者の翦伯賛は、階級的観点は重要であるとしても、歴史主義的研究方法もまた重要であると主張した。そして、彼は歴史の理解を政治に役立てようとする試みに反対した。この観点は、一九六三年六月、関鋒によって批判されただけでは済まなかった。一九六五年九月一二日付『光明日報』において、戚本禹が翦を「中国農民戦争の歴史的役割に関する毛主席の理論を根本から歪曲した」と批判したのである。[59] 毛沢東もまた、しばしば翦伯賛を呉晗と並べて執拗に批判した。[60]

中国科学院経済研究所所長の孫冶方は、大躍進の反省に基づき経済政策の失敗について分析を行い、「最小の労働コストで最大の経済効果を得ること」を中心的な思想として社会主義経済論の体系を作りあげた。[61] だが、これが「利潤がすべてを決定する」修正主義的観点であると批判されたのである。康生と陳伯達はモスクワへの留学経験をもつこの経済学者をソ連のリーベルマン以上のリーベルマン主義者であり、「中国最大の修正主義者」と呼んだ。[62]

一九六四年夏に批判されたのは、現在生きている人間ばかりではなかった。歴史上の人物もまたひどく鞭打たれた。太平天国の指導者の一人であった李秀成が、反動派に「投降」したとされて批判されたのである。従来、中国の権威ある歴史家たちが、李は太平天国の宿敵となった曾国藩に「偽装した投降」をしたと考えていたところ、一九六三年夏、戚本禹が中国科学院近代史研究所の雑誌『歴史研究』に、李の行為は純然たる「投降変節」であったと主張する論文を掲載した。歴史学会および中央宣伝部は、この論文を批判するために躍起となった。毛沢東はしばらくの間、この論争を注意深く見守っていた[†63]。だが、やがて彼は我慢がならなくなって介入し、この大胆ではあるが的外れである青年の主張に軍配をあげた。一九六四年夏、戚は李秀成に関する第二の論文「李秀成の投降変節問題をどうみるか?」を書きあげ、それは八月二三日付『人民日報』と『光明日報』に掲載された。この文章は康生の意見に基づき、李秀成を汪精衛と結びつけて論じるもので、もはや歴史学の論文の域を超えたものであった。それは、もともと革命家であった者が敵に投降することを強く戒めるものであった[†64]。かくして、学問のあらゆる部門において、主席が最終的な裁定者の役を引き受けるとともに、文化の各領域において自ら進んで異端審問官となる人々が毛の周囲に集い始めた。

文化‐政治的投機者たち

筆者は、そのような人々を文化‐政治的投機者と呼んでおこうと思う。ここでいう投機とは、予測可能性の低い状況下で大きな利益を求め、一《いち》か八《ばち》かの賭けに出る行為というより、仏教用語における師弟間での「機」の投じ合いの結果生じる意気投合を意味している。より限定していえば、毛沢東と直接話ができる立場にある副官たちから毛に向けて行われる文化面での告発——それは受け入れられない場合もあるが、高い確率で受け入れられることを見込んで行われる告発である——によって、「師弟」の間で合意が生じ、その結果として告発者が政治的利益を得ることを意味するのである。告発は、ほぼ例外なくデマゴギーに基づいていたから、文化‐政治的投機者たちは基本的にデマゴーグであったといいうる。彼らが行う告発は、やはりデマゴギーに深く依存する主席——第7章で検討した「三分の一」テーゼを想起されたい――によって、いつもそうであったとは限らないが、多くの場合受け入れられ、その結果、指導部内に「虚言の園」とでもいうべき空間が拡がりつつあった。後に述べるように、一九六五年秋から翌年春の政治的展開は、政治局常務委員たちによる官僚制的統制が、主席の個人的信任を得たデマゴーグたちによる恣意的統制によって急速に置き換えられたことを特徴としている。このような急速な置き換えは、すでに第2章で述べたような、指導者たちの政治的理性の集団的退行による「地ならし」が進んでいたがゆえに生じた事態であった。

文化‐政治的投機者の特徴についてもうひとつつけ加えるなら、彼らがおよそ「文化人」ではなかったということである。彼らは文学者でも、演出家でも、芸術家でも、歴史家でも、哲学者でもなく、ただ生半可な文化に関する知識をもって（あるいは、そうであるがゆえに）、政治的な動機から既存の文化に対するでたらめな批判を展開した人々であった。

文化‐政治的投機者の典型として、康生、江青、柯慶施をあげることができる。[†65] よく知られているように、康生が硯や善本などの文物の収集家であったことをもって、また江青が元女優であったことをもって、彼らを「文化人」の範疇に含めることが難しいことについては、ほぼ異論はないであろう。ならば陳伯達はどうであろうか。この党内きってのイデオローグを文化‐政治的投機者の範疇に含めるべきであろうか。たしかに、彼は康生と同様に毛沢東の個人的腹心であり、政治的な投機を好んだデマゴーグであったといいうる。それは、第7章で述べた天津市小站地区の四清運動における彼の振る舞いからも明らかである。しかし、陳は康生、江青、柯慶施とは異なり、哲学的言辞を巧みに操ることができた人物であった。『陳伯達文選』および『伯達文集』に収められた彼の文章を読むかぎり、レーニンとスターリンの著作から自在に引用して（ときには、カール・リープクネヒトからも引用して）弁証法に関する議論を組み立てることができるこの人物が備えていた知性を、康、江、柯と並べて論じることは適切ではないように思われる。おそらく陳は、毛と「機」を投じ合うにあたり、文化に対する荒唐無稽な批判に頼る必要はなかったのである。その意味において、陳伯達は康、江、柯とはいささか異なるタイプのデマゴーグであったと筆者は考える。

文化－政治的投機者たちの活動はしばしば、観念的で熱狂しやすく、文章力を備えたインテリ青年たち――中国において、しばしば「秀才」と表現される人々――の力に依存した。そのような青年たちの典型は、戚本禹と姚文元に見出すことができる。康生と江青は彼らを政治の舞台に引きずり出し、その隠された悪魔的な才能を存分に発揮させた。戚や姚が、康生や江青と同じように自己顕示欲と権力欲にあふれ、また誰かを「引きずりおろす」ことに無上の快感を覚えていたかははっきりしない。少なくとも、彼らが備えるいわば発火しやすい文学青年的気質は、主席の傍らに位置するデマゴーグたちに最大の便宜を与えたのである。

毛沢東は演劇界に関する情報をもっぱら江青から得ていたようである。一九六〇年代初期、この上海の元女優は一三〇〇もの京劇の演目を「審査」したらしい。[†66]第八期十中全会の期間中、江青は文化部副部長の斉燕銘に対して「舞台上に妖怪変化がはなはだ多い。文化部は注意しなければならない」と告げた。上部構造の改革が政治的課題となったいま、過去へのノスタルジアを掻き立て、古い宮廷や地主たちへの階級的憎悪を和らげる効果をもつ一切の芸術形式は変革されなければならないという毛沢東の妻の訴えは、たしかに一定の正当性を備えていた。まさにそのような訴えによって、声望を集め始めた彼女のもとには、さまざまな方面からの文化的告発の手紙が届くようになっていた。そのひとつは、中央美術学院の教師たちからの、裸体のデッサンは「ブルジョア芸術教育体系の核心」であるから、徹底的に批判されなければならない、という主張であった。[†67]この主張は、政治局常務委員たちを巻き込む議論に発展したようであるが、毛沢東はさすがに、裸体のデッサンを禁止する必要はないとの裁定を下して一件落着となった。[†68]

もし主席夫人の金切り声だけが響き渡っていたのであれば、文化部はとり合わなくても済んだであろう。だが、江青の訴えを、イデオロギー問題を管轄する政治局員である康生が支持するとなれば、話は別であった。さらに、上海の柯慶施[†70]――毛沢東がもっとも信頼していた極左的な人物であった[†69]――までもが加わると、大事にならないはずはなかった。まさに江・康・柯連合によって一九六三年五月、上海『文匯報』を舞台として、演劇『李慧娘』に対する批判が沸き起こった。批判とは、この演劇の作者は、登場する亡霊に共産党を攻撃させているというものであった[†71]。毛沢東も、この奇怪ないいがかりを支持した。彼は「前十条」を作成した杭州会議において、「有鬼無害論〔霊魂が舞台上に登場しても無害であるという意味である〕」は「農村と都市の階級闘争の反映である」と述べ、亡霊までもが階級闘争の対象となることを宣言したのであった[†72]。以降、死人が現在生きる人々を統治しているという言い方は、毛のお気に入りの表現のひとつとなった。すでに述べたように、同年末、彼は柯慶施の曲芸に関する文章を読んだ後、上海の事例を用いて北京の、さらには全国の芸術の変革を促すことを思いついたのであった[†73]。このような経緯からすると、主席による文化革命の提唱は、文化‐政治的投機者たちによって使嗾された結果であったとみることが可能である。

一九六四年夏には、周恩来までもが中国の文化を奇怪な形に変えるのに力を貸した。彼は七月一八日、国務院各部党組書記会議において、約二ヵ月後に迫った建国一五周年に際して、党の誕生から建国に至るまでを、毛沢東思想を軸として大型ミュージカルに仕立て、上演してはどうかと突如提案した。中国が戦争の差し迫った危機に直面していると思われた時期に、首相が最高指導者の権威に光彩を添えるため、かくも時間と精力を費やさなければならなかったこと自体が、当時の中国における権力状況の異常さをよく物語っている。よく知られた演目である『東方紅』はこうして誕生したのである。公式の『周恩来伝』は、このミュージカルは「制作過程のすべてに周恩来の心血が注がれた」ものであったと述べている[†74]。

文化に対する批判の盛りあがりのなかで、いつの間にか、党の位階構成上は何の権限ももたないはずの江青が実質的な権力を掌握し始めていた。彼女は同年末、中央宣伝部の五人の副部長と座談会を開催し、同部が全国に向けて通知を発し、全国紙で一〇の映画――『不夜城』、『林家舗子』、『舞台姐妹』など――を批判するよう要求した[†75]。後に文化大革命の引き金になったと目される『海瑞免官』に対する批判は、このような文化を利用して政治的投機を試みる人々の活動の延長線上に現れたものであった。毛沢東は、彼らの活動を決して制止しようとはしなかった。奇妙なことに、すべての副官たちの活動に疑いの目を向けていたはずの主席は、これら文化‐政治的投機者の活動に対してはまったく無防備であった。大躍進の後遺症に苦しむ中国社会の現状に正面から取り組もうとした人々の意見にまったく耳を貸そうとしなかった最高指導者が、文化的諸領域に関する突拍子もない告発に耳を貸し、それに引きずられたのは皮肉であった。彼は信頼すべき人間を信頼せず、信頼すべきではない人間をかえって信頼した。おそらく、それは最高指導者が感じていた孤独のためであろう。[†76] 一九六二年夏以降、皮肉なことに、毛の提唱する奇怪な理論に誰もが賛同し、誰もが彼を崇拝し、誰もが彼の思想を広める役割を進んで引き受けた――少なくとも表面的には――ときに、彼はかえって真の支持者がいないと感じ始めた。一九六五年夏、毛はフランス大統領の特使であるアンドレ・マルローに対して、自分は孤独であると繰り返した。[†77] 孤独はあらゆる独裁者につきまとう宿命であるかもしれない。彼らは通常、自ら孤立する道を選ぶ。毛の場合は、一方で自らが唱える奇妙な理論に対する批判を「修正主義」と呼んで一切許容せず、他方であらゆる分野での権威を一身に集めることによって、さらにはしばしば北京を留守にすることによって、同僚たちからも民衆からも隔絶した存在となることを自ら選択したのである。

孤独な皇帝に手を差し伸べたのは、彼の思考様式をよく理解したうえで彼の考えを先取りし、現実を誇張し歪曲して彼に伝える――もちろん彼ら自身の打算から――文化‐政治的投機者たちであった。毛が彼らから聞かされたのは、彼が半ば恐れ半ば期待した事柄であった。彼らの存在なくして、この最高指導者は決して心理的に持ちこたえることはできなかったであろう。かくして、指導者たちが形作る政治的空間において、デマゴーグたちの、あるいはある種の「無法者」と呼びうる人々の活動の余地が拡がりつつあった。

『オセロー』に登場するイアーゴーばりの姦計をめぐらせ、社会上のあらゆる権威に対して難癖をつけ、これは政治問題だと騒ぎ立てるこれらの「無法者」の存在は、戦争の足音が迫りくる緊迫した社会的雰囲気によって、ある程度まで許容されていたといいうる。アメリカの北ベトナムに対する攻撃の強化を受けて、党中央が「備戦工作」に関する指示を発したのは一九六五年四月一四日のことであった。その約一ヵ月半後、毛沢東は国際関係研究所が発行する雑誌に掲載されたアメリカの動向に関する論文を読んだ後、戦争が間近に迫っているのかもしれないし、そうでないかもしれないが、われわれには準備ができている、とコメントを記した。[†78] このような極度に切迫した雰囲気のもとでは、あらゆる「異端者」が摘発され、画一主義が社会全体を覆いつくすようになったとしても不思議はなかった。自由に振る舞っているようにみえる人々が、敵が送り込んだ手先であると告発され排除されることは、約三〇年前に国民党軍に包囲された中国共産党の革命根拠地においても生じたことであった。そして、「異端者」に対する全面的な攻撃は、一九五七年に始まる反右派闘争においてすでに経験済みであった。文学者、歴史家、音楽家、演出家など、あらゆる文化的領域における権威が標的となった反右派闘争が、別の名目のもとで再演されようとしていた。

いうまでもなく、「無法者」たちの活動空間は、主席が認める範囲内においてのみ存在し、彼の判断次第で拡大もすれば縮小もする性質のものであった。彼らは、同僚たちの信頼ではなく、最高指導者の信頼のみを頼みとしていた人々であった。これらの人々にとって、毛の唱える理論の妥当性など問題外であった。荒唐無稽な告発を通じて、目障りな誰かから皇帝の寵愛を失わせ、その告発の功によって自分の権力と威信をいくらか増大させる——過去の王朝時代において、このような実践を得意とする官僚は少なくなかったに違いない——ことができれば、彼らはそれで満足したのである（もしかすると、誰かを「引きずりおろす」ことそれ自体に彼らは快感を覚えていたのかもしれない）。まさに康生と江青は中国的風土の産物であった。そのような人物たちによって、人々を自在に操っているはずの独裁者が、逆に操られてしまった。一般に、文化大革命の引き金を引いたと理解されている姚文元の「新編歴史劇海瑞の免官を評す」と題する論文は、まさにこのような文脈において登場するのである。

歴史劇『海瑞の免官』をめぐる議論

北京市副市長で、明史を専攻する有名な歴史家であった呉晗の書いた戯曲『海瑞の免官』は、明朝を舞台として、清廉で気骨に富む一人の官僚が皇帝の農地政策に異議を唱え、その直言によって不当に罰せられたエピソードを描いたものであった。この戯曲に対する江青の批判は、早くも一九六二年七月に開始されていた。そのとき、妻は夫に対して、この戯曲が政治的に危険な要素を含んでいると訴えたが、夫は取り合わなかった。それは、一九五九年春以来、毛がこの演劇を称賛していたためであった。当時、毛沢東の秘書を務めていた林克は、『海瑞の免官』をめぐる主席の当初の態度について、こう証言している。一九五九年春、上海で第八期七中全会が開催される前、毛は湖北省委秘書長の梅白に対して、海瑞を知っているかと尋ね、そして「私は中国に何人かの海瑞が出ることを願っている」と述べたという。それは林克によれば、「皇帝」に対して大胆に意見を述べる人間が現れてほしいとの毛の希望を反映したものであった。[†79]

一九六五年二月になって、諦めの悪い江青は柯慶施の支持を得て、この件で再び動き始めた。柯は上海市党委の宣伝部長であった張春橋に『海瑞の免官』批判を持ちかけた。張はかつて反右派闘争の際、右派に対する批判的文章を大量に作成して名を馳せた人物であった。だが、張はこの仕事は自らの手に余ると感じ、上海の若い文芸評論家であった姚文元を江青に紹介した。姚は早くも一九五五年に反革命粛清運動の始まりに際して毛沢東の胡風に対する執拗な批判に加わり、また反右派闘争の際も右派に対する戦闘的な批判で有名になった人物であった。[†80] 張と姚は明史をよく知らなかったため、八ヵ月かけて勉強したうえで『海瑞の免官』を批判する文章「新編歴史劇『海瑞の免官』を評す」を書きあげた。改稿は実に一〇回に及んだという。[†81] 当時、文芸界に対して、そして北京市委に対しても不満を抱いていた毛沢東にとって、姚文元の評論はある種の突破口を与えるものであった。まさにそのために、一度はこの演劇をほめたたえた主席は態度を翻し、批判に踏み切った。後に毛は、アルバニアからの訪問者に対して内幕を明かしている。毛が主張するところ、自分が『海瑞の免官』を批判する文章の作成を江青に提案したのである。だが、北京ではどうにもならず、上海でそれを作成させた。自分は三度読んで基本的によいと考え、江青に発表させたのだ、と。[†82] おそらく、発端は夫からの妻に対する提案ではなく、その逆であったろう。ともあれ、姚文元の評論は一九六五年一一月一〇日付上海『文匯報』に発表された。江青らはこの文章を全国の新聞に転載させようともくろんだが、北京と湖南省だけが同意しなかった（この事実は、毛沢東が一九六七年五月に明かしたことである）。毛沢東は不満を表明し、上海人民出版社に対して姚文元の論文を単行本として出版し、全国に流通させるよう命じた。「奴らが載せないのなら、お前たちは小冊子を出せ」[†83]。

一方、突然の攻撃にさらされた呉晗は、海瑞と同様に気骨に富んでいたためか、姚文元の評論を読んでも動じることなく、『〈光明日報〉情況簡報』に掲載された文章でこう述べた。「姚文元がこのように私を批判しても、私は恐れない。ただし、このような牽強付会の批判、みだりに帽子をかぶせること〔政治的レッテルを貼るという意味〕、こうした風紀はたいへんよくないと私は思う。〔このようなことでは〕誰が文章を書くだろうか。誰が歴史を書くだろうか」。この言葉は毛沢東に対する真っ向からの批判として読むことができるし、実際、毛はそのように読んだであろう。これを読んだ毛は、「私はすでに読んだ。一晩眠れなかった」と記した[†84]。もしかすると、呉晗のささやかな抵抗が主席の闘志に火をつけ、彼に徹底した闘争を決意させたのかもしれない。

一一月下旬、地方視察から北京に戻った彭真は、この件を中央宣伝部と相談した際、背後に江青がいると知り、やむなく評論の転載を認めるに至った――ただしコメント付きで。かくして、姚文元「新編歴史劇『海瑞の免官』を評す」は一一月二九日付『北京日報』に転載された。翌日には、『人民日報』もまたコメント付きで転載した[†85]。すると、背景を知らない知識人たちは、続々と姚文元論文の批判に踏み切った。彼らは「蛇を穴から引きずり出す」ことを狙っていた江青と張春橋の罠にはまったのかもしれない。たしかに、多くの知識人が網にかかった[†86]。その後、康生の意を受けた戚本禹が「革命のために歴史を研究する」という文章を書き[†87]――ただし、戚自身は、この論文は誰からの指図を受けたものでもなく、完全に自発的に書いたものだと主張している――一二月八日に刊行された『紅旗』に掲載された。それは、名指しはしなかったものの、実質的には、翦伯賛と呉晗の「ブルジョア歴史観」を批判するものであった。

一二月二一日、毛沢東は杭州で陳伯達、胡縄、田家英、艾思奇、関鋒と面会した。その際、毛はこう述べた。「戚本禹の文章〔「革命のために歴史を研究する」を指す〕はよかった。私は三度読んだ。欠点は名指しをしなかったことだ。姚文元の文章〔「新編歴史劇『海瑞の免官』を評す」を指す〕もよかった。名指しをしており、戯劇界、史学界、哲学界を激震させた。しかし、急所を突かなかった。急所とは免官である。……五九年にわれわれは彭徳懐を免官した。彭徳懐も海瑞なのだ」。[†88] 翌日、杭州にやってきた彭真に対しても、毛は呉晗の書いた『海瑞の免官』の急所は免官である、彭徳懐も海瑞だと告げた。彭は、調査してみたが、呉晗と彭徳懐は何ら組織的つながりがないと反論すると、毛はその翌日、呉晗の問題は二ヵ月後に「政治的結論」を出す、と語ったのである。[†89] 一二月二一日の毛の談話記録をまとめる際、田家英は「急所は免官である」を含めるべきではないと主張した。[†90] この主張が災いし、すでに毛沢東からの信頼を半ば失っていた彼は、毛によってさらに遠ざけられた（そして一九六六年五月二三日、彼は自宅で自ら命を絶った）。この談話記録が公表されると、文芸の領域における批判は、次第に廬山会議、七千人大会、西楼会議、四清運動における毛沢東への「反対」と一緒くたにされていった。[†91] 中国科学院院長を務めていた郭沫若が辞任を申し出たのは、このような文脈においてであった。[†92] 彼は、来るべき政治的な嵐を予感し、先手を打って保身を図ったのであろう。

われわれは一九六四年夏以降、嵐のように沸き起こる文化革命のなかで起きた呉晗の作品に対する攻撃を、毛沢東による文化大革命に向けた計画的で戦略的な最後の配置、あるいは熟慮された文革の最初の一歩とみなすことができるであろうか。[†93] たしかに、文革の発動との時間的近接性からみて、これは誰もが思い浮かべる自然な仮説であるといいうる。だが、筆者は、一般に支持されているそのような仮説を支持することはできない。第一に、呉晗への攻撃は、江青とその仲間から毛に提案されたもので、主席自らが時間をかけて温めた陰謀ではなかった。したがって、毛は事前に作成された計画に従って行動を起こしたのではないように思われる。おそらく、主席は突然眼前に現れた機会に飛びつき、その後、思わぬ抵抗と反撃とみえるものに出くわしたため、いかにも彼らしく、攻撃にのめり込んだのである。第二に、毛が特定の知識人あるいは文化的作品に対して異常な攻撃をしかけるのは、今回が初めてではなかった。それは、一九五一年における映画『武訓伝』に対する執拗な批判、一九五四年における『紅楼夢』研究をめぐる兪平伯に対する尋常ではない批判、一九五五年における胡風に対する偏執狂的な批判――この文芸評論家を批判するために『胡風反革命集団的材料』が単行本として七六二万九千部も印刷された[†94]――を想起すれば十分であろう。今回の呉晗に対する批判は特別であり、気まぐれな主席が好んで行った過去の知識人攻撃とは区別されなければならないという主張は、可能であるとしても十分な根拠が見当たらない。そして第三の、もっとも重要な理由は、『海瑞の免官』をめぐる毛の発言のなかに、新たな政治的構想の断片すら見出すことができないということである。ここでいう構想とは、いうまでもなく、文化大革命に関わるものである。革命という言葉は、いかに狭く定義しようとも、気に入らない数名の人間の物理的な除去、あるいは不愉快な二、三の機関の廃止以上の意味をもつはずである。しかも当時、まさに「新たな革命」と称された四清運動が鳴り物入りで進行中であり、この重要な運動は「資本主義の道を歩む実権派」の打倒を目的として一九六〇年代末まで続くはずであったのだから、その構想においては四清運動との関係が説明されていなければならなかった。だが、少なくとも現在われわれが利用できる資料のなかに、そのような毛の説明を見出すことはまったく不可能である。

なるほど、毛沢東が姚文元の評論を転載しようとしない北京市委に対して、また容易に屈服しない呉晗に対して、さらにはそれらの背後にいた彭真に対して不満といらだちを募らせていた様子はうかがうことができる。注目すべきことに、毛は一九六六年三月二八日から三〇日にかけて――そこから文革の狼煙と考えられている「五・一六通知」までは二ヵ月足らずであった――文化革命五人小組、中央宣伝部、北京市委を解散せよ、「閻魔大王を打倒し、小鬼を解放せよ」と言い放った[†95]。とはいえ、われわれはここに呉晗、中央宣伝部、および北京市委に対する怒りですっかり頭に血がのぼった最高指導者の感情の爆発――それは過去に何度となく生じた事態である――をみることはできるが、熟考された事前の計画を冷静かつ着々と実行に移す彼の姿を見出すことはできない。胡喬木は文化大革命の発動は、「まったく毛沢東の衝動による」ものであり、そのような衝動を毛に引き起こさせる刺激として『海瑞の免官』

が引き起こした問題が比較的大きかったと述べているが[†96]、筆者はこの見解に完全に同意する。もしこのような観察が正しいとすれば、われわれは文革発動直前の具体的な事態の連鎖のなかで突然、文化革命が文化大革命へと転じた脈絡を発見しなければならない。次章においては、そのような意味での、熟慮なしに踏み出された「最後の一歩」が検討されるであろう。

小結

毛沢東による文化革命、すなわち文化的諸領域に対する全面的攻撃を形作った諸要因を列挙すればこうである。すなわち、彼の知識人を毛嫌いする性向、修正主義の脅威に対処するためには上部構造における防御、つまり根本的な改造が不可欠であると考えられたこと、彼がすべての文化的領域における権威を一身に集める「哲人王」として君臨しようとしたこと、そして文化－政治的投機者たちを一方で利用しながら、他方で彼らに利用されたことである。

これらの要因は、最初の要因を除いて、すべて主席の哲学的あるいは理論的な権威が相対的に衰えつつある局面において形作られたことに注意する必要がある。前章で述べたように、一九六四年末の中央工作会議において、副官たちが中国社会でうごめいているように思われたさまざまな悪人たちの社会的出自を論じているときに、毛はまったくそのような議論に関心を示すことなく、ただ「資本主義の道を歩む実権派」を打つように命じた。同時に、彼は階層について論じる必要はないとはっきり述べた。中国の内外でやがて現代最高のマルクス主義の権威と目されるようになるこの最高指導者は、多くの悪人たちを持続的に生み出す客観的な下部構造の問題に対して、一貫して興味を示さなかったか、あるいはそれを論じるだけの知的素養を持ちあわせていなかった。社会主義社会においても、階級と階級闘争を問題にすべきだとあれほど力説した人物が、諸階級（あるいは諸階層）が中国社会のいかなる生産関係から分泌されるかに関する問題にほとんど関心を示さず、最後にたどり着いた社会的範疇が「派」であったのは驚くべきことである。筆者には、それは毛に真の階級分析を行う能力と意欲が欠けていたからであると思われる。そうであるがゆえに、彼が哲学的あるいは理論的に卓越した存在であり続けるためには、複雑な下部構造の問題から離れ、上部構造の問題に逃避するよりほかなかった。そして、権力の助けを借りて、自らの「哲学」を人々に売り込むほかはなかったのである。毛の文化的諸領域の改造への熱意は、このような背景から理解されるべきであると筆者は考える。

このようにして四清運動の矛先は、もともと農村の人民公社や都市の工場など社会の末端部分における幹部たちの批判と処分を目的として「下に」向けられていたものが、上部構造におけるブルジョア的な要素の除去を目的として「上に」も向けられ始めた。その結果、四清運動はその対象が際限なく拡がっていった。文化的諸領域におけるブルジョア的な要素の排除は、多くの場合、西洋的なものの排除、したがって文化的諸形式の民族化を伴ったため、たんに反資本主義的な運動となるにとどまらなかった。反資本主義は反西洋を旗印とする民族主義と合流し、互いが互いを強め合ったのである。

かくして四清運動は、その攻撃の矛先があらゆる方向に向かう潜在力を帯びるとともに、毛沢東に対する個人崇拝に新たな生命力を付与した。彼はいまや国際共産主義運動における極左的な反資本主義の象徴であると同時に、中国国内においては民族主義（あるいは反西洋）の象徴であった。この奇妙な結合は、アメリカ帝国主義およびソ連修正主義との対決によって極度に孤立した環境が可能としたものであった。銭理群は、中ソ論争の際に中国側が発表した「九評」を通じて、毛沢東がフルシチョフに浴びせた批判の痛快さに、人々が酔いしれた様子を描いている。[†97] 人々が主席による批判に心地よさを感じたのは、毛の主張がマルクス主義の純粋さを守るために役立っているからではなかった。それは大多数の人々にとって、どうでもよい問題であった。彼らは、二つの超大国に対して真っ向から挑んでいる、貧しく遅れた国の指導者の強く勇敢な姿に魅せられたのである。こうして、スターリン批判から一〇年もたっていなかったというのに、毛沢東に対する個人崇拝は、その強さと拡がりの両面において、一〇年前をはるかに凌ぐようになっていた。民衆の目からみて、彼はアメリカ帝国主義とソ連修正主義という強大な敵に、たった一人で立ち向かっていたのである。

毛沢東は、自らに権威を一点集中させることの意義を十分理解していたと思われる。民衆からの超然性を増すことによって、彼は何物にも妨げられない政治的主導権を手中にできたし、また重大な危険にさらされていると思われた国家も安泰となるはずであった。建国一五周年を記念して彭真が行う講話の原稿に、毛が加筆した部分のひとつはこうであった。「中国共産党の指導下で、毛沢東思想によって武装されたわが国の各族人民は、あらゆる自然災害に勝利できるだけでなく、資本主義・封建主義の復辟活動およびすべての国内外の敵にも打ち勝つことができるとわれわれは固く信じるものである」[†98]。かくして主席は、文化的異端者狩りに熱をあげる文化－政治的投機者の活動を容認するとともに、自らもまた自身に対する個人崇拝の熱狂を作りあげることに手を貸したのであった。一〇年前には、レーニンが嫌った個人崇拝を「これまで長い間の人類の歴史が残した、腐れはてた遺物」[†99]と呼ぶことに賛成した人物が、それを自ら極端な形に作りあげたのは、歴史の大いなる皮肉であった。毛だけではなく、彼の側近たちの誰もが、さまざまな作家や芸術家たちの文化的実践を批判することを通じて、主席の権威を高めることに手を貸した[†100]。それどころか、彼らは個人崇拝への反対を、修正主義の重要な構成要件のひとつとみなしさえしたのであった。このようにして、毛沢東に対する圧倒的な個人崇拝は、毛のみならず指導者総がかりで意図的に作りあげられたものであるが、深刻な危機にさらされた共同体が、反射的な防衛機制をはたらかせ、政治構造の頂点に権威を集中させたという側面もあるかもしれない。確実であるように思われるのは、緊張に満ちた国際環境は、そのような権威の集中に有利であり、また毛もそれをよく理解していたということである。

すでに第4章において筆者は、毛が大躍進の悲惨な結果を直視することを避け、自らの責任を回避するために「前方への逃げ」をうったことを指摘した。彼の逃走はそれだけではなかった。主席は上部構造への逃避、すなわち「上方への逃げ」もうったのである。筆者には、この二重の逃走の動機は、脅かされていると彼が感じていた権威の回復、保全、および最大化であったように思われる。したがって、主席が推進した文化革命は、大躍進後の中国における社会主義の復興、および社会主義から共産主義への移行に関する構想とは本質的に無縁であったと理解しうるのである。それは彼が熱をあげた呉晗の戯曲に対する批判もまったく同様であった。一方における熟慮の不足、計画の欠如、構想の不在、要するに政治的行為の「即興」(improvisation)的性格、他方における完全無欠の権威への執念——毛の行動を貫いているものはこれである。そして、まさにそのために、誰も想像もしなかった政治的展開が生じたのである。

†1　前掲『中国共産党的九十年　社会主義建設時期』、五三一頁、および中共中央文献研究室『関於建国以来党的若干歴史問題的決議注釈本（修訂）』人民出版社、一九九一年、三七二頁。

†2　「凡是要推翻一個政権、総要先做意識形態方面的工作」（一九六二年九月）、『建国以来毛沢東文稿』二〇二四年版、第十六冊、四一一頁。

†3　『毛沢東年譜』第五巻、一七七頁。

†4　同右、一九七頁。

†5　「中共中央批転文化部党組関於停演〝鬼戯〟的請示報告」（一九六三年三月二九日）、『中共中央文件選集』第四十二冊、二〇一三年、六〇三頁。

†6　『毛沢東年譜』第五巻、二六三－二六四頁。

†7　同右、二八五頁。興味深いことに、毛はそれまで、妖怪変化の登場する芝居に対して寛容な態度を示していた。彼の一九五七年春の発言はこうである。「われわれは過去数年間、伝統劇の演目のいくつかを禁止してきた。これに反感をもつ人がいた。今では開放している。……妖怪変化の出る芝居をいくらか観てもよいだろう。われわれは『封神演義』を観たが、あれは妖怪変化ではなかったか。社会にも妖怪変化は多いじゃないか！〔だから〕脚本に登場しても不思議ではない。……多くの青年は、妖怪変化がどのようなものか理解していない。彼らにみせてやっても大したことはない」。「和文芸界談話」（一九五七年三月八日）、『毛沢東思想万歳』9、七三頁。

†8　「関於文芸工作的批語」（一九六三年一二月一二日）、『建国以来毛沢東文稿』二〇二四年版、第十七冊、一二九頁。このテクストは、「対柯慶施同志報告的批語」と題されて『資料選編』、二八二頁に収録されているものと完全に同一である。

†9　「関於《人民日報》要注重思想理論工作的批語」（一九六四年二月三日）、『建国以来毛沢東文稿』二〇二四年版、第十七冊、一九二頁。

†10　郭徳宏、前掲書、一一五頁。この談話については、『毛沢東年譜』第五巻に記載が見当たらない。

†11　「春節談話」（一九六四年二月一三日）、『毛沢東思想万歳』11C、七二-七五頁、および『毛沢東年譜』第五巻、三一五頁。以上の二つのテクストは、いくらか違っているが、大意は同じである。つけ加えておけば、以上のような毛の発言は、鄧小平による学生の負担が重すぎるとの発言を受けてなされたものであり、鄧もまた学制の短縮を強く主張した。

†12　邦訳『毛沢東思想万歳』下、九一頁（丁本、四六二頁）、および『毛主席的革命路線勝利万歳――党内両条路線闘争大事記（一九二一-一九六七）』、一九六頁。この引用部分に関して、両者のテクストは一致している。

†13　「関於学校課程的設置、講授和考試問題的批語」（一九六四年三月一〇日）、『建国以来毛沢東文稿』二〇二四年版、第十七冊、二〇七頁。試験は学生に対する突然の襲撃であるというのが、これ以降、主席のお気に入りの表現となった。

†14　このような座談会の記録および各種報告を集めた資料集として、晋南専署文教局編『晋南区貫徹毛主席〝七・三〟指示会議文件』（一九六五年一〇月一二日）、『中共重要歴史文献資料彙編』第二十五輯第百〇一分冊、二〇一六年を参照せよ。

†15　「中共中央批転高等教育部党組関於高等教育部直属高等学校（拡大）領導幹部会議的報告」（一九六四年六月二四日）、『中共中央文件選集』第四十六冊、二三二-二四〇頁。

†16　薄一波、前掲書、下、一一五五頁。

†17　「関於坂田文章的談話」（一九六四年八月二四日）、『毛沢東思想万歳』11C、一〇九頁。邦訳『毛沢東思想万歳』下、二一九-二二六頁（丁本、五六一-五六七頁）に収録されているテクストは、11Cと基本的に同一であるが、人名の多くが伏せ字になっている。この談話は、『毛沢東文集』第八巻にも収録されているが、一部削られている。この談話において、毛は宇宙の生成から発電機の原理に至るまで、また『紅楼夢』から細胞の起源に至るまで、思いつくまま自由に語り、話題が尽きることはなかった。それだけに、彼の考え方が率直に語られているとみることができる。

†18　「ネパール教育代表団を接見した際の談話」（一九六四年八月二九日）、邦訳『毛沢東思想万歳』下、二二八-二三五頁（丁本、五六八-五七五頁）、および『毛沢東思想万歳』11C、一一一-一一二頁。両者のテクストは同一である。毛

は約一年四ヵ月後、杭州における談話においても、まったく同じ議論を繰り返している。「杭州会議での講話」（一九六五年一二月二一日）、邦訳『毛沢東思想万歳』下、三〇八－三〇九頁（丁本、六二五－六二六頁）、および『毛沢東思想万歳』11C、一五二頁。これら二つのテクストの間に違いはない。主席が学校教育に関して学制の短縮、そして課程の簡素化をいつから主張し始めたのかははっきりしない。だが、少なくとも一九五七年春には、そのような主張を展開していた。ただし、それは財政上の大きな制約があるなかで、学校教育をいかに広く普及させるかという問題関心からなされた主張であり、修正主義を防止するという観点からではなかった。したがって、大学の文科に対する彼の敵意はまだ示されてはいない。例えば、「和七省市教育庁局長的談話」（一九五七年三月七日）、『学習資料（一九五七－一九六一）』、三七－三九頁を参照せよ。

†19 「第三次五ヵ年計画についての講話」（一九六四年六月六日）、邦訳『毛沢東思想万歳』下、一四一頁（丁本、四九九頁）、および『毛沢東思想万歳』11C、八四頁。なぜかこの講話については、『毛沢東年譜』第五巻に記載がない。

†20 「靠自学、靠自己学」（一九六四年六月八日）、『建国以来毛沢東文稿』二〇二四年版、第十七冊、二六一頁。

†21 グラムシは、彼にしては珍しく「中国的」という表現を用いて、職業学校的な教育の方法は社会的差別を永続化させると述べている。「職業学校型の学校、つまり直接的な実際的関心を充足させる目的で作られた学校は、直接的関心をもたれない人間形成型の学校よりも優位に立っている。もっとも逆説的な側面は、むしろ社会的な差別を永続化するだけでなく、中国的形態で差別を固定化するよう運命づけられているにもかかわらず、この新しい方の学校が民主主義的にみえ、またそのように主張されているということである」。デイヴィド・フォーガチ編、東京グラムシ研究会監修・訳『グラムシ・リーダー』御茶の水書房、一九九五年、三九六頁。

†22 「関於半農半読問題的報告」（一九六五年四月二〇日）、『陸定一文集』、六七五頁。中央宣伝部長は、同年一一月の講話において、「文化革命」の要諦は「労働人民の知識化、および知識分子の労働化」であると語っている。陸定一「在全国少数民族群衆業余芸術観摩演出会上的講話」、『人民日報』一九六四年一一月二七日。

†23 『周恩来年譜』中巻、五三一－五三二頁。

†24 同右、五四八頁。

†25 『毛主席的革命路線勝利万歳――党内両条路線闘争大事記（一九二一－一九六七）』、一九〇頁。この発言は、『劉少奇

年譜』下巻には見当たらない。

†26　この座談会に関するまったく異なる評価を『毛主席的革命路線勝利万歳――党内両条路線闘争大事記（一九二一－一九六七）』、一九六頁にみることができる。それによれば、座談会は劉少奇・周揚と江青・康生の文芸路線をめぐる対決の場であった。とりわけ、周の「大躍進時期において文芸を指導した方法は単純粗暴であった」との発言に対して、江が猛然と反論を加えたとのことである。

†27　強調引用者。「関於文芸問題的講話」（一九六四年一月三日）、中文出版物服務中心編『劉少奇言論著述彙編』第六集、『中共重要歴史文献資料彙編』第四輯第十六分冊、一九九七年、二頁。

†28　同右、一七頁。

†29　同右、二七頁。

†30　同右、二九頁。

†31　「同朝鮮文化代表団的談話」（一九六四年四月一九日）、同右、三九頁。

†32　「中共中央宣伝部関於全国文聯和各協会整風情況的報告」（一九六四年五月八日）、『建国以来重要文献選編』第一九冊、九頁。

†33　銭庠理、前掲書、三八六頁。

†34　「中共中央転発文化部党組関於取消劇本上演報酬的請示報告」（一九六四年五月六日）、『中共中央文件選集』第四十六冊、一一六－一一八頁。

†35　強調原文。「対中宣部《関於全国文聯和各協会整風状況的報告（草稿）》的批語」（一九六四年六月二七日）、『建国以来毛沢東文稿』二〇二四年版、第十七冊、二六九頁、および『毛沢東年譜』第五巻、三六七－三六八頁。この言葉は党中央によって全党および各国家機関に伝えられた。「中共中央印発毛沢東対中央宣伝部関於全国文連和各協会整風状況的報告及『人民日報』関於提抜新生力量的報道的両項批示」（一九六四年七月一一日）、『中共中央文件選集』第四十六冊、一一六－一一八頁。

†36　『彭真年譜』第四巻、三四三頁。

†37　呉冷西『憶毛主席』新華出版社、一九九五年、八七－八八頁。

†38 Matthew D. Johnson, "Beneath the Propaganda State: Official and Unofficial Cultural Landscapes in Shanghai, 1949-1965," in Jeremy Brown and Matthew D. Johnson eds., *Maoism at the Grassroots: Everyday Life in China's Era of High Socialism*, Cambridge, MA.: Harvard University Press, 2015, pp. 212-216.

†39 レーニン著、蔵原惟人・高橋勝之編訳『文化・文学・芸術論』下、大月書店、一九六八年、九四〇頁。ついでにいえば、文化の変革に関する問題については、トロツキーもまたレーニンと同じ立場に立っており、ブルジョア芸術に対してプロレタリア文学ならびにプロレタリア芸術を対置することは根本的に間違っていると考えていた。E・H・カー著、南塚信吾訳『一国社会主義一九二四－一九二六――政治』みすず書房、一九七四年、六五頁。

†40 ア・ア・ジダーノフ著、除村吉太郎・蔵原惟人訳『党と文化問題』大月書店、一九六八年、一二七頁。

†41 『建国以来毛沢東文稿』二〇二四年版、第十七冊、三六七－三六八頁注。

†42 これは江青の証言による。江青「関於音楽工作的重要指示」（一九六五年一月一四日）、文化部機関革命戦闘組織聯絡站編『毛沢東文芸思想万歳』一九六七年六月、『中共重要歴史文献資料彙編』第九輯第一分冊、一九九五年、五一頁。彼女はこうもいっている。「西洋音楽に傾倒するのは、完全に奴隷思想である。自己の〔音楽〕を創造しなければならない」。同右、五三頁。

†43 パトリック・サバティエ著、花井克己訳『最後の龍 鄧小平伝』時事通信社、一九九二年、一四九頁。

†44 国務院財貿弁公室「関於移風易俗宣伝和商標図案改革問題的一些資料」（一九六五年二月一九日）、中共江西省委弁公庁編印『党的工作』（表紙に「党内刊物、定期収回」とあり）第3期（一九六五年三月三〇日）、『中共重要歴史文献資料彙編』第五輯第三百九十九分冊、二〇二〇年、七－一〇頁。

†45 銭庠理、前掲書、三八七頁。

†46 ウィトケ、前掲書、下、五二〇頁。

†47 銭庠理、前掲書、三八八－三八九頁。ただし、『毛主席的革命路線勝利万歳――党内両条路線闘争大事記（一九二一－一九六七）』、一九七頁の記載に従えば、この大会で彭真は、京劇の現代劇を「粗製濫造」と評価し、また周揚も「伝統の発掘を提起し、遺産を救い、流派を提唱し、師に敬意を払うことなど、それ自体は正しい」と発言したとされており、京劇の改革をめぐる議論が一様ではなかったことを示唆している。

†48　『建国以来毛沢東文稿』二〇二四年版、第十七冊、三二六－三二七頁注。

†49　銭庠理、前掲書、三九〇頁。

†50　「関於取消盆花庭院工作革命化問題的指示」（一九六四年七月）、『毛沢東思想万歳』11C、九八頁。筆者は、この指示を『万歳』の他の版に見出すことができなかった。

†51　銭庠理、前掲書、三九二－三九三頁。

†52　『毛沢東年譜』第五巻、三五九頁、および『毛沢東伝』下、一三八五頁。

†53　『建国以来毛沢東文稿』二〇二四年版、第十八冊、一五三頁注。文化大革命が開始されてからも続く、驚くべき数の犠牲者を伴う「二が合して一となる」観点に対する批判の広がりについては、ジョン・バイロン、ロバート・パック著、田畑暁生訳『龍のかぎ爪 康生』下、岩波書店、二〇一一年、九九－一〇六頁に詳しい。

†54　『毛沢東伝』下、一三八五頁。

†55　銭庠理、前掲書、三九三頁。「一分為二」は、たんなる哲学的指針となるにとどまらなかった。陳伯達は、生産現場もこの指針に応じて一を分けて、二、三とすべきであるとする奇怪な言論を展開した。天津市で開催された化学工業問題に関する討論会での彼の発言によれば、「一分為二」は事物発展の普遍的真理であり、それはもともと灼熱の星であった地球が冷却されて以降、陸地と海に分かれたごとくである。したがって、製鉄企業もまた製鉄と化学工業の連合企業となるべきであり、食塩を製造する企業もまた食塩生産と化学工業の連合企業となるべきなのである。陳伯達「迅速発展我国化学工業的道路――在天津召開的討論発展化学工業問題座談会上的講話」（一九六四年九月）、四川大学革委会政工組編『伯達文選』成都、一九六九年七月、『中共重要歴史文献資料彙編』第十四輯第八分冊、二〇〇七年、四〇七－四〇八頁。

†56　銭庠理、前掲書、三九四頁。

†57　「中共中央関於県以上幹部学習毛沢東哲学著作的決定」（一九六四年八月一八日）、『中共中央文件選集』第四十六冊、三六四－三六五頁。

†58　銭理群、前掲書、三九四頁。

†59　『毛沢東伝』下、一三八五－一三八七頁。

†60　王友琴・小林一美・安藤正士・安藤久美子共編共著『中国文化大革命「受難者伝」と「文革大年表」』集広舎、二〇

一七年、一八〇 - 一八七頁。

†61 張曙光『中国経済学風雲史——経済研究所六〇年』下巻（Ⅲ）、八方文化創作室、二〇一八年、一〇〇〇 - 一〇〇一頁。

†62 銭庠理、前掲書、三九五頁。エフセイ・リーベルマンは、社会主義経済における利潤の追求を重視した経済学者で、フルシチョフは彼を気に入っていた。

†63 「関於李秀成評価問題的批語」（一九六四年八月）、『建国以来毛沢東文稿』二〇二四年版、第十七冊、三二一頁および注参照。

†64 戚本禹、前掲書、上、二八九 - 三〇〇頁。

†65 康生と江青が、延安時代から、あるいはそれ以前からも特別な関係にあったことは、胡華「康生対党的危害」（一九八〇年一一月一日）、中共江蘇省委党校資料室『学習資料』増刊、一九八〇年一一月一四日、『中共重要歴史文献資料彙編』第五輯第五百八十六分冊、二〇二一年、八頁が語っている。

†66 銭庠理、前掲書、三七九頁。個々の京劇の演目について、俳優の演技の際の姿勢、衣装の色合い、小道具などについて、あらゆる注文を付ける総監督を思わせる江青の姿は、『毛沢東文芸思想万歳』に収録されたいくつかの彼女の「指示」から浮かびあがる。

†67 『建国以来毛沢東文稿』二〇二四年版、第十八冊、八五頁注。

†68 「致陸定一等」（一九六五年七月一八日）、『毛沢東書信選集』人民出版社、一九八三年、六〇五頁、および「関於絵画使用模特問題的批語」（一九六五年七月一八日）、『建国以来毛沢東文稿』二〇二三年版、第十八冊、八四頁。少しだけ表現の異なるテクストが、「関於模特児問題的批示」（一九六五年七月一八日）と題されて『学習文選』第三巻、一八六頁に収録されている。

†69 一九八〇年一一月、胡喬木は「歴史決議」の起草チームのメンバーに対して、この決議を起草している最中に語られたと思われる、陳雲の言葉を伝えている。陳はこう述べたという。「毛主席の誤りには、地方のいくらかの人間にも相当大きな責任がある。毛主席は北京の空気はよくないといつもいっており、北京で過ごしたくなかった。この話の意味は、中央の常務委員たちと話がしたくなかった、会いたくなかったということだ。彼が真っ先に会いたがったのは華東の柯慶

施、次に西南、さらにその次は中南だった」。『胡喬木伝』編写組編『胡喬木談中共党史』人民出版社、一九九九年、一三八頁。

†70 ついでにいえば、陶鋳もまた広東省の伝統的な演劇である粤劇を改革しなければならないと南方で声をあげていた。だが彼は江青とは一線を画していた。ウィトケ、前掲書、下、四一二頁。

†71 銭庠理、前掲書、三八〇-三八一頁。政治的雰囲気の変化を嗅ぎ分けるのに鋭敏な柯慶施は、前述の一九六二年一二月二一日における毛沢東の演劇に関する談話にいち早く反応し、一九六三年元旦、上海市の文芸工作者たちを前にして、文芸は建国以降の一三年間を核心的な題材としなければならないと訴えていた。『毛主席的革命路線勝利万歳——党内両条路線闘争大事記(一九二一-一九六七)』、一九〇頁。ただし、柯は一九六四年以降、癌を患い次第に活動できなくなり、一九六五年四月、文化大革命の開始をみることなく世を去った。

†72 『毛沢東年譜』第五巻、二二〇頁。

†73 銭庠理、前掲書、三八三頁。

†74 邦訳『周恩来伝』下、一四六-一四七頁。

†75 呉冷西『憶毛主席』、八八頁。

†76 筆者は、このときの毛の孤独が、彼に対する圧倒的な個人崇拝の影の部分であったと考えているが、それはもともとの毛という人格の一部であったかもしれない。アグネス・スメドレーは、一九三六年に延安で毛と交友をもった際の印象を次のように記している。「私がいま毛沢東について思い浮かべるのは、それに続く貴重な友情の数ヵ月である。その数ヵ月の間に、彼が謎のように測りがたいという印象は、強められもしたし、否定されたりもした。私が最初、毛沢東のなかにそんなにも強く感じた不吉な性質は、彼の精神的な孤独だということがわかった。朱徳が愛されているとすれば、毛沢東は尊敬されていた。彼を非常によく知るようになった少数の人たちは、毛沢東に愛情をもった。しかし毛沢東の精神は、自分を孤立させ、自分自身のなかに閉じこもっていた」。アグネス・スメドレー著、高杉一郎訳『中国の歌ごえ』みすず書房、一九五七年、一四七頁。

†77 アンドレ・マルロー著、竹本忠雄訳『反回想録』(下)、新潮社、一九七七年、六〇〇-六〇三頁。この毛とマルローの対話記録は、『毛沢東思想万歳』のいくつかの版、および宋永毅編『機密档案中新発現的毛沢東講話』に収録されてい

るが、いずれのテクストにも、毛が自らの孤立について言及した個所は見当たらない。この文学者が記録している独裁者の「孤独」とは、面会が終わった後、会場を後にして待ち受ける車までマルローと並んで歩く間に、主席が発した言葉である。

†78 「在国際関係研究所一份内部材料上的批語」(一九六五年六月二日)、『建国以来毛沢東文稿』二〇二四年版、第十八冊、六五頁。

†79 林克・淩星光著、淩星光訳『毛沢東の人間像——虎気質と猿気質の矛盾』サイマル出版会、一九九四年、二七〇－二七一頁。呉晗は、ほかならぬ毛が海瑞の精神を持ちあげたために、この歴史劇を執筆する気になったのである。人民出版社編『呉晗和《海瑞罷官》』人民出版社、一九七九年、一三七頁、および郭星華「《海瑞罷官》是怎様写出来的」、中国民主同盟北京市委員会文史資料委員会編『文史資料選輯』第一集、一九八〇年八月、二七頁。

†80 ウィトケ、前掲書、下、三九八頁。

†81 銭庠理、前掲書、四一二頁。

†82 同右。

†83 『彭真年譜』第四巻、四四八頁、および『毛沢東年譜』第五巻、五四二頁。

†84 『彭真年譜』第四巻、四四八頁。

†85 同右、四五〇頁。

†86 羅平漢『"文革"前夜的中国』人民出版社、二〇〇七年、二七八－二八一頁。

†87 戚本禹、前掲書、下、三五〇－三五一頁。

†88 『毛沢東年譜』第五巻、五四七－五四八頁。

†89 同右、五四八頁。このとき主席は彭真に対して、羅瑞卿の問題も調査するよう命じた。「地下活動」に注意せよ、党内および軍内で地下活動を永遠に許してはならない、と毛は釘を刺した。『彭真年譜』第四巻、四五六頁。

†90 逢先知によれば、胡縄と艾思奇はこの提案に賛成したが、関鋒は態度を表明せず、後に毛に対する密告に及んだのであった。前掲『毛沢東の読書生活』、二〇三頁。

†91 銭庠理、前掲書、四一九頁。

†92　余汝信編『康生年譜』新世紀出版社、二〇二三年、三八〇頁。

†93　『毛主席的革命路線勝利万歳――党内両条路線闘争大事記（一九二一－一九六七）』は、一九六五年九月を文化大革命の始まりとみなしている。それは呉晗に対する攻撃と関連している。現在の党の公式の歴史は、「海瑞の免官」をめぐる事件は、文革の「直接の序幕」あるいは「導火線」であった、とやや曖昧な調子で述べている。中共中央文献研究室『関於建国以来党的若干歴史問題的決議注釈本（修訂）』、三七二－三七五頁。『晩年周恩来』の作者である高文謙は、この事件が文化大革命を発動するに際しての毛による「すべて周到な計画」の一部であったと考えている。高文謙『周恩来秘録』上、一四七－一五二頁。

†94　第九次全国公安会議秘書処『歴届全国公安会議文件彙編一九四九年一〇月―一九五七年九月』出版地・出版社不明、一九五八年九月、『中共重要歴史文献資料彙編』第二十九輯第五十二分冊、二〇一四年、三三九頁。

†95　『毛沢東年譜』第五巻、五七二－五七三頁。

†96　『胡喬木伝』編写組編『胡喬木談中共党史』人民出版社、一九九九年、一一七頁。とはいえ、文化大革命が思いもかけず、ひょんなことから始まったという理解は、すでに文革の最中から唱えられていた。J・K・フェアバンクは、一九七一年に出版された著作でこう述べていた。「文化大革命は、ほぼ一九六六年五月から一九六九年四月に及んだ高度な運動であった。しかし、それは統制された上からのプログラムというよりも、むしろ偶然に起こった一種のハプニングであった」。J・K・フェアバンク著、市古宙三訳『中国』下、東京大学出版会、一九七二年、四九四頁。

†97　銭理群、前掲書、上、五四四－五四五頁。当時、北京大学に留学していたある日本人も「九評」に陶酔した一人であった。彼は当時を振り返って、「九評」は、人々がもうソ連に反撃すべきであると考えていたときに現れた「待望の論文」であり、「公開論争すれば必ずわれわれが勝つという自信をみんな持っていた」と書いている。西園寺一晃『青春の北京――北京留学の十年』中央公論社、一九七一年、一五四頁。

†98　「対彭真在国慶十五周年典礼上的講話稿的批語和修改」（一九六四年九月二九日、三〇日）、『建国以来毛沢東文稿』二〇二四年版、第十七冊、三七〇頁。

†99　人民日報編集部「関於無産階級専政的歴史経験」、『人民日報』一九五六年四月五日。

†100　政治局員たちの名誉のためにつけ加えておけば、少なくとも彭真は、文化的異端審問の熱気の高まりを快く思ってい

なかった。彼は一九六五年九月、全国文化庁局長会議において、猛威を振るう文化的異端者狩りに明らかに抵抗する意図をもってこう述べた。「われわれは学術界、文芸界において毛主席が述べたような、ある種の集中もあれば民主もある、紀律もあれば自由もある、意志の統一もあれば個人の伸びやかな心情、いきいきとした活発な政治的局面もあるような局面を生み出さなければならない。こうした局面を生み出せるなら、われわれの学術と文学芸術は繁栄することができるだろう」。「関於学術討論的幾個問題」(一九六五年九月二三日)、『彭真文選』、三五七頁。

第*10*章　下からの呼び声

文化大革命は中国の政治構造の頂点で生じた「爆発」によって始まり、その衝撃波が急速に下へと伝わってゆき、すぐに社会全体をとらえた――このようなイメージに異議を唱える者はいないであろう。とはいえ、この政治的事件の始まりの物語のなかに、広大な農村を登場させる余地はないのだろうか。そもそも中国で大きな政治変動が生じる際に、農村が何の役割も演じなかったなどということがあったであろうか。少なくとも、大躍進の破滅的な失敗の後、指導者たちがこれまで以上に農村における経済的・社会的状態に注意を払わなければならなくなっていたことは疑う余地がない。また、「反修防修」を党内だけでなく、広く人民の間に行き渡らせるためには、総人口の八割までもが暮らす農村を無視できるはずはなかった。さらにいえば、当時一八〇〇万人の党員のうち、一〇〇〇万人が農村に暮らしていたのである。[†1]一方、このうえなく荒廃した農村地域の住人たちが、党と国家に対して、秩序と生産の再建のために何らかの要求を突きつけていたとしても何の不思議があろうか。

ならば、農村における社会主義教育運動の過程で、党中央と農村の間にある種の相互作用が営まれ、それが毛沢東を文化大革命へと向けてひと押ししたとは考えられないであろうか。本章における筆者の基本的想定は、まさにそのようなものである。文革が「下から」生じたとの破天荒な主張を展開するつもりはない。そのような主張は、これまで筆者が本書で展開してきた説明と整合性をもたないばかりか、いかなる証拠によっても裏づけられそうにない。そのかわり、筆者は次のように主張するつもりである。文革以前に繰り返された政治運動によって農村社会は引き裂かれ、党の指導はかなりの程度まで弱体化していた。周期的に「上から」やってくる運動によって、農村の党員・幹部そして農民大衆は、運動を通じて生まれる新しい政治・社会秩序が束の間のものにすぎないことを理解するようになっていた。社会主義教育運動は、それ以前の運動を上回る衝撃を農村に与えたことによって、農村の人々に次なる運動を予感させ、期待させ、準備させていた。つまり、農村は暗黙のうちに、次なる運動を手招きしていたのである。一方、毛沢東はある種の確信をもって、政治・社会構造の末端部分は必ず腐敗・堕落するがゆえに、運動は繰り返し行う必要があると考えていた。そのため、政治構造の頂点に位置する指導者の認識と底辺における人々の認識との間に一種の共鳴現象が生じ、これが構造的圧力として新たな運動＝革命に向けて毛沢東の背を緩やかに押していたのである。

なお、すでに第8章で述べたように、党中央は一九六五年一月の会議において、社会主義教育運動を今後、四清運動と呼ぶこととした。だが、この運動に関する各地方の記録は、この決定についてまったく無頓着にも、二つの言葉を完全に互換的に用いている。したがって、本章におけるこの運動の呼び方も、社会主義教育運動と四清運動という言葉を同一の対象を指すものとして扱うこととする。

社会主義教育運動の資料およびこの運動の語り方について

社会主義教育運動の過程、およびこの運動下の中国農村の様子を叙述することには特有の難しさがある。それは、運動の当事者たちが残した、性格が大きく異なる資料のためである。大きく分けて三種類の資料群がある。[†2] 第一は、ふつう『社教簡報』、『四清簡報』、『四清運動総結』などと称される、各地に派遣された工作隊による運動の記録である。運動の最中あるいは運動終了直後に書かれたこのような記録は、量的にみて、個別の研究者の手に余るほど豊富である。それらは基本的に、数知れぬ困難な仕事を見事に完成させた工作隊の功績を自ら称える文書である。工作隊は村に入ってから、「紮根串連」を通じて「積極分子」を見出し、彼らの協力を得て村に巣くう「四類分子」および過ちを犯した村の幹部たち——「四不清」の誤りを犯した幹部たちである——を糾弾する大会を開催する。悪人たちと過ちを犯した幹部たちは、村人たちの相次ぐ厳しい告発の前に首をたれ、罪を認め、弁済できるものは弁済すると誓う。かくして農村の諸悪の根源は除去され、幹部たちの多くは赦され、農民大衆との関係は修復される。やがて幹部の再選挙が行われ、悔い改めた幹部たちを含む新しい農村の「指導的核心」が誕生するのである。この農村の新しい指導部は、私心がなく、潔癖で、村人たちに誠心誠意奉仕する。そのように示唆することによって、この種の資料は、運動後に農村が新たなる革命を必要とするようになる事態を、まったく想定していない。

第二は、改革開放の時代を迎えてから——つまり文化大革命終了後に——編集された社会主義教育運動の回顧的な記録である。それによれば、この運動は破滅的な文化大革命に先立つ、そしてすぐにそれと混じり合う大きな災難でしかなかった。社会主義教育運動は終始極端な「左」の思想によって牽引され、農村における党組織と社会を完膚なきまでに、ずたずたに引き裂いてしまった。したがって、この種の記録は四清運動と文化大革命を基本的に一体のものとみなしている。言い換えれば、文革は社会主義教育運動においてすでに始まっていたとみているのである。

そして第三の資料群、すなわち工作隊の上位機関である各省委員会や各中央局による社会主義教育運動の記録は、以上の両極端な精神によって書かれた資料の間で、かなり第一群の資料に近いとはいえ、工作隊の活動をいくらか醒めた目で記録しているために、それとは完全に同一化していない。この記録は、運動が困難に満ちたものであったことを強調している。そのひとつの理由は、工作隊自身があまりにも「左」の眼差しで農村をみすぎていたからであった。そのため、彼らは入村した際、生産大隊や生産隊が階級敵の手中にあると思い込み、粗暴な手段で幹部たちを扱った。資料には控えめな調子であるが、工作隊によって解き放たれた暴力や、自殺に追い込まれた人々についての記述も見出すことができる。だが、そのような偏向は一九六五年一月に党中央で採択された「二十三条」の伝達によって解消され、最後には工作隊、現地幹部、農民大衆がしっかりと団結し、秩序と平和が回復されるのである。その限りにおいて、第一群の資料と同様、社会主義教育運動はそれ自体として完結した運動であり、文化大革命を何ら予告していない。

社会主義教育運動についての多少なりとも均衡の取れた叙述は、以上の異なる資料群のいずれに対しても一定の批判的態度で臨むことによって準備される。第一群および第三群の資料のように、それまでの農村における社会的矛盾が運動を通じて見事に（あるいはどうにか）解決され、工作隊、幹部、大衆による「三結合」の大団円を迎えるという筋書きは、まったく現実味を欠いている。そのうえ、このような幸福な結末を迎える物語は、運動後の文化大革命においても継続される、農村における「奪権」を説明する手がかりをわれわれから奪い取ってしまう。だが他方において、そのような物語を完全に裏返しにしたところの、第二群の資料が提供する物語もまた額面通り受け取ることは危険である。この物語は、社会主義教育運動を文革もろとも頭から否定する精神によって書かれている。この資料群自身も認めているように、運動の過程において、農村における数々の無法者たちは除去されるか、あるいは彼らが不正な手段で得た金銭や食糧を、部分的にではあったにせよ、集団に返還することを命じられたのであった。その限りにおいて、農村社会の矛盾は一定程度修復されたとみることができる。

したがって、われわれは社会主義教育運動の結果と意義について、極端な見方を避けるよう努めなければならない。もしこの運動の叙述において、運動の結果の両義的な性格を、すなわちそれが農村の社会・政治構造に新たな均衡をもたらす一方、そのような均衡を覆す可能性をもつ新たな運動の可能性にも道を開いたことを示すことができるなら、叙述は比較的均衡の取れたものとなるはずである。この点と関連するが、社会主義教育運動をそれ自体として完結したものとして描くのでもなければ、他の運動と完全に一体化したものとして描くのでもなく、それに先行する運動およびそれに後続する運動との関連で描くよう努めるのがよいであろう。すなわち、この運動を、それに先立つ整風整社運動および後に続く文化大革命とともに、継起的に生じた一連の運動のなかに位置づけることが必要なのである。

農村社会主義教育運動の展開（1）――工作隊の入村

農村において社会主義教育運動を推進したのは、上級機関から派遣された工作隊であった。このチームは、規模に応じて、大きいものから工作団、工作隊、工作組、工作分団と呼ばれた。ここでは便宜上、すべて工作隊という名称を用いる。彼らは通常、一ヵ月程度の訓練を受けて村に入った。その訓練は、隊員たちを農村に潜む数々の敵や不穏な分子に対して断固たる態度をとるよう彼らを鼓舞するものであった。一九六四年九月、河北省委員会が全省から一〇万人程度の幹部を工作隊員として抽出し、一〇チームに分けて訓練を行った際、隊員の間で「反右傾闘争」が展開された。教材とされたのは王光美の「桃園経験」であった。訓練期間中、三分の一の政権が党・政府の手中にないことが強調され、主要な危険は右傾化、敵を軽視すること、革命精神の不徹底であると隊員たちは教えられた。そのため、隊員たちは「恐右症」にとらわれていたのであった[†3]。さまざまな資料を総合すれば、約二万人の人民公社に対して、四〇〇〇人前後の工作隊が派遣されるのが通例であったように思われる[†4]。工作隊が派遣されるところでは、現地の党・政府機関は通常業務を停止し、一切をこれら外部からやって来た人々に委ねなければならなかった。そうであるがゆえに、工作隊は多様な役割を担った。実をいえば、社会主義教育運動だけでなく、水利建設、食糧の買い付け、兵士の募集なども彼らの仕事に含まれていたのである[†5]。

工作隊が村を訪れる際、現地党組織および農村幹部の出迎えを受ける手筈となっていた。とはいえ、彼らはいつも歓迎されたわけではなかった。招かれざる客は、ときに何日も幹部に会うことができずに放っておかれた[†6]。湖北省江陵県のある生産大隊を訪れた工作隊によれば、村によっては、幹部が工作隊に住む場所や食事を提供せず、七、八日間も話をしようとしなかったという[†7]。それどころか、工作隊をまったく受けつけようとしない村さえあった。陝西省渭南地区においては、驚くべきことに、「北田公社尖角大隊の階級敵と悪質な幹部が結託し、この二年間、なんと七回も工作組を村から追い出した」のであった。[†8] 工作隊がこのような扱いを受けたのは、彼ら自身の説明によれば、現地幹部が村人たちに事前に「予防注射」を打ち、工作隊が村を訪れる目的は幹部だけでなく村人たちを懲らしめることだと告げていたためであった。安徽省寿県を訪れた工作隊の資料には、運動をやり過ごすために七回も会議を開いて、会計資料の廃棄や帳簿の書き換えから、農民たちとの「攻守同盟」の手配、自己批判書の書き方に至るまでを検討した幹部たちが現れる。[†9] たしかに、過去に工作隊が村を訪れた際、幹部たちだけでなく村人たちまでがひどい扱いを受けた経験があったのだから、村の幹部たちがあたかも匪賊の来襲に備えるかのように工作隊の到来に備えたのは無理もなかった。そのため、村はあたかも封鎖されているかのようであり、工作隊は入村するために「反封鎖闘争」を展開しなければならなかった。[†10]

どうにか村に受け入れてもらえると、隊員はすぐに現地党員と幹部に対して今回の運動の趣旨を詳細に説明し、彼らに協力を要請した。あわせて農民に対する布告を張り出し、農民たちにも運動への理解を求めた。だが、工作隊の真意をはかりかねた党員や幹部たちは、なかなか進んで協力しようとはしなかった。彼らは、ある場合には、食堂に張り出された「二十三条」を引き裂いて女子便所に捨ててしまった。[†11] 別の場合には、工作隊に肉、魚、卵、酒などを与え、彼らを籠絡しようとした。[†12] 一方、工作隊員たちが農民大衆の協力を得るための武器は「三同」であった。すなわち、農民たちと同じ家に住み、同じものを食べ、同じ労働にいそしむことであった。それでも、工作隊に対し、農民たちはすぐには心を開こうとしなかった。村の住人たちすべてが戦々恐々としていたのは、工作隊員たちが村の幹部たちを懲罰するために、また農民たちの悪しき諸傾向を矯正するために、いわばけんか腰でやってきているのだから当然であった。劉少奇は村で「殲滅戦」をやるといわなかっただろうか。工作隊員たちのそのような戦闘的な姿勢は、一九六三年春以降に始まる社会主義教育運動のテストケース（試点）よりも、王光美の極左的な「桃園経験」に鼓吹されたところの、一九六四年夏以降に村を訪れた工作隊に顕著であった。彼らは、三分の一の生産隊が腐っている、この村では土地改革がかつて不徹底であったなどと決め込んで村に入った[†13]。一部の地域では、工作隊には入村に際して、幹部による食糧の横領が何斤、公金横領が何万元といった具合に、摘発すべき目標が割り当てられた。工作隊はこれらの指標を達成すべきノルマと考えた[†14]。そのため、工作隊員たちは、あたかも犯罪者たちの巣窟であるかのように村を眺めたのである。

工作隊の目に映る農村

工作隊が目にしたのは多くの場合、社会主義の理想とはかけ離れた、極度に荒廃した農村であった。指導的地位にある党員と幹部のうち、少なからぬ人々が大躍進の最中に死亡するか、あるいは村を去っていた。そのため、党支部（および共産主義青年団支部）はしばしば分裂し、組織としての体をなしていなかった。毛沢東の故郷である湖南省湘潭県韶山のある生産大隊を観察した工作隊の報告書によれば、一二人からなる党支部は深い分裂に悩まされていた。「〔党〕支部内に二つの党があり、各党五人、二人が中立を保っている[†15]」。生産の状況は、地域によって違いはあるとはいえ、おおむね大躍進以前の生産高を顕著に上回る水準にまで回復してはいなかった[†16]。

奇妙なことに、工作隊はほとんどの場合、大躍進の最中に試みられた整風整社運動の成果に言及していない。その運動は、社会主義教育運動と同じように、農村に居座る悪質な「悪覇」（ボス）たちを除去し、幹部たちの作風を変化させ、人々の生産意欲を大いに高めたはずであった[†17]。だが、社会主義教育運動に関する各地の報告書は、整風整社運動を農村に何の痕跡も残さないまま通り過ぎて行ったかのように取り扱っている。農村はあたかもその運動の影響をまったく受けることなく、大躍進がもたらした経済的・社会的混乱の試練を潜り抜けたか、あるいは混乱に乗じて事実上の権力を握ったボスたちによって支配され続けていたというのである[†18]。ボスとは、党員または幹部の肩書を必ずしも有していなかったが、恩顧の供与を通じて、あるいは婚姻を通じて指導的立場にある人々を事実上、指図することが可能な人物であった。資料の多くは、このような「悪人」たちが、かつて土地改革の際に何らかの理由で地主や富農に分類されなかった人々であったとしている。
工作隊員たちは、農村において、たんに整風整社運動の痕跡を認めることができなかっただけではない。彼らは、国共内戦期あるいは建国初期の土地改革が残したはずの深い影響も認めることができなかった。工作隊の報告書には、土地改革がまったく「不徹底」であったとされる数多くの村が登場する。多くの地主と富農が、この党の存亡をかけた大事業の試練を生き延び、ある場合には党内に潜り込み、別の場合には党員たちを手先として使い、社会主義教育運動が始まるまで十数年間にわたって農村における事実上の支配者であり続けたというのである。このような言明はにわかには信じがたいが、宗族同士の械闘（武器を用いた争い）がいまだに続いている（あるいは復活した）という指摘や、売買婚の復活に関する指摘、階級や階級闘争なる概念をまったく理解できない数多くの農民の存在についての指摘――要するに、旧態依然とした農村社会に関する数々の指摘――を考慮すると、ある程度の説得力を備えているといわざるをえない。北京市通県西集のある生産大隊の四清運動に関する報告書には、一九三〇年代の匪賊が横行する時代においても、日本軍の傀儡政権下でも、国民党統治下でも、共産党統治下でも、いずれも村の実質的な支配者であり続けた驚嘆すべき人物――「四朝元老」と呼ばれている男――が登場する。幸運だけに頼って、この人物が村の支配者であり続けたわけではあるまい。おそらく彼は、中国の長い歴史のなかで培われた、政治権力といかに付き合うべきか、そしてそれをいかに利用すべきかに関する民衆の集団的知恵のよき体現者であったのであろう。この人物は、娘を党員に嫁がせ、また息のかかった人物を生産隊長にしていた。[†19]
村人たちはといえば、このような「悪覇」たちの一方的な搾取と暴力の前になす術がなかったと多くの資料は示唆している。そのうえ、資料が口を揃えて指摘するところ、「困難な時期」（大躍進の時期を指す）に古めかしい習慣や迷信が復活を遂げていたのであった。山西省定襄県のある生産大隊に入った工作隊は、大躍進の際に「妖怪変化〔原文は「牛鬼蛇神」〕が一斉に飛び出してきた」と表現している。[†20]つまり、人々は再び怪しげな神や霊魂をあがめ、賭博、猥褻な図書、アヘン、そして売買婚に手を出していたというのである。これらの事実は、たんなる政治史の領域を超えた興味を喚起する。さまざまな資料が、この時期の農村部における猥褻な図書の拡がりに言及している。湖北省監利県のある生産大隊では、一七五人の青年のうち、四六人が『火焼紅蓮寺』、『済公伝』、『七剣十三侠』など一五種類あまりの「黄色」（猥褻な）書籍を読んでいた。[†21] 売買婚については、湖南省岳陽の状況に関して、同省婦人連合の党組から、以下のような驚くべき報告が省委に提出されている。「一九六一年から一九六四年五月までに嫁いだ四五人の女性のうち、五四パーセントを占める二一人が法定年齢に達しておらず、そのうち二人は一一歳であった。……湘郷白田区高冲大隊では、一九六一年以来、三五戸が童養媳（息子の嫁にするために、幼いうちに引き取られた女子を指す）を抱えていた。……岳陽専区では、一九六三年から一九六四年にかけて、婚姻問題で自殺した者および殺された者は一三九人に及んだ」[†22]。山西省原平県のある生産大隊については、「この四年間、売買婚は流行している。ある汚職分子は一七〇〇元余りを払って童女を買った。青年団支部書記の×××は一六歳の少女と不法に三年間同居している」との報告がある。[†23] そして、注目すべきことに同県においては、人民共和国建国以来あれほど弾圧され続けてきたというのに、一貫道がまだ影響力を失っていなかった。[†24] このうえない社会的混乱と飢えと絶望に見舞われ、将来の展望が失われたとき、人々が古い習俗や信仰を頼みの綱としたとしても不思議はなかった。湖北省江陵県のある生産隊長は、工作隊に対して次のように証言している。

> 一九六一年に生産隊で牛が数頭死ぬと、そして何人かが病にかかると、ある者がデマを飛ばした。「疫病がやってきた。疫病のお祓いをしないと人も家畜も死んでしまう」。自分はこのデマを信じ、八人の和尚を呼んで一日読経させた。そのために八〇元および四十数斤の米を浪費した。金と米はどこから来たか。貧富にかかわらず、各戸五元、三斤の米を出させたのである。貧農は金がなかったので、あちこちで借金し、米もなかったので、救済米も出した。[†25]

青海省の党員たちは、病気にかかるのは神による一種の懲罰であると考えており、曲什科と蒙古の二つの党支部では、二〇人の党員中、一八人が大衆を率いて読経、斎戒、祭祀を行ったのであった。[†26]

伝統的農村の社会的景観の一部をなしていた械闘もまた復活を遂げていた。湖南省嘉禾県のある生産大隊を訪れた工作隊の報告に従えば、同大隊は古くから宗族同士の対立が激しく、械闘が絶えなかった。それはしばらく中断していたものの、一九六二年四月に復活を遂げたのであった。村と村の間、宗族と宗族の間、同村同族の間でも抗争は生じた。たたかいは党内にまで持ち込まれ、大隊の一二人の党員は「三国鼎立」の状態となった。セクト間の抗争は子供たちの間にも広がり、彼らは互いに陣地を攻撃し合っていたという。[†27]

われわれは本書の第5章において、一九六二年夏、大躍進が生んだ農村における危機の打開策として政治局常務委員たちが推奨した包産到戸を毛沢東が激しく攻撃し、資本主義に道を開くと彼が考えた単幹（単独経営）を厳しく戒めたことをみた。ところが、社会主義教育運動に関するさまざまな資料は、各地で単独経営が強い生命力を持ち続けていたことを物語っている。一九六五年一二月、甘粛省委常務委員会でのある委員の発言はこうである。「いくらかの地区では単幹問題が非常に深刻である。表向きは集団〔生産〕だが、裏では単幹〔原文は「明集体暗単幹」〕をやっている。分田到戸がなされ、自留地も多い。ある地方では、自留地の収入が集団〔生産〕を超えている」。[†28] 陝西省南鄭県では県委弁公室副主任が「単幹の十大利点」を宣揚していた。[†29] 同県の人民公社では一一七の生産隊のうち、分田到戸を行っているものが三六、包産到戸を行っているものが六あったという。[†30] 湖北省荊門県においても事情はまったく同様であった。同県喬湖大隊においては全戸数二四二のうち、単幹を行っているものが二四パーセント、また単幹を望んでいるものが四四・三パーセントに及んでいた。[†31] 湖南省岳陽県の人民公社においては、農業は集団生産が行われているものの、副業と手工業は単独生産、農繁期は集団生産だが農閑期は単独生産、男は集団生産に従事するが女は単独生産に従事していた。「上から」おりてくる指示をかくも見事に換骨奪胎してみせる農民たちの知恵に、われわれは驚嘆を禁じえない。この事実を発見した工作隊は、いくつもの生産隊において、「六十条」は紙巻きタバコと化していたと報告書に記している。[32] 全体主義的な圧政が頂点に達していたと目される時期においてさえ、農民たちが独自の判断で「上から」来る政策を勝手に読み替え、それを自らの利益のために利用していた事実はきわめて興味深い。毛沢東が北京で包産到戸を厳しく批判し、集団的生産の仕組みを維持しようと躍起になっていたにもかかわらず、農民たちはさまざまな知恵を働かせてそれを台無しにしていた。要するに、彼らは毛沢東を崇拝しながら、毛の精神には何ら敬意を払っていなかったのである。大躍進が残した廃墟において、人民公社は理念においても現実においても、明らかに形骸化しつつあった。

農村社会主義教育運動の展開（2）——運動の諸段階

農村がそのような状態に置かれていたため、前述した第一と第三の資料群はいずれも、工作隊がいたるところで深刻な「四不清」の問題を抱えた幹部、跳梁跋扈する「四類分子」、および悪習に染まった農民たちと遭遇したことを伝えている。「探れば探るほど四不清を抱える現地幹部は増え（五〇パーセント以上）、九五パーセントの幹部と団結できるか怪しくなった」と北京通県西集公社に入った工作隊は記している。同県林頓大隊党支部には八人の党員がいるが、「困難時期」にすべてが「四不清」の誤りを犯し、「少しも党員らしくなかった」。[33] 現地の幹部と党組織がほとんど頼りにならないと判断されたため（あるいは、頭からそう決めかかっていたため）、運動は工作隊がすべてを取り仕切る形で進められた。

四ヵ月から八ヵ月に及ぶ工作隊指導下の社会主義教育運動は、通常、いくつかの段階に分けて展開された。第一段階は、現地幹部を集めた教育・訓練、および工作隊に積極的に協力してくれる人々を探し当てること、すなわち「集訓」と「紮根串連」によって特徴づけられる。幹部たちは工作隊から社会主義教育運動の目的と意義について説明を受け、また関連する文件の学習を命じられた。同時に、工作隊はつてを頼って貧しい農民の間に積極分子を見出した（あるいは、説得を通じて「培養」した）。「根子」と称された積極分子は、農村に長く巣くう悪質な人々に対する深い恨みを抱く人々で、後に彼らは貧農協会において中心的役割を担うこととなった。そして、彼らの一部は入党を認められた。[†34] さらに工作隊は「根子」を通じて、村を支配している「四類分子」、すなわち地主、富農、反革命分子、悪質分子に関する情報、および幹部たちの数々の不正な行いに関する情報を集めたのである。

攻撃対象が定まった後、第二段階である大衆集会が開催される。この集会の際立った特徴は、「訴苦」と「対比」であった。これは国共内戦期における土地改革以来、党によってすでに用いられてきた、農民大衆の感情を高ぶらせるための伝家の宝刀であった。[†35] 農民たちに、過去に地主、匪賊、日本軍などから受けた苦しみを訴えさせ、また共産党支配下の現在の生活が過去と比べていかに幸福であるかを語らせ、彼らの間で階級的連帯感を育むのである。同時に、彼らに苦痛を与えた張本人が誰であるかを明らかにさせ、それらの悪人がまだ生きている場合には、それらの人物に批判を集中させるのである。かくして、「訴苦」と「対比」は「闘争会」へと発展する。

とはいえ、工作隊はここでもうまくやれるとは限らなかった。今回の「訴苦」と「対比」は、大躍進の時期に農民たちが受けた塗炭の苦しみを迂回しながら、進めなければならなかった。社会主義教育運動に関する前述の三種類の資料群は、いずれも「困難な時期」において彼らが被った災難にまったく言及していない。だが、大躍進時期の農民たちの苦痛を無視して「訴苦」と「対比」を行うことは現実的には不可能であったろう。あえて工作隊がそれを行おうとすれば、推測の域を出るものではないが、農民たちの注意は過去の権力と現在の権力の異質性よりも同質性のほうに向けられた可能性がある。少なくとも、農民たちは工作隊の思い通りにはならなかった。湖北省監利県小河大隊に入ったある工作隊員は、こう証言している。富農を吊るしあげるはずの「闘争会」には、三二人が参加しただけで、そのうち発言者は二人だけにとどまった。そこで、業を煮やしたこの工作隊員は民兵に縄を持ってこさせ、富農を縛りあげよと命じたが民兵は従わず、やむなく自分で縛りあげる始末となった。その間、農民たちは一言も発することなく、生産隊長は会場の外に出て行ってしまった。[†36] 少数民族地区において、工作隊はより大きな困難にぶつかった。例えば、チベット地区において、工作隊はチベット族がそもそも集団での学習に慣れておらず、会議を開催すること自体が難しいと語っている。[†37] 内モンゴルにおいても、厳冬期は寒さのあまり、集会を開くことさえままならなかった。[†38]

他方において、集会に臨んだ農民たちは興奮のあまり、手がつけられなくなる場合もあった。要するに、工作隊の扇動に対する彼らの反応は、極端に走る傾向があったのである。前述の第一群の資料がしばしば記録しているのは、過去の苦しみを相互に訴えあうことを通じて生じた農民たちの感情の高ぶり、そして爆発である。「会場の火の玉はますます膨らんでいった」と北京市郊外に進駐したある工作隊は報告書に記している。[†39] 村落人口の三分の一までもが出席した「闘争会」は、ときに深夜一時過ぎにまで及び、「四類分子」に対して暴力が行使された。陝西省宝鶏県に入ったある工作隊員から匿名で中央西北局に送られた手紙は、農民が行使する暴力についてこう記している。ここに描かれている農民たちの姿は、一九二七年に毛沢東が書いた有名な「湖南農民運動視察報告」に登場する、「ゆきすぎた」彼らの姿とほとんど変わらない。

闘争中、打つ、縛り上げる、小突き回す〔原文は「炒豆」〕、腰掛の上に立たせ続ける、唾を吐きかける、頭髪を抜く、紙でできた背の高い帽子をかぶせる、衣服を脱がせるといったことが、ある地方では当たり前となっている。工作隊もそれを止めようとしない。[†40]

前述の第二群の資料は、運動における暴力をめぐる記述において、第一群の資料と比べてはるかに率直かつ豊富である。例えば、河北省滄州地区に関する記述はこうである。工作隊が「左の思想で大衆を扇動したため、彼らの情緒は過激になり、統制できなくなった。方法は『簡単粗暴』であった。いくらかの工作隊員も直接、拷問によって自白を強要した。任丘県では、大隊総数の六四パーセントに当たる一九八の大隊で拷問による自白の強要が行われ、七〇〇人が拷問を受けた。……粛寧県のある大隊では、四日間のうちに三〇三人の幹部が拷問を受けた」。[†41] イスラム教徒が多く住む河北省孟村県では、二一九人のイマームその他の回族が批判され、イスラム教の経典九万冊あまりが没収、焼却された。[†42]

工作隊は「闘争会」で行使された暴力を正面から肯定することはなかったものの、通常、寛容な態度を示した。それは工作隊員たちだけでなく、彼らを指導する立場にある省の指導者たちがひどく「左」に傾いていたのだから当然であった。陝西省の指導者の社会主義教育運動に関する発言はこうである。

最近、少数の隊で車輪戦〔一組の人間が代わる代わる一人の人間を苛むことを指す〕をやる、四不清幹部の家の戸に白紙の対聯《ついれん》を貼る、背の高い帽子をかぶせて街を引き回す、はなはだしきは人を打つという簡単で粗暴な方法が用いられた。その他、社会主義教育運動の開始以来、いくらかの人々が逃亡し、いくらかの人々が自殺した。……われわれはこのようなひとつの大きな革命運動のなかで、いくらかの問題が生じることは避けられない、革命的大衆運動に冷水を浴びせてはならない、幹部と大衆の革命的積極性を保護しなければならないと考える。[†43]

甘粛省委のある常務委員も、社会主義教育運動における暴力についてこう語っている。

大衆が立ちあがってから出現したいくらかの行き過ぎた行為と、幹部の指導思想上の『左』は、原則的には区別しなければならない。大衆が真に発動され、いくらかの行き過ぎた行為が発生することは避けられない。指導を強化しさえすれば、解決は難しくない。指導思想上の『左』に対しては、その実質が右であること、大衆から遊離していることを指摘しなければならない。それは断固として正さなければならず、積極的方面から彼らが大胆に大衆を発動し、真剣に政策を貫徹し、執行するよう仕向けなければならない。[†44]

この発言で注目されるのは、「左」もまた実質的には「右」であるとして批判されていたことである。もし工作隊がそのように上級機関から批判されたなら、彼らが進める運動は果てしなく「左」へと傾いていくほかはなかった。実際、社会主義教育運動の資料にほぼ共通して見出すことができるのは、運動の途中で「右を恐れるが左を恐れないという風潮」、「簡単粗暴な方法」、「ゆきすぎた」行為が現れたという指摘である。紛れもなく、それは暴力の拡がりを意味しているのである。暴力は、「四類分子」とされた人々の抵抗を封じ込めるためにも行使されたかもしれない。そのような人々のすべてが、ただ一方的に農民たち（および工作隊）による暴力に甘んじていたとは考えにくいからである。青海省東部の民和、楽都では、「反革命分子」は工作隊を殺すと宣言し、工作隊から公然と銃を奪ったという。さらに同省東部の大通のある「反革命分子」は「打倒共産党」と叫んだ後、飛び降り自殺したのであった。[†45]

「闘争会」の結果、少なからずの人々の階級的範疇が見直された。過去の土地改革の際に何らかの理由で地主と富農の範疇から「漏れた」人々が、新たに地主・富農に追加された。新たにそのような忌まわしい烙印を押された人々の数は、土地改革の「補講」と呼びうる限度を上回っていた。寧夏回族自治区のある生産大隊については、次のような報告がある。「地主・富農は土地改革の際には六三戸であり、当時の農家戸数の四・九パーセントを占めた。今回あらためて当時漏れた分の三二戸をこの範疇に追加した。これで〔地主が〕土地改革時の農家戸数の七・四パーセントとなった」。[†46]だが、地域によっては、過去の土地改革の際に地主・富農に分類された人々の数を上回る多くの人々が、今回の運動でそれらの範疇に加えられた。西安市の<ruby>櫊</ruby>橋、未央の二つの地区の一五公社における社会主義教育運動では、過去の土地改革の際に地主・富農とされたのは一一四九戸であったが、今回は一二八七戸が新たに地主・富農と認定されたのであった。[†47]もしこれが事実であるなら、社会主義教育運動は、たしかに「土地改革以来もっとも深刻で偉大な革命運動」の名に値するものであった。それはときとして土地改革を上回る衝撃を農村に与え、農村社会を再度深く引き裂いた。

第三段階は、党員および幹部たちの四清、そして一般の人々の犯罪行為の摘発である。いかなる地域の社会主義教育運動を扱った資料であれ、ほぼ例外なく現地の党員・幹部たちの多くが経済的な不正に手を染めていたと記している。幹部とは具体的には、党支部書記（および副書記）、共産主義青年団支部書記、大隊長、生産隊長、会計係、管財係、民兵組織の連隊長などを指す。党員たちは、どの程度の割合で幹部に就任していたのだろうか。これら二つの範疇が大きく重なっていたことは明らかである。これが典型的な事例であるかは不明であるが、河北省滄州地区においては、同地区の党員総数の六四・九パーセントが幹部であった。[†48]

多くの資料は、実に多くの幹部たちが、不正な手段で私的な利益を得ていたことを暴露している。河北省滄州地区の場合、農村で「四不清」の誤りを犯した幹部は全体の八一・八パーセント、そのうち汚職と窃盗に手を染めた者が六二・五パーセントを占めた。[†49] 湖南省長沙の工作隊によれば、今回の運動以前、九七パーセントの幹部が汚職、公金流用、投機・闇取引に手を染めていた。[†50] 湖南省保靖県劉渓公社要境大隊では、大隊および生産隊の幹部は七〇人を数えたが、そのうち「四不清」と認められた者が九六パーセントに相当する六七人にのぼった。[†51] 北京市通県東儀大隊における四清運動においては、大隊の主要な幹部七人中、六人が闘争にかけられ、また党支部九人の党員中、三人が退党勧告、一人が除名処分を受けた。[†52] 幹部たちが比較的「清潔」であったとみられる地区でさえ、半数以上が不正に関わっていた。湖北省江陵県のある生産大隊においては、六八人の生産大隊および生産隊の幹部中、五八パーセントに当たる四〇人が「四不清」の誤りを犯しており、そのなかには二〇〇〇元以上を着服した大隊長も含まれていた。[†53]

もちろん、党員・幹部の経済的な不正だけが問題とされたのではなかった。資料に繰り返し登場するのは、彼らの「不正常な男女関係」についての告発である。幹部の誰かが村の複数の女性たちとただならぬ関係にある事実、あるいは彼らの既婚女性との不倫が大衆集会でしばしば暴露された。農民大衆を大いに憤らせたのは、経済的な不正に劣らず、この種の問題であった（ことによると、これこそが多くの村人にとっての最大の関心事であったかもしれない）。不倫の告発は、相手側の女性の家族にも大きな問題を引き起こし、ときに自殺騒ぎにまで至ったから、その影響は実に広範に及んだ。[†54]

党員・幹部たちがかくも多くの不正を働いていたことを物語る記録を読めば、中国共産党の支配を末端で支えていた人々は、機会に恵まれさえすれば、いかなる不正を犯すこともためらわなかったとの印象を免れることはできない（わずかな役得も伴わないとすれば、誰が好んで幹部を引き受けるだろうか）。だが実際には、幹部たちの「不正」は、工作隊員たちの「左」の眼差しによって不当に膨らまされたもので、その多くは犯罪と呼ぶには、あまりにもささやかなものであった。山西省高河店のある農民は、後に歴史家のインタビューに答えて、四清運動当時の様子を次のように回顧している。「運動中、一〇分の九が偽りで、幹部たちはせいぜい饅頭を一個多く食べたくらいだったが、みな『多食多取』〔原文は「多吃多占」〕といわざるをえなかった[†55]」。

ところで、社会主義教育運動の綱領である「二十三条」は、工作隊に現地幹部の九五パーセントと団結することを求めていた。当然のことながら隊員たちは、幹部たちの不正を暴けば暴くほど、団結が困難になることをよく理解していた。そこで工作隊は、幹部たちの過ちの根源を資本主義思想による「腐食」、階級敵による「和平演変」の陰謀のせいにして追及に手心を加えざるをえなかった。すなわち、「誤りは幹部にあるが、その根は敵にある」との論理をもって、幹部を赦すよう努めたのである[†56]。加えて、幹部たちに労働への参加を促し、また不正な手段をもって私的に得られた利益を返還するよう仕向けることによって、農民大衆からの赦しも請うた。前述の湖南省保靖県の大隊の「四不清」幹部六七人は、食糧六八六五斤、現金三三五〇六元を弁済した。これは本来弁済すべき食糧および金額のそれぞれ六〇パーセント、八〇パーセントに相当したという[†57]。このような弁済の仕方は中途半端にみえるが、多くの資料が語るところ、農民大衆は「下楼」した――すなわち、自ら罪を告白し、集団に与えた損害を補償することを約束した――幹部たちを寛大にも放免したのであった。それはおそらく、小さな不正であれば、農民たちにも覚えがあったからであろう[†58]。こうして大団円が訪れる――少なくとも、前述の第一群の資料においてはそうである。湖北省江陵県のある大隊においては、「四不清」幹部四〇人中、三七人は盗み取った金や食糧を返すと約束し、幹部であり続けることを許されたのであった[†59]。

一般の人々の犯罪行為の摘発――これは「人民内部の問題」の処理と称された――は幹部たちの不正の問題がおおむね片づいた後に行われた。一九六五年に山東省青島市における四清運動で処分が検討された二三九人に関する詳細な記録が、普通の人々が犯した「犯罪行為」の一端を伝えている。この記録を読むなら、大躍進の期間中に人々がまったくけち臭い盗みをはたらいた――例えば、衣服のポケットを用いて米やエンドウ豆やトウモロコシを盗んだ――ことで告発対象となったことが理解できる。ある労働者は一九六〇年春、四〇元で腕時計を購入し、秋に六〇元でそれを売却した際、手数料を差し引かれて一五・八元を手にしたことが咎められている。別の労働者は、一九六〇年夏に故障した自転車一輌を一三〇元で購入した後、四〇元を費やしてタイヤを交換し、それを三一〇元で売却して一四〇元を手にしたことが問題とされている。もっとも多く記録されているのは「糧票」（食糧切符）あるいは「油票」（油切符）に関わる不正――例えば、それを不正な手段でまとめて入手した後、自由市場で売る、あるいは払い戻しを受けるといった「犯罪」――である。工作隊は、驚嘆すべき手間と時間をかけてこれらの案件をひとつひとつ審査したうえ、各人に現金数百元の賠償や「糧票」の払い戻しを命じたのであった。そのほか、性犯罪の記録が多いことにも驚かされる。[†60]

工作隊による人々の生活に対する介入的態度は、四清運動当時の権力の社会に対する姿勢の全般的特徴の表れである。これは「上から」の厳格な官僚制的統制を好む劉少奇の性向が反映されたものとみて差し支えないであろう。水も漏らさぬ厳格な管理が追求された異常な時期であった。会計係は「一円たりとも現金と帳簿が合わなければ、夜中になっても現金を探し出す」よう求められた、と内モンゴルで四清運動を経験した回族の女性は述べている。[†61]湖南省株洲市の計画出産委員会は、各人民公社に対して、女性社員の「おりもの」に関する詳細な情報――正常、多い、少ない、白色、透明、薄い、濃い、臭う、といった範疇を設けて――まで提供するよう要求していた。[†62]この極端な「上から」の官僚制的統制の時期に続いたのが、「二十三条」公布以降のいくらか曖昧な時期を挟んで、やはり極端な「下から」の暴力を通じた官僚制の破壊の時期であった。四清運動と文化大革命は、精神が正反対の方向を向いた、ともに極端な時期であった。

ともあれ、強化された官僚制的統制のもとで人々は、「四不清」幹部とともに、資本主義の道を歩んだとして批判された。いうまでもなく、わずかな自留地を除けば生産手段を所有しない、そして所有する可能性を絶たれた中国農村の住人たちが資本主義の道を歩んでいると考えるのは、まったくばかげていた。マルクスは『資本論』第三巻第二十章において、封建的生産様式からの移行に関する三つの道について、よく知られた命題を述べた。すなわち、（ａ）生産者の一部が自ら資本を蓄積し、商業を営み、時がたつにつれてギルドの手工業的規制から解放された資本主義的基礎のうえに生産を組織しはじめる。つまり、生産者が商人となり資本家となる道（マルクスはこれを「現実に革命的な道」と述べている）。（ｂ）商人から生産者への道。すなわち、既存の商人の一部が、直接的に生産を組織しはじめ、それによって歴史的には、ひとつの過渡的な生産様式として役立つとしても、結局は真の資本主義的生産様式を妨害するようになる道である。そして（ｃ）産業家が商人となり、直接、商業のために大規模に生産を行う道である。[†63] 人民公社で暮らす農民であれ幹部であれ、以上のいずれにも当てはまらないことは明白であった。結局のところ、虫がわいた棗《なつめ》の砂糖漬けを売ることを「資本主義経営思想」と呼ぶ類の批判が現れたのは[†64]、工作隊も資本主義が何であるかを少しも理解していなかったためであった。彼らは党の上層から降りてくるところの、「資本主義が狂ったように進攻してきている」とか「階級闘争は一万年続く」などという言葉に何の実感も抱くことができなかったに違いない。だが、そうかといって、上級機関がそのように執拗に主張する以上、農村に何らかの資本主義あるいは修正主義の兆しを見出さなければならなかった。そのため、彼らの眼についたあらゆる倫理的な問題をそれらの徴候とみなしたのである。ある工作隊は資本主義の精神を「懶〔怠けること〕、饞〔うまいものを食べること〕、占、貪、変」と表現している。[†65] 結局のところ、社会主義教育運動は農村の住人たちに、社会主義とは何であるかを教えることは決してなかった。むしろ、それは資本主義と社会主義に関する人々の観念を、ますます混乱させただけである。だが皮肉にも、そうすることによって文化大革命に向かう道を掃き清めたのである。

運動の最終段階は、投票――チェン村では「秘密投票」が行われたとのことである[†66]――による幹部の再選出、およびそれを通じた農村における新しい指導の中核の形成である。工作隊による報告書の多くが、それによる農村における秩序と平和の回復、そして生産の顕著な向上を強調しているとはいえ、工作隊、現地幹部、農民大衆の三者による大団円が大方の結末であったとみなすことは難しい。なぜなら、あまりにも多くの党員・幹部が処分されたため、党内にもまた村内部にも重大な禍根を残したと考えざるをえないからである。詳細な記録が残っている北京通県の例――それは工作隊員の大部分が知識人で占められていたことと関係がある――が示すところ、同県西集公社の二三七人の党員中、処分を受けたのは三分の一を超える八四人にのぼった[†67]。山西省洪洞県馬牧二大隊では、二八人の党員を再登録する際、九人が党からの退出を強いられた[†68]。河北省滄州地区では、一四二二人の幹部が何らかの形で処分され、そのうち四一・五パーセントが免職あるいは落選した。そのうえ、四四七四人の党員が除名された。これは七県の総党員数の一二・二パーセントに相当する[†69]。西北地区全体の運動の成果はといえば、二五九の人民公社のうち四二のであった。さらに、一六の県で党員総数の一一・二パーセントにあたる六〇〇人あまりが除名処分となった[†70]。仮に(すなわち一六パーセント)で、また全生産大隊のうちの二五・五パーセントに相当する八四〇で「奪権」が行われた一九六四年から六五年にかけて、農村で一一から一二パーセントの党員が除名されたとすれば、当時の農村の総党員数が中央組織部長の安子文のいうように約一〇〇〇万人であったと仮定して、一一〇万人から一二〇万人もの党員が除名されたことになる。これは組織上のきわめて重大な変化であったといいうる。もし以上の数字が事実を正しく反映しているとすれば、社会主義教育運動を通じて幹部たちの相当部分が入れ替えられたとみてよいであろう。容易に想像しうるように、それは一方において農村社会の秩序を回復したが、他方において新たな緊張の種をまいたのであった。

農村社会に新たにもたらされた亀裂をより深いものにしたのは、「四不清」幹部の一人一人についてその不正行為を詳細に記したファイル(档案)が新たに作成されたことである。このファイルは、幹部一人につき数十ページにも

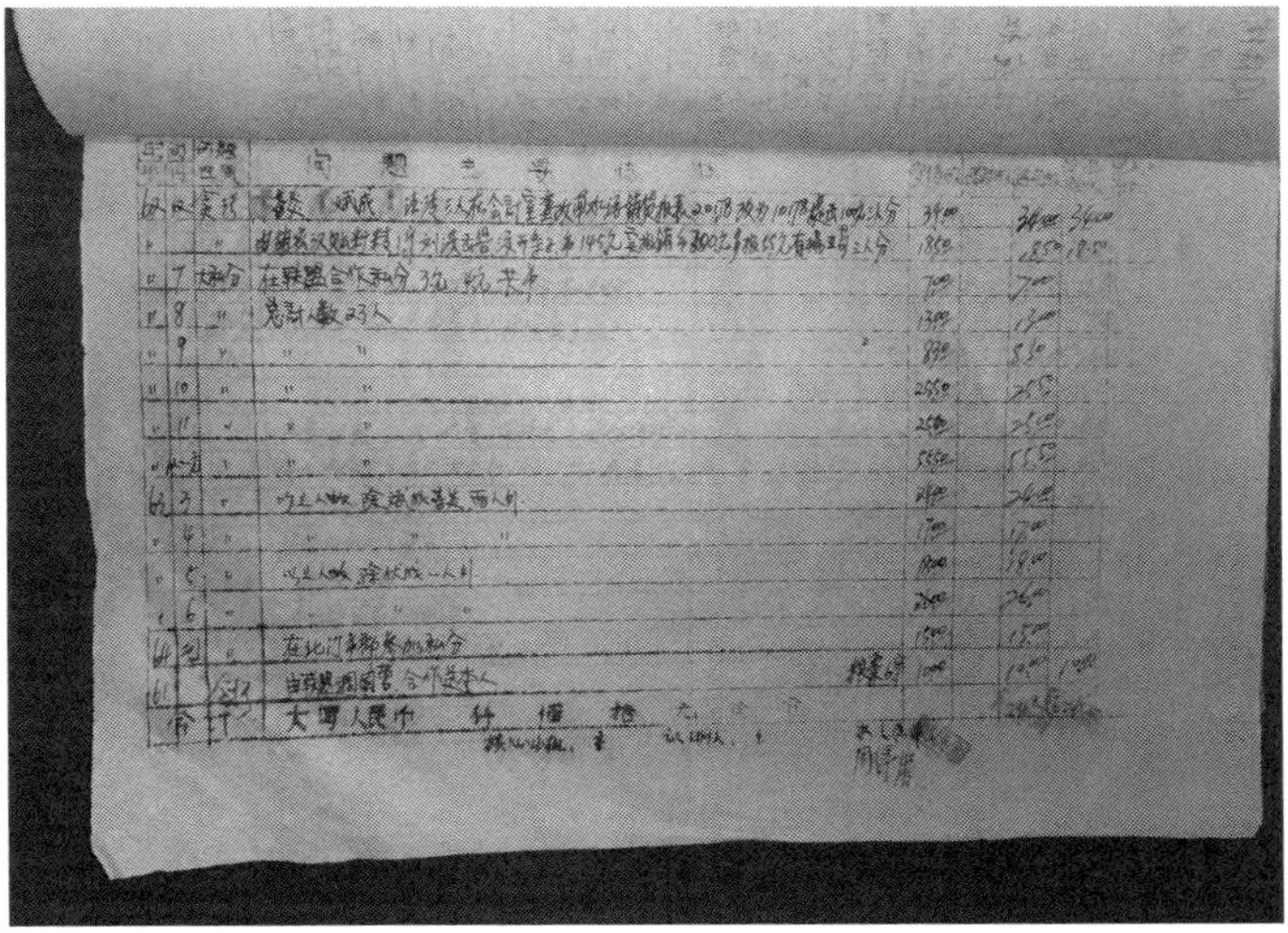

社会主義教育運動の際に作成された個人ファイルの一部（慶應義塾大学東アジア研究所所蔵資料）

およぶ克明かつ長大な記録であった。そこには革命以前の経歴と家庭状況、現在の家族に関する情報はもちろんのこと、受け取った賄賂の金額、窃盗により得た現金・食糧切符の金額、投機によって獲得した収入額から、いつ、どこで集団的な飲食に参加したかに至るまで事細かに記されている。[†71]

このような実に不名誉な記録は、それが今回の運動を超えて再び利用されかねないものであった（実際に、文化大革命のなかで利用された）だけに、幹部たちは何らかの手段でこの档案を廃棄させようと考えたに違いない。もし彼らがこのような動機を抱いていたとしたら、彼らが新たな運動＝革命を待望することは自然であった。

一九六五年一月に公布された「二十三条」は、社会主義教育運動の現場にいかなる影響を与えたであろうか。この文書は、一方において多くの報告書が指摘するように、それまで過激化していた運動を穏健化することに役立った。だが、他方において運動の成果を一定程度損ねてしまった。というのも、工作隊がこの綱領に基づき、「四類分子」とされた一部の人々の名誉を回復し、一部の幹部たちの不正がなかったものと認定し直したからである。[†72] そのため、多くの資料は、この綱領が幹部と農民大衆の「革命的積極性に水を差し」、「翻案風」さえ生み出したと書いている。中央西北局書記の劉瀾濤は「二十三条」公布後、運動が勢いを失ったとして、苦々しい調子でこう述べた。「現在の主要な問題は、一部の地方でたるみ、厭戦気分が増長していることである。一部の地方では士気は旺盛だが、仕事ぶりがよくない。いくらかの幹部は面倒を恐れ、腰が引けている。昨年冬〔一九六四年冬を指す〕のあのさかんな革命的雰囲気と革命の情熱は、現在、ある地方では低下し、はなはだしきは失われてしまった」[†73]。つまり、嵐は過ぎ去り、社会主義教育運動が派手に破壊した旧秩序の一部は元に戻りかけていた。打倒された旧幹部たちの一部とその取り巻きたちが、打倒されなかった旧幹部と新幹部および彼らが従える積極分子たちに対して闘争を挑み始めていたのである。

　このようにして運動の方向性が曖昧になったところへ文化大革命の号令が届いた。だが、「新たな革命」と称された四清運動のさなかに再び「革命」が唱えられたことは、現場を無限の混乱へと追いやった。文革の呼びかけは、ある場合には、四清を徹底させよとのメッセージと理解された。すなわち、一部の人々は、「二十三条」でいくぶん「右」に切られた運動の舵が、再び「左」へと切られたと理解し、社会主義教育運動前の秩序の徹底的な破壊へと向かった。だが、別の場合には、文革の号令は、現在の運動を通じて**形成されつつある秩序**の破壊が許可されたものと理解された。実際、多くの地方でまだ社会主義教育運動を進めていた工作隊員たちが襲撃されたのである[†74]。さらに別の場合には、文革の合図に応じて、工作隊の「左派」がその他の部分に対して「奪権」闘争を挑み始めた。つまり、工作隊が分裂したのである[†75]。

　ひとつの「革命」から次なる「革命」へのほとんど間髪を入れない転化がもたらした帰結は明白であった。それは、誰にも予想がつかないほど入り組んだ複雑な闘争の構図ができあがったということである。容易に想像しうる事態の連鎖はこうである。ある運動は農村で新たな指導者たちを権力の座につける。「積極分子」たちが、その指導者たちの手先となる。だが、これらの人々は、自分たちが権力を獲得する過程において、一群の人々を迫害し、そして社会の周辺へと追いやっている。これらの哀れな人々は、当然のように、次なる運動において現在の権力者たちとその取り巻きたちに復讐を試みるであろう。しかし、次回の運動は、たんに今回の運動の際に迫害した側と迫害された側を攻守逆転させるだけではない。その運動は現在の権力者集団を分裂させ、その一部を他の部分に立ち向かわせる。その際、同じように分裂するであろう、かつての迫害された人々は、互いにたたかいを始め、そして（あるいは）一部が現在の権力者集団の一部と結びついて、他の部分に攻撃を加えるであろう。次々回の運動においても同様の過程が繰り返される。そうなると、誰が誰とたたかうかについての構図は、運動が回を追うごとに、より複合的になることは免れない。もし運動に参加するそれぞれの人間が、自らの行為が毛沢東の正しい思想に基づいているとして、「革命」の名にふさわしい激しさをもって闘争を挑むなら、このような闘争は収拾のつかないものに発展するであろう。それはまさに、文化大革命において現実と化したのであった。そして、この闘争を終息させようと思えば、激しい暴力に頼るほかはなかったのである。

「革命」を予感する農民たち

社会主義教育運動に先んじて行われた整風整社運動においても、農村における幹部たちは大量に入れ替えられた。このときも工作隊が農村に入り、「紮根串連」を行い、「悪覇」たちによって支配された生産隊を解放し、また公金を横領して好き放題に振る舞う悪しき幹部たちを処罰した。湖北省武昌県紙坊公社に入った工作隊は、整風整社運動の結果をこう記している。「整風によって、すべてはうまくいった。農民は生産に積極的となった。農民はいっている。『これは土地改革後のあらたな大翻身〔解放を意味する〕で、まことにひとつの大きな慶事である』[†76]。そしてこのときも、今回の運動は「第二次土地改革」であると称されたのであった[†77]。

このような一九六〇年代初めの運動の記録を前に、われわれはひとつの大きな疑問を禁じえない。もし整風整社運動がかくも大きな成果をあげていたとしたら、わずか二年後に、なぜまったく同様の性質をもつ社会主義教育運動が必要とされたのであろうか。そして、なぜ社会主義教育運動の記録は、それに先駆けた運動の偉大な成果をまったく無視して書かれているのだろうか。可能な答えは、ひとつしかないように思われる。すなわち、整風整社運動の後、数年が経過すると、すべては元通りになったということである。なるほど、運動を通じて新たな幹部たちと彼らを支える新たな積極分子たちの組み合わせは生まれた。ただし、制約されない権力者としての「小皇帝」とその取り巻きたち――政治構造の末端で生じる小規模な専制支配とでもいえるであろうか――という性格は何ら変わらなかった。かくして、次なる運動＝革命が予期され、期待され、そして準備されたのである。

　実際のところ、工作隊、現地幹部、農民大衆のいずれもが、経験を通じて、運動なるものが一時的にのみ持続する秩序を築きあげるにすぎず、その秩序は循環的に生じる運動によって置き換えられるものだと認識していたのである。このような認識が、いつから彼らの間に芽生えたかを確定することは難しい。おそらくそれは、人民共和国建国直後から始まるさまざまな運動の経験を通じて、人々が次第に獲得した認識であると思われる。だが、ことによると、抗日根拠地で繰り返された運動にまでさかのぼることが可能かもしれない。

　湖北省荊門県の農民は村を訪れた工作隊に対して、「あなたたちはいつまで〔四清運動を〕やるのか」、「一九六〇年の整風のときと同じか」と問うた。[†78] これは運動が終われば、すべては原状に帰るとの教訓に基づいてなされた質問であった。工作隊が記録している陝西省長安県のある農民の言葉はこうである。「貧農協会というのは運動のなかでの〔一時的な〕ものだ。運動が終わったら何も残っちゃいないのさ」。今回の運動のなかで階級敵とされて痛めつけられた者がいう。「長安の社会主義教育運動の風は間違って吹いた。どれだけのよい人間を冤罪に陥れたか知れたものではない。今年冬、再審査〔原文は「復査」〕があったら、俺が真っ先に名誉回復さ」[†79]。かくして農民たちは、あまり遠くない将来において生じるであろう次なる運動が、新たな秩序をもって現行秩序に置き換えることを予期していたのであった。

　工作隊もまた、自らが行った運動の成果が覆されるかもしれないと予感しながら運動を終えた。「こんにち幹部と社員の間にある問題でもっとも根本的であるのは、農民の二重性の問題である。運動中に新しく現れた積極分子は、もし教育と監督を強めなければ、四不清幹部の古い道を歩むだろう」[†80]。つまり今日の積極分子は、明日の堕落した幹部となりうるというのである。そうであるがゆえに、運動は周期的に行われる必要があるとみなされていた。運動とは「女性の月経のようなもの」なのである[†81]。

なぜ工作隊が頼りとした積極分子たちが、あまり信頼の置けない人々であるというのだろうか。陝西省高陵県に入った工作隊の報告書は、積極分子たちが政治的には純粋であるとしても小生産者の遅れた側面も有するとして、彼らの特徴を以下のように列挙している。(a)単純に「仇を討つ」観念を抱き、以前に彼を迫害した悪い連中を打倒すれば満足する。(b)「権力を得て利益を確保しようとする〔原文は「争権奪利」〕」思想をもつ。すなわち、運動で功績をあげ、運動後に幹部となり、財物の分け前にあずかろうと考えている。(c)少しの労働で多くの労働点数をもらおうとする傾向をもつ。(d)大衆に対して優越感をもち、「命令式」に話したいと考えている。(e)宗族観念をもって階級観念に代替し、外姓人に対しては厳しく、同姓・親族をかばう傾向をもつ。(f)積極分子になりたいと思っているが、人目を気にしてもいる。(g)方法が簡単で性急である[†82]。

北京通県で運動を進めた工作隊も同様の見方をしている。彼らが記した報告書は積極分子を「勇敢分子」とも呼び、その特徴をこうまとめている。(a)特定の幹部に対して闘争的であり、しばしば極左的である。(b)個人的な目的から運動に参加しており、ときに熱く、ときに冷たくなる。目的を達成できないと運動から退出する。(c)彼らの積極性は一時的、あるいは暫時的なものである。(d)大衆の間で威信がない。もしこのような性格規定が的を射たものであるとすれば、積極分子とは運動に乗じて具体的な利益を得ようと企てる投機的な人々――すべてがそうであったとは限らないとしても――であった。しかし、とこの報告書はいうのだが、たとえ積極分子がこのような特徴を備えていたとしても、工作隊は彼らが果たす「一時的な作用」を利用することに長けていなければならないのである[†83]。したがって、工作隊は、積極分子が全幅の信頼を置くことができない人々であることを承知しながら、あえて彼らを運動に利用しようとしたのであった。まさにそのために、工作隊員たちは、運動の成果が束の間のものに終わる可能性を感じないではいられなかったのである。

運動によって誕生する新しい秩序は長続きしない――このような理解のもとでは、工作隊による報告書の多くが指摘しているように、幹部の改選に際して党員たちも農民たちも幹部になりたがらなかったのは無理もなかった。湖北省荊門県后港区においては、四七八人の党員中、一二一人までもが幹部になることを拒否した[†84]。それは、過去に行われた運動のなかで幹部たちがこっぴどく痛めつけられるのを彼らが目撃しており、そして彼ら自身も幹部たちへの攻撃に参加した経験をもっていたからであった。そのため、農民大衆の間には「幹部になれば馬鹿をみる（原文は「幹部吃虧」）」という考え方が行き渡っていた[†85]。そのような環境は、あえて積極分子となる人々の特殊な性格を裏側から浮かびあがらせる。

果たせるかな、工作隊が去ると、直ちに問題が発生した。一九六五年秋、河北省任丘県では、「四類分子たち」がデマを飛ばし、破壊活動を行い、社会主義教育運動中に彼らを痛めつけた人々に対する報復を開始した。そこで運動のやり直しが企てられたが、それが文化大革命であったという[†86]。このようにして、文革は一連の繰り返された運動の最後にやってきた。それは農村の人々の想像を超えたものではなかった。文化大革命は、その名称はさておき、周期的に村を訪れては去ってゆく運動のひとつとして予期されたものであった。たんに予期されていただけでなく、一部の人々は新しい運動＝革命を待ち望んでもいた。それは復讐の機会であり、社会的上昇の機会であったからである。さらには、運動それ自体に生きがいを見出す人々も存在した。山西省高河店の農民は、当時を振り返って、ひとたび運動があると必ず熱中する、「運動紅」（「運動マニア」という意味であると理解しうる）と呼ばれた人間がいたと証言している[†87]。そして一部の人々は、そのときに備えて準備まで行っていた。その証拠となるのは、いくつかの報告書が触れているように、「地主」とされた人々が「変天帳」（復活したときのためにひそかに保存しておく財産目録）を作成していたことである[†88]。

小結

土地改革後、貧しい農民たちの一部は村で党員・幹部となり、ときには単独で、ときには他の幹部たちと手を結びながら、限られた空間内において全面的権力を得た。それは位階制的に組織され、最終的には北京の党中央に連なる共産党の庇護を受けることによって、事実上、いかなる制約からも免れた権力であった（プロレタリアート独裁！）。この無制約な権力を帯びることによって、彼らは当時の生産力の大きさに照応した、たとえささやかなものであったにせよ、他の農民が手にすることができない富や食糧などを獲得することが可能となった。そればかりではない。専制権力はいかに小さなものであっても、法を超越する権力であった。それゆえ彼らは、日常的なテロル、搾取、暴力を通じて村人たちに屈従を強いた。それはまさに、ウイットフォーゲルがいう「全面的にして仁愛なき専制権力」そのものであった[†89]。このような権力を前にして一般の農民たちは完全に無防備であり、暴力と搾取を阻止する手段をもたなかった。したがって、彼らには全面的服従の道しか用意されていなかった。

とはいえ、制御不能の「土皇帝」たち——工作隊による記録には、しばしばこの表現が登場する——は、一時的にのみ権力を保持しえたにすぎなかった。彼らは運動の過程で、本質的に投機的で日和見主義的な積極分子たちの支持を得て権力を獲得したが、いつ訪れるかわからない次の運動が発動されるまでの間、権力を握っていたにすぎない。それを理解していたがゆえに、村人たちの多くは、たとえ魅力的にみえようとも幹部の地位は割が合わない——次の運動がやってくれば打倒される可能性が高い——と考え、党による幹部の地位の提供に応じようとしなかった。だが、幹部の地位に伴う利得の大きさと不安定さは、一部の人々を投機的に振る舞わせた。つまり、あえて幹部となって、その身分でいられるうちに利得を最大化しておくよう彼らは努めたのである。そのような態度が、彼らの横暴さをさらに強めた。

興味深いのは、このような繰り返される運動を通じて、政治構造の末端に位置する人々は、「革命」なるものが、繰り返し生じる性質のものであることを理解するようになっていたことである。運動＝革命は、現在農村で権力の座にある一群の人々を除去したうえで、新たに一群の人々をその座につける。新たな「土皇帝」は新たな積極分子を従えている。彼らは全面的かつ無制約な権力を村人たちに振るいながら、急速に堕落していくであろう。そのため、人々は新たな運動＝革命を予感する。現在、玉座を占める人々はそれを恐れるが、彼らによって周辺化されてしまった人々はそれを期待する。そして、一部の人々は「そのとき」のために準備を怠らない。かくして彼らは、「継続革命」という言葉を知らなかったとしても、それに類似した観念を抱いていたといいうる。角度を変えてみるなら、毛沢東が農民たちとよく似た観念にとらわれていたのである。それは、マルクス主義理論家の最高峰と呼ばれた人物が、農民の思想の代表者であったことを意味していたのかもしれない。

毛沢東は、革命を経ても、あるいは政治・経済・社会的な制度をどう工夫しようとも、政治構造の末端部分が「堕落」、「腐敗」、「変色」する傾向をもつことが、中国社会の逃れられない法則性であると理解していたようにみえる。以下は一九六六年六月一〇日、すなわち文化大革命が始まった直後に北京で交わされた毛沢東、康生、ホー・チ・ミンの会話である。

ホー：私の父は県知事をやっていました。でも彼は賄賂を受け取ったことはありません。

毛：そうとはいえないでしょう。あなたはそのときまだ幼かったのだから、彼が賄賂を受け取ってもわからなかったのです。県知事ともなれば、相当のものです。

ホー：数ヵ月で彼は解任されました。

毛：それなら彼は賄賂に間に合わなかった。一、二年県知事をやれば大なり小なり賄賂を受け取ったでしょう。

康：賄賂をもらわない役人などいません〔原文は「無官不貪」〕。役人と賄賂は不可分です。[†90]

以上の会話は、革命の限界性についての中国指導者たちの認識をよく物語っている。国内の一切を思いのままに指導できるはずの絶対的指導者が、自らの指導が及ばない領域があることを公然と表明しているのである。おそらく、毛はこのような一種の諦念から出発して、数年に一度、あるいはそれよりも短いサイクルで「整風」を発動し、いわば毛沢東思想という強力な漂白剤でもって、汚れたシャツの襟を繰り返し洗い清めなければならないという考え方にたどり着いたのであろう。だが、そのような発想は、すでにたび重なる運動を経験した農民たちの脳裏にも存在したものであった。してみれば、「継続革命」はその理論が生まれるより先に中国社会の現実と化しており、その現実を毛沢東が「理論」に仕立てあげたものであったといいうる。運動＝革命を連続したものとみる観念、また連続させようとする衝動は、当時の中国の政治構造の頂点と底辺の間で共鳴しあっていたのである。

いうまでもなく、この場合の「革命」とはサミュエル・ハンチントンがいうような、暴力を通じた既存の政治制度の破壊と新しい政治制度の創出を意味するのでもなければ[†91]、ハンナ・アレントがいう「ある新しい始まりという意味での変化」を意味するのでもない。彼女はこう述べている。「ある新しい始まりという意味での変化が起こり、暴力がまったく異なった統治形態を打ち立て、新しい政治体を形成するために用いられ、抑圧からの解放が少なくとも自由の構成を目指している場合にのみ、われわれは革命について語ることができるのである[†92]」。毛沢東と農民たちによって観念された「革命」とは、少しも「新しさのパトス[†93]」を含んでいない。それはすでに見慣れた光景が周期的に再現されるひとつの区切りとなるのみである。それは、農村の世界においては、端的にいえば、「土皇帝」たちの交替を指すのである。たしかに、それによって農民たちの生きる世界（天下）は大きく変わる。ただし、支配集団は変化しても、支配の性格それ自体にはほとんど変化が生じない。その限りにおいて、「革命」は再帰性をもつのである。これはどうみてもマルクス主義的な展望ではなかった。というのも、一度きりのプロレタリア革命によって、歴史が切断され、まったく新しい社会の到来が宣言されることがないからである。その代わり、歴史はあたかも円環のなかを果てしなく走り続けるように、ひとつの「革命」から次なる「革命」に向かうのである。おそらく、このような「革命」の理解は、当時の中国の人々――農民と毛沢東を含めて――の世界観と歴史観によく合致するものであった

ろう。†94

社会主義教育運動が、土地改革以来の一大「革命」とうたわれ、実際にきわめて大きな衝撃を農村に与えた以上、それは次なる運動への予感と期待もまた大いに高めたに違いない。「四類分子」とされて痛めつけられた人々、および「四不清」という不名誉な烙印を押されて処罰を受けた人々が、自分を不幸な境遇に追いやった人々に対する報復の機会、名誉挽回の機会、そして自分について作成された忌まわしいファイルを廃棄する機会をうかがっていたとして何の不思議があろうか。彼らの一部は、かつての地位に復帰した際に備えて「変天帳」の作成に余念がなかった。「運動マニア」は、次に訪れる運動がいかなる性質をもつかにかかわらず、新しい運動を待ち望んでいたであろう。工作隊が村を去った瞬間から（あるいは、彼らが村に滞在している最中でさえ）、そのような期待と準備ははじまる。かくして、社会主義教育運動という一大「革命」は、必然的に次なる「革命」の担い手と燃料を用意したのである。

以上のような情景は、「継続革命」という一種のシステムが、当時の中国の政治体制の内部に組み込まれつつあったのではないかとの観念を呼び起こす。ひとつの運動＝革命が、その結果として社会構造の末端部分において、一群の人々に無制約の権力を授ける。その際、この運動によって周辺化されてしまった人々は次なる運動についての期待を伴う予感を抱き、権力を握った人々はそれについての恐怖を伴う予感を抱く。この予感は、遠く北京にまで伝わり、最高指導者をして新たな運動＝革命を発動させる。そして、短い間続いた無法者たちの天下をひっくり返してしまう。このようにして中国の政治体制は、「腐りやすい」政治・社会構造の末端部分を周期的に攪拌し、浄化し、一時的に安定させるシステム――いわば「継続革命」という名の自動洗浄システム、あるいは新陳代謝のシステムといえようか――を内部に組み込みつつあったと考えられるのである。いうまでもなく、このようなシステムは毛沢東によって設計され、意図的に政治体制に組み入れられたわけではなかった。それは、彼が場当たり的に運動を繰り返しているうちに、政治体制の一部となったのである。

このように考えれば、農村の住人にとって文化大革命は特別な事件というより、前回と同様の性質をもつ、なじみ深い運動＝革命のひとつとして到来したといいうる。もちろん、農民大衆の予感と期待が毛沢東をして、文革を発動させた直接の原因であったと考えるのは無理である。だが、政治構造の頂点と底辺において、思想上のある種の共鳴現象が生じていたとみるのは妥当な推定であるように思われる。というのも、この両者は物理的に遠く離れていたとはいえ、まったく隔絶されていたわけではなかったからである。農民大衆とよく似た「革命」に関する観念をもつ主席は、結局のところ、システムの論理に従って、彼らが恐怖と期待をもって待ち受けていた新たな運動＝革命を実行に移したのであった。

†1 「加強党的基層組織自身的建設工作――安子文同志五月加強党的基層組織自身的建設工作――安子文同志五月份在山西省委組織工作会議上的講話部分摘要」、中共石家庄地委農村四清四清工作総団弁公室翻印『農村社教運動中整党建党工作』（表紙に「党内文件、注意保存」とあり、一九六五年一二月二〇日）、『中共重要歴史文献資料彙編』第二十五輯第六十一分冊、二〇一六年、五‐六頁。

†2 これら以外にも、われわれは後に歴史家によって行われた、この運動を経験した（元）農民および工作隊員に対するインタビュー記録を利用することができる。運動の全体像をもっともよく物語るインタビュー記録は、アニタ・チャンほか著、小林弘二監訳『チェン村――中国農村の文革と近代化』筑摩書房、一九八九年、第二章に見出すことができる。だが、この叙述は、華北で元工作隊員であった人物に対するインタビューに基づいているために、工作隊による農村社会の統御能力をいささか過大に描いているようにみえる。また、暴力の行使についてもほとんど言及がない。

†3 河北省委「関於今冬明春農村社会主義教育運動的部署」（一九六四年九月一〇日）、中共滄州地委党史資料徴集編審委員会編『牢記歴史教訓――一九五七‐一九六五年期間的河北滄州』一九八七年一二月、『中共重要歴史文献資料彙編』特輯一百六十五、二〇二〇年、一一七‐一一八頁。

†4 河北省海興県は総人口一五万人あまりであったが、二五〇〇人からなる工作隊が派遣された。数十戸の小さな村にも三〇人あまりの工作隊が入ったという。中共海興県委党史弁公室張金鑫「海興県的〝四清〟運動」、同右、一二六頁。

†5 「葆華同志十一月六日在分団負責同志在碰頭会上的講話」、安徽省寿県社会主義教育工作団秘書組編『寿県社教簡報』第一期（一九六四年一一月一八日）、『中共重要歴史文献資料彙編』第二十五輯第一百分冊、二〇一六年、四頁。

†6 「自始至終做好教育人的工作――石上工作隊四清運動総結」（一九六五年五月）、『西集四清運動総結』、『中共重要歴史文献資料彙編』第二十五輯第四十四分冊、一九三頁。

†7 江陵県委前進大隊工作組「前進大隊開展隊敵闘争的情況及作法」（一九六三年八月）、中共荊州県委弁公室編『荊州簡報　社会主義教育専輯』（表紙に「内部刊物、注意保存」とあり）、第一期（一九六三年一一月一日）、『中共重要歴史文献資料彙編』第二十五輯第四十五分冊、二〇一五年、五五頁。

†8 渭南地区社教工作団「聯系実際、抓活思想、搞好戦前練兵」、『西北社教簡報』五（一九六五年九月二〇日）、『中共重要歴史文献資料彙編』第二十五輯第四十七分冊、二〇一五年、一一頁。

†9 「万西生産隊〝四不清〟幹部連続七次秘密集会策画抗拒〝四清〟」、前掲『寿県社教簡報』第五期（一九六四年一一月二五日）、一一九頁。

†10 「郝中士同志十一月十二日在迎河分団党委（拡大）会議上的発言」、前掲『寿県社教簡報』第一期（一九六四年一一月一八日）、六ー七頁。

†11 これはラサの自動車工場に進駐した工作隊が見出した事実である。中共西蔵工委四清弁公室編『西蔵四清簡報』第十三期（一九六五年五月一八日）、『中共重要歴史文献資料彙編』第三十一輯第一百二十四分冊、二〇一七年、五頁。

†12 羅立本「怎様做一個好工作隊員」、前掲『荊州簡報　社会主義教育専輯』第一期（一九六三年一一月一日）、七八頁。

†13 「認識客観実際中的一些教訓――侯東儀大隊工作隊四清運動的総結」（一九六五年五月）、前掲『西集四清運動総結』、一二二頁。

†14 中共孟村回族自治県委党史弁公室「孟村〝四清〟運動簡況」、前掲『牢記歴史教訓――一九五七ー一九六五年期間的河北滄州』、一三四頁。

†15 韶山工作隊「竹鶏大隊解決党支部不団結問題的作法」、中共湖南省委弁公室編『偉大的革命運動――社会主義教育運動経験選編』一九六四年五月、『中共重要歴史文献資料彙編』第二十五輯第五十六分冊、二〇一五年、二三四頁。

†16 中共中央党校教研二室編『中国共産党社会主義時期文献資料選編』（五）一九六三ー一九六六年四月、一九八七年六

月、七〇五頁に示された統計のひとつによれば、一九五八年における全国の農業生産額は四四三・八億元であったが、一九六五年には四四六・八億元とわずかに上昇しているにすぎない。

†17 実際、そのような成果をもたらしたと整風整社運動の報告書は誇らしげに述べている。例えば、「中共当陽県関於整風整社試点第一歩的総結報告」（一九六一年一月一一日）、中共湖北省委弁公庁編『整風通訊』2（一九六一年二月一一日）、『中共重要歴史文献資料彙編』第二十五輯第五十四分冊、二〇一五年、八頁。

†18 たしかに、整風整社運動がこのような結末を迎えることは予想されていたのであった。湖北省当陽県委は、この運動の最中、ある農民が語ったとされる次のような言葉を記録している。「運動運動〔というが〕、一陣の狂風〔が吹くだけで〕、狂風が去ると影も形もなくなる」。同右、二頁。

†19 「認識客観実際中的一些教訓——侯東儀大隊工作隊四清運動的総結」（一九六五年五月）、前掲『西集四清運動総結』、一三一頁。

†20 定襄県宏進北街大隊社教工作隊「正面教育群衆横掃牛鬼蛇神」、中共山西省忻県地委農村四清弁公室編『社教運動経験彙集』（一九六五年八月一八日）、『中共重要歴史文献資料彙編』第二十五輯第六十五分冊、二〇一六年、七四頁。

†21 共青団監利県委工作組「一個解体的団支部重新組織起来了」（一九六三年九月二三日）、前掲『荊州簡報 社会主義教育専輯』第一期（一九六三年一一月一日）、七二頁。

†22 〝省婦連党組関於当前婚姻問題上存在的問題及意見向省委的報告〟、『湖南省〝四清〟文献拾編四種』、『中共重要歴史文献資料彙編』第二十五輯第一百〇六分冊、二〇一六年、八‐一一頁。

†23 伏字は引用者による。原平県惇陽分団「上吉大隊団支部整団工作的経験」、前掲『社教運動経験彙集』（一九六五年八月一八日）、一五七頁。

†24 同右。

†25 「我怎様当上的?」、前掲『荊州簡報』第一期（一九六三年一一月一日）、六二頁。

†26 青海省委員牧区社教試点工作団「提高牧民党員的共産主義覚悟」、前掲『西北社教簡報』二一（一九六五年一一月二二日）、一七頁。

†27 嘉禾広発公社試点工作隊「青山大隊解決封建宗派問題的情況和作法」（一九六四年四月）、前掲『偉大的革命運動——

社会主義教育運動経験選編』一九六四年五月、二〇二―二〇三頁。

†28 「継続発揚無産階級的徹底革命精神、争取城郷社会主義教育運動的全勝」、前掲『西北社教簡報』二六（一九六五年一二月一六日）、二頁。

†29 「必須整頓好県的領導班子」、同右二三（一九六五年一一月二五日）、一三頁。

†30 「大張旗坊鼓地宣伝政策、大造革命声勢」、同右七（一九六五年一〇月五日）、八頁。

†31 県委工作組「喬湖大隊社会主義教育運動基本経験総結」、中共荊門県委弁公室編『荊門工作　社会主義教育専輯』二（表紙に「内部刊物、注意保存」とあり、一九六四年三月五日）、『中共重要歴史文献資料彙編』第二十五輯第四十五分冊、二〇一五年、二頁。

†32 岳陽南冲公社試点工作隊「南冲公社深入貫徹〝六十条〟正確処理公私関係的経験」（一九六四年四月）、前掲『偉大的革命運動――社会主義教育運動経験選編』、一五六―一五七頁。

†33 「林頓党支部是成為領導核心的――林頓大隊工作隊四清運動総結」（一九六五年五月）、前掲『西集四清運動総結』、二四二―二四三頁。

†34 果たして積極分子のうち、どの程度の割合で入党が認められたのであろうか。資料には、この点に関する数字は滅多に表れない。筆者が見出したひとつの例は、湖北省麻城県張店公社に関するものである。この人民公社の党員は六八名であったが、五ヵ月に及ぶ四清運動中、一二〇人あまりの積極分子を見出し、そのうち一二人（すなわち一〇パーセント）を入党させたという。「張店公社在四清運動中是怎様発展新党員的」、前掲『農村社教運動中整党建党工作』、四五頁。

†35 実際、工作隊によって記された社会主義教育運動の記録は、W・ヒントンによって書かれた一九四〇年代の山西省張庄村の土地改革の物語と驚くほどよく似ている。W・ヒントン著、加藤祐三訳『翻身――ある中国農村の革命の記録』Ⅰ・Ⅱ、平凡社、一九七二年。

†36 羅立本「怎様做一個好工作隊員」、前掲『荊州簡報　社会主義教育専輯』第一期（一九六三年一一月一日）、七八頁。

†37 前掲『西蔵四清簡報』第二十二期（一九六五年七月三〇日）、一―二頁。

†38 王尚志「関於宣講中央〝双十条〟簡要情況和幾条意見的報告」（一九六四年一月二〇日）、内蒙古党委社会主義教育弁公室『社会主義教育通報』二八（一九六四年一月二八日）、『中共重要歴史文献資料彙編』第二十五輯第六十八分冊、二〇

一六年、三頁。

†39 「従王徳才下楼看応該如何正確処理幹部問題――尹家河大隊工作隊第一生産隊工作組四清運動総結」(一九六五年五月)、前掲『西集四清運動総結』、二九〇頁。

†40 「一封値得大家閲読的匿名信」(一九六五年一〇月六日)、前掲『西北社教簡報』一三(一九六五年一〇月二八日)、三-四頁。

†41 中共滄州地委政策研究室張燦霞、趙仁傑「滄州地区〝四清〟運動的簡況和教訓」、前掲『牢記歴史教訓――一九五七-一九六五年期間的河北滄州』、一〇七-一〇八頁。

†42 同右、一〇九頁。

†43 「加強対社教運動的思想領導――邵武軒同志在陝西農村社教座談会上発言的一部分」、前掲『西北社教簡報』一九(一九六五年一一月一八日)、一五頁。

†44 「継続発揚無産階級的徹底革命精神、争取城郷社会主義教育運動的全勝――胡継宗同志在甘粛省委常務委拡大会議的発言」、同右二六(一九六五年一二月一六日)、四頁。

†45 「青海省委検査当前社会主義教育運動」(一九六五年一〇月二二日)、同右一八(一九六五年一一月一七日)、二一-二三頁。

†46 「以徹底革命的精神突出政治――金浪白同志在寧夏農村社会主義教育会議上的発言」、同右二六(一九六五年一二月一六日)、一一頁。この数字は、政策的に設定された目標に基づくものであったとみられる。一九六五年四月、西北地区一六県の社会主義教育運動座談会で採択された「民主革命補講のいくつかの問題に関する規定(草案)」は、今回の運動のなかで新たに地主・富農に分類する戸数を、県を単位として、過去の土地改革時の総戸数の六から七パーセントとし、最大でも八パーセントを超えないものとする、と規定していた。「在陝西農村社会主義教育工作座談会上劉瀾濤同志作了重要講話」(一九六五年一一月二一-二二日)、同右一九(一九六五年一一月一八日)、七頁。

†47 「認真進行民主革命補課、開展対敵闘争」、同右一八(一九六五年一一月一七日)、五頁。

†48 地委四清運動工作団「四清運動基本総結」(一九六五年七月三一日)、前掲『牢記歴史教訓――一九五七-一九六五年期間的河北滄州』、一二一頁。

†49 同右、一二〇頁。

†50　省委長沙工作隊「一個大隊社会主義教育運動的作法」（一九六四年五月）、前掲『偉大的革命運動』、五九頁。

†51　保靖試点工作隊「要埧大隊開展四清的作法」（一九六三年一二月）、同右、一三〇頁。

†52　「発動群衆工作的幾点体会――前東儀大隊四清工作隊四清運動専題総結」（一九六五年五月）、前掲『西集四清運動総結』、一四七頁。

†53　地委紅大隊工作組「紅四大隊社会主義教育運動的総結報告」（一九六三年一〇月一五日）、前掲『荊州簡報　社会主義教育専輯』第一期（一九六三年一一月一日）、三三頁。

†54　一例として、「社教運動中不要公開掲露男女関係問題」、前掲『寿県社教簡報』第六期（一九六四年一一月二七日）、一一‐二頁。

†55　田中比呂志ほか編『中国山西省高河店訪問調査の記録――二〇〇六年・二〇〇七年――』汲古書院、二〇二三年、一三七頁。

†56　「聯心大隊根子会師和幇助幹部放包袱解疙瘩的情況」、前掲『荊門工作　社会主義教育専輯』二（一九六四年三月五日）、一七‐一九頁。

†57　保靖試点工作隊「要埧大隊開展四清的作法」（一九六三年一二月）、前掲『偉大的革命運動』、一三六頁。

†58　山西省平遥県のある農民は、歴史家のインタビューに答えて、大躍進時期の農村の事情を「当時、作物泥棒が横行した。『泥棒しなければ生活できない』という言葉がはやった」と語っている。祁建民ほか主編『中国の農民は何を語ったか――河北農村訪問聞き取り調査報告書（二〇〇七年～二〇一九年）』汲古書院、二〇二二年、四〇二頁。

†59　江陵県紅星公社紅四大隊「紅四大隊社会主義教育的総結報告」（一九六三年一〇月一五日）、前掲『荊州簡報　社会主義教育専輯』第一期（一九六三年一一月一日）、三四頁。

†60　このひとつひとつの「事件」の記録は、中共山東省委城市社教青島工作総団第四分団第九工作隊「七批二三八件経済或政治問題的案情初歩審結及上報処理意見彙編」（表紙に「絶密」とあり、一九六五年九‐一二月）、『中共重要歴史文献資料彙編』第二十五輯第六十七分冊、二〇一六年を参照せよ。表題には二三八件とあるが、実際には二三九件に関する記録である。

†61　金佩華『北京と内モンゴル、そして日本』集広舎、二〇一四年、九九頁。四清運動に取り組んだ人々の強迫神経症的

なメンタリティについて、天津でこの運動に参加していた共産主義青年団のある書記は、「当時、『樹に棗の実が見当たらなくても、棒で三回たたいて確かめなければならない』、『川に魚がいなくても、川干しをして確かめる』というスローガンが叫ばれていた」と証言している。李象泰「毛条廠的〝四清〟運動」、郭徳宏・林小波編『四清運動親歴記』人民出版社、二〇〇八年、二九一頁。

†62 「中共株洲市委関於当前統計報表多、乱情況和今后意見的報告」、『中共株洲市委文件』株発（六四）〇〇三号（一九六四年一月八日）、『中共重要歴史文献資料彙編』第三十三輯第九十五分冊、二〇一九年。

†63 カール・マルクス著、マルクス=エンゲルス全集刊行委員会訳『資本論』（九）、大月書店、一九六三年、二〇一－二〇三頁。

†64 「財貿部門幹部〝和平演変〟凡例」、前掲『西北社教簡報』一一（一九六五年一〇月一八日）、一〇頁。

†65 「関於四清運動中選択和培養積極分子問題——協各庄大隊工作隊四清運動的一個総結」（一九六五年五月）、前掲『西集四清運動総結』、二一五頁。

†66 アニタ・チャン、前掲書、八三頁。

†67 そのなかには除名処分一二人、退党勧告一四人、解任一人、留党観察一一人が含まれている。附表三「農村基層党組織党員変化情況」（一九六五年六月五日）。これは前掲『西集四清運動総結』巻末に付された表のひとつである。

†68 「馬牧二大隊整党工作的経験」、前掲『農村社教運動中整党建党工作』、一七頁。

†69 「滄州地区〝四清〟運動的簡況和教訓」、前掲『牢記歴史教訓——一九五七－一九六五年期間的河北滄州』、一〇七頁。

†70 「関於西北地区社会主義教育運動的情況和今后部署的意見」、前掲『西北社教簡報』一（一九六五年八月二七日）、七頁。

†71 このようなファイルの現物のひとつは、慶應義塾大学東アジア研究所所蔵資料である湖北省漢川県東風鎮〈東勝旺鎮〉社教工作分団財貿中心組飲服四清工作組整理「社会主義教育運動幹部材料 ×××」（一九六六年九月、×××は人名。引用者による伏字）にみることができる。

†72 「関於西北地区社会主義教育運動的情況和今后部署的意見」、前掲『西北社教簡報』一（一九六五年八月二七日）、一〇頁。

†73 「劉瀾濤同志最近関於領導幹部到基層蹲点的意見」（一九六五年九月一日）、同右二（一九六五年九月二日）、八頁。
†74 郭徳宏、前掲書、三四八頁。
†75 その例は、以下の資料に見出すことができる。内蒙古語委四清工作隊革命左派「韓成山的交待掲発材料」、『工作隊内部整頓簡報』第二期（一九六六年六月二五日）、一頁。内蒙古語委とは、内蒙古言語工作委員会の略称である。この資料は、楊海英編『モンゴル人ジェノサイドに関する基礎資料（八）――反右派闘争から文化大革命へ』風響社、二〇一六年、五一〇頁に収録されている。
†76 「武昌県紙坊公社斉心生産隊整風整社試点的具体作法」、中共湖北省弁公庁編『整風通訊』二（一九六一年二月一一日）、『中共重要歴史文献資料彙編』第二十五輯第五十四分冊、二〇一五年、二三頁。
†77 「王延春同志二月二十日在地委第一書記会議上的講話記録」、同右三（一九六一年三月三日）、一頁。
†78 県委工作組「喬湖大隊社教運動基本経験総結」、前掲『荊門工作　社会主義教育専輯』二（一九六四年三月五日）、七頁。
†79 中央西北局調査室「長安県細柳公社社教運動結束五個月以来的情況和今后的意見」（一九六五年九月二二日）、同右九（一九六五年一〇月一〇日）、八頁。
†80 同右、八‐九頁。
†81 「財貿部門幹部〝和平演変〟凡例」、前掲『西北社教簡報』一一（一九六五年一〇月一八日）、七頁。
†82 高陵県工作組「加強対積極分子的思想教育」、同右一五（一九六五年一一月三日）、四頁。
†83 「関於四清運動中選択和培養積極分子問題――協各庄大隊工作隊四清運動的一個総結」（一九六五年五月）、前掲『西集四清運動総結』、二一二‐二一三頁。
†84 中共荊州地区委組織部「全区結合社教運動進行整党的簡況」（一九六四年一月二九日）、前掲『荊州簡報』一四（一九六四年二月六日）、五頁。
†85 「西集分団党委会給総団的工作報告」（一九六五年四月三日）、前掲『西集四清運動総結』、四六頁。
†86 任丘県委和任丘四清工作団党委「関於開展四清復査和深入進行社会主義教育運動的意見」（一九六五年一一月三日）、前掲『牢記歴史教訓――一九五七‐一九六五年期間的河北滄州』、一二二頁。

†87　前掲『中国山西省高河店訪問調査の記録――二〇〇六年・二〇〇七年――』、一三八頁。
†88　一例として、鍾祥県委建国大隊工作組「建国大隊組織階級隊伍開展対敵闘争的経験」（一九六三年八月二〇日）、前掲『荊州簡報』第一期（一九六三年一一月一日）、四六頁。
†89　カール・A・ウイットフォーゲル著、湯浅赳男訳『オリエンタル・デスポティズム――専制官僚国家の生成と崩壊』新評論、一九九一年、一三九頁。
†90　「毛沢東主席同胡志明主席談話記録」（一九六六年六月一〇日）、宋永毅編『機密档案中新発現的毛沢東講話』New York、国史出版社、二〇一六年、二二三頁。
†91　サミュエル・ハンチントン著、内山秀夫訳『変革期社会の政治秩序』下、サイマル出版会、一九七二年、二八三頁。
†92　ハンナ・アレント著、志水速雄訳『革命について』筑摩書房、一九九五年、四七頁。
†93　同右、四六頁。
†94　筆者は、このような「革命」の理解のしかたが、共産党の発動した一連の運動を通じて次第に獲得されたものであると考えているが、より大きな歴史的・文化的文脈のなかで考えることも可能である。明代に書かれた有名な小説である『三国志演義』冒頭のよく知られた一文はこうである。「そもそも天下の大勢は分裂が長ければ必ず統一され、統一が長ければ必ず分裂するものである」（井波律子訳『三国志演義』（一）、二〇一四年、講談社、一一頁）。孫文がいうように、この本を「ほとんどすべての人が読んだはず」だとすれば、歴史の循環性に関するある種のイメージが、長い間、中国のあらゆる階層に属する人々に共有されていたのかもしれない。伊地智善継・山口一郎監修『孫文選集』第一巻、社会思想社、一九八五年、二三〇頁。

第11章　「最後の一歩」はいかに踏み出されたか？

一九六五年一月の「二十三条」の完成によって、社会主義教育運動を全面的に推進する態勢はようやく整った。毛沢東のもくろみでは、この方針によって新たな革命の精神が上から下に行き渡れば、中国はソ連の轍を踏むことなく、修正主義への転落を避けることができるはずであった。この運動は一九六八年あるいは一九六九年まで（あるいはもう少し長く）続き、その間に人々は修正主義に対する十分な免疫を獲得し、中国における資本主義の復活は阻止されるであろう。だが、主席の部下の一人は、毛があれほど心血を注いで作成した文書であったにもかかわらず、「二十三条」の公布後に彼がかえって四清運動に関心を失ったと指摘している。[†1] この指摘は正しいのだろうか。もし正しいとすれば、文化大革命はこの最高指導者が四清運動の有用性に見切りをつけたところに開始されたとみるべきなのであろうか。それとも、やはり四清運動の延長線上にそれを位置づけるべきなのであろうか。

本章で述べられる筆者の基本的な見解はこうである。毛沢東は文化大革命を開始する決断など下していない。たしかに彼は何かをやる気になっていたが、その企ては明瞭な輪郭を欠く漠然とした観念にとどまっていた。しかも、その「何か」とは、それまでの四清運動の成果と課題について、何ら真剣な考察が加えられることなくこの最高指導者の心をほぼ突然支配したものであった。したがって、これまで一部の文献が指摘してきたような、文革を発動するまでの主席による周到な準備など存在しなかったと考えるべきである。ここでも、毛はいきあたりばったりで文革へと――それは彼にとって意外な地点であった――たどり着いてしまった。そうなってしまったのは、主席の副官たちの一部が他の部分に対してしかけた攻撃に自ら進んで加わりながら、この攻撃の強度とそれが及ぶ範囲を統御することができなくなってしまったためであった。彼は得体の知れない企てへと自らの意思で踏み込んだと同時に、状況の客体となってそれに引き込まれていったのである。

以下においては、まず過熱していた四清運動が一九六五年一月の「二十三条」の制定以降、急速に「冷却」された様子を語る。すなわち、一九六四年末には文化大革命に限りなく近づいていたようにみえた指導者たちが、いったんそこから遠ざかった事態について検討しようと思う。このように政治的振り子が「左」から「右」に振れたことが、文化―政治的投機者たちと毛沢東との結合を促したと筆者は主張するつもりである。次に、毛沢東による戦争の見通しについて考察が行われる。なぜなら、米中戦争勃発の可能性がひとまず遠のいたとの主席の判断が、いまのうちに国内の修正主義者を一掃しようという彼の決断に導いたとの説が唱えられており、一定の支持者を得ているからである。筆者は、アメリカとの戦争の可能性が毛の革命への情熱を再び呼び覚ましたとしても、戦争は当面回避しうるとの判断が、文革の発動へと彼を導いたとの仮説を退けるつもりである。そして最後に、一九六五年秋に生じた戯曲『海瑞の免官』をめぐって拡大する騒ぎのなかで、いかに文化大革命が突如、しかし形の定まらない姿を現したかを考察しようと思う。

四清運動における左傾の是正（1）――北京市

第8章ですでに検討した一九六四年末に始まる中央工作会議に臨む際、政治局員にして北京市委第一書記兼北京市長の彭真もまた他の指導者たちと同様、中国共産党の統治に関する鋭い危機意識にとりつかれていた。北京における社会主義教育運動について、彼が一二月一八日に毛沢東、劉少奇、周恩来に送った報告書にはこう記されていた。「主席がいった基層単位の三分の一の指導権がわれわれの手中にないということを、われわれはこれまで深く理解していなかった。いまになってみると、北京市の工業・交通・建設企業の指導権は、われわれの手中になかった。主要な企業に限れば、〔指導権がわれわれの手中にないのは〕三分の一にとどまらないかもしれない。……われわれは昨年五反を指導したが、革命〔勢力〕の力量を高く見積もり、敵の力量を低く見積もった。右傾の誤りを犯してしまった」[†2]。北京の指導者がこのような危機感にとらわれていたため、中央工作会議のさなか、首都およびその周辺部における社会主義教育運動は最高潮に達していた。公式の『彭真伝』は、北京とその周辺におけるこのような運動の盛り上がりが、陳伯達、関鋒、戚本禹による極左思想の煽動を受けたためであったとしている。陳は自ら通県高各庄、翟里大隊に赴いて指示を与えた。その結果、運動は過酷な暴力を伴うものとなり、のちの文革において現れた数々の体罰の方式を勢揃いさせ、多くの死亡者および自殺者を生んだというのである[†3]。

まさにそのために、一九六五年一月に「二十三条」が公布された後、北京市委員会はこれまでの運動を総括し、この綱領の精神は「反左糾左」（左傾に反対し、左傾を改めること）であると理解した[†4]。これ以降、彭真は以前の過激化した四清運動を穏健なものにするよう精力的に動き始めた。一月一九日、彼は北京市の四清運動において、人民公社、工場、大学などで乱闘や殴打事件が生じたこと、および幹部の思想の混乱について毛、劉、周に報告書を送った[†5]。その翌日には主席に書簡を送り、工作隊が現地幹部と協力することなく四清運動を行っていること、知識分子の現在の政治的態度を問題とすることなく彼らに闘争を挑んでいること、そして行き過ぎた暴力が蔓延していることなどを指摘した。書簡を送るだけでは事態は変わらないと考えた彭は、毛、劉、周に面会を求め、状況が深刻であることを直接訴えた。毛も事態を放っておけないと判断し、関連する文件を各中央局に電話で伝え、大衆の前で読みあげるよう指示した[†6]。このとき、主席も四清運動が左に傾きすぎてしまったことを憂慮し、それを穏健化することに同意したのである。その結果、過熱した四清運動は「上から」急速に冷却された。したがって、この時点で翌年春における、文革の開始を予見することは困難であった。北京市長は急いで、四清運動によって生じた工場と企業における幹部と大衆の関係の緊張を緩和するための通知を起草し、二月一三日に毛の同意を得た。その際、主席は「大多数の幹部と団結しなければならない。ただ頑迷固陋で断固として資本主義の道を歩むごく少数者だけをやっつけろ」と指示した。[†7]

彭真は一月下旬から五月上旬にかけて五回の講話を行い、精力的に左傾の是正に努めた。一月二一日、人民大会堂河北庁において党中央および国家機関の副部長級以上の幹部九九〇人あまりを集めて行った講話は、四清運動において生じている問題について彼がもっとも包括的に語ったものであった。彭は学校、工場、農村のいずれにおいても乱闘騒ぎが多く、少なからずの自殺者を生んでいること、多くの工作隊が現地に到着するや現有幹部を十把一からげにして敵に回していること――この点に言及した際、李先念が口をはさみ、「［幹部たちを］蹴とばしている〔原文は「一脚踢開」〕」と述べた――「出身成分論」に基づき幹部の出身階級が問題とされ、現在の政治的態度が問われていないこと、知識分子をブルジョア階級に区分していること、などを指摘した。[†8] その二日後、彼は北京市委員会拡大会議でも四清運動の現状について報告を行い、「二十三条」を貫徹すること、社会主義教育と生産活動を両立させるべきこと、党幹部の絶対多数に問題はなく、彼らは社会主義の道を歩もうとしているのだと理解することが重要であるとしたうえ、「四不清」の誤りを犯している幹部は、身をきれいに清めればそれでよいなどと語った。[†9] さらにその翌日、彼は数名の県委員会書記との談話において、四清運動とは幹部と大衆をともに教育する方法であること、「四不清」幹部には自己批判を行わせ、不正な手段で奪い取った金品を弁済させ、精神上の重荷をおろさせたうえで、皆とともに社会主義の道を歩ませることが重要であると主張した。[†10]

北京市長は一月二五日に行った講話においても、大衆の絶対多数、幹部の絶対多数に問題はないと繰り返した。そして、誤りを犯した幹部には「病を治して人を救う」という方針で臨み、体罰は決して用いてはならない、社会主義教育と生産はともにおろそかにしてはならないと強調した。[†11] さらに、四清は偉大な社会主義革命運動である。なぜ革命を行うのか、それは生産力の解放のためである、とまでいい切ったのであった。[12] 三月三日の彭の中央書記処における以下の発言からは、彼だけでなく、その発言に口を挟んだ鄧小平もまた同意見であったことがうかがえる。

工作隊がひとつの単位に行くと、まず調査研究をやり、問題をはっきりさせなければならない。いま比較的多いのは、行くとすぐに、ここは腐りきっているとみなすことだ。発見する欠点が多いほど、工作隊の成績もよくなるようだ。これはたいへん危険だ（鄧小平：たいへん危険だ）。われわれの党は、これだけの大事業をやっており、四清は資本主義の根を掘り崩すものだ。しかし、わが党は基本的によいものであることを肯定しなければならず、全党の絶対多数の幹部はよいことを肯定しなければならない。そうでないと、ただ工作隊だけがよいことになる（鄧小平：あらさがしばかりやっていると、幹部には逃げ場がない。いまは一転して二十三条に基づいてやっており、〔そのため幹部の〕八〇パーセントが解放された）。[13]

「左」を向くとともに「右」を向く両義的な性格をもつ「二十三条」の当然の帰結というべきであろうか。政治局員たちの努力の結果、一九六四年夏から秋にかけて、あれほどの熱気を帯びた四清運動が急速に穏健化しつつあった。三月二日、北京市委は運動中に現れた暴力は、「二十三条」の精神に反する「一種の野蛮で、封建的な行為」であるとして、暴力の使用を強く戒める布告を出した。[14] 同月、党中央は、彭真の精神に基づいて作成された「〔北京〕通県試点地区の『四清』運動の最近の状況に関する報告」を全国に転送した。一部の省は彭真の講話の録音記録を借り、通県地区の四清運動のやり方を参考にして左傾の是正に取りかかったという。[15] 五月四日、彭真による左傾是正に向けた一連の努力を締めくくる最後の講話が行われた。彼は通県での四清運動において、基層幹部の四〇から五〇パーセントまでもが入れ替えられてしまい、一七〇件あまりの暴力沙汰が生じたことを明らかにした。また、当面の工作の中心は生産をしっかりと行うことであり、四清運動の成果はまさにこの点において計られるべきであると主張した。

さらに、幹部の隊列に紛れ込んだごく少数者――地主・富農・反革命分子・悪質分子――以外の人々はすべて団結すべきであるとして、攻撃対象を可能な限り狭く絞り込む必要性を訴えた[16]。公式の『彭真伝』は、まさに彼の努力によって、北京市のみならず全国における左傾の是正が一定程度進んだと評価している[17]。

だが、四清運動を可能な限り穏健なものにしようと努力したために、北京市長は「新しい革命」を骨抜きにしようとしているとの「左」からの批判にさらされた。『彭真伝』は、北京で四清運動に参加していた陳伯達、関鋒、戚本禹がこの北京の指導者との間に確執を生じるに至った経緯を伝えている。一九六四年一二月二日、戚本禹は中央弁公庁が発行する内部雑誌『情況簡報』の編集者に宛てて、北京市委第二書記の劉仁が農村で行った談話を批判する手紙を送った。戚によれば、劉は「桃園、小站のような革命のやり方は目障りだ」とみなしており、そのうえ「旦那様」のような態度がすっかり身についてしまい、農村においても尊大さが抜けないというのである。この手紙は結局のところ、『情況簡報』に掲載された。これにより、彭真は部下を頭越しに批判される格好となった。一方、陳伯達は一九六五年一月一三日、高各庄と翟里大隊に赴き、現地幹部を引き回したうえで闘争集会にかけるような粗暴な方法を制止するどころか、これを推奨したのであった[18]。さらに陳は、その一〇日後、高各庄工作隊の責任者であった柴沫――中央政治研究室（のちに中央マルクス・レーニン主義研究院に改組される）において田家英の助手を務めた人物であった――を天津に呼び出し、四清運動において敵味方の矛盾をより重視するよう、つまり「敵」に対してより戦闘的な態度で臨むよう迫ったが、柴は受け入れなかった（彼は文革が始まると陳によって名指しで批判され、自ら命を絶った）。やがて陳は毛沢東に告発状を送り、北京市委員会が四清運動において右傾の誤りを犯しており、「独立王国」であると主張するに至る。『彭真伝』は、これが陳、関、戚による「政治的投機」であったとしている[19]。

ただし、戚本禹は自身の回顧録において、彼が彭真に対して敵意を抱くどころか、好感さえ抱いていたと示唆している。戚は以下のように記している。彼は北京市委第二書記の劉仁が四清運動を指導する際の「旦那的作風」が気に入らず、私信でこれを批判したところ、その文章が思いもかけず内部雑誌に掲載されてしまった。それがもとで劉仁は主席から面と向かって叱責され、自己批判を強いられたのみならず、入院までしてしまった。当然のように、事態は彭真の目にとまり、彼は陳伯達を訪ねて――それは戚の上司が陳であったことによる――苦言を呈した。わが右腕を公開で批判する前に、なぜ自分に知らせてくれなかったのか、と北京市委書記は告げた。陳は狼狽し、戚に電話をかけて彼を叱責した。陳は、彼が彭真を叩こうとしているとの印象を、彭に与えてしまったと懸念していたのであった。そこで陳は、戚に関鋒とともに彭真を訪ね、自己批判するよう要求したという。というのも、先に言及した私信のなかで、戚は関の言葉を引用して劉仁を批判していたからである。だが、彼らが彭真を訪ねるより先に、彭によって戚と関は自宅に招かれた。北京市委書記は、豪華な食事で二人をもてなし、二人の文章はすばらしいと称賛したうえ、北京地区の四清運動の顧問に迎え入れたいと申し出たのであった。「彭真のこの態度は、陳伯達の叱責と大きな違いがあり、そのために私は彭真に対してさらに好感を抱いた」と戚は述懐している。やがて文化大革命が始まり、彭真が隔離審査されると、彭の自宅にあった手紙が押収された。そのなかに戚が彭の自宅に招かれた際の礼状がみつかり、これが彭と戚の緊密な関係を示す証拠とみなされた。陳伯達と江青はこの手紙を問題視したが、康生は戚をかばったらしい。[†20]

以上の戚による記述は、一般に理解されていることとは異なり、彼が彭真に敬意を抱いており、陳伯達を快く思っていなかったという印象を与えている。われわれは、当時の指導層内部における複雑な確執の生成と展開について、おそらく正確には知りえないであろう。少なくとも確実であるように思われるのは、「二十三条」が穏健派にも急進派にも都合よく利用できる文書であったため、これが両派の対立を顕在化させる一種の政治的触媒として機能し、いまや前者の旗手となった彭真が後者による攻撃を受けやすくなっていた、ということである。一方、急進派は、彼らの穏健派に対する攻撃に毛沢東を引き入れようとしていた。

果たせるかな、一九六五年一二月下旬、毛沢東が杭州で陳伯達、胡縄、田家英、関鋒とマルクス・レーニン主義の著作について語った際、関鋒は彭真の態度について主席に密告に及んだのであった。そのため、田家英は彭真の身を案じて、彭にこう警告したという。「あなたは関鋒、戚本禹に対してくれぐれも注意したほうがよい。彼らは不意にあなたに噛みつくかもしれない」[†21]。これが事実であるかどうかを確認する術はない。だが、この毛との面会の後、戚本禹と関鋒は姚文元に唱和して呉晗の戯曲を「反動的」、「反党反社会主義的」と批判する論文を書き、そのゲラ刷りを直接、彭真に送り付けたことからすれば、彼らはたしかに北京の指導者に「噛みついた」のであった[†22]。

結局のところ、急進派のもくろみは成功を収めた。一九六六年五月の政治局拡大会議（後述する）において、彭真には反社会主義教育運動の罪状が言い渡された。陳は明らかに悪意をもって、彭が運動を停止して生産に励むよう求め、すべての悪人どもをかくまった、といい放った[†23]。彭の一連の講話は「毒草」とされ、『紅旗』社説は「都市と農村の社会主義教育運動に反対した」ことをもって、「北京市委修正主義路線」の罪状のひとつとしたのであった。

以上のような経緯に鑑みれば、浮かびあがる仮説はこうである。すなわち、一九六五年において、北京地区における四清運動の進め方をめぐって、陳伯達と彭真（および彼を含めた北京市委）との間に、ある種の隠然たる確執が生まれていた。戚本禹と関鋒がこの対立のなかでいつ陳側についたか、ついたとしても幾分かの留保を伴うものであったかどうかは判然としない。ともあれ、陳は主席の介入を招き入れる形で北京の指導者に一撃を与えようと画策を行った。彼のもくろみは、同年秋、彼が予期しなかった上海からの告発――『海瑞の免官』をめぐる告発――がなされた際にかなえられた。すなわち、陳伯達からの告発と江青からの告発は、期せずして北京を槍玉にあげる点で一致し、それは毛沢東がすでに抱いていた北京に対する不満と見事に共鳴したために、彼を北京に対する前代未聞の攻撃に駆り立てたのである。この場合、「北京」とは毛にとって、彼が長く嫌っていた官僚主義の象徴であり、自分に従わないと思われたいくつかの機関の所在地であり、そして四清運動を骨抜きにしかねない危険な場所であった。

四清運動における左傾の是正（2）――北京大学

北京に対する毛沢東の敵意をさらに膨らませたとみなしうる要素は、北京大学における社会主義教育運動の穏健化であった。一九六〇年三月に北京大学校長に就任した陸平――大躍進の最中、中国の急激な人口増加は工業化を遅らせるという議論によって毛沢東の逆鱗に触れ、罷免された有名な経済学者の馬寅初に代わり、校長に就任した人物である――は、当時のソ連修正主義に対する批判にもかかわらず、中国はソ連の教育モデルに従うべきであるとの信念の持ち主であった。そして彼は、モスクワ大学にならって政治学習よりも専門分野の学習を優先するカリキュラムを実践に移した。[†24]だが、まさにそのために、社会主義教育運動が始まると、陸平および北京大学当局はブルジョア路線を歩んでいるとの批判にさらされたのである。一九六四年七月初旬、中央宣伝部副部長の張盤石をリーダーとする調査チームが北京大学に乗り込んで調査を行い、報告書を中央宣伝部に提出した。その報告書には、この中国を代表する高等教育機関にはブルジョア知識分子が狂ったように進攻してきており、帝国主義・蔣介石・修正主義分子のスパイや特務の活動が深刻化していると記されていた。[†25]いうまでもなく、この報告書は当時の極端に急進化した社会主義教育運動の雰囲気を色濃く反映したものであった。一〇月には張盤石を組長とし、全国の省市文教部門および大学から集められた二一〇人が工作隊として北京大学に派遣され、ただちに「奪権」闘争が開始された。その際に影響力をもったのは、哲学系党委員会の若き女性リーダー、聶元梓による大学当局を激しく非難する密告であった。そのため張盤石の指導する運動は極左的な色彩を帯びたが、これはさすがに工作隊のメンバーたちをも困惑させた。その一人である清華大学校長の蔣南翔は憤慨し、「それなら〔北京大学が社会主義を行っていないというなら〕全国に社会主義の大学はひとつでもあるのか」と述べたという。[†26]

一九六五年一月に「二十三条」が制定されたため、北京大学の四清運動においても左傾の是正は進むかに思われた。実際、陸平や彭珮雲（北京大学党委副書記）は「二十三条」を盾にとって工作隊に抵抗を試みた。だが、張盤石は自らが左傾の誤りを犯したとは決して認めようとしなかった。かくして、工作隊と大学指導部は双方譲らず、対立は膠着状態に陥った。[†27]それでも形勢は次第に陸平の側に傾き始めた。それは、鄧小平、陸定一、万里（北京市委書記処書記）、張子意（中央宣伝部副部長）、許立群（中央宣伝部副部長）、彭真らの介入のためであった。鄧は三月三日、中央書記処の会議において文教部門の四清運動について議論した際、北京大学における騒ぎに言及してこう述べた。「たしかに〔北京大学に〕問題はあるが、闘争方式も不正常であり、問題がある。党の伝統に合致していない。誤りを犯した人間を粗暴に扱ってはならない」[†28]。彼は「二十三条」が公布された後、もはや大規模な政治運動のときは過ぎ去ったと考えていた。二月中旬に開催された中央書記処会議での鄧の発言はこうである。「社会主義教育運動についていえば、いくらかの企業の幹部たちはすでに十分に自己批判を行った。これ以上自己批判する必要はない。工場で悪人を片づける目的は、生産をうまくやり、技術革命、管理革命、増産節約をうまくやるためである。速やかにこの方面に移らなければならない。半月遅れるということは、半月分の損失を生むということである」[†29]。

ほぼ時を同じくして、陸定一、万里、張子意、許立群も張盤石による過酷な運動の進め方に対する批判に加わった。彼らはいずれも、張を先頭とする工作隊が、「二十三条」に背き、中国の最高学府の多くの幹部に対して「病を治して人を救う」という態度で接するのではなく、無情な打撃を加え、残酷な闘争を挑んでいると痛烈に批判した[†30]。彭真もまた、同様の立場から介入した[†31]。張はいくらかの抵抗を試みたが、四月に入り、中央宣伝部が工作隊隊員総会を開催し、陸定一の後任となった張子意部長および副部長の許立群がいずれも張盤石を批判するに及んで勝負はついた。張は工作隊長を解任され、代わって許立群が隊長に就任した[†32]。許は、大学における四清運動は、上から下への奪権を伴う「革命」ではなく、批判と自己批判を通じた、より穏やかな「整風」の方式がふさわしいと考えた。間もなく、党中央の通知によって、文教単位における四清運動は一律に停止すること、また教師と学生は農村と工場の四清運動に参加することが求められた[†33]。六月二九日、彭真が人民大会堂において北京大学工作隊隊員と北京大学党員幹部を前に講話を行った。彼は工作隊の主要な偏向は、「一部の同志が一切を否定し、すべてまっ黒だとみなしたことである」と述べた。「工作隊は系統的に調査研究を行わず、人を捕まえては闘争を挑み、大学の党組織内部と幹部たちの思想を分裂させ、局面を混乱させた」というのである[†34]。これ以降、北京大学の四清運動においては、党員幹部が参加する「整風学習会」と呼ばれる穏健な改革運動が展開されることとなった[†35]。

以上のような北京大学における四清運動の過程においても、北京地区全体におけるこの運動がたどった軌跡と同様、いったんはひどく左傾化した運動を一九六五年初めの「二十三条」の公布以来、指導者たちが穏健化させるという展開がみられた。だが、やはり北京地区の四清運動と同様、北京大学の四清運動もまた、「政治的投機」を試みる人々の告発のために、やがて再び過激な運動に支配されるのである。それは同大学が生んだ類まれな煽動家というべき聶元梓による最高指導者への告発がきっかけであった。彼女は一〇月一一日、毛沢東と劉少奇に対して「北京大学の四清運動に関する意見」を送り、積極分子が不当に抑圧されていると訴えた。彼女は翌月には中央弁公庁に赴き、同様の弁論を行った。[†36] この特別な煽動家の存在は、康生の目に留まった。一九六六年春に五・一六通知が発出されたのち、彼は夫人の曹軼欧に北京大学に行って聶元梓を訪ねるよういいつけ、北京市委を攻撃する件について密議を行わせた。その結果、五月二五日に文化大革命最初となる有名な大字報（壁新聞）「宋碩（北京市委大学科学工作部副部長）、陸平、彭珮雲は文化大革命のなかでいったい何をしているのか？」が張り出された。この大字報の矛先が、まっすぐに彭真に向けられていたことは明らかである。

ここから先のストーリーはよく知られたものである。六月一日、杭州に滞在していた毛沢東は、この大字報を読むとすぐに康生と陳伯達にこう指示した。「この文章は新華社から全文を放送してよい。全国の各新聞で発表することがたいへん必要である。北京大学という砦は、ここから打ち破り始めることができる」[†37]。当日夜、新華社がこの大字報のテクストをラジオで放送した。翌日には『人民日報』がこの文章について報じるとともに、「評論員論文」を掲載した。それは、陸平、彭珮雲らが北京大学を独占している、同大学は「三家村」の重要拠点であり、「反党反社会主義の頑固な砦」である、彼らは似非共産党で修正主義の党であると断じるものであった。これが狼煙となって大衆運動としての文化大革命が開始された。一〇月二五日、毛沢東は中央工作会議においてこう述べた。「時間は短かったが、勢いは猛烈で、一枚の大字報が放送されるや、全国がどっと沸きかえるとは私も思わなかった」[†38]。以上の毛の言葉は、一九六六年春から夏にかけての事態の急展開が、彼の予想を超えていたことを示唆している。

とはいえ、「二十三条」を盾に取った四清運動の急速な穏健化は一九六五年春までにはすでに明らかだったのだから、同年のうちに主席が強力な反撃を準備しても不思議ではなかった。一九六二年春、劉少奇ら政治局常務委員たちが、大躍進から諸政策を完全に転換しようとして毛の逆鱗に触れ、その結果、党全体が階級闘争に向かい始めたことはすでに述べたとおりである。だが、今回は違っていた。主席の逆襲はすぐには開始されなかった。それは彼がしばらくの間、戦争の問題にかかりきりとなったためである。

毛沢東、戦争、ユートピア

一九六五年一月に「二十三条」が党中央によって公布される直前、毛沢東は中南局の指導者に対して、四清運動は「必ず真面目に、うまくやらなければならない。×年の時間をかけて一九××年までにはすべてやり終える。さらに時間を引き延ばしてはならない」と告げた。[†39] 二月末には、彼は冶金工業部長に対してこうも述べた。「社会主義教育運動は、三年ほどの時間をかけ、時期とグループを分けて全面的に完成させる」。[†40]

とはいえ、これ以降しばらくの間、主席は少なくとも公の場において四清運動に言及することはなかった(奇妙なことに、その間、彼は前年末に始まる中央工作会議の直前に述べた「官僚主義者階級」との闘争を再び提起した。この事情については、すでに第8章において述べた。さらに奇妙なことに、いったん「官僚主義者階級」との闘争を提起した後、毛はしばらくの間「資本主義の道を歩む実権派」にも言及しなければ、「官僚主義者階級」にも言及しなかった)。もちろん、彼が階級闘争について、いかなる形においても語らなかったというわけではない。四月二一日に、毛は突然思い出したように再び「資本主義の道を歩む実権派」に言及している。その際、武漢で中南局の会議に参加していた彼はこう述べた。「指導者がだめになったら党は崩れると絶対に考えてはならない。党はいつも一が分かれて二となる。そうでなければ、なぜ党内の資本主義の道を歩む実権派をやっつけなければならないのだ?」。[†41] 同年七月には、人民大会堂でインドネシア共産党代表団に対して、「われわれの国内にはまだ階級があり、まだ階級闘争もある。覆された階級は滅亡に甘んじず、さらに新しいブルジョア階級が生まれている」と指摘した[42]。翌月にフランス大統領の特使であるアンドレ・マルローと対談した際、毛は「修正主義的な階層」について語り始めた。それは何を指すのかと問うたこの作家に対して、彼は新しいブルジョア階級には言及することなく、それは「旧地主、旧富農、旧資本家、知識分子、新聞記者、作家、芸術家、およびその子供たちの一部」を指すと述べた[43]。同年秋になると、この最高指導者はさらにファシストの復活にも備えよと述べた。毛は党中央に修正主義が出現したら造反せよと各中央局第一書記たちに呼びかけていった。「アメリカ帝国主義、ファシストが出るのに備えなければならない。修正主義がわれわれをやっつけようとするのに、必ず備えなければならない。われわれの内部で修正主義、ファシストが出るのに備えなければならない。地主、富農、反革命分子、悪質分子が復辟し、貧農・下層中農をやっつけようとすれば民衆は賛成せず、造反する[44]」。

要するに、文化大革命が始まる前年における主席の階級闘争に関する言及は、せいぜい散発的になされるにとどまっていた。そして、毛の用語法はあいかわらず、ひどく混乱していた[45]。したがって、この時点から一年後に中国で生じる事態を見通すことは誰にもできなかったであろう。すでに述べたように、四清運動が政治局員たちの努力を通じて「左」から「右」へと大きく舵を切り始めていたのだから、彼が階級闘争についてほとんど語らなかったのは奇妙に思われる。おそらく、それは一九六五年において彼の精神活動の大部分が、戦争の問題を考えることに振り向けられていたためであった。

すでに前年半ば、南ベトナム解放民族戦線の活動に刺激を受けて、毛沢東は中国の各省において小火器や弾薬を製造する工場を作るよう訴えていた[46]。同年夏にトンキン湾事件が起きる直前――それは人民解放軍がアメリカ軍のU2型偵察機を最初に撃墜した直後であった――主席が周恩来や彭真に対して行った発言は、この指導者が切迫した危機感にとらわれていたことをよく物語っている。毛は三線建設もさることながら、やはり各省で兵器と装備を生産し、それぞれが独立して作戦を展開できれば、たとえ北京を失ったとしても心配する必要はないと述べたのである[47]。興味深いことに、いわば中枢神経を破壊されても、われわれはまだ末梢神経を働かせてたたかうことができるという主張は、同じ頃、国内政治の文脈において彼が唱えていた、北京が修正主義者によって奪われても地方が造反すればよいとの主張と共通点がある。彼にとって帝国主義とのたたかいと修正主義とのたたかいは、同じ楯の両面であった。一九六四年後半における毛を含めた指導者たちの社会主義教育運動に対する熱の入れようは、彼らが置かれていた戦略的環境との関連において、よりよく理解できるであろう。彼らは国内的にも国際的にも臨戦態勢にあり、二つの側面は互いに支え合っていたのである。同年九月には、想像力を異常に膨らませた毛は、アメリカ軍がかつての日本軍とは異なり、迂回して首都に攻め入るのではなく、まっすぐに華北地区を目指してやってくる可能性があると指摘した。[†48]

とはいえ、主席は迫りくる戦争の恐怖のなかで、すっかり頭に血がのぼってしまったわけではなかった。同年一〇月、北ベトナムからやってきたファム・バン・ドン首相に対して、毛は米中戦争の可能性に対するきわめて冷静な見通しを語った。主席によれば、トンキン湾事件後、中国の一部の指導者たち――「総参謀部の同志たち」と彼はすぐ後で言い換えている――は北ベトナムに軍隊を派遣することを主張した。だが、毛は彼らに努めて冷静になるよう言い聞かせ、兵力を隣国ではなく広東、広西、雲南、湖南に再配置させたのである。主席のみるところ、「アメリカが北方〔北ベトナム〕を打つかどうか、いまはまだ定まっていない。いままだ南ベトナムの問題も解決できないのに、さらに北方を打てば、百年打っても足を引き抜くことができなくなる。だから、アメリカは考えざるをえない」。そして彼は、アメリカもまた中国の介入を恐れていることを指摘した。さらに毛は、もし戦争が始まっても、空爆では多くの人間を殺すことはできないとつけ加えた。たとえ陸軍がやってきたとしても、われわれは得意のゲリラ戦によって、彼らを「小さな一口ずつ食べる」ことができるというのである。「アメリカや日本のような国とたたかうには、この方法を使うしかない」と彼は述べた。[†49] 以上の発言からみる限り、戦争の見通しに関して、毛は冷徹な計算を行っていたようにみえる。しかも、主席はファム・バン・ドンから、現在の戦争を南に局限するつもりだと告げられていたのだから、アメリカとの戦争が明日にでも始まるとは考えていなかったに違いない。

まったく奇妙に思われるのは、対外的戦争に関わるこのように冷静かつ周到な考察が、三分一の権力がわれわれの手中にないという国内政治に関するまったく荒唐無稽な主張とほぼ同時に語られていたことである。この両者の整合的な理解は、歴史家に難題を突きつけている。可能な説明のひとつは、「三分の一テーゼ」は他の指導者たちの修正主義に関する危機感を煽るための意図的な誇張であり、毛の理性は常に冴えわたっていたというものである。もうひとつの可能な説明は、彼の政治的思考は、沈着と激情の両極の間を周期的に往復するというものである。この説明と組み合わせることができるかもしれないさらにもうひとつの説明は、（a）多様な要因を考慮する複雑な思考と、（b）非合理的な思い込み、極端な誇張、過度の単純化によって形作られる思考——すなわち、対立する正反対の衝動から生まれる思考——による「両極の複合体」こそが、この指導者の心理学的特徴を形作っていたというものである。筆者は、主席による修正主義の脅威の強調が、党内向けのよくできた政治的芝居であるという考えを支持する気にはなれない。というのも、彼はしばしば外国人に対しても、国内の政治状況について同様の極端な語り方をしているからである。したがって、後二者の説明のほうがより真実に近いように思われる。

実際のところ、この最高指導者が外国からの訪問者たちに対して語った言葉は、同一の人格から発せられたものとは思われないほどの双極性を帯びている。毛は一方において、世界情勢について彼の該博な知識をいかんなく示してみせる——戦後日本の政治的展開であろうと、アメリカ海軍の世界的配置であろうと、東南アジアにおける各国共産党の動向であろうと。それは聞く者すべてを納得させる説得力を備えている。だが、次の瞬間、彼は打って変わって国際情勢についても、国内情勢についても、そして自らの党の歴史についても聞く者すべてを当惑させる見解を平然と述べるのである。例えば、一九六五年三月、毛はマレーシア共産党の指導者に対してこう語った。「アメリカとソ連が共同で中国に戦争をしかける可能性はないだろうか。彼らは平和的な方法では中国に立ち向かうことはできないと考え、戦争という方法でわれわれを消滅しようと試みないだろうか。たとえそうなっても、何もたいしたことはない。彼らが北京、南京、武漢、重慶といった大都市をすべて占領すれば、われわれは山に上り、郷に下って、日本占領時期に戻るだけだ」[50]。この指導者はまた、素知らぬ顔で歴史を偽造してみせる。一九六四年一〇月、彼が北朝鮮からの訪問者に語った言葉はこうである。「〔党の歴史を振り返って〕第四に意外だったのは、彭徳懐、高崗だ。われわれは彼らを見誤っていた。〔朝鮮戦争〕当時、彭は前方の司令員で、高は後方の主宰者だった。彼らは反党集団を結成した。彭は朝鮮の党に反対しただけでなく、われわれの党にも反対した。彼の反党の歴史は長い。われわれの軍隊内部でも反党〔活動〕をやったのだ。彭は初めてモスクワに行ったときフルシチョフと関係を結んだ。彼は大多数の中央委員と私に反対したのだ」[51]。

一九六四年秋には戦争の可能性について冷静に語っていた毛沢東は、一九六五年一月以降、戦争の見通しについて堰を切ったように切迫した危機感をもって語り始めた。同年一月初旬、主席はエドガー・スノーとの対談において、ほとんど戦争の話しかしなかった[52]。同月下旬に行われた政治局常務委員会拡大会議において、彼は北京をはじめとする大都市において、防空壕と地下壕を建設することを提案した[53]。

毛は三月中旬には、またもや北京を離れて南方に赴いたが、そこでも「今年、来年、再来年は戦争をやる準備をしなければならない」と述べた[54]。毛は同年春、何度となく過去に自分が経験した戦争について思い起こし、その教訓について語った。その教訓は「お前たちはお前たちのやり方でたたかえ、われわれはわれわれのやり方で戦う」（原文は「你打你的、我打我的」）という言葉に要約された。「われわれのやり方」とは、もちろんゲリラ戦の諸戦術を指すのである[55]。そして四月八日と九日、米軍の航空機が連日、海南島上空に飛来した後には、アメリカの爆撃に備えるようはっきりとした口調で訴えた。「戦争準備の思想を強化すべきである。……アメリカがわが国の軍事施設、工業基地、交通の要地と大都市を爆撃するのに、そしてわが国の国土で作戦を行うのに備えなければならない」[56]。

とはいえ毛沢東は、いったんは迫りくる戦争の恐怖に圧倒されかけたものの、再び冷静さを取り戻した——つまり、彼の精神の振り子は再び沈着の極へと戻った——ようにみえる。アメリカとの戦争に備えるために五月中旬に開催された全軍作戦会議、およびこの会議に参加した人々に対する政治局常務員たちの指示に、彼は満足を見出すことができた。[57]毛は戦争の準備のために、すでにあらゆる手を尽くしたとの達成感を感じていたのかもしれない。彼は五月一六日に長沙でホー・チ・ミンと会った後、三八年ぶりに井岡山を訪れた。主席は、緊急の用件がない限りは文件を送ってこないよう護衛係の汪東興にいいつけ、そこで九日間過ごしたのである。[58]

一部の研究者は、ここに毛沢東が文化大革命に向かう決定的な一歩をみている。朱建栄のみるところ、アメリカとの戦争が当分の間、回避できるという見通しが、彼に重大な国内闘争へ向けた決断を下させたというのである。[59]そして、この決断は、毛が井岡山で作った詩から読み取ることができると主張する。その「水調歌頭　再び井岡山に登る」と題された詩は次のようなものであった。「つとに雲を凌ぐ志ありて、ふたたび井岡山に登る。千里訪ねくるゆかりの地、旧き容は新しき姿と変わりぬ。至るところ鶯歌い、燕舞う。さらに水のせせらぐありて高き路、雲の端に入る。黄洋界を過ぐれば、険しきところ見るまでもなし。風雷とどろき戦旗はためく、これ人の世なり。三十八年は過ぎさりぬ、指を一弾きする間に。九天に上りては月を抱くべく、五洋に下りては鼈を捕うべく、笑いさざめきて凱歌のうちに戻らん。世に難きことなし、よじ登らんとさえせば」。[60]筆者は、詩がある人物の置かれた精神状態を読み取る重要な手がかりとなるという点を否定するものではないが、それをもって彼が重大な政治的決断を下した決定的な証拠とするのは控えるべきだと考える。実際、戦争がしばらく起こらないとしても、それがいつ始まるかはまったく予断を許さなかった。井岡山からおりた後の六月二日、毛は杭州でこう書いている。「これはある研究所〔国際関係研究所を指す〕の分析であるが、一読すべし。彼らは戦争がすぐに始まるかもしれないと考えている。私がみるところ、そうかもしれないし、しばらくはそうならないかもしれない。一、二、三年後になって始まっても、われわれには準備ができている。だが、私はすぐに始まるという基礎の上に工作を割り振りしなければならない。中央はすでに決定を行っている」。[61]将来に関するかくも不透明な見通しが、国内において大きな混乱に道を開く可能性のある——実際にそうなった——重大な闘争を始める決断の基礎に据えられたとは信じがたいことである。一九六五年五月に文化大革命の決断がなされたという説のより大きな問題点は、肝心の最高指導者による国内政治に関する新たな宣言（少なくとも、それに類する声明文や発言）が何ら見当たらないということである。
同年夏、毛沢東はさかんに過去の戦争について言及し、帝国主義の親玉との戦争が起こった場合に、どうたたかうべきか思いをめぐらせていた。たんに自らが中国の国土で経験した戦争だけでなく、ナポレオンのモスクワ遠征や独ソ戦におけるスターリングラードのたたかいまでも思い起こし、それらから教訓をくみ取ろうとしていた。[†62]だが戦争が起こる可能性については、結局のところ、堂々めぐりをした後、米中戦争は起こるかもしれないし、起こらないかもしれない――二つの可能性があるという点に彼は戻らざるをえなかったのである。[†63]
対外的な戦争の準備に忙殺されていたとしても、毛沢東は決して国内政治を放っておいたわけではなかった。彼にとって、四清運動と戦争準備は同時並行的に行われるべき二つの事柄であった。しかも、毛の脳裏においては、この両者は内在的に結びついていた。というのも彼は、戦争に備えるためには、軍を四清運動に参加させることが不可欠であると信じていたからである。「軍隊の文芸工作団はただ軍隊のことを知っているだけでは足りない。……工場、農村に行かなければならない。とくに農村に行って鍛錬し、四清に参加しなければならない」[†64]。約一ヵ月後の軍に対する指示も同様であった。軍人は「一律に、時期を分け、二年以内に（四期に分け、各期は半年とし、全軍をやり終える）、いずれも地方に行って社会主義教育工作に参加する」のでなければならない。[†65]
戦争の準備に万全を尽くすよう命じておきながら、軍人たちにわざわざ農村に赴き、時間をかけて政治運動に参加するよう促すのは矛盾しているようにみえる。可能なひとつの解釈は、同年夏になって、戦争が始まる可能性は高くないと彼が判断したということである。『毛沢東年譜』の説明に従えば、毛は六月二日、内部雑誌のひとつ『帝国主義動向』第十五期（五月三日発行）に目を通し、戦争は差し迫っていると考えた。[†66]だが、夏を迎えると、その危険性は相対的に小さくなったように思われた。八月一一日の政治局会議において、彼は「私はアメリカ人が軟化してきたように思う。諸君はライストン、ピアソンの文章を読むとよい」と述べた。[†67]したがって、このような情勢判断の変化を背景として、軍に対して四清運動への参加が求められたのだとみることは可能である。

しかし、先に述べたことを再び強調しなければならないが、アメリカとの戦争の可能性はたとえ相対的に小さくなったとしても、それが消え去ったわけではなかった。したがって、戦争準備と政治工作が、毛沢東の思考においてはトレード・オフなのではなく、表裏一体のものであったと理解したほうがよいであろう。われわれは彼の夢の読解を求められている。まさしく夢というほかはないが、農民・労働者とともに生産に参加する政治家、官僚、軍人、知識人の間に、「政治優先」によって未来の構想が完璧に共有される社会、それによって近代社会の特徴である専門的分業は最小限度に抑えられ、均質な人々の塊が形作られる社会の夢である。この人々の塊は、帝国主義、資本主義、封建主義に対して常に鋭く戦闘的で、限りない自己犠牲の精神と生産意欲に満ち溢れ、どこまでも指導者を敬愛してやまないであろう。これは反民主主義的とはいえないとしても、反自由主義的、反官僚制的、そして反近代的なユートピアである。[†68] この夢は、完全なる個人の解放と自己実現を求めた——少なくとも理論的には——古典的マルクス主義の夢とは正反対の方向を向いていた。なぜなら、毛のユートピアにおいては、人々は永遠に闘争のなかに生き続けなければならなかったからである。

毛沢東の夢のなかでは、軍人が政治工作に参加することが戦争に対するよき備えとなることに加えて、さらに常識に反することが起こりうる。すなわち、人々が政治運動に真剣に取り組むことが生産力向上の鍵となるのである。一一月一五日、安徽省蚌埠において、同省で四清運動を行った地区では、いずれも増産が確認できると聞いて彼は大いに喜び、こう述べた。「四清運動を経て人々の自覚が高まり、生産量も増大した。これも精神が物質に変化したということだ」[†69]。その二日後にも、南京で同様の報告を聞いた主席は上機嫌であった。「現在の情勢はとてもよい。全国、江蘇省、南京、どこであれとてもよい」[†70]。以上の発言は、主席が四清運動の結果に満足していたことを物語る証拠であるようにみえる。

だが差し迫った戦争の危機がもたらす極度の緊張感、およびそのような緊張感のなかで行われる四清運動により食糧生産も順調であるという明るい見通しが、最高指導者の気分を高揚させ、彼の延安時代の記憶を——すなわち過去のユートピアの記憶を——よみがえらせ、彼の戦闘精神を大いに鼓舞し、そして彼を新たな政治的企てに向けてひと押ししたという連関は十分にありうるように思われる。過去の毛の経験において、戦争と重要な党内闘争が結びつかなかったことなどあったであろうか。とりわけ一九四〇年代前半、迫りくる日本軍および国民党軍による経済封鎖によって生存の危機に直面するなかで行われた大生産運動と整風運動という名のイデオロギー闘争の組み合わせは、毛にとってこのうえない成功体験であった。しかも、四清運動は一九六二年春に生じた事態と同様、「右」からの強力な巻き返しに直面していたのだから、同年夏から秋にかけて主席が行ったような「左」からの巻き返しなしで済ませることができたであろうか。つまり、一九六五年に毛が四清運動からいったん遠ざかった際に、新たな政治運動へと向かうエネルギーが蓄積されたと考えられるのである。

だが、その運動とは、明瞭な輪郭を備えた構想と呼びうるものを備えてはいなかった。実際、われわれが利用できる一九六五年秋までの毛沢東の講話やコメントのなかに、ある政治的構想の実現に関する重大な決断が下されたことを示す証拠を見出すことはできない。そもそも、彼はまだまだ続くはずの四清運動について語っていたのである。だが、重大な転機が唐突に訪れる。

地滑り（1）——一九六五年秋以降の事態

一九六五年秋、党内政治があたかも地滑りを起こしたかのように、急激に、そして大きく動き始めた。それは一一月一九日付で上海『文匯報』に掲載された姚文元の論文「新編歴史劇『海瑞の免官』を評す」に端を発するものであった。この論文が、現在の公式の党史が指摘するように、「文化大革命の導火線」となったのはいかなる理由によるのかについての検討は後で行うこととして、まず同年秋以降における党内政治の急展開について語っておかなければならない。

一一月三〇日、『人民日報』はようやく姚文元の論文を、当日の紙面の最後に編集者のコメントとともに転載した。そのコメント――それは周恩来と彭真による加筆修正を経たものであった――には、こう記されていた。「われわれの方針はこうである。批判の自由を許容するとともに、反批判の自由も許容する。誤った意見に対しては、道理を説く方法を採用し、実事求是で、道理で人を従わせるのである」[†71]。これは学術問題に政治的決着をつけることを拒んだ彭真の態度を反映するものであった。彼がこの問題を、広範な学術論争のなかに持ち込むことによって、政治の領域から学術の領域へと引き戻すことができると本気で考えていたかどうかはわからない。ともあれ、これ以降、広範な論争が沸き起こった。論争が拡大するなかで、批判の矛先は呉晗に限らず、他の文化人へも向けられ始めた。有名な劇作家である田漢もその標的となった一人であった。彼は「力を尽くして封建的・ブルジョア的伝統劇と歴史劇を鼓吹し提唱した」として批判されたのである[†72]。当時、呉晗と親交のあったある知識人は、東北局第二書記の欧陽欽から「このような批判が行われるなら、誰が歴史を書くだろうか」と告げられたと述懐している[†73]。姚文元論文が知識人サークルに与えた衝撃は計り知れなかった。

騒ぎの広がりのなかで、事態を収拾するために何らかの方針を示さなければならなくなった党中央は、一九六六年二月三日、彭真を組長とする「文化革命五人小組」拡大会議を招集した。議論の結果、よく知られた文書である「当面の学術討論に関する報告提綱」（通称「二月提綱」）がまとめられた。この文書は、一方において呉晗がブルジョア的世界観をもって歴史と向き合い、政治的誤りを犯したと述べたが、他方においてまったく正当にも、『海瑞の免官』をめぐる討論は、学術的性格をもつものであるから、実事求是の原則に従い、道理をもって人を従わせるべきであり、新聞紙上において名指しで集中的な批判を行うことは慎まなければならない、と主張していた[†74]。この文書は、すぐに政治局常務委員会の同意を得ることができた。五日後、五人小組のメンバーである彭真、陸定一、康生、呉冷西らが武漢に飛び、「二月提綱」について毛沢東に報告を行った。その際、毛は後の彼のこの文書に対するひどく敵対的な態度からすれば奇妙にも、とくに反対することなく、ただ次のように語ったという。「呉晗は反党反社会主義ではないのか。呉晗は副市長を続けてよい、そうすれば彼も緊張を強いられることはあるまい」[†75]。主席が同意したと考えたため、二月一二日に党中央は「二月提綱」を公式の文件として党内に発出した。[76]

毛沢東の「同意」は、この文書の起草者である中央宣伝部副部長の許立群を大喜びさせた。彼は彭真の指示に従い、北京で学術界および新聞各紙責任者会議を開催し、「二月提綱」の内容を伝えた。すると、少なからずの参加者がこれを「思想闘争の二十三条」だと称えたのであった。[77]

だが、まさにこのとき上海で、歴史や文芸を学術の領域から政治の領域に引き込み、特定の人物たちを排除するための政治的演劇の舞台が設けられていた。一九六六年二月二日から二〇日まで、林彪の完全なる後ろ盾を得た江青が、上海に軍の政治思想工作および文芸工作の責任者を集めて座談会を開催したのである。座談会と銘打たれていたものの、実際には、日程もなければ議題も定められておらず、毛沢東夫人が一方的に長口舌を振るう場となった。[78] この座談会の記録は、いったん「江青同志が召集した部隊文芸工作座談会紀要」としてまとめられた後、何度となく手直しが施された。江青は当初、張春橋、劉亜丁を加えて加筆修正を行い、毛沢東に送った。この文書に並々ならぬ関心を示した毛は、自らこの文章に手を入れたばかりか、陳伯達を加えて修正を進めるよう妻に指示した。夫はさらにこの文章に二度手を入れた。[79]

毛沢東は初回の校閲時にこう加筆した。「この黒い線を除去した後、再び黒い線が現れる。そうしたらもう一度除去する。……われわれはつかむのが遅れた。われわれがつかまなければ、黒い線によって奪われる。これが深い教訓である」。[80] この言葉遣いは、二ヵ月後に党中央が発出する五・一六通知――一般に文化大革命の狼煙とみなされている文書――の表現そのものであるため、公式の『毛沢東伝』は、このとき最高指導者の脳裏で文革に関する「全局的な」配置が醸成されたとしている。[81]『彭真伝』はもっと直截に、「紀要」が文革を発動する毛の決意を反映していたと述べている。[82] 筆者は、このような言明は、半分割り引いて受け入れるほうがよいと考える。というのも、後に述べるように、たしかに毛沢東は何かを始める気になっていたが、計画を欠いた何かであるにとどまっていたからである。

三月一七日には、杭州で政治局常務委員会拡大会議が開催された。この日、毛は「紀要」について、「二度読んだ。もうよいだろうと思う」とコメントを記した。[†83] そして主席は、「紀要」の表題に「林彪同志の委託により」という文字を追加することを提案し、中央軍事委員会名義の文件として政治局常務委員会に送るよう求めた。[†84] 一方、林彪は三月二二日に中央軍事委員会常務委員会宛てに書簡を送り、同委員会メンバーの間で「紀要」を回覧するよう要求した。この書簡の述べるところ、「一六年来、文芸戦線には先鋭な階級闘争が存在しており、誰が勝ち、誰が負けるかという問題はまだ解決されていない。……これはイデオロギーの領域におけるきわめて広範で、深い社会主義革命であり、うまくやらなければ修正主義が現れるだろう。……『紀要』において提起されている問題や意見は、完全に部隊文芸工作の実際の状況に合致しており、断固として貫徹執行しなければならない」のであった。その二日後、毛がさらにいくらかの修正を施した後、「紀要」はようやく定稿となった。[†85] してみれば、「紀要」は毛沢東、林彪、江青、陳伯達、張春橋らが約一ヵ月の時間を費やして集合的に練り上げた文書であった。康生はこの文書の作成には関与しなかった。それは、まさに彼が「二月提綱」を作成した五人小組のメンバーであったからである。そのために康は、のちに政治的な取り繕いを演じなければならない羽目に陥り、「提綱」は自分の意思に反して作成されたものであったと主張した。[†86]

「紀要」の基本的な考えは、文芸とはブルジョア階級とプロレタリア階級が熾烈な陣地争奪戦を展開する場であり、その意味で政治的闘技場であるということであった。この文書のもっとも印象的な一節はこう述べている。

毛主席の「延安文芸座談会における講話」など、文芸について彼が論じた五つの著作のうち〕前三者は、発表されてからすでに二十数年が経ち、後二者は発表されてから十年近く経った。しかし、文芸界は建国以来これを実行せず、毛主席の思想と対立する一筋の反党反社会主義の黒い線がわれわれに専制を行ってきた。この黒い線とは、ブルジョア的文芸思想、現代修正主義的文芸思想であり、いわゆる三〇年代の文芸と結びついている。……われわれは必ず党中央の指示に基づき、文化戦線上の社会主義大革命を断固として行い、この黒い線を取り除かなければならない。この黒い線を取り除いた後、さらに将来、黒い線が現れることがありうるが、これともさらに闘争しなければならない。したがって、これは困難で、複雑で、長期におよぶ闘争であり、数十年、はなはだしきは数百年の努力を続けなければならない。これはわが国の革命の前途に関わる大事であり、世界革命の前途にも関わる大事である。[87]

「紀要」は四月一四日、党中央の文書として正式に党内に伝達された。

羅瑞卿事件および楊尚昆事件

『海瑞の免官』問題が政治指導者と知識人たちを大いに騒がせていたころ、別の方面から火の手があがった。林彪と彼の側近たちによる人民解放軍総参謀長、羅瑞卿に対する攻撃である。一九六五年一二月八日から一五日にかけて上海で行われた政治局常務委員会拡大会議において、林彪、葉群、呉法憲、李作鵬が突如、総参謀長を「政治を突出させることに反対した」、「軍を簒奪し、党に反対した」、「極端に毛沢東思想を敵視した」などと猛然と批判したのである。さらに林彪らは、羅が林に「譲位」を迫ったとも明かした。異常なことに、会議参加者は、毛沢東と林彪（および彼の側近）以外、劉少奇、周恩来、鄧小平を含めて誰も事前に議題について知らされていなかった。[88] それに劣らず異常であったのは、中央委員でさえなかった林彪の妻の葉群が、この会議で延べ一〇時間にも及ぶ長口舌を振るったことであった。国防部長の総参謀長に対する攻撃の根拠となったのは、同年二月に羅が劉亜楼（空軍司令員であったが、五月に病死していた）に語ったとされる「四ヵ条」の意見であった。[89] 羅瑞卿は当時、雲南省を視察中であったが、一二月一〇日、理由を告げられないまま至急上海に来るよう命じられ、到着後ただちに軟禁された。会議後、朱徳は夫人に「反革命粛清がとうとうわが党内部の核心にまで及んだ」と語ったという。[90]

翌年三月四日から中断を挟んで四月八日まで続いた中央工作組会議が、羅瑞卿に容赦ない批判の集中砲火を浴びせる場となった。[†91]「陰謀家」、「野心家」、「偽党員」、「偽君子」、「時限爆弾」、「帝国主義、修正主義、反革命分子の代理人」などとあらゆる非難が絶え間なく彼に注がれた。この会議に出席した彭真は、あくまでも羅に対して「実事求是」の精神で臨むよう要求したため、後に「羅瑞卿同志の誤りの問題に関する中央工作小組の報告」において、総参謀長をかばったとの理由で批判された。[†92]その間、三月一八日に羅は投身自殺を試みたが、左足を骨折しただけで未遂に終わった。

この事件は、中国の文献においては一般に、羅瑞卿を除去して軍内における主導権を回復しようともくろんだ林彪と、修正主義との闘争において国防部長の確固たる支持を得たいと望んでいた毛沢東の取引の結果であったとみなされている。[†93]筆者も大筋ではその通りであろうと考える。一九六三年五月、病に苦しんでいた林彪は羅瑞卿に「いまは体がよくない。軍隊の問題を考えることがかなり難しい。体がよくなるまで待ってほしい。第一線の人間に自由にやらせる。私の意見をあまり考慮しすぎないように」と告げ、長い療養生活に入った。[†94]そのため、中央軍事委員会の活動は同副主席の賀竜が取り仕切ることとなった。一九六四年以降は、新聞紙上でさかんに賀と羅の活動が報じられるようになり、これが「局外の人となった」林の感情を害したと中国の歴史家、銭庠理は書いている。[†95]一方、林彪は一九六三年一〇月に毛沢東が「解放軍に学ぶ」運動を開始したことに呼応して、毛の著作の「活学活用」を唱え始めた——それはまさに第9章で述べたような意味での「投機」であったといいうる。よく知られているように、林は軍総政治部に『毛主席語録』の編集を命じ、一九六四年五月一日、この小冊子は全軍に配布された。同年末になると国防部長は、さかんに軍隊内において「政治を突出させる〔原文は「政治突出」〕」必要性について語るようになる。例えば、彼の一二月二八日の発言はこうである。「われわれは毛主席が創建し指導する軍隊である。政治をその特徴とし、政治が軍事を統率するのである。毛主席はずっとわれわれに政治が統帥であり、魂であると教えてきた。政治工作がわが軍の生命線である」。[†96]彼はその翌日にも「政治突出」を主張し、毛の著作の学習によって思想工作を徹底せよと軍内に指示したが、それは主席の注目するところとなり、毛から「完全に同意する」との言葉を引き出した。[†97]

銭庠理によれば、一九六五年春から林彪は夫人の葉群を使って、羅瑞卿の弱みについて調べ始めた。すると、「軍を簒奪し党に反対する」との罪名に関連する一一件の資料が集まったという[98]。『林彪元帥年譜』は、同年六月、林が羅の存在を明らかに不快に感じていたことを物語る発言を記録している。「長子〔羅瑞卿を指す〕という人間は変わってしまった。偉い役人になり、大きな権力をもち、内側も外側も頭のてっぺんから足先までみな役人になってしまったのかもしれない。彼が総参謀長になった当初は、まだ分をわきまえていたが、いまはすべてを一手に握っている。……長子は彼の『同盟者』（賀竜）とすでにひとつのサークルを作っている。彼が作ったサークルは、楊成武、李天佑、呉法憲、蕭勁光、李作鵬、邱會作などをその圏外に放り出している。……私が思うに、羅に対してはやはり批判と教育を行うが、私は心を尽くした。羅の問題をどう解決するか、主席に決めてもらう[99]」。そして、実際に国防部長は、羅を指導層から排除するよう毛沢東に働きかけたのである。一一月三〇日、蘇州に滞在していた林彪は、葉群に資料を託し、報告したい件があるとして杭州にいた毛に面会させた。資料とは、羅瑞卿の犯した深刻な罪を物語る一一件の文書であった。葉は数時間に及ぶ弁論の末、主席の説得に成功したもようである。邱會作の回想によれば、同じころ、葉剣英、謝富治、蕭華、楊成武、劉志堅などが杭州に赴き、毛沢東に対して「羅瑞卿問題」について報告した。毛は報告を聞いた後、「〔羅のやり方は〕覇道だな。私には想像がつく。林彪同志にも、この男は全身とげのようだといったことがある。だが、野心があるというのは新しい問題だ。君たちは林彪同志に体に気をつけるよういいたまえ。『長子』の問題は中央が解決する[100]」。こうして事態は、先述の一二月八日の上海での政治局常務委員会拡大会議へと至る。しかし、この会議で主席が羅瑞卿についていかなる発言を行ったかは明らかではない。

羅瑞卿の失脚の原因について、欧米と日本の文献においては、一九六五年春から秋にかけて、きたるべきアメリカ帝国主義とのたたかい方をめぐり、林彪と羅瑞卿の間で「戦略論争」が展開された結果、敗者となった羅が失脚したとの説が唱えられてきた。この論争のなかで、羅は近代的な武器を頼みとして、防空を主体とした戦略を唱えていたのに対し、林は徹底的な人民戦争論――武器をとった数億の人民の大海原のなかに敵を深く誘い込み、殲滅するという戦略——を主張したというのである。[†101] しかも、このような見解の違いは、ソ連との関係をどうするかという問題につながっていたとされる。総参謀長はソ連との関係改善に期待し、アメリカ帝国主義に対する共同行動を望んでいたが、国防部長にとって、ソ連との関係改善はまったく問題にならなかったという。[†102] なるほど、同年二月にアメリカ軍の北ベトナムに対する爆撃が開始され、春には海南島上空に米軍機が連続して飛来するという事件まで起きていたのだから、指導者たちが感じた切迫した脅威のもとで、このような論争が生じたとしても不思議はない。

だが奇妙なことに、近年中国で出版された文献のこの事件をめぐる記述は、まったくこの「論争」に言及していない。その代わりに、それらは、総参謀長の失脚が軍内部の主導権をめぐる争いと関連していたと示唆している。もっとも説得力をもつように思われる説明は、軍総後勤部長を務めた邱會作の回想録のなかに見出すことができる。一九六五年一二月の上海会議にも、また翌年三月の中央小組会議にも出席した彼の解釈は以下のようなものである。すなわち、羅瑞卿は自らの言動のために自ら墓穴を掘ったのであった。というのも、彼が中央公安部長時代からすでに備えていた横暴な性格に加えて、林彪が病気のためにもはや役に立たないと考え、自ら国防部長に就任しようと望んだからであった。実際、劉少奇はあるとき、羅が国防部長の後継者であると語ったが、一九六五年に林が一時的に病から回復したために、望みはかなわなかった。すると、羅は中央軍事委員会の日常工作を担当していた賀竜に接近し、軍内での主導権を握ろうとしたのであった。ところで、賀竜は劉少奇、鄧小平と近い関係にあった。軍と党を股にかけた、このような新たな人的なつながりの構図ができあがることを毛沢東は恐れた。軍こそが主席の最後の頼みの綱であったからには、彼はそれを自らがもっとも信頼できる人物に託しておきたかった。かくして毛は、林彪の羅瑞卿に関する主張を全面的に信じたかどうかはともかく、羅の排除を決めたのであった。[†103]

たしかに、中央工作組が一九六六年四月三〇日付で毛沢東と党中央に送った「羅瑞卿同志の誤りの問題に関する報告」には、総参謀長の戦略上の誤りを示唆するような文言は見当たらない。この報告書には羅の誤りとして、以下の五点があげられている。（1）毛沢東思想に反対したこと（林彪が「毛沢東思想は当代最高最活のマルクス・レーニン主義である」と述べた際、羅は「最高最活は理解しにくい。外国人も翻訳しにくい」などと述べたという）、（2）ブルジョア軍事路線を推し進め、政治を突出させることに反対し、「大比武」（練兵のため部隊間で競技を行わせること）を勝手に行ったこと、（3）組織的規律を破壊し、「独立王国」を築こうとしたこと（羅は典型的な「一言堂」（ワンマン）であったとされている）、（4）人格が低劣であり、「機をみて甘い汁を吸う」（原文は「投機取巧」）ブルジョア個人主義者であったこと、および（5）林彪に国防部長の地位を譲るよう迫り、軍を簒奪し、党に反対する陰謀を画策したこと、である。[†104] 一方、人民ではなく兵器に依存する戦法を提唱したこと、そしてソ連との協力を模索したことが彼の誤りであったとの主張は含まれていない。したがって、一部の研究者がすでに主張しているように、戦略上の論争なるものは存在せず、[†105] 邱會作のいうとおりであるとは限らないとしても、軍内部の主導権をめぐる争いに対して、毛沢東が林彪に有利な形で裁定を下したと考えるのが妥当であるように思われる。約二年前にフルシチョフが失脚の憂き目にあったのは、書記長が不用意にキューバにミサイルを持ち込み、屈辱的な敗北をこうむったために軍部が彼を見放したからだということを毛は知っていたに違いない。ならば、人民解放軍内部に深刻な亀裂が走りかけた際、主席が彼にとって政治的に比較的有用に思われた人物の側についたのは自然な選択であった。

そのように考えれば、毛の羅瑞卿に対する批判がごくわずかであるうえに、まったく鋭さを欠いていることも理解しやすくなる。『毛沢東思想万歳』のいくつかの版には、上海会議直前における彼のごく短い「羅瑞卿問題に関する談話」が掲載されている。これは主席の総参謀長に対するまとまった批判の唯一のテクストとみなしうるものである。それによれば、「羅の思想とわれわれ〔の思想〕との間には距離がある。……羅は林彪同志を実際には敵とみなした。羅は総参謀長になって以来、単独では私に指示を仰がず、工作についても報告してこなかった。羅は各元帥を尊重せず、また彭徳懐の誤りを犯した。羅は高崗、饒漱石問題で事実上墓穴を掘ったのだ。羅という人物は独断的である。羅は野心家である」[†106]。このような理由によって、主席が彼に長年このうえなく忠実に仕えた人物に引導を渡したのだと理解するのは難しい。一九六五年一二月の上海会議の最中も、また翌年三月の中央工作組会議の最中も、彼は羅の罪について、とくに発言していない。公式の『毛沢東伝』および『毛沢東年譜』は、わずかに一九六六年一月五日の主席の次のような発言を伝えるのみである。「私も羅瑞卿にいったことがある。どこかの省に行って省長をやれと。だが、彼は行かなかった。軍隊工作はできなくなった。異動させて地方に行かせ、いくらかの仕事をさせてもよい。江西に来るかはわからない」[†107]。これらの発言からすれば、毛は羅を完全に打倒しようとは考えていなかったようにみえる。果たせるかな、八年後、彼は「羅を誤ってやっつけてしまった」と後悔の念を述べたのであった[†108]。

それでも毛沢東は、三月の中央工作組会議において、総参謀長が同僚たちによって完膚なきまでに叩きのめされるのをまったく阻止しようとせず、傍観者を決め込んだ。このような毛の反応は、かつて高崗を粛清した際の彼の態度と共通点がある。いずれの場合においても、主席は重大な罪を犯したはずの同僚を――どちらの場合も、彼がとくに目をかけていた人物であった――大げさな言葉で非難したが、突然思い出したように情けをかけた。だが副官たちが、誤りを犯した同僚に対して容赦ない攻撃を浴びせても、毛は救いの手を差し伸べることはなかった[†109]。

この事件が中国政治の展開に与えた影響は明白である。それは、「政治の突出」――軍内部で主導権を握ろうと試みた林彪が毛沢東の支持を得るために打ち出したスローガンであった――が独自の慣性を獲得し、党内生活、およびそれを超えてあらゆる人々の社会生活の基調に据えられたことである。試みに『人民日報』の紙面を時系列に沿って眺めるなら、一九六六年一月から、その様相に重大な変化が現れたことが容易に確認できる。第一面の『人民日報』のタイトルのすぐ下に「政治突出」あるいは「政治挂帥」(政治を何よりも優先させるという意味)のスローガンが掲げられはじめた。この場合の「政治」とは、最高指導者の言葉あるいは意思を意味した。したがって、「政治突出」とは、すべてを無条件で最高指導者の意思に委ねることにほかならなかった。これは制度としての政治の崩壊に与えられた別名であった。中国の政治生活を律しているはずの慣例、規則、手続きがまったく顧みられなくなりつつあった。政治を動かすものは、もはや理念ではなく告発であり、事実ではなくデマゴギーであり、制度ではなく最高指導者による予測もできなければ理解もできない一言であった。告発が政治局常務委員たちの頭越しに直接主席のもとに届けられ、それを彼が信用できると考えたとき、同委員たちが議題も知らされることなく首都以外の場所に急遽集められ、総参謀長の解任に同意するよう迫られたのである。政治局常務委員たちは、哀れにも、何も抵抗できなかった。羅の運命が決した一二月の上海会議において、朱徳は「毛沢東思想は、マルクス・レーニン主義の最高峰ではない。最高峰ならもうそれ以上発展できない」と述べて林彪派の人々に反対したが、これが限界であった。鄧小平に至っては、妻に羅瑞卿夫人を慰めてやるようにと告げることができただけであった。[110] [111] 一方、毛沢東の周囲にいた「投機者」たちは、政治に関わる制度が崩壊し、予測可能性が失われた環境のなかで勢いづいていた。いまや公式の制度上は何の権限ももたないはずの指導者の妻たちの声が重みをもち始めていた。彼ら（と彼女たち）にとって、「賭けてみる」ためのまたとない好機が訪れていた。これらの人々は、ありったけの言葉を用いて毛に対する無限の忠誠を誓い、毛をこのうえなく持ちあげ、毛の指導に逆らう者たちがいるとはやし立てた。

このような状況は毛沢東が半ば望み、そして自ら作り出したものであったが、彼自身がもはや統御できない地点にまで立ち至っていたに違いない。楊尚昆、羅瑞卿、彭真、陸定一と続く排除の連鎖を、主席があらかじめ思い描いていた証拠は何ら見当たらない（楊尚昆の解任についてはすぐ後で述べる）。後からの知恵によって、これが毛の周到な計画の一部（そして始まり）であったとみなすことは可能であるが、筆者には、それはまったく的外れであるように思われる。なぜなら、大躍進の失敗が明らかになって以降（あるいはそれ以前も）、何ら確固とした政治的構想をもたず、行き当たりばったりで政治と向き合ってきた彼が、一九六五年後半に至って突如、綿密な計画を練り、実行に移すとはおよそ信じがたいからである。しかも、同年において毛の頭が戦争でいっぱいであったのなら、なおさらである。おそらく、一九六五年秋、姚文元の論文をきっかけとして、政治の領域に不確実性の空間がぽっかりと口を開けたのであった。その意味において、現在の公式の党史が、『海瑞の免官』をめぐる事件を文化大革命の「導火線」と表現していることは、半ば正しい。だが、そこからどこに向かうべきかに関する明確な政治的構想など、毛にせよ投機者たちにせよ誰も持ち合わせていなかった。誰もこの「導火線」が何につながっているか理解していなかったのである。

実際のところ、一九六五年一一月から、事態はあたかもドミノが次々に倒れていくように連鎖的に動いた。姚文元の文章が『文匯報』に掲載されたまさに当日、楊尚昆が中央弁公庁主任を解任された。それは楊が「党中央に背いて勝手に盗聴器を仕掛けた」との告発によるものであった。いかなる経緯で、この突然の解任劇が生じたのかは不明である。後に党中央が下達したこの事件に関する「説明」も、まったく具体性に欠けている。それは楊が「中央のたび重なる盗聴器設置の禁止決定を顧みず、中央に背き、私的に盗聴器を設置し、私的に毛主席と政治局常務委員同志の話を録音し、党の機密を盗んだ」と述べるのみである。[†112]

事件の背景にあったのは、毛沢東が自分の発言を録音されることを（それどころか、いかなる形で記録されることも）嫌っていたが、そうかといって完全に録音をやめるよう主張していたわけでもない――要するに、録音に対して曖昧な態度をとり続けていたことであった。楊尚昆自身が語るところ、一九五六年に行われた毛の有名な講話「十大関係論」は、速記録もなければ録音もされず、後に数人の参加者のノートに基づき復元されたのであった。これを教訓として、その後、主席の発言は、彼自身の指示あるいは同意を経て録音されるようになった。[†113]毛沢東の「五大秘書」の一人、葉子龍によれば、彼のよく知られている講話「人民内部の矛盾を正しく処理する問題について」（一九五七年二月）の録音は、毛が葉に自ら指示して行ったものであった。そして一九五八年一一月から、毛のあらゆる講話が録音されはじめた。ところが、一九五九年一一月の杭州会議における主席の講話の最中、話が中ソ関係に及んだところで、彼は講話が記録および録音されていることに気づいて腹を立て、いずれも直ちにやめるよう命じた。[†114]その後、一九六一年四月、長沙で外国人と会見した際にも、毛は録音機が準備されているのを知って怒り、楊尚昆が自己批判書を毛に提出する羽目になったという。[†115]すなわち、悪意ある告発者は、中央弁公庁主任が主席の意に逆らって彼の発言を録音したと主張することが可能であったし、毛もまたそれを完全に否定することができなかったのである。

『楊尚昆日記』には、一九六五年一〇月二九日に、周恩来、鄧小平、彭真の三人が楊を訪ねて「尋常ではない話し合い」を行った――しかも、三人の重要な指導者の訪問は「毛沢東の意見に基づいて」なされたとの注記がある――との記載があることからみて、同月末には中央弁公庁主任の運命は決していたとみられる。[†116] 楊は広東省委書記処の委員として左遷させられたが、任地に赴く前に毛が彼に対して、二、三年したら黄河の流域に異動させてやると告げたことからすれば、[†117] 事態は羅瑞卿の解任劇と同様の筋書きに沿って運んだと推測することが可能である。すなわち、楊も羅と同様、彼の罪に関する内部告発が主席のもとに届けられ、それを毛が半信半疑ながら承認し、解任に至ったということである。事実、今回もまた、この最高指導者は罪を犯した部下を一撃のもとに打倒しようとはせず、情けをかけたのであった。そして今回もまた、鄧小平は彼の家で楊の娘がしばらく暮らせるよう取り計らうことができただけであった。[†118]

地滑り（2）――一九六六年春

一九六六年春、毛沢東はあたかも狂気の種を宿したかのように、異常なまでに戦闘的であった。彼の精神の振り子は、再び激情の極に振れていたのである。ただし今回、毛は国際環境について語るのではなく、もっぱら国内の政治状況について語っていた。三月一七日から二〇日にかけて開催された杭州での政治局常務委員会拡大会議における彼の尋常ならざる発言はこうである。「現在、大学、中学、小学の大部分はブルジョア階級、小ブルジョア階級、地主、富農出身の人物によって独占されている。……これはひとつの深刻な階級闘争だ。そうでないと将来、これら一群の連中が修正主義をやることになる。……二つの方法がある。ひとつは批判を展開すること。もうひとつは、下郷労働、半工半読、四清をやることだ。青年を押さえつけてはならず、かまわず立ちあがらせることだ。……年齢が若く、学問が少なく、立場が強く、政治経験のある者、断固とした者が必要だ。……つまり、教授を学生に打倒させねばならないということだ」。[†119]

この会議に参加していた王任重の日記もまた、毛のただならぬ様子に触れている。「主席は談話のなかで曹操、司馬懿の時機を外さぬ決断について触れ、古を語り今と比べ、わが同志たちに優柔不断であってはならない、大胆であれ、多くのことを考えすぎてはならないといった」[120]。やはり杭州会議に参加した呉冷西によれば、毛は『人民日報』が霊魂の登場する劇を推奨し、海瑞を持ちあげることによって誤りを犯したと批判したという。それを聞いた呉は、「私はかすかに感じた。暴風雨が間もなくやってくる」と予感したのであった[121]。

同月、宮本顕治を代表とする日本共産党代表団が中国を訪問し、北京で周恩来を団長とする代表団と協議を重ね、アメリカのベトナム侵略に反対する共同声明を出すことで話がまとまった。この共同声明は、ソ連を名指しで批判することなく、したがってベトナム支援の国際的統一行動からモスクワを排除しないという性格を備えていた。ところが、三月二八日、上海で宮本らと会見した毛沢東は、この声明文を「勇気がなく、軟弱で、無力である」と評し、声明文を反米反ソの国際統一戦線の呼びかけに変更するよう求めたのであった[122]。この会見における毛の戦闘的な姿勢が際立つ言葉はこうである。「われわれのこの国家には大量の修正主義者がいて、多くの教条主義者もいる。いわゆる教条主義とは、外国のものを盲信し、中国の死人と外国の死人、それから外国の生きている人間を盲信することだ。……われわれはいま、アメリカ人がやってきて戦争をするのに備えている。修正主義がやってきて戦争するのに備えている。米ソが結託し、中国を分割するのに備えている。……ひとつは党内で孤立すること、二つは国際上孤立すること、いくつかの事柄は原則を堅持しなければならない。決して原則を失ってはならない」[123]。このように主張した毛は、日本の同志たちにも修正主義との闘争を押しつけようとし、結局、彼らと決裂することとなった[124]。

同じ頃、主席の異常な闘争心がもっとも際立つようにみえる言葉は、知識人たちに向けられたものであった。

共産党人はかつて二十数年の軍事大学と革命大学（すなわち、二十数年の戦争と革命）を経たが、あの大学教授と学生たちときたら、ただ本をかじることができるだけだ（これが比較すれば、もっとも簡単な工作だ）。彼らは第一に戦争ができず、第二に革命ができず、第三に労働ができず、第四に田を耕せない。彼らの知識はひどく貧しく、いわばまったくわかっていない〔原文は「一竅不通」〕。彼らのなかの多くの者は、たしかにひとつの学問があるが、それは反共、反人民、反革命であり、いまに至るもやはりそうである。彼らには「術」もあるが、それは反革命の方法である。だから私はいつもいってきた。知識分子は労農分子と比べて、もっとも学問のない人々である。彼らは他人に引け目を感じることもなく、一日中本から本へ、概念から概念へと渡り歩く。こうして、〔彼らは〕反革命をやり、ブルジョア階級の復辟をやり、修正主義分子を養成することを除けば、そのほかのことはまるでできない。……だから学校は一律に工場と農村に移し、一律に半工半読を実行しなければならない。当然、段階を分け、グループに分け、時期を分けて行わなければならないが、必ず行かせなければならない。行かないというならこの種の学校は解散させ、後になって面倒な問題が発生しないようにする。[†125]

日本の同志たちと決裂した日（三月二八日）から三日間、主席は康生、江青、張春橋らと数度語り合った。このとき、彼は激しい言葉で「二月提綱」を批判した。「もし悪人をかばうようなら、中央宣伝部は解散しなければならない。北京市委は解散しなければならない。五人小組は解散しなければならない。……八期十中全会で階級闘争をやる決議を出したのに、なぜ呉晗はあれほど多くの反動的文章を書くのだ？……中央宣伝部は閻魔殿だ。閻魔大王を打倒し、小鬼を解放しなければならない。……私はずっと主張してきた。およそ中央が悪事をしでかしたら、私は地方に対して造反に立ちあがり、中央に進攻せよと号令をかける。……われわれはみな歳をとってしまった。後に続く世代が修正主義思潮を食い止められるかどうかはわからない。文化革命は長期にわたる巨大な任務である。私の代で完成しなくても、必ずやり遂げなければならない」[†126]。また彼は「彭真に告げよ。悪人をかばってはならない。上海に詫びよ」と述べた[†127]。さらに、怒れる主席の批判の矛先は鄧拓、呉晗、廖沫沙の「三家村札記」にも向けられ、鄧拓の「燕山夜話」は反党反社会主義的だと語った[†128]。

この談話は、彭真、陸定一、鄧拓、呉晗、廖沫沙にとって致命的な一撃となった。三月三一日に北京に戻った康生が周恩来と彭真に対して、三時間をかけて以上の主席の言葉を伝えると――それは脚色されたものであったに違いない――彼らはあっさりと投降した。周は二日間かけて考えた末、主席の指示に完全に従う、五人小組の報告は誤りだったとする手紙を送った。続いて、彭が毛に対して、「二月提綱」には重大な欠点と誤りがあった、「私の頭は混乱していました。はっきりしない問題がまだあります。いまはこう書けるだけです」と書き送った†129。

彭真が北京市委常務委員会および書記処会議で主席の言葉を伝達すると、同市の指導者たちは恐慌をきたした。それでも、劉仁、鄧天翔、万里はいずれも言葉を慎重に選びながら、鄧拓を擁護する姿勢をみせた。だが結局、彼らは問題を長引かせることなく、早く解決したほうがよいとの結論に達し、彭は「泣いて馬謖を斬る」決断を下したのであった。北京市委は四月一六日付の『北京日報』に「三家村」を批判する編集者のコメントを掲載した。それによれば、「本紙が過去に発表したこれらの文章に、すぐに批判を行わなかったのは誤りであった。その原因はわれわれがプロレタリア階級の政治挂帥を実行せず、脳裏にブルジョア階級、封建思想の影響があったためである。……われわれは毛主席の著作を真剣に学習することを決心し、毛沢東思想に基づいて毒草を取り除き、誤りを克服し。本紙において三家村、『燕山夜話』に対して厳粛な批判を展開することを決心した†130」。

北京市長と彼の部下たちがあっさりと敗北を認めたため、攻撃側はさらに勢いづいた。四月一日に張春橋が「『文化革命五人小組の現在の学術討論に関する報告提綱』に対するいくつかの意見」を公表し、公開で「二月提綱」を攻撃したことに続き、戚本禹が『海瑞皇帝を罵る』と『海瑞の免官』の反動的実質」と題する論文を四月二日付『人民日報』に掲載した。さらに関鋒が林傑との連名で長大な論文『海瑞皇帝を罵る』および『海瑞免官』は反党反社会主義の二つの大毒草である」を同年四月五日付『人民日報』に掲載した。

四月九日から一二日にかけて、中南海の懐仁堂で開催された中央書記処会議において、康生は三月末の毛談話を出席者に伝えた。鄧小平が進行役を務めたこの会議で、彭真は痛ましいばかりの敗北宣言を行った。「自分はこのたびの学術批判のなかで主席に従わず、深刻な誤りを犯した。……過去、現在、そして将来においても私は毛主席に反対することはない」。そして、北京市長は批判の長く続く雨に打たれた。中央書記処は党中央の名義で通知を発出し、「二月提綱」を取り消すこと、および文化革命文件起草小組を発足させ、組長に陳伯達、副組長に江青、劉志堅、そして顧問に康生をあてることを毛に提案した。「通知」は陳が起草して杭州に滞在する主席のもとへ送られた。[†131]

誤りを犯した人々を激しく鞭打つための会議が慌ただしく続いた。四月一六日、周恩来、鄧小平、彭真、陳毅、葉剣英などが、毛のもとで政治局常務委員会拡大会議を行うため、杭州に赴いた〔劉少奇は、外遊のため一九日にかけつけた〕。彭真は到着後ただちに毛の秘書に主席との二〇分間の面会を求めたが、返事はなかった。[†132] 二〇日になって、ようやく北京市長に毛との面会の機会が与えられた。主席の傍らには周恩来と鄧小平が控えていた。「私の頭は混乱しています。すぐに自分の〔抱えている〕問題を整理できません」と彭は率直に述べた。毛は応えた。「そうだ。天下は大いに乱れているが、いっとき乱れさせなければならない。あせることはない。君に時間を与えよう。ゆっくり考えればはっきりする。……『蘆蕩火種』〔上海の劇団の演目〕は北京でたった三日間だけ上演を許された。一日の延長も認められなかった。〔北京は〕針も通せず、水も通せなかった[†133]」。

四月二二日、主席が口を開き、長い講話を行った。「呉晗の問題だけだと私は信じない。これは魂に触れる闘争だ。イデオロギーが及ぶ範囲は広い。……中国に修正主義が出て権力を握るかどうか、二つの可能性がある。出るか出ないか、早く出るか遅れて出るか、〔われわれが〕うまくやれば早く出ないかもしれない。早く出てもよい。反対方向に向かうからだ。……修正主義は文化界に出るだけではない。党、政府、軍にも出る。とくに党と軍だ。……中央に出たら、必ず果断に、全面的系統的にそれをつかみ、大革命をやり、問題を解決せねばならない[†134]」。この思わせぶりな言葉から判断すれば、毛は明らかに何か大きな仕事をやる気になっていた――それが何であるのか、誰にも理解できなかったのであるが。

翌日より、会議は三つの分科会に分かれて彭真に対する批判を進めた。とりわけ林彪が司会を務めた分科会では、北京市長に対する追及は、過去の「東北問題」にまで及んだ。林は彭が「路線の誤り」を犯したと主張すると、彭は自分が「路線性の誤り」を犯したと述べた。すると林は、「性」を取るよう要求したのである。[135] この間、毛沢東は陳伯達によって起草された「通知」――最終的に五・一六通知となる文書である――の原稿に何度となく手を入れた。[136]

杭州会議終了後も、主席の彭真と北京市委に対する怒りが収まる気配はなかった。四月二八日、彼は康生と陳伯達に対して次のように語った。「北京市は一本の針も通せなければ、一滴の水も通せない。彭真は彼の世界観によって党を改造しようとしたが、事物は反対の方向に向かった。彼はすでに自分で崩壊の条件を準備したのだ。彭真の誤りに対しては、徹底的に攻撃しなければならない。……ちり芥は掃かなければ少なくならず、階級の敵はたたかわなければ倒れない」。[137]

続いて五月四日から北京で、劉少奇が進行役を務める政治局拡大会議――一般に、文化大革命の狼煙となった五・一六通知が採択された会議として知られる――が開催された。七〇人あまりが参加したこの会議に、杭州に滞在中の毛沢東は不参加であった。会議の状況は、康生を通じて毛に伝えられた。この会議は彭真、羅瑞卿、陸定一、楊尚昆に対する集中的な批判の場となった。五月五日より数日間は異例にも、座談会にあてられた。というのも、出席者たちは現在何が起きているのか、また「通知」の作成過程について、ほとんど理解していなかったからである。[138] 最初の二日間、座談会の主役は、いまや毛沢東の代理人を気取る康生であった。彼は一九六五年一一月以来、主席がいかに彭真と陸定一を批判してきたか、またいかに中央宣伝部と北京市委の解散を提起してきたか、さらにいかに文化革命の推進を説いてきたかを出席者に伝えた。加えて彼は、「通知」草案に対する毛の加筆修正についても説明した。次の二日間、主役は張春橋と陳伯達に交代した。張は『海瑞の免官』に関する姚文元論文が発表される前後の文芸界における「二つの路線の闘争」について長い講話を行い、そのなかで彭真、陸定一、周揚を批判した。次いで陳伯達が発言し、一九二三年以来の（！）彭真の「反党反毛」について語った。[139] その後、五月一〇日から一四日にかけて、分科会における討論が行われ、「通知」草案、および羅瑞卿の誤りに関する問題についての報告が検討された。[140] そして、ついに五月一六日、「中国共産党中央委員会通知」（すなわち、五・一六通知）が採択されたのである。

「歴史家の究極の武器である後知恵」[†141]に頼ったとしても、この政治局拡大会議が中華人民共和国の歴史の決定的な分岐点であったのかどうかは判然としない。利用可能なあらゆる記録に照らしても、このとき肝心の毛沢東は、遠く杭州から劉少奇、周恩来、鄧小平、林彪に細かい指示を発していただけであった。主席自身が何か重大な決断を下したことを示唆するようなものは何も見当たらない。当時、この会議に出席していた人々も、会議後すぐに未曾有の政治的・社会的大混乱が始まるとは想像できなかったに違いない。

それでも、党内政治の勝者と敗者はこのうえなく明瞭で、いまや主席の完全なる後ろ盾を得た人々は勝ち誇り、権力を独占するため、さらに攻撃対象を拡大する構えをみせた。勝者の一人、林彪は五月一八日に長い講話を行い、古今東西におけるクーデターの事例をあげ、党中央内部にも政権転覆を企んでいる人々がいると語った。

> 毛主席は最近数ヵ月、とくに注意して反革命クーデターを防止し、多くの措置をとった。羅瑞卿の問題が発生した後、この問題を語ったのだ。このたびの彭真の問題が発生した後、毛主席はまた人々にこの問題を語った。兵力を動員して将軍を派遣し、反革命クーデターを防止し、彼らがわれわれの要害となる部署、無線ステーション、放送局を占拠するのを防止するのだ。……諸君は反羅瑞卿、反彭真、反陸定一および彼の妻〔厳慰冰〕、反楊尚昆〔の運動〕を通じて、ある臭いをかぎ取った。火薬の臭いだ。ブルジョア階級の代表的人物がわれわれの党内に紛れ込み、党内の指導機関に紛れ込み、実権派となり、国家装置を掌握し、政権を掌握し、軍権を掌握し、思想戦線の司令部を掌握した。彼らは連合して転覆をやり、大乱を起こした。……文武が相応じ、世論をつかみ、鉄砲を握れば、彼らは反革命クーデターをやれるのだ。[†142]

そして林は、毛に対する個人崇拝を極限にまで高めた。「毛沢東思想は真正なるマルクス・レーニン主義である。それは高度に実際と結合されたマルクス・レーニン主義であり、全国人民のもっともよい教科書にして必修科目である。……彼に反対する者は、全党でこれを誅する。全国をあげてこれを討つ。……毛主席の話は、一句一句が真理である。一句がわれわれの万句を超えている」。[†143]

一方、いまや完全なる敗者となった彭真には、自己批判の機会が与えられたが、わずか五分間にすぎなかった。それでも彼は、林彪によって与えられた罪名をきっぱりと拒否した。「政変を企てるとか、中央を転覆するとか、外国と通じるなどといったことは、私は夢にも思ったことはない。羅瑞卿、陸定一と反党的つながりがあるかどうかについては、中央の審査を請う」。[†144]陸定一にも自己批判が許されたが、林彪は追撃の手を緩めなかった。「なぜおまえは私に害をなすのか？　私という人間はずっと知識分子が好きだった。おまえ陸定一も比較的好きだった。〔それなのに〕なぜおまえはこのように悪いことをするのか？　どういうつもりだ？」。中央宣伝部長は、まったく身に覚えがないと答えるだけであった。[†145]結局、この会議において、彭真・羅瑞卿・陸定一・楊尚昆「反党集団」がでっちあげられ、討論を経ることなく、彼らの職務は停止された。[†146]グループ討論において、批判は朱徳にも飛び火した。この「建軍の父」が彭・羅・陸・楊に対して気の進まない批判を行ったことを自己批判した後、その発言に対して林彪、陳毅、周恩来、ウランフ、薄一波などが襲いかかったのである。[†147]

会議場内で「反党集団」あるいは「黒い線」に対する批判が沸騰すると同時に、会場外でも批判が熱を帯びた。ここでも煽動者となったのは、関鋒、戚本禹、姚文元という若き砲撃手たちであった。とりわけ、五月八日付『解放日報』と『文匯報』に掲載された姚文元の評論「三家村を評す――『燕山夜話』、『三家村札記』の反動的本質」は、江青がこの若い文筆家に書かせたものであった。原稿ができあがった後、毛沢東夫人が夫に原稿を渡すと、彼は表題を書き換え、二つの新聞紙上で同時に発表することを許した。その際主席は、一字も加えてはならず、句読点さえも変えてはならないと述べたという。[†148]姚の評論の発表当日、異例にも、上海から五百部の『文匯報』が北京に空輸され、政治局拡大会議の参加者たちに配付された。当日、張春橋は新華社に命じて、北京のすべての新聞と雑誌の責任者を民族文化宮に集め、姚の評論を明日必ず転載せよ、一切の字句の修正は許さないと告げた。[†149]五月中旬に『紅旗』に掲載され、そして同月一六日に各紙が転載した戚本禹「『前線』と『北京日報』のブルジョア階級的立場」もまた、毛沢東と江青に加えて、周恩来、康生、陳伯達が原稿に手を入れ、集合的に完成させた論文であった。この論文は、「国内外の階級敵が大いに暗黒風を吹かせているとき、誰が積極的に鄧拓、呉晗、廖沫沙を支持して反党反社会主義の活動をさせているのか」と問い、鄧拓を「叛徒」と断定した。公式の『彭真伝』は、とくに康生による書き換えが、文章をいっそう毒々しいものとしたと述べている。[†150]「暗黒風」は、まさに最高指導者と彼の夫人、文化―政治的投機者たち、そして若い極左的なイデオローグが共同で吹かせたものであった。鄧拓が彭真と劉仁に宛てた手紙をしたためた後、睡眠薬を大量に服用して自ら命を絶ったのはこの二日後のことであった。呉晗も文革中、迫害を受け一九六九年に死去した。「三家村」グループのうち、文革を生き延びたのは廖沫沙だけであった。

何が生じたのか？

なぜ一九六五年秋以降、突如として政治的地滑りが生じ、事態が一気に文化大革命に向かって動いたのであろうか。それは、最高指導者が自ら強力なイニシアティブを発揮して、結果的に中国を国家主導の内戦へと導くことになる、前代未聞の企てへと力ずくで引きずっていったからではなかった。そうではなく、政治的投機者たちの活動が、期せずしてほぼ同時に生じたことに端を発していたのである。彼らの企てとは、（1）江青、張春橋、姚文元（上海グループ）による戯曲『海瑞の免官』および北京市当局に対する攻撃、（2）北京大学当局の四清運動に対する姿勢をめぐる聶元梓による最高指導者への告発、（3）林彪と彼の手下たちによる羅瑞卿に対する攻撃、（4）楊尚昆に対する誣告である。いくつもの「時限爆弾」がほぼ同時に炸裂したことで――あるいは、何本かの衝撃の糸が一本に撚り合わされることで――その衝撃波は大きなものとなり、党全体を揺るがしただけでなく、知識人たちをもまた恐慌に陥れた。そしてこの事態は、それ以前の政治生活を形作っていた慣例、規則、手続きの崩壊、および政治空間の質的変化に導いたのである。

いくつかの証拠に照らして、毛沢東は（3）と（4）については、自分も攻撃に加わるべきか否か、いくらか迷いがあったようにみえる（そうでなければ、なぜ羅と楊に情けをかけたのであろうか）。一九六六年五月の北京での政治局拡大会議が作りあげた彭徳懐・羅瑞卿・陸定一・楊尚昆「反党集団」など、主席は本気では信じていなかったに違いない。だが、（1）については、それが彼にとって奇貨となったため、それに賭けてみる気になったのだと思われる。毛と上海グループの両者は「気」を投じあい、「投合」したのであった。呉晗は、彼を超えて彭真を先頭とする北京市委、『人民日報』その他の北京の新聞各紙、およびそれらを管轄する中央宣伝部をまとめて叩くことを可能にする、願ってもない要《かなめ》であった。主席があれほど北京を嫌っていたのだから、この好機を逃すはずはなかった。

とはいえ毛沢東が、誇張、歪曲、そして事実の無視によって特徴づけられる投機者たちの主張に引きつけられ、攻撃にのめりこんでしまった理由はそれだけではない。第一に、すでに述べたように、彼の精神が異常に高揚していたことである。これはおそらく迫りくる強大な敵との全面戦争の恐怖――それは、もしかすると、期待と混じり合っていたかもしれない――によって、毛の闘争心に再び火が灯されていたためであった。明らかに彼はアメリカだけでなくソ連ともたたかう気になっており†151、同時に、国内に現れたあらゆる反逆の徴候と彼が判断したものに対して断固たる攻撃を加えようと身構えていた。鼓舞されていたのは、たんなる闘争心ではなかった。闘争を通じてのみ実現され、維持しうると信じられた特殊な（あるいは奇怪な）ユートピアへの情熱もまた鼓舞されていたのである。第二に、主席は好んで北京を離れ、政治局常務委員たちと自らを隔絶した環境において、修正主義に関する、そしてクーデターに関する恐怖と警戒心を自ら膨らませたことによって、起きるかもしれないと考えていた事態に関する情報を信じやすくなっていた。そのため、極端な情報ほど受け入れやすく、そうでない情報はかえって信じられなくなっていた。要するに、デマゴギーを信じやすくなっていたのである。「中央に修正主義が出現する」という警告は、まさに自己充足的予言（self-fulfilling prophecy）となっていた。そして第三に、文化―政治的投機者たちの情報操作は巧みであった。例えば、康生は、「二月提綱」が政治局常務委員会を通すことなく主席に伝えられたものだといって毛を怒らせ、また毛の言葉を誇張して政治局常務委員たちに伝え、彼らをひれ伏させたのである。

林彪を除く政治局常務委員たち――劉少奇、周恩来、鄧小平、朱徳、陳雲――の間には連帯のかけらすらなく、投機者たちの挑戦にまったく抵抗できなかった。彼らはそれぞれ、疑いもなく多忙を極めており、事態の進行を理解することさえままならなかった。彼らを束ねる役割にあるはずの劉少奇は、一九六四年一二月の政治局常務委員会で毛沢東と衝突して以来、すっかり無力化されており、そのうえ諸外国の訪問に忙しく、中心として機能していなかった。鄧小平は呉晗に対する批判が開始された際、呉といつものようにブリッジをやりながら、こう述べたという。「教授、そんなにくよくよしなさんな。何事も楽観的にやらなきゃいけないよ。何をびくびくすることがある。天が落ちてくるとでもいうのかね[†152]」。このエピソードは、彼が従来の権力構造に対する重大な挑戦が生じているとはまったく認識していなかったことを示している。周恩来は、あろうことか、毛沢東にも林彪にも迎合して、「彭・羅・陸・楊集団」に対する攻撃に積極的に加担してしまった。五月の政治局拡大会議において、林彪の発言に「完全に同意する」と述べた総理による彭真らに対する批判の激しさは、国防部長にも、そして陳伯達にも康生にも劣らなかった[†153]。朱徳にはもともと政治的な意志が欠けていた。陳雲は、一九六二年春に主席の叱責を受けてから、病気を理由に隠遁生活を送っていた。彼らのいずれもが、策士とはほど遠い存在であった。政治的術策を弄することができたのは、もう一人の政治局常務委員である林彪だけであった。かくして政治局常務委員会は、メンバーのそれぞれが孤立し、無力化されたことによって、政治の中核としてまったく機能しなかった。林を除けば、哀れなほど無力な彼らは、事態の展開をただ見守り追随するばかりであった。その結果、政治局常務委員たちによる通常の官僚制的統制が、主席の個人的な信任のみを頼みとし、常に主席の名において行動するデマゴーグたちによる異常な恣意的統制に置き換えられてしまった。「虚言の園」は、こうして完成したのである。これが不確実性の空間を爆発的に拡大し、政治に大いなる予測不能性を呼び込んでしまった。

考えるべき重要な問題がまだ残っている。毛沢東は何か重大な決断を下したのだろうか。すなわち、彼がいつの頃からか温めてきた政治的構想を実現する決断を下したのであろうか。筆者の結論は、そのような意味での決断は下されていない、というものである。主席はたしかに、何か大きなことをやる気になっていた。それは、毛がこの頃さかんに他の指導者たちに対して、また外国人に対しても語っていたように、自身の生命が尽きようとしていると考えていたことと関係があると思われる。したがって、大事とは、彼の畢生の事業となるはずであった。だが、例によって、この最高指導者の言葉遣いは実に曖昧で、思わせぶりであり、よく練られた構想とはほど遠いものであった。一九六六年四月、彼は彭真に対して「天下をいっとき乱れさせなければならない」と語った。[†154]このとき毛は、北京を懲らしめることを念頭に置いていたに違いない。だが、北京に灸をすえた後、首都の、さらには全国の統治に関して、彼がいかなる新秩序を思い描いていたかは判然としない。同年五月五日、彼はアルバニア人に対して、「あなた方はまだ午前の太陽だ。〔それに対して〕われわれは黄昏時だ。だから、まだ元気があるうちに、これらブルジョア階級の復辟を叩くのだ」と述べた。[†155]若者に大胆にやらせるべきだ、とこの七三歳の老人は語った。[†156]大胆であれ、優柔不断であってはならない、断固した態度であれ、と彼は繰り返した。[†157]だが、彼のメッセージはそれだけであった。一九六二年秋に社会主義教育運動を開始した際の毛とまったく同じように、一九六六年春もまた、彼はそれが具体的にいかなる形をとるかについてのイメージを欠いたまま、何か大きな事業をやる気になっていたのである。

事業とは、本質的にいって破壊であった。五・一六通知が「二月提綱」の主要な誤りとしてあげた第六点目は次のように述べている。「毛主席はつねづね破壊なしに建設はない〔原文は「不破不立」〕と語っている。破壊とはすなわち批判であり、すなわち革命である。破壊のためには道理を説かなければならないが、道理を説くことがすなわち建設である。破壊を第一に置けば、建設はそのなかに含まれるのである」。[†158]これは破壊と創造が異なる段階に属する、異質の企てであることを認めない論理であった。したがって、破壊の後でいかなる秩序を建設すべきかを語ることを拒否する論理であった。毛は異常な闘争心に満ち溢れていたが、彼の身を焦がしていたのは破壊の炎であって、創造の炎ではなかった。創造を伴わないたんなる破壊は、政治的構想と呼びうるようなものではない。

この最高指導者が用意周到な計画を実行に移したのではなかったことは、彼が必ずしも打倒するつもりはなかった人々——羅瑞卿と楊尚昆——を打倒してしまったことに表れている。また、闘争を少しずつ進めるつもりであったのに、爆発的に展開してしまったことにも表れている。繰り返された同様の発言からみて、毛は批判の対象を際限なく拡大するのではなく、対象を限定した集中的批判を行うことを、それも一挙にではなく徐々に——したがって、統御可能な形で——行うことを念頭に置いていたことは明らかである。例えば、一九六六年三月一八日、彼は「多くを打倒してはならない」と述べた[†159]。三月三〇日には、康生、江青、張春橋に対して「〔批判の対象は〕ひとつの学校で二、三人、多すぎてはならない」と語った[†160]。そして、四月二二日の発言はこうである。「闘争は徐々に行う。ほんとうに代表的な人物を省市で一人、二人批判しなければならない[†161]」。彼の目算が狂ったのは、側近たちの誣告にこれ幸いとばかりに飛びつき、政治的局面に突如開いた、どこに向かうかわからない不確実性の窓を、極度の興奮のうちにやみくもに押し広げた結果であった。ここには計画性など微塵も認められない。少なくともそう考えるほうが、一九六六年前後の主席の態度と辻褄が合うのである。

文化大革命が始まってからも、それは毛にとってどこか他人事のようであった。一九六六年六月一七日、すでに彼の指示した聶元梓らの壁新聞のテクストのラジオ放送によって、北京では上を下への大騒ぎが起きていたというのに、この指導者は故郷の湖南省韶山県滴水洞に十日以上も引きこもった[†162]。その後、七月八日付で妻に宛てた手紙には、彼が林彪をはじめとする同僚たちから、はるかな高みに持ちあげられていることによる居心地の悪さ、および自分が状況の客体と化していることについての懸念がつづられていた。「私は彼らに迫られて梁山に登ったのだ。同意しないと彼らの具合が悪いと思ったのだ。重大な問題で、心にもなく他人に同意したのは、人生でやはり初めてだった」。四月の杭州会議でも、五月の北京での政治局拡大会議でも、持ちあげすぎるのはよくないといったが、まったく効果がなかったと毛は述べた。「こうして、私は梁山に登るしかなかったのだ。私は彼らの本意が鬼を打つために、鐘馗〔の力〕を借りることにあると察した。そこで私は二〇世紀の六〇年代に共産党の鐘馗となったのだ[†163]」。そうであるなら、文化大革命の始まりの物語は、熟慮された事前の計画の主体的な実現ではなく、やはり「いきあたりばったり」というモチーフへと回収しうると筆者は考える。

小結

一九六五年一月に「二十三条」が制定されてから、毛沢東と彼の同僚たちが文化大革命の淵へと落ちていく「最後の瞬間」が訪れるまでの道程は単純ではなかった。同年の歩みにおいて、主席と彼の仲間たちは、いったんは崖っぷちから遠ざかった。だが、危険な場所から遠ざかることで、かえって再び断崖の縁へと近づくエネルギーが蓄積された。それは毛が、有力な部下たちの一部が四清運動を「右」に急旋回させたことに不快感を覚えたこと、近づく全面戦争の足音を聞きながら、過去の戦争と革命の経験によって力強く鼓舞され、異常な興奮状態に置かれたこと、農村において新たな運動＝革命を求める声がどこからともなく届いたこと、および死ぬ前に何らかの重要な足跡を残しておきたいとの衝動が強まったためである。そして同年秋、唐突に「そのとき」がやってくる。毛はたった一人で断崖へ歩み寄ったのではなかった。下心ある仲間たちに手招きされ、また自分でもそこがよき場所であると思い込み、嬉々として歩み寄ったのである。そして、彼らは集団的に足を滑らせた。断崖の淵では、やがて谷底へと引きずり込まれるほかの仲間たちが、落ちてゆく毛と側近たちを不安そうに眺めていた。毛と彼の仲間たちは、谷底へと落ちてゆくときも、心地よさを感じながら、どこへ落ちてゆくかをまったく自覚することはなかった――毛自身は快感とともに、いくぶんか違和感を覚えていたのではあるが[†164]。

繰り返していおう。以上の過程のどこにも、一九六五年以前とまったく同様に、計画性は認められない。一貫性は認めうる。それは比類なき権威であり続けようとする意志、そして（あるいは）政治的主導権をわがものとしようとする意志、そして（あるいは）闘争への意志という点においてである。このような意志に基づき、ふと目の前に現れた好機に飛びつく主席の性向は、彼がいつの時点で劉少奇（および鄧小平）の打倒を決意したかについての難問を歴史家に突きつける。毛が副主席をいつ打倒しようと決意したかをめぐって、過去にさまざまな論者が、さまざまな説を唱えてきた――一九六二年一月説、同年七月説、一九六三年初め説、一九六五年一月説、同年五月説など。筆者には、その時点は少なくとも一九六六年春以降（おそらくは、同年六月以降）のことであるように思われる。遅すぎるだろうか。だが、そのときまでに副主席を打倒しようと決意したなら、彼はなぜ同年春、劉に対して農業機械化に関する計画の取りまとめを指示し、あわせて同年夏の中央工作会議でこの問題を真剣に検討するよう命じたのであろうか。[165]劉少奇の打倒および文化大革命の開始――この二つの事柄はつながっているが、区別されなければならない――筆者は、このいずれについても、事前の熟慮を経て周到に準備、計画され、そして実行に移されたのではなく、あくまでも事の成り行き上、そうなってしまったのだといおう。

このようにいえば、「偉大なる指導者」、「天才的な戦略家」、「現代のレーニン」が中国の将来に関わる一枚の青写真も描くことなく、党と人民を導こうとしたなどありえようか、と人は問うに違いない。そして、こうも問うかもしれない。常に「黒幕」が探し求められ、また人々を権力者と彼に連なる者たちからなる集団として考える傾向にある中国の政治文化において、彭真が標的となったとき、劉少奇が標的にならなかったなどということがありえようか。実際、彭真が打倒される前には劉仁が批判され、羅瑞卿が打倒される前には蕭向栄（中央軍事委員会弁公庁主任）が批判されたではないか、と。[166]だが、そのような想定に立って、事実を集めようとしても無駄である。多くの事実は、最高指導者の気まぐれを際立たせるだけである。一九六五年初めの「二十三条」への熱中、同年春から夏にかけての戦争の見通しに関する没頭、そして同年秋以降の北京に対する攻撃への専心――このような彼の精神および行動の軌跡に計画性を認めることはできない。そもそも、主席に計画性があったのなら、なぜすぐ後に関心をほとんど失ってしまう四清運動の綱領の作成にあれほどの精力を傾け、そしてこの運動を何年か続けるよう――実際には、そのいい方もまったく一貫していない――繰り返し命じたのであろうか。そう熱心に命じておきながら、一九六六年を迎えると、少なくとも公の場においては、彼の四清運動への言及はほとんど影をひそめてしまうのである。

無計画性と至高の権威への意志という点における一貫性に加えて、それらと組み合わされていた毛沢東の信念についても触れておかねばならない。彼の信念とは、社会主義体制は絶えず更新されてゆく闘争によってのみ停滞に陥らずに済むということ、そして闘争・対立・緊張はこの体制の持続にとって必要不可欠であるということである。毛のユートピアを実現し維持するための根本的な要素は、どこまでも続く闘争なのである。したがって、人々の現在の努力に報い、現在の苦しみよりも大きな価値をもつはずの未来の構想を欠いた特殊なユートピアといいうる。革命が成就した後でも平穏で幸福な社会が訪れることなく、闘争が無限に続く――古典的マルクス主義がまったく想定していなかった事態である――かぎりは、闘争終了後の計画など立てる必要はなかった。すなわち、継続革命に関する「理論」の基底に据えられていたのは無計画性であった。いうまでもなく、繰り返される闘争は、最高指導者の意思に党と人民を完全に従わせるために必要だったのである。

†1　薄一波、前掲書、下、一一三五頁。
†2　『彭真伝』第三巻、一一一二頁、および『彭真年譜』第四巻、三七九－三八〇頁。
†3　『彭真伝』第三巻、一一一六頁。
†4　一方、「資本主義の道を歩む実権派」については、それが何を意味するか誰も理解することができず、したがって誰も注目しなかったという。同右、一一一七頁。おそらく、北京以外の地域であっても事情は同じであったろう。
†5　『彭真伝』第三巻、一一一八頁、および『彭真年譜』第四巻、三八八－三八九頁。
†6　『彭真伝』第三巻、一一一八頁。その際、主席は「二十三条」を大きな字で印刷した布告を張り出し、人々に遵守させるよう求めた。『彭真年譜』第四巻、三九〇頁、および『毛沢東年譜』第五巻、四七一頁。
†7　『彭真伝』第三巻、一一一九頁、および『彭真年譜』第四巻、三九七頁。
†8　『彭真伝』第三巻、一一二二頁、および『彭真年譜』第四巻、三九〇－三九一頁。
†9　彭真「在市委三届七次全体（拡大）会議上的報告」（一九六五年一月二三日）、北京市档案館・中共北京市委党史研究

室編『北京市重要文献選編』第17冊、中国档案出版社、二〇〇七年、三六‐四六頁。

†10 『彭真伝』第三巻、一一二一‐一一二三頁、および『彭真年譜』第四巻、三九一‐三九二頁。

†11 『彭真伝』第三巻、一一二四頁、および『彭真年譜』第四巻、三九三頁。

†12 郭徳宏、前掲書、二八六頁。

†13 『彭真伝』第三巻、一一二七頁、および『彭真年譜』第四巻、四〇三‐四〇四頁。

†14 「中共北京市委関於厳粛処理在二十三条公布後継続発生打人和其他体罰現象的通報」(一九六五年三月二日)、『北京市重要文献選編』第17冊、九五‐九六頁。

†15 『彭真伝』第三巻、一一二七頁。

†16 『彭真年譜』第四巻、四一四頁。

†17 『彭真伝』第三巻、一一二八頁。

†18 同右、一一一五頁。

†19 同右、一一二八‐一一二九頁。

†20 戚本禹、前掲書、上、三三一‐三三七頁。

†21 『彭真伝』第三巻、一一二九頁。この「密告」については、『毛沢東年譜』第五巻には記載が見当たらない。

†22 葉永烈『江青伝』作家出版社、一九九三年、三〇四頁。戚本禹の論文は「『海瑞皇帝を罵る』と『海瑞の免官』の反動的実質」と題されて一九六六年四月二日付『人民日報』に掲載された。この文章は、呉晗の『海瑞罵皇帝』が一九五九年の廬山会議以前に書かれた作品であるにもかかわらず、この会議で罷免された彭徳懐を援護するためのものであったと主張するものであった。そのために、戚は知識分子の備えている「特殊な階級的敏感性」が、呉晗に今後起こりうる事態を察知させ、彼に右傾機会主義分子を鼓舞させたのだとの「論理」を展開した。まったくの牽強付会といいうるこのような論文が『人民日報』紙上に、しかも「学術研究」という表題とともに掲げられたこと自体が、当時の異常な政治的・社会的雰囲気を如実に物語っている。一方、関鋒の文章「『海瑞皇帝を罵る』および『海瑞免官』は反党反社会主義の二つの大毒草である」は、林傑との連名で同年四月五日付『人民日報』に掲載された。

†23 「陳伯達同志的講話」(一九六六年五月二四日)、前掲『林副主席重要講話和文章選輯』、二三頁。

†24 ウーヴェ・リヒター著、渡部貞昭訳『北京大学の文化大革命』岩波書店、一九九三年、二五-二七頁、および雲鶴「北京大学与莫斯科大学」、『祖国』香港、一九六六年一一月号、一九頁。

†25 郭徳宏、前掲書、一八八頁。

†26 同右、一九一頁。

†27 同右、一九二頁。

†28 「文教部門社教運動的方向要迅速転到業務上来」（一九六五年三月三日）、『鄧小平文集』下巻、人民出版社、二〇一四年、二三三頁。ただし、これは講話の要点であると注記が付されている。北京大学档案館校史館編『北京大学図史一八九八-二〇〇八』北京大学出版会、二〇一一頁によれば、鄧小平はこのとき「北京大学はひとつの比較的よい学校である」と述べたのであった。

†29 「社教運動要及時転到生産建設上来」（一九六五年二月二日）、『鄧小平文集』下巻、二二九頁。

†30 王学珍等主編『北京大学紀事（一八九八-一九九七）』下巻、北京大学出版社、一九九八年、六二四-六二七頁。

†31 リヒター、前掲書、二七-二八頁、および郭、前掲書、一九三-一九四頁。

†32 前掲『北京大学紀事（一八九八-一九九七）』下巻、六二八頁。

†33 郭徳宏、前掲書、一九八頁。

†34 『彭真年譜』第四巻、四二三頁。

†35 郭徳宏、前掲書、一九八-一九九頁。

†36 同右、二〇一頁。

†37 「関於播発『宋碩、陸平、彭珮雲在文化革命中究竟干些什麼?』大字報的批語」（一九六六年六月一日）、『建国以来毛沢東文稿』二〇二四年版、第十八冊、二七一頁。

†38 『毛沢東年譜』第六巻、九-一〇頁。

†39 伏せ字は原文。「在聴取中南局匯報工作時的挿話」（一九六五年一月一二日）、『毛沢東思想万歳』11C、一三二頁。この挿話は、『万歳』の他の版、『学習文選』、『資料選編』にはいずれも見当たらない。『毛沢東年譜』第五巻にも、対応する記載を見出すことはできない。

†40 『毛沢東年譜』第五巻、四八三頁。
†41 同右、四九一頁。
†42 同右、五〇七頁。
†43 「フランスの国務相マルローとの談話」(一九六五年八月三日)、邦訳『毛沢東思想万歳』下、三〇三頁(丁本、六二二頁)。このテクストは、『万歳』11Cに収録されているものと完全に一致している。
†44 『毛沢東年譜』第五巻、五三四頁。
†45 毛沢東は、一九六六年を迎えると、修正主義とファシズムをほぼ同一のものとみなし始めた。一九六六年五月、この指導者はアルバニアからの訪問者に対してこう述べた。「私が思うに、中国が修正主義ファシズム国家に変わったとしたら、〔事物が〕反面に向かったということだろう。……しかし、中国の人民、労働者、農民、革命的知識分子が時機をみて立ち上がり、ある日、修正主義ファシズム反革命をひっくり返すだろう。「毛沢東主席接見阿尓巴尼亜党政代表団談話記録」(一九六六年五月五日)、前掲『機密档案中新発現的毛沢東講話』、一九五頁。
†46 「関於加強三線建設的講話」(一九六四年六月八日)、『建国以来毛沢東軍事文稿』下巻、二二五頁。
†47 「関於建設地方武装和備戦問題」(一九六四年七月一五日)、同右、二五一 ‐ 二五三頁。
†48 「敵人很可能是中間突破」(一九六四年九月一四日)、同右、二六五頁。とはいえ、一九六六年になると、まっすぐに北京に向かって攻め込んでくる可能性があるのは、アメリカではなくソ連であるとされた。同年五月、主席はアルバニア人にこう語った。「われわれは彼ら〔ソ連〕が北京にまで進攻し、新疆、東北、西北、黄河以北をソ連のものとし、黄河以南をアメリカのものとし、二つの国家で中国を瓜分しようとすることに備えている」。「毛沢東主席接見阿尓巴尼亜党政代表団談話記録」(一九六六年五月五日)、前掲『機密档案中新発現的毛沢東講話』、二〇五頁。あまりにも想像力に富んだこの発言は、『毛沢東年譜』第五巻には記載されていない。
†49 「応做好美国拡大越南戦争的準備」(一九六四年一〇月五日)、『建国以来毛沢東軍事文稿』下巻、二六七 ‐ 二七二頁。
†50 「毛沢東会見馬共領導人洪韜、裴文、文凱和外国専家柯弗蘭、愛徳楽、艾溌斯坦談話」(一九六五年三月一九日)、前掲『機密档案中新発現的毛沢東講話』、一六四頁。
†51 「毛沢東主席会見朝鮮党政代表団談話記」(一九六四年一〇月七日)、同右、一二〇頁。

†52 「同斯諾的談話」(一九六五年一月九日)、『毛沢東文集』第八巻、三九六－四一三頁。

†53 「搞好三線建設打起仗来就不怕了」(一九六五年一月二三日、二四日)、『建国以来毛沢東軍事文稿』下巻、二九二頁、および『毛沢東年譜』第五巻、四七四頁。

†54 『毛沢東年譜』第五巻、四八七頁。この言葉からすれば、やはりこのとき、彼は国内を大混乱に陥れかねない新たな政治的企てなど眼中になかったと考えられる。

†55 毛の考え方をもっともよく物語る文書として、「打仗的辦法主要是你打你的我打我的」(一九六五年三月二四日)、『建国以来毛沢東軍事文稿』下巻、三〇〇－三〇四頁を参照せよ。

†56 これは毛の四月一三日の発言である。『毛沢東年譜』第五巻、四九〇頁。

†57 「対中央政治局常委接見全軍作戦会議全体同志時指示紀要的批語」(一九六五年五月二五日)、『建国以来毛沢東軍事文稿』下巻、三一一頁、および『毛沢東年譜』第五巻、四九五頁。

†58 汪東興『汪東興日記』当代中国出版社、二〇一〇年、一六六－一八六頁。

†59 朱建栄『毛沢東のベトナム戦争――中国外交の大転換と文化大革命の起源』東京大学出版会、二〇〇一年、三四七頁および三六四頁。この見解に近藤邦康も賛同している。近藤邦康『毛沢東――実践と思想』岩波書店、三二〇－三二一頁。やはり同じ見解に立つ奥村哲はこう述べている。「こうした中で、翌六五年五月中旬以降、中国は米中戦争の当面の可能性はなくなったと判断するようになった。しかし、それはけっして将来の戦争の可能性まで否定するものではなく、だからこそその前に修正主義を一掃して、国内を固めておく必要があると考えられた」。奥村哲『文化大革命への道――毛沢東主義と東アジアの冷戦』有志舎、二〇二〇年、二一八頁。

†60 毛沢東『毛沢東詩選』北京、外文出版社、一九七九年、一〇〇－一〇二頁。

†61 「要放在馬上打的基礎上部署工作」(一九六五年六月二日)、『建国以来毛沢東軍事文稿』下巻、三一二頁。この文書に付された注によれば、ここでいう中央の決定とは、同年四月一四日付で発出された「中共中央の戦争準備工作強化に関する指示」を指す。

†62 「在杭州聴取工作彙報的講話」(一九六五年六月一六日)、同右、三一四－三一五頁。

†63 「戦争準備要放在両個可能上」(一九六五年一〇月一〇日)、同右、三二六－三二八頁。

†64 「関於文芸工作的指示」（一九六五年七月一五日）、『毛沢東思想万歳』11C、一五六頁。このテクストは、『万歳』武漢版2に収録されているものと同一である。

†65 『毛沢東年譜』第五巻、五二二頁。

†66 同右、四九七頁。

†67 同右、五二一頁。

†68 もっとも毛にとって、これはユートピアなどではなく、過去に延安で現実に起きたことであった。彼は林彪にこう書き送っている。「世界大戦が起きないという条件下でありさえすれば、軍隊はひとつの大きな学校であるべきである。〔いや〕**たとえ第三次世界大戦〔が起こるという〕条件であっても、このように大きな学校となり、戦争以外に各種の工作を行うことは十分可能である。**第二次世界大戦中の八年間、各抗日根拠地でわれわれはこうしなかっただろうか。この大きな学校では政治を学び、軍事を学び、文化を学ぶ。そして農業生産と副業生産に従事することもできる」。強調引用者。「対総後勤部関於進一歩搞好部隊農副業生産報告給林彪的信」（一九六六年五月七日、一四日）、『建国以来毛沢東文稿』二〇二四年版、第十八冊、二六一頁。

†69 『毛沢東年譜』第五巻、五四一頁。前章で検討した四清運動と農民大衆の関係からすれば、この運動が顕著な生産力向上をもたらしたとは、到底考えられない。おそらく、この地方指導者は、いつものように主席が期待していることを述べたのであろう。

†70 同右、五四一頁。

†71 「評新編歴史劇『海瑞罷官』編者按」、『人民日報』一九六五年一一月三〇日。

†72 「田漢的戯劇主張為誰服務？」、『人民日報』一九六六年三月八日。

†73 李曦沐「追念呉晗先生」、高永中主編『中国共産党口述史料叢書』第六巻（下）、中共党史出版社、二〇一三年、九一五頁。

†74 「五人小組向中央的彙報提綱」（一九六六年二月七日）、中共中央党校党史教研二室編『中国共産党社会主義時期文献資料選編』（五）、一九八七年六月、『中共重要歴史文献資料彙編』第二十一輯第二十七分冊、二〇一六年、六六六－六七〇頁。

†75『毛沢東伝』下巻、一四〇二頁。このいささか奇妙に思われる「二月提綱」への毛沢東の「同意」について、熱烈な毛沢東主義者によって文化大革命中に編纂されたある文革年表は、それが彭真、許立群、姚溱によって周到に準備された虚偽の報告に基づくペテンによって、偉大な領袖の「同意」を無理やり引き出したのだと述べている。首都部分大専院校、中等学校毛沢東思想学習班『天翻地覆慷而慨――無産階級文化大革命大事記（一九六三年九月‐一九六七年一〇月）』、『中共重要歴史文献資料彙編』第五輯第八十分冊、二〇〇四年、二四頁。

†76 張小平主編『中華人民共和国大事記（一九四九‐二〇〇四）』人民出版社、二〇〇四年、三〇六頁。

†77 馬懋如「許立群、姚溱因『二月提綱』遭厄運」、『炎黄春秋』二〇一二年第九期、四〇‐四一頁、および『彭真伝』第三巻、一二〇八頁。

†78 劉志堅「《部隊文芸工作座談会紀要》産出前后」、魯林等主編『紅色記憶：中国共産党歴史口述実録（一九四九‐一九七八）』済南、済南出版社、二〇〇二年、五三九頁。劉志堅は当時、人民解放軍総政治部副主任としてこの座談会に参加していた。

†79「紀要」の原稿がたどった複雑な経緯については、江青が林彪に宛てた手紙のなかで説明している。「江青同志給林彪同志的信」（一九六六年三月一九日）、前掲『林副主席重要講話和文章選輯』、四頁。

†80『毛沢東伝』下、一四〇三頁。

†81 同右、一四〇四頁。

†82『彭真伝』第三巻、一二一二頁。

†83「対『林彪同志委託江青同志召開的部隊文芸工作座談会紀要』的批語、批注和修改」（一九六六年三月一七日）、『建国以来毛沢東文稿』二〇二四年版、第十八冊、二二九頁。

†84『林彪元帥年譜』下冊、三三三頁。

†85 同右、三三三‐三三四頁。

†86「五・一六通知」には、わざわざ「提綱」が康生同志の意志に反して作成されたとの文言が盛り込まれた。「中国共産党中央委員会通知」、『人民日報』一九六七年五月一七日。この通知が公表されたのは一年後のことであった。

†87「林彪同志委託江青同志召会的部隊文芸工作座談会紀要」、前掲『林副主席重要講話和文章選輯』、六頁。

†88 『鄧小平伝』下、一三二七頁。『賀竜年譜』が記すところ、一二月八日夜、劉少奇が賀竜の宿泊先で賀に「この件についてあなたは事前に知っていたのか」と問うた。元帥は「私もつい先ほど知った」と答えた。劉はさらに李井泉にも問うた。「あなたはどうだ、あらかじめ知らされていたのか」。李は「私も知らなかった」と答えた。すると劉はいった。「それなら、われわれは誰も事前に知らされていなかったのだ！」。李烈主編『賀竜年譜』人民出版社、一九九六年、七六七頁。羅瑞卿失脚後に総参謀長代理となる楊成武も、会議前日の七日深夜、毛の秘書からの電話で明日の午前七時までに上海に到着するよう言い渡されたのであった。《楊成武年譜》編写組編『楊成武年譜』解放軍出版社、二〇一四年、四二五頁。

†89 後に『人民日報』紙上で明らかにされた事実によれば、この「四ヵ条」は、一九六五年末から六六年初めにかけて、葉群が呉法憲に伝えたものであるという。その第一は、林はやがて中央の政治に関わるであろうということ。第二は、林は健康に気をつけなければならないということ。第三は、林が軍の工作に関わらずともよいということ。そして第四は、中央軍事員会の仕事は羅瑞卿に任せればよいということであった。したがって、ほんとうに羅が劉亜楼にこのように語ったかは確かめようがない。胡思升「鉄骨忠魂――羅瑞卿同志遭林、江反革命集団陥害記実」、『人民日報』一九八〇年一二月一二日。以上の「四ヵ条」については、呉法憲『呉法憲回憶録――艱難歳月』下巻、香港、北星出版社、二〇〇八年、五五九頁の記載も同様である。

†90 銭庠理、前掲書、四二二頁。

†91 この会議を主宰したのは葉剣英であったが、彼の年譜は、羅に対する批判において、葉が果たした積極的な役割を記録していない。中国人民解放軍軍事科学院編『葉剣英年譜』(下)、中央文献出版社、二〇〇七年、九三三頁。

†92 『彭真伝』第三巻、一二一二-一二一三頁。

†93 銭庠理、前掲書、四二〇頁。

†94 『林彪元帥年譜』下冊、二七六頁。

†95 銭庠理、前掲書、四二四-四二五頁。

†96 『林彪元帥年譜』下冊、三〇二-三〇三頁。

†97 『毛沢東年譜』第五巻、四七〇頁。

†98　銭庠理、前掲書、四二七頁。
†99　『林彪元帥年譜』下冊、三一二－三一三頁。
†100　邱會作『邱會作回憶録』上冊、香港、新世紀出版及伝媒有限公司、二〇一一年、三九三頁。葉剣英らの報告は、『毛沢東年譜』の記載からすると、一二月七日のことと推察される。だが、毛の発言については記載がない。『毛沢東年譜』第五巻、五四五頁。
†101　林彪のよく知られた論文「人民戦争の勝利万歳」は、党史研究者の胡華によれば、康生が林のために執筆チームを主宰して書いたものであった。そのために、と胡は書いているが、一九七一年秋の林彪事件後、林の言論はすべて批判されたにもかかわらず、この論文だけは批判を免れたのであった。胡華「康生対党的危害」（一九八〇年一一月一日）、中共江蘇省委党校資料室『学習資料』増刊、一九八〇年一一月一四日、『中共重要歴史文献資料彙編』第五輯第五百八十六分冊、二〇二〇年、二一頁。
†102　この「論争」を扱った代表的な文献としては、以下のものがある。Uri Ra'anan, "Peking's Foreign Policy 'Debate,' 1965-1966," in Tang Tsou (ed.), *China in Crisis*, Vol. 2 (Chicago: The University of Chicago Press, 1968), pp. 23-71, 岡部達味『現代中国の対外政策』東京大学出版会、一九七一年、第五章、安藤正士・太田勝洪・辻康吾『文化大革命と現代中国』岩波書店、一九八六年、三一－三二頁。
†103　『邱會作回憶録』上冊、四〇三－四〇五頁。
†104　この報告書は、邱會作の回想録に収録されている。同右、四一三－四二九頁。
†105　朱建栄、前掲書、四七一－四八五頁。
†106　「関於羅瑞卿問題的談話」（一九六五年一二月二日）、『毛沢東思想万歳』11C、一五一頁。このテクストは、『毛沢東思想万歳』武漢版、および『学習文選』第三巻に収録されているものと、句読点以外は同一である。
†107　『毛沢東伝』下、一四〇〇頁、および『毛沢東年譜』第五巻、五五一頁。
†108　銭庠理、前掲書、四二八頁。
†109　高橋伸夫「高崗事件再考」、『法学研究』第九一巻第一一号（二〇一八年一一月）、三四－三七頁。
†110　『朱徳年譜新編本』下巻、一九四四頁。

†111 毛毛著、藤野彰ほか訳『わが父・鄧小平――「文革」歳月』上、中央公論新社、二〇〇二年、一八頁。
†112 「関於陸定一同志和楊尚昆同志錯誤問題的説明」(一九六六年五月二四日)、中国人民解放軍国防大学党史党建政工教研室編『〝文化大革命〟研究資料』上冊、一九八八年一〇月、二五頁。『毛沢東伝』や『鄧小平伝』や『彭真伝』を含めて、いかなる公式の党史にも、この解任劇に関する詳細な記述を見出すことはできない。一部の文献は根拠を示すことなく康生を告発者としているが、『康生年譜』には関連する記載は見当たらない。
†113 蘇維民「楊尚昆談所謂〝秘密録音〟」、『中国共産党口述史料叢書』第一巻、中共党史出版社、二〇一三年、二四四－二五〇頁。
†114 葉子龍『葉子龍回憶録』中央文献出版社、二〇〇〇年、二二六－二二七頁。
†115 蘇維民、前掲論文、二四四－二五〇頁。
†116 『楊尚昆日記』下、六八二頁。楊の回想録に付録として掲載されている年表には、同年一一月五日、彭真から通知があり、党中央が楊を広東に異動させることを決定した旨知らされたとある。『楊尚昆回憶録』中央文献出版社、二〇〇一年、三五一頁。
†117 『楊尚昆日記』下、六八六頁注。
†118 毛毛、前掲書、上、一七頁。
†119 「在中央政治局拡大会議上的講話」(一九六六年三月二〇日於華東)、『毛沢東思想万歳』11C、一五九－一六二頁。邦訳『毛沢東思想万歳』下、三二一－三二八頁(丁本、六三四－六四〇頁)に収録されているテクストも、これとほぼ同一である。この毛沢東講話で注目されることのひとつは、彼の講話の最中、彭真が幾度となく口を挟んでいることである――他の指導者たちも同じことをしているのであるが。つまり、この時点において、北京市長はまだ自分が主席の不興を買っていることを知らなかったのである。彼がそれに気づくのは、康生から毛の考えを知らされた三月末のことであったとみられる。
†120 『毛沢東伝』下、一四〇五ページより再引用。
†121 呉冷西『憶毛主席』、一五二頁。
†122 宮本顕治「毛沢東との最後の会談――一九六六年、上海での二日間」、『週刊朝日』一九七七年六月二四日、一六－二

三頁。

†123 『毛沢東年譜』第五巻、五七一頁。

†124 『日本共産党の五十年』日本共産党中央委員会出版局、一九七四年、二二六－二二七頁。三月二八日の会見に続いて、その翌日にも会見は行われた。その際、ソ連は修正主義であるとしても反米統一戦線の一翼を担うことができると主張する宮本に対して、毛沢東は、そのような主張はソ連を喜ばせるだけだと述べて、宮本の提案を拒否した。「毛沢東主席接見日共代表団宮本顕治等第二次談話記録」(一九六六年三月二九日)、前掲『機密档案中新発現的毛沢東講話』、一八五－一九〇頁。

†125 「対『在京芸術院校試行半工(農)半読』一文的批語」(一九六六年四月一四日)、『建国以来毛沢東文稿』二〇二四年版、第十八冊、二四二－二四三頁。

†126 『毛沢東伝』下、一四〇六頁。『万歳』武漢版2に収録されているこの談話のテクストは、日付を「三月二八日至三〇日」としている。また主席は康生と二度にわたって話をし、さらに康生、江青、張春橋らと話をして文化革命五人小組と「二月提綱」を批判した、との注記がなされている。以上の『毛沢東伝』に引用された毛の発言内容は、『万歳』武漢版に引用されたものと同じであるとはいえ、センテンスの順序がいささか異なっている。邦訳『毛沢東思想万歳』下、三三二頁(丁本、六四一頁)所収のテクストは、『万歳』武漢版2に収録されているものと一致している。

†127 『毛沢東年譜』第五巻、五七二頁。

†128 『彭真伝』第三巻、一二一六頁。「三家村札記」とは、『前線』雑誌において鄧拓、呉晗、廖沫沙が歴史上の逸話を利用して、現在の政治・社会状況を風刺するコラムであった。

†129 同右、一二一六頁。

†130 同右、一二二〇頁。ところが、その直後、中央書記処が北京市委による自己批判はまったく体をなしていないと批判し、北京市の各単位に、北京市委がすでに定めた措置の執行停止を命じたことによって、北京市委は事実上の活動停止に追い込まれた。同右、一二二〇－一二二一頁。

†131 同右、一二一九頁、および『彭真年譜』第四巻、四八〇頁。

†132 同右、一二二一頁、および『彭真年譜』第四巻、四八二頁。

†133　同右、一二二三頁。公式の『周恩来伝』によれば、同じ場面において、毛は彭が『蘆蕩火種』を北京で上演させず、「独立王国」をやっていると述べたという。邦訳『周恩来伝』下巻、二六頁。実際には、彭真は副市長の万里に命じて、この劇の上演を継続させていた。だが、毛は江青の誣告を信じたため、このように述べたのであった。

†134　『毛沢東伝』下、一四〇八頁。

†135　『彭真伝』第三巻、一二二三－一二二四頁。

†136　『劉少奇伝』第二版、下、九二六頁の記載によれば、毛は四月一四日から三〇日まで、合計八回もこの文書に加筆修正を施したのであった。ただし、康生の語るところ、「通知」の起草過程で毛が手を入れたのは合計七回であった。『彭真伝』第三巻、一二二八頁。

†137　『毛沢東年譜』第五巻、五八一頁。『毛沢東思想万歳』武漢版2に収録されているテクストは、少し異なっており、「彭真の誤りに対しては、徹底的に攻撃しなければならない」という一文は含まれていない。その代わり、「彭真は党内に紛れ込んだちっぽけな人物で、何もたいしたことはなく、指一本で倒れてしまう」という一文が含まれている。「批判彭真(対康生同志講話)」(一九六六年四月二八日至二九日)、『毛沢東思想万歳』武漢版2、三三七頁。邦訳『毛沢東思想万歳』下、三三三－三三四頁(丁本、六四一－六四二頁)に収録されているテクストは、武漢版2と完全に同一である。

†138　『劉少奇伝』第二版、下、九二五頁。

†139　『彭真伝』第三巻、一二二八頁。

†140　『康生年譜』、三九二頁。

†141　エリック・ホブズボーム著、大井由紀訳『20世紀の歴史』下、筑摩書房、二〇一八年、二四九頁。

†142　林彪「在中央政治局拡大会議上的講話」(一九六六年五月一八日上午)、前掲『林副主席重要講話和文章選輯』、一二一－一四頁。クーデターに対する予防的措置はたしかにとられていた。それが林彪の助言に基づくものであったかを知ることはできないが、毛沢東はこの政治局拡大会議の期間中、北京に二個師団を増派したのであった。のちの毛の証言はこうである。「北京市の改組を公表した際、われわれは〔北京に〕二個の衛戍師団を増やした。現在、北京には三個の陸軍師団および一個の機械化師団があり、合計四個師団がある。だから、あなたたちはどこにでも出歩けるようになったし、われわれも出歩けるようになった」。「毛沢東主席接見卡博、巴盧庫談話記録」(一九六七年二月三日)、前掲『機密档案中新

発現的毛沢東講話』、二五一頁。このくだりは、『毛沢東思想万歳』のいくつかの版にも記載があるが、短いか、あるいは一部が伏せ字にされている。一方、『毛沢東年譜』にはまったく記載が見当たらない。主席がとったクーデターに対するもうひとつの予防措置と目されるものは、一九六五年一二月、彼が軍に指示した中央人民広播電台に対する警備の強化である。高華『革命年代』第二版、広州、広東人民出版社、二〇一二年、二八三頁。

†143 林彪「在中央政治局拡大会議上的講話」(一九六六年五月一八日上午)、前掲『林副主席重要講話和文章選輯』、一九頁。

†144 『彭真伝』第三巻、一二二九頁。

†145 『林彪元帥年譜』下冊、三三九頁。

†146 『劉少奇伝』第二版、下、九二八頁。

†147 『林彪元帥年譜』下冊、三三九－三四〇頁。

†148 『彭真伝』第三巻、一二三一頁。

†149 同右。

†150 同右、一二三二頁。

†151 それどころか、驚くべきことに、毛は米ソに加えて「インド、日本、フィリピン、韓国、蔣介石が一緒にやってくる」ことにも備えている、と述べている。「毛沢東会見馬共領導人洪韜、裴文、文凱和外国専家柯弗蘭、愛徳楽、艾滉斯坦談話」(一九六五年三月一九日)、前掲『機密档案中新発現的毛沢東講話』、一六四頁。

†152 毛毛、前掲書、上、一六頁。

†153 「周総理的講話」(一九六六年五月二一日)、前掲『林副主席重要講話和文章選輯』、一九－二三頁。公式の『周恩来伝』および『周恩来年譜』は、この会議で異常な空気を作り出すことに加担した周の役割を完全に無視している。

†154 『彭真伝』第三巻、一二二二頁。

†155 「毛沢東主席接見阿尔巴尼亜党政代表団談話記録」(一九六六年五月五日)、前掲『機密档案中新発現的毛沢東講話』、一九五頁、および『毛沢東伝』下、一四一〇頁。

†156 『毛沢東伝』下、一四〇五頁。

†157 同右。
†158 「中国共産党中央委員会通知」、『人民日報』一九六七年五月一七日。
†159 『毛沢東伝』下、一四〇四頁。
†160 『毛沢東年譜』第五巻、五七三頁。
†161 同右、五七四頁。
†162 『毛沢東年譜』第五巻、五九四―五九五頁。
†163 「給江青的信」(一九六六年七月八日)、『建国以来毛沢東文稿』二〇二四年版、第十八冊、二八三―二八四頁。
†164 違和感とは、林彪による毛沢東の持ちあげ方についてである。一九六六年二月九日、主席は呉冷西に対して、林による「毛沢東思想」の提起の仕方に関する「マルクス・レーニン主義の最高峰」、「最高最活のマルクス主義」という言い方は適切ではないと告げた。『毛沢東年譜』第五巻、五五七―五五八頁。毛は三月一八日の講話においても同じ主張を繰り返した。同右、五六七頁。そして七月二五日には、これらの表現の使用を禁じてしまうのである。「関於不要用『頂峰』、『最高指示』一類詞語的批語」(一九六六年七月二五日)、『建国以来毛沢東文稿』二〇二四年版、第十八冊、二九八頁。
†165 「関於農業機械化問題給劉少奇的信」(一九六六年三月一二日)、『建国以来毛沢東文稿』二〇二四年版、第十八冊、二二五―二二六頁。
†166 劉仁に対する批判については、すでに述べた。蕭に対する批判については、『賀竜年譜』、七六六―七六七頁を参照せよ。

結論

文化大革命の起源を探求するにあたり、筆者は、一般的な観念には反しているが、自分にとっては確実であるように思われる地点から出発した。すなわち、毛沢東が文化大革命を始めるにあたって――そして始めてからでさえ――その構想と呼ぶに値するものを抱いてはいなかったという地点から探求を開始したのである。

これが議論を呼ぶ出発点である――そして到達点でもある――ことは、筆者もよく承知している。というのも、これまで研究者たちは、一九六二年以降のある時点において主席が思い描いた構想に沿って準備・計画されたものとして文化大革命の始まりを説明してきたからである。実際、従来の研究の多くは、毛の明確な政治的意志の存在を前提として、「陰謀論」めいた書き方をしている（主席自身の証言も、彼が陰謀を画策したことをほのめかしている）。すなわち、一九六二年一月、一九六二年七月、一九六五年一月、あるいは一九六五年春のいずれかの時点で、毛沢東が自分のこのうえなく忠実な部下であった劉少奇の打倒を決意し、そのために綿密な準備を行い、時機を見計らって副主席（およびその他の副官たち）の排除に乗り出すという物語である。しかし、筆者はやはり、このような語り方を支持できない。果たして、かくも言葉遣いが曖昧で、自己矛盾に満ち、自らが立てた予定を何のためらいもなく次々に覆していく人物に、周到な計画など立てられるものだろうか。

計画を立案する能力だけが問題なのではない。多くの人々に抱かれている全能の独裁者というイメージほど、一九六〇年代前半における毛沢東の現実の姿から遠いものはない。この中国の最高指導者は、大躍進の劇的な挫折以降、権威も、自信も、そして将来への展望も失ってしまった。一九六一年以降の彼は長期的な政治的展望を思い描くことができず、自らの権力と権威を――とりわけ後者を――維持することに汲々としていたのである。このようにいえば誇張にすぎるかもしれない。だが、一九五三年に社会主義改造に着手してから一九六一年に至るまでに主席の打ち出した諸政策のなかに、彼が誇ることができる成果を見出すことは難しい。農業集団化、百花斉放・百家争鳴、民主諸党派との長期共存・相互監督――これらの失敗の葬列に彼がつけ加えた、きわめつけの大失策としての大躍進の後、この指導者が自信をもって首尾一貫した将来展望を描くことなど、客観的にみて、ほとんど不可能であったと筆者には思われる。そもそも、社会主義社会において共産主義への確実な歩みを保証する手段を構想することは、誰にもできなかったのである。「一万年続ける」と彼が主張した階級闘争は、「長期的展望」あるいは「構想」ではないのかと読者は問うかもしれない。しかし「継続革命論」は、政治的構想の不在ゆえに、果てしなく続く運動と休止の循環しか思い浮かべることができなかった指導者の、構想の貧困の表現であったと考えたほうがよい。この最高指導者は、一九六六年春に文化大革命に向かって最後の一歩を――あるいは文革の最初の一歩を――踏み出すときにおいてさえ、自分が何を企てているのかについて、ごく控えめにいっても、漠然とした観念しか抱いていなかったのである。

だが、毛沢東に文化大革命の構想が欠けていたとすれば、なぜこのような事件が生じたのであろうか。説明は単純ではありえない。哲学者のR・G・コリングウッドは、歴史家が「なぜブルータスはシーザーを刺殺したか」という問いに答えることは、「ブルータスはどのような考えで、シーザー刺殺を決心したか」を明らかにすることである、と書いている。出来事の原因とは、とこの哲学者はいう。「出来事を生んだ行為の行為者たる人物の心中における思考である」[†1]。本書が取り組んだ問題は、いわばブルータスに相応の動機が見当たらない場合に、この刺殺事件の発生をいかに説明するかということであった。

筆者の採用した説明方法は、二つの対極的な方法を組み合わせることで準備された。ひとつは、この出来事の始まりを、単一もしくは複数の「究極の原因」に帰することなく、比較的小さな出来事が継起的に続くプロセスの終着点とみなすことである。ひとつの寓話を用いよう。ひとつの岩が、何かの拍子で斜面を転がり始める。その岩は途中、別の岩にぶつかり、樹木にぶつかり、雨に濡れた苔に滑りながら、少しずつ方向を変えつつ落ちてゆく。そして、たまたま落ちた淵に文化大革命という名が記されていたのである。再現実験を行っても、同じ結果を得ることはほとんど不可能である。それは、いくつもの偶然が重なって、岩が落ちた先が文革であったからである。このような説明では、岩が文革の淵へと落ちることが実質的にどの時点で決定されたのかは判然としない。また、何が原因でそこへ落ちたのかも特定できない。これは、本質的にいって、偶然の物語である。

もうひとつの説明方法は、必然の物語である。それは、一組の要因が互いに結びつくことによって生まれたある種の構造が、指導者たちを、彼らの意図がどうであれ文化大革命へと自動的に連れていったとみなすものである。ここでは、あたかも構造が「隠れた神」として、毛沢東と彼の仲間たちを、彼らが好むと好まざるとにかかわらず、あたかも樋のなかを球が転がるようにまっすぐに、あらかじめ定められた目的地へと運んでいくであろう。筆者は、そのような構造が、一九六〇年代前半においてできあがりつつあったとみなした。そして、それを形作ったと思われる諸要因として、以下のものを考えた。

（a）「革命後の社会」を導く理論の不在。
（b）毛沢東の反官僚制的な傾向。
（c）毛沢東によるソ連修正主義の「発見」。
（d）指導者たちの政治的理性の顕著な退行。

（e）大躍進の失敗と「贖罪の山羊」の必要性。
（f）毛沢東に対する強められた個人崇拝。
（g）最高指導者の自信喪失と副官たちへの依存。
（h）新たな革命への指導者たちの高められた意欲。
（i）劉少奇が作り出した否定されるべき「文革のモデル」。
（j）新たな運動＝革命を手招きする「下からの呼び声」。

以上の諸要因のうち、（a）（b）は大躍進以前から存在しており、そして文化大革命が始まってからも持続する一般的要因である。だが、それら以外は大躍進とともに、あるいは大躍進後に生まれた特殊な要因である。したがって筆者は、これらの特殊な要因を生んだところの、遅れた農業社会を一足飛びに共産主義へと到達させようとした比類のない企ての劇的な失敗を、文革への歩みを考えるうえでの、もっとも重要な区切りの時点とみている。序論で述べたように、筆者もマックファーカーと同様、一九五六年二月のフルシチョフによるスターリン批判が毛沢東と中国共産党に与えた衝撃の大きさを重視している。この事件がなければ、主席による民族的特色をもつ社会主義への飽くなき探求もまた生じなかった（少なくとも、かなり遅れて生じた）と想像しうるからである。しかし、スターリン批判から文化大革命への歩みが開始されたというよりは、一九六〇年秋には明らかとなる大躍進の挫折のなかにこそ、彼と党を文革へと導く、より直接的な原因があったと筆者は主張したいのである。その時点から文化大革命の開始へと至るまで、前述の諸要因がひとつずつ追加され、互いに結びつき、やがてひとつの構造を形作った後、それが毛と党を、あらかじめ定められた目標地点である文革へとまっすぐに運んでいった――これが第二の説明方法である。†2

正直にいえば、筆者は以上の二つの説明方法のうち後者のほうに、より強くひかれる。なぜなら、諸要因が、あたかも文化大革命を生み出すという目的を有していたかのように、見事に組み合わされていたようにみえるからである。あらゆる要因が毛沢東と党を文革に向けて後押ししており、彼らを引き留める有力な要因は見当たらない。具体的にいえばこうである。

革命後の社会をめぐる理論の不在、および（あるいは）共産主義陣営における至高の権威の不在のため、この陣営内部は分裂しやすくなっていた。中国で行われた大躍進の実験は、この分裂を引き起こすための格好の触媒となった。毛沢東は、この実験をばかげたものとみなしたフルシチョフを赦すことができず、彼に修正主義の病の徴候をみた。このようにして生じた（あるいは、彼自らが作り出した）共産主義陣営の分裂に、主席は機会を見出した。修正主義の「発見」は、大躍進の失敗によって大きく傷ついた彼の権威を回復する特効薬にみえた。それは人々の眼をみるも無残な荒廃から背けさせ、しかも中国内外の社会主義を救うための階級闘争の再開という使命を彼らに与えたからである。党内における毛以外の指導者たちは、理論水準の低さも手伝って、何ら議論を経ることなく主席の奇怪な主張をそのまま受け入れた。それどころか、この奇妙な「理論」を掲げる最高指導者を、祭壇の特別な位置に押しあげて、大躍進後の内外における危機的な局面を乗り切ろうとした。毛が始めた奇妙な闘争を、連帯に欠ける政治局常務委員たちは阻止できなかった。地方指導者たちは、中国社会に関する主席の診断を、あたかも彼らの習い性であるかのように、見事に的を射たものとしてさかんに持ちあげた。農民たちは、繰り返される運動を通じて、社会主義教育運動の次に来る運動をどこかで待ち望んでいた。かくして、「反修防修」の巨大な歯車が回り始め、やがて大きな慣性の力を得て、何にも妨げられることなく主席と党を文化大革命の淵へと突き落とす——このように物語を描くことが可能である。

これは従来、中国の学者たちが唱えてきた左傾思想のエスカレーション論に近い。この議論には、毛沢東が自ら燃えあがらせた業火の勢いを、やがて彼自身も制御できなくなり、最後には彼と党全体がそれに呑み込まれてしまうという意味が含まれている。少なくとも表面的には、毛沢東は何ら障害にぶつかることなく、またいくつもの補助動力の助けを借りて、まっすぐに文化大革命へと進んでいったようにみえるのだから、この物語はたしかに運命論的な響きをもっている。この響きをより明瞭にすれば、トロツキーの警句がいうように、本来、物事の必然的な展開の手助けをしたにすぎない偶然に、不当に大きな役割を与える危険も避けることができるであろう。彼は自伝においてこう述べている。

私は、ここで歴史哲学に取り組んでいるのではなく、私の生涯を、それと結びついている諸事件を背景にして語っている。しかし、そのついでに、いかにも偶然的なものが合法則的なものの手助けをしているかにも言及しないわけにはいかない。大ざっぱにいえば、歴史過程の全体が偶然的なもののプリズムを通した合法則的なものの屈折なのである。もし生物学の用語を使うとすれば、歴史の合法則性は偶然的なものの自然淘汰を通じて実現されるということができる。そして、この基盤の上で、偶然性を人為的な淘汰に従わせる人間の意識活動が展開されるのである。†3

とはいえ、トロツキーの議論を逆立ちさせて、必然を装った偶然の連鎖を考えることも可能である。果たして毛沢東の四人目の妻が、康生とつながる権力欲に満ちた女性であったことは必然であったろうか。ともに七〇歳を超えた、頑固で譲歩することを知らない二人の老人が、二つの社会主義大国の指導者として互いに罵り合うことも、起こるべくして起きたといえるのだろうか。極端に走る劉少奇、イデオロギーに興味のない鄧小平、最高指導者に過剰ともいえる忠義を尽くす周恩来、政治的隠遁者のごとき陳雲と朱徳、野心的な林彪——政治局常務委員会のメンバーがこのような組み合わせとなったために、政治的中核としての機能を失ったのも宿命であったろうか。以上の諸条件のうち、ひとつでも欠けていたとしたら、文化大革命は起こらなかったのではあるまいか。われわれはこの疑問に対して答える術をもたない。ホブズボームがいうように、実際には生じなかったことに関する問題に、実際に生じたことに関する証拠に基づいて答えるのは本来的に無理だからである。†4 だが、少なくとも、何から何まで必然の物語のなかへ押し込めるのは禁物であるように思われる。あたかも城郭の基礎に据えられた見事で堅固な石組のごとき構造のなかにも、偶然の隙間は見出せるのである。

実際のところ、一九六〇年代前半における中国の政治過程の根底に横たわる現実は、出来事の表面よりもはるかに複雑で曖昧であった。事態は、球が樋のなかをまっすぐに転がるように進んだのではなく、あたかも岩が予想もつかない軌跡をたどりながら落ちていくように、複雑な航跡を描いた。それは、社会主義教育運動が初めは指導者たちによって見向きもされなかったが、いざ始まるやたちまち熱を帯び、それが「二十三条」公布以降は急速に冷却された様子にも明らかである。そうであるがゆえに、筆者はマルク・ブロックの寓話を借りて、前記の二つの説明方法を折衷することとしたのである。このようにして生み出される物語において、構造はたしかに重要な役割を果たしている。だが、それは主席と彼の同僚たちを直線的に文化大革命へと連れていくのではない。彼らは、曲がりくねった道を通って文革の淵へと次第に導かれる。だが、彼らを待ち受けている淵が文革となるかどうかは、最後の瞬間に至るまでわからない。このような想定に立って筆者は、毛と彼の仲間たちが一九六六年春の大事件の開始時点にいくら近づいても、あたかもこの事件がいっこうに地平線上に姿を現さないかのように叙述を進めたのである。一九六五年秋以降にやってきた最後の、そしてもっとも一般的ではない要因によって、ようやくそれまでに集められた物質が「結晶化」する、あるいは水が氷となるような「相転移」が生じる、そしてやっと文化大革命が姿を現す――これが本書における筆者の基本的なイメージである。このように最後にやってきた要因に特別な地位を与えることによって、筆者は歴史において超個人的に働く力と偶然の果たす作用を組み合わせて理解しようとしたのである。

同時に筆者は、一九六〇年代前半の中国の政治過程に関する叙述において、悲劇的要素と喜劇的要素の間にも、ある種の均衡点を見出そうと努めた。中国の人々にとって、文化大革命が大躍進に勝るとも劣らない大惨事であったからには、それは紛れもない悲劇であった。また、それを意図してもいなければ計画してもいなかった指導者たちが引き起こした大きな災難という意味においても悲劇であった。とはいえ、毛沢東と彼の仲間たちが文革の淵にはまり込む物語は、どうみても純然たる悲劇ではなかった。高貴な企てが、必然性の壁に行く手を阻まれ、破滅的結末を迎えるとき、われわれはそれを悲劇とみなしうる。だが、大躍進の挫折から文革の開始に至る中国の政治過程を特徴づけていたのは、気高さとはまったく逆の方向を向いた精神の完全なる勝利であった。主席の基本的な動機は、たとえそれが彼の内面においては中国の社会主義を救うことと区別がつかなかったとはいえ、自らが犯した途方もない過ちから逃れることであった。彼以外の指導者たち――林彪と「四人組」だけではない――は、毛の企てが悪しき結果を招く可能性を予感していたにもかかわらず、卑屈さ、保身、打算、惰性によってこの最高指導者の破壊的な事業を支持してしまった。しかも、大躍進で手痛い挫折を被った後だというのに、彼らは再び理解不能な領袖の企てに積極的に手を貸したのである。高貴なる精神は、七千人大会後の政治局常務委員たちによる経済に合理性を取り戻そうとする束の間の努力を除けば、ほとんど見出しがたい。一九六二年初めの七千人大会において取り繕われた党内一致、同年夏から秋にかけての一連の会議および一九六四年春の中央工作会議における参加者たちの「一辺倒」ぶり、そして一九六四年末の中央工作会議で毛沢東に「逆らった」劉少奇に対して同僚たちが自己批判を迫る様子は、党内における政治的展開の喜劇的な性格をよく物語っている。

一切の形式的制約を嫌う毛沢東の即興は、一九四九年以前の戦争の時代において党といくらかの人々を救ったとしても、それ以降の建設の時代において、彼の破天荒な政治運営は完全に裏目に出た。このような見方は、いまやほとんど常識化しているといってよい。だが、いまや新たな常識をつけ加えなければならない。新たな常識とは、建設が基調となるべき時代において、党全体が主席のまったく当てにならない即興にすべてを委ねてしまったことが、中国全体をひとつの大きな悲劇にとどまらず、さらなる悲劇のなかへ投げ込んだということである。毛以外の指導者たちに、いくらかの気高さ、思慮、勇気、そして連帯があれば、そのような事態を避けることができる可能性があった――それこそが本書の説明方法の含意である――にもかかわらず、彼らはみな進行しつつある事態にただ身を委ねるばかりであった。かくして、本書が扱った時期における中国の政治史は、遠くからみると悲劇であるが、近くでみると小さな喜劇にあふれているのである。

†1　R・G・コリングウッド著、小松茂夫・三浦修訳『歴史の観念』紀伊国屋書店、二〇〇二年、二三〇頁。

†2　筆者が思い浮かべている構造ではなく、別の隠れた神が、毛沢東に作用していたとみなすこともできる。それは、王朝時代から長期にわたり中国の政治空間に作用し続けてきたと目される歴史的な論理である。毛が「前方へ」逃げ続けたのはなぜであろうか。なぜ彼は次から次へと自己破滅的に新たな戦端を開き、最後には自分を支えていた人々ともたたかおうとしたのであろうか。それは、この「皇帝」が大躍進の途方もない失敗によって「天命」を失い、本来は放伐の対象となるべきところ、それに逆らって玉座にとどまり続けようとしたために、ただひたすら前方へと逃げ続けなければならなかったからである――このような考えを、筆者はどうしても捨て去ることができない。とはいえ、このような仮説は証明もできなければ反証もできない。したがって、この仮説に沿って話を進めることは無理である。

　ジャーナリストの王若水も、筆者といくらか似た考えを述べている。彼もまた、大躍進の挫折が毛沢東にとって大きな転機となったとみている。それ以降、毛は「フルシチョフの影」につきまとわれ始めたというのである。つまり、スターリンと同じように、将来誰かが悪政の清算を自分に迫るのではないかという不安である。毛がみていた最悪の夢は、劉少奇が将来、中国のフルシチョフとなって毛に鞭打つことであった。それを防ぐための手だてが文革であり、「継続革命」の理論とは、このような個人的動機をもっともらしくみせるために作られたみせかけであったというのである。王若水「毛沢東為什麼発動文革?――我的一些看法」、『明報月刊』香港（一九九六年一〇月）、二〇‐三〇頁。王の議論の眼目もまた、毛沢東はいわば「過去による復讐」の恐怖に取りつかれて「前方に」逃げ続け、文革を発動してしまったということである。

†3　トロツキー著、志田昇訳『わが生涯』下、岩波書店、二〇〇一年、三七七‐三七八頁。

†4　エリック・ホブズボーム著、原剛訳『歴史論』ミネルヴァ書房、二〇〇一年、三四九頁。

慶應義塾大学法学研究会叢書

42 下級審商事判例評釈（昭和45年～49年）
慶應義塾大学商法研究会編著　9,130円

45 下級審商事判例評釈（昭和40年～44年）
慶應義塾大学商法研究会編著　6,380円

47 大都市圏の拡大と地域変動
一神奈川県横須賀市の事例
十時嚴周編著　9,460円

48 十九世紀米国における電気事業規制の展開
藤原淳一郎著　4,950円

50 明治初期刑事法の基礎的研究
霞信彦著　7,700円

51 政治権力研究の理論的課題
霜野寿亮著　6,820円

53 ソヴィエト政治の歴史と構造
一中澤精次郎論文集
慶應義塾大学法学研究会編　8,140円

56 21世紀における法の課題と法学の使命
〈法学部法律学科開設100年記念〉
国際シンポジウム委員会編　6,050円

57 イデオロギー批判のプロフィール
一批判的合理主義からポストモダニズムまで
奈良和重著　9,460円

58 下級審商事判例評釈（昭和50年～54年）
慶應義塾大学商法研究会編著　9,240円

59 下級審商事判例評釈（昭和55年～59年）
慶應義塾大学商法研究会編著　8,800円

60 神戸寅次郎　民法講義
津田利治・内池慶四郎編著　7,260円

64 内部者取引の研究
並木和夫著　3,960円

65 The Methodological Foundations of the Study of Politics
根岸毅著　3,300円

66 横槍　民法總論（法人ノ部）
津田利治著　2,750円

67 帝大新人会研究
中村勝範編　7,810円

68 下級審商事判例評釈（昭和60～63年）
慶應義塾大学商法研究会編著　7,150円

70 ジンバブウェの政治力学
井上一明著　5,940円

71 ドイツ強制抵当権の法構造
一「債務者保護」のプロイセン法理の確立
斎藤和夫著　8,910円

72 会社法以前
慶應義塾大学商法研究会編　9,020円

73 Victims and Criminal Justice: Asian Perspective
太田達也編　5,940円

74 下級審商事判例評釈（平成元年～5年）
慶應義塾大学商法研究会編著　7,700円

75 下級審商事判例評釈（平成6年～10年）
慶應義塾大学商法研究会編著　7,150円

76 西洋における近代的自由の起源
R.W.デイヴィス編／鷲見誠一・田上雅徳監訳　7,810円

77 自由民権運動の研究
一急進的自由民権運動家の軌跡
寺崎修著　5,720円

78 人格障害犯罪者に対する刑事制裁論
一確信犯罪人の刑事責任能力論・処分論を中心にして
加藤久雄著　6,820円

79 下級審商事判例評釈（平成11年～15年）
慶應義塾大学商法研究会編著　10,120円

80 民事訴訟法における訴訟終了宣言の研究
坂原正夫著　11,000円

81 ドイツ強制抵当権とBGB編纂
一ドイツ不動産強制執行法の理論的・歴史的・体系的構造
斎藤和夫著　13,200円

82 前原光雄　国際法論集
中村洸編／大森正仁補訂　6,380円

83 明治日本の法解釈と法律家
岩谷十郎著　10,560円

84 憲法の優位
ライナー・ヴァール著／小山剛監訳　6,600円

85 第一回普選と選挙ポスター
一昭和初頭の選挙運動に関する研究
玉井清著　7,260円

86 下級審商事判例評釈第一〇巻（平成16年～20年）
慶應義塾大学商法研究会編著　11,880円

87 株式譲渡と株主権行使
山本爲三郎著　7,370円

88 国際責任の履行における賠償の研究
大森正仁著　6,380円

89 朝鮮分断の起源一独立と統一の相克
小此木政夫著　8,800円

90 中国 統治のジレンマ
一中央・地方関係の変容と未完の再集権
磯部靖著　5,720円

91 競争法におけるカルテル規制の再構築
一日米比較を中心として
田村次朗著　4,180円

92 国家・メディア・コミュニティ
大石裕著　5,060円

93 天皇・皇室制度の研究
一天皇制国家形成期の法と政治
笠原英彦著　9,350円

94 現代日本行政の比較分析
一信頼・環境・ガバナンス
大山耕輔著　6,820円

慶應義塾大学出版会

〒108-8346　東京都港区三田2-19-30
Tel　03-3451-3584/Fax　03-3451-3122

表示価格は2024年8月時点での定価（税込）です。欠番は品切。

高橋 伸夫（たかはし のぶお）

慶應義塾大学法学部教授。1960年生まれ。
慶應義塾大学大学院法学研究科博士課程修了、博士（法学）。
主要著作：『党と農民――中国農民革命の再検討』（研文出版、2006年）
『中国共産党の歴史』（慶應義塾大学出版会、2021年）、ほか。

慶應義塾大学法学研究会叢書　95

構想なき革命
――毛沢東と文化大革命の起源

2025年4月15日　初版第1刷発行

著　者――――高橋伸夫
発行者――――慶應義塾大学法学研究会
代表者　山本信人
〒108-8345　東京都港区三田2-15-45
TEL 03-5427-1842
発売所――――慶應義塾大学出版会株式会社
〒108-8346　東京都港区三田2-19-30
TEL 03-3451-3584　FAX 03-3451-3122
装　丁――――Boogie Design
組　版――――株式会社キャップス
印刷・製本――中央精版株式会社
カバー印刷――株式会社太平印刷社

Printed in Japan ISBN978-4-7664-3021-9
落丁・乱丁本はお取替致します。

跋

学問的価値の高い研究成果であつてそれが公表せられないために世に知られず、そのためにこれが学問的に利用せられずして、そのまま忘れられるものは少なくないであろう。又たとえ公表せられたものであつても、口頭で発表せられたために広く伝わらない場合があり、印刷公表せられた場合にも、新聞あるいは学術誌等に断続して載せられた場合は、後日それ等をまとめて通読することに不便がある。これ等の諸点を考えるならば、学術的研究の成果は、これを一本にまとめて出版することが、それを周知せしめる点からも又これを利用せしめる点からも最善の方法であることは明かである。この度法学研究会において法学部専任者の研究でかつて機関誌「法学研究」および「教養論叢」その他に発表せられたもの、又は未発表の研究成果で、学問的価値の高いもの、または、既刊のもので学問的価値が高く今日入手困難のものなどを法学研究会叢書あるいは同別冊として逐次刊行することにした。これによつて、われわれの研究が世に知られ、多少でも学問の発達に寄与することができるならば、本叢書刊行の目的は達せられるわけである。

昭和三十四年六月三十日

慶應義塾大学法学研究会

索　引

タ行

ナ行

ハ行

マ行

ヤ行

ラ行

【事項】

ア行

カ行

サ行

タ行

ナ行

ワ行

参考文献

I　毛沢東の著作

〈中国語〉

『毛沢東選集』第五巻、人民出版社、1977年（邦訳『毛沢東選集』第五巻、外文出版社、1977年）。

『毛沢東外交文選』中央文献出版社、1994年。

『毛沢東著作選読』甲種本、上・下、人民出版社、1964年。

『毛沢東著作選読』乙種本、中国青年出版社、1964年。

中共中央文献研究室編『毛沢東文集』第七、八巻、人民出版社、1999年。

『毛沢東思想万歳』甲本、出版地・出版社不明、1967年4月。

『毛沢東思想万歳』乙本、出版地・出版社不明、1967年。

『毛沢東思想万歳』丙本、出版地・出版社不明、1967年。

『毛沢東思想万歳』丁本、出版地・出版社不明、1969年8月（東京大学近代中国史研究会訳『毛沢東思想万歳』上・下、三一書房、1975年）。

『毛沢東思想万歳（二冊）』出版地、出版社、刊行年不明。

『毛沢東思想万歳』9、出版地、出版社不明、1967年9月。

『毛沢東思想万歳』10、出版地、出版社、刊行年不明。

『毛沢東思想万歳』11A、出版地、出版社、刊行年不明。

『毛沢東思想万歳』11B、出版地、出版社、刊行年不明。

『毛沢東思想万歳』11C、出版地、出版社、刊行年不明。

『毛沢東思想万歳』12B、北京、1967年5月。

『毛主席文選』出版地、出版社不明、1967年（？）。

『毛沢東書信選集』人民出版社、1983年。

『毛沢東詩選』北京、外文出版社、1979年。

『学習文選』（1949—1957）（『学習文選』第一巻）出版地、出版社、1967年。

『学習文選』（1957—1958）（『学習文選』第二巻）出版地、出版社、刊行年不明。

『学習文選』（1959—1963）（『学習文選』第三巻）出版地、出版社、刊行年不明。

『学習文選』（1964—1967）（『学習文選』第四巻）出版地、出版社、刊行年不明。

『学習資料』（1957—1961）出版地、出版社、刊行年不明。

『学習資料』（1962—1967）出版地、出版社、刊行年不明。

『資料選編』出版地、出版社不明、1967年2月。

『毛主席的有関重要講話』編者・発行地ともに不明、表紙に「内部文件、不得外伝」とあり、1967年1月9日。

北京電影制片廠《毛沢東主義》公社編印『戦無不勝的毛沢東思想万歳』上冊、1967年1月。

北京郵電学院東方紅公社編印『戦無不勝的毛沢東思想万歳！』1967年3月15日。

中共中央党史和文献研究院編『建国以来毛沢東文稿』第12、13、14、15、16、17、18、19冊、中央文献出版社、2024年。

中共中央文献研究室編『建国以来毛沢東軍事文稿』下巻、軍事科学出版社、2010年。

宋永毅編『機密档案中新発現的毛沢東講話』New York、国史出版社、2018年。


〈日本語〉

太田勝洪編訳『毛沢東　外交路線を語る』現代評論社、1975年。

竹内実編訳『毛沢東　哲学問題を語る』現代評論社、1975年。

徳田教之・小山三郎・鐙屋一訳『毛沢東の秘められた講話』上・下、岩波書店、1992年（原著、Roderick MacFarquhar, Timothy Cheek, Eugene Wu eds., *The Secret Speeches of Chairman Mao: From the Hundred Flowers to the Great Leap Forward*, Cambridge MA.: Harvard University Press, 1989）。

矢吹晋訳『毛沢東　政治経済学を語る——ソ連政治経済学読書ノート』現代評論社、1974年。

矢吹晋編訳『毛沢東　社会主義建設を語る』現代評論社、1975年。

II　毛沢東以外の指導者たちの著作

〈中国語〉

中共中央文献編集委員会編『劉少奇選集』下巻、人民出版社、1985年。

中共中央党史和文献研究院・中央档案館編『建国以来劉少奇文稿』第10、11、12冊、中央文献出版社、2018年。

中共研究雑誌社叢書編輯委員会編『劉少奇問題選輯』台北、中共研究雑誌社、1970年。

中文出版物服務中心編『劉少奇言論著述彙編』第六集（『中共重要歴史文献資料彙編』第四輯劉少奇専輯第十六分冊、1997年）。

中共中央文献編輯委員会編『鄧小平文選（1938—1965）』人民出版社、1989年。

中共中央文献編輯委員会編『鄧小平文選』第三巻、人民出版社、1993年。

『鄧小平文集』下巻、人民出版社、2014年。

『周恩来選集』下巻、人民出版社、1984年。

中華人民共和国外交部・中共中央文献研究室編『周恩来外交文選』中央文献出版社、1990年。

中共中央統一戦線工作部・中共中央文献研究室編『周恩来統一戦線文選』人民出版社、1984年。

中共中央文献編輯委員会編『朱徳選集』人民出版社、1983年。

『陳雲文集』第三巻、中央文献出版社、2005年。

『陳雲同志文稿選編　1956 — 1962 年』広東、人民出版社、1981 年。

中国人民解放軍軍事科学院《紅戦団》編『林副主席重要講話和文章選輯』1967 年 4 月（『中共重要歴史文献資料彙編』第一輯林彪専輯第二十四分冊、2001 年）。

《陸定一文集》編輯組編『陸定一文集』人民出版社、1991 年。

中共中央文献編輯委員会編『李先念文選』人民出版社、1989 年。

《李先念伝》編写組編『建国以来李先念文稿』第二冊、中央文献出版社、2011 年。

張聞天選集編輯組編『張聞天選集』第四巻、中共党史出版社、1995 年。

《陶鋳文集》編輯委員会編『陶鋳文集』人民出版社、1987 年。

《李維漢選集》編輯組編『李維漢選集』人民出版社、1986 年。

《李富春選集》編輯組編『李富春選集』中国計画出版社、1992 年。

《王稼祥選集》編輯組編『王稼祥選集』人民出版社、1989 年。


〈日本語〉

浅川謙次・尾崎庄太郎編訳『劉少奇主要著作集　党建設』第一巻、三一書房、1959 年。

伊地智善継・山口一郎監修『孫文選集』第一巻、社会思想社、1985 年。

ソ同盟共産党中央委員会付属マルクス = エンゲルス = レーニン研究所編、マルクス = レーニン主義研究所訳『レーニン全集』第 28 巻（1958 年）、第 33 巻、大月書店、1961 年。

レーニン著、蔵原惟人・高橋勝之編訳『文化・文学・芸術論』下、大月書店、1968 年。

Ⅲ　指導者たちの年譜、伝記、日記、回想録、大事記、および公式の党史

（1）年譜

中共中央文献研究室編『毛沢東年譜（1949 — 1976）』第二、三、四、五、六巻、中央文献出版社、2013 年。

中共中央党史和文献研究院編『劉少奇年譜』増訂本、中央文献出版社、2018 年。

中共中央文献研究室編『鄧小平思想年譜』中央文献出版社、1998 年。

中共中央文献研究室編『周恩来年譜』中巻、中央文献出版社、1997 年。

《彭真伝》編写組編『彭真年譜』第四巻、中央文献出版社、2012 年。

中共中央文献研究室編『朱徳年譜新編本』中央文献出版社、下巻、2016 年。

李徳、舒雲編撰『林彪元帥年譜』下冊、香港、鳳凰書品文化出版、2015 年。

余汝信編『康生年譜』新世紀出版社、2023 年。

中共中央党史研究室張聞天選集伝記組編『張聞天年譜』下巻、中共党史出版社、2000 年。

王焔主編『彭徳懐年譜』人民出版社、1998 年。

中国人民解放軍軍事科学院編『葉剣英年譜』（下）、中央文献出版社、2007 年。

李烈主編『賀竜年譜』人民出版社、1996 年。

劉樹発主編『陳毅年譜』下巻、人民出版社、1995 年。

徐則浩編著『王稼祥年譜』中央文献出版社、2001 年。

鄭仲兵主編『胡耀邦年譜資料長編』下冊、香港、時代国際出版有限公司、2005 年。

盛平主編『胡耀邦思想年譜』下巻、香港、泰徳時代出版有限公司、2007 年。

《楊成武年譜》編写組編『楊成武年譜』解放軍出版社、2014 年。

(2) 伝記

中共中央文献研究室編『毛沢東伝(1949 — 1976)』下、中央文献出版社、2003 年。

中共中央文献研究室『劉少奇伝(1898 — 1969)』第二版、(下)、中央文献出版社、2008 年。

中共中央文献研究室『周恩来伝』三、四、中央文献出版社、1998 年(劉俊南・譚佐強訳『周恩来伝:1949 — 1976』岩波書店、2000 年)。

中共中央文献研究室『鄧小平伝(1904 — 1974)』(下)、中央文献出版社、2014 年。

中共中央文献研究室編『朱徳伝』第二版、修訂本、下、中央文献出版社、2016 年。

《彭真伝》編写組編『彭真伝』第三巻、中央文献出版社、2012 年。

葉永烈『江青伝』作家出版社、1993 年。

徐則浩『王稼祥伝』当代中国出版社、1996 年。

《鄧子恢伝》編輯委員会『鄧子恢伝』人民出版社、1996 年。

周維仁『賈拓夫伝』中共党史出版社、1993 年。

(3) 日記および回想録

薄一波『若干重大決策与事件的回顧』下巻、中共中央党校出版社、1993 年。

薄一波『領袖元帥与戦友』中央文献出版社、2008 年、272 頁。

陳伯達著、陳暁農編注『陳伯達遺稿:獄中自述及其他』香港、天地図書、1998 年。

江渭清『七十年征程——江渭清回憶録』下巻、江蘇人民出版社、1996 年。

李維漢『回憶与研究』中共党史出版社、1986 年。

聶栄臻『聶栄臻回憶録』下、解放軍出版社、1984 年。

戚本禹『戚本禹回憶録』(上)、香港、中国文革歴史出版社、2016 年。

邱會作『邱會作回憶録』上冊、香港、新世紀出版及伝媒有限公司、2011 年。

葉子龍『葉子龍回憶録』中央文献出版社、2000 年。

楊尚昆『楊尚昆回憶録』中央文献出版社、2001 年。

楊尚昆『楊尚昆日記』(下)、中央文献出版社、2001 年。

王光美『王光美自伝』香港、聯合作家出版社、2008 年。

呉法憲『呉法憲回憶録——歳月艱難』第三版、下巻、香港北星出版社、2008 年。

曾志『一個革命的幸存者——曾志回憶実録』下、広東人民出版社、1998 年。

呉冷西『憶毛主席』新華出版社、1995 年。

呉冷西『十年論戦:1956–1966 中蘇関係回憶録』中央文献出版社、1999 年。

汪東興『汪東興日記』当代中国出版社、2010 年。

呉法憲『呉法憲回憶録――艱難歳月』下巻、香港、北星出版社、2008 年。

伍修権『回憶与懐念』中共中央党校出版社、1991 年。

中共党史和文献研究院信息資料館『李先念自述』中共党史出版社、2024 年。

（4）大事記
李潁『文献中的百年党史』北京、学林出版社、278 頁。

廖蓋隆主編『新中国編年史 1949–1989』人民出版社、1989 年。

『毛主席的革命路線勝利万歳――二十二年来両条路線的闘争概況』出版地・出版社不明・刊行年不明。

『毛主席的革命路線勝利万歳――党内両条路線闘争大事記（1921–1967）』出版地・出版社不明・刊行年不明。

『毛主席的革命路線勝利万歳――党内両条路線闘争大事記（1921–1969）』出版地・出版社不明、1969 年 9 月。

北京大学档案館校史館編『北京大学図史 1898–2008』北京大学出版会。

王学珍等主編『北京大学紀事（1898–1997）』下巻、北京大学出版社、1998 年。

張小平主編『中華人民共和国大事記（1949–2004）』人民出版社、2004 年。

（5）公式の党史
中共中央党史研究室『中国共産党歴史』第二巻（1949–1978）下冊、中共党史出版社、2010 年。

中共中央党史研究室『中国共産党的九十年　社会主義革命和建設時期』中共党史出版社、2016 年。

中共中央文献研究室『関於建国以来党的若干歴史問題的決議注釈本（修訂）』人民出版社、1991 年。

IV　資料集

〈中国語〉

中央档案館編『解放戦争時期土地改革文件選輯（一九四五～一九四九年）』中共中央党校出版社、1981 年。

中央档案館・中共中央文献研究室編『中共中央文件選集』第三十五―四十八冊、人民出版社、2013 年。

中共中央文献研究室編『建国以来重要文献選編』第十六―十九冊、中央文献出版社、1997 年。

中共中央組織部・中共中央党史研究室・中央档案館編『中国共産党組織史資料』第五巻および第九巻、中共党史出版社、2000 年。

中共中央文献研究室、中央档案館《党的文献》編輯部編『共和国走過的路――建国以来重要文献専題選集』中央文献出版社、1992 年。

北京市档案館・中共北京市委党史研究室編『北京市重要文献選編』第 17 冊、中国档案出版社、2007 年。

中国共産党口述史料叢書編委会編『中国共産党口述史料叢書』第一巻および第六巻（下）、中共党史出版社、2013 年。

魯林等主編『紅色記憶：中国共産党歴史口述実録（1949–1978）』済南出版社、2002 年。

中国人民解放軍国防大学党史党建政工教研室編『“文化大革命”研究資料』上冊、1988 年 10 月。

沈志華主編『俄羅斯解密档案選編中蘇関係』上海、東方出版中心、第十巻および第十一巻、2015 年。

姜華宣他主編『中国共産党重要会議紀事（1921–2001）』中央文献出版社、2001 年。

中国中共文献研究会劉少奇思想生平研究分会・中共湖南省委党史研究院編『劉少奇湖南農村調査：文献、回憶・研究』中央文献出版社、2023 年。

楊海英編『モンゴル人ジェノサイドに関する基礎資料（8）――反右派闘争から文化大革命へ』風響社、2016 年。


〈日本語〉

欧ア協会編『中ソ論争主要文献集』日刊労働通信社、1965 年。

社会主義政治経済研究所編『中ソ論争――平和共存、戦争、革命の理論』合同出版、1963 年。

社団法人国際善隣倶楽部アジア資料室編著『一九六一年の中共――建設と批判――』社団法人国際善隣倶楽部、1962 年。

ソビエット同盟共産党編『ソ連共産党第 22 回大会』ソビエト社会主義共和国連邦大使館広報課、1961 年。

大東文化大学東洋文化研究所編『現代中国革命重要資料集』第二巻、大東文化大学東洋研究所、1981 年。

デイヴィド・フォーガチ編、東京グラムシ研究会監修・訳『グラムシ・リーダー』御茶の水書房、1995 年。

日本国際問題研究所中国部会編『新中国資料集成』第五巻、日本国際問題研究所、1981 年。

日本国際問題研究所現代中国部会編『中国大躍進政策の展開』上巻、日本国際問題研究所、1973 年。

V 『中共重要歴史文献資料彙編』（ロサンゼルス、中文出版物服務中心）

中国人民解放軍軍事科学院《紅戦団》編『林副主席重要講話和文章選輯』1967 年 4 月（第一輯林彪専輯第二十四分冊、2001 年）。

劉少奇「在拡大中央工作会議安徽大組上的両次講話」1962 年 1、2 月（第四輯劉少奇専

輯第十五分冊、1997年)。

首都紅代会北京師範大学井岡山公社編『毛主席的革命路線勝利万歳——二十二年来両条路線的闘争概況』1967年4月(第五輯“文革”歴史資料及評価専輯第十五分冊、1996年)。

首都部分大専院校、中等学校毛沢東思想学習班『天翻地復慨而慷——無産階級文化大革命大事記(1963.9–1967.10)』1967年10月(第五輯“文革”歴史資料及評価専輯第八十分冊、2004年)。

『(民間新版)“毛沢東思想万歳”』1958–1960年巻(表紙に「内部学習、不得外伝」とあり)、武漢(第五輯“文革”歴史資料及評価専輯第二百七十五分冊、2016年)。

『(民間新版)“毛沢東思想万歳”』1961–1968年巻(表紙に「内部学習、不得外伝」とあり)、武漢(第五輯“文革”歴史資料及評価専輯第二百七十六分冊、2016年)。

『毛主席在制定《二十三条》時的三次講話』(編者、出版地、出版年不明)、(第五輯“文革”歴史資料及評価専輯第三百三十五分冊、2017年)。

中共江蘇省委党校資料室『学習資料』増刊、1980年11月14日(第五輯“文革”歴史資料及評価専輯第五八六冊、2020年)。

中共江西省委弁公庁編印『党的工作』(表紙に「党内刊物、定期収回」とあり)、(第五輯“文革”歴史資料及評価専輯第三百九十九分冊、2020年)。

胡華「康生対党的危害」、中共江蘇省委党校資料室『学習資料』増刊、1980年11月14日(第五輯“文革”歴史資料及評価専輯第五百八十六分冊、2021年)。

文化部機関革命戦闘組織聯絡站編『毛沢東文芸思想万歳』1967年6月(第九輯“文革”初期有関中国文化芸術界問題専輯第一分冊、1995年)。

北京大学文化革命委員会資料組新北大公社徹底批判劉、鄧、陶資産階級反動路線聯絡站『徹底掲露陶鋳的反革命修正主義罪行』1967年4月(第十輯陶鋳専輯第一至五分冊合訂本、1996年)。

四川大学革委会政工組編『伯達文選』成都、1969年7月(第十四輯陳伯達専輯第八分冊、2007年)。

『陳伯達文選』武漢、1968年7月(?)(第十四輯陳伯達専輯第七分冊、2007年)。

中央党校党史教研二室編『中国共産党社会主義時期文献資料選編』(四)(五)、1987年6月(第二十一輯1949年以来中共内部党刊資料専輯第二十七種、2014年)。

中共中央弁公庁機要室編『農村整風整社文件選編』1960年11月(第二十五輯1960年代前半期史料選輯第八分冊、2009年)。

中共北京市委農村四清工作団通県西集分団『西集四清運動総結』1965年11月(第二十五輯1960年代前半期史料専輯第四十四分冊、2016年)。

中共荊州県委弁公室編『荊州簡報　社会主義教育専輯』(表紙に「内部刊物、注意保存」とあり)1963年(第二十五輯1960年代前半期史料専輯第四十五分冊、2015年)。

中共荊門県委弁公室編『荊門工作　社会主義教育専輯』(表紙に「内部刊物、注意保存」とあり、1964年(第二十五輯1960年代前半期史料専輯第四十五分冊、2015年)。

中共中央西北局西北社教簡報編輯室編『西北社教簡報』1965年(第二十五輯1960年代

前半期史料専輯第四十七分冊、2015年)。

中共湖北省弁公庁編『整風通訊』(表紙に「内部刊物、注意保存」とあり)、1961年(第二十五輯1960年代前半期史料専輯第五十四分冊、2015年)。

中共湖南省委弁公庁編『偉大的革命運動——社会主義教育運動経験選編』1964年5月(第二十五輯1960年代前半期史料専輯第五十六分冊、2015年)。

中共石家庄地委農村四清工作総団弁公室翻印『農村社教運動中整党建党工作』(表紙に「党内文件、注意保存」とあり)、1965年12月20日、(第二十五輯1960年代前半期史料専輯第六十一分冊、2016年)。

中共湖北省弁公庁編『整風通訊』1961年(第二十五輯1960年代前半期史料専輯第五十四分冊、2016年)。

中共山西省忻県地委農村四清弁公室編『社教運動経験彙集』1965年8月18日(第二十五輯1960年代前半期史料専輯第六十五分冊、2016年)。

中共山東省委城市社教青島工作総団第四分団第九工作隊「七批238件経済或政治問題的案情初歩審結及上報処理意見彙編」(表紙に「絶密」とあり)、1965年9—12月(第二十五輯1960年代前半期史料専輯第六十七分冊、2016年)。

内蒙古党委社会主義教育弁公室『社会主義教育通報』1964年(第二十五輯1960年代前半期史料専輯第六十八分冊、2016年)。

安徽省寿県社会主義教育工作団秘書組編『寿県社教簡報』1964年(第二十五輯1960年代前半期史料専輯第一百分冊、2016年)。

晋南専署文教局編『晋南区貫徹毛主席“七・三”指示会議文件』1965年10月12日(第二十五輯1960年代前半期史料専輯第一百〇一分冊、2016年)。

中共襄汾県委四清弁公室編『四清簡報』(表紙に「機密文件、定期収回」とあり)、1963年(第二十五輯1960年代前半期史料専輯第一百〇二分冊、2016年)。

『湖南省“四清”文献拾編四種』(第二十五輯1960年代前半期史料専輯第一百〇六分冊、2016年)。

高等教育部弁公庁『城市半工半読学校情況彙編』1964年8月20日(第二十五輯1960年代前半期史料専輯第一百〇八分冊、2016年)。

広州軍区政治部組織部編『組織工作史料選編』1979年12月(第二十七輯現当代中国軍事史料専輯第二百〇八分冊、2022年)。

中華人民共和国国家農業委員会弁公庁編『農業集体化重要文件彙編(1958～1981)』上、1982年(第二十八輯内部政策文件性史料専輯第一分冊(上)、2015年)。

中共中央組織部弁公庁編『組織工作文件選編1960年』(表紙に「絶密」とあり)、1980年(第二十八輯内部政策文件性史料専輯第七十六分冊、2015年)。

第九次全国公安会議秘書処『歴届全国公安会議文件彙編1949年10月—1957年9月』1958年9月(第二十九輯公安法制史料専輯第五十二分冊、2014年)。

司法部監獄管理局『当代中国監獄統計資料』1998年11月(第三十輯稀見統計資料専輯第七十三分冊、2011年)。

中共西蔵工委四清弁公室編『西蔵四清簡報』1965年(第三十一輯辺疆民族史料専輯第

一百二十四分冊、2017 年)。

『中共株洲市委文件』(1964 年)、(第三十三輯地方党政文献史料専輯第九十五分冊、2019 年)。

中共安徽省委弁公庁等編『中共安徽省委文件選編(1958 ― 1962)』2004 年(第三十三輯地方党政文献史料専輯第九十八分冊、2017 年)。

中共長沙県党委党史資料徴集弁公室編『劉少奇主席在天華蹲点調査資料』1988 年 4 月(第三十五輯西北革命与建設専輯第三十四分冊)。

中共中央組織部編『張啓竜在組織工作会議上的総結発言提綱』(特輯之一百一十九)。

中共中央弁公庁機要室編『武昌会議通過的幾個文件彙集』1959 年 11 月 19 日(特輯之一百一十九)。

中共滄州地委党史資料徴集編審委員会編『牢記歴史教訓―― 1957 ― 1965 年期間的河北滄州』1987 年 12 月(特輯之一百六十五、2020 年)。

中国国家統計局『統計数字中的人民公社 1958 年― 1964 年』(表紙に「機密・絶密」とあり)、1964 年(?)(特輯補編之一、2009 年)。

VI　慶應義塾大学東アジア研究所所蔵資料

湖北省漢川県東風鎮〈東勝旺鎮〉社教工作分団財貿中心組飲服四清工作組整理「社会主義教育運動幹部材料」(1966 年 9 月、複数の人間についてのファイル)。

VII　新聞・雑誌

『二十一世紀双月刊』香港
『工人日報』
『紅旗』
『人民日報』
『世界知識』
『新華半月刊』
『炎黄春秋』
『争鳴』香港
『祖国』香港

VIII　書籍

〈中国語〉


崔奇『我所親歴的中蘇大論戦』人民出版社、2009 年。

董辺・鐔徳山・曽自編『毛沢東和他的秘書田家英』増訂本、中央文献出版社、1996年。

馮驥才『一百個人的十年』南京、江蘇文芸出版社、1997 年。

高華『革命年代』第二版、広州、広東人民出版社、2012 年。

郭徳宏・林小波『四清運動実録』杭州、浙江人民出版社、2005 年。

郭徳宏・林小波編『“四清”運動親歴記』人民出版社、2008 年。

『胡喬木伝』編写組編『胡喬木談中共党史』人民出版社、1999 年・

金春明『大変動年代的探索』中国社会科学出版社、2009 年。

金冲及『生死関頭——中国共産党的道路抉択』三聯書店、2016 年。

李鋭『廬山会議実録』鄭州、河南人民出版社、1994 年。

李鋭『李鋭談毛沢東』香港、時代国際出版、2005 年。

林小波・郭徳宏『“文革”的予演：“四清”運動始末』人民出版社、2013 年。

羅平漢『“文革”前夜的中国』人民出版社、2007 年。

銭庠理『歴史的変局——従挽救危機到反修防修（1962–1965）』香港：香港中文大学当代中国文化研究中心、2008 年。

人民出版社編『呉晗和《海瑞罷官》』人民出版社、1979 年。

石仲泉・沈正楽・楊先材・韓鋼主編『中共八大史』中共党史出版社、2024 年。

司馬清揚・欧陽龍門『新発現的周恩来』上冊、New York、明鏡出版社、2009 年。

王年一『大動乱的年代』河南人民出版社、1988 年。

楊継縄『墓碑——中国六十年代大飢荒紀実』下篇、香港、天地図書有限公司、2008 年。

楊奎松『毛沢東与莫斯科的恩恩怨怨』第四版、南昌、江西人民出版社、2015 年。

張素華『変局——七千人大会始末』中国青年出版社、2006 年。

張化・蘇采青主編『回首“文革”』上、中共党史出版社、2000 年。

張曙光『中国経済学風雲史——経済研究所 60 年』下巻（Ⅲ）、八方文化創作室、2018 年。

周樹輝『毛沢東的蘇聯観』長沙、湖南大学出版社、2017 年。

祝偉坡『微視歴史：1957 — 1965』商務印書館国際有限公司、2013 年。


〈日本語〉

ハナ・アーレント著、大久保和郎・大島かおり訳『全体主義の起源』3、みすず書房、2016 年。

ハンナ・アレント著、志水速雄訳『革命について』筑摩書房、1995 年。

安藤正士・太田勝洪・辻康吾『文化大革命と現代中国』岩波書店、1986 年。

五十嵐隆幸『大陸反攻と台湾——中華民国による統一の構想と挫折』名古屋大学出版会、2021 年。

井波律子訳『三国志演義』（一）、2014 年、講談社。

ロクサーヌ・ウィトケ著、中嶋嶺雄・宇佐美滋訳『江青』下巻、パシフィカ、1977年。

カール・A・ウイットフォーゲル著、湯浅赳男訳『オリエンタル・デスポティズム——専制官僚国家の生成と崩壊』新評論、1991 年。

エズラ・F・ヴォーゲル著、益尾知佐子・杉本孝訳『現代中国の父 鄧小平』（下）、日本経済新聞出版社、2013 年。

アンドリュー・G・ウォルダー著、谷川真一訳『脱線した革命――毛沢東時代の中国』ミネルヴァ書房、2024年。

王友琴・小林一美・安藤正士・安藤久美子共編共著『中国文化大革命「受難者伝」と「文革大年表」』集広舎、2017年。

王友琴著、小林一美編、佐竹保子ほか訳『血と涙の大地の記憶――「文革地獄」の真実を求める長い旅にて　中国文化大革命論文集』集広舎、2023年。

王光美・劉源ほか著、吉田富夫・萩野脩二訳『消された国家主席 劉少奇』(原題は『你所不知道的劉少奇』)日本放送出版協会、2002年、138頁。

ジョージ・オーウェル著、小野寺健編訳『オーウェル評論集』岩波書店、2020年。

岡部達味『現代中国の対外政策』東京大学出版会、1971年。

奥村哲『文化大革命への道――毛沢東主義と東アジアの冷戦』有志舎、2020年。

E・H・カー著、南塚信吾訳『一国社会主義 1924―1926　第1(政治)』みすず書房、1974年。

E・H・カー著、南塚信吾訳『ロシア革命の考察』みすず書房、1990年。

E・H・カー著、塩川伸明訳『ロシア革命――レーニンからスターリンへ、1917–1929年』岩波書店、2000年。
E. H. カー著、原彬久訳『危機の二十年』岩波書店、2023年。
韓鋼著、辻康吾編訳『中国共産党史の論争点』岩波書店、2008年。

祁建民ほか主編『中国の農民は何を語ったか――河北農村訪問聞き取り調査報告書(2007年～2019年)』汲古書院、2022年。

クリストファー・クラーク著、小原淳訳『夢遊病者たち――第一次世界大戦はいかにして始まったか』1・2、みすず書房、2018年。

R・G・コリングウッド著、小松茂夫・三浦修訳『歴史の観念』紀伊国屋書店、2002年。

牛軍著、真水康樹訳『冷戦期中国外交の政策決定』千倉書房、2007年。

金佩華『北京と内モンゴル、そして日本』集広舎、2014年。

厳家祺・高皋著、辻康吾監訳『文化大革命十年史』(上)、岩波書店、1996年。

高文謙著、上村幸治訳『周恩来秘録――党機密文書は語る』(原著『晩年周恩来』)上、文藝春秋、2010年。

国分良成編著『中国文化大革命再論』慶應義塾大学出版会、2003年。

小嶋華津子・磯部靖編著『中国共産党の統治と基層幹部』慶應義塾大学出版会、2023年。

小林弘二『二〇世紀の農民革命と共産主義運動――中国における農業集団化政策の生成と瓦解』勁草書房、1997年。

小林弘二『グローバル化時代の中国現代史(1917–2005)――米・ソとの協調と対決の軌跡』筑摩書房、2013年。

近藤邦康『毛沢東――実践と思想』岩波書店、2003年。

西園寺一晃『青春の北京――北京留学の十年』中央公論社、1971年。

パトリック・サバティエ著、花上克己訳『最後の龍 鄧小平伝』時事通信社、1992年。

ア・ア・ジダーノフ著、除村吉太郎・蔵原惟人訳『党と文化問題』大月書店、1968年。

周俊『中国共産党の神経系――情報システムの起源・構造・機能』名古屋大学出版会、2024年。

沈志華著、朱建栄訳『最後の「天朝」』下、岩波書店。

朱建栄『毛沢東のベトナム戦争――中国外交の大転換と文化大革命の起源』東京大学出版会、2001年。

スチュアート・R・シュラム著、北村稔訳『毛沢東の思想――〜一九四九年／一九四九〜七六年』蒼蒼社、1989年。

蕭乾著、丸山昇ほか訳『地図を持たない旅人――ある中国知識人の選択』（下）、花伝社、1993年。

ポール・M・スウィージー著、伊藤誠訳『革命後の社会』TBSブリタニカ、1980年。

アンナ・ルイズ・ストロング著、藤村俊郎訳『中国からの手紙』1、みすず書房、1965年。

エドガー・スノー著、松岡洋子訳『革命、そして革命…』朝日新聞社、1972年。

エドガー・スノー著、松岡洋子訳『今日の中国――もう一つの世界』上、筑摩書房、1976年。

アグネス・スメドレー著、高杉一郎訳『中国の歌ごえ』みすず書房、1957年。

銭理群著、阿部幹雄ほか訳『毛沢東と中国――ある知識人による中華人民共和国史』（上）、青土社、2012年。

蘇暁康・羅時叙・陳政著、辻康吾監修『廬山会議――中国の運命を定めた日』毎日新聞社、1992年。

アルベール・ソブール著、井上幸治監訳『フランス革命と民衆』新評論、1983年。

高橋伸夫『中国共産党の歴史』慶應義塾大学出版会、2021年。

田中比呂志ほか編『中国山西省高河店訪問調査の記録―― 2006年・2007年――』汲古書院、2023年。

渓内謙『ソビエト政治史――権力と農民』勁草書房、1962年。

渓内謙『現代社会主義の省察』岩波書店、1978年。

ユン・チアン、ジョン・ハリデイ著、土屋京子訳『マオ――誰も知らなかった毛沢東』下、講談社、2005年。

アニタ・チャンほか著、小林弘二監訳『チェン村――中国農村の文革と近代化』筑摩書房、1989年。

陳一諮著、末吉作訳『中国で何が起こったか』学生社、1993年。

丁抒著、森幹夫訳『人禍――餓死者二〇〇〇万人の狂気　1958〜1962』学陽書房、1991年。

フランク・ディケーター著、中川治子訳『毛沢東の大飢饉――史上最も悲惨で破壊的な人災 1958―1962』草思社、2011年。

フランク・ディケーター著、谷川真一監訳、今西康子訳『文化大革命――人民の歴史 1962–1976』上、人文書院、2020年。

アイザック・ドイッチャー著、山西英一訳『毛沢東主義』新潮社、1965 年。

トロツキー著、対馬忠行・西田勲訳『裏切られた革命』現代思潮社、1968 年。

トロツキー著、志田昇訳『わが生涯』下、岩波書店、2001 年。

中兼和津次『毛沢東論――真理は天から降ってくる』名古屋大学出版会、2021 年。

日本共産党中央委員会『日本共産党の五十年』日本共産党中央委員会出版局、1974年。

シグマンド・ノイマン著、岩永健吉郎訳『大衆国家と独裁――恒久の革命』みすず書房、1979 年。

ジョン・バイロン、ロバート・パック著、田畑暁生訳『龍のかぎ爪 康生』岩波書店、2011 年。

サミュエル・ハンチントン著、内山秀夫訳『変革期社会の政治秩序』下、サイマル出版会、1972 年。

W・ヒントン著、加藤祐三訳『翻身――ある中国農村の革命の記録』Ⅰ・Ⅱ、平凡社、1972 年。

W・ヒントン著、田口左紀子訳『大逆転――鄧小平・農業政策の失敗』亜紀書房、1991 年。

J・K・フェアバンク著、市古宙三訳『中国』下、東京大学出版会、1972 年。

フランソワ・フェイト著、熊田亨訳『スターリン以降の東欧』岩波書店、1978 年。

マルク・ブロック著、松村剛訳『新版 歴史のための弁明――歴史家の仕事』岩波書店、2009 年。

ヘゲデューシュ著、平泉公雄訳『社会主義と官僚制』大月書店、1980 年。

逄先知著、竹内実・浅野純一訳『毛沢東の読書生活――秘書がみた思想の源泉』サイマル出版会、1995 年。

彭徳懐著、田島淳訳『彭徳懐自述――中国革命とともに』サイマル出版会、1986 年。

エリック・ホブズボーム著、大井由紀訳『20 世紀の歴史――両極端の時代』下、筑摩書房、2018 年。

エリック・ホブズボーム著、原剛訳『歴史論』ミネルヴァ書房、2001 年。

フランツ・ボルケナウ著、佐野健治・鈴木隆訳『世界共産党史』合同出版、1968 年。

本郷賀一『工作通訊抄――中国共産軍の実態』時事通信社、1964 年。

ロデリック・マクファーカー、マイケル・シェーンハルス著、朝倉和子訳『毛沢東最後の革命』上・下、青灯社、2010 年。

カール・マルクス著、マルクス＝エンゲルス全集刊行委員会訳『資本論』(9)、大月書店、1963 年。

丸山眞男『忠誠と反逆――転形期日本の精神史的位相』筑摩書房、1992 年。

アンドレ・マルロー著、竹本忠雄訳『反回想録』(下)、新潮社、1977 年。

毛毛著、藤野彰ほか訳『わが父・鄧小平――「文革」歳月』上、中央公論新社、2002 年。

矢吹晋『文化大革命』講談社、1989 年。

山口信治『毛沢東の強国化戦略 1949–1976』慶應義塾大学出版会、2021 年。

ベンジャミン・ヤン著、加藤千洋・加藤優子訳『鄧小平 政治的伝記』岩波書店、2009年。

楊継縄著、辻康吾編、現代中国資料研究会訳『文化大革命五十年』岩波書店、2019年。

ウーヴェ・リヒター著、渡部貞昭訳『北京大学の文化大革命』岩波書店、1993年。

李富春『総路線の赤旗を高くかかげてひきつづき前進しよう』北京、外文出版社、1960年9月。

劉賓雁著、鈴木博訳『劉賓雁自伝——中国人ジャーナリストの軌跡』みすず書房、1991年。

林克・凌星光著、凌星光訳『毛沢東の人間像——虎気質と猿気質の矛盾』サイマル出版会、1994年。


〈英語〉

Apter, David E., and Tony Saich. *Revolutionary Discourse in Mao's Republic*. Cambridge, Mass.: Harvard University Press, 1994.

Barnouin, Barbara, and Yu Changgen. *Ten Years of Turbulence: The Chinese Cultural Revolution*. London: Kegan Paul International, 1993.

Chen, Jian. *Zhou Enlai: A Life*. Cambridge, Mass.: The Belknap Press of Harvard University, 2024.

Dittmer, Lowell. *Liu Shao-Ch'i and the Chinese Cultural Revolution: The Politics of Mass Criticism*. Berkeley: University of California Press, 1974.

Dong, Guoqiang, and Andrew G. Walder. *A Decade of Upheaval: The Cultural Revolution in Rural China*. Princeton: Princeton University Press, 2021.

Esherick, Joseph W., Paul G. Pickowicz and Andrew G. Walder, eds. *The Chinese Cultural Revolution as History*. Stanford: Stanford University Press, 2006.

Guo, Jian, Yongyi Song, and Yuan Zhou. *Historical Dictionary of the Chinese Cultural Revolution*, Second Edition. Lanham, Maryland: Rowman & Littlefield, 2015.

Lee, Hong Yung. *The Politics of the Chinse Cultural Revolution: A Case Study*. Berkeley: University of California Press, 1978.

Li, Lillian M. *Fighting Famine in North China: State, Market, and Environmental Decline, 1960s-1990s*. Stanford: Stanford University Press, 2007.

Li, Mingjiang. *Mao's China and the Sino-Soviet Split: Ideological Dilemma*. New York: Routledge, 2012.

MacFarquhar, Roderick. *The Origins of the Cultural Revolution*, Vol. 1. London: Oxford University Press, 1974.

MacFarquhar, Roderick, ed. *The Politics of China: Sixty Years of the People's Republic of China*. Third Edition. New York: Cambridge University Press, 2011.

Pantsov, Alexander V., with Steven I. Levine. *Mao: The Real Story*. New York: Simon and Schuster, 2012.

Pantsov, Alexander V., with Steven I. Levine. *Deng Xiaoping: A Revolutionary Life*. New York: Oxford University Press, 2015.

Perry, Elizabeth, and Li Xun. *Proletarian Power: Shanghai in the Cultural Revolution*. Boulder, Colo.: Westview Press, 1977.

Rowe, William T. *Crimson Rain: Seven Centuries of Violence in a Chinese County*. Stanford: Stanford University Press, 2007.

Teiwes, Frederick C., and Warren Sun, eds. *The Politics of Agricultural Cooperativization in China: Mao, Deng Zihui, and the "High Tide" of 1955*. New York: Routledge, 1993.

Unger, Jonathan. *Education Under Mao: Class and Competition in Canton Schools, 1960-1980*. New York: Columbia University Press, 1982.

Walder, Andrew G. *Agents of Disorder: Inside China's Cultural Revolution*. Cambridge, Mass.: The Belknap Press of Harvard University Press, 2019.

Wang, Shaoguang. *Failure of Charisma: The Cultural Revolution in Wuhan*. Oxford: Oxford University Press, 1995.

Wu, Yiching. *The Cultural Revolution at the Margins: Chinese Socialism in Crisis*. Cambridge. Mass.: Harvard University Press, 2014.

Zagoria, Donald S. *Sino-Soviet Conflict, 1956-1961*. Princeton, N. J.: Princeton University Press, 1962.

Zhou, Xun, ed. *The Great Famine in China, 1958-1962: A Documentary History*. New Haven: Yale University Press, 2012.

IX　書籍所収論文および雑誌論文

〈中国語〉

陳標「美国影印的《毛著未刊稿、〈毛沢東思想万歳〉別集及其他》」、『湖南科技大学学報（社会科学版）』第 17 巻第 2 期（2014 年 3 月）。

戴雨山「『四清』大冤案的真相——読於開国『銅城風雨』」、『争鳴』2007 年 1 月。

高華「在貴州”四清運動“的背後」、『二十一世紀』第 93 期（2006 年 2 月）。

郭星華「《海瑞罷官》是怎様写出来的」、中国民主同盟北京市委員会文史資料委員会編『文史資料選輯』第一集、1980 年 8 月。

斉明之「美国対中間地帯的侵略政策」、『世界知識』1962 年 8 期（9 月 25 日）。

馬懋如「許立群、姚溱因『二月提綱』遭厄運」、『炎黄春秋』2012 年第 9 期。

史集「蘇日勾結是蘇美合作的変種」、『世界知識』1966 年第 4 期（2 月 25 日）。

学裕「何謂慕尼黒陰謀」、『世界知識』1966 年第 5 期（3 月 10 日）。

王海光「四清運動的階級闘争建構——『桃園経験』研究」、『二十一世紀』第一七五期（2019 年 10 月）。

楊奎松「毛沢東是如何発現大飢荒的」、『江淮文史』2014 年第 3 期。

尹家民「“大躍進”前后的安徽省委両書記」、『党史博覧』2015 年第 8 期、18 頁。

雲鶴「北京大学与莫斯科大学」、『祖国』1966年11月号。

〈日本語〉

石川禎浩「小説『劉志丹』事件の歴史的背景」、石川禎浩編『中国社会主義文化の研究』京都大学人文科学研究所附属現代中国研究センター、2010年。

加々美光行「中国文化大革命の歴史的意味を問う」、『思想』第1101号（2016年1月）。

勝田俊輔「『偶然』と『進歩』から見るカーの歴史理論」、『思想』第1191号（2023年7月）。

角崎信也「『農村整風』と基層幹部の行動変容——『大飢饉』の前奏：1957～58年」、小嶋華津子・磯部靖編著『中国共産党の統治と基層幹部』慶應義塾大学出版会、2023年。

Yu・ガレノヴィチ「劉少奇の『特別問題』」、『極東の諸問題』第18巻第2号（1989年4月）。

国分良成「歴史以前としての文化大革命」、『思想』第1101号（2016年1月）。

定形衛「アジア・アフリカ連帯運動と中ソ論争」、『国際政治』第95号（1990年10月）。

高橋伸夫「反革命粛清運動と1957年体制の起源」上下、『法学研究』第90巻第8–9号（2017年）。

高橋伸夫「高崗事件再考」、『法学研究』第91巻第11号（2018年）。

服部隆之「中国と旧ユーゴスラヴィアとの国交樹立に関する党関係の問題」『中国研究月報』第70巻第11号（2016年11月）。

R・マックファーカー「文化大革命のトラウマ」、『思想』第1101号（2016年1月）。

宮本顕治「毛沢東との最後の会談——1966年、上海での二日間」、『週刊朝日』1977年6月24日。

楊炳章「北京大学における文化大革命の勃発」、国分良成編著『中国文化大革命再論』慶應義塾大学出版会、2003年。

〈英語〉

Gao, Wangling, “A Study of Chinese Peasant ‘Counter-Action’” in Kimberley Ens Minning and Felix Wemheuer, *Eating Bitterness: New Perspectives on China’s Great Leap Forward and Famine*, Vancouver: UBC Press, 2011.

Johnson, Matthew D. “Beneath the Propaganda State: Official and Unofficial Cultural Landscapes in Shanghai, 1949-1965,” in Jeremy Brown and Matthew D. Johnson eds, *Maoism at the Grassroots: Everyday Life in China’s Era of High Socialism*, Cambridge, Mass.: Harvard University Press, 2015.

Ra’anan, Uri. “Peking’s Foreign Policy ‘Debate,’ 1965-1966,” in Tang Tsou (ed.), *China in Crisis*, Vol. 2. Chicago: The University of Chicago Press, 1968.